Benedikt Hensel
Die Vertauschung des Erstgeburtssegens in der Genesis

Beihefte zur Zeitschrift für die alttestamentliche Wissenschaft

Herausgegeben von
John Barton · Reinhard G. Kratz
Choon-Leong Seow · Markus Witte

Band 423

De Gruyter

Benedikt Hensel

Die Vertauschung des Erstgeburtssegens in der Genesis

Eine Analyse der narrativ-theologischen Grundstruktur
des ersten Buches der Tora

De Gruyter

ISBN 978-3-11-024792-3

e-ISBN 978-3-11-024793-0

ISSN 0934-2575

Library of Congress Cataloging-in-Publication Data

Hensel, Benedikt.
  Die Vertauschung des Erstgeburtssegens in der Genesis : eine Analyse
der narrativ-theologischen Grundstruktur des ersten Buches der Tora /
Benedikt Hensel.
    p. cm. – (Beihefte zur Zeitschrift für die alttestamentliche Wissen-
schaft, ISSN 0934-2575 ; Bd. 423)
  Includes bibliographical references (p.   ) and index.
  ISBN 978-3-11-024792-3 (hardcover : alk. paper)
  1. First-born children in the Bible.   2. Blessing and cursing in the
Bible.   3. Bible. O.T. Genesis – Criticism, Narrative.   4. Bible. O.T.
Genesis – Theology.   I. Title.
  BS1238.F34H70   2011
  222'.11066 – dc22

                                                          2010034768

Bibliografische Information der Deutschen Nationalbibliothek

Die Deutsche Nationalbibliothek verzeichnet diese Publikation in der Deutschen
Nationalbibliografie; detaillierte bibliografische Daten sind im Internet
über http://dnb.d-nb.de abrufbar.

Für meine Eltern,

Christa und Gernot Hensel

Vorwort

Die vorliegende Arbeit wurde im Wintersemester 2009/2010 von der Evangelisch-Theologischen Fakultät der Johannes Gutenberg-Universität Mainz unter dem Titel „Der jüngere Bruder: Die Vertauschung des Erstgeburtssegens im Buch Genesis" als Dissertationsschrift angenommen. Für den Druck wurde sie geringfügig überarbeitet und seitdem erschienene Literatur konnte berücksichtig werden.

Mein außerordentlicher Dank gilt Herrn Prof. Dr. Thomas Hieke (Mainz), der mich gefördert, begeistert, herausgefordert und über die gesamte Entstehungsphase dieser Untersuchung begleitet hat und mir mit beharrlicher und konstruktiver Kritik stets wertvolle theologische Anregungen für diese Arbeit gegeben hat.

Vor allem die religionsgeschichtlichen Anteile der Arbeit – namentlich die kritische Auseinandersetzung mit der Samaritanerfrage zur Perserzeit – hat Herr Prof. Dr. Sebastian Grätz (Mainz) begleitet. Dafür sowie für die immer wieder kritisch-hinterfragenden methodologischen Diskussionen und für die Erstellung des Erstgutachtens gilt ihm mein aufrichtiger Dank.

Herrn Prof. Dr. Wolfgang Zwickel (Mainz) danke ich für die Erstellung des Zweitgutachtens und seine anregende Kritik.

Weiterer Dank richtet sich an Herrn Prof. Dr. Bernd J. Diebner (Heidelberg) und Herrn Prof. Dr. Karel A. Deurloo (Amsterdam, Niederlande), die mich schon zu Beginn meines Studiums für das Alte Testament begeistern konnten, mich im Studium freundschaftlich begleiteten und förderten, und nicht zuletzt den Grundstein für die vorliegende Untersuchung gelegt haben.

Durch Sonder- und Vorabdrucke sowie durch anregende Gespräche haben mich, neben den schon genannten, auch Prof. Dr. Martin Prudky (Prag), Prof. Dr. Joep Dubbink (Amsterdam), Prof. Dr. Egbert Rooze (Antwerpen), Prof. Dr. Klaas Spronk (Kampen), Prof. Dr. Christa Reich (Mainz), Prof. Dr. Yehoyada Amir (Jerusalem) und Akademischer Rat Dr. Joachim Vette (Heidelberg) unterstützt. Auch ihnen gilt mein Dank. Hervorgehoben seien die Teilnehmenden des Prager „Internationalen Colloquium Biblicum", die mir seit 2003 die Möglichkeit gaben, im Rahmen der Konferrenz kontinuierlich Ergebnisse vorstellen und diese mit den anwesenden Teilnehmern auf Augenhöhe diskutieren zu können. Sie haben zum Gelingen dieser Arbeit beigetragen.

Dank der dreijährigen Arbeit als wissenschaftlicher Assistent am Seminar für Systematik uhd Sozialethik (Lehrstuhl von Prof. Dr. Christiane Tietz, Mainz) konnte ich systematisch-theologische Fragstellungen mit alttestamentlichen verknüpfen. Diese fanden auch Eingang in den methodischen Teil der Arbeit. Namentlich die lebendige Zusammenarbeit und kritische Auseinandersetzung mit den Studierenden meiner universitären Seminare in Mainz haben mich zusätzlich motiviert, diese wissenschaftliche Studie in angemessener Weise zu vollenden. Weiterführend für die Entwicklung der Arbeit waren außerdem die theologischen Gespräche, die ich in und neben den Mainzer Kolloquien führen konnte; hiervon seien ausdrücklich meine Mainzer (teils ehemaligen) Kollegen Pfr. Dr. Florian Ihsen, Pfr. Dr. Tobias Kaspari und Prof. Dr. Stephan Weyer-Menkhoff genannt.

Der Konrad Adenauer Stiftung habe ich zu danken für die inspirierenden interdisziplinären Seminare während meiner Graduiertenförderung. Es ist eine große Chance, mit engagierten Nachwuchskräften verschiedenster Fachrichtungen zu fächerübergreifenden Themen zu arbeiten. Für mich war es eine sehr ermutigende Erfahrung, dass das Interesse an den theologischen Fragen außerhalb der Kirche viel größer ist als binnenkirchlich oft angenommen wird.

Die Mühe des Korrekturlesens und der Erstellung der Druckvorlage haben sich Meike Melchinger, Gero Hensel, Franziska Nimmler und Anna Schneider unterzogen. Ihnen bin ich sehr zu Dank verpflichtet.

Mein Dank gilt ferner den Herausgebern der Reihe BZAW sowie dem Verlag Walter de Gruyter für die Aufnahme und verlegerische Begleitung der Arbeit.

Die Johannes Gutenberg-Universität Mainz hat dankenswerter Weise die Drucklegung mit einem namhaften Druckkostenzuschuss ermöglicht.

Der erfolgreiche Abschluss dieser Arbeit verdankt sich nicht zuletzt dem Rückhalt und der Untersützung durch meine Familie und meine Freunde.

Mainz, im Oktober 2010   Benedikt Hensel

Inhaltsverzeichnis

Teil A: Grundlagen

1. Fragestellung und Ziele

Im Erstgeborenen der Familie verwirklicht sich nach biblischer wie allgemein altorientalischer Vorstellung etwas Einzigartiges. Die Erstgeburt gilt als ideale Repräsentation ihrer Stammlinie, weshalb der Status eines Erstgeborenen auch mit bestimmten Privilegien verknüpft ist und der besondere Segen des Vaters auf ihm liegt. Dieser *Erstgeburtssegen* konkretisiert sich nach biblischer Vorstellung in dessen Nachkommen, weshalb die genealogischen Linien regelmäßig über den Erstgeborenen weiter- und fortgeführt werden. Somit gewährleistet der *Erstgeborene* (בְּכוֹר) das Fortbestehen und Wohlergehen der gesamten Sippe. Gerade wegen seiner privilegierten Stellung ist es auffällig, dass in den biblischen Traditionen der *natürliche,* d.h. der biologische Erstgeborene oft gerade nicht Träger des Erstgeburtssegens ist, sondern dessen *jüngerer Bruder.* So wird die geburtliche Reihenfolge in zahlreichen biblischen Erzählungen *vertauscht.*

Am prägnantesten ist in diesem Zusammenhang wohl die Erzählung von Jakob und Esau. Esau verkauft sein Erstgeburtsrecht (Gen 25) an seinen jüngeren Bruder Jakob und dieser betrügt ihn anschließend auch noch um seinen Erstgeburtssegen (Gen 27). So fragwürdig Jakobs Handlungen auch sind (in der Erzählung selbst werden sie in einem durchaus kritischen Licht gesehen), letztlich führt Jakob, und eben nicht der *natürliche Erstgeborene* Esau, die genealogische Linie weiter: Aus Jakob kommt „Israel" hervor, nicht aus Esau.

Dieses Beispiel steht paradigmatisch für eine fundamentale Erzähllinie. Ebenso führt nicht der natürliche Erstgeborene Ham Noahs Erblinie weiter, sondern Sem (Gen 9-11). Nicht Abrahams biologischer Erstgeborener Ismael ist die Erfüllung der Sohnesverheißung JHWHs, sondern Isaak, der zudem noch von der unfruchtbaren Sara geboren werden muss. Nicht mit Serach, der als erster der Zwillinge Tamars die Hand bei der Geburt herausstreckte und einen Faden angebunden bekam, sondern mit Perez, der dann als erster „durchbrach", geht die Verheißungsgeschichte weiter (Gen 38; vgl. Rut 4,18). Auch Juda setzt sich letztlich gegenüber seinen drei älteren Brüdern durch (Gen 44). Jedoch scheint in der Josephserzählung auch Joseph seine Rolle als

Erstgeborener einzufordern, denn immerhin ist er zwar nicht der älteste Sohn Jakobs, aber doch zumindest der Erstgeborene von dessen Lieblingsfrau Rahel. Außerhalb der Genesis begegnet dieses Phänomen ebenfalls: Mose, der Befreier und Gesetzeslehrer Israels, nimmt die Vorrangstellung vor seinem älteren Bruder Aaron ein, und David wird als jüngster seiner Brüder zum König gesalbt (1 Sam 16). Dies wiederholt sich auch bei Davids Sohn Salomo, der seinen Brüdern vorgezogen wird. Die Erzählungen um die Vertauschung des Erstgeburtssegens treten vor allem innerhalb der Genesis sehr gehäuft auf und sind dort gleichmäßig über den gesamten Erzählstoff verteilt. Hier kommen diese Erzählungen *zwölfmal* vor und durchziehen dabei das erste biblische Buch von Anfang bis Ende. Konkret handelt es sich um folgende Texte:

1. Kain, Abel und Set (Gen 4/5)
2. Ham, Japhet und Sem (Gen 9,18-11,26)
3. Joktan und Peleg (Gen 10,25.26-29; 11,18)
4. Elam, Assur, Arpachschad, Lud und Aram (Gen 10,22-24)
5. Haran, Nahor und Abraham (Gen 11,27-25,11)
6. Ismael und Isaak (Gen 15-22)
7. Esau und Jakob (Gen 25,12-36,43)
8. Ruben, Simeon, Levi und Juda (Gen 34; 35,22; Josephsgeschichte)
9. Juda und Joseph (Josephsgeschichte)
10. Er und Perez (Gen 38)
11. Serach und Perez (Gen 38, 27-30)
12. Manasse und Ephraim (Gen 48, 1-22)

Außerhalb der Genesis ist das Phänomen der Vertauschungen lediglich siebenmal anzutreffen. Dort lassen sich folgende „Vertauschungskonstellationen" beobachten: (1) Mose und Aaron (Ex-Dtn; 1 Chr 23); (2) die Aaronsöhne Nadab, Abihu, Eleasar und Itamar (Lev 10,1-5.6-20); (3) Gideon und seine Brüder (Ri 6,11-24); (4) David und seine Brüder (1 Sam 16,1-13); (5) David und Saul (sog. „Aufstiegsgeschichte" 1/2 Sam); (6) Batsebas Söhne (2 Sam 12); (7) Salomo und seine Brüder. Teils ereignen sich diese Vertauschungen in narrativer Hinsicht recht unvermittelt, in anderen Fällen ist jedoch eine ausführliche literarische Aufarbeitung des Vertauschungsprozesses wahrzunehmen. Da die Vertauschungen gerade eine Ausnahme von der Regel bilden, bedürfen sie im biblischen Kontext einer entsprechenden Erklärung. Resultat der Vertauschung der Geburtenreihenfolge ist immer eine Bevorzugung des jüngeren vor dem älteren Bruder. Das Erstgeburtsrecht (בְּכֹרָה) scheint in diesen Fällen faktisch ausgehebelt zu werden. Die Dispensierung

dieses geburtlichen Rechts birgt eine Fülle interessanter literarischer wie theologischer Fragen:
Die Gründe für Ursache und Rechtfertigung einer Vertauschung sind nicht ohne weiteres ersichtlich. Die Erzählungen können einerseits auf eine besondere und unbegründete Favorisierung des jüngeren Bruders durch Gott abheben (David); andererseits kann eine väterliche Bevorzugung des jüngeren Sohnes (Joseph) vorliegen. Manchmal scheinen aber auch die jüngeren Brüder ihr Geschick selbst in die Hand nehmen zu wollen (Jakob). Jedoch wirken die Vertauschungen nicht vollkommen willkürlich oder gar anarchistisch, denn letztlich legen die Erzählungen wert auf eine Legitimierung der neuen Rangfolge durch JHWH. Auf der anderen Seite aber wird der jüngere Bruder nicht schlechterdings göttlich erwählt und der ältere durch JHWH verworfen, vielmehr entfalten die größeren Erzählungen durchgängig, wie sich der jüngere Bruder Schritt für Schritt gegenüber seinem älteren durchsetzen, *qualifizieren* und erweisen muss. Umgekehrt wird auch darauf Wert gelegt, dass der ältere Bruder sich selbsttätig seiner Rolle *disqualifiziert*. Ist denn die Favorisierung des jüngeren Bruders in theologischer Hinsicht dann noch mit „Erwählung" gleichzusetzen?

Die signifikante Häufung dieser Erzählungen in der Genesis ist außerdem bemerkenswert. Die Vertauschung des Erstgeburtssegens scheint damit ein *fundamentales Thema der Genesis* zu sein. Die Genesis ist als erstes Buch der Tora sowie des TeNaK ein wichtiger hermeneutischer Schlüssel für das Verständnis der gesamten Bibel. In der Genesis werden grundlegende Verhältnisse geschildert, die geeignet sind, Normen zu begründen. Dort wird das beschrieben, was „Israel" in seinen Fundamenten trägt und von seinem Selbstverständnis her identitätsstiftend ist.[1] Es könnte sich bei den Vertauschungen daher auch um ein Thema handeln, das in entscheidender Weise an der Selbstdefinition „Israel" innerhalb der Genesis partizipiert, denn innerhalb der Genesis wird Israels Sonderrolle gerade über *genealogische* Bezüge und Zuordnungen geklärt und grundgelegt.

Da diese Vertauschungen nicht selten im biblischen Kontext auftreten, ist zu fragen, ob es sich hier lediglich um theologisch pointierte Ausnahmen von der Regel handelt, oder ob hier mithin ein umfangreicheres theologisches *Konzept* entwickelt wird, in dem der Titel בְּכוֹר einem Bruder den Vorrang gegenüber anderen verleiht – und zwar unabhängig vom Zeitpunkt der Geburt. Mit anderen Worten: Es scheint, dass in biblischem Kontext eine andere Vorstellung von בְּכֹרָה

---

1 S. dazu Teil B.4.2 und C.3.5.

vertreten und narrativ entfaltet wird, welche die übliche Vorstellung
von בְּכֹרָה pointiert konterkariert.

Die wichtigsten Fragestellungen für diese Untersuchung richten
sich demnach auf die *Formen*, die *Kontexte* und die *Funktionen* der Texte
innerhalb der Genesis. Dabei können die drei Frageebenen nicht losgelöst voneinander betrachtet werden: Die Vertauschungen erscheinen
sowohl innerhalb narrativer wie genealogischer Texte und Kontexte,
die noch dazu miteinander verschränkt auftreten. Darüber hinaus sind
die Vertauschungen thematisch aufs engste mit anderen Motiven, Motivelementen und Themen der Genesis verwoben und können demzufolge auch wechselseitig aufeinander einwirken. Für diese Untersuchung ist nachdrücklich auch der weitere Kontext des biblischen
Kanons zu berücksichtigen. Vor dem Hintergrund, dass das literarische
Phänomen der Vertauschungen in der Genesis signifikant gehäuft auftritt, aber praktisch (bis auf einige, auffällige Ausnahmen) auf dieses
erste Buch beschränkt bleibt, lässt sich dann nämlich die Frage nach der
Bedeutung des Vertauschungsmotivs weiter präzisieren: Warum und
mit welcher Intention wurde gerade dieses Motiv in der Genesis und
damit an inhaltlich so bedeutender Stelle überliefert und nicht in den
anderen Teilen des TeNaK? Mit dieser Fragestellung wird impliziert,
dass das Fehlen der Vertauschungen außerhalb der Tora nicht auf einer
literarischen Zufälligkeit beruht.

Um jedoch das dichte und vielschichtige Verweissystem der Genesis angemessen beschreiben zu können, ist es erforderlich, die Genesis
in ihrer „Endgestalt" wahrzunehmen. Die „Genesis" wird hier als *ein*
Text wahrgenommen, ohne damit zu implizieren oder zu postulieren,
der Text sei *einheitlich* entstanden. Darum wird die *Textgenese* aus methodisch zwingenden Gründen nur in einem Nebenstrang der Diskussion verhandelt.

Das *Ziel* der Untersuchung ist die formale Beschreibung der Vertauschungserzählungen und deren Einzelelemente. Bei der Vertauschungsthematik scheint es sich um ein *Erzählmotiv* zu handeln, das für
größere narrative, intertextuelle Zusammenhänge konstitutiv ist und
sinnstiftend wirkt. Ziel der Darlegung ist es daher auch, die Validität
dieser Annahme im Einzelnen zu prüfen. Des Weiteren ist eine genaue
Beschreibung und detaillierte Auswertung der Vernetzung dieser Vertauschungserzählungen innerhalb der Genesis sowie innerhalb des
Kanons vorzunehmen. Die relevanten Texte *sollen nicht* primär von
einem (konstruierten) historischen Hintergrund her gelesen und erklärt
werden, sondern innerhalb ihres vorliegenden literarischen Kontextes
betrachtet werden. Denn unabhängig von der Frage, ob und inwieweit
sich die biblischen Texte überhaupt dazu eignen, aus ihnen historische

Fakten zu erheben,[2] steht fest, dass es sich bei den biblischen um *litera-rische*, mithin poetische, Texte handelt. Somit liegt es nahe, sie zuerst einmal in ihrer genuinen Lesart wahrzunehmen.

Durch eine detaillierte Analyse der jeweiligen Texte sollen die *text-immanenten Erzählstrategien* erhellt werden und das Sinnganze des Er-zählten hervortreten. Erst auf dieser Grundlage soll eine differenzierte Funktionsbestimmung des Vertauschungsmotivs erfolgen, innerhalb derer dann auch die sozio-kulturelle Pragmatik der Texte reflektiert und ein Versuch ihrer Zuordnung zu historischen Konstellationen un-ternommen werden soll.

2. Forschungsstand

Das Phänomen der Bevorzugung des jüngeren Bruders wird schon in der ältesten jüdischen Tradition gelegentlich beschrieben und verschie-den gedeutet. Eine solche Deutung liegt beispielsweise in PesR 29/30,1 (138a) vor, einer Sammlung von Auslegungen zu besonderen Sabbaten und Feiertagen. Neben dieser vergleichsweise längeren Passage, die die Brüderpaare Kain-Abel, Ismael-Isaak, Esau-Jakob und die Joseph sei-nen Brüdern gegenüberstellt, gibt es zahlreiche weitere rabbinische Einzelvergleiche von Brüdern, die jedoch jüngeren Datums sind. In amoräischer Zeit wird die Anwendung der antithetischen Typologie recht frei gestaltet, so beispielsweise in LevR 27.5 (zu Lev 22,27), wo Abel-Kain, Noah-Generation Noahs, Abraham-Nimrod, Isaak-Ismael, Jakob-Esau, Mose-Pharao und David-Saul gegenübergestellt werden: Hier werden einerseits Brüderpaare vorgestellt, andererseits treten an die Stelle von Ismael die Philister als Widerpart Isaaks. Die aktuelle Forschungslage zeigt, dass sich lediglich die Studien von Syrén (1993), Greenspahn (1994) und Heard (2001) in monographischem Umfang mit dem Thema der Vertauschung des Erstgeburtssegens befassen. Sie tun dies aus unterschiedlichen methodischen Blickrichtungen, wie im Fol-genden gezeigt wird. Die übrige Forschung widmet sich äußerst ver-einzelt der Thematik in kürzeren Abhandlungen oder Einzelbeiträgen, die sich diachron wie synchron der Frage nähern. Auch sie sollen in diesem Forschungsüberblick beachtet werden.

---

2   Zum Problem der Verhältnisbestimmung von atl. Literaturwissenschaft und Archäo-logie s. die Forschungsbilanz von HARDMEIER in: DERS., (Hg.), Steine – Bilder – Tex-te, 11-24. Für eine neue Verhältnisbestimmung vgl. die Thesen bei KNAUF, Towards an Archaeology of the Hexateuch, 275-294 und grundlegend DERS., From History to Interpretation, 26-64.

2.1 Christopher Heard, Dynamics of Diselection

Heard (2001)[3] nähert sich mit verschiedenen synchron fragenden Zu-
gängen („literary-aesthetic readings, feministic-advocacy interpretations, and newer sociological-ideological readings") einer dezidiert historischen Fragestellung:[4] Heard fokussiert auf ein besonderes „literary
feature", nämlich „the ambiguities in the characterizations of Lot, Ishmael, Esau, and Laban."[5] Diese „ambiguity" sieht Heard in den Auseinandersetzungen der Erzeltern Israels, die jeweils dazu führen, dass
einer – namentlich der Erstgeborene – *ohne erkennbaren Grund* aus der
Verheißungslinie ausgeschlossen wird. Nach Heard korrespondiert in
Gen 12-36 der Erwählung einer Person zum Träger der göttlichen Verheißung stets die Nicht-Erwählung („diselection") eines Verwandten.
Wobei Erwählter und Nicht-Erwählter generell in uneindeutiger Weise
(„ambiguous") geschildert werden, nämlich so, dass sich die Tatsache
der Nicht-Erwählung und der Erwählung nicht damit erklären lassen,
welche Erzählelemente hervortreten. Heard fragt daher danach, warum
im Juda des späten oder frühen 4. Jh.s v.Chr. (dem angenommenen
historischen Ort für die Abfassung der Letztgestalt von Gen 12-36),
gerade der „diselected brother" nicht eindeutiger als der „verworfene"
Bruder charakterisiert werden kann.

    In den ausführlichen Einzelbesprechungen der Konstellationen
„Lot und Abraham" (S. 25-61), „Ismael und Isaak" (S. 63-96), „Jakob
und Esau" (S. 97-136), „Jakob und Laban (S. 139-168)" kann Heard zeigen, dass die Doppelsinnigkeit der Vertauschungserzählungen darin
besteht, dass durch dieses Motiv nicht nur der Erwählte besonders
hervorgehoben wird, sondern umgekehrt auch der verworfene Bruder
als solcher deutlich markiert wird. Dabei stellt sich allerdings heraus,
dass der Leser bei der Lektüre immer wieder gefordert ist, zwischen
verschiedenen Verstehensmöglichkeiten einzelner Handlungen oder
Charaktere zu wählen, während an der Tatsache der Erwählung bzw.
Nicht-Erwählung durch Gott kein Zweifel bestehe. Der Prozess von
Verwerfung und Erwählung durch JHWH geschehe grundsätzlich *ohne
kausalen Zusammenhang* mit den Taten der Brüder. Die Erzählungen
zeigen damit, dass die Nicht-Erwählung allein in der göttlichen Entscheidung begründet zu sehen sei. Entsprechend ist dies auch für den

---

3   HEARD, Dynamics of Diselection. Ambiguity in Genesis 12-36 and Ethnic Boundaries
    in Post-Exilic Judah (SBLSS 39), Atlanta 2001.
4   So das erklärte Interesse in der Einleitung: HEARD, Dynamics of Diselection, 1-22.
5   Beide Zitate HEARD, Dynamics of Diselection, 4.

Erwählten zu erklären: Die göttliche Erwählung ist eine Tatsache, die Handlungen der Betroffenen sind darauf bezogen nur *marginal*.

Eine sozial- und ideologiegeschichtliche Einordnung beschließt die Untersuchung. Die Auswertung des literarischen Befundes stellt sich folgendermaßen dar: Alle vier „diselected brothers"[6] seien Repräsentanten der großen Nachbarn Israels: (1) Lot stehe für Moab und Ammon; (2) Ismael für die Araber und Ägypten (vgl. Hagar, die ägyptische Mutter Ismaels); (3) Esau für die Edomiter und (4) Laban für die Mesopotamier. Somit gelte gerade unabhängig von persönlicher Integrität oder Sympathie: „Achaemenid policy and the divine plan say that they must be differentiated from the Yehudians" (S. 184). Der „diselected brother" muss streng von dem „selected brother" getrennt werden, „simply, because God said so" (S. 183). Nur JHWH bestimmt, wer verworfen und erwählt wird. Diese kompromisslose, unhinterfragbare Souveränität Gottes sei geradezu das politische Motto theokratischer Kreise Israels in der Achämenidenzeit gewesen. Das narrative Konstrukt der Brüderkonflikte unterstütze die identitätsstiftenden Abgrenzungsversuche der achämenidischen Ideologie. Im Rückschluss sei auch die Achämenidenregierung Ausdruck des Willens Gottes.[7] Die Vertauschungen werden damit als reines Unterscheidungskriterium gedeutet für ein Israel, das sich in persischer Zeit seine Identität als Ethnie zu sichern sucht.

Heards Thesen sind reizvoll, jedoch bleiben sie, in der historischen Verortung und auf die Textpragmatik hin gesehen, recht allgemein. Es wird nicht ersichtlich, warum die Darstellung gerade auf den in uneindeutiger Weise geschilderten Nicht-Erwählten abzielt. Es erschließt sich nicht endgültig, warum im Sinne der These Heards nicht eine einfache, klare Abqualifizierung des Nicht-Erwählten genügt hätte. Heards Auswahlkriterien für die zu analysierenden Texte erschließen sich außerdem nicht eindeutig. Während er im Falle von Lot/Abraham, Ismael/Isaak und Esau/Jakob noch auf den „brüderlichen Konflikt" verweisen kann, der alle Erzählungen verbindet, so wird dies hingegen bei der Konstellation Jakob/Laban problematisch, da es sich um kein Brüderpaar im eigentlichen Sinne handelt. Im Fortgang von Heards Untersuchung wird darum deutlich, dass der Autor in seiner Studie einen Schwerpunkt auf die Beschreibung der Bruder-*Konflikte* und der daraus resultierenden *Trennungserzählungen* legt; die eigentlichen Vertauschungen – in der Einleitung noch erklärtes Untersu-

---

6   Vgl. zu dieser These die Schlussthese bei HEARD, Dynamics of Diselection, 171-184.

7   In den Worten HEARDS: „the will of the Achaemenid rulers is an expression of the will of Jahweh." (HEARD, Dynamics of Diselection, 184).

chungsziel – treten in der Folge in den Hintergrund. Laban aber ist
weder der Bruder Jakobs, noch ein Erstgeborener, noch wohnen beide
im selben Land, so dass auch deren Konkurrenz allein bestimmend sein
könnte. Lediglich das Motiv der „räumlichen Trennung" bleibt als
Auswahlkriterium.[8] Doch auch diese Zuordnung bleibt nicht unproblematisch, da die Trennung nicht immer ein Ergebnis der Konflikte ist,
sondern gerade seine Voraussetzung. Indem Jakob die räumliche Trennung von Laban zu Beginn der Labanepisode überbrückt, entstehen die
Konflikte erst.

2.2 Roger Syrén, The Forsaken First-Born

Syrén (1993)[9] untersucht vor allem die traditionsgeschichtlichen Aspekte der Benachteiligung der natürlichen Erstgeborenen. Nach einer detaillierten Analyse der Texte um die Erstgeborenen Ismael (S. 15-53.54-
65), Esau (S. 66-129), Ruben (S. 130-139) und Manasse (S. 136-140),
kommt Syrén zu der Schlussfolgerung, dass die Texte nicht etwa den
Erwählten-Status des bevorzugten jüngeren Bruders reflektieren, sondern um eine Aufwertung des Nicht-Erwählten Bruders bemüht sind.
Nicht der Gegensatz von „selected – diselected brother" (so Heard)
wird betont, sondern die älteren, verworfenen Brüder seien *also*-sons"
bzw. der *also*-people".[10] Das Ergebnis ähnelt zunächst demjenigen von
Heard: Die Texte scheinen einen Reflex auf Fragen der Identität „Israels" zu bilden und Abgrenzungstendenzen nach außen in „the post-
exilic Jewish community" (Syrén bleibt hier zeitlich sehr ungenau) zu
eruieren (143f). Die Pointe bei Syrén liegt darin, dass er die Hauptfunk-
tion der Vertauschungserzählung darin sieht, eine Linie „of integration and of accepting foreign influence and influx into Judah and
early Judaism"[11] zu beschreiben. Die literarische Beobachtung, auf die
Syrén sein Ergebnis gründet, ist zunächst schlüssig: Ismael wird „auch
zu einem Volk" und nicht einfach nur verstoßen (so Syréns Hauptar-
gument). Esau wird nicht aus dem Land vertrieben, sondern verlässt es
freiwillig. Auch Ruben kommt während des Durchzugs durch den

---

8   HEARD ist sich dieses Problems bewusst (s. vor allem HEARD, Dynamics of Diselec-
    tion, 139 u. 168f). Das Motiv der räumlichen Trennung bleibt für ihn jedoch maßgeb-
    lich.
9   SYRÉN, The Forsaken First-Born. A Study of a Recurrent Motif in the Patriarchal
    Narratives (JSOT.S 133), Sheffield 1993.
10 SYRÉN, The Forsaken First-Born, 143-145.
11 SYRÉN, The Forsaken First-Born, 144.

Jordan eine führende Rolle in der Geschichte Israels zu (Jos 1,14; 4,12[12]). Schlussendlich werden Manasse und Ephraim in Gen 49 beide zugleich gesegnet:

> „In this way, God's choice is not challenged, but supplemented, by adding an idea of ‚also-people' the chain of ‚also-sons' in the patriarchal narratives. In addition, the scope of the stories themselves is broadened to take in the experience of the postexilic circles who demonstrated an *active interest* in the world around Judah. Their experience of recent historical changes had taught that ‚also-peoples' outside the tiny area of Judah had some standing in God's plans."[13]

Über die Erzählungen der nicht-erwählten Brüder werde so eine *universalistische Tendenz* in die Erzelternerzählungen und damit auch in die Ursprünge Israels mit eingetragen. Diese sieht Syrén schon bei Deutero- und Trito-Jesaja und der Priesterschrift grundgelegt und iden-tifiziert als Trägerkreise dieser Traditionen priesterliche Gruppierun-gen, die einen universalen Heilsplan für alle Völker als heilsgeschichtli-ches Konzept in der Genesis schöpfungs- und erwählungstheologisch verankern. Problematisch an dieser Untersuchung ist die Auswahl der zu behandelnden Textbasis, die auch in der Einleitung nicht eigens begründet wird. Untersucht werden soll das gesamte *„literarische Mo-tiv"* des „forsaken First-Born" (S. 11-13); Kriterium für die Auswahl der Texte ist aber lediglich die *Vaterschaft* eines übergangenen Erstgebore-nen, denn es sollen nur die Erzählungen der Erzväter Abraham, Isaak, Jakob und Joseph behandelt werden (S. 11). Freilich sind dies die Hauptfiguren der „Israel"-Erzählung der Genesis, doch wird damit letztlich schon das Ergebnis der Untersuchung (Identitätsbestimmung Israels) in die Textauswahl mit eingetragen oder zumindest aus dieser ganz bestimmten *thematischen* Perspektive auf die Texte geblickt.

---

12 S. aber Num 32,20-27.
13 SYRÉN, The Forsaken First-Born, 144f (Hervorhebung BH).

2.3 Frederick E. Greenspahn, When Brothers Dwell together

Die bisher umfangreichste und gründlichste Studie zum Thema legte
Greenspahn (1994)[14] vor. Greenspahn strebt eine möglichst vollständige
Beschreibung des Phänomens der Vertauschungen in der Hebräischen
Bibel an (S. 9f). Sein methodischer Ansatz ist synchron ausgerichtet,
doch widmet Greenspahn den Hauptteil seiner Untersuchung zunächst
der ausführlichen Sichtung von Vergleichsmaterial der altorientalischen Umwelt, in der ähnliche oder zumindest vergleichbare Vorgänge
belegt sind (S. 11-29.30-83). Er gleicht die hieraus gewonnen Erkenntnisse fortwährend mit den literarischen Eigenarten und Intentionen der
biblischen Erzählungen ab und kommt schließlich zu dem nachvollziehbaren Ergebnis, dass sich die Vertauschungserzählungen weder
aus gesetzlichen Bestimmungen ableiten lassen, noch ein frühes Stadium israelitischer Geschichte zu reflektieren scheinen, wie dies in einem
überwiegenden Teil der Forschungsliteratur immer wieder diskutiert
wurde.[15]

In einem zweiten Teil widmet er sich einer detaillierten literarischen Analyse derjenigen biblischen Texte, die von der Bevorzugung
des jüngeren Bruders handeln (bes. S. 84-110.111-140), etwa der Jakob-
Esau- und der Joseph-Erzählung; aber auch den Erzählungen von David und Salomo. In der Deutung der Vertauschungserzählungen bleibt
Greenspahn sehr allgemein (S. 141-160). Seiner Meinung nach handelt
es sich zwar um ein komplexes Motiv, das die Beziehung Gottes zu
seinem erwählten Volk beschreibt. Eine einheitliche Textpragmatik
lasse sich aber darüber hinaus nicht feststellen. Vielmehr sei das Motiv
aufgrund seiner Vielzahl an Sinnpotentialen, die in den jeweiligen Kontexten erzeugt werden können, dazu geeignet, die unterschiedlichsten
Erfahrungen von Benachteiligungen bei gleichzeitiger unerwarteter
Zuwendung JHWHs in der Geschichte Israels zu *reflektieren* – und zwar
auf der volksgeschichtlichen wie auf der rein individuellen Ebene. Verpflichtet bleibt Greenspahn seinem betont synchronen Ansatz darin,
dass er sich jeglicher Datierung und historischen Situierung der Texte
bzw. des Motivs enthält. Allerdings spitzt er einige seiner Beobachtungen dahingehend zu, dass er – im Unterschied zu Heard und Syrén –
dem Motiv keine politische Dimension attestiert. Es sei, so Greenspahn,
gerade auffällig, dass die großen Feinde Israels, die Ägypter, Assyrer

---

14 GREENSPAHN, When Brothers Dwell together. The Preeminence of Younger Siblings
    in the Hebrew Bible, New York/Oxford 1994.
15 S. dazu die folgenden Ausführungen zu den historisch orientierten Ansätzen (Teil
    A.2.4).

und Philister, nicht im Modus der Brudererzählungen eine Zu- und Unterordnung gegenüber dem erwählten, jüngeren Bruder „Israel" erfahren (S. 139 u.ö.). Für die anderen Erstgeborenen der Erzählungen gelte daher:

> „[…] those, presented as brothers had, at various times, come under Israelite control, as several of the stories reviewed here quite freely acknowledge. This seeming paradox, in which the fraternal rivals of Genesis represent people who where only minimally problematic for ancient Israel from a political or military perspective, mirrors our common tendency to focus less on those forces which really govern our lives than on those which are the nearest and least threatening."[16]

Folglich werde über das Vertauschungsmotiv kein *politischer Legitimationsdruck* reflektiert, in dem Sinne, dass sich Israel gegenüber den es umgebenden Völkern behaupten müsse. Vielmehr gehe es für Israel um eine Art Reflexion des eigenen Handelns. Die „Völker" kommen so als diejenigen in den Blick, an denen sich Israel gerade wegen seiner Sonderrolle positiv gegenüber erweisen müsse, denn auch sie sind „Brüder Israels". Greenspahn kann in diesem Zusammenhang auf die Josepherzählung verweisen:

> „Like Joseph, Israel struggled more with her equals than with those who actually controlled her fate. The fact that the other tribes are portrayed as brothers itself suggests the ambivalence of this relationship, which incorporates both closeness and conflict. Unable to get along with the siblings over whom she claimed priority, Israel behaved like Joseph, exploiting paternal favoritism at the expense of fraternal harmony."[17]

Über das Vertauschungsmotiv übe Israel eine Art Selbstkritik an seinem eigenen Handeln, das dem eigenen ethisch-solidarischen Anspruch in der Völkerwelt nicht gerecht zu werden scheint:

> „In the end, the Bible's ambivalence towards Jacob („Israel") and his family is that which Israel felt about herself. Her deepest struggle seems to have had less to do with foreign states and outside forces than with suppressed aspects of her own being – or even those she most proudly proclaimed. Deeply aware of her own shortcomings, both historical and existential,

---

16 GREENSPAHN, When Brothers Dwell together, 139f.
17 GREENSPAHN, When Brothers Dwell together, 140.

Israel's doctrine of election was itself at odds with the reality of her daily existence. Only eschatologically did she look forward to some kind of reconciliation between her historical experience and theological reality, her status and her worth."[18]

Mit dieser inner-israelitischen, unpolitischen Dimension greift Greenspahn in seiner Interpretation freilich nur den Aspekt der Vertauschungen heraus, dass sich die jüngeren Brüder oft gar nicht selbstständig ihrer neuen, erwählten Rolle als würdig erweisen können (vgl. Jakob, Abraham und die Jakob-Söhne), sondern JHWH hier selbst intervenieren muss. Allerdings ist die Betonung des „scheitern könnenden" Erwählten eine wichtige Facette der Erzählungen, die bisher noch nicht hinreichend deutlich formuliert wurde.

Der Aufweis der unterschiedlichen Aspekte der Vertauschungen ist sehr verdienstvoll, zugleich aber auch eine Schwäche dieser Arbeit. Die reine *Benennung* der Komplexität des Motivs durch Greenspahn bleibt zu allgemein, um eine spezifischere Ausdifferenzierung hinsichtlich der Textpragmatik herauszuarbeiten. Einschlägig ist Greenspahns Arbeit aber in jedem Fall dank der umfangreichen Aufarbeitung der Forschungsliteratur. Seine Studie stellt den Status quo der neueren Forschung dar, hinter den nicht mehr zurückgegangen werden kann.

2.4 Historisch orientierte Ansätze

Neben den besprochenen Monographien gibt es Einzelbeiträge, die unterschiedliche Erklärungsmodelle mit psychologischen, ethischen, historischen und sozio-ökonomischen Ansätzen vorstellen.[19] Der Schwerpunkt dieser Ansätze liegt auf der historischen Rückfrage nach der Rolle des Erstgeburtsrechts für das historische Israel in bestimmten Stadien seiner Entstehung sowie auf dem Vergleich der biblischen Praxis mit der altorientalischen Umwelt. Zwei forschungsgeschichtlich wirkmächtige Modelle seien hier skizziert:

Nach Jacobs (1888)[20] reflektieren die Vertauschungserzählungen ein Faktum, das im Allgemeinen mit dem Ausdruck „Ultimogenitur" be-

---

18   GREENSPAHN, When Brothers Dwell together, 140.
19   Für eine erste Übersicht vgl. die Zusammenstellung der Modelle bei FOX, Younger Brother, 45-68; GREENSPAHN, When Brothers Dwell together, 142-151 und HIEKE, Genealogien, 39f.
20   JACOBS, Junior-Right in Genesis, Archaeological Review 1 (1888), 331-342 (Neudruck in: JACOBS, Studies in Biblical Archaeology, London 1894, 46-63).

zeichnet wird, d.h. der erblichen Bevorzugung des Letztgeborenen anstelle des Erstgeborenen („Primogenitur"). Nach Jacobs reflektieren die Genesiserzählungen „a system of succession corresponding to ‚Borough English', by which the youngest son succeeded to his father's flocks and property, the elder ones having probably provided for themselves before their father's decease."[21] Die Primogenitur sei erst eine spätere Entwicklung, die vor allem die Priesterschaft durchsetzen wollte.[22] Diese priesterlichen Kreise hätten auch die Vertauschungserzählungen in den Pentateuch eingetragen, um darüber zu erklären, wo diese „ancient irregularity"[23], gemeint ist die Ultimogenitur, ihre Ursprünge habe. Zeitlich sei dieser Traditionswechsel zum Übergang von einer vor-monarchischen Gesellschaft zu einem monarchischen Staat zu verorten.[24]

Im Anschluss an die These Jacobs wollen Henninger (1968)[25] und Frazer (1919)[26] weitere Anzeichen einer ursprünglichen Ultimogenitur in Israel gefunden haben. Aus dem Material, das Henninger in seiner Studie zum „Erstgeburtsrecht bei den Semiten" beschreibt, folgert er, dass mit ziemlicher Sicherheit aus den Quellen hervorgehe, dass die vorislamischen Araber eine Bevorzugung des erstgeborenen Sohnes, zumindest erbrechtlich, nicht gekannt haben.[27] Abweichungen von dieser Norm (der Ultimogenitur!) seien erst in späterer Zeit für Palästina und Transjordanien gelegentlich registriert worden.[28] Henninger erwägt daher die Möglichkeit, „daß sich das Erstgeburtsrecht [scl. bei den Semiten] in einer Kultur der Halbnomaden gebildet hat."[29] Jedoch lässt er sich bei der Begründung dieser These im Wesentlichen von allgemeingeschichtlichen Gesichtspunkten leiten. Frazer sichtet und analysiert die biblischen Geschichten[30] und diejenigen Quellen, die

---

21 JACOBS, Junior-Right in Genesis, 60.

22 Dazu JACOBS: „this rule (scl. the primogeniture) had the support of the priesthood, who depended for their maintenance on the sanctity of the firstborn." (JACOBS, Junior-Right in Genesis, 60).

23 JACOBS, Junior-Right in Genesis, 61.

24 S. dazu die ergänzenden Literaturhinweise bei FOX, Younger Brother, 54f.

25 HENNINGER, Zum Erstgeburtsrecht bei den Semiten. In: GRÄF (Hg.), Festschrift W. Caskel, Leiden 1968, 162-183.

26 FRAZER, Folk-Lore in the Old Testament: Drei Bände; bes. Bd. 1: „Part II: The Patriarchal Age" (391-569) und „Chapter II: The Heirship of Jacob or Ultimogeniture" (429-566).

27 Vgl. HENNINGER, Zum Erstgeburtsrecht bei den Semiten, 162-183.

28 S. dazu auch TSEVAT, Art. בְּכוֹר, 645f.

29 HENNINGER, Zum Erstgeburtsrecht bei den Semiten, 182.

30 Vgl. „The traces of junior birthright or ultimogeniture in patriarchal history" (S. 431-433): Besprechung von Jakob, Isaak, Joseph, Ephraim und Manasse. S. ebenso:

seiner Meinung nach für eine „Ultimogenitur" in der „Umwelt" sprechen (S. 433-439.442-567): etwa aus Europa (S. 433-439), Süd-Ost-Asien
(S. 442-473), Nord-Ost-Asien (S. 473-476) und Afrika (S. 473-481). Hinzu
kommt eine Besprechung der Ultimogenitur im Verhältnis zur *ius
primae noctis* in verschiedenen Kulturen (S. 481-534). Nach Frazer erhär-
te sich die Annahme einer ursprünglichen Ultimogenitur, wenn man
sich die Belege aus der Umwelt ansehe. Er sieht seine These der
Ultimogenitur sogar durch das (allerdings bei ihm freilich nicht ausreichend belegte) Kinderopfer in Israel und seiner Umwelt bestätigt: Die
Erstgeborenen können geopfert werden, da die Bevorzugung des *zweiten* Sohnes vorherrsche (S. 562-564):

> „[…] it may not be irrelevant to remark on the coincidence in ancient Israel
> of traces of ultimogeniture with almost indubitable traces of a systematic
> practice of putting firstborn children to death."[31]

Diese Deutung konnte sich letztlich nicht durchsetzen. Die Beantwortung der Frage nach einem möglicherweise praktizierten Kinderopfer
in Israel oder seiner Umwelt ist heute mit äußerster Vorsicht zu behandeln. Die Quellenlage spricht bei weitem nicht so eindeutig von einer
solchen Praxis, wie bisher angenommen wurde.[32] Gerade Gen 22 wurde
lange als Exempel für Kinderopfer im TeNaK angeführt, folgt man der
religionsgeschichtlichen Deutung in Gunkels Genesiskommentar. Es
gibt wenig Resultate der kritischen Bibelexegese, die so erfolgreich
rezipiert worden sind, wie die religionsgeschichtliche „Rettung" von
Gen 22. Allerdings kann der Text heute nicht mehr als Beleg einer solchen Praxis angesehen werden. So attraktiv die Deutung zunächst erschien, so unhaltbar wurde sie doch, wie mittlerweile weithin zugestanden wird.[33] Die Quellenbasis für das Erstgeburtsrecht hat sich bis

---

„Traces of ultimogeniture in the history of David" (S. 433): Perez (Gen 38); David als
jüngster Sohn Isais; David selbst präferiert Salomo, nicht Adonija. Sein Ergebnis:
„All these facts taken together may be held to raise a presumption that in Israel the
custom of primogeniture […] had been preceded by an older custom of ultimogeniture […]." (S. 433). Ähnlich TSEVAT, Art. בְּכוֹר, 649: „Es ist nicht unwahrscheinlich,
daß die Patriarchenerzählungen eine Zeit beschreiben wollen, in der der Erstgeborene sich (oft) keiner Sonderstellung erfreute."

31 FRAZER, Folk-Lore in the Old Testament, VI. 1, 563.

32 Sehr kritisch solchen Thesen gegenüber ist bes. GREENSPAHN, When Brothers Dwell
    together, 30-36 (mit weiterführender Literatur); s. noch EBACH/RÜTERSWÖRDEN,
    ADRMLK, „Moloch" und BA'AL ADR, 219-226.

33 Vgl. etwa ZIMMERLI, 1. Mose 12-25, 110 u. SCHMID, Die Rückgabe der Verheißungs-
    gabe, 275f. Die Hauptkritikpunkte sind, dass nirgends auch nur die leiseste Kritik
    am Kinderopfer durchschimmert und weiterhin die Erzählung nicht auf die Einrich-
    tung eines Ersatzopfers hinausläuft, sondern dieses bereits als geläufig voraussetzt.
    Selbst wenn es religionsgeschichtlich richtig wäre, so würde sie doch nur die Vorge-

heute dahingehend erweitert, dass dessen Gültigkeit für den antiken Orient allgemein (mit gewissen Einschränkungen[34]) anerkannt wird.[35] Für die Sitte einer früheren, allgemein akzeptierten Ultimogenitur gibt es praktisch keine Quellenbasis.[36]

De Vaux (1978)[37] beschritt in seiner Untersuchung einen anderen Weg, um die historische Plausibilität der Bevorzugung des jüngeren Bruders zu erklären. Er nahm an, dass die Erzählungen eine Periode der Geschichte Israels reflektieren, in der das Erstgeburtsrecht noch nicht von der chronologischen Priorität abhing, sondern mehr vom „paternal degree."[38] Die Patriarchenzeit basiere auf der Anerkennung und Durchführung der *patria potestas*, so dass der *pater familias* auch den legitimen Erben selbst bestimmen konnte. Er war in keinster Weise

---

schichte der jetzigen Erzählung betreffen. „Der Sinn der Erzählung wird hinter dem Text in der Religionsgeschichte gesucht, und der so gefundene Sinn wird dann zur eigentlichen Botschaft des Textes hochstilisiert." (VEIJOLA, Das Opfer Abrahams, 157).

34 VAN SETERS hat auf der Basis akkadischer und ugaritischer Texte angenommen, dass die Primogenitur bei weitem nicht so gebräuchlich sei, wie allgemein angenommen (vgl. VAN SETERS, Abraham, 88-95), vielmehr liege ein viel flexibleres System des Erbrechtes vor. Dazu jetzt wieder KNOPPERS, The Preferential Status, 116-121. „A favoured place for the firstborn is, by no means, an universal custom in the ancient Near Eastern world. There are clear exceptions." (KNOPPERS, The Preferential Status, 117).

35 Eine zusammenfassende Studie für das Erstgeburtsrecht in Mesopotamien fehlt bisher. Die Arbeiten von KLÍMA, Untersuchungen zum altbabylonischen Erbrecht, bes. 15-33 und KRAUS, Vom altmesopotamischen Erbrecht, 1-13, die auf die altbabylonischen Verhältnisse beschränkt sind, sind die wichtigsten Beiträge (S. noch die kritische Sichtung des disparaten Quellenbefundes bei DAVIES, The Inheritance of the Firstborn, 175-191; GREENSPAHN, When Brothers Dwell together, 9-29.30-83; FOX, Younger Brother, 47-49). Ein dem hebräischen Terminus „Erstgeborener" entsprechendes Wort gibt es nicht. Ein einheitliches Recht existiert ebenfalls nicht. Die babylonischen Gesetzessammlungen enthalten keine einschlägigen Bestimmungen, obwohl sich im Kodex Hamurapis dazu reichlich Gelegenheit geboten hätte. Jedoch geht aus privatrechtlichen Urkunden hervor, dass – aufs Ganze gesehen, in altbabylonischer Zeit der erstgeborene Sohn in Süd- und Mittelbabylonien sich in Erbsachen gewisser Sonderrechte erfreute, in Nordbabylonien dagegen nicht (vgl. etwa TSEVAT, Art. בְּכוֹר, 645f.). Dazu DAVIES: „It is clear [...] that the right of the firstborn was a principle which was widely recognized in the ancient Near East from the beginning of the second millennium BCE onwards." (DAVIES, The Inheritance of the Firstborn, 191).

36 Zur Kritik siehe außerdem DAVIES, The Inheritance of the Firstborn, 177 und GOLDIN, The Youngest Son, 35.

37 DE VAUX, The Early History of Israel, 2 Bde., London 1978.

38 Vgl. dazu DE VAUX, The Early History of Israel, 235.250. Zu dieser These s. auch DAVIES, The Inheritance of the Firstborn, 177f.

an den Präferenzstatus des ältesten Sohnes gebunden.[39] Zur Fundie-
rung dieser Argumentation wird Dtn 21,15-17 herangezogen. Ein Gesetz mache nur dann Sinn, wenn in der Realität eine andere Praxis vollzogen wurde, als das Gesetz regeln will. Wenn also Dtn 21,15-17
ausdrücklich verbietet, den Erstgeborenen zu ersetzen, so solle darin
eine frühere Situation reflektiert sein, in der der Vater die Möglichkeit
der freien Wahl des „Erstgeborenen" gehabt habe. Ähnliches folgert
auch Falk aus Dtn 21: „perhaps the first limitation on an Ancient free-
dom of disposition, obliging the father to respect the right of his
firstborn by giving him a double portion."[40] Diese Lösung erweist sich
jedoch als wenig plausibel, da die biblischen Texte nirgendwo eine
solche Praxis voraussetzen. Vielmehr beruht diese Theorie auf einer
einseitigen Auslegung der biblischen Texte:[41] Zwar gab Abraham dem
zweitgeborenen Isaak den Vorzug, obwohl er mit Ismael zufrieden
war. Vielmehr war es die Dynamik der Gott-Mensch-Beziehung, die ab
Gen 15 das Handeln der Erzeltern Abraham und Sara bestimmte, so
dass sie zur endgültigen Annahme Isaaks als Sohn Abrahams führte
(Gen 21,1-7; 22). Auch können Esau und Jakob kaum als Begründung
dieser Sitte angeführt werden (Gen 27), denn die Erzählung gewinnt
ihr treibendes Moment dadurch, dass der Vater Isaak gerade nicht den
falschen Sohn segnen will. Mithin dient auch der Verweis auf die bewusste Voranstellung Ephraims vor Manasse durch Jakob selbst in Gen
48 nicht als hinreichende Begründung dieser These, denn in Gen 48
läuft schon auf der Erzählebene die vergleichbare Situation – unter
umgekehrten Vorzeichen – in Gen 27 mit.

2.5 Synchrone Ansätze

Von den synchron orientierten Ansätzen ist die Studie Kaminskys
(2007)[42] zu erwähnen. Innerhalb seiner Untersuchung zu Erwählungsvorstellungen im Alten wie im Neuen Testament behandelt er auch
einige Vertauschungserzählungen der Genesis. Er konzentriert sich
dabei auf Kain und Abel (S. 19-28), Ismael und Isaak (S. 29-42), Jakob
und Esau (S. 43-58) und Joseph und seine Brüder (S. 59-80). Über die

---

39 Vgl. FALK, Testate Succession in Jewish Law, 72f; NEUFELD, Ancient Hebrew Mar-
     riage Law, 261f.
40 Vgl. FALK, Testate Succession in Jewish Law, 76.
41 S. DAVIES, The Inheritance of the Firstborn, 178.
42 KAMINSKY, Yet I Loved Jacob. Reclaiming the Biblical Concept of Election, Nashville
     2007.

Auswahlkriterien der Besprechung genau *dieser* Vertauschungen gibt er jedoch keine Auskunft; er strebt dennoch eine vollständige Erfassung des Motivs an.[43] Die konsequent literarische Auswertung der Texte führt zu der recht knappen und leider recht unspezifischen Schlussfolgerung, das Motiv sei „connected to Israel's sense of her late-born status"[44] unter den anderen Völkern. Problematisch scheint hier, dass gerade in der Josephsgeschichte, auf die Kaminsky hauptsächlich seine These stützt, gerade nicht das Verhältnis Israels zu den anderen Völkern thematisiert wird, sondern eine inner-israelitische Ausdifferenzierung.[45] Entsprechend der literarischen Ausrichtung seiner Untersuchung verzichtet Kaminsky völlig auf eine historische Situierung des Motivs. Letztlich ist für ihn vor allem der theologische Aspekt wichtig, nämlich dass

> „in a number of them (scl. these stories) the younger sibling who eventually triumphs is portrayed as a character, who […] is seriously flawed. […] The emphasis of these stories on the upsetting of human expectations by noting god's mysterious election of the youngest child, even when he is flawed, must certainly reflect a deep-seated Israelite perception that their nation is blessed, but has not earned this blessedness primarily through merit."[46]

Damit rückt Kaminsky die göttliche Souveränität bei der „Erwählung" in den Vordergrund: Israel, symbolisiert in den „jüngeren Brüdern", der durch Gott zum Erstling ernannt wird, habe dies nicht sich selbst zu verdanken. Vielmehr zeige sich gerade in der Erzählung von Jakobs Segensbetrug (Gen 27), dass sie des Segens eigentlich nicht würdig seien. Dass sie dennoch zu den erwählten JHWHs gehörten, sei auf eine nicht nachvollziehbare Erwählung durch JHWH zurückzuführen. Dessen sei sich Israel immer bewusst gewesen.

Andere synchron vorgehende Untersuchungen beschränken sich häufig nur auf Teilaspekte der Vertauschungen. So kommt beispielsweise Millard in seiner umfangreichen Monographie zur Genesis als

---

43 Vgl. KAMINSKY, Yet I Loved Jacob, 15-18. Aufgrund seiner Beschreibung des Vertauschungsmotives müssten grundsätzlich alle anderen Genesiserzählungen, die auch in dieser Untersuchung behandelt werden sollen, bei KAMINSKY noch mit besprochen werden.

44 KAMINSKY, Yet I Loved Jacob, 77. Ähnlich das Ergebnis von FOX: „The reader of the biblical text is left with the portrait of an Israel helpless in the face of the world events." (FOX, Younger Brother, 63).

45 In Gen 35 wird „Israel" in seinen zwölf Söhnen zum ersten Mal vollständig genannt. Ab Gen 37,1 geht es in der Josephsgeschichte um eine binnenisraelitische Ausdifferenzierung. Der Konflikt um das Erstgeburtsrecht findet innerhalb Israels statt.

46 KAMINSKY, Yet I Loved Jacob, 77.

Eröffnung der Tora auch auf die Thematik der *Vertauschungen* zu sprechen:

> „Bereits auf der biblischen Ebene der Genesis konstituiert der erste Brudermord auch eine Menschheitsethik als Geschwisterethik. Einen deutlichen Hinweis auf eine solche Menschheitsethik als Geschwisterethik findet sich im Kontext der priesterlichen Literatur in Gen 9,5f."[47]

Unter der qualifizierenden Überschrift der „Bruderkonflikte" schließt sich bei Millard eine Besprechung der „Konflikterzählungen" um Kain und Abel als *ethischem* Grundtypos und dessen exemplarischer Ausgestaltung bei Abraham und Lot, Ismael und Isaak, Jakob und Esau und Joseph und seine Brüder an. Diese auf den ethischen Aspekt reduzierte Deutung ist in neuerer Zeit breit rezipiert worden.[48] Nicht auf die Vertauschungen komme es entsprechend in den biblischen Texten an, sondern auf die anthropologische Grundeinsicht, dass der Mensch im Umgang mit seinem Mitmenschen zu Konflikten neige und sich dadurch in Schuld verstricken könne. Man kann die Texte freilich in diesem Horizont lesen, doch erscheint es m.E. als problematisch, wenn ein Einzelaspekt, in diesem Fall die „Konflikte", aus einem komplexen literarischen Zusammenhang einer Erzählung abstrahiert und diese Abstraktion dann auf weitere Texte mit übertragen wird. Aufgrund der zu großen Verallgemeinerungstendenz kann man die Texte dann nur noch im Blick auf eine übergreifende Menschheitsethik oder Anthropologie auslegen. Die konkrete literarische Darstellung bzw. die unterschiedlichen literarischen Formen, in der dieser Aspekt textlich verarbeitet wird, scheinen hier wenig in den Blick zu kommen. Dies gilt auch in theologischer Hinsicht: Grundsätzlich wird in der Genesis nie allgemein, d.h. losgelöst von JHWHs Verhältnis zu Israel, von einer menschlichen Ethik oder allgemeinen Anthropologie gesprochen (das ist *opinio communis* der Exegese), selbst wenn die literarhistorische Unterscheidung zwischen (allgemeiner) Ur- und (israelitischer) Erzelterngeschichte dies suggerieren mag. Eine Anthropologie kann selbstverständlich Aussagen über „den Menschen" an sich treffen, doch muss sie ihre Aussagen *am konkreten Text* immer wieder überprüfen und reflektieren.

---

47 MILLARD, Eröffnung der Tora, 75-89 hier: 75.

48 Zu neueren monographischen Ansätzen vgl. SYKES, Patterns; TURNER, Announcements und STEINMETZ, Father; sowie den motivisch offeneren Aufsatz von CARR, Βίβλος γενέσεως Revisited, 327-347, dort S. 329 Anm. 2 mit weiterer Literatur.

3. Anlage der Studie – Zur Methode

3.1 Vorgehensweise

Die bisherige Forschung hat wichtige Einzelaspekte zum Phänomen der Vertauschungserzählungen bereits herausgearbeitet. Eine *systematische* und *durchgängige* Gesamtdarstellung und Funktionsbestimmung dieses komplexen Motivs innerhalb der Genesis mit seinen Querverbindungen innerhalb des gesamten Kanons wurde bisher noch nicht durchgeführt. Der Schwerpunkt dieser Untersuchung liegt darum auf der kanonischen Erschließung dieses Motivs in seiner literarischen Breite. Hieraus ergeben sich die folgenden Aspekte der Darstellung des Vertauschungsmotivs:

Nach den Vorbemerkungen wird es in einem ersten Teil um die motivlichen sowie strukturell-kontextuellen Voraussetzungen des Vertauschungsmotivs in der Genesis gehen (Teil A).

Das Hauptgewicht der Untersuchung soll auf dem zweiten Schritt liegen: Das Vertauschungsmotiv in der Genesis wird innerhalb seines literarischen Kontextes beschrieben und literaturwissenschaftlich analysiert (Teil B). Im Vordergrund der Untersuchung steht zum einen die formale Beschreibung des Vertauschungsmotivs in seinem narrativen Aufbau sowie in der Abfolge der Einzelelemente. Zum anderen liegt ein Fokus auf der Analyse der narrativen Einbettung der Texte in ihren jeweiligen Kontext. Es zeigt sich, dass die narrativen Texte in enger Verknüpfung mit den Genealogien stehen, weshalb dieses Wechselspiel zu beschreiben ist. Dabei wird sich herausstellen, dass es unangebracht ist, die Genealogien als Unterbrechung der Erzählungen zu werten: Es gilt vielmehr ein komplexes, intertextuelles Bezugssystem zu beschreiben, in dem jede Vertauschungserzählung einerseits ihren festen Ort hat und andererseits auch umgekehrt wieder auf vorausgegangene wie nachfolgende Vertauschungen verweist. Die Analyse der jeweiligen Vertauschungserzählungen erfolgt in der Reihenfolge der *Erzählfolge* der Genesistexte. Dieses Vorgehen trägt der Tatsache Rechnung, dass die Einzeltexte nicht nur für sich, sondern auch und vor allem im Gesamtkontext – und das heißt vor allem: in ihrer *konkreten Anordnung* innerhalb der Genesis – ihre Sinnpotentiale entfalten. Diese sind wiederum für die Deutung der Einzeltexte wichtig.

Untersuchungsgegenstand sind die oben genannten Texte und Personenkonstellationen, bei denen die Konkurrenz um das Erstgeburtsrecht im Vordergrund steht. Das Motiv bleibt im Wesentlichen auf die Genesis beschränkt. Jedoch gibt es einige Texte außerhalb der Genesis, die zumindest in bestimmten Einzelzügen im Kontext der Vertauschungserzählungen gelesen werden können. Für die Bestimmung der Funktionen des Vertauschungsmotivs erscheint es daher ebenso wichtig, diese Texte zu untersuchen und ihre Verbindung zu den Genesiserzählungen zu prüfen.

In den Vertauschungserzählungen lassen sich viele Gemeinsamkeiten erkennen, die ein eng verwobenes Gesamtsystem schaffen. Die Beobachtungen aus der Textanalyse lassen sich systematisieren und zusammenfassend interpretieren (Teil C). Diese Synthese wird die konstitutiven Elemente des Vertauschungsmotivs erfassen. Um Redundanzen zu vermeiden, wird daher nur auf die Einzeltextanalyse des zweiten Teils verwiesen werden. Eine interpretatorische Systematisierung ist ferner für die Funktionsbeschreibung des Vertauschungsmotivs notwendig. Die Funktionen des Motivs sollen in literarische, theologische und realgeschichtliche Aspekte unterschieden und darin je einzeln untersucht werden.

Im Schlussteil (Teil D) werden die exegetischen Ergebnisse dieser Untersuchung gebündelt. Daneben soll der Versuch unternommen werden, die Erkenntnisse der Synchronie in einen Dialog mit den Ergebnissen der historisch-kritischen Exegese zu führen, um daraus weiterführende methodologische Schlussfolgerungen zu ziehen. Dieser Schritt dient mithin dazu, die eigene Methodik zu reflektieren.

3.2 Methodische Grundlegung

Die Fragestellungen und die Zielvorgaben dieser Untersuchung bedürfen eines Ansatzes, der bei der Wahrnehmung des *gesamten Textes* innerhalb seiner *Kontexte* in ihrer konkreten Erscheinungsform als *biblischer Kanon* beginnt. Diese methodologischen „Koordinaten" sollen im Folgenden dargelegt werden.

3.2.1 Das Verhältnis Autor – Text – Leser

Mit der Fokussierung auf den Kanon ist eine Akzentverlagerung verbunden, nämlich die Anerkennung der Dominanz der *Endgestalt* des Textes über alle vorangehenden Entwicklungsstadien des Textes. Der Ägyptologe Jan Assmann gibt in seinem Vortrag zur Entstehung des Kanons im Judentum anlässlich seiner Ehrenpromotion in Münster im Januar 1998 eine wichtige Einschätzung zum Verhältnis des vorliegenden, kanonischen Textes zu seinen (hypothetischen) Vorstufen:

> „Die Normativität des Textes, seine Autorität und Hochverbindlichkeit, bezieht sich ausschließlich auf die Endgestalt, nicht auf irgendwelche Vor-

und Urstufen. Es gibt innerhalb dieser kanonischen Endgestalt kein mehr oder weniger an Verbindlichkeit, keine wichtigeren oder unwichtigeren Sätze, keine ursprünglichen und sekundären Partien. Mit der Endgestalt ist das geschichtliche Werden des Textes vergessen."[49]

Für die Methodik dieser Untersuchung folgt daraus, dass „[a]n die Stelle der Frage nach dem Entstehen des Textes […] die Suche nach dem Verstehen gesetzt [wird], und dies bedarf einer *leserorientierten* und *textzentrierten* Methodik."[50]

Die Wahrnehmung der Intertextualität biblischer Texte besagt allerdings noch nicht, auf welcher Ebene diese dichte Vernetzung entsteht. Prinzipiell ist hierbei an die Instanz (1) des/der Autoren, (2) des Erzählers/Textes oder (3) der Leserin/des Lesers zu denken, die derartige Sinnbezüge herstellen. Der gegenwärtige Methodenstreit um die angemessene Bibelauslegung kann aus falschen Alternativen befreit werden, wenn Ergebnisse der neueren Literaturwissenschaften in die Diskussion einbezogen werden.[51] Diese haben nachgewiesen, dass jedes Verstehen eines Textes immer schon zugleich eine Form der Aneig-

---

49 ASSMANN, Fünf Stufen auf dem Weg zum Kanon, 14.

50 HIEKE, Der Seher Johannes als neuer Ezechiel, 2. – Die wissenschaftlichen Leistungen der historisch-kritischen Methode verdienen dabei höchsten Respekt, da die Bibelwissenschaft der Rationalität des neuzeitlichen Denkens Rechnung trägt. Ihr Anspruch ist es, ohne dogmatische Vorurteile oder Tabus die Bibel mit allen Mitteln der Wissenschaft zu untersuchen. Mit dem Postulat, sie so auszulegen *etsi deus non daretur* – entspricht sie der modernen Autonomie der Vernunft. Sie führt den theologischen Diskurs mit der atheistischen Welt in den Kategorien des Historischen. Gegenüber einer pauschalen Beurteilung der Bibel als Märchen, Lüge, Täuschung oder Priesterbetrug differenziert sie zwischen historisch Sicherem oder Wahrscheinlichem und zwischen Faktum und Glaubensbekenntnis. Sie entlastet damit die Texte zum Teil auch davon, etwas sein zu müssen, was sie nicht sein wollen, nämlich Tatsachenreportagen. Die Bibel ist Kerygma, Glaubensverkündigung von Menschen in unterschiedlichen geschichtlichen Situationen. Die kritische Forschung hat den Blick dafür geöffnet, dass die Texte des Alten und des Neuen Testaments durch eine lange Geschichte der Entstehung hindurchgelaufen sind, deren Aufklärung eine enorme Erleichterung ihres Verständnisses bedeutet. Mit ihrer großen intellektuellen Redlichkeit und Mut zu unaufhörlichem Fragen hat die historisch-kritische Wissenschaft den biblischen Texten Bodenhaftung verschafft. Durch genaue Analyse der unterschiedlichen theologischen Konzeptionen innerhalb der Bibel bewahrt sie die Texte davor, zu einem dogmatischen „Steinbruch" zu werden und sichert so die Fülle und Weite des Wortes Gottes. Insbesondere schützt sie vor fundamentalistischer Vereinnahmung.

51 Einen Überblick über die literaturwissenschaftliche Diskussion gibt WARNING (Hg.), Rezeptionsästhetik. Zur Rezeption der literaturwissenschaftlichen Debatte innerhalb der biblischen Exegese s. FREY, Der implizite Leser, 266-290; MÜLLER, ‚Verstehst du auch, was du liest?', bes. 120-128. Zur Aufgabenstellung einer Theologie des Lesens siehe grundsätzlich HUIZING/KÖRTNER/MÜLLER, Lesen und Leben.

nung ist. Sie zeigen außerdem, dass der buchstäbliche Sinn eines Textes keineswegs so eindeutig feststeht, wie die historisch-kritische Exegese es zuweilen anstrebt. Nach Auffassung der historisch-kritischen Bibelauslegung besteht der Sinn eines Textes in dem, was ein Verfasser seinen einstigen Leserinnen und Lesern kommunizieren wollte (*intentio auctoris*). Ihr Ziel ist daher die Rekonstruktion der Aussageabsicht des historischen Autors. Es verhält sich jedoch nicht einfach so, dass der Autor die Bedeutung seines Textes autoritativ und einlinig festlegen könnte. Der Text kann mehr Hinweise und Strategien enthalten als der historische Autor bewusst hineingelegt hat. Der Leser und die Leserin sind es, die den Sinn eines Textes im Akt des Lesens jeweils neu, und zwar vermutungsweise, festlegen müssen.[52] Der Text erhält im Akt des Lesens erst seinen Sinn, indem die Leserinnen und Leser die Leerstellen ausfüllen, welche jeder, vor allem aber ein poetischer Text hat: Räume des „Nicht-Gesagten" und des „Schon-Gesagten".[53] Dabei stellen Leserinnen und Leser Sinnbezüge zu ihrer eigenen Lebenswelt sowie zu anderen Texten her (*intentio lectoris*), die der Autor keineswegs gekannt oder im Blick gehabt haben muss. Nicht nur die Überlieferung von Texten, sondern auch ihre Lektüre hat zudem eine Geschichte, in deren Verlauf sich die Sinnfülle der Texte immer weiter steigert. Im Laufe seiner Überlieferungsgeschichte provoziert ein Text ständig neue Sinnverbindungen.[54]

> Die alte Lehre vom vierfachen Schriftsinn hat diese Zusammenhänge bereits in Ansätzen durchaus richtig erkannt. So wie jedoch die heutige historisch-kritische Exegese die Autonomie des Textes gegenüber seinem Autor vernachlässigt, so kann freilich die altkirchliche Allegorese

---

52 Vgl. FRANK, Die Grenzen der Beherrschbarkeit der Sprache, 181-213, bes. 202.

53 S. dazu vor allem ISER, Der Akt des Lesens; DERS., Der implizite Leser und ECO, Lector in fabula.

54 Dazu schon BUBER und ROSENZWEIG: Bekanntermaßen wird von BUBER das Redaktorensiglum „R" zu „Rabbenu", unser Lehrer, ergänzt. Hierzu ROSENZWEIG: „Wir nennen ihn unter uns mit dem Sigel, mit dem die kritische Wissenschaft ihren angenommenen Redaktor bezeichnet. R. Aber wir ergänzen dieses R nicht zu Redaktor, sondern zu Rabbenu. Denn, wer er auch war und was ihm auch vorgelegen haben mag, er ist unser Lehrer, seine Theologie unsre Lehre. Ein Beispiel: hätte die Kritik auch recht und wären Genesis 1 und 2 wirklich von verschiedenen Verfassern (worüber ich nicht entscheiden möchte, nachdem mir ein Mann wie B. Jacob gesagt hat, er glaube es nicht), so wäre auch dann was uns von der Schöpfung zu wissen nottut, nicht aus einem der beiden Kapitel allein zu lernen, sondern erst aus ihrem Zusammenstehn und Zusammenklingen. Und gerade aus dem Zusammenklingen ihrer anscheinenden Widersprüche, von denen die kritische Scheidung ausgeht: [...]. Erst dieses [...] ist die Lehre." (vgl. BUBER/ROSENZWEIG, Die Schrift und Ihre Verdeutschung, 47f).

seine Autonomie gegenüber dem Leser übersehen. Dessen ungeachtet behalten Typologie und Allegorese ihr Recht, insofern jeder Akt des Bibellesens ein doppelter Auslegungsvorgang ist: In ihm wird nicht etwa nur der Text durch den Leser ausgelegt, sondern auch umgekehrt der Leser durch den Text. Allegorische oder typologische Exegese legt weniger den Text als seinen Leser aus, gehört aber insofern legitimerweise in einen ganzheitlichen Akt des Lesens. Im besten Fall erinnert die alte Lehre vom vierfachen Schriftsinn daran, dass die Texte der Bibel eine poetische Qualität haben. Sie sind darum polyphon wie eine vielstimmige Musik, mehrdeutig, offen für Übertragungen und Assoziationen. Sie bringen ihre Leser und Hörer wie Resonanzböden zum Klingen.

Das angestrebte methodische Verfahren führt insofern immer nur zu einem Annäherungswert, weil die Zeitbedingtheit der Leser und Leserinnen dem Entdecken von Textstrategien und literarischen Steuerungselementen Grenzen auferlegt. Andere Leserinnen und Leser in anderen Zeiten und Kontexten können unterschiedliche Bezugspunkte und Leitlinien im Text finden. Der Vorgang ist prinzipiell unabgeschlossen, jedoch nicht beliebig, „da die Grenzen der Interpretation dann überschritten werden, wenn der Text nur noch den Interessen empirischer Leserinnen und Leser (*intentio lectoris*) dient,"[55] und der Text mithin nicht *interpretiert*, sondern *gebraucht* wird.

Da die Aussageabsicht des Autors bzw. der Autoren-/Redaktorengruppe und dessen/deren Erzählstrategien folglich nicht mehr mit Sicherheit festgestellt werden können, und ein zeit- und kontextgebundener „empirischer Leser" nicht Maßstab einer Auslegung werden kann, ist mit Nachdruck an den im vorliegenden Text zu beobachtenden Steuerungsstrategien (*intentio operis*) festzuhalten. Die dem Leser bzw. der Leserin zur Verfügung stehende *Textwelt* soll dabei als konkreter Deutehorizont der Auslegung dienen. Die sog. „Amsterdamer Tradition" betont seit spätestens den 60er Jahren des vergangenen Jahrhunderts die Vorrangstellung des Textes gegenüber historisierenden bzw. (teils sehr einseitig) leserorientierten Ansätzen. In einem Diktum des Niederländischen Alttestamentlers Karel A. Deurloo wird dies zum exegetischen Prinzip erhoben: „De tekst mag het zeggen": „Der Text soll es sagen", oder paraphrasiert: Der Text bleibt das Subjekt seiner Auslegung und das Korrektiv seiner Kritik. Die „Amsterdamer Tradition"[56] hat ihre Wurzeln in der reformierten Tradition wie auch in

---

55 HIEKE, Der Seher Johannes als neuer Ezechiel, 3 Anm. 7. Dort auch die Kritik an entsprechenden Ansätzen.

56 Da zur „Amsterdamer Tradition" verschiedene Richtungen aus dem Umfeld der reformierten Theologie in den Niederlanden gehören, kann man mittlerweile nicht

der jüdischen Exegese des 20. Jahrhunderts (Buber, Rosenzweig,
Palache). Ihr liegt eine Hermeneutik zugrunde, die ihre Prinzipien weitestgehend in den Bibeltexten selbst sucht. Hierbei spielen die Eigenhei-
ten der hebräischen Sprache und Erzählkunst eine wichtige Rolle, wobei dem sog. „Leitwortstil"[57], sowie der Wurzelverwandtschaft von
Worten und der rhythmischen Gliederung des hebräischen Textes eine
besondere Bedeutung zukommt. Zugleich wird in der Amsterdamer
Tradition betont, dass Form und Inhalt unauflöslich zusammen gehören und jeder einzelne (biblische) Text sowie der TeNaK als Ganzes als
Einheit gelesen werden wollen.[58]

> Als einer der Hauptvertreter der „Amsterdamer Tradition" ist Karel A.
> Deurloo zu nennen. Nach Deurloo ist Voraussetzung des Lesens ein
> konkreter Text. Er legt die biblischen Texte im Horizont des oben skiz-
> zierten hermeneutischen Dreiecks von Autor-Text-Leser/Hörer aus, je-
> doch mit dem ihm eigenen, theologischen Profil: Ein Bibeltext spei-
> chert die Information der Taten Gottes (דְּבָרִים, „Tatworte") in
> literarisch verarbeiteter Form, mit dem Ziel, dass Gott zu anderer Zeit
> diesen Bibeltext in Dienst nimmt, um erneut eine historische Praxis des
> Tatwortes Gottes zu bewirken und Menschen in dieses geschehende
> Wort mit hineinzuziehen.[59] Oder anders gesagt: „So wurde Israels Ge-

---

mehr im strengen Sinne des Wortes von einer „Schule" sprechen (vgl. die frühere
Bezeichnung als „Amsterdamer Schule"). Von ca. 1960 bis 2001 lag das inspirierende
Zentrum der Amsterdamer Tradition an der Theologischen Fakultät bzw. am Theologischen Institut der Universität von Amsterdam. Seit beide aufgelöst und die Theologie als Religionswissenschaft 2002 in die Geisteswissenschaftliche Fakultät integriert wurde, ist das Kolorit der Amsterdamer Tradition an der Universität von
Amsterdam weitgehend verloren gegangen, wirkt aber an anderen Stellen weiter.
Zu den unterschiedlichen Richtungen der „Amsterdamer Tradition" s. BAUER, All
diese Worte sowie BAUERS WiBiLex-Artikel „Amsterdamer Schule".

57   Zum Leitwortstil grundlegend BUBER/ROSENZWEIG, Die Schrift und Ihre Verdeut-
     schung und programmatisch: BUBER, Leitwortstil in der Erzählung des Pentateuch,
     1131-1149. „Die biblische Lehre trägt oft ihr Höchstes nicht vor, sondern lässt es sich
     auftun –nicht durch Kryptologie und Allegorese, sondern durch diese jedem unbe-
     fangen aufmerksamen Hörleser erkennbaren von Stelle zu Stelle geschlagenen Bo-
     gen bedeutsamer Wiederholung" (BUBER, Der Mensch von heute, 32f).

58   Zur Methode s. DEURLOO, Amsterdamse traditie, 188-198; DERS., De bijbel maakt
     school; DEURLOO/VENEMA, Exegesis According to Amsterdam Tradition, 3-14 u.
     BAUER, All diese Worte.

59   In DEURLOOS Worten, die dasselbe weniger dogmatisch ausdrücken: „Wie durch-
     dringen nun Personen, Worte, Ereignisse, Dinge – die Generationen, die Tage, die
     Zeiten? Dadurch, dass sie sich gedenken lassen. Sie machen sich zu Text, und zwar so,
     dass das Lesen des mündlich oder schriftlich Fixierten nicht in der Suche nach dem
     Sinn des Inhalts besteht, sondern darin, artikulierend und gestikulierend, handelnd
     und wandelnd selbst dieser Text zu werden." (DEURLOO, Schrijf dit ter gedachtenis
     in het boek, 10; Übersetzung des niederländischen Textes nach BAUER, All diese

schichte in Worte gefasst, um als Worte Israels selbst wieder Geschichte zu machen. Die Geschichte kommt in Gang, wenn *erneut* eine Beziehung zwischen Worten und menschlichem Leben entsteht."[60] Dieser Ansatz hängt mit Deurloos hermeneutisch-grundsätzlichen Auffassung vom „unhistorischen Charakter der biblischen Erzählungen"[61] zusammen. Die biblischen Erzähler wollen ihre Glaubenswahrheit bezeugen und keine „Traditions-Archäologie" betreiben.[62] Wirkliches Lesen eines Bibeltextes kann kein ausschließlich kognitiver Prozess sein. Es ist vielmehr ein existentieller Prozess, der die ganze Person erfasst und in eine neue, engagierte Praxis führt. Der „Tenach funktioniert erst *in Beziehung mit* dem Leben."[63] Es kommt dabei zu einer Wechselwirkung bzw. zu einem hermeneutischen Zirkel: Der Leser liest den Text mit einem bestimmten Vorverständnis, welches durch den Text als Subjekt der Kritik korrigiert oder bestätigt wird. Umgekehrt bringt die neue Praxis des Lesers den Text erst wirklich zur Geltung, denn die „historische Pointe" des Textes liegt beim Hörer, der den Text ‚geschehen lässt'. Eine biblische Erzählung ist damit keine Historie im herkömmlichen Sinne, sondern „geschehende Geschichte".[64]

Eine letzte Differenzierung ist in diesem Zusammenhang noch erforderlich: Wenn im Folgenden vom „Leser" gesprochen wird, so ist dies im Sinne des „Modell-Lesers" zu verstehen. Dieser Begriff wurde von U. Eco im Zusammenhang mit seinen Überlegungen zur *intentio operis* eingeführt und theoretisch grundgelegt. Eco löst damit die Problematik der *intentio lectoris* auf sinnvolle Weise: Beim (Modell-)Leser handelt es

---

Worte, 126f). Vgl. außerdem BOUHUIJS/DEURLOO, Gegroeide geschriften, 16 und CASALIS, Die richtigen Ideen fallen nicht vom Himmel, 53-60.

60 BOUHUIJS/DEURLOO, De stem in het gebeuren, 37 (eigene Übersetzung aus dem Niederländischen).

61 „Onhistorisch charakter van bijbelse verhalen." Diesem Thema ist eine ganze Monographie gewidmet: DEURLOO, Waar gebeurt. Over het onhistorisch charakter van bijbelse verhalen, Barn 1981.

62 Ganz ähnlich bringt auch MARTIN BUBER die Unterscheidung von Historie und Botschaft auf den Punkt: „Die hebräische Bibel ist wesentlich durch die Sprache der Botschaft geprägt und gefügt. Die ‚Prophetie' ist nur die deutlichste, die gleichsam nackte Erscheinung der Botschaft; da wird offen gekündet, was zu künden ist. Aber es gibt kaum irgendeinen Teil, kaum irgendeine Stilform der Schrift, die nicht unmittelbar oder mittelbar an die Botschaft gebunden und von ihr getragen wäre. Wir lesen die frühen Genealogien, die scheinbar absichtsledigen Namenreihen erweisen sich, in Auswahl und Anordnung, als Sendlinge der Botschaft. […]" (BUBER/ROSENZWEIG, Die Schrift und Ihre Verdeutschung, 55-75 hier: 55).

63 BOUHUIJS/DEURLOO, De stem in het gebeuren, 42f (eigene Übersetzung aus dem Niederländischen).Vgl. zum Folgendem auch S. 92f. und DEURLOO, De voorrang der werkelijkheid, 268-275. Eine umfassende Darstellung der Arbeitsweise und Theologie KAREL DEURLOOS bei BAUER, All diese Worte, 126-146.

64 DEURLOO, Lesen, was geschrieben steht, 17.

sich um ein textbasiertes, anthropomorphes, nicht-empirisches Konstrukt[65], das gewissermaßen Ausdruck textimmanenter Strategien ist: Eine Art Summe aller Eigenschaften und Textmerkmale, die die Lektüre der empirischen Leserinnen und Leser steuern und Wirkungen erzielen wollen.[66] Primärer Relationspunkt des Lesens und Verstehens bleibt damit immer noch der Text als solcher.

3.2.2 Auslegung im Kontext des Kanons

Der text- sowie leserzentrierte Ansatz analysiert den Text in seinen Kontexten. Der Gesamtkontext der Einzeltexte ist der konkrete, biblische Schriftenkanon. In methodischer Sicht will diese Arbeit an den Diskurs um die neueren profilierten Ansätze sog. „kanonisch-intertextueller" Methodik anschließen. Wie der von Bernd Janowski herausgegebene Sammelband „Kanonhermeneutik. Vom Lesen und Verstehen der christlichen Bibel" (dieser dokumentiert die Vorträge, die im Juni 2006 auf einem Tübinger Symposium zum Thema „Kanonhermeneutik" gehalten wurden[67]) sowie der gleichzeitig erschienene Band Egbert Ballhorn und Georg Steins (Hg.), „Der Bibelkanon in der Bibelauslegung. Methodenreflexion und Beispielexegesen" zeigen, ist der „Kanon" zu einem Schlüsselbegriff in der neueren Bibelauslegung geworden.[68] Der Begriff verweist nachdrücklich auf die theologische Bedeutung des Bibelkanons, also dessen theologische Botschaft, nicht nur diejenige der Einzeltexte.

Die Struktur, die einem Text vom Autor (oder einer Autoren- bzw. Redaktorengruppe) verliehen wird, prägt nicht nur den inneren Auf-

---

65 Das erübrigt auch eine gender-sensible Differenzierung.

66 S. Eco, Lector in fabula; Ders., Die Grenzen der Interpretation, *passim*; und Ders., Im Wald der Fiktionen, 18.

67 Vgl. Janowksi, (Hg.), Kanonhermeneutik. Vom Lesen und Verstehen der christlichen Bibel (Theologie interdisziplinär 1), Neukirchen-Vluyn 2007.

68 Eine Forschungsübersicht zur neueren Debatte bei Barthel, Die kanonhermeneutische Debatte seit Gerhard von Rad, 1-26. Im Hintergrund stehen eine Reihe von Entwicklungen und Fragestellungen zur Methodik einer intertextuell-kanonischen Exegese; s. bes. die programmatischen Untersuchungen von Steins und Hieke: Steins, Die „Bindung Isaaks" im Kanon (Gen 22). Grundlagen und Programm einer kanonisch-intertextuellen Lektüre, Freiburg/Basel u.a. 1999 bzw. Hieke, Die Genealogien der Genesis (HBS 39), Freiburg/Basel u.a. 2003. Zur Beschreibung von Grundlagen, Programm und Methodeninstrumentarium einer kanonisch-intertextuellen Lektüre s. vor allem die methodischen Grundlegungen in beider Habilitationsschrift; zusätzlich: Steins, Kanonisch lesen, 45-64; Hieke, Mt 1,1 vom Buch Genesis her gelesen, 635-649; Ders., Vom Verstehen biblischer Texte, 71-89; Ders., Neue Horizonte. Biblische Auslegung als Weg zu ungewöhnlichen Perspektiven, 65-76.

bau des Textes, sondern bestimmt auch dessen Wahrnehmung durch Leser oder Hörer. Diese Struktur schlägt sich z.B. im Aufbau eines Textes oder durch die Bezugnahme einzelner Texte aufeinander nieder, bestimmt die Art und Weise der Rezeption und wird (neben syntaktischen und semantischen Aspekten) gleichsam selbst zum Teil der Botschaft. Daher soll die Tatsache, dass es bei der Frage nach dem Kanon der zweigeteilten christlichen Bibel um etwas geht, was tief in der Anlage der biblischen Bücher verankert ist, in dieser Untersuchung beleuchtet werden. Während die Erforschung des biblischen Kanons lange Zeit als ausschließlich historische Frage nach Zeitpunkt, Anlass und Umfang der Festlegung verbindlicher Schriftensammlungen im Vordergrund des Interesses stand, hat die Bibelwissenschaft – auf evangelischer wie auf katholischer Seite – in den letzten Jahren verstärkt nach den sachlichen Motiven gefragt[69], die zur Herausbildung des biblischen Kanons und seines *theologischen Profils* geführt haben. Aufbauend auf den Vorarbeiten von Martin Buber („Leitwortstil"[70]) und anderen lieferte bereits ab den 1960er-Jahren der Niederländer und reformierte Theologe Frans Breukelman ein inspirierendes kanontheologisches Konzept des TeNaK.[71] Dies wurde später von Karel A. Deurloo und der „Amsterdamer Tradition" aufgegriffen und profiliert. Allerdings sind die niederländischen kanontheologischen Modelle – wohl wegen fehlender Übersetzungen – in der deutschen Forschungswelt weitestgehend unbekannt. Sie erfassten die textimmanenten Erzählstrategien schon damals mit bemerkenswerter theologischer Präzision und einzigartigem Gespür für die biblischen Texte. Die exegetischen Erkenntnisse dieser speziell reformierten Auslegungs-Tradition sollen in dieser Untersuchung in besonderer Weise berücksichtigt und in den hiesigen Forschungsdiskurs eingebracht werden.

Gegenüber einem engen Verständnis von Kanon, welches nur eine Auswahl, Anordnung und/oder autoritative Inkraftsetzung einer Liste

---

69   Eine Forschungsübersicht der kanonhermeneutischen Debatte (leider vorwiegend nur über die deutsche Forschung) bieten neuerdings BARTHEL, Die kanonhermeneutische Debatte seit Gerhard von Rad, 1-26 und BEHRENS, Kanon, 274-297.

70   Vgl. dazu Anm. 57.

71   S. vor allem BREUKELMAN, Bijbelse Theologie. Deel I,2: *toledoth*. Im Allgemeinen lässt sich in den reformatorischen Traditionen reformierter Prägung eine besonders hohe Wertschätzung der Bedeutung der *Einheit des gesamten biblischen Kanons* wahrnehmen – und zwar von Beginn an; zum „kanonischen" Denken maßgeblicher reformierter Richtungen und zu der daraus resultierenden besonders akzentuierten Verhältnisbestimmung von Altem und Neuem Testament (namentlich bei KARL BARTH, VAN RULER und MISKOTTE) s. jetzt HENSEL, Die Verhältnisbestimmung von Altem und Neuem Testament als Fundament einer christlichen Theologie, CV 51 (2009), 141-172.

biblischer Bücher berücksichtigt, soll hier „Kanon" als Ausdruck des
„Glaubensbewußtseins der Glaubensgemeinschaft"[72] in den Blick
kommen. Die Bindung an die (im Falle des TeNaK) jüdische bzw.
christliche Glaubensgemeinschaft tritt nicht sekundär zur Bibel hinzu,
sondern gehört primär zur rezeptiven Gestalt des Kanons. So *werden*
die biblischen Schriften in diesem Sinn nicht erst zum Kanon, sondern
sie entstehen *als* Kanon, „und zwar nicht zuletzt durch Schriftauslegung."[73] Kanonisierung ist damit im aktiven und prozessualen Sinne
zu verstehen: Seine Autorität gewinnt der Kanon im fortschreitenden
Prozess der verstehenden Aneignung, in dem die Gemeinschaft die
lebenserhellende und -verändernde Kraft der kanonischen Schriften
erkennt und zugleich *anerkennt*.[74] Denn ein Schriftenkanon ist nicht unabhängig von der Rezeptions- bzw. Glaubensgemeinschaft zu denken,
deren identitätsstiftender Maßstab er ist.[75] In und mit der Identifikation
ihrer Texte identifiziert die Gemeinschaft sich selbst, auch wenn die
Identität der Gemeinschaft ebenso wie die des Kanons stets eine plurale
und gebrochene bleibt.[76]

---

72 DOHMEN/STEINS, Art. „Schriftauslegung: I. Biblisch-theologisch", 253.
73 DOHMEN/STEINS, Art. „Schriftauslegung: I. Biblisch-theologisch", 254.
74 Zur Beziehung von Text, Kanon und Gemeinschaft s. auch MORGAN. Er spricht von
    „community and text *in dialogue*" (MORGAN, Between Text and Community, 11-29,
    Zitat 15; Hervorhebung BH). MORGAN weiter: „In the process of this dialogue, the
    text is shaped by the community and its particular needs" (MORGAN, Between Text
    and Community, 15).
75 Vgl. VAN DER KOOI, Kirche als Lesegemeinschaft, 63-72. Diese Kanondeutung ist
    sinnvoll, da der literarische Prozess der produktiven Fortschreibung bzw. Rezeption,
    der zur Bibel als Heiliger Schrift geführt hat, auf weiten Strecken auch immer ein
    Prozess der Schriftauslegung ist, in dem die Glaubensgemeinschaft ihre Glaubenser-
    fahrungen und ihren Gebrauch der Glaubenszeugnisse in Gottesdienst und Unter-
    weisung festgehalten hat.
76 Zur Relation von Kanon und Kirche vgl. die Artikel von HERMS und TIETZ im Sam-
    melband JANOWSKI (Hg.), Kanonhermeneutik. Vom Lesen und Verstehen der christ-
    lichen Bibel (Theologie interdisziplinär 1), Neukirchen-Vluyn 2007. HERMS arbeitet
    in höchster Differenziertheit und Präzision die verschiedenen Bedeutungsebenen
    heraus, die hinter dem Begriff „Kanon" stehen (s. HERMS, Die Heilige Schrift als Ka-
    non, 69-98). Nach dem Verhältnis von „Kanon und Kirche" und damit nach der Be-
    deutung des Kanons für Einheit und Vielfalt der Kirche fragt TIETZ und entfaltet
    damit einen von HERMS zum Schluss angesprochenen Punkt weiter. Sie kann zeigen,
    dass der Kanon einerseits die Vielfalt der Kirche bezeugt und damit eine Vielzahl
    von Konfessionen und sachliche Differenziertheit innerhalb der Kirche ausdrücklich
    zulässt. Andererseits sei der Kanon in allen seinen Teilen auf ein und denselben Ge-
    schehenszusammenhang außerhalb seiner selbst wie auf einen Fluchtpunkt bezogen,
    was die Einheit der Kirche begründet. Einheit der Kirche als Einheit in Vielfalt durch
    Jesus Christus sei durch alle Kirchentrennung hindurch schon längst gegeben, so
    TIETZ. Dies lässt nach der Autorität des Kanons fragen: Die Verbindlichkeit des Ka-

Mit der Relation *Text* und *Gemeinschaft*, der *Referenz* des Kanons auf eine Welt vor dem Text und dem kanonischen *Prozess* sind die grundlegenden Koordinaten der neueren kanon-hermeneutischen Diskussion angesprochen, die in dieser Untersuchung zu berücksichtigen sind.[77]

Eine abschließende methodische Präzisierung zum „biblischen" Kanon ist an dieser Stelle noch von Bedeutung. Da in text- und literaturtheoretischem Sinne der Kanon keine bloße Sammlung oder reine Rahmung eines Textencorpus ist, sondern ein *eigener* Text,[78] wird eine begriffliche Differenzierung zwischen „*Kanon*" als theologischem Konzept und der konkreten *Kanonausprägung* entscheidend und nötig.[79] Denn die *Idee* des Kanons hat zu einer Vielzahl verschiedener Kanonausprägungen geführt, die alle ihr eigenes Recht haben und in oben beschriebenem Sinne als eigener Text anzusehen sind. Der *eine Urkanon* ist nicht auszumachen, zumal der Kanonisierungsprozess, wie oben gezeigt, ein komplexes Wechselspiel zwischen Text, Autorengruppe(n) und Lesegemeinschaft ist: Peter Brandt hat in einer grundlegenden Studie die historisch bedingten verschiedenen Ausprägungen bzw. Endgestalten des Kanons, die für jeweils unterschiedliche Glaubensgemeinschaften stehen, aufgearbeitet und ausgewertet.[80] Die unterschiedliche Auswahl und Anordnung der biblischen Bücher in den verschiedenen Endgestalten bewirken einen jeweils unterschiedlichen

---

nons sei – so TIETZ weiter – durch seine *Rezeption* und seinen *Gebrauch* begründet, denn darin spiegele sich die Tatsache, dass die Kirche das eine Geschehen, auf das sich die Texte fluchtpunktartig beziehen, als wahr erfahren hat (s. TIETZ, Kanon und Kirche, 99-119).

77 Die Diskussion dieser Koordinaten im Detail ist hier nicht möglich; verwiesen sei auf die ausführliche Darstellung bei HIEKE, Vom Verstehen biblischer Texte, 71-89 und DERS., „Biblische Texte als Texte der Bibel auslegen", 331-345.

78 Vgl. SCHWIENHORST-SCHÖNBERGER, Einheit, 67: „Ihre letztliche normative Bedeutung gewinnen die Texte der Bibel nicht als Einzeltexte, sondern als Teiltexte eines Makrokontextes, den wir als Kanon bezeichnen [...] Der kanonische Text ist (letztlich) als *ein* Text zu verstehen." In Analogie zur Montagetechnik in der moderne Malerei, Poesie, bildenden Kunst und Filmkunst beschreibt KÖRTNER die Funktion des Kanons wie folgt: „Man wird sogar noch einen Schritt weiter gehen und sagen können, dass schon der biblische Kanon eine literarische Montage ist. Indem die alttestamentlichen und neutestamentlichen Schriften aus einer umfangreichen religiösen Literatur ausgesondert und zu heiligen Texten erklärt wurden, hat man sie als Teile zu einem neuen Ganzen zusammengefügt, in welcher der Leser immer neue Sinnbezüge entdecken kann und soll. [...] Der Kanon ist nicht nur ein Leitfaden des Glaubens, sondern eine Anweisung zum Lesen [...] [D]ie Schrift [ist] eine Anleitung zu fortgesetzter gemeinschaftlicher synchroner Lektüre der in ihr zusammengestellten Texte." (KÖRTNER, Spiritualität, 51). S. dazu auch HIEKE, Vom Verstehen biblischer Texte, 77f.

79 Hierzu maßgeblich: HIEKE, Vom Verstehen, 71-89, bes. 72-74.78-80.

80 S. BRANDT, Endgestalten des Kanons.

Kanon-*Text* und damit einen je verschiedenen Kontext des zu untersu-
chenden Einzeltextes.

Freilich verhält es sich nun nicht so, dass das Arrangement der
Schriften Israels in der jüdischen und christlichen Bibel eine völlig be-
liebige, jeweils bunt abwechselnde Anordnung ist. Die Überschneidun-
gen und Gemeinsamkeiten überwiegen die Unterschiede bei Weitem.
Vereinfachend können hier drei Endgestalten des Kanons unterschieden werden: der Kanon der hebräischen Bibel (*Tora, Nebi'im* und *Ketubim* = TeNaK), der Kanon der griechischen Bibel (LXX), sowie der Kanon der christlichen Kirchen aus Altem und Neuem Testament.[81]
Brandt gelingt es, gewisse „Grundstrukturen" herauszuarbeiten, die
(mit gewisser Abstraktion) in allen Arrangements gleich bleiben.[82]
Gleichwohl sei eingeräumt, dass es eine Reihe von interessanten, geschichtlich bedingten Varianten gibt.

Brandt hebt nun ausdrücklich hervor, dass die Vielzahl möglicher
Arrangements im Prinzip „je eigens synchron lesbar wären."[83] Die
theologischen Implikationen dieser Arrangements sind teils sehr profiliert: Während der dreiteilige hebräische Kanon in allen Unterteilen
stets auf die Tora als inhaltlichem Zentrum verweist,[84] zeigt der Septu-
aginta-Kanon eine völlig andere Anordnung der Bücher, die ein histo-
risierendes Konzept erkennen lässt: Es wird ein heilsgeschichtlicher
Bogen gespannt von der Schöpfung bis zur Verkündigung und den

---

81   Mit den konfessionellen Unterschieden hinsichtlich der Gewichtung deutero-
kanonischer Bücher. Die kanonische Bewertung ist hier teils sehr diffizil: beispielsweise geht die römisch-katholische Kirche in ihrer Anordnung der Bücher über die
Vulgata auf die Reihenfolge der LXX zurück; Luther hingegen führte ein seltsam
hybrides Modell ein: Er wollte zurück zu den Wurzeln, also zum hebräischen Text,
behielt aber die Reihenfolge der LXX bei. Konsequenterweise müsste die Anordnung
in der Reihenfolge des TeNaK erfolgen. Die TeNaK-Reihenfolge für die christliche
Bibel macht wieder die „Bibel in gerechter Sprache" stark; vgl. noch die vielfachen
Versuche in den reformierten Niederlanden, diese Kanonform für die Gemeinden
einzuführen.

82   Vgl. BRANDT: „Im Judentum hat sich eine relativ klar strukturierte Bibel durchge-
setzt […] Mit der Strukturierung ist aller Wahrscheinlichkeit nach ein theologisches
Programm intendiert gewesen, dessen Bedeutung in der Rezeption offenbar ‚ver-
standen' und beibehalten wurde." (BRANDT, Endgestalten des Kanons, 347). BRANDT
erschließt aus den unzähligen verschiedenen Arrangements eine „Hauptform"
(BRANDT, Endgestalten des Kanons, 352): Er sieht als Kernpunkte dieser Hauptform
die drei Blöcke „historische Bücher" (mit jeweiliger Akzentuierung des Penta-, oder
Hexateuchs und der „zweiten" Abteilung Sam bis Kön), „salomonischer Bücher"
(Spr, Koh, Hld) und 16 „prophetischen" Büchern (Jes, Jer, mit Klgl, Ez, Dan,
Dodekapropheton). Die restlichen Bücher nehmen unterschiedliche Plätze ein.

83   BRANDT, Endgestalten des Kanons, 397.

84   Vgl. dazu ausführlicher Teil C.3.5.1.

Verheißungen der Propheten. Diese Kanonausprägung begünstigt wiederum eine bestimmte Lesart des Neuen Testaments, die sich (vereinfachend gesprochen) am Schema von Verheißung (Propheten) und Erfüllung (vgl. die sog. „Erfüllungszitate" im MtEv) ausrichten kann.[85]

Diese Unterschiede gilt es in dieser Untersuchung zu bedenken, machen aber die Arbeit mit einem primären Kontext nicht unmöglich.[86] So betont Steins: „Eine kanonisch-intertextuelle Lektüre ist bei jeder Kanongestalt und Textform möglich; welche Kanongestalt gewählt wird, beruht auf Vorentscheidungen, die nicht mit der gewählten Methode zusammenhängen."[87]

Die Genesis, deren kanonische Stellung in Bezug auf die Funktion der Vertauschungserzählungen eruiert werden soll, ist insofern in kanonischer Hinsicht ein günstiger Untersuchungsgegenstand, als diese in den unterschiedlichsten Kanonausprägungen immer zu Eingang der Bibel und in den jüdischen Traditionen auch immer zu Beginn der Tora platziert ist. Die für eine bestimmte Kanonausprägung getroffenen Aussagen können damit leicht auf andere Ausformungen appliziert werden.

Vor dem Hintergrund dieser Beobachtungen ist die Reflexion der Endgestalten des Kanons für die am Kanon orientierte Auslegung von erheblicher Bedeutung: Man muss sich stets bewusst sein, von welcher Kanonausprägung man im konkreten Fall der Auslegung ausgeht. Das ist m.E. eines der grundsätzlichen Defizite des „Canonical Approach", deren prominentester Vertreter Childs sein dürfte:[88] Die bestimmte Kanonausprägung, innerhalb derer die Texte gelesen wurden, wurde nicht eigens reflektiert. Thomas Hieke hat jüngst eine hilfreiche begriffliche Präzisierung vorgeschlagen, die diese Differenzierung aufnimmt: Der Begriff „Bibeln" (Plural!) wird von Hieke als materielle Konkretisierungen des Kanons verstanden.[89] Kanonausprägung und Kanon-

---

85 So wird etwa die Verheißung des wiederkommenden Elija in Mal 3,23, also zum unmittelbaren Ausgang des Septuaginta-Kanons, direkt im Matthäusevangelium, dem Beginn des neutestamentlichen Kanons, als erfüllt angesehen (Mt 11,14). Die Beispiele ließen sich mühelos vermehren; dazu ausführlicher HENSEL, Die Verhältnisbestimmung von Altem und Neuem Testament als Fundament einer christlichen Theologie, 141-172.

86 So betont STEINS, Die Bindung Isaaks, 32: „Eine kanonisch-intertextuelle Lektüre ist bei jeder Kanongestalt und Textform möglich; welche Kanongestalt gewählt wird, beruht auf Vorentscheidungen, die nicht mit der gewählten Methode zusammenhängen."

87 STEINS, Die Bindung Isaaks, 32.

88 Vgl. den programmatischen Entwurf von CHILDS, Old Testament Theology in a Canonical Context.

89 S. HIEKE, „Biblische Texte als Texte der Bibel auslegen", 331-345 bes. 342-345.

„Idee" werden so voneinander begrifflich geschieden. In Konsequenz dieser Überlegungen plädiert Hieke (ebenso wie Dohmen) dafür, die beschriebene Methode als „*biblische* Auslegung" zu bezeichnen.[90] Dieser Begriff ersetzt den bisher verwendeten Begriff „*kanonische* Auslegung" (Lohfink, Rendtorff, Steins und Zenger[91]).

Für diese Untersuchung soll die konkrete Kanonausprägung der hebräischen Bibel berücksichtigt werden, d.h. die dreiteilige Anordnung der biblischen Bücher als *Tora, Nebi'im* und *Ketubim*. Um dies anzugeben, soll statt der für die christliche Exegese üblichen Bezeichnung „Altes Testament" das aus der Dreigliederung des hebräischen Kanons abgeleitete Kunstwort „TeNaK" für diese Schriftensammlung gebraucht werden.[92]

Als *Textgrundlage* dient in dieser Untersuchung der masoretische Text der hebräischen Bibel, wie er in der Biblia Hebraica Stuttgartensia in einer wissenschaftlich fundierten Ausgabe vorliegt.

4. Inhaltliche Vorüberlegungen und Definitionen

4.1 Zur Sonderstellung des Erstgeborenen im TeNaK

Die Klärung der Stellung des Erstgeborenen und die Bewertung des Erstgeburtsrechts im TeNaK sowie seinen Kontexten sind unabdingbar, um die Vertauschungsthematik angemessen zu erfassen. Das Erstgeburtsrecht von Menschen[93] und Tieren[94] und die Erstlinge der Feldfrüchte[95] werden im TeNaK als besonders bedeutsam hervorgehoben.[96]

---

90 Zu DOHMENS Position s. vor allem: DOHMEN, Biblische Auslegung, 174–191 und DERS., Texte, 35-38. HIEKES Position: HIEKE, Vom Verstehen, 71-89 und DERS., Genealogien, 329-332; vgl. noch DERS., „Biblische Texte als Texte der Bibel auslegen", 331-345.

91 Für die Position STEINS s. vor allem STEINS, Die Bindung Isaaks und DERS., Kanonisch lesen, 45-64.

92 Der Begriff „Altes Testament" impliziert immer schon eine christliche Lese- und Interpretationsweise, damit aber als Textgrundlage auch den christlichen Kanon aus Altem *und* Neuem Testament.

93 Vgl. Gen 25,13; Ex 11,5; 13,13.15; Num 3,40f; Sach 12,10; Neh 10,37.

94 Vgl. Ex 13,12.15; 34,19; Ez 20,26; vgl. auch Num 8,16.

95 Vgl. Ex 23,16 (Getreide); 34,22 (Weizen); Num 13,20 (Trauben); 18,13 (alles, was im Land wächst); Nah 3,12 (Feigen); Spr 3.

96 Zu den unterschiedlichen hebräischen *termini* s. die Zusammenstellungen bei TSEVAT, Art. בְּכוֹר, 643-648 und BOROWSKI, Art. „Erstlinge", 1472f. Zum Erstgeburtsrecht in Bibel s. die einschlägigen Lexikonartikel. Sehr empfehlenswert ist die Diskussion bei GREENSPAHN, When Brothers Dwell together, 11-29.30-83. Er bespricht

Im „Haus des Vaters", der patriarchalisch organisierten Familie, ist der erstgeborene Sohn inmitten all der anderen auf einzigartige Weise repräsentativ für das Ganze. Er garantiert das Fortbestehen der gesamten Sippe und in ihm konzentrieren sich der väterliche und der göttliche Segen in besonderer Weise.

In biblischem Kontext wird die Sonderrolle des Erstgeborenen sowohl innerhalb der *genealogischen* Texte wie auch der *narrativen* und *gesetzestextlichen* Teile reflektiert und dessen besonderer Status ausdrücklich betont. Mit der Bezeichnung בְּכוֹר wird regelmäßig markiert, welcher der Söhne als „Erstgeborener" gilt. So werden im Bereich der Genesis folgende Personen gekennzeichnet: Sidon (Gen 10,15); Uz (Gen 22,21); Nebajot (Gen 25,13); Jakob, der vorgibt, Esau zu sein (Gen 27,19); Esau (Gen 27,32); Ruben (Gen 35,23; 43,33; 46,8; 49,3); Eliphas (Gen 36,15); Er (Gen 38.6.7); Manasse (Gen 41,51; 48,14.18).[97] In der Regel ist auch der Erstgenannte in einer Reihe der Erstgeborene, auch wenn er mit diesem Begriff nicht eigens hervorgehoben wird. Die Sonderrolle des Erstgeborenen wird durch ein stereotypes und somit auf Kontinuität hin angelegtes Formular hervorgehoben, das in Gen 5,1ff eingeführt wird. Nach der Überschrift „Das sind die Toledot Adams, des Menschen" (Gen 5,1) folgen zehn gleich aufgebaute Textabschnitte, in denen das „Hervorbringen"[98] des Erstgeborenen jeweils im Zentrum steht. Das Formular lässt sich in Reinform an dem auf die Struktur der Elemente reduzierten Seth- und Enosch-Eintrag ablesen:

Gen 5,6-8:
(1) Und Set lebte 105 Jahre und er zeugte *Enosch*.
(2) Und Set lebte, nachdem er *Enosch* gezeugt hatte, 807 Jahre und er zeugte Söhne und Töchter.
(3) So waren alle Tage Sets 912 Jahre, dann starb er.

Gen 5,9-11:
(1') Und Enosch lebte 90 Jahre und er zeugte *Kenan*.
(2') Und Enosch lebte, nachdem er *Kenan* gezeugt hatte, 815 Jahre

---

den biblischen Befund, sowie die Quellen aus der sog. „zwischentestamentlichen" Zeit. Zu den relevanten biblischen Texten der Erstlingsgabe zuletzt wieder FINSTERBUSCH, Vom Opfer zur Auslösung, 21-45, mit einer detaillierten Besprechung vor allem der entsprechenden Torastellen.

97 Außerdem noch (im Rahmen des in der Genesis begonnen genealogischen Systems): Israel als Gottes Sohn (Ex 4,22); der Sohn des Pharaos (Ex 4,23); Ruben (Ex 6,14; vgl. Num 1,20) und Nadab (Num 3,2).

98 In Gen 5,3-32 wird in jedem der dreizeiligen Abschnitte durchgängig ein dreimaliges ילד (zeugen, hervorbringen) im Hifil gebraucht.

und er zeugte Söhne und Töchter.
(3′) So waren alle Tage Enoschs 905 Jahre, dann starb er.

Für die linearen Genealogien von Set bis Abraham wird vorausgesetzt,
dass es sich bei dem genannten Sohn auch um den Erstgeborenen handelt, während die namenlosen „Söhne und Töchter"/בָּנִים וּבָנוֹת nur ergänzend angeführt werden. Die Form unterstreicht, dass es vornehmlich auf die Erstgeburt, d.h. auf die genealogische Linearität ankommt.
Die erste Zeile besagt, wie lange Set *vor* dem mit Namen genannten
Erstgeborenen lebte. Die zweite Zeile beschreibt, wie lange Set *nach*
dem mit Namen genannten Erstgeborenen lebte. In der dritten Zeile
schließlich wird das Gesamtalter Sets angegeben, nämlich die Summe
seiner Jahre *vor* und *nach* dem Erstgeborenen. Im „Buch der Toledot"
(סֵפֶר תּוֹלְדֹת אָדָם, Gen 5,1-50,26) wird also gelebt *vor* und *nach* dem Erstgeborenen. Von ihm her wird die Zeit bestimmt. Er ist das entscheidende Ereignis im Leben der Väter.[99]

Ferner wird auch in *narrativen Texten* die Vorstellung vom Vorrang
des Erstgeborenen aufgenommen. Die Erzähltexte der Genesis setzen
die Vorrangstellung des Erstgeborenen ganz selbstverständlich voraus:
Abraham ist mit seinem erstgeborenen Sohn Ismael als Erben glücklich
(Gen 17,18); Isaak geht davon aus, seinen Erstgeborenen Esau zu segnen (Gen 21,1-40); als Jakob den jüngeren Enkel Ephraim dem Erstgeborenen Manasse vorzieht (Gen 48,17-19), ist Joseph aufgebracht; die
Ägypter werden mit dem Tod ihrer Erstgeburt geschlagen, weil der
Pharao Israel, den „Erstgeborenen Gottes", nicht ziehen lässt (Ex 4,22-
23).

Von der Betonung des Erstgeborenen her ist zu erwarten, dass er
bestimmte Rechte hat und einen höheren Erbteil bekommt. Ein derarti-
ges Recht setzt wohl auch das Bestreben Jakobs voraus, das Erstge-

---

99   Es wird hier von einem *dreizeiligen* Schema gesprochen, da die jeweiligen Stammvä-
ter in allen drei Zeilen Subjekt des Geschehens sind. Demgegenüber wäre es natürlich auch möglich, von verschiedenen Darstellungs-*Elementen* zu sprechen; so unterscheidet z.B. ARNETH, „Durch Adams Fall ist ganz verderbt...", 35, sechs
Teilkomponenten: (1) Lebensalter bei der Zeugung des 1. Sohnes; (2) Zeugung des 1.
Sohnes; (3) Lebenszeit nach der Zeugung des 1. Sohnes; (4) Zeugung weiterer Söhne;
(5) Gesamtsumme der Lebensjahre; (6) Sterbevermerk; so auch HOLZINGER, Genesis,
59; McEVENUE, The Narrative Style, 38. LUX, Genealogie, 253 geht lediglich von fünf
Elementen aus. Hingegen rechnet TENGSTRÖM, Toledotformel, 21, mit sieben Elementen. Die Abweichungen kommen daher, ob man etwa die Namensnennung als
selbstständig ansieht oder nicht. Das dreizeilige Schema ist beschrieben bei BREU-
KELMAN, Bijbelse Theologie I/2,30f. Es findet sich in variierter Form auch in Gen
11,10ff. Hier fehlt allerdings die dritte Zeile; sie wird nur bei Terach noch nachgereicht: vgl. Gen 11,32.

burtsrecht (בְּכֹרָה) von Esau zu erkaufen (Gen 25,19-26) bzw. sich zu erschleichen (Gen 27). Esau deutet den Handel später als Betrug (Gen 27,36). Die rechtliche Regelung des Erbteils des erstgeborenen Sohnes findet sich in Dtn 21,15-17, wo die Bevorzugung des Erstgeborenen ausdrücklich garantiert wird (in Form des „Doppelanteils" des Erbes). Im kultischen Bereich nimmt das „Erstlingsopfer" eine wichtige Stellung ein. Insgesamt kann man festhalten, dass die sakrale und zivile Gesetzgebung in den Büchern Exodus, Levitikus, Numeri und Deuteronomium die besondere Stellung des erstgeborenen Sohnes fest etablieren,[100] so dass man sich der Einschätzung Knoppers anzuschließen vermag: „It is rare for the various strata of the Pentateuch to agree on anything, but the civil and the sacral legislation of Exodus, Leviticus, Numbers, and Deuteronomy firmly establishes the position of the firstborn."[101] Diese rechtliche Sonderstellung des Erstgeborenen gilt (mit einigen Abweichungen) für den gesamten antiken Orient.[102]

4.2 Genealogien als Grundstruktur der Genesis

Ziel dieser Untersuchung ist es, das Vertauschungsmotiv innerhalb seiner Kontexte zu beschreiben und zu analysieren. Den Makrokontext der Genesis bildet das genealogische System, das die Vertauschungserzählungen regelmäßig durchbrechen. Folglich ist das Vertauschungsthema auch in Bezug auf diesen Kontext angemessen zu besprechen. Die Genealogien bilden die Grundstruktur der Genesis und leisten einen wesentlichen Beitrag für das Verständnis des *gesamten* Buches. Hieke konnte in einer umfangreichen Studie über die „Genealogien der Genesis" überzeugend darlegen,[103] dass die genealogischen Informationen der Genesis untrennbar mit dem Gesamtzusammenhang der Erzähltexte verwoben sind. Zu einer ähnlichen Schlussfolgerung gelangt auch Crüsemann, der mit Nachdruck unterstreicht:

---

100 Vgl. dazu HIEKE, Genealogien, 37f (mit weiteren Literaturhinweisen) und auch TSEVAT, Art. בְּכוֹר, 643-650.

101 KNOPPERS, The Preferential Status, 116.

102 Zur Sonderstellung des Erstgeborenen in der Antike vgl. neben der im Forschungsüberblick besprochenen Literatur noch: HENNINGER, Zum Erstgeburtsrecht bei den Semiten, 170-174; TSEVAT, Art. בְּכוֹר, 646f; SYRÉN, The Forsaken First-Born, 88-91; HIEKE, Genealogien, 38; DAVIES, The Inheritance of the Firstborn, 175-191 und GREENSPAHN, When Brothers Dwell together, bes. 47-49.

103 Vgl. HIEKE, Die Genealogien der Genesis (HBS 39), Freiburg/Basel u.a. 2003. Bei dieser Studie handelt es sich um die erste Untersuchung, die systematisch *alle* Genealogien der Genesis beschreibt und analysiert und deren Verhältnis zu den Einzeltexten sowie deren Funktion für die Gesamtgestalt des Buches bestimmt.

„Trotz aller Spannungen ist eine sinnvolle Einheit entstanden, deren Sinn es zu erfassen gilt. Die Verbindung von Erzählungen und Genealogien [...] ist offenbar durchdacht und bewusst gestaltet. Bei literarischer Zerlegung ergeben sich nicht selten unzusammenhängende Fragmente, auf die die Forschung nicht fixiert bleiben kann."[104]

Die Genealogien haben einen entsprechend großen Anteil daran, bestimmte Themen und Aussagen des Buches Genesis voranzutreiben und zu transportieren. So ist z.B. gerade das Thema „Segen" und „Verheißung" untrennbar mit einer genealogischen Linie verbunden. Dieses *genealogische System* ist wie ein roter Faden:

„Die Erzählungen konvergieren [...] mit dem genealogischen System zu einer Gesamtentwicklung von der Schöpfung über die Menschheit auf der ganzen Erde, die Verheißungen an die Erzeltern, bis hin zur Konstituierung und Erwählung Israels, das im Übergang vom Buch Genesis zum Buch Exodus aus einer Familie [...] zu einem Volk wird."[105]

Deshalb liegt es nahe, das Buch Genesis von den Genealogien her zu erschließen und diese als Leseanleitung zu betrachten. Damit wird die konventionelle Blickrichtung umgekehrt: Nicht von den Erzählungen wird auf die Genealogien geblickt, die dann als abstraktes Füll- und Brückenmaterial erscheinen, sondern von den Genealogien her werden die Erzählungen neu erschlossen.[106]

4.2.1 Das Buch Genesis als Buch der Toledot

Innerhalb des genealogischen Systems fungiert vor allem die sog. *Toledot-Formel* (אֵלֶּה תוֹלְדוֹת) als einprägsames Strukturelement der Genesis.[107] Diese genealogische Gliederung kann sich als beherrschendes Gliederungsprinzip auf der Makroebene des Buches Genesis erweisen und soll im Folgenden als *Toledot-Struktur* bezeichnet werden.[108]

---

104 CRÜSEMANN, Menschheit und Volk, 185f.
105 HIEKE, Genealogien, 338.
106 Vgl. auch STEINBERG, Framework, 41: „Genesis is a book whose plot is genealogy."
107 Das Toledot-System ist Teil des umfassenderen genealogischen Systems, vgl. HIEKE, Genealogien; s. auch CRÜSEMANN, Menschheit und Volk. Israels Selbstdefinition im genealogischen System der Genesis, EvTh 58 (1998), 180-195, deutsche Fassung von DERS., Human Solidarity and Ethnic Identity. Israel's Self-Definition in the Genealogical System of Genesis, 57-76.
108 Nach CARR ist das Toledot-System „the clearest indicator of structure in the book of ‚Genesis'" (CARR, Βίβλος γενέσεως Revisited, 161. CARR zum Toledot-System vgl. DERS., Βίβλος γενέσεως Revisited, 161-172).

Das Wort תּוֹלְדוֹת ist ein mit Präformativ „ת" gebildetes *Nomen actionis* der Hifil-Form הוֹלִיד („zeugen").[109] Es kommt 13-mal in der Genesis vor. Eine genaue Übersetzung des Begriffs תּוֹלְדוֹת mit einem Wort erscheint kaum möglich, da der Begriff in den unterschiedlichen Kontexten durchaus verschiedene Funktionen hat.[110] Auf eine Übertragung durch die Beschreibung des Phänomens wird hier verzichtet und die vereinfachte Umschrift „Toledot" verwendet. Die üblicherweise gebrauchte Übersetzung „Genealogien" bzw. „Geschlechtsregister" hat den Nachteil, dass ein abgeschlossener, vergangenheitsorientierter Standpunkt suggeriert wird. Die „Toledot" allerdings sind auf die Zukunft hin ausgerichtet (nomen *actionis*).[111] Bauer[112] und Breukelman[113] schlagen darum vor, den *terminus* in Anlehnung an die Etymologie von ילד mit „Zeugungen"/„verwekkingen" zu übersetzen. Zu problematisieren ist daran u.a., dass ילד/„zeugen" nur in Verbindung mit einem männlichen Subjekt „zeugen" heißt, mit einem weiblichen aber „gebären", was im Buch Genesis ebenfalls sehr häufig vorkommt.[114] Man müsste daher von „Hervorbringungen" (so Martin Buber) sprechen. Doch auch diese künstliche Bildung ist stilistisch und ästhetisch nicht besser als die Umschrift „Toledot".[115]

Als Toledot-*Formel* wird die Kombination זֶה/אֵלֶּה תּוֹלְדוֹת bezeichnet. Sie kommt zehnmal innerhalb der Genesis vor.[116] Diese Formel ist im Kontext der Genesis schon oft besprochen worden, zumeist im Rahmen der

---

109 Vgl. BAUER, Prinzip, 25.

110 In einer für BREUKELMAN typisch aphoristischen Formulierung heißt es zu diesem Problem: „Das Wort תּוֹלְדוֹת bedeutet weder ‚Stammbaum' noch ‚Nachkommenschaft' noch ‚Familiengeschichte', oder besser gesagt: Das Wort תּוֹלְדוֹת bedeutet in jeder dieser Überschriften jeweils alles dieses zugleich." (BREUKELMAN, Das Buch Genesis, 89).

111 Zu den Übersetzungsschwierigkeiten und der Unmöglichkeit einer eindeutigen und konkordanten (gleich bleibenden) Wiedergabe im Deutschen vgl. den Eintrag in HALAT s.v. und die bei HIEKE, Genealogien, 20f besprochene Literatur. Die antiken und modernen Übersetzungsversuche diskutiert BREUKELMAN, Das Buch Genesis, 87-90. Zur Etymologie vgl. auch BAUER, Prinzip, 26 u. BREUKELMAN, Das Buch Genesis, 75; DERS., Bijbelse Theologie I,2, 12.49f.

112 S. BAUER, Prinzip, 26.

113 S. BREUKELMAN, Das Buch Genesis, 75; DERS., Bijbelse Theologie I,2, 12.49f.

114 Zur Kritik s. HIEKE, Genealogien, 20f Anm. 38.

115 Diesen Weg hat z.B. auch JACOB, Genesis (1934) in seinen Übersetzungen gewählt; vgl. noch HIEKE, Genealogien, 20f.29f.

116 Die Toledotformel kommt noch ein elftes Mal innerhalb der Toledot Esaus vor (dies betonen BAUER, Prinzip, 25, KOCH, Toledot-Formeln, 184; sowie BREUKELMAN, Das Buch Genesis, 76), nämlich in Gen 36,9. Allerdings hat sie dieses Mal rekapitulierenden Charakter – sie verweist entsprechend auf die Toledotformel in Gen 36,1.

Pentateuchhypothesen.[117] Wegen ihrer monotonen Formulierung wurde die Toledot-Formel als typisches Textelement der Priesterschrift (P) ausgemacht.[118] Syntaktisch ist die Formel als Constructus-Verbindung aufzufassen, deren *nomen regens* das Wort תּוֹלְדוֹת ist. In der Regel fungiert ein Personenname als *nomen rectum*. Die Constructus-Verbindung ist meist in einen Nominalsatz eingebettet, dessen Subjekt ein Demonstrativum (זֶה oder אֵלֶּה) ist. In dieser Konstruktion fungiert der Nominalsatz zehnmal als *Überschrift*[119] (so in Gen 2,4; 5,1; 6,9; 10,1; 11,10; 11,27; 25,12; 25,19; 36,1.9; 37,2).[120] Nach der Überschrift beginnt ein neuer Satz, meist mit Wiederholung des Namens (so in Gen 6,9; 11,10; 11,27).[121] Im Blick auf das gesamte Toledot-System ist festzuhalten, dass

---

117 Zur Diskussion statt vieler: MILLARD, Eröffnung der Tora, 86-89 und SCHÜLE, Prolog 43-58.

118 Zum Toledot-System grundlegend (wenn auch in einigen Konsequenzen problematisch) TENGSTRÖM, Die Toledotformel; s. auch EISSFELDT, „Biblos geneseos", 458-470; weitere Literatur bei NAUERTH, Untersuchungen zur Komposition der Jakoberzählungen, 15 Anm. 31.

119 Zum Überschrift-Charakter der Toledot-Formel bereits seit den 50er-Jahren des vergangenen Jahrhunderts dezidiert BREUKELMAN und DEURLOO (s. die Ausführungen BREUKELMAN, Bijbelse Theologie I, 2, 14-20 u. DEURLOO, Genesis, 39f); inzwischen wird dies von der Mehrheit der synchron arbeitenden Studien ebenso vertreten (statt vieler s. MILLARD, Eröffnung Tora, 86f u. CARR, Βίβλος γενέσεως Revisited, 160-172, sowie HIEKE, Genealogien, *passim*). Problematisch wird der Überschriftencharakter nämlich in Gen 2,4a für literarhistorisch arbeitende Studien: Da die Toledot-Formel sowie der erste Schöpfungsbericht zur Priesterschrift „P" gerechnet werden, bedeutet dies, dass genau bei der ersten Toledot-Formel die *Überschrift* als *Unterschrift* funktionieren würde (so wird dieses Problem auch zumeist gelöst). Es gibt allerdings keinen textimmanenten Grund, warum dies so sein sollte. Resultiert diese Entscheidung nicht vielmehr aus einem als problematisch anzusehenden Vorwissen über die Quellenscheidung? Gen 2,4a und 2,4b müssen nämlich dann getrennt werden, wenn man (a) Gen 1,1-2,3 einer selbständigen „Priesterschrift" zuweist, Gen 2,4b.5ff dagegen einem „Jahwisten", und wenn man (b) die Toledot-Formel als ein Charakteristikum der „Priesterschrift" wertet. Sieht man beide Voraussetzungen als gegeben an, muss 2,4a zur „Priesterschrift" gerechnet und damit als Schlusswendung des ersten Schöpfungsberichts aufgefasst werden (zur forschungsgeschichtlichen Übersicht wie Gen 2,4a im jeweiligen Pentateuch-Hypothesen-Gerüst gedeutet wird, vgl. die bündige Darstellung bei MILLARD, Eröffnung der Tora, 88f).

120 Die formale Gestaltungsweise des Toledot-Systems bleibt im Wesentlichen auf das Buch Genesis beschränkt. Signifikant sind die Ausnahmen in Ex 6, Num 3 und Rut 4, wo das genealogische System der Genesis bis zum Priester Pinchas und zum König David verlängert wird. Der Toledot-Formel kommt hier eine überleitende Funktion zu (zur Fortsetzung des genealogischen Systems außerhalb der Genesis s. vor allem HIEKE, Genealogien, 214-240).

121 Zur syntaktischen Beschreibung der Toledot-Formel s. noch HIEKE, Genealogien, 29f; MILLARD, Eröffnung der Tora, 86-89 und BAUER, Prinzip, 25.

das *nomen rectum* in der Toledot-Formel nicht die Hauptperson des folgenden Abschnittes angibt, sondern den zugrunde liegenden Ahnherrn.[122] So gehören etwa die Abrahamgeschichten zur Toledot Terachs, die Geschichten von Laban, Jakob und seinen Söhnen zur Toledot Isaaks, die Josephsgeschichte und die Familiengeschichte Judas zur Toledot Jakobs.

Dreimal wird der Begriff תּוֹלְדוֹת nicht als Überschrift in der Genesis verwendet, sondern ist unauffällig in einer Liste verborgen: in Gen 10,32; 25,13; 36,9.[123] Hier begegnet das Wort תּוֹלְדוֹת in einer Präpositionalverbindung mit einem enklitischen Personalpronomen (in der Regel 3. Pers. Pl.) und ist daher dem oder den Personennamen nachgestellt (so in Gen 25,13; Gen 10,32 als Rahmen zu Gen 10,1: לְתוֹלְדֹתָם). Die Form לְתוֹלְדֹתָם ist nicht im Zusammenhang mit der Toledot-Formel zu sehen[124], da sie „rekursartig ohne makrokontextuelle Funktion verwendet wird."[125] Die Wendung sollte darum auch nicht mit „Toledot" umschrieben werden. Stattdessen kann die übliche Übersetzung „nach ihrer Geschlechterfolge" beibehalten werden.

Die Toledot-Formeln lassen sich inhaltlich zueinander in Beziehung setzen: Die genannten zehn Toledot-Überschriften sind *symmetrisch* über die Genesis verteilt und gliedern diese gleichsam in zehn Unterteile. Fünfmal steht das Wort תּוֹלְדוֹת prädikativ im Titel einer *genealogischen Liste*: Gen 5,1; 10,1; 11,10; 25,12 und 36,1; und fünfmal im Titel eines *Erzählkomplexes*, der mit diesem Wort eingeleitet wird: In Gen 2,4a (Erzählungen Gen 1-4); Gen 6,9 (Fluterzählung); Gen 11,27 (Abram und seine Frau Sara); Gen 25,19 (Jakob und sein Bruder Esau), Gen 37,2 (Josephserzählung).

Formal besonders akzentuiert ist die Toledot-Formel in Gen 5,1a durch die Verwendung des speziellen Terminus סֵפֶר/„Buch": In der Formulierung זֶה סֵפֶר תּוֹלְדֹת אָדָם handelt es sich um die Einleitung eines selbständigen Schriftstücks bzw. einer literarischen Einheit.[126] Es setzt

---

122 Vgl. dazu auch BLUM, Vätergeschichte, 433 und WENHAM, The Priority of P, 253.

123 Öfter begegnet dieser Gebrauch außerhalb der Genesis: etwa Ex 6,16; 19; 28,10. Zu den Vorkommen außerhalb der Genesis s. HIEKE, Genealogien, 30.

124 So mit BREUKELMAN, Das Buch Genesis, 89; MILLARD, Eröffnung der Tora, 86-89; HIEKE, Genealogien, 30 u.ö. und BAUER, Prinzip, 25f.

125 MILLARD, Eröffnung der Tora, 86, Anm. 190.

126 Freilich ist die Bedeutungsbreite des Begriffs סֵפֶר nicht zu verleugnen, der sich nicht auf ein im weitesten Sinne literarisches Werk beschränkt, sondern auch für andere Schriftstücke, Urkunden und nicht bewegliche Text (wie in den Inschriften von Tell Deir Alla. Der Anfang der Kombination I der Inschrift lautet: „Das Buch/פ[ס] über Balaam, Sohn des Beor"; hierzu genauer s. SCHÜLE, Israels Sohn, 127-132) verwendet

אָדָם bereits als bekannt voraus. In literarhistorischer Perspektive
schlossen Gunkel und Holzinger aufgrund dieser Einleitung auf ein
eigenständiges Buch, auf das die Priesterschrift als Quelle zurückgreifen konnte, das sog. Toledotbuch. Die Diskussion kreist vor allem um
die Frage, ob diese ältere schriftliche Quelle schon den Aufriss der späteren priesterlichen Genesis aufwies und die Priesterschrift speziell auf
diesen Entwurf zurückgegriffen habe[127], oder ob die Priesterschrift lediglich die Toledot-Formel als geprägte Wendung daraus übernahm,
um sie dann eigenständig als Gliederungsmerkmal auf andere Texte
anzuwenden.[128] Eine mögliche synchrone Deutung der Formulierung
זֶה סֵפֶר תּוֹלְדֹת אָדָם kann nach Breukelman u.a. darin bestehen, dass es
sich hierbei um die eigentliche Buchüberschrift der Genesis handelt.[129]
Das „Buch der Zeugungen Adams, des Menschen"[130] ist dann nicht nur
die folgende genealogische Liste, sondern betitelt einen weitaus größeren narrativen Zusammenhang, zu dem durch den Rückverweis von
5,1-3 auf Gen 1,1ff und 2,4 der gesamte vorausgehende und nachfolgende Kontext der Genesis gehört.[131] Das „Buch der Genesis" wird
hierdurch als „Buch der Toledot" aufgefasst. Diese Deutung erscheint
sinnvoll, da sie die obigen Beobachtungen zum genealogischen Gesamtaufriss der Genesis zu integrieren vermag: Innerhalb dieses Toledot-Buches erfolgt Schritt für Schritt eine Thematisierung, Präzisierung
und schließlich Legitimierung der Sonderrolle Israels gegenüber den
Völkern.[132]

---

werden kann. Aus diesem Grund werden häufig Einwände gegen die Buchhypothe-
se erhoben. Allerdings erschließt sich aus diesen konkreten Bedeutungsmöglichkei-
ten noch nicht, was der Begriff nun gerade in Gen 5,1, bedeuten könne, wenn nicht
einen Buchanfang; zur Diskussion s. SCHÜLE, Prolog, 44-47.

127   S. GUNKEL, Genesis, 134; HOLZINGER, Genesis, 58; zuletzt ist diese These wieder von
      BLUM, Studien zur Komposition des Pentateuch, 279-281 vertreten worden. Vgl.
      auch VON RAD, der den Buchcharakter immer wieder betonte: „Das Buch bildet
      wohl den ältesten Grundstock der Priesterschrift, die aus ihm durch planmäßigen
      Aufbau durch verschiedenartigste sakrale Traditionen langsam erwachsen ist." (VON
      RAD, Genesis, 47f; zum Inhaltlichen: DERS., Die Priesterschrift im Hexateuch 54 und
      DERS., Genesis, 47f). Entscheidend bei dieser Frage ist die Semantik von סֵפֶר denn es
      ist fraglich, ob dieser Terminus in der Deutung als (real vorfindliche) „Quelle" nicht
      überdehnt wird (zum Begriff und zur Diskussion s. SCHÜLE, Prolog, 45f).

128   So zuletzt wieder SCHÜLE, Prolog, 47.

129   Vgl. BREUKELMAN, Bijbelse Theologie I/2, 11-29 (14-20) u. DEURLOO/ZUURMOND, De
      dagen van Noach, 16.

130   „Adam" hier in der Doppelbedeutung „Mensch" und als Eigenname (so auch in der
      Übersetzung BUBERS).

131   Dies macht auch HIEKE, Genealogien, 241-251 deutlich.

132   Zu Israels Selbstdefinition im genealogischen System der Genesis s. die überzeugen-
      de Darstellung bei CRÜSEMANN, Menschheit und Volk, 180-195.

4.2.2 Gliederung der Genesis anhand der Toledot-Formeln

Durch die Buchüberschrift in Gen 5,1a hat das „Buch der Zeugungen Adams, des Menschen" einen doppelten Vorspann: Gen 1,1-2,3 wird zum *Vorwort*, das die Erschaffung der Welt einschließlich der Menschheit als Kontext des gesamten Buches vorgibt.[133] Gen 2,4a leitet die *Vorgeschichte* von אָדָם auf der אֲדָמָה *coram Deo* ein, eine Art „Präludium" (Breukelman[134]) bzw. „Prolog" (Schüle[135]), das vor dem eigentlichen Thema steht, das in Gen 5,1 mit den Toledot der Menschheit (für die Adam steht) das Buch Genesis bestimmt. Der Hauptteil des „Buches der Zeugungen Adams, des Menschen" lässt sich schließlich anhand der Toledot-Formeln in vier „Kapitel" untergliedern:

(1) Der erste Hauptteil umfasst Gen 5,1-11,26. In diesem ersten Hauptteil wird in Gen 5,1-32 sowie Gen 9,28-29 und Gen 11,10-26 eine einzigartige Genealogie gezeigt, die die Hauptlinie bildet.

(2) Der zweite Hauptteil umfasst Gen 11,27-25,11. Dieser zweite Hauptteil beinhaltet Erzählungen von den Toledot Terachs. In dieser Erzählung wird die Hauptlinie unmittelbar durchgezogen, ohne dass zuvor eine Seitenlinie erwähnt worden wäre.

(3) Der dritte Hauptteil umfasst Gen 25,12-35,29. Nachdem hier zuerst die Toledot Ismaels (Gen 25,12-18) als Seitenlinie erwähnt worden ist, wird in diesem dritten Abschnitt die Hauptlinie des סֵפֶר תּוֹלְדֹת אָדָם in der Erzählung von den Toledot Isaaks (Gen 25,19-35,29) weiter durchgezogen.

(4) Der vierte Hauptteil umfasst Gen 36,1-50,26. Nachdem auch hier zuerst in dem Abschnitt über die Toledot Esaus (Gen 36) eine Seitenlinie erwähnt worden ist, wird in diesem vierten Hauptteil die Hauptlinie „Israel" in der Erzählung von den Toledot Jakobs (Gen 37,1-50,26) noch weiter durchgezogen.

---

133 Zum Schöpfungsbericht als Prolog von Gen 2-4 neben Breukelman auch Fokkelman, De sectie Genesis 1-11, 26; vgl. noch Arneth, „Durch Adams Fall ist ganz verderbt...", 33-41.

134 Breukelman, Bijbelse Theologie I/2, 11. Zur kompositorischen Anordnung von Gen 1-4 vgl. neben Breukelman auch die leicht variierende Darstellung bei Fokkelman, De sectie Genesis 1-11, 15-22.

135 S. Schüle, Prolog, 210-212 u.ö.. Schüle spricht vom „Prologcharakter der Eden-Erzählung." (S. 210).

Im Kontext dieser Toledot-Abschnitte sollen die Vertauschungserzählungen im Folgenden gelesen werden.[136]

4.3 Begriffsklärungen

4.3.1 Zur Unterscheidung von „Erstgeborenem" und „Erstling"

Der Titel בְּכוֹר wurde von den Übersetzern der LXX nicht mit dem etymologisch korrekten und pagan-griechisch gebräuchlichen πρωτόγονος wiedergegeben,[137] sondern mit πρωτότοκος, das im Griechischen wohl unter der Bedeutung „zum ersten Mal gebärend" vorkam, nicht jedoch mit der Bedeutung „erstgeboren"[138]. In der lateinischen Bibel wurde daraus „primogenitus" und in den europäischen Übersetzungen „Erstgeborener, premier-né, first-born, eerstgeborene". Auch Buber hatte in der ersten Ausgabe seiner „Verdeutschung der Tora" (1926) noch den Titel בְּכוֹר mit „Erstgeborener" wiedergegeben.[139] Schon in der zweiten Ausgabe von 1930 übersetzte er בְּכוֹר jedoch nicht mehr mit „Erstgeborener", sondern mit „Erstling", und בְּכֹרָה nun nicht mehr mit „Erstgeburt" (so beispielsweise Luther und die Lutherübersetzung), sondern mit „Erstlingstum". Damit streicht er heraus, dass der hebräische Begriff gerade nicht völlig identisch ist mit dem aus dem altorientalischen Kontext bekannten und auch für die biblischen Erzählungen vorausgesetzten „natürlichen", d.h. biologischen „Erstgeborenen". In einigen Fällen scheint sich der Segen Gottes ja gerade nicht im natürlichen Erstgeborenen zu verwirklichen, sondern in demjenigen, der sich erst als solcher erweisen muss, und eben erst zum Erstling *wird*. Die natürliche Geburtenfolge wird hier durchbrochen. Die Begriffe „Erstling" und „Erstlingstum" sind semantisch offen für alle Bedeutungs-

---

136 Die Struktur der Genesis als Buch der Toledot folgt dem Aufriss von BREUKELMAN; vgl. die Darstellung in DERS., Bijbelse Theologie I/2, bes. die Einleitung 11-29, aber auch DERS., Het verhaal over de zonen Gods, 9-21 (bes. 9-12); DERS., Das Buch Genesis, 72-97. S. noch die daran anknüpfenden Entwürfe von DEURLOO (Vgl. DERS./ZUURMOND, De dagen van Noach, 15-29.85-88) und HIEKE (DERS., Genealogie, bes. 241-250 und in knapperer Form DERS., Mt 1,1 vom Buch Genesis her gelesen, 642). Dass das Buch Genesis in der Endkomposition durch die Toledotformel strukturiert ist, hat außerdem KLAUS KOCH herausgearbeitet: DERS., Die Toledot-Formeln als Strukturprinzip des Buches Genesis, 183-191. Die Bezüge der Toledot-Abschnitte untereinander fallen bei KOCH jedoch im Einzelnen anders aus.

137 S. MICHAELIS, Art. πρωτότοκος, 872 mit Anm. 1.

138 Vgl. dazu die umfangreiche Auswertung der griechischen Quellen bei MICHAELIS, Art. πρωτότοκος, 872-876 (dort mit weiterführender Literatur zum pagan-griechischen wie neutestamentlichen Gebrauch).

139 Bis auf zwei Stellen: Gen 22,21: „Erster" und Gen 49,3: „Erstling".

nuancen des biblischen Gebrauchs der Termini und sollen daher im Folgenden auch für das zu beschreibende Phänomen gebraucht werden.

4.3.2 Zur Unterscheidung einer theologischen und historischen Größe „Israel"

Im Rahmen der Ausrichtung dieser Arbeit und ihrer dargelegten synchronen Methodik soll zwischen einer theologischen Größe „Israel" und dem historischen Israel unterschieden werden. Die Genesis berichtet von der Grundlegung und den Grundlagen „Israels". Es wird nicht beschrieben, was historisch *war*, sondern was paradigmatisch *ist*.[140] Der Begriff „Israel" soll in dieser Untersuchung entsprechend das jüdische Volk und das Judentum als religiöse, soziale, kulturelle und vor allem *literarische* Größe, einschließlich möglicherweise einander widersprechender Selbstdefinitionen innerhalb der vielfältigen Strömungen des TeNaK bezeichnen. Wenn Israel im historischen Sinne, also in der staatlichen Ausprägung als Königreich(e) oder als Provinz gemeint ist, wird dies ausdrücklich eigens angegeben. Entsprechendes gilt für damit verbundene Themen: Wenn hier also vom „Werden Israels" oder der Identitätskonstruktion für „Israel" die Rede ist, so ist dies ausdrücklich nicht in historischer, sondern in hermeneutisch-literarischer Perspektive gemeint: Die literarische und theologische Größe „Israel" definiert und erschließt sich im Kontext seiner Schriften, primär der Tora.

---

140 Vgl. dazu auch DIEBNER: „In der Form des ‚War' schildert mythologisches und volkstümlich-vor- und nichtwissenschaftliches Denken (in modernem Sinn) auch das ‚Ist'. Oder – anders gesagt – Grundlegendes." (DIEBNER, Genesis als Buch der antik-jüdischen Bibel, 86); s. dazu auch Teil C.3.5.

Teil B: Analyse der Texte im Kontext

1. Kain, Abel und Set (Gen 4-5)

Die erste Segensvertauschung innerhalb der Genesis wird im Übergang von der Vorgeschichte der Genesis (Gen 2,4-3,24) zum eigentlichen Beginn des Hauptteils der Genesis, dem Buch der Toledot (Gen 5,1-50,26), geschildert.[1] Zwar ist Kain der erstgeborene Sohn von Adam und Eva (Gen 4,1), doch wird die genealogische Linie letztlich über Adams dritten Sohn Set weitergeführt (Gen 4,25f; 5,1ff). Kains Genealogie endet hingegen in Gen 4,17-24 und hat keine Berührungspunkte mehr mit dem übrigen genealogischen System. Für die Untersuchung dieses Erzählkomplexes sind vor allem die Texte Gen 4,1-16; Gen 4,17-24; Gen 4,25-26; Gen 5,1-32 relevant. Innerhalb dieses Textzusammenhangs wird der Ablöseprozess Kains beschrieben und Sets Rolle als neuer Erstling näher konturiert.

1.1 Kains Disqualifizierung als Erstgeborener (Gen 4,1-16.17-24)

1.1.1 Kains Erstlingstum unter der Perspektive der familiären Solidarität

Die Erzählung über Kain und Abel in Gen 4,1-16 eröffnet mit den Protagonisten aus Gen 2-3, Adam und seine Frau (V. 1), und sie schließt mit der Bemerkung, dass die zuvor beschriebenen Ereignisse in unmittelbarer Nähe zum Garten Eden stattfinden, nämlich „jenseits von Eden"/קִדְמַת־עֵדֶן (V. 16b). Der bevorstehende Brudermord ist so in das Licht getaucht, das vom Garten Eden her auf die gesamte Szenerie fällt (vgl. Gen 3,23a).[2]

---

[1] Zur Gliederung der Genesis vgl. Teil A.4.2.2.

[2] Es gibt noch weitere Anzeichen für Kohärenz und Kontinuität zwischen beiden Erzählungen, die hier aber nicht ausführlich referiert werden müssen: In beiden Erzählungen spielt etwa die Verbindung von Mensch und Erdboden eine wichtig Rolle; darüberhinaus ähnelt Gen 4,7b beispielsweise Gen 3,16b und Gen 4,11a ist parallel zu Gen 3,17b konstruiert. Dass Gen 4 in der Gesamtanlage wie in den Einzelzügen mit der Paradieserzählung Gen 2-3 verbunden ist, ist immer wieder gesehen worden, vgl. vor allem GERTZ, Von Adam zu Enosch, 215-236; VAN WOLDE, Cain and Abel, 48 und JANOWSKI, Jenseits von Eden, 153f; ARNETH, „Durch Adams

Kain wird über die Geburtsnotiz V. 1 als erstgeborener Sohn Adams und Evas eingeführt. Vers 2 berichtet die nachfolgende Geburt seines Bruders Abel. Die beiden einleitenden Verse geben dabei schon die Leseperspektive für die Gesamterzählung vor und konturieren das Verhältnis JHWHs zu Kain:

Die Etymologie des Namens „Kain" (קַיִן) ist viel diskutiert und umstritten.[3] Jedoch bietet die Namenserklärung Kains V. 1b die Möglichkeit, den Eigennamen קַיִן mit der zwar grammatikalisch wie semantisch unterschiedenen, aber ähnlich klingenden Wurzel קנה zu assoziieren. Die Bedeutung dieses Verbums ist unsicher.[4] Allgemein bedeutet es „erwerben, besitzen", mit göttlichem Subjekt kann es aber auch an einigen Stellen mit „hervorbringen, erschaffen" übersetzt werden.[5] Im Kontext von Gen 4,1 bietet sich letztere Übersetzung an,[6] obwohl dort Eva und nicht JHWH das Subjekt ist. Jedoch muss hierdurch kein Problem entstehen, denn der eigenständige menschliche Schöpfungsvorgang wird sofort durch den Zusatz „mit JHWH" (אֶת־יְהוָה) korrigiert. JHWH ist somit der eigentliche „Hervorbringer" Kains. Mitunter ist in diesem Zusammenhang die Aussage sehr ungewöhnlich, dass Eva in Kain einen „Mann" (אִישׁ) zur Welt gebracht haben soll. Im Kontext einer Geburtsgeschichte wäre eigentlich das Substantiv „Sohn" oder „Kind" zu erwarten. Eine mögliche Deutung dieser wohl nicht zufälligen Wortwahl ergibt sich aus der Verbindung mit Gen 2-3, wo über mehrere Wortspiele der unabhängige Schöpfungsakt JHWHs mit dem selbständigen Schöpfungsvorgang von Erde und Mensch in Abhängigkeit zueinander gesetzt werden. Dort wird die Erde, אֲדָמָה, als Quelle des Lebens genannt,[7] die Pflanzen und Tiere, vor allem aber den Men-

---

Fall ist ganz verderbt…", 148-165 und WITTE, Urgeschichte, 166-171 (dort mit weiteren Beispielen).

3   Zur Bedeutung des Namens Kain und seiner möglichen semitischen Ableitung vgl. HESS, Personal Names, 24-27 u. KÖHLER/BAUMGARTNER, HALAT, 394: קַיִן scheint von der semitischen Wurzel קין abgeleitet zu sein, die es jedoch im biblischen Hebräisch nicht gibt. Sie erscheint erst in arabischer Sprache zu einer späteren Epoche in der Bedeutung „Schmied" (vgl. die inhaltliche Parallele mit Gen 4,17-24: „Tubal-Kain", der Metallschmied). Diese Deutung bleibt wegen des unsicheren hebräischen Kontextes jedoch nur eine Vermutung (so auch HESS, Personal Names, 24f; WESTERMANN, Genesis I/1, 394 u. KÖHLER/BAUMGARTNER, HALAT, 1025). Noch unsicherer ist die Ableitung von קִינָה/„Lied".

4   Für eine Übersicht über die vielfältigen Erklärungsversuche s. WESTERMANN, Genesis I/1, 394-397; VAN WOLDE, Cain and Abel, 50; CASSUTO, Genesis I, 198-202.

5   So z.B. Gen 14,19.22; Dtn 32,6.

6   Auch WESTERMANN, Genesis I/1, 394-397 plädiert für „schaffen", übersetzt aber S. 383 mit „gewinnen".

7   Vgl. Gen 2,5-9.16.19; Gen 3,19-24.

schen, אָדָם, hervorbringt. In Gen 4,1 wird das paronomastische Wort-
paar אָדָם-אֲדָמָה um ein weiteres ergänzt: Jeder אִישׁ wird durch eine אִשָּׁה
geboren. Die Pointe dieser Wortspiele liegt darin, dass sie letztlich jeweils auf JHWH verweisen: Ebenso wie die אֲדָמָה nur „mit JHWH" den
אָדָם hervorbringen kann, kann auch Evas Weiterführung der Schöpfung nur „mit JHWH" erfolgen. Die Beziehung zwischen JHWH und
Kain wird schon bei dessen Geburt durch JHWH aufgerichtet.[8] Dem
korrespondiert das Ende der Perikope, da dort die Beziehung durch
JHWH selbst wieder abgebrochen bzw. (vgl. Gen 4,15: das Schutzmal
des Kain) auf ein Minimum reduziert. JHWHs erste und letzte Handlung rahmen damit die gesamte Erzählung.

Nach der knappen Einleitung fokussiert die Erzählung auf die
handelnden Personen Kain und JHWH. Deurloo hat in diesem Zusammenhang eine weitere Deutungsebene für den ungewöhnlichen
Gebrauch des Wortes אִישׁ im Kontext der Geburt Kains herausgearbeitet. Er weist darauf hin, dass V. 1 in Kombination mit V. 2 gelesen das
eigentliche Thema der „Kain und Abel"-Erzählung hervorheben, denn
dort geht es um „den Mann" (אִישׁ; V. 1) und „seinen Bruder" (אֶת־אָחִיו).
Dieser zwischenmenschlichen Relation korrespondiere die erste Perso-
nenkonstellation in Gen 2-3, denn dort ging es thematisch um den אִישׁ
und seine אִשָּׁה. Gen 2-4, als Teil des Prologs zum Toledot-Buch[9], leisten
damit eine anthropologische *Grundbestimmung* des Menschen in seinem
Menschsein als „Mit-Menschsein".[10] Die Einleitung zu Gen 4 streicht
somit in nur wenigen Sätzen heraus, dass im Folgenden in fundamentaler Weise das Thema der familiären Solidarität fokussiert werden soll.
An Kains brüderlichen Verhalten gegenüber Abel muss sich Kain im
Folgenden messen lassen und genau an seinem fehlenden brüderlichen
Verhalten wird Kain als Erstling scheitern.

Damit wird die Figur des Abel zum „Kristallisationspunkt" der Erzählung: Kain wird beschrieben als jemand, der seinen Bruder Abel
vollkommen übergeht, nicht angemessen mit ihm umgeht und ihn
schlussendlich sogar tötet. Auch der Erzähler selbst schenkt Abel kaum
Aufmerksamkeit, denn die Geburt Abels wird ohne Angabe von Ein-
zelheiten nur nebenbei erwähnt (V. 2), auch erscheint Abel nur in einem einzigen Halbsatz als handelnde Person (Gen 4,4a). Sein Name
und seine Beziehung zu JHWH werden kaum ausgearbeitet. Auch wird
er nur als „Bruder Kains" in die Erzählung eingeführt und nicht als

---

8   Hierzu ausführlicher VAN WOLDE, Cain and Abel, 49-51.
9   Der Prologcharakter von Gen 1.2-4 wurde in Teil A.4.2 näher erörtert.
10   Vgl. DEURLOO, Kain en Abel, 94 und ausführlicher DERS., De mens als raadsel en
     geheim, 101-103.

eigenständige Person. Dies setzt sich auch in der Erzählung fort, denn Abel wird in der Erzählung konsequent als „Bruder Kains" (V. 2.8.a.b: אָחִיו [2x]; V. 9.10.11: אָחִיךָ [3x]) bezeichnet, wohingegen Kain niemals der „Bruder Abels" genannt wird. Abel *hat* folglich keinen Bruder, er *ist* nur ein Bruder.

Der Logik der Einleitung entsprechend ist es JHWH, der Kain mit dessen Beziehung zu seinem Bruder konfrontiert. JHWHs einleitende Rede in Gen 4,6-7.9-12 hat vor allem diese Beziehung zum Thema, denn JHWH erinnert Kain mehrfach an seine mangelnde Solidarität seinem Bruder gegenüber. Er erwähnt wiederholt Kains Bruder, wohingegen Kain nur ein einziges Mal von „meinem Bruder" (אָחִי, V. 9) spricht und dann nur in einem negativen Sinn und um sich selbst hervorzuheben, denn die exponierte Stellung des אָנֹכִי am Ende von Vers 9 legt die Emphase gerade auf Kain selbst.[11] Zugleich ist JHWHs Frage an Kain, „Wo ist Abel, dein Bruder?" (V. 9a: אֵי הֶבֶל אָחִיךָ), als die Zuspitzung der an den Menschen gestellten Frage, „Adam, wo bist du?" (Gen 3,9), zu verstehen. Dort nahm die Frage den Menschen in radikaler Weise in die Verantwortung für sein Handeln. Wenn JHWH nach dem Brudermord Kain nach dem Verbleiben Abels fragt, ist dies nicht nur eine rhetorische Frage, um Kain als dem ersten Mörder mit dessen Schuld zu konfrontieren. Vielmehr macht JHWHs Rede deutlich, dass Kain als sein älterer Bruder für Abel Verantwortung zu tragen hatte.

Hingegen verkennt Kain jegliche Verantwortung, die er für seinen Bruder trägt. In seiner Antwort auf JHWHs Frage (V. 9b) liegt die Betonung auf dem Personalpronomen der 1. Person Singular. Dieses אָנֹכִי verleiht der Aussage eine vorwurfsvolle Note:

„Bin *ich* meines Bruders Hüter?"   הֲשֹׁמֵר אָחִי אָנֹכִי

In diesem Zusammenhang weist Janowski mit Recht darauf hin, dass gerade in poetischen Texten meist JHWH als der Hüter (שֹׁמֵר) Israels bezeichnet wird (vgl. etwa Ps 145,20; 127,1).[12] Demzufolge impliziert Kains Vorwurf gegenüber JHWH folgende Aussage: ‚Ich, Kain, wäre der Hüter meines Bruders, nicht du, o Herr?' Kains Antwort ist damit gerade keine einfache Ausrede oder Leugnung, sondern trotzende *Ablehnung* jeglicher Verantwortung. In seiner eigenen Wahrnehmung *hat* Kain zwar einen Bruder, er *verhält* sich ihm gegenüber aber nicht wie einer.

---

11   Von den sieben Vorkommen des Wortes אָח in Gen 4,1ff entfallen drei auf den Erzähler (V.2.8[2x], eine auf Kain (V. 9) und alle restlichen drei auf JHWH (V. 9.10.11).

12   Vgl. JANOWSKI, Jenseits von Eden, 150 und sein Übersetzungsvorschlag: „Bin ich etwa der Hüter meines Bruders?" (142). S. auch WILLI, Der Ort von Gen 4,1-16, 105 Anm. 17; zu שמר mit Gott als Subjekt s. GARCÍA LÓPEZ, שמר, 302f.

Kain wird so als Prototyp des seinen Vorzug suchenden Erstgeborenen dargestellt, denn in seiner Eigenwahrnehmung wird Abel von Gott bevorzugt. Letztlich müsse doch ihm, Kain, als Erstgeborenem die religiöse Anerkennung zustehen. Diese „religiöse Brüskierung durch die Annahmeverweigerung" [13] bzw. Kains „religiöse Eifersucht"[14] sind die eigentliche Ursache seiner Tat. Er hat Abel, seinen Konkurrenten, beseitigt und glaubt damit, die mit dem Erstlingstum verbundene privilegierte Stellung wieder zurückgewonnen zu haben. Jedoch vernachlässigt Kain die mit dem Erstlingstum ebenfalls verbundenen Pflichten, indem er sich seiner brüderlichen Verantwortung gegenüber Abel entzieht. Kains eigenes Versagen wird ihm durch das konträre Verhalten JHWHs vorgeführt: Allein er ist es, der Abel richtig behandelt, denn er widmet ihm Aufmerksamkeit, schaut wohlwollend auf sein Opfer, erwähnt den Bruder gleich siebenmal, der sonst von Kain wie dem Erzähler übergangen wird und konfrontiert Kain mit seinem Versagen in Bezug auf das Brudersein.

Auf die rechte *Praxis* des Erstlings kommt es demnach an, will er sich als Erstling positionieren, nicht auf seine Disposition als biologischer Erstgeborener. Kain scheitert genau an dieser Aufgabe und versagt damit in seiner Rolle als Erstling. Sein Fehler lag letztlich auch darin, dass er Gottes Entscheidung in der Abweisung seines Opfers und der Annahme des Opfers Abels nicht anerkennen konnte. Die fehlende Fähigkeit zurückzustehen hinter Gottes Vorstellungen und den Bruder immer als Bruder (und nicht als Konkurrenten) zu sehen, kostet Kain das Erstlingstum. Er wird schlussendlich vertrieben wie Adam und Eva aus dem Paradies (Gen 4,15.16).

1.1.2 Bestätigung der Disqualifizierung

Die folgende Genealogie Kains bestätigt die narrative Entwicklung und Disqualifizierung Kains als Erstling (Gen 4,17-24). In Gen 4,17 setzt die Geschichte mit einer neuen Handlung und einer neuen Person, Kains Frau, ein. Die Kainiten sind trotz der erzählerischen Qualifikation mit den Kulturleistungen Städtebau, Viehzucht, Musik und Eisenhandwerk negativ oder zumindest ambivalent gezeichnet. Hier läuft die Genealogie von einem Mörder (Kain: Brudermord) zum nächsten Mörder (Lamech: unmäßige Rache). Dies widerspricht in ironischer Weise der inneren Logik einer Genealogie, in der es um die Weitergabe des Lebens geht. Daher wird diese Linie auch nicht weitergeführt. Sie bleibt

---

13 ARNETH, „Durch Adams Fall ist ganz verderbt...", 152.
14 S. WELLHAUSEN, Prolegomena, 314.

als erschreckendes Bild und damit als Warnung stehen. Auffällig ist, dass der letzte Sohn Lamechs den Beinamen „Kain" bekommt (Gen 4,23). Dieses Geschlecht hat mit einem „Kain" begonnen und wird mit einem „Kain" beendet.[15] Die Linie des natürlichen Erstgeborenen Kain hat damit keine Zukunft, weshalb er völlig aus dem genealogischen System ausscheidet.[16]

1.2. Sets Qualifizierung zum Erstling (Gen 4,25f; 5,1-32)

1.2.1 Set als Ersatz des natürlichen Erstgeborenen (Gen 4,25-26)

Nach dem Tode Abels und dem Ausscheiden Kains aus der genealogischen Linie bedarf es eines Neuanfangs beim ersten Menschenpaar. Entsprechend fokussiert Gen 4,25 mit der Formulierung וַיֵּ֣דַע אָדָ֥ם עוֹד֙ אֶת־אִשְׁתּ֔וֹ wieder auf Adam und Eva, denen seit Gen 4,1 keine narrative Funktion mehr zukam. Die Verse 25-26 schildern Sets Geburt und dessen genealogische Linie, die von Adam über Set bis zu Enosch läuft. Der genealogische Neuansatz geschieht, „als habe es Kain nie gegeben",[17] und unterstreicht damit den positiven Kontrapunkt zu Kains abbrechender und verfluchter Linie. Dass in Set, dem dritten Sohn Adams, ein positiver Neuanfang gesetzt wird, wird dadurch deutlich, dass im Vergleich zu den ähnlichen Geburtsnotizen in V. 1 (Adam erkannte seine Frau) und 17 (Kain erkannte seine Frau) zwei Momente hinzukommen, die auch für die übrigen biblischen Geburtsgeschichten prägend sind: „Adam erkannte abermals seine Frau, und sie gebar einen *Sohn*, den *nannte* sie Set." Die Geburt endet erst mit dieser *Benennung* des Sohnes und ist damit vollständig abgeschlossen.[18] Das Wort „Sohn" erscheint hier zum ersten Mal explizit. In V. 1 sowie 17 stand lediglich der Eigenname des Sohnes.

Von der Abfolge der Texte her ergibt sich damit der Eindruck, dass die genealogische Erzählung über Set und Enosch 4,25-26 ein positives paralleles Gegenstück zu den Kainiten darstellen soll. Während die Nachkommenschaft Kains wie ihr Ahnherr unter dem Kennzeichen der

---

15 Vgl. JACOB, Genesis, 148.

16 Auch wenn die Linie endet, lässt sich aber aus den Kulturleistungen erahnen, dass damit das Böse und die Gewalt nicht aus der Welt geschafft sind. Das Thema wird in Gen 6,5ff wieder aufkommen und führt zur drastischen Maßnahme der großen Flut.

17 VON LOEWENCLAU, Gen IV 6-7, 181.

18 Eine Auflistung derjenigen Elemente, die zu den gewöhnlichen Geburtserzählungen sowie zu den Erzählungen um die unfruchtbaren Mütter gehören bei BREUKELMAN, Bijbelse Theologie III/1, 33 und KETELAAR, De „onvruchtbare" moeders, 10-11 (dort mit weiterer Literatur).

gesteigerten Gewalt steht, werden parallel dazu Set und Enosch positiv qualifiziert. Sets und Enoschs Geburt steht damit unter einem guten Zeichen. Ebenso scheint hinter der Angabe in Gen 4,26 („Damals begann man den Namen JHWHs anzurufen"[19]) der Versuch zu stecken, eine positiv konnotierte Analogie zu den Kulturleistungen der Kainiten zu schaffen. Die positiven Vorzeichen der Adam-Set-Enosch-Linie werden durch die Namensätiologie expliziert, die Adams Frau Eva über ihren Sohn Set spricht:

וַתִּקְרָא אֶת־שְׁמוֹ שֵׁת כִּי שָׁת־לִי אֱלֹהִים זֶרַע אַחֵר תַּחַת הֶבֶל כִּי הֲרָגוֹ קָיִן

„Und sie gab ihm den Namen Set (שֵׁת): Denn Gott hat mir einen anderen Nachkommen gesetzt (שָׁת־לִי) an Stelle Abels, weil Kain ihn erschlagen hat." (V. 25)

Die Namensbegründung lässt die theologische Differenz zu V. 1 deutlich hervortreten: Eva bezeichnet dort die Geburt des „Mannes Kain" selbstbewusst als einen eigenständigen Schöpfungsakt unter der Mithilfe JHWHs. Man kann dies so deuten, dass Eva sich damit brüstet, sie habe – wie Gott – einen Menschen geschaffen. Im Ausruf Evas steckt also etwas von jenem Verlangen nach Gottesähnlichkeit, das zum Genuss der verbotenen Frucht geführt hat.[20] Diese Interpretation erscheint nicht völlig abwegig, da die Sache mit dem Sohn am Ende nicht gut ausgeht. In V. 25 hat sich jedoch Evas Ansicht zum Positiven gewandelt. Hier wird der ersehnte Nachwuchs nun als Geschenk Gottes angesehen.

Das explizite Wortspiel mit der semitischen Wurzel שׁית/„aufstellen, einsetzen" in der Namensdeutung sowie der Verweis des Namens auf das gleichlautende Lexem שֵׁת/„Fundament"[21] nuancieren die Funktion Sets dahingehend, dass das „Ersetzen" und „Neubegründen" die leitenden Gesichtspunkte seiner Linie in den Versen 25f bilden. Der zweite Menschheitsstrang kann darum auf die Entstehung des JHWH-

---

19 Die Übersetzung ergibt sich aufgrund der Parallele mit Gen 12,8b, wo die Wendung im Zusammenhang der Kultpraxis erscheint (vgl. noch Jes 64,6; Ps 79,6). Für sich betrachtet könnte V.26 auch grundsätzlicher übersetzt werden mit: Damals begann man den Namen JHWHs zu nennen.

20 Vgl. dazu WITTE, Urgeschichte, 61 und KRAUSS/KÜCHLER, Erzählungen der Bibel 1, 121.

21 Vielleicht wird auf „Set" schon in Gen 1,1 angespielt. Man kann בְּרֵאשִׁית (Gen 1,1a) nämlich unpunktiert lesen (und damit auf jene mehrdeutige Weise, wie die Texte *vor* den Masoreten verstanden wurden) als ברא שׁית: „Es wurde geschaffen Set." (so ein mündlicher Hinweis von BERND J. DIEBNER).

Kultes hinauslaufen: אָז הוּחַל לִקְרֹא בְּשֵׁם יְהוָה (V. 26).[22] Innerhalb des narrativen Zusammenhangs der Genesis ist dies zunächst ein Anachronismus, da erst in Ex 3 der Name JHWHs offenbart wird und damit auf der Erzählebene eingeführt wird. Daher ist der Satz besser auf der Metaebene als direktes Signal an den Leser zu verstehen: Der positive Neubeginn im Erstling Set wird mit einer religiösen Umorientierung verbunden und positiv konnotiert. Mit Set und Enosch, und nicht etwa schon mit Kain, beginnt in der Zuwendung zum wahren und einzigen Gott die Geschichte der Menschheit. Die Bedeutung der Namensanrufung innerhalb der Setitenlinie wird mithin dadurch verstärkt, dass Gen 4,26 die Anrufung des Namens durch Abraham im verheißenen Land (Gen 12,8b) nahezu wörtlich zitiert:

$$\text{לִקְרֹא בְּשֵׁם יְהוָה}$$

$$\text{וַיִּקְרָא בְּשֵׁם יְהוָה}$$

Die religiöse Praxis der Setiten nimmt so einen der Höhepunkte der Heilsgeschichte Israels bereits proleptisch vorweg. Diese religiöse Neuorientierung an JHWH qualifiziert den Stammhalter Set als Erstling; in den Worten Yashars: „Den Tagen *seines* Sohnes Enosch wird der Anfang (geregelten?) Gottesdienstes zugeschrieben (Gen 4,27), also: das vornehmste Amt der Erstgeburt".[23]

1.2.2 Genealogische Weiterführung

Die Geburtserzählung um den neuen Erstling Set wird mit der Weiterführung seiner Genealogie in V. 26 abgeschlossen. Die Kontinuität der genealogischen Linie demonstriert, dass Set tatsächlich das Potential zum Erstling hat. Der letzte Eigenname in der Setitenlinie ist „Enosch"/ אֱנוֹשׁ. Hinter dem Namen steckt eine Wurzel mit der Bedeutung „Mensch".[24] Das Wort אֱנוֹשׁ ist im Unterschied zu אָדָם auch bei den ältesten Vertretern der semitischen Sprachgruppe bekannt, und bereits im ältesten Aramäisch sehr geläufig.[25] Im biblischen Aramäisch, in dem אָדָם fehlt, begegnet אֱנוֹשׁ 25 mal. Das Wort אֱנוֹשׁ kommt fast nur in dich-

---

22 S. HORST, Die Notiz vom Anfang des Jahwekultes, bes. 72-74 und ARNETH, „Durch Adams Fall ist ganz verderbt…", 162f. KLEMM, Kain und die Kainiten, 392, sieht darin „die religiös-konstitutive Verbindung mit Gott ohne unmittelbare Gottesbegegnung". Diese soll nach KLEMM in den Zusammenhang der Abweisung eines Heroenkultes gehören; ähnlich argumentiert auch HORST, Die Notiz vom Anfang des Jahwekultes, 68-74.

23 YASHAR, zu Gen 4,7, 637.

24 Vgl. auch DEURLOO, Na de moord, 37; FOKKELMAN, De sectie Genesis 1-11, 23; HESS, Personal Names, 66f; BUBER übersetzt mit „Menschlein".

25 Vgl. dazu MAASS, Art. אֱנוֹשׁ, 373-375 und HESS, Personal Names, 66.

terischen Texten vor[26] und ist meist gleichbedeutend mit אָדָם. Beide
bezeichnen die Kreatürlichkeit, Hinfälligkeit, Sterblichkeit und
Bedrohtheit des Menschen. In vielen poetischen Texten werden beide
Wörter im Parallelismus gebraucht.[27] In der narrativen Einheit Gen
2,4a-4,26 ging es um das Geschaffensein des אָדָם vor JHWH auf der
אֲדָמָה. Mit Adam, dem Menschen, beginnt diese Erzählung und schlägt
einen Bogen bishin zu Enosch, dem Menschen. Diese Inklusion markiert den in Set gesetzten Neuanfang der Menschheit aufs Neue: Während Adam, der Mensch, das Gebot JHWHs übertritt (vgl. Gen 2,16f;
3,1ff), wendet sich Enosch, „Mensch", JHWH im Gebet zu. Und noch
ein zweiter Gegensatz wird erzeugt: Kain vertieft die in der sog. „Sün-
denfallerzählung" berichtete Entfernung zwischen Gott und Mensch
(Gen 3,24) noch weiter (Gen 4,16). Hingegen versucht Sets Sohn
Enosch, der neue Mensch, die Gottesferne durch Anrufen des Namens
JHWHs zu überbrücken.[28] Kains Linie ist hiermit endgültig überholt.

1.2.3 Set als Kontrastfigur zu Kain (Gen 5,1-32)

Erst nach der Konturierung Sets als Erstling und mit Enosch als reprä-
sentativem Menschen beginnt auch das „Buch der Toledot Adams, des
Menschen" in Gen 5,1 und damit der eigentliche Hauptteil der Genesis.
Nach dem ersten erzählerischen Anlauf zur Überwindung der
Kainitengeschichte in 4,25-26 startet das „Buch der Toledot Adams des
Menschen" in 5,1-32 seinen zweiten und eigentlichen: Die Genealogie
wird durch eine einleitende Passage V. 1-3 eröffnet. Hier erfolgt zunächst ein Rückgriff auf die Erschaffung des Menschen nach Gen 1,26-
28: Die Gottesbildlichkeit und der damit verbundene Segen werden
ausdrücklich erinnert und damit aktualisiert.[29] Deshalb wird in Gen 5,2
nochmals ausdrücklich auf den Segen für den Menschen aus Gen 1,27-
28 zurückgegriffen.

Die Adam-Genealogie ist damit fest im Schöpfungsbericht von Gen
1 verankert, und zugleich ist die Nachkommenschaft Adams mit dem
Schöpfungssegen verbunden. Beginnend mit Adam setzt ab Gen 5,3
eine regelmäßig gestaltete lineare Genealogie ein. Auf Adam folgen Set

---

26   Am stärksten vertreten ist es bei Hiob (18mal), in den Psalmen (13mal) und im Buch
     Jesaja (9mal).
27   Vgl. Ps 8,5: „Was ist der Mensch, dass du seiner gedenkst; und des Menschen Sohn,
     dass du dich um ihn kümmerst?" (אֱנוֹשׁ - בֶּן־אָדָם); 144,3: בֶּן־אֱנוֹשׁ - מָה־אָדָם; Jes 13,12:
     אֱנוֹשׁ; 51,12: מֵאֱנוֹשׁ - וּמִבֶּן־אָדָם; sowie Jes 56,2; Ps 73,5; 90,3; Hi 25,6; 36,25.
28   Diese wichtige Beobachtung bei SPINA, Cain's Rejection, 329.
29   Ihre Weitergabe wird vermittelt durch die Weitergabe des Lebens über Zeugung
     und Geburt von Generation zu Generation. Vgl. hierzu HIEKE, Genealogien, 67f.71.

(5,6-11), Kenan (5,12-14), Mahalalel (5,15-17), Jared (5,18-20), Henoch (5,21-24), Metuselach (5,25-27), Lamech (5,28-31) und Noah (5,32[-9,29]). Im Ganzen enthält die Liste zehn vorsintflutliche Generationen, die nach einem festen dreizeiligen Schema vorgestellt werden und in dessen Zentrum die Geburt des Erstgeborenen steht.[30] Erst in Gen 5,32 wird vom dreizeiligen genealogischen Muster abgewichen und in eine segmentäre Genealogie übergegangen: Nicht mehr nur *ein* Sohn wird namentlich genannt, sondern gleich alle drei Söhne Noahs werden erwähnt: Sem, Ham und Japhet.[31] Allerdings ist die genealogische Information von Noah in Gen 5,32 nicht vollständig. Man braucht hier nicht anzunehmen, dass im Laufe der Überlieferung ein Stück weggefallen ist. Die sachliche Fortsetzung erhält Noahs Genealogie in Gen 9,28-29.

Die Vorstellung der 10. Generation Noahs erstreckt sich demnach von Gen 5,32 bis 9,29 (וַיָּמֹת: „und er starb"). Die Genealogie Adams/Sets ist aber mit Gen 5,32 vorläufig abgeschlossen. In Gen 6,1-4 beginnt ein neuer Zusammenhang. Die Zehnzahl der Generationen steht für Vollkommenheit der genealogischen Linie über Adam und Set. Gen 5,1-32 korreliert dabei mit den zehn nachsintflutlichen Generationen in Gen 11,10-26 wie auch mit den zehn Toledot-Formeln der Genesis.[32] Set führt als Erstling entsprechend in vollkommener Weise die Linie des Vaters weiter. Kain findet hingegen in Gen 5 keine Erwähnung mehr. Er ist vollständig abgelöst und aus dieser genealogischen Linie ausgeschlossen.

In Gen 5 sind die gleich zweifachen Namensgleichheiten und -ähnlichkeiten zu den beiden Listen in Gen 4 auffällig. Diese schließen an Gen 4 in Kontrast und Übereinstimmung an. Zum einen wird die genealogische Erzählung der Linie Adam-Set-Enosch (4,25-26) in Form der Genealogie in 5,3-8 wiederholt. In Gen 5,3 erfolgt eine ausdrückliche Namensgebung des Sohnes Set, diesmal allerdings durch den Vater Adam, anders als in Gen 4,25, wo aus der Perspektive der Mutter Eva

---

30 Zu diesem Schema in Gen 5 und in Gen 11 vgl. Teil A.4.1.

31 Vgl. das Ende der ebenfalls zehnten nach-sintflutlichen Generation in Gen 11,26 mit Abram, Nahor und Haran.

32 Auch die Babylonier zählten von der Weltschöpfung bis zur großen Flut zehn Generationen, allerdings nicht von gewöhnlichen Menschen, sondern von „Königen, die vom Himmel herabstiegen." Ihre Namen haben zwar mit denen der biblischen Liste nichts gemein, doch wird diesen Königen genauso wie den biblischen vorsintflutlichen Patriarchen ein außerordentlich hohes Alter zugeschrieben. Die Annahme eventueller entstehungsgeschichtlicher Bezüge ist aber als äußerst problematisch abzulehnen. Zur Diskussion und schließlichen Ablehnung der möglichen Berührungen zwischen der sumerischen Königsliste und Gen 5 vgl. WESTERMANN, Genesis I/1, 476f u. etwas aktueller SEEBASS, Genesis I, 181-183f.

formuliert wurde: שֵׁת אֶת־שְׁמוֹ וַיִּקְרָא [...] אָדָם. Die volksetymologische Begründung von Sets Namens durch seine Mutter Eva in Gen 4,25 charakterisierte Set als einziges Glied der Setitenliste ausdrücklich *nicht als Erstgeborener*, sondern als jüngerer Bruder Abels und damit auch Kains, also als *Drittgeborenen*. Genau diese numerische Information, die ihn von allen anderen Vätern unterscheidet, findet sich in seinen Lebensjahren in Gen 5,4-6 wieder: Ausschließlich bei Set sind alle im Text angegebenen sowie alle auszurechnenden Zahlen *durch drei teilbar*.[33]

Zum anderen wird Sets Linie mit den Kainiten verglichen. Obwohl von seinen Nachkommen gesagt wird, dass sie mit Gott wandelten (Gen 5,22-24) und aus ihm schließlich Noah, der einzig „gerechte, tadellose Mann" (Gen 6,9) seiner Generation, hervorging, ähneln sich die Namen der Kainiter und der Setiter: Kain/Kenan, Henoch, Irad, Metuschael/Metuschalem und Lamech (Gen 4,17-24; 5,9-28). Außerdem umfasst die Nachkommenschaft Kains zwölf Namen (einschließlich Kains selbst und der namentlich genannten Frauen), ebenso die Nachkommenschaft Sets (einschließlich Sets; Frauennamen werden nicht

---

33 Zahlen im Text: 105; 807; 912; auszurechnende Zahlen: 132 (Geburtsjahr); 237 (Zeugung des Sohnes); 1044 (Todesjahr). Zu den übrigen Zahlen in Gen 5,1-32 vgl. die Aufstellung bei ZIEMER, Erklärung der Zahlen, 1-18, bes. 12.17. Dieser Zusammenhang ist allerdings nur mit den Zahlen des masoretischen Textes möglich. Septuaginta und samaritanischer Pentateuch haben hier abweichende Zahlenangaben. Die Unterschiede der Jahreszahlen in MT, SamPen und LXX werden in fast jedem Kommentar verzeichnet; übersichtliche Tabellen bei SEEBASS, Genesis I, 178 und DEURLOO/ZUURMOND, De dagen an Noah, 221f (bei letzteren noch zusätzlich die Zahlen von Josephus, Jubiläen und PsPhilo). Welches System sich hinter den hohen Altersangaben der zehn Urväter verbirgt, ist schwierig zu bestimmen. Nimmt man noch hinzu, dass die Altersangaben im masoretischen Text, der Septuaginta und den samaritanischen Pentateuch auffallend divergieren, ist es nicht verwunderlich, dass das Phänomen eine wahre Flut von Deutungsversuchen erfahren hat. Zu einer forschungsgeschichtlichen Übersicht vgl. die neueste Zusammenstellung von HIEKE, Genealogien, 77f u. SEEBASS, Genesis I, 181-183. Zu den unterschiedlichen chronologischen Systemen in den Genealogien von MT, LXX und SamPent hat zuletzt wieder NORTHCOTE gearbeitet (vgl. NORTHCOTE, The Lifespans of the Patriarchs, 243-257). Für eine Weiterarbeit ist dessen kritische Synopse S. 245 sehr hilfreich. Auch seine Deutung bleibt im Bereich der Spekulation. Für den masoretischen Text schlägt er vor, die aus der Addition aller Generationen beruhende Jahreszahl 12.600 auf die eschatologischen Traditionen zu beziehen, die sich auch in den apokalyptischen Büchern Daniel und Offenbarung niedergeschlagen haben. Jedoch ist seinem Urteil bezüglich der Schwierigkeit der Auslegung des Zahlenmaterials zuzustimmen: „The difficulty involved in understanding this material is not surprising, given, that the ancient chronologers seem to have not wanted their numerical symbolism to be made too accessible. In its days, in fact, full comprehension of it was likely restricted to small 'inner' priestly circles, with only hints of its meaning passed on in the canonical literature." (DERS., The Lifespans of the Patriarchs, 257).

überliefert). Eine weitere Entsprechung liegt darin, dass sowohl in Gen 4 als auch in Gen 5 jeweils eine lineare Genealogie durch eine Segmentierung in drei Brüder (Gen 4,20-22: Jabal, Jubal, Tubal-Kain; Gen 5,32: Sem, Ham und Japhet) beendet wird.

Die Parallelen zwischen beiden Listen sind – trotz der Unterschiede in Klänge und unterschiedlicher Form – längst bemerkt worden.[34] Literarhistorisch mag es sich in Gen 5 um eine Parallelversion zu Gen 4,17-24.25-26 handeln.[35] Andere wiederum schließen dies aus, da eine literarische Abhängigkeit zwischen beiden Listen aufgrund der vorhandenen Differenzen in Länge, Anordnung und Schreibweise der Namen sowie literarischer Form nicht nahe liege. Eher könne man darum annehmen, dass beide Listen auf gleiches oder ähnliches genealogisches Material zurückgreifen.[36] Hiervon abweichend geht Bryan davon aus, dass die Materialien *genuin* unterschieden waren und erst nachträglich traditionsgeschichtlich in Namensgestalt und Reihenfolge partiell aneinander angeglichen wurden.[37] Es bleibt allerdings die Frage bestehen, welche literarische Pragmatik hinter der Parallelisierung beider Listen steht.[38] Im Endtext beginnt mit Gen 5 die Menschheitsgeschichte insgesamt neu. Darum entfalten sich die ersten Generationen parallel zu den Kainiten, so dass Kains Linie ersetzt wird. Sets Name („Ersatz") wird in Gen 5 zum Programm. Der Kontrast Set-Kain wird auch numerisch aufgegriffen. Kains Linie läuft aus und endet mit dem 7- und 77-fachen Racheschwur Lamechs in Gen 4,24. Dagegen endet Sets genealogischer Vermerk nicht nur mit dem Anrufen Gottes mit seinem Namen JHWH.

---

34 Die Übereinstimmungen der Kainitenliste und der Setitenliste wird in jedem Kommentar notiert; vgl. zuletzt wieder ARNETH, „Durch Adams Fall ist ganz verderbt...", 165-169; SCHÜLE, Prolog, 209f; CARR, Reading the Fractures of Genesis, 68-73 und HIEKE, Genealogien, 67-69.

35 Dafür spricht sich die Mehrheit mit Nachdruck aus; statt vieler s. WITTE, Urgeschichte, 55f; OTTO, Paradieserzählung, 185-188; zum Problem der literarischen Einheitlichkeit von Gen 2-4 im Übergang zu Kap. 5 s. jetzt GERTZ, Von Adam zu Enosch, 215-236. Anders WESTERMANN, Genesis I/1, 472: Durch einfache Umstellungen der Abfolge der Namen von Gen 5 sei die Reihenfolge von Gen 4,17-26 erreichbar, so dass Gen 4,17-26 eine künstlich erzeugte Variante von Gen 5 sei. Der „Jahwist" habe die Liste geteilt und unterschiedlichen Lebensstilen und Kulturen zugeordnet: 4,17-22 betreffe die nicht-agrarischen Völker mit (halb)nomadischer Lebenshaltung, 4,25-26 die übrigen (agrarischen) Völker. Wiederum genau die gegenteilige Ansicht vertritt VERMEYLEN, La descendance,184, nach dem P in Gen 5 eine Linie von zehn Generationen geschaffen habe und sich dabei von der Kainitenliste inspirieren ließ.

36 S. MILLER, Descendents of Cain, 712; sowie SCHÜLE, Prolog, 209f.

37 Dazu BRYAN, A Reevaluation of Gen 4, 182-186.

38 HIEKE ist darin zuzustimmen, dass in diesem Fall das „Wissen um die Genese der Parallelität [...] nicht das Wissen um die Bedeutung dieses Phänomens für den Erzählfortschritt [ersetzt]." (HIEKE, Genealogien, 81 Anm. 231).

Sieben Generationen sind es von Adam über Kain bis zu Lamech. Lamechs besondere Beziehung zur Siebenzahl wird noch durch die Bemerkung über Kains siebenfach und Lamechs 77-fache Rache hervorgehoben (Gen 4,15.24). Der Lamech der Setitenreihe wird 777 Jahre alt. Außerdem sind alle drei im Text angegebenen Zahlen (sonst nur noch bei Kenan) durch sieben teilbar.[39] Damit weist diese Zahl deutlich auf die Kainitengeschichte zurück, konterkariert und überbietet sie aber zugleich. Man kann den setitischen Lamech als den Ersatz des kainitischen Lamech verstehen, der die Ausuferung von Gewalt in Gen 4 (7- und 77-fach) auf positive und fast schon ironische Weise widerlegt und übersteigert (777-fach).

Was also mit Sets Namensdeutung („Ersatz") schon angeklungen war und in seinem Sohn Enosch/„Mensch", als wahrer Vertreter des repräsentativen Adam schon verdeutlicht wurde, wird im genealogischen System noch einmal verdeutlicht: Mit Set ist ein würdiger „Ersatz" für Kain geboren worden, dessen Nachkommen letztlich die Ausuferung von Gewalt und fehlender Brüderlichkeit überwinden werden, die Kains Nachkommen ins Leben gerufen haben. Die Setiten haben keine genealogischen Berührungen mit den Kainiten, vielmehr haben sie ihren „eigenen Lamech", ihre eigenen uralten Ahnväter, jetzt aber unter anderen, positiven Vorzeichen: Während der Lamech der Kainiten unmäßige Rache nimmt und ein grausamer, prahlerischer Mörder ist, ist der Lamech in der Genealogie Adams durch Set der Vater dessen, der die Menschheit durch die Flut hindurch rettet. Die zum Teil gleichen und ähnlichen Namen von Gen 5,1-32 im Vergleich mit Gen 4,17-22 neutralisieren gleichsam die unter dem Vorzeichen der Gewalt stehende Genealogie Kains und überwinden damit den natürlichen Erstgeborenen, der in Bezug auf die innerfamiliäre Solidarität versagte.

1.3 Zusammenfassung

Die Genealogien 4,17-24 und 5,1-32 sowie die genealogische Erzählung 4,1-17.25-26 bilden eine logische und kohärente Abfolge und schildern die beiden Kontrahenten um das Erstlingstum Kain und Set in kontrastierender Weise. Die beiden Söhne von Adam und Eva sind Kain und Abel (Gen 4,1). Kain wird als natürlicher Erstgeborener eingeführt (V. 1). Abel ist sein jüngerer Bruder (V. 2). Abel wird allerdings durch seinen Bruder ermordet und Kain gelingt es dadurch nicht, seine Position

---

39    $182 = 26{\times}7$; $595 = 85{\times}7$; $777 = 111{\times}7$.

als Erstling zu erhalten. Seine Genealogie endet in Gen 4,17-22 und hat keine Verbindung zu den weiteren Genealogien der Genesis. Die genealogische Linie läuft über Set weiter (Gen 4,25f). Gen 4,25f vermerkt, dass Set an die Stelle von Kain und Abel getreten ist. Es sind dann auch lediglich Sets Nachkommen, die unter dem Titel „Das Buch der Toledot Adams, des Menschen" (Gen 5,1) den eigentlichen Hauptteil der Genesis als Buch der Toledot eröffnen dürfen. Kain wird in Gen 5,1ff schon nicht mehr erwähnt. Allerdings zeigen die Namen in 5,1-32 Ähnlichkeiten und Gleichheiten mit den Namen in der Kainitengenealogie 4,17-22. Die Parallelität der Linie Kain-Lamech von Gen 4,17-24 einerseits und Adam-Set-Enosch andererseits weist den Weg: Die Linie Kains wird nicht fortgesetzt und soll nichts mit der Linie des „wahren" Menschen seit Adam zu tun haben. Dieser *Neueinsatz* („Set") wird auch durch ein verstecktes Wortspiel markiert: Hinter dem Namen Enosch steckt die Wurzel mit der Bedeutung „Mensch", so dass eine formale Parallele zu dem entsprechenden Wortspiel zwischen dem Namen „Adam" und der Gattungsbezeichnung „Mensch" entsteht. Enosch hat dementsprechend die Kapazitäten, den Platz von *adam*/„Mensch" zu übernehmen. In Set kann wirklich ein Neuanfang gemacht werden, wodurch seine Linie die Linie Kains in vollkommener Weise ersetzt.

2. Ham, Japhet und Sem (Gen 5,32; 9,18-11,26)

Die in Gen 5,1 beginnende lineare Genealogie endet in der zehnten Generation bei den Nachkommen Noahs. In Gen 5,32 wird allerdings in eine segmentäre Genealogie übergegangen: Nicht mehr nur *ein* Sohn wird namentlich genannt, sondern alle drei Söhne Noahs werden erwähnt: Sem, Ham und Japhet. Es gibt nun keinen zwingenden Grund zu der Annahme, dass in Gen 5,32 Sem, Ham und Japhet Drillinge seien, so dass alle gleich alt sein könnten und es in dem Sinne keinen „Erstgeborenen" gebe.[40] Wenn das Buch Genesis um die Zwillingsgeburten von Rebekka (Gen 25) und Tamar (Gen 38) ein entsprechendes Aufheben macht, ist ein völlig selbstverständliches, beiläufiges Erwähnen einer (viel selteneren) Drillingsgeburt undenkbar.[41] Somit wird für den Leser die *Geburtenreihenfolge* der Söhne interessant, denn aus dem Schema in Gen 5,1ff war bisher immer eindeutig ersichtlich, wer als natürlicher Erstgeborener galt und damit die väterliche Linie weiterführte. Diese Reihenfolge ist nun für den Leser nicht mehr ohne Weiteres

---

40 So die spekulative Annahme von GUNKEL, Genesis, 157.
41 Ebenso HIEKE, Genealogien, 119.

aus V. 32 ablesbar,[42] zumal wenn man sich den Kontext vergegenwärtigt, der die Leseerwartung lenkt: Von der Erzählsequenz um Kain, Abel und Set her kommend (Teil B.1) ist klar, dass geburtliche Disposition und tatsächliche Rangfolge sowie Durchsetzungsfähigkeit der Brüder nicht kongruent sein müssen. Der gesamte Erzählzusammenhang um die drei Brüder Sem, Ham und Japhet – also Gen 9,18-29; 10,1-32; 11,1-9 und 11,10-26 – bestätigt diese Leseerwartung: Zwar legt die am häufigsten anzutreffende Reihenfolge „Sem, Ham und Japhet" (Gen 5,32; 6,10; 7,13; 9,18; 10,1) nahe, dass Sem der älteste und Japhet der jüngste Sohn Noahs gewesen seien, denn letztlich führt auch Sem die genealogische Linie bis zu den Terachiden fort (Gen 11,10-20). Jedoch finden sich auch davon abweichende genealogische Reihungen: So erfolgt die Nennung der Genealogie der Noahiden in Gen 10 gerade in umgekehrter Reihenfolge: Japhet (V.2-5), Ham (6-20) und Sem (V. 21-31). Auch das nicht eindeutig zu übersetzende Epitheton Sems אֲחִי יֶפֶת הַגָּדוֹל (Gen 10,21) sowie die Umschreibung Hams als בְּנוֹ הַקָּטָן (Gen 9,24) stellen ein Problem dar, da somit Sem oder Japhet der älteste Sohn Noahs (Gen 10,21) und Ham der jüngste Bruder (Gen 9,24) sein könnten.[43] Auch der narrative Verlauf von Gen 9-11, in dem die Rangfolge der drei Brüder zueinander genauestens ausgelotet wird, lässt den Leser vermuten, dass die in Gen 5,32 genannte Reihenfolge nicht *ohne Weiteres* der *natürlichen* entspricht. Sicher ist zunächst nur, dass die beschriebene Ambivalenz in der Darstellung der Geburtsreihenfolge für die Texteinheit Gen 9-11 einen Spannungsbogen erzeugt, der bereits mit Gen 5,32 angedeutet wird: Wer sich als Erstling unter seinen Brüdern erweisen wird, muss sich erst noch zeigen.[44]

---

42 Dies wird fast durchgängig vermerkt; vgl. etwa JACOB, Genesis, 306-308 und CASSUTO, Genesis II, 216-218. DEURLOO/ZUURMOND, De dagen van Noach, 86; KAMINSKI, From Noah to Israel, 61; Von jüdischer Seite sei IBN ESRAS großer Kommentar zu Gen 9,24 erwähnt: „Sem, Ham und Japhet, das kann nicht der Literalsinn sein" (Text und Kommentar bei ROTTZOLL, Ibn Esras Kommentar, 203). Das beschriebene Phänomen hat eine Reihe entstehungsgeschichtlicher Lösungsvorschläge hervorgebracht. So nimmt WITTE als ursprüngliche Gestalt von Gen 9,20-27 eine Erzählung von Noah und seinen *zwei* Söhnen Sem und Kanaan an (WITTE, Urgeschichte, 103). WESTERMANN hingegen lehnt es auch bei einem diachronen Ansatz ab, Ham/Kanaan als ursprünglichen dritten Sohn Noahs anzusehen (WESTERMANN, Genesis I/1, 646-648; dort in der Besprechung von Gen 9,18-29). Grund und Intention der vorfindlichen Differenzen konnten jedoch nicht befriedigend erklärt werden. Die hypothetisch so rekonstruierte Geschichte löst nur scheinbar die Schwierigkeiten, denn eine diachrone Rekonstruktion von hypothetischen Vorstufen löst leider nicht die Verständnisschwierigkeiten des vorliegenden Textes.

43 Hierzu ausführlicher Teil B.2.3.

44 Diese knappe Problemskizze zur natürlichen Geburtsreihenfolge von Sem, Ham und Japhet soll an dieser Stelle genügen. Die Fragestellung wird noch einmal ausführli-

2.1 Hams Disqualifizierung und Sems Qualifizierung (Gen 9,18-29)

Gen 9,18-29 ist sorgsam strukturiert und planvoll aufgebaut: Formal kann die Gesamterzählung in einen erzählenden Teil (V. 20-24) und einen diskursiven Teil (V. 25-27) untergliedert werden. Die Struktur des narrativen Teils wird von den Sprüchen Noahs exakt aufgenommen. Die genannten Personen entsprechen der Reihenfolge der Handelnden in den Versen 20-23: Noah, Ham, Sem und Japhet. Der Hauptteil der Erzählung (V. 20-27) wird von Noah umschlossen, dessen Handeln (20-21.24-26) dasjenige von Ham (V. 22) und von Sem sowie Japhet (V. 23) rahmt. Im Zentrum von Gen 9,18-29 stehen somit narrativ wie strukturell die drei Brüder Sem, Ham und Japhet.

Die Erzählung setzt mit einer doppelten Einleitung in den Versen 18 und 19 neu ein. Die Formulierung V. 18a verknüpft die Perikope mit dem Flutzyklus:[45] בְנֵי־נֹחַ הַיֹּצְאִים מִן־הַתֵּבָה שֵׁם וְחָם וָיֶפֶת. V. 19 bereitet hingegen die folgende Völkergeschichte Gen 10-11 vor. Gen 10,1 beginnt mit der Namenstrias der Söhne Noahs und Gen 10,32b erinnert verbal wie thematisch an Gen 9,19:

שְׁלֹשָׁה אֵלֶּה בְּנֵי־נֹחַ וּמֵאֵלֶּה נָפְצָה כָל־הָאָרֶץ

Diese drei sind die Söhne Noahs, und von ihnen ist die ganze Erde bevölkert worden (Gen 9,19).

אֵלֶּה מִשְׁפְּחֹת בְּנֵי־נֹחַ לְתוֹלְדֹתָם בְּגוֹיֵהֶם וּמֵאֵלֶּה נִפְרְדוּ הַגּוֹיִם בָּאָרֶץ אַחַר הַמַּבּוּל

Das sind die Sippen der Söhne Noahs nach ihrer Geschlechterfolge, in ihren Nationen; und von diesen aus haben sich nach der Flut die Nationen auf der Erde verzweigt (Gen 10,32).

Auch das Motiv der Zerstreuung und Verbreitung auf der ganzen Erde (Gen 9,19) wird in Gen 11,9 wieder aufgenommen. In struktureller Hinsicht ergibt sich von Gen 9,20-27 damit ein Gliederungssignal: Die Erzählung von Noah dem Weingärtner schließt die Urzeit im engeren Sinne ab und eröffnet die Völker- und damit auch die Väterzeit. Nach dem Stillstand der Flut kommt in Gen 9,18ff die Geschichte wieder aufs Neue in Gang. Die Nennung der drei Söhne Noahs in V. 18 weist auf die noch unvollendete Genealogie Noahs in Gen 5,32 zurück. Wer als der Erstgeborene Noahs gelten sollte, war dort offen geblieben. Der Spannungsbogen wird in Gen 9,18-29 nun wieder aufgenommen. Nur

---

cher *nach* der Beschreibung der narrativen Entwicklung in Gen 9-11 eruiert werden (s. Teil B.2.3).

45 Vgl. Gen 8,16: „Komm aus der Arche, du mit deiner Frau, deinen Söhnen und den Frauen deiner Söhne."

einer der drei mit Namen genannten Söhne Noahs kann sich als Erstling unter seinen Brüdern erweisen und die Linie des Vaters weiterführen. In beiden Einleitungsversen der Erzählung werden „die Söhne Noahs" erwähnt. Die Betonung von V. 18 liegt auf den Namen der Söhne Noahs, wie sie auch in der Fluterzählung aufgezählt werden (Gen 7,13[46]; 6,10): בְּנֵי־נֹחַ [...] שֵׁם וְחָם וָיָפֶת.V. 19 hingegen betont, dass es genau diese drei Söhne sind (und keine anderen), aus denen sich die Völker bilden werden. Darum werden ihre Eigennamen auch nicht eigens erwähnt.[47] Auffällig ist das syntaktisch abrupte Zwischenstück V. 18b: וְחָם הוּא אֲבִי כְנָעַן/„Und Ham, er ist der Vater Kanaans." Ham wird damit in besonderer Weise unter seinen Brüdern hervorgehoben. Die Erzählung fokussiert von Anfang an auf diese Gegenüberstellung.

2.1.1 Hams Disqualifizierung als potentieller Erstling

Die ungewöhnliche Bezeichnung Noahs als אִישׁ הָאֲדָמָה (Gen 9,20a) ist als *terminus technicus* für „Bauer", „Landarbeiter" oder gar „Winzer" sonst nicht belegt.[48] Das lässt vermuten, dass אִישׁ הָאֲדָמָה eher im Sinne eines Rückverweises auf Gen 2,5b und Gen 3,17-19 zu lesen ist. Nach der globalen Katastrophe der Flut versetzt Gen 9,20-27 das Geschehen noch einmal zurück in die intimere kleine Welt von Gen 3f. Wie mit Adam nach der Vertreibung aus dem Garten Eden, so beginnt auch das Leben nach der Flut mit der Bearbeitung der אֲדָמָה, und wie in Gen 3f ist auch dieser Neuanfang *in Verfehlung und Schuld verstrickt*. In dieser Perspektive können also die folgenden Handlungen Hams gelesen und qualifiziert werden.

Der Fluch Noahs über seinen Sohn in V. 25 und die Formulierung „Noah erfuhr, was sein geringster Sohn ihm angetan hatte" aus V. 24 qualifizieren Hams Handlung eindeutig als schuldhaft. Die Vergeltung dieser Tat mit einer Verfluchung scheint auf den ersten Blick in keinem Verhältnis zur Verfehlung Hams zu stehen. Die genaue Art der Verfehlung lässt der Text letztlich offen. Der Sache nach zerfällt Hams Vergehen in zwei Schritte: V. 22a stellt dar, dass Ham die Blöße seines Vaters gesehen habe bzw. (so nachdrücklich van der Spek[49] und Vervenne[50])

---

46 In Gen 7,13 sogar mit derselben ungewöhnlichen syndetischen Formulierung: וְשֵׁם וְחָם וָיָפֶת/„*Und Sem und Ham und Japhet*". In dieser Form kommt die Namenstrias nur an diesen beiden Stellen vor.

47 Die inhaltliche Analogie von V. 18f ist entsprechend narrativ bedingt und kein Hinweis auf unterschiedliche Quellen.

48 In Gen 4,2b wird Kain als עֹבֵד אֲדָמָה, also als „Ackerbauer" bezeichnet.

49 VAN DER SPEK, De zonen van Noach, 31.

50 VERVENNE, Dronken zeeman, 61; vgl. SEEBASS, Genesis I, 246.

die Blöße sogar bewusst *betrachtet* habe. Das Schlüsselwort עֶרְוָה (V.
21.23a+b) hat eine deutlich sexuelle Konnotation und ist am besten mit
„Scham" oder „Nacktheit" zu übersetzen.[51] V. 22b vermerkt anschließend, dass Ham dies seinen Brüdern vor dem Zelt (בַּחוּץ) meldete. Dass
diese Mitteilung „draußen" geschieht, ist deshalb wichtig, da in V. 23
hervorgehoben werden soll, dass Sem und Japhet die Blöße ihres Vaters keinesfalls zu Gesicht bekommen wollen, was durch ihr Rück-
wärtsgehen erneut unterstrichen wird. Dies verweist auf die eigentliche
Pointe des Textes, indem explizit die konträren Verhaltensweisen von
Ham einerseits und Sem sowie Japhet andererseits zur Darstellung
kommen. Der Text muss an dieser Stelle eigentlich nicht mehr sagen:[52]
Sem und Japhet haben bewusst das Sehen der Blöße des Vaters vermieden; Ham hingegen hat, ebenso bewusst, das Gegenteil getan,
wenngleich er auch den Zustand des Vaters nicht selbst verursacht hat.
Damit kehrt in Gen 9 das aus der Paradieserzählung bekannte Thema
der Scham nun als Tabuthema wieder. „Die Notwendigkeit von Kleidung ergibt sich hier aus der Überzeugung, dass das Ansehen entblöß-
ter Geschlechtsteile eines Menschen dessen personale Integrität und
Würde verletzt."[53] Auch Westermann und andere sehen den Fehltritt
Hams gerade darin, dass Ham seinem Vater nicht beisteht, als er sich
im Weinrausch entblößt hat, und weil Ham den für den Zusammenhalt
der Gesellschaft notwendigen Respekt des Jüngeren gegenüber dem
Älteren nicht erbracht habe, greife Noah zum Mittel des Fluchs.[54] Dieser Einschätzung kann man im Grunde zustimmen. Die Geringschät-
zung der väterlichen Ehre geschieht dadurch, dass Ham den Vater
nackt im Zelt des Vaters vorfindet und dies auch noch – was wohl viel
schwerer wiegen dürfte – seinen Brüdern mitteilt.[55] Erst seine Brüder
führen dann den geforderten Akt der Ehrerbietung gegenüber dem
Vater durch und bedecken Noahs Blöße (V. 23).

Ob hinter Gen 9,22 möglicherweise noch ein sehr gravierenderes
Delikt steht als die Übertretung der Tabuzone, ist immer wieder disku-
tiert worden. Dabei konnte auf einschlägige Texte wie Lev 20,11 oder
Lev 18 verwiesen werden. In Lev 20,11 findet sich die Wendung „die
Blöße des Vaters aufdecken" (עֶרְוַת אָבִיו גִּלָּה) als Euphemismus für den
Geschlechtsverkehr mit einer Frau des Vaters, dies solle mit dem Tod

---

51   Zur Wortbedeutung vgl. den Überblick bei VERVENNE, Dronken zeeman, 61.70f.
52   So auch ARNETH, „Durch Adams Fall ist ganz verderbt…", 205f.
53   SCHÜLE, Prolog, 356.
54   Vgl. VAN SELMS, Genesis I, 140: „Ons gedeelde predikt eerbied voor de vader, zelfs in
     zijn zwakheid"; ebenso WESTERMANN, Genesis I/1, 655.658 und WENHAM, Genesis I,
     199f.
55   So VAN DER SPEK, De zonen van Noach, 29.

bestraft werden. Ob es sich in Gen 9,22 um das gleiche Delikt handelt, ist nicht klar.[56] Mit Verweis auf Lev 18,3 wird auch an Unzucht, Entmannung oder gar sexuellem Missbrauch gedacht.[57] Ebenfalls ist fraglich, ob es um eine andere inzestuöse Handlung geht.[58] Für den narrativen Zusammenhang von Gen 9,18ff und die Vorbereitung der Sprüche V. 26f genügt jedenfalls im Grunde schon die *Andeutung*, die die Rede von der Blöße des Vaters umgibt. Dies reicht bereits aus, um aus Ham einen Menschen zu machen, dem man die in Frage stehenden Vergehen in jedem Fall zutrauen kann. In diesem Sinne argumentiert auch Jacob: „Aber der Text genügt, das Benehmen Hams von Anfang bis zum Ende abscheulich zu finden."[59]

Eventuell lässt der Text noch eine weitere Konnotation erkennen: Im Anschluss an Arneth kann darauf verwiesen werden, dass Lev 20,20ff den Landesverlust der kanaanäischen Bevölkerung als *Folge* der bedenklichen sexuellen Praktiken und Verfehlungen darstellen, die in Lev 18 und 20 beschrieben werden. So verwundert es auch nicht, dass Gen 9,26a die Verfluchung „Kanaans" enthält.[60] Man muss hier zwar nicht gleich eine narrative „Umsetzung von Lev 20 in den redaktionellen Stücken Gen 8,20-22; 9,20-27"[61] vermuten, jedoch scheint eine Art Stichwortanschluss in jedem Fall gegeben. Es könnte daher nicht allzu fern liegen, wenn man in Gen 9,22f einen subtilen Hinweis darauf vermutet, dass sich Ham – über „Kanaan" – in die heidnischen Völker einreiht und mit ihnen auch deren *abweichende Auffassungen von Sexualität und Fortpflanzung* teilt. Sieht man die Erzählung im größeren Rahmen der Genesis, in der es um eine Definition „Israels" gegenüber den anderen Völkern geht[62], so hieße dies auch: Ham reiht sich insofern in die sexuellen Vorstellungen der übrigen Völker ein, als er meint, das Geheimnis der Nachkommenschaft liege in der „Blöße" und Manneskraft des Vaters. Diese Erkenntnis will er sofort seinen Brüdern berichten.[63] Nach Auffassung der Genesis ist für das Fortbestehen „Israels" aber gerade nicht die natürliche Fortpflanzung essentiell, sondern JHWH selbst ist für das Fortbestehen seines Volkes verantwortlich. Wo es für die Völker als eine Selbstverständlichkeit erscheint, Nachkom-

---

56   So z.B. BASSETT, Noah's Nakedness, 236.
57   Zur Diskussion s. VERVENNE, Dronken zeeman, 54; SCHÜLE, Prolog, 356f und ARNETH, „Durch Adams Fall ist ganz verderbt…", 205-208.
58   So LEVIN, Jahwist, 119.
59   JACOB, Genesis, 261.
60   Vgl. ARNETH, „Durch Adams Fall ist ganz verderbt…", 206f.
61   ARNETH, „Durch Adams Fall ist ganz verderbt…", 207.
62   Dazu ausführlicher in Teil C.3.1.
63   So auch VAN DER SPEK, De zonen van Noach, 29f.

men zu bekommen, ist Israels Zukunft immer wieder bedroht. Israels
Erzmütter Sara, Rebekka, Rahel und Lea sind alle unfruchtbar – eine
Unfruchtbarkeit, die erst durch JHWH überwunden wird.[64] Die Abur-
teilung Hams durch den Fluch des Vaters fällt in dieser volksgeschichtlichen Perspektive entsprechend noch viel grundsätzlicher aus.

2.1.2 Sems Qualifizierung als Erstling

Dem Fehlverhalten Hams wird nun das positive Verhalten Sems und
Japhets gegenübergestellt. Beide bedecken die Blöße ihres Vaters, *ohne*
diese zu sehen (וְעֶרְוַת אֲבִיהֶם לֹא רָאוּ; V. 23). Genau an dieser Stelle wird
die stereotype Abfolge der dreizehn *wajjiqtol*-Verbalsätze durchbrochen, die den narrativen Teil bestimmen:

וּפְנֵיהֶם אֲחֹרַנִּית
וְעֶרְוַת אֲבִיהֶם לֹא רָאוּ

> ihre Gesichter aber rückwärts gewandt,
> und die Blöße ihres Vaters sahen sie nicht.

Die Veränderung im syntaktischen System drückt nicht alleine Gleich-
zeitigkeit aus („während ihr Gesicht abgewandt war und sie die
Nacktheit ihres Vaters nicht sahen"), sondern hat auch eine emphatische Funktion: Sems und Japhets „Nicht-Sehen der Blöße" wird so
stärker betont und der Kontrast zum Sehen Hams verschärft. Ferner
steht wieder das solidarische Verhalten im Zentrum der Qualifizierung
des Erstlings. Sem hilft zusammen mit seinem Bruder Japhet seinem
Vater. Der Hauptakzent der Handlung von V. 23 liegt dabei deutlich
auf Sem. Nur die letzten drei Verbalformen in V. 23 sind Pluralformen:

וַיָּשִׂימוּ עַל־שְׁכֶם שְׁנֵיהֶם וַיֵּלְכוּ אֲחֹרַנִּית וַיְכַסּוּ אֵת עֶרְוַת אֲבִיהֶם

> und sie legten es (das Obergewand) beide auf ihre Schultern und gingen
> damit rückwärts und bedeckten so die Blöße ihres Vaters.

Das dieser Reihe voranstehende Verbum steht allerdings im Singular:
וַיִּקַּח שֵׁם וָיֶפֶת: „Er (nämlich Sem) nahm das Gewand/den Mantel, zu-
sammen mit Japhet." Damit ist Sem der Hauptakteur der gesamten
Handlung und aus der Voranstellung des Singulars ergibt sich, dass
Sem auch die übrigen Handlungen dominiert.[65] Die Hervorhebung
Sems (שֵׁם) wird durch die Häufung der „שׁ"-Klänge innerhalb dieses
Halbverses noch akzentuiert (שֵׁם־הַשִּׂמְלָ־וַיָּשִׂימוּ־שְׁכֶם־שְׁנֵיהֶם). In diesem
Zusammenhang kann auch darauf verwiesen werden, dass die Aus-

---

64   S. Teil C.3.2.2.
65   So ebenfalls VAN DER SPEK, De zonen van Noach, 31.

händigung des Mantels/des Gewandes (שִׂמְלָה) zur Bedeckung der Nacktheit im Kontext des theologisch begründeten Rechts eine erhebliche Rolle spielt.[66] Bereits in Gen 3,22 war im Anschluss an Gen 2,25; 3,7 JHWH als Helfer für die Bedürftigen aufgetreten, indem er ihnen Kleider gab und sie so ihre Scham bedecken konnten. Analog verhält es sich nun in dieser zweiten „Bekleidungsszene", Gen 9,23. Sems besondere und vorbildliche Rolle wird hierüber noch deutlicher akzentuiert.

2.1.3 Bestätigung von Disqualifizierung und Qualifizierung (Gen 9,25-27)

Die Sprüche 9,25-27 nehmen nun die Kontraste der Erzählung auf: Das zweimalige וַיֹּאמֶר in V. 25 und 26 untergliedert die Texteinheit in zwei Teile, die beide durch denselben einfachen Nominalsatz eingeleitet werden (so finden sich *qatul*-Konstruktionen in V. 25b und 26b) und einen Wunsch in optativer Funktion ausdrücken.[67] Ham steht Sem und Japhet gegenüber:

25: Da sagte er (וַיֹּאמֶר):

> Verflucht sei Kanaan (אָרוּר כְּנַעַן), ein Knecht der Knechte soll er seinen Brüdern sein. (V. 25)

26: Da sagte er (וַיֹּאמֶר):

> Gesegnet[68] sei JHWH (בָּרוּךְ יְהוָה), der Gott von Sem, aber Kanaan soll sein Knecht sein. (V. 26)
>
> 27: Gott breite Japhet aus[69], und lasse ihn wohnen in den Zelten Sems; aber Kanaan soll sein Knecht sein.

Die hierarchische Struktur unter den drei Noah-Söhnen wird von unten her aufgebaut. Kanaan (= Ham) ist verflucht (V. 25). Die Position Kanaans gegenüber seinen Brüdern ist jeweils die des Knechts. Die Sprüche über Sem wie Japhet enden mit der identischen Formulierung: „und Kanaan sei sein Knecht"/וִיהִי כְנַעַן עֶבֶד לָמוֹ (V. 26b.27b). Er ist niemandes Herr, was in der Formel עֶבֶד עֲבָדִים, „Knecht aller Knechte" zum Ausdruck kommt (V. 25). Auf einer anderen Ebene liegt das Verhältnis von Sem und Japhet. Hier ergibt sich dasselbe Gefälle wie schon in V. 23: Japhet ist Sem zugeordnet. Die Söhne Japhets erhalten eine

---

66 Vgl. etwa Ex 22,25f; ARNETH, „Sonne der Gerechtigkeit", 133-137.145f arbeitet dies noch ausführlicher heraus.

67 Vgl. JOÜON/MURAOKA, Grammar III, §§ 154e (ii), 163b.

68 בָּרוּךְ ist mit „segnen" zu übersetzen, nicht mit „loben" (so die meisten Übersetzungen). Der Kontrast zum Fluch in V. 25 sollte beibehalten werden.

69 Ein Wortspiel mit dem Namen „Japhet": יַפְתְּ אֱלֹהִים לְיֶפֶת.

Mehrungsverheißung. Sie sollen sich ausbreiten (יַפְתְּ אֱלֹהִים לְיֶפֶת), was einschließt, dass sie sich in den Zelten Sems niederlassen. Sem ist gleichsam Gastgeber für Japhet.[70] Demgegenüber wird noch einmal deutlich, dass Ham innerhalb dieser Hierarchie weder Besitz- noch Gaststatus hat. Die überlegene Position Sems als neuer Erstling wird darin bestätigt, dass JHWH dessen Gott ist (V. 26). Darum sind allein die Semiten im engeren und eigentlichen Sinn Volk Gottes. Im Horizont der Sintflutgeschichte dürfte dies besagen: Zuerst und vor allem sind es die Semiten, denen JHWHs Segen gegeben wird, die Welt nach der Flut zu besiedeln.

Die Sprüche bestätigen somit die narrative Entwicklung: Ham verliert seinen Status als potentieller Erstling, was zusätzlich durch eine bestimmte narrative Struktur subtil hervorgehoben wird: Ham verschwindet sukzessive aus der Erzählung und damit aus der genealogischen Linie des Vaters, indem Hams Eigenname Schritt für Schritt durch „Kanaan" ersetzt wird:

V. 18:   „Ham, er ist der Vater von Kanaan"
V. 22:   „Ham, der Vater von Kanaan"
V. 24:   „Noahs geringster Sohn"
V. 25:   „Verflucht sei Kanaan"

Die erste Zeile der Übersicht macht die Namensverschiebung möglich: Kanaan wird hier bereits genannt, so dass er in V. 25 gebraucht werden kann. V. 24 bereitet dies vor: Der Name wird hier bereits verschwiegen und ersetzt durch „sein geringster Sohn." V. 22 hingegen baut einen Kontrast zwischen „Ham, als Vater von Kanaan" und „Noah als Vater seiner Söhne" auf. Ham ist am Ende der Erzählung (V. 25) vollständig aus der Erzählung verschwunden und selbst zu einem גּוֹי geworden, zu *Kanaan*, wodurch er nicht mehr die Rolle des Erstlings erfüllen kann. Erst nachdem Hams Name vollständig aus der Erzählung verschwun-

---

70 „Japhet" hat keine semitische Etymologie (vgl. HESS, Personal Names, 31f). Es lässt sich eigentlich nur eine Entsprechung beim (freilich griechischen) Titanen „Japetos" (HOMER, Illias, VIII, 479) finden. Auch seine Nachkommen sind im griechischen Raum verortet. WITTE sieht den „Sitz im Leben" der Japhetiten in den Eroberungsversuchen Alexanders des Großen in Syrien und Palästina (WITTE, Urgeschichte, 318). Demnach sind mit Japhet die Griechen unter Alexander gemeint. Das Wohnen Japhets in den Zelten Sems spiegle die weitgehend unblutige Einnahme Palästinas durch die Griechen (DERS., Urgeschichte, 319). Hat man also die griechische Okkupation im Sinne der Beherbergung bzw. Duldung eines Gastes uminterpretiert? Es wäre durchaus möglich, dass man die Unterlegenheit gegenüber Alexander auf diese Weise günstig auslegte.

den ist, kann Sem seine Stelle als Erstling einnehmen (vgl. den Segens-
spruch für Sem in V. 26).

2.2 Legitimierung Sems als Erstling (Gen 10,1-11,26)

2.2.1 Genealogische Gegenüberstellungen (Gen 10)

Betrachtet man die Völkertafel in ihrer vorliegenden Gestalt, zielt sie
auf eine offenbar möglichst vollständige Auflistung der Völker innerhalb der bekannten Welt ab. Gleichzeitig hat die Völkertafel die Funktion, die Völker über genealogische Beziehungen auch zueinander ins
Verhältnis zu setzen bzw. Nähe und Ferne anhand verwandtschaftli-
cher Grade zu beschreiben.[71] Die Eckverse Gen 10,1 und Gen 10,32 weisen die drei Noah-Söhne als Vorväter der gesamten Menschheit aus.
Innerhalb dieses äußeren Rahmens werden dann die jeweiligen Nachkommen Sems, Hams und Japhets aufgelistet, wobei die parallel for-
mulierten Abschlussnotizen in Gen 10,5.20.31 die innere Struktur des
Textes bilden:

10,1: Dies sind die Toledot der Söhne Noahs, Sem, Ham und Japhet. Ihnen
wurden Söhne geboren nach der Flut.

10,2: Die Söhne Japhets [...] (בְּנֵי יֶפֶת)

10,5: Von diesen breiteten sich die Inselvölker aus *in ihren Gebieten, je
nach ihren Sprachen und ihren Sippen unter ihren Sippen* (אִישׁ לִלְשֹׁנוֹ
לְמִשְׁפְּחֹתָם בְּגוֹיֵהֶם).

10,6: Die Söhne Hams [...] (וּבְנֵי חָם)

---

71 Vgl. SCHÜLE, Prolog, 371; HIEKE, Genealogien, 113. Die Forschungsliteratur zu Gen
10 ist unermesslich, so dass eine umfassende Auseinandersetzung mit früheren und
heutigen Positionen hier nicht erfolgen kann. KOCHANEK, Table, 273-299 führt eine
Fülle älterer und neuerer Literatur an; hierauf sei verwiesen. Vom Problem der Identifikation und Lokalisierung muss bis auf wenige Randbemerkungen ganz abgesehen werden. Vgl. dazu das reiche Material bei WESTERMANN, Genesis I/1; außerdem
SIMONS, The Geographical and Typological Texts; HESS, Personal Names. Und speziell zu Gen 10 vgl. noch: HÖLSCHER, Drei Erdkarten; SIMONS, The Table of Nations,
155-184; ODED, The Table of Nations, 14-31; zu den „Japhiten" und besonders zu der
Erwähnung „Insel der Völker" vgl. HOROWITZ, The Isles of Nations, 35-43. Eine Kar-
te mit den wichtigsten Namen bei Zimmerli, 1. Mose 1-118 (z. St.). Die jeweilige Zuweisung der Völker zu den drei Noahsöhnen ist nicht eindeutig erklärbar. Jedenfalls
kommen weder sprachliche Kategorien (Elam bei den Semiten; Kanaan und Ägypten in einer Gruppe) noch politische (insbesondere nicht bei Japhet; Lud/Lyder bei
Sem usw.) in Frage, und auch sozio-kulturelle Typen (dazu ODED, The Table of Nations, 14-31) stehen bestenfalls im Hintergrund (so mit CRÜSEMANN, Menschheit und
Volk, 189).

10,20: *Dies sind die Söhne Hams nach ihren Sippen und Sprachen in ihren Gebieten und unter ihren Völkern* (לְמִשְׁפְּחֹתָם לִלְשֹׁנֹתָם בְּאַרְצֹתָם בְּגוֹיֵהֶם).

10,21.22: Und auch Sem wurden Söhne geboren [...] (בְּנֵי שֵׁם)

10,31: *Dies sind die Söhne Sems nach ihren Sippen und Sprachen in ihren Gebieten und nach ihren Völkern* (לְמִשְׁפְּחֹתָם לִלְשֹׁנֹתָם בְּאַרְצֹתָם לְגוֹיֵהֶם).

10,32: Das sind die Sippen der Söhne Noahs nach ihrer Geschlechterfolge. Und von diesen aus haben sich nach der Flut die Nationen auf der Erde verzweigt.

Innerhalb dieser klaren und planvollen Anlage der Völkertafel ist die Struktur im Detail weit weniger schematisch. So sind die Stammbäume der drei Brüder auf unterschiedliche Weise gestaltet. Und auch die Reihenfolge der Präsentation der Genealogien entspricht nicht der Reihenfolge „Sem, Ham und Japhet" von Gen 5,32 u.ö. Vielmehr erscheint diese Reihenfolge in gerade *umgekehrter* Form: Die Nachkommen von Japhet werden zuerst genannt (V.2-5). Darauf folgen die Nachkommen Hams (V. 6-20), während Sem an letzter Stelle steht (V. 21-31) und somit den Zielpunkt der genealogischen Darstellung bildet. Die Präsentation der Genealogien in ihrer umgekehrten Reihenfolge (die Nebenlinie[n] vor der Hauptlinie) ist ein sehr häufiges Darstellungselement der Vertauschungserzählungen und markiert den Stammhalter der letztgenannten Linie durchgängig als Erstling.[72] Der aufsteigenden Rangfolge der Noah-Söhne entspricht auch ihre quantitative Darstellung: Die Toledot Japhets ist im Vergleich mit den beiden anderen die kleinste und am wenigsten aufgefächerte. Die Hamitenlinie ist nicht nur umfangreicher als die Japhitenlinie, sie verzweigt sich überdies auch auf drei Generationen. Die Semitenliste unterscheidet sich von der Japhet- und Hamlinie vor allem darin, dass sie auf fünf Ebenen angelegt ist.

Neben der rein aus der Struktur der Völkertafel abzulesenden Aufwertung der Semitenlinie finden sich auch inhaltliche Elemente, die die Gegenüberstellung von Ham und Sem in Gen 9,18ff erneut aufgreifen und weiterführen. Der Sonderstellung Sems entspricht seine vom Schema abweichende genealogische Einleitung in V. 21:

וּלְשֵׁם יֻלַּד גַּם־הוּא אֲבִי כָּל־בְּנֵי־עֵבֶר אֲחִי יֶפֶת הַגָּדוֹל

„Und dem Sem, dem Vater aller Söhne Ebers, dem älteren Bruder Japhets, *auch ihm* wurden Söhne geboren."

---

72 Beispielsweise werden die Toledot Ismaels (Gen 25,12ff) vor dem Stammbaum des Erstlings Isaak präsentiert (Gen 25,19ff); die Toledot Esaus (Gen 36) vor derjenigen des Erstling Jakob (Gen 37,2ff). Die Beispiele lassen sich mühelos vermehren und sind auf verschiedenen genealogischen Ebenen zu verzeichnen. Eine Zusammenstellung und Auswertung des Befundes findet sich in Teil C.2.1.

Durch die betonte Stellung der Wendung וּלְשֵׁם יֻלַּד גַּם־הוּא vor die stereotype Einleitung בְּנֵי שֵׁם in V. 22 (vgl. V.2.6) wird die Bedeutung Sems als Stammvater Israels gegenüber Japhet und Ham unterstrichen. Die ungewöhnliche Wendung גַּם־הוּא kommt im Zusammenhang der Vertauschungserzählungen nur noch in Gen 4,26 vor und leitet dort einen invertierten Verbalsatz ein, dessen Funktion nicht in der Beschreibung der Handlung (יֻלַּד/„ihm wurde geboren"), sondern in der Prädikation des nominalen Satzgliedes an der Versspitze besteht: *Set, dem Erstling*, wurde ein Sohn geboren (und nicht Adam oder Kain). Denselben Effekt erzielt die Wendung in Gen 10,21 und lenkt damit die Aufmerksamkeit auf Set, der hier pointiert als „der Bruder Japhets, des Älteren" und „Vater aller Söhne Ebers" eingeführt wird. Die Erwähnung Ebers (עֵבֶר), eigentlich Sems Urenkel (Gen 11,14), geht wahrscheinlich auf ein Wortspiel mit dem Ausdruck „Hebräer" (עִבְרִי) zurück. Von den „Hebräern" ist vielfach in der Hebräischen Bibel innerhalb der Josephs-[73], der Exodus-[74] und der Saulgeschichten[75] die Rede. Unbeachtet der strittig bleibenden realgeschichtliche Frage, ob eine solche Größe einmal auch politisch präsent gewesen sein mag[76], entsteht im narrativen Zusammenhang der Geschichte Israels der Eindruck, dass mit diesem Ausdruck die „Israeliten" sich Fremden gegenüber so bezeichnen oder von Fremden so genannt werden. Zumindest können die Begriffe „Hebräer" und „Israeliten" vom Leser miteinander assoziiert werden.

Sem wird damit über „Eber" als Stammvater „Israels" implizit eingeführt. Der Name „Israel" kann hier noch nicht fallen, obwohl es der Sache nach eigentlich schon um „Israel" geht.[77] Jeder Hinweis auf Israel und Juda fehlt in Gen 10. Auf der Landkarte der Völker kommen sie nicht vor. Der Hintergrund dieser Ausgliederung Israels ist zunächst aus narratologischen Gründen gut zu erklären:[78] Das Abraham-Volk wird im Laufe der Geschichte erst noch entstehen, deshalb kann es auf dem Stand von Gen 10f konsequenterweise noch kein „Israel" geben. Das theologische Interesse dürfte daher darin zu sehen sein, dass Israel gerade keine der *Gojim*, Nationen, ist, die sich von den Noah-Söhnen

---

73 Gen 39,14.17; 40,15; 41,12; 43,32; außerdem etwa Gen 14,13.
74 Ex 1,15f.19; 2,7.11; 3,18; 5,3; 7,16; 9,1.13; 10,3.
75 1 Sam 4,6.9; 3,3.7.19; 14,11.21; 29,13.
76 Zur Diskussion vgl. etwa KOCH, Die Hebräer, 37-81.
77 Der Name Israel wird auf besondere Weise erst in Gen 32,22-32 eingeführt; s. dazu Teil B.5.2.5.1.
78 Das kompositorische Interesse der Völkertafel ist ohnehin nicht nur enzyklopädischer Natur. Es fällt beispielsweise auf, dass ausgerechnet die Perser nirgendwo in Gen 10 erwähnt werden, was kaum Zufall sein dürfte, zumal deren Nachbarn, Meder und Elamiter, verzeichnet sind.

her über die Welt verteilen. Für „Israel" hat JHWH eine besondere Geschichte vorgesehen. So passt der besondere Weg, auf dem Israel zu
einem Volk wird, nicht zur Ausbreitung der anderen Völker nach Sippen, Gebieten und Sprachen. Die Patriarchen werden zunächst Fremd-
linge und Beisassen sein in dem Gebiet, in das erst die ihnen verheißenen Nachkommen zurückkehren werden. Auch die eigentliche
Entstehung „Israels" findet auf eine Art und Weise statt, die zur Vorstellung der genealogisch-evolutionären Entwicklung der *Gojim* von
Gen 10 im Kontrast steht: Für Israel geschieht dies auf fremdem Terrain, in Ägypten, unter den Bedingungen der Gefangenschaft und
durch das Handeln JHWHs. In alledem unterscheidet sich Israel als
Volk JHWHs von den Völkern, und eben dem wird bereits in der
Komposition von Gen 10 Ausdruck gegeben. Gen 10,21 weist hierauf
bereits voraus: Als Stammvater „Ebers/Israels" zeichnet Sem sich gegenüber seinen Brüdern aus. Die Bezeichnung als „Vater von Eber"
erinnert darüber hinaus an die Bezeichnung Hams als „Vater von Kanaan" in Gen 10,21. Der Stammvater Israels wird hier dem Stammvater
der Gojim (symbolisiert in „Kanaan") gegenüber gestellt.

Auch die Disqualifizierung Hams wird in Gen 10 wieder aufgegriffen. Innerhalb der Hamitenlinie werden auch die Philister als eigener
Zweig zu den Ägyptern gerechnet (Gen 10,13.14). Hier wird fortgesetzt, was schon in Gen 9,18-29 begonnen wurde: Ham verschwindet
aus der Erzählung, wird zu Kanaan (Gen 9,18ff) und bringt sogar die
Erzfeinde „Israels" hervor: Liest man מִצְרַיִם/„Ägypten" unpunktiert,
kann man die Buchstabenkombination auch begreifen als „von meinen
Feinden" (Präposition מִן mit pl. von צַר/„Feind": צָרִים). So würde
„Ägypten" entsprechend als archetypischer Feind stilisiert.[79] Außerdem sind Kanaan sowie Ham metaphorisch mit Ägypten verbunden
(vgl. Ps 78,51; 105,23.27). Ferner zeichnet die Völkertafel Ägypten schon
dadurch als ambivalenten Orientierungspunkt der Identität Israels, da
sie die geographische Nähe im genealogischen Schema nicht in eine
Verwandtschaftsbeziehung übersetzt.[80]

---

[79] Vgl. DIEBNER, Juda und Israel. Zur hermeneutischen Bedeutung, 105 Anm. 76.

[80] Neben Ägypten begegnen im Stammbaum noch die „Philister" und verstärken
zusätzlich die negative Sicht auf Ham/Kanaan sowie Ägypten: Die Philister als
Urtypos der Feindschaft Israels in 1/2 Sam: Im Erzählzusammenhang wird wegen
der Philistergefahr das Königtum in Israel eingeführt (1 Sam 8-12). Und da Saul an
den Philistern (1 Sam 31) scheitert, kann erst David die Philister endgültig besiegen
und wird darum auch König von „ganz Israel" (2 Sam 1-10).

2.2.2 Narrative und genealogische Bestätigung Sems (Gen 11,1-9.10-26)

Die Toledot Sems in Gen 11,10-26 beschließen die Erzählung um Sem, Ham und Japhet. Sems Linie wird bis zum Terachiden Abraham hin fortgeführt (V. 26). Wie in Gen 5,32 endet diese Genealogie wieder in einer Namenstrias: Abram, Nahor und Haran sind die Söhne Terachs. Hieran schließt sich wiederum eine Vertauschungserzählung an.

Sem wird durch seine Toledot als Erstling legitimiert. Nur er darf die väterliche Linie fortführen. Seine Brüder Ham und Japhet werden hier nicht mehr erwähnt. Im Kontext von Kapitel 10 und 11 ergibt sich dabei eine klare Gegenüberstellung: Die Genealogie der Völkerwelt (Gen 10) steht der Linie Sems gegenüber, die letztlich über Terach, Abraham, Isaak und Jakob zu „Israel" hinabführt, jenem Volk, das in der Völkertafel gerade noch nicht erwähnt wurde. Sems Nachkommen werden zwar schon in Gen 10 präsentiert (ab V. 21), allerdings findet sich dort nur der halbe Stammbaum Sems. Die Völkertafel verzweigt sich nach Eber in zwei Linien, die Joktans und die Pelegs, wobei in Gen 10,26-29 dann nur noch die Joktanlinie weiter verfolgt wird. Die Fortsetzung dieser Linie folgt erst in Gen 11,10-26. Die Namensliste Gen 11,10-26 lässt sich exakt in die Semitenliste von Gen 10,21-31 einfügen. Die ersten vier Glieder sind identisch mit Gen 10,22.24. Dann erfolgt die Nennung der Nachkommen des übergangenen Bruders Peleg. Gen 11,10-26 ist demnach keine zweite Semitenliste[81], sondern eine Vervollständigung der halben Nachkommenschaft Ebers von Gen 10,25. Sieht man die Zusammengehörigkeit, gewinnen auch die für sich genommen unmotivierten Notizen in Gen 10,21b und 25b hintergründigen Sinn. Hier wird zum einen betont, Sem sei der Vater *aller* Söhne Ebers, zum anderen, dass sich in den Tagen Pelegs (פֶּלֶג) die Welt geteilt habe (נִפְלְגָה). Dies kann man geradezu als Querverweis auf die zweite Hälfte der Nachkommenschaft Ebers lesen. Sems Linie wird aus Gen 10 ausgegliedert, weil nur der Erstling die Erblinie weiter führen soll und diese damit von der Nebenlinie getrennt wird.

Die Sonderstellung Sems wird in der kleinen Komposition Gen 10-11 zudem noch über einige Querverweise hervorgehoben. Es dürfte kein Zufall sein, dass die Geschichte von denjenigen, die sich einen Namen (שֵׁם) machen wollen, zwischen den beiden Genealogien Sems (שֵׁם) und der Einleitung der Abrahamgeschichte platziert wurde.[82] Dieses Verweissytem soll im Folgenden erläutert werden: Die „[l]iterarisch

---

81   Die Forschung nimmt hier meistens zwei getrennte, unabhängige Listen an; vgl. die bei Schüle angeführte Literatur (Ders., Prolog, 376).

82   So auch Hieke, Genealogien, 111f.

weitgehend einheitliche Turmbauerzählung"[83] Gen 11,1-9 stellt verschiedene intertextuelle Bezüge zur Völkertafel Gen 10 her. Die geo-
graphischen Angaben „im Land Schinar" Gen 11,2 und „Babel" Gen
11,9 sind bei der Lektüre des vorliegenden Textes bereits aus der Schilderung über Nimrod bekannt: „Kerngebiet seines Reiches war Babel,
Erech, Akkad und Kalne im Land Schinar" (Gen 10,10).[84] Diese Verbindungen verstärken den Eindruck, dass in der erzählten Zeit Gen 11,1-9
nicht auf Gen 10 im Sinne eines zeitlichen Nacheinander folgt, sondern
noch einmal hinter die Völkertafel zurückgreift.[85] Wie Gen 11,1 ausdrücklich formuliert, wird ein Zustand der Welt und Menschheit *vor*
der Aufteilung in Länder, Sprachen, Sippenverbände und Völker vo-
raussetzt, als alle Menschen noch die gleiche Sprache hatten:

וַיְהִי כָל־הָאָרֶץ שָׂפָה אֶחָת וּדְבָרִים אֲחָדִים

Und die ganze Erde hatte ein und dieselbe Sprache und ein und dieselben
Wörter.

Gen 11,1-9 ist damit eine *narrative Erläuterung* zu dem in Genesis 10
beschriebenen genealogischen Phänomen, wie es denn zu einer Ausdifferenzierung der Menschheit in Länder, Sprachen, Sippenverbände und
Völker kommen konnte. Durch die Platzierung zwischen der Völkertafel und den Toledot Sems deutet der Erzähler subtil und ironisch das
Fehlverhalten der Menschheit an, denn aus

„Gen 10 ist dem Leser bereits bekannt, zu welchen Völkerscharen die
Menschheit anwachsen sollte. Umso törichter erscheint dann das Ansinnen

83 GERTZ, Babel im Rücken und das Land vor Augen, 25.
84 Die Babelerzählung ist das Objekt zahlreicher diachroner wie synchroner Studien.
    Unter anderem CASSUTO und FOKKELMAN haben umfangreich die stilistische Struk-
    tur von Gen 11,1-9 sehr ausführlich beschrieben. Für einen guten Überblick über di-
    achrone wie synchrone Ansätze von FOKKELMAN, CASSUTO, RADDAY, KIKAWADA
    und AUFFRET und dem Versuch einer eigenen Deutung s. VAN WOLDE, Tower of Ba-
    bel, 84-94. Zur Kontexteinbindung von Gen 11,1-9 vgl. vor allem CASSUTO, Genesis
    II, 146; HIEKE, Genealogien, 109f, FOKKELMAN, De sectie Genesis 1-11, 15 (mit Anm.
    11), DEURLOO/ZUURMOND, De dagen van Noach, 30 u. VAN WOLDE, Tower of Babel,
    84-109; siehe noch UEHLINGER, Weltreich und „eine Rede".
85 Vgl. dazu noch GERTZ: „Die Unterschrift der vorangehenden Völkertafel und der
    Auftakt der folgenden Genealogie Sems nehmen jeweils die Flut zum ,ereignisge-
    schichtlichen' Ausgangspunkt ihrer Chronologie (Gen 10,32; 11,10). Auf diese Weise
    entsteht der Eindruck eines chronologischen Déjà-vu, wodurch die Turmbauerzäh-
    lung und die in ihr berichteten Geschehnisse aus Zeit- und Generationenfolge in der
    Völkertafel und Genealogie Sems herausgenommen sind." (GERTZ, Babel im Rücken
    und das Land vor Augen, 17).

der Menschen, durch den Bau einer Stadt und eines Turmes der Zerstreuung über die Erde zu entgehen."[86]

Es liegt folglich nicht so fern, die Turmbauerzählung als Teil der Genealogie Sems zu beschreiben. Dem falschen Verhalten der Völker wird in
Sem demzufolge ein positiver Kontrapunkt gesetzt, ähnlich wie auch
der Linie der übrigen Völker (Gen 10) die Linie der Semiten (Gen 11,10-
26) gegenübergestellt wird. Der Name „Sem" (שֵׁם) scheint über Stich-
wortanschlüsse in der gesamten Turmbauerzählung als Kontrastfolie
zu dienen. Die semantische Grundstruktur der Babelerzählung wird
durch ein Wortspiel zwischen שֵׁם/„Name" und שָׁם/„dort" bestimmt.
Hierüber wird ein Kontrast zwischen Menschheit und JHWH aufgebaut: Da (שָׁם), wo die Menschen siedelten (V. 2), wollten sie sich einen
großen Namen (שֵׁם) machen (V. 4). In Reaktion hierauf will JHWH ihre
Sprache dort (שָׁם) verwirren (V. 7) und sie von dort (מִשָּׁם; V. 8) zerstreu-
en aus der Stadt mit dem Namen (שְׁמָהּ) Babel (V. 9).[87] Die Größe des
Namens – so die Botschaft dieses Wortspiels und dieser Komposition –
kommt nicht daher, dass ein großer Turm gebaut wurde, sondern die
Größe des Namens liegt in der Herkunft.[88] Erst die Genealogie Sems ist
es, die eine Zukunft hat. Der Name „Sem" weist auf den von Gott erwählten Nachkommen voraus, dem durch göttliche Intervention ein
größerer Name verheißen wird. So mündet die Genealogie Sems in
Abraham (Gen 11,26.27), dem JHWH in Gen 12,2 verheißt, dass er seinen Namen groß machen werde: וַאֲגַדְּלָה שְׁמֶךָ. Gertz sieht diese Verbindung zu Gen 12 allerdings als nicht unproblematisch an:

> „Die Auslegung der Turmbauerzählung mit Blick auf ihre Fortsetzung in
> der Geschichte Abrahams und seiner Nachkommen muß zunächst zur
> Kenntnis nehmen, daß das Motiv des Namens auf der Ebene des Grund-
> textes keine Verbindung zu Gen 12,1-3 herstellt."[89]

Die dahinterliegende Beobachtung von Gertz ist völlig zutreffend: Die
Formulierung der Verheißung eines großen Namens (Gen 12,2: וַאֲגַדְּלָה
שְׁמֶךָ) und die Selbstaufforderung der Turmbauherren (Gen 11,4a: וְנַעֲשֶׂה

---

86 HIEKE, Genealogien, 111. Vgl. auch JACOB, Genesis, 304. Ferner nimmt das Motiv der
    Zerstreuung (Gen 11,4b.8a.9b) die Notiz über die Abstammung der ganzen Mensch-
    heit auf (Gen 9,19); dazu GERTZ, Babel im Rücken und das Land vor Augen, 25 und
    JENKINS, A Great Name, 41-57.
87 Insgesamt kommt das Wortspiel שֵׁם-שָׁם siebenmal in der Erzählung vor; hierzu VAN
    WOLDE, Tower of Babel, 85.99f.
88 Das Motiv des Namenmachens in Gen 11,4a erinnert auch an die ebenfalls deutlich
    negativ konnotierten „Männer des Namens" in Gen 6,4 (אַנְשֵׁי הַשֵּׁם) (dieser Hinweis
    bei GERTZ, Babel im Rücken und das Land vor Augen, 26), die ebenfalls in genealo-
    gischer Sicht keine Zukunft haben.
89 S. dazu GERTZ, Babel im Rücken und das Land vor Augen, 9-34, Zitat 31.

שֵׁם לָנוּ) unterscheiden sich zu deutlich, um hier einen „gezielt gesetzten Kontrapunkt behaupten zu können".[90] Allerdings wird man – dies merkt auch Gertz an – zumindest von einer impliziten Stichwortassoziation ausgehen können.[91] Mir scheint allerdings eine deutliche Verknüpfung zu Gen 12,2 gegeben, wenn der Kontext zu Gen 11,4 noch stärker betont wird: Die Bauherren wollen sich in Gen 11,4 einen Namen machen, indem sie sich einen „Turm (מִגְדָּל)"[92] errichten. Dies ermöglicht eine Identifikation der Namensträger mit dem im Bauwerk gesetzten Namen.[93] מִגְדָּל kann als nominalisiertes Partizip von נָּדוֹל/„groß" aufgefasst werden[94] und verweist damit auf Gen 12,2: Durch den Turmbau wollen die Männer ihren Namen groß machen. Es ist das eigenmächtige Streben nach Größe, d.h. sich einen Namen zu machen und eine Einheit zu bilden, was als negativ empfunden wird. Darum muss der Versuch der Menschen, sich selbst einen Namen zu machen, auch scheitern. Wenn allerdings aus dem einen (nämlich Abraham) eine Vielheit wird, weil Gott diese Größe selbst verheißen hat, ist die Darstellung durchweg positiv konnotiert. Eben diese Verheißung ist in Sem schon präsent.

2.3 Gen 9-11 als Vertauschungserzählung

An dieser Stelle gilt es, das eingangs erwähnte Problem der Geburtsreihenfolge der Noah-Söhne erneut aufzugreifen. Es wurde bereits gezeigt, dass die in Gen 5,32 gegebene Trias „Sem, Ham und Japhet" nicht zwangsläufig auf die Geburtsreihenfolge schließen lässt (vgl. die Einleitung zu Teil B.2). Zwar scheint sich nach der Lektüre von Gen 9,18-11,26 zunächst bestätigen, dass Sem auch tatsächlich der natürliche Erstgeborene ist (Gen 5,32; 9,18 u.ö.), da er letztlich die Linie bis zu Abraham weiterführt. In diesem Falle läge mit Sem, Ham und Japhet auch keine Vertauschungserzählung vor. Jedoch macht die narrative

---

90 GERTZ, Babel im Rücken und das Land vor Augen, 31.
91 S. UEHLINGER, Weltreich und „eine Rede", 321 mit Hinweis auf die „gewundene Formulierung" bei KÖCKERT, Vätergott und Väterverheißungen, 265. Anders sieht dies JENKINS, A Great Name, 41-57.
92 Zur Diskussion um den Ausdruck מִגְדָּל vgl. UEHLINGER, Weltreich und „eine Rede", 372-378 (dort mit weiterer Literatur). Die dort favorisierte Deutung von מִגְדָּל auf „Zitadelle" oder „Akropolis" ist gut möglich (vgl. Ri 9,46-49), aber nicht zwingend (vgl. auch UEHLINGER, Weltreich und „eine Rede", 380 Anm. 176).
93 Vgl. Gen 11,4a: „[…] wir wollen uns eine Stadt und einen Turm bauen, und seine Spitze bis an den Himmel! So wollen wir uns einen Namen machen […]."
94 S. dazu VAN WOLDE, Tower of Babel, 93.

Entwicklung der besprochenen Kapitel dies nicht sehr wahrscheinlich: Es konnte gezeigt werden, dass der Zusammenhang Gen 5,32; 9,18-11,26 sich bipolar zwischen den beiden Antipoden Ham und Sem entwickelt: Ham wird in seiner Rolle als möglicher Erstling disqualifiziert, wohingegen Sems Sonderrolle zugleich immer wieder eigens herausgearbeitet wird. Letzteres wäre narrativ nicht nötig, wäre Sem sowieso der natürliche Erstgeborene – immerhin geschieht dies in Gen 5,1ff auch nicht eigens: wie selbstverständlich wird vorausgesetzt, dass der namentlich genannte Erstgeborene auch die väterliche Linie fortsetzt (vgl. Teil A.4.2). Umgekehrt müsste sich die Erzählung auch nicht derart nuancenreich an der Disqualifizierung Hams abarbeiten, wie dies vor allem in Gen 9,18ff und Gen 10 (die Nennung Ägyptens, Kanaans in Hams Stammbaum) geschieht, wenn Ham lediglich der Zweitgeborene Noahs wäre. Es legt sich die Vermutung nahe, dass die Trias „Sem, Ham und Japhet" nicht die natürliche Rangfolge repräsentiert. M.E. wird die narrative Makrostruktur von Gen 9-11 nur dann sinnvoll erfasst, wenn man *Ham* als *natürlichen Erstgeborenen* ansieht: von daher erklärt sich, warum er in der Erzählung Gen 9,18-29 eine so prominente Rolle einnehmen muss. Bei *Sem* könnte es sich umgekehrt wohl um den *jüngsten* der drei Brüder handeln. Dies würde erklären, warum Sem erst Schritt für Schritt als potentieller Erstling präsentiert (Gen 9,18ff) und dann sukzessive als solcher auch bestätigt wird (Gen 9,25f; 10; 11). Bei Japhet hingegen wird noch eigens erwähnt, dass er Sem zu- und untergeordnet ist (Gen 9,18-29), folglich müsste er auch in der natürlichen Rangfolge *vor* Sem stehen. Somit ergibt sich als literarisch vorausgesetzte Geburtsreihenfolge „Ham, Japhet und Sem". Die durch die Vertauschung erst entstehende Reihenfolge „Sem, Ham und Japhet" wird bei der ersten Nennung in Gen 5,32 lediglich schon vorweggenommen, um sie dem Leser einzuprägen.

Was sich aus der narrativen Analyse der Sem, Ham, Japhet-Erzählung folgern lässt, kann über jene Notizen bestätigt werden, die das Verhältnis der Brüder zueinander bestimmen: Die Interpretation der Geburtsreihenfolge hängt hauptsächlich an der Deutung der schwierig zu übersetzenden Passagen Gen 10,21 (אֲחִי יֶפֶת הַגָּדוֹל) und Gen 9,24 (בְּנוֹ הַקָּטָן). Aus Gen 10,21 lässt sich die mögliche Geburtenfolge von *Sem* und *Japhet* eruieren: Dieser Vers leitet Sems Toledot ein und charakterisiert ihn als אֲחִי יֶפֶת הַגָּדוֹל. Allerdings liegt eine Schwierigkeit der Verhältnisbestimmung darin, dass הַגָּדוֹל als Superlativ oder Komparativ aufgefasst werden kann. Andererseits geht aus der Wortstellung nicht deutlich hervor, welches der beiden möglichen Nomina das Adjektiv modifiziert. Sem könnte der älteste Bruder Japhets sein, was ihn zum Erstgeborenen Noahs machen würde. In diesem Fall wäre das

Adjektiv גָּדוֹל dem אָחִי zugeordnet. Rein grammatikalisch wäre auch denkbar, dass Japhet der ältere bzw. älteste Bruder Sems ist, wenn der Eigenname „Japhet" durch das Adjektiv modifiziert würde.[95] Entsprechend disparat ist die Deutung der Passage in den Übersetzungen und der Forschungsliteratur. Seit der Vulgata (*fratre Iafeth maiore*) wird in den meisten jüdischen wie christlichen Übersetzungen[96] und Kommentaren[97] Gen 10,21 als „Sem, der ältere Bruder Japhets" interpretiert. So schlussfolgert beispielsweise Benno Jacob in seinem Genesiskommentar: „Unerschütterlich fest steht endlich, dass Sem älter war als Japhet. Es ist unmöglich, 10,21 anders zu erklären."[98] Die Rabbinen sind sich, was die Auslegung von Gen 10,21 betrifft, nicht einig, tendieren aber dazu, Japhet als älteren Bruder anzusehen.[99] Die Septuaginta sieht Japhet als älteren Bruder Sems an und übersetzt mit: ἀδελφῷ Ιαφεθ τοῦ μείζονος: „Sem, dem Bruder Japhets, des Älteren". Martin Buber folgt dieser Lesart: „Auch dem Schem wurden Kinder geboren: dem Urvater aller Söhne Ebers, Jafets des Älteren Bruder."[100]

Trotz aller Unsicherheiten scheint es nicht ungerechtfertigt, *Japhet als den älteren* (nicht ältesten[101]) Bruder Sems anzusehen. Will man nämlich umgekehrt Sem als älteren bzw. ältesten Bruder Japhets ansehen, entsteht das Problem, dass im zweiten Versteil von V. 21 plötzlich die Perspektive Japhets eingenommen würde: Von *Japhet* aus gesehen wäre Sem älter bzw. der Älteste. V. 21 lenkt aber schon durch die untypische Einleitung mit גַּם־הוּא die Aufmerksamkeit auf *Sem* und durchbricht damit die stereotype Einleitung der entsprechenden Genealogien von Japhet (V. 2) und Ham (V. 6). Bei diesem Satz handelt es sich um einen

---

95   Weiterführende Literatur zum beschriebenen Problem in Gen 10,21 bei KAMINSKI, From Noah to Israel, 60f.

96   Vgl. z.B. die Lutherübersetzung oder die Neue Elberfelder Bibel.

97   Vgl. z.B. JAGERSMA, Genesis 1:1-25:11, 127: „Sem [...] de [...] oudere broer van Jafet."; GUNKEL, Genesis, 91: „dem älteren Bruder Japhets"; JACOB, Genesis, 291: „[...] kann unmöglich heißen: „Japhets des Älteren." Die ältere rabbinische Diskussion in IBN ESRAS Kommentar zu Gen 5,32 und 11,1 (Text und Kommentar bei ROTTZOLL, Ibn Esras Kommentar, 204f).

98   JACOB, Genesis, 306.

99   Vgl. etwa den Kommentar von GenR 37,7 zu Gen 10,21. Auch IBN ESRA sieht Japhet in seinem Genesiskommentar als den ältesten Sohn Noahs an (Text und Kommentar bei ROTTZOLL, Ibn Esras Kommentar, 202-205).

100 BUBER/ROSENZWEIG, Die Schrift, Gen 10,21. Ebenso DEURLOO/ZUURMOND, De dagen van Noach, 86.

101 Diese Sondermeinung nur bei CASSUTO. Er deutet הַגָּדוֹל als Superlativ: „The brother of Japhet, the eldest." (vgl. CASSUTO, Genesis II, 216.218); „The Hebrew does not mean: the eldest brother of Japheth, but the brother of Japheth, who was the eldest, the firstborn." (S. 218).

invertierten Verbalsatz, dessen Funktion nicht in der Beschreibung der Handlung (יֻלַּד/„ihm wurde geboren"), sondern in der Prädikation des nominalen Satzgliedes an der Versspitze besteht: *Sem* ist es, *seine* Nachkommen sollen ab V. 21 beschrieben werden. *Er* ist der Vater aller Söhne Ebers und *er* wird qualifiziert als der Bruder von Japhet, dem Älteren.[102]

Zu der damit entstehenden Reihenfolge „Japhet und Sem" verhält sich Ham folgendermaßen: Nach Gen 9,24 scheint nun Ham der jüngste Sohn Noahs zu sein. Doch kann die Wendung בְּנוֹ הַקָּטָן nur dann „sein jüngster Sohn" heißen, wenn der Eigenname genannt wird, so etwa in Gen 27,1.15.42; Ri 9,5; 2 Chr 22,1.[103] Daher ist eine moralische Qualifizierung Hams an dieser Stelle wahrscheinlicher als eine Altersangabe: „sein minderwertiger oder unreifer Sohn".[104] Dies passt auch zum Kontext der Erzählung, da der Vater erst die Schuld seines Sohnes beklagt und Ham anschließend verflucht (V. 24.25). Über diese Deutung würde es nun ermöglicht, Ham als den ältesten Sohn Noahs aufzufassen. Das בְּנוֹ הַקָּטָן im Munde Noahs erhält so erst die rechte Schärfe: Als Erstgeborener hätte Ham der „Große" unter seinen Brüdern sein sollen, durch sein Fehlverhalten wird er aber zum „Niedrigsten". Folglich ergäbe sich aus diesen Beobachtungen die geburtliche Reihenfolge „Ham, Japhet und Sem."

Die beschriebene Deutung von Gen 9-11 als Vertauschungserzählung wird mithin dadurch plausibel, dass in Gen 4-5 eine Vertauschung

---

102 Ganz ähnlich sieht dies auch CASSUTO: „It is a designation of Shem and part of his name, according to the ancient system of fratriarchy or the hegemony of the eldest brother. According to this system people are called after the firstborn brother, just in the state of patriarchy [...] they are called after the father (so-and-so the son of so-and-so)" (CASSUTO, Genesis II, 218). Als Beispiele für diese Benennung nach dem Erstgeborenen führt er Gen 22,21: „Uz, der Erstgeborene und Buz, sein Bruder" sowie Gen 28,9: „Mahalat, die Tochter von Ismael, Abrahams Sohn, die Schwester Nebajots" an. CASSUTOS Ansicht ist allerdings nur dann schlüssig, wenn Sem auch als der Erstgeborene angesehen wird.

103 Entsprechend auch HIEKE, Genealogien, 119.

104 Zur Deutung von בְּנוֹ הַקָּטָן als „niedrig, gering" vgl. JACOB, Genesis, 264-265.308. JACOB, Genesis, 291 schlägt auch vor, Gen 10,21 ebenso wie Gen 9,24 nicht als Altersangabe, sondern in übertragenem Sinne zu deuten: Dann nämlich würde Gen 10,21 nichts über das Altersverhältnis der Brüder untereinander aussagen. „In der Tat ist dieser Sinn von גדל = bedeutend, erhaben sogar der gewöhnliche des Wortes, während die Beziehung auf das Alter nur selten ist. Eine treffende Parallele könnte Gen 48,19 sein: aber der Jüngere wird größer werden (יגדל) als er. Wie dieses Wort der segnende Jakob ausspricht, so könnte גדל an unserer Stelle den Sinn des Segens Noahs wiedergeben." Allerdings lässt der genealogische Kontext von Gen 10 m.E. nicht an eine wertende Bedeutung von גדל in diesem Fall denken.

beschrieben wird, die entsprechend die Leseerwartung für Gen 5,32; 9,18ff steuert. Weitaus auffallender und damit für den Leser nachvollziehbarer sind jedoch die Parallelen der Namenstrias in Gen 5,32 und Gen 11,26: Jeweils im zehnten Glied endet die Genealogie in der Nennung von drei Söhnen.[105] Auch im Falle Abrams, Nachors und Harans repräsentiert diese Trias nicht die geburtliche Rangfolge (s. Teil B.3). Weiterhin kann der Leser in den übrigen Vertauschungen der Genesis das Schema von Disqualifizierung-Qualifizierung-Bestätigung des Erstlings, wie es in Gen 9-11 vorgeführt wird, immer wieder entdecken (vgl. Teil C.1) und somit im Nachgang und durch eigene Kombinatorik auch auf die Erzählung der Noachiden anwenden. Somit verliert Gen 9-11 *von seinen Kontexten her* die Ambivalenz bei der Rangfolge der Brüder und ist damit zugleich ein hervorragendes Beispiel dafür, dass biblische Texte in ihren Kontexten gelesen werden sollten.

2.4 Zusammenfassung

In Gen 5,32-11,26 kann sich Sem als Erstling gegenüber seinen Brüdern Ham und Japhet erweisen. Ham fehlt es an familiärer Solidarität und gebührendem Verhalten seinem Vater gegenüber (Gen 9,22f). Der Erzählzusammenhang Gen 9,22f deutet ferner an, dass sich Ham durch sein Fehlverhalten den zweifelhaften sexuellen Auffassungen der übrigen Völker (namentlich Kanaans) gleichstellt. Er scheidet als natürlicher Erstgeborener aus der genealogischen Linie aus. In der Erzählung Gen 9,18-29 verschwindet Ham sukzessive aus der Erzählung: Ham wird von „Ham, er ist der Vater von Kanaan" (Gen 9,18), über „Ham, der Vater von Kanaan" (V. 22) und „Noahs kleinster/geringster Sohn" (V. 24) zu „Kanaan" (V. 25). Der Name „Ham" ist damit zum Ende der Disqualifizierung völlig aus der Erzählung verschwunden. Sem dagegen erweist sich durch sein Verhalten als Erstling (Gen 9,23f), was durch den Segen des Vaters noch bestätigt wird (Gen 9,26).

Diese Vertauschung wird dann in der kleinen Komposition Gen 10-11 bestätigt und legitimiert. Die Einzeltexte Gen 10 (die Völkertafel), die Erzählung vom Turmbau zu Babel (Gen 11,1-9) sowie die den gesamten ersten Toledot-Hauptteil Gen 5,1-11,26 abschließenden Toledot Sems (Gen 11,10-26) können im Zusammenhang gelesen werden. Jeder Text hebt bestimmte Aspekte der Vertauschung von Ham mit Sem hervor: Gen 10-11 dienen der genealogischen wie narrativen Bestäti-

---

105 Überhaupt sind Gen 5 und 11 sehr ähnlich aufgebaut. Zu den übrigen parallelen Strukturen innerhalb von Gen 5-11 s. Teil C.2.2.

gung der Qualifizierung Sems als Erstling sowie der Betonung der Disqualifizierung Hams als natürlichem Erstgeborenen. Die Genealogien der drei Söhne Noahs greifen die Erzählperspektive von Gen 9,18-29 wieder auf und führen den Vergleich der Vertauschungserzählung weiter.

Auch in ihren Nachkommen werden die Brüder miteinander verglichen. Die Darstellungstendenz von Gen 10 läuft dabei auf Sem hinaus und bestätigt seine Sonderstellung. Gen 10 demonstriert, dass sich der Erstgeburtssegen gerade in Sem verwirklicht und die genealogische Gegenüberstellung bestätigt Sem als Stammvater der väterlichen Linie. Nur Sem darf darum die in Adam begonnene Linie weiterführen. Und wie bei Kain und Abel verschwinden auch Ham und Japhet narrativ aus der genealogischen Hauptlinie. Lediglich die Toledot *Sems* (Gen 11,10-26) beschließen den ersten Toledot-Hauptteil der Genesis (Gen 5,1-11,26). Sems Nachkommen werden zwar schon in Gen 10 präsentiert (ab V. 21), allerdings wird dort nur der halbe Stammbaum Sems genannt: Nur die Nachfahren Joktans und nicht die seines Bruders Peleg werden genannt. Die Fortsetzung dieser Linie folgt erst in Gen 11,10-26. „Sem" inkludiert somit die Darstellung der Genealogien nach der Flut und wird zur herausragenden Figur unter seinen Brüdern.

3. Haran, Nahor und Abraham (Gen 11,27-25,11)

Mit der Toledot-Formel in Gen 11,27 werden die Erzählungen um die Terachiden Abraham[106], Haran und Nahor eröffnet. Erst Tod und Begräbnis Abrahams in Gen 25,7-11 schließen die Gesamterzählung ab und eine erneute Toledot-Formel in Gen 25,12 beginnt schließlich einen neuen Erzählzusammenhang. In engem Anschluss an den vorausgegangenen Toledot-Hauptteil (Gen 5,1-11,26) wird die Namenstrias der Söhne Terachs aus Gen 11,26 aufgegriffen: „Und Terach zeugte Abram, Nahor und Haran" (Gen 11,27). Dies lenkt die Leseerwartung auf die Frage, bei welchen Terachiden es sich um den Erstling handelt, ganz ähnlich wie in der Vertauschungsgeschichte um Sem, Ham und Japhet (Gen 5,32): In beiden Zyklen wird im Anschluss an die offene Namenstrias auf eine Familiengeschichte fokussiert (Gen 6-9; Gen 11-25), um in diesem Rahmen die Frage nach dem Erstling zu beantworten. Analog zur Genealogie Noahs kommen alle drei Terachiden als Prätendenten

---

106 Im Folgenden immer „Abraham", obwohl dieser erst in Gen 17 von „Abram" in „Abraham" umbenannt wird. Ebenso verhält es sich mit „Sara" statt „Sarai".

für die Position des Erstlings in Frage, weshalb alle drei Brüder in der Gesamterzählung präsent sind.[107]

3.1. Exposition des Konflikts (Gen 11,27-32)

Die Terachgenealogie in Gen 11,27-32 dient als Exposition der gesamten Erzählung. Hier werden bestimmte Informationen bereits andeutungsweise vorweggenommen, um ein Spannungspotential aufzubauen: die Konfliktpartner Abraham, Nahor, Haran und Lot werden eingeführt und einander vergleichend gegenübergestellt. Trotz der Dominanz Abrahams in der eigentlichen Erzählung bekommt Abraham hier keine herausragende Rolle unter seinen Brüdern zugeschrieben: Er hat selbst keine Nachkommen und ihm ist eine scheinbar unbedeutende Frau anvertraut, denn im Gegensatz zu Milka, deren verwandtschaftliche Verhältnisse genauestens beleuchtet werden,[108] erscheint Sara in diesem Textstück als vergangenheits- und damit namenlose „fremde Frau"[109], die dem antiken Leser suspekt vorkommen musste.[110] Mehr noch: Abrahams Frau war darüber hinaus noch unfruchtbar (Gen 11,30a), was im Nachsatz durch die Ergänzung אֵין לָהּ וָלָד/„sie hatte kein Kind" nochmals hervorgehoben wird. Die archaisierende Form וָלָד („Kind", statt des üblichen יֶלֶד)[111] lenkt zusätzlich die Aufmerksamkeit des Lesers auf diese Aussage.

Demgegenüber wird der Kindersegen der übrigen Terachiden besonders hervorgehoben. Haran zeugte zwar nur Lot (V. 27b) und Nahors Nachkommen werden nicht explizit genannt, doch was in Gen 11,29 in der Eheschließung zwischen Nahor und Milka begann, wird in seiner Genealogie Gen 22,20-24 wieder aufgegriffen. Die Darstellung des Auszuges von Terach aus Ur unterstreicht diesen familiären Reichtum nochmals (V. 31), indem sie gerade jenen Makel betont, der Abra-

---

107 Anders die Sicht des Chronisten: Dieser erwähnt erst gar nicht die Nachkommen Terachs, sondern lediglich „Abram" (1 Chr 1,24-27).

108 Vgl. V. 29: „Und der Name von Nahors Frau war Milka, die Tochter Harans, des Vaters der Milka und des Vaters der Jiska."

109 Zumindest noch in der Einleitung ist Sara vergangenheitslos. Erst später wird sich Sara als Halbschwester Abrahams erweisen.

110 Lediglich bei der namenlosen und wie Sara unfruchtbaren Frau Manoachs (Ri 13, 2-3) werden auch keine verwandtschaftlichen Verhältnisse erwähnt.

111 יֶלֶד liest auch SamPent. Die Form וָלָד ist singulär in MT (vgl. auch die *Masora parva*). Lediglich in 2 Sam 6,23 haben einige orientalische Handschriften als Ketib וָלָד statt des masoretischen יֶלֶד. Die Verbindung, die hier zu Gen 11,30 gezogen werden soll, ist deutlich, schließlich heißt es in 2 Sam 6,23: „Michal aber, die Tochter Sauls, bekam kein Kind bis zum Tag ihres Todes."

ham von Anfang an anhaftet: „Und Terach nahm seinen *Sohn* Abram und Lot, den *Sohn* Harans, seines *Sohnes Sohn*, und Sarai, seine Schwiegertochter, die Frau seines *Sohnes* Abram." (Gen 11,31). Die fünffache Nennung des בֵּן steigert die Erwartungshaltung des Lesers und lässt die Frage entstehen, wie es mit Abrahams Kinderlosigkeit weitergehen wird.

Die spannungsreiche Gegenüberstellung von Abraham gegenüber Haran, Lot und Nahor, lässt vermuten, dass es sich bei der Namenstrias „Abram, Nahor und Haran" (V. 26.27) nicht um die natürliche Geburtsreihenfolge handelt.[112] Da direkt im Anschluss an die Namenstrias Haran als erster der Brüder erwähnt wird (V. 27b), liegt die Vermutung nahe, dass es sich bei Haran um den natürlichen Erstgeborenen handelt. Denn auch in der Vertauschungserzählung um Ham, Japhet und Sem in Gen 9,18-29 wird nach der Namenstrias (V. 18) zuerst auf Ham, den natürlichen Erstgeborenen fokussiert.[113] Durch den Tod Harans tritt Lot an dessen Stelle (V. 27f). Er wird über die Formulierung „Sohn von seinem Sohn" (Gen 11,31) dicht an Haran genealogisch herangerückt. Da Terach Lot zusammen mit dem sohnlosen Abraham mitnimmt, wird beim Leser die Erwartung geweckt, dass gerade in Lot, und nicht in Abraham, eine mögliche Zukunft für die Terachlinie besteht. Nimmt man noch hinzu, dass Abraham sich im späteren Erzählverlauf auch gegenüber Nahor durchsetzen muss (Gen 22,20ff), ist es wahrscheinlich, dass Abraham der jüngste der Terachiden ist.[114]

Analog zu „Sem, Ham und Japhet" wird bei der ersten Nennung der Namenstrias die durch die Vertauschung entstehende Reihenfolge „Abram, Nahor und Haran" bereits angedeutet.[115] Diese Beobachtung kann auch die Frage lösen, warum es zwar eine „Toledot Terachs", jedoch keine „Toledot Abraham" gibt. Es wurde gelegentlich angenommen, dass ausgerechnet die Toledot Abraham nicht in der Genesis fehlen dürften, da es selbst für die weniger bedeutsamen Söhne Ismael und Isaak Toledot-Formel gäbe.[116] Tatsächlich lässt sich dieser Umstand

---

112 Vgl. auch DEURLOO, Exodus en Exil, 99; DERS., Genesis-Kommentar, 89 (mit Hinweis auf die Analogie zu Sem, Ham und Japhet); DEURLOO/VAN MIDDEN/VAN DEN BERG, Koning en Tempel, 24 und BREUKELMAN, Bijbelse Theologie I/2, 82. Zum Problem s. JACOB, Genesis, 264-265.308.

113 In Gen 5 wie 11 wird nach der Einleitung des Vaters immer zuerst der Erstgeborene genannt, dann erst die folgenden Geburten und Nachkommen seiner Brüder.

114 Ebenso GOLDIN, The Youngest Son, 33: „Abraham, […] the youngest of the Terachides." (unter Aufnahme von JACOBS, Junior-Right in Genesis, 50).

115 S. hierzu Teil B.2.1.

116 Das Fehlen der Abraham-Toledot hat zahlreiche entstehungsgeschichtliche Hypothesen hervorgehoben (vgl. KOCH, Toledoth-Formeln, 188; und die Diskussion bei

als Teil einer Textstrategie erklären. Denn die Frage, ob denn tatsächlich Abraham der erstgeborene Verheißungsträger sein wird, kann erst vom Ende her beantwortet werden. Das Spannungsmoment wird damit zu Anfang noch festgehalten.[117]

3.2 Qualifizierung Abrahams

Die Qualifizierung Abrahams zum Erstling bestimmt den gesamten Hauptteil der Toledot Terachs (Gen 12-22). Dieser Spannungsbogen ergibt sich aus der strukturellen und teilweise wörtlichen Verwandtschaft zwischen Gen 12,1 und 22,1.2. Es lässt sich zeigen, dass Gen 22 die gesamte Abrahamgeschichte von Gen 12-21 aufgreift und theologisch in eine neue Perspektive rückt.[118]

Ein deutlicher hermeneutischer Schlüssel ist die nur in Gen 12,1 und Gen 22,2 belegte bemerkenswerte Verbindung von הלך/Imperativ mit dem inneren Objekt לְךָ und der Verweis auf die zukünftige Be-

---

BLUM, Vätergeschichte, 439-441). So nimmt KOCH an, dass „eine Toledotrolle in die Genesis eingebaut wurde, in der die Stellung Terachs schon vorausgesetzt war. Vermutlich gab es einmal über ihn eine eigene Überlieferung, die in den Pentateuch nicht aufgenommen wurde, von der sich aber Nachklänge in Jos 24,2 erhalten haben und vor allem in Gen 31,53, wo Laban und Jakob bei dem Gott Abrahams und dem Gott Nahors schwören, der letztlich der ‚Gott von deren Vätern ist' womit kein anderer als Terach gemeint sein kann." (vgl. KOCH, Toledoth-Formeln, 188). Die Hypothese zeugt zwar von großem Einfallsreichtum, doch bleibt sie schlichtweg spekulativ, da sie keinen Rückhalt am Text findet. Letztlich erklärt sie auch nur, warum es eine Toledot Terach gibt, nicht aber, warum es keine Toledot Abraham gibt.

117 Weitere Gründe sprechen für das Fehlen der Abraham-Toledot: (1) Abraham wird letztlich erst in Gen 17 von „Abram" in „Abraham" umbenannt. (2) Die Toledot-Formel nennt immer nur den Ahnherrn, die die Hauptfigur der Toledot ist (vgl. die Josephsgeschichte unter dem Titel der „Toledot Jakobs" Gen 37,2) (ausführlicher zur Problematik HIEKE, Genealogien, 124-128).

118 Die eingehende Untersuchung von Gen 22 innerhalb seiner Kontexte durch GEORG STEINS ist mittlerweile zum Standardwerk geworden: STEINS, Die „Bindung Isaaks" im Kanon (Gen 22). STEINS inventarisiert die unterschiedlichen intertextuellen Verbindungen von Gen 22 im Rahmen des Pentateuchs und nähert sich Gen 22 so ausdrücklich vom Kontext her. Es ist das unbestreitbare Verdienst von STEINS, die Kontextvernetzung von Gen 22 deutlich gemacht zu haben. Denn gerade die Genesis stand über Jahrzehnte hinweg im Zeichen des Urteils von GUNKEL – „Die Genesis ist eine Sammlung von Sagen" (GUNKEL, Genesis, VIII) – weshalb die Erzählungen der Genesis im Wesentlichen als Einzelperikopen in den Blick genommen wurden. Für die Rolle von Gen 22 innerhalb des Gesamtentwurfes des Toledot-Systems siehe DEURLOO, Tekstverwijzingen, 80-89; DERS., Omdat ge gehoord hebt, 40-60; BREUKELMAN., Bijbelse Theologie I/2, 117 und BAUER, Prinzip, 30.

stimmung des Zieles: לֶךְ־לְךָ. Bereits Buber hat auf den Zusammenhang, zwischen dem „Ruf zur Losmachung" und dem „Ruf zur äußeren Hingabe, der des Sohns" verwiesen.[119] Die Übersetzung dieser Verbindung ist schwierig. Der weitgehend üblichen Deutung als *dativus ethicus* („Geh du") ist aber der emphatische Gebrauch vorzuziehen: „Geh du vor dich hin."[120]

Auf die Eröffnung der Gottesrede mit einem Imperativ folgen in Gen 12,1 und Gen 22,2 jeweils drei Angaben, die im ersten Fall schrittweise enger bestimmen, wovon Abraham sich trennen soll („von deinem Land" – „von deiner Verwandtschaft" – „vom Haus deines Vaters") und im zweiten Fall das Objekt zunehmend genauer bezeichnen („Deinen Sohn" – „deinen einzigen, den du liebst" – „Isaak"). Alle drei Elemente werden mit einer *nota accusativi* eingeleitet. Diesem dreimaligen Gebrauch entspricht in Gen 12,1 die dreimal gesetzte Präposition מִן. In beiden Fällen wird befohlen, in ein Land bzw. zu einem Berg zu gehen, den JHWH bzw. Gott ihm zeigen will. Abraham macht sich jeweils kommentarlos auf den Weg. Auch der Altarbau in Gen 22,9a besitzt in Gen 12,7b eine Parallele. Beginn und Ziel des Weges Abrahams werden somit über diese beiden Imperative profiliert. Zwischen diesen beiden Sätzen ist die ganze Abrahamgeschichte gesponnen.

Der Befehl zum Auszug Abrahams zielt auf die Verwirklichung des göttlichen Segens (Gen 12,2b). In Abraham liegt der Segen für „alle Geschlechter der Erde" (Gen 12,3) verankert. Da Abraham geht, wie Gott ihm geheißen hat, wird sein Same schließlich zum Segen „für alle Nationen auf der Erde" (Gen 22,18). Und da sich gerade in Abraham der Segen verwirklicht, qualifiziert er sich darin letztlich als Erstling.

---

119 Vgl. BUBER, Die Schrift und ihre Verdeutschung, 227f.

120 Die übliche Deutung als *dativus ethicus* (vgl. etwa WESTERMANN, Genesis I/2, 166) wird von MURAOKA bestritten: „Basically it serves to convey the impression on the part of the speaker or author that the subject establishes his own identity, recovering or finding his own place by determinedly dissociating himself from his familiar surrounding." (zit. nach HAMILTON, Genesis 1-17, 369 Anm. 1). לֶךְ־לְךָ deutet die innere Beziehung und damit die Betonung der aufgeforderten Person an und ist kaum übersetzbar (vgl. SCHNEIDER, Grammatik, S. 206; zu לֶךְ־לְךָ vgl. auch STEINS, Die Bindung Isaaks, 135, dort mit weiterführender Literatur). In der ersten, zweiten und dritten Edition der „Verdeutschung der Tora" hat BUBER die Wortverbindung noch mit „Geh du" wiedergegeben (vgl. die Ausgaben von 1926[1]; 1930[2] und 1954[3]). Erst in der vierten Edition (1956) ging BUBER dazu über, לֶךְ־לְךָ mit der schwerfälligen Übersetzung „Geh du vor dich hin" wiederzugeben.

Zwischen dem Erwählungshandeln JHWHs in Gen 12,1-4[121] und der endgültigen Bestätigung dieser Erwählung in Gen 22 besteht gerade kein Automatismus. Abraham muss sich immer wieder darin als Erstling erweisen, dass sich in dem Erwählten auch tatsächlich die göttlichen Verheißungen erfüllen. Die gesamte Abrahamerzählung lässt sich so unter der Perspektive der Erfüllung der in Gen 12,1-4 gegebenen Verheißungen lesen: In Gen 12-14 steht die Landverheißung im Mittelpunkt, in Gen 15-21 hingegen die Nachkommenschaft. Erst in Gen 22 kommen beide Themen zusammen und beschließen den Hauptteil. Jede Teilerzählung für sich stellt unter der jeweiligen thematischen Perspektive die Frage danach, ob Abraham sich als Erstling qualifizieren kann.[122]

3.2.1 Erstlingstum im Kontext der Landverheißung (Gen 12-14)

Der erste Teil der Qualifizierung bekommt in Gen 12,1-4 eine ebenso herausragende wie programmatische Einleitung. Die Gottesrede in Gen 12,1 beginnt unvermittelt, ohne Nennung von Ort und Situation.[123] Die spärlichen Informationen zu Ort, Ausgangssituation und Reaktionen der Personen geben dem Leser die Freiheit, die erzählerischen Lücken selbst zu füllen.[124] Abraham soll mit seinem Land, seiner Geburtsum-

---

121 JHWH spricht als einzigen der Terachiden Abraham an und befiehlt ihm den Auszug ins verheißene Land.

122 Beide Themen werden in der Einleitung Gen 11,27-32 schon als Negativfolie vorbereitet: Der Auszug ins verheißene Land Kanaan schlägt dort fehl (V. 31). Ebenso bleibt wegen der Unfruchtbarkeit Saras die Nachkommenverheißung im Ungewissen. Die oben beschriebene Gliederung der Abrahamgeschichte folgt weitestgehend den Vorschlägen von DEURLOO und BREUKELMAN (s. BREUKELMAN, Bijbelse Theologie I/2, 61.72f; DERS., Genesis, 72-97; DEURLOO, The Way of Abraham, 95-112 und DERS., Genesis-Kommentar, 12-15).

123 Zu dieser Exposition schreibt BENNO JACOB sehr treffend: „Nur auf den ersten Blick scheint der Anfang unvermittelt und nüchtern, indem man eine feierliche Offenbarung an Abraham oder sogar eine Schilderung erwartet hätte, wie gerade er zur Erkenntnis des wahren Gottes gelangt sei […]. Der Gott Jhwh war für Abraham kein Unbekannter, sondern ein Erbe von früheren Geschlechtern, von Sem, Noah bis auf Adam zurück, und insofern konnte unmittelbar an das Vorhergehende angeschlossen werden. Die feierliche Offenbarung aber soll erst in Kanaan selbst erfolgen, und diese Anrede ist nur eine Einleitung dazu." (JACOB, Genesis, 333). Man muss also nicht eine vormalige, größere Quelle postulieren, die zur Redesituation in Gen 12,1 genauere Angaben machte.

124 So auch pointiert MISCALL in seiner narrativen Studie zu Gen 12: MISCALL, Old Testament Narrative, 11-46 (bes. 11).

gebung und auf die Weise mit allen Sicherheiten brechen[125], um in das
Land zu gehen, das JHWH ihm zeigen wird (V. 1: אֶל־הָאָרֶץ אֲשֶׁר אַרְאֶךָ).
Das Motivwort הלך, das vor allem Gen 12-14 prägt, kommt hier allein
viermal vor. Abraham folgt diesem Befehl unvermittelt. Sein Auszug
wird bereits durch den Auszug der Terachsippe präfiguriert. Terach
will mit seiner gesamten Familie nach Kanaan ziehen (Gen 11,31). Dies
scheint auf die Eigeninitiative Terachs zurückzugehen, denn es wird
kein Grund genannt, warum er Ur verlässt. Letztlich erreichen sie jedoch lediglich „Haran", wo sie sich schließlich ansiedeln und Terach
stirbt (V. 32). Erst die auf göttliche Initiative gründende Reise Abrahams ist erfolgreich, denn er kommt tatsächlich nach Kanaan (Gen
12,5f).

Bei Ankunft in Kanaan durchzieht Abraham das gesamte Land, von
Ost nach West und von Nord nach Süd (Gen 12,16f). Die Gottesrede in
Gen 13,17 expliziert den Sinn der Wanderung: „Mache dich auf, und
durchwandere das Land seiner Länge nach und der Breite nach, denn
ich werde es dir geben." Das symbolische Begehen des Landes als ritu-
elle Bekundung von Besitzansprüchen scheint eine in der antiken (vor
allem jüdischen[126]) Welt weit verbreitete Praxis gewesen zu sein und

---

125 WESTERMANN, Genesis I/2, 170f möchte nachweisen, dass für Wanderhirten der
   Befehl, Land, Verwandtschaft und Vaterhaus zu verlassen (eine Reihe, die vom Größeren zum Kleineren schreitet), keine besondere Leistung erfordere, also auch Abrahams Glaubensgehorsam nicht betont werde. Das Letztere stimmt zwar, denn V. 4a
   bleibt ganz unbetont. Aber V. 1a unterstreicht zweifellos, dass Abraham die Trennung nicht leicht sein konnte, weil Verwandtschaft und Vaterhaus (vgl. HOFFNER,
   Art. בַּיִת, 629-638) das Sozialsystem bildeten, das zu erhalten und zu fördern Pflicht
   war, welches aber auch Schutz und Hilfe in Not leistete.
126 Vgl. so auch Jos 1,3f; 14,9; 24,3 u.ö. Diese Tradition wird auch in frühen jüdischen
   Quellen wieder aufgegriffen: So schreibt z.B. Josephus, dass Abraham damals das
   Land in Besitz nahm, indem er dort hindurch ging (Jos. Ant. VII,11). Ebenso geht das
   Buch der Jubiläen davon aus, dass Abraham durch bloßes Einziehen in das Land
   davon Besitz ergriff. Für die Landnahme dankt Abraham Gott mit einem Dankopfer
   (was gleich zweimal erwähnt wird; vgl. Jub 13,1-3.21). Auch die spätere jüdische
   Exegese (so schon Targum Onkelos Section III, 12: Durch Aufschlagen seiner Zelte
   nimmt Abraham das Land in Besitz) verstand darunter einen symbolischen Akt der
   rechtgemäßen Inbesitznahme (hazakah im rabbinischen Hebräisch). Die Frage der
   Zulässigkeit und der Geltung dieser rabbinischen Rechtsform der hazakah wird auch
   in vielen tannaitschen Quellen – meistens mit Verweis unter anderem auf Gen 13, 17
   – diskutiert; vgl. den Jerusalemer Talmud Qid 60c, 41-45: Auf die Aussage R.
   Eliezers, dass man nur durch Begehen eines Feldes selbiges auch erwerbe, schließt
   sich eine vollständige Diskussion dieser Aussage an; s. ebenso GenR 79,5; jT Qid 1,3;
   60c, 18-32; GenR 41, 13; RutR 7,10; tBB 6.

kann bis in sumerische Zeit zurückverfolgt werden.[127] Abraham markiert durch das Abschreiten gleichsam die Grenzen seines Landes[128]
und nimmt es damit – ganz dem Aufbruchsbefehl in Gen 12,1ff entsprechend – rechtmäßig ein. Auf diese Weise geht die Landverheißung
für Abraham symbolisch schon in Erfüllung.

Einen wesentlichen Aspekt von Abrahams „Landnahme" bilden
die Errichtungen von Altären durch Abraham. Insgesamt errichtet er
drei im Kontext von Gen 12-14: in Sichem (Gen 12,6f), bei Bethel und Ai
(Gen 12,8; vgl. 13,4) und bei Hebron (Gen 13,18). Da der Altarbau als
Zeichen der Anwesenheit Gottes in Kanaan gilt, ist gemeinsam mit
Abrahams Durchschreiten das verheißene Land an seinen Grenzen
abgesteckt und durch die Proklamation des Namens JHWH symbolisch
eingenommen.[129]

Erst im Kontrast zu Lot profiliert sich Abraham als Erstling dieses
ersten Abschnitts:[130] Während Lot, der mit Abraham in Richtung Kanaan aufgebrochen war (Gen 12,4b-5), das Land für sich in Anspruch
nimmt, das er selbst sah (Gen 13,10), wählt Abraham das Land der

---

127 Der Rechtsbrauch in Gen 12-13 u.ö. erinnert an den römischen *ambitus* (dazu s.
DAUBE, Law, 37). So schreibt HORST unter Verweis auf diese Stelle darauf, „daß per-
sönliches Überschreiten des Grundstücks in der Länge und Breite zu den Formen
der Besitzergreifung gehört […]" (HORST, Eigentum, 210). Ein solches Rechtverfah-
ren ist noch bei Homer belegt (vgl. Hom. Illias I 37) und hat seine älteste Parallele im
Akkadischen (vgl. Gilg. XI 203). Gilg. XI 203 weist sogar die deutlichste Parallele mit
Gen 13,17 auf, weil die Verbalformen identisch sind. In Ägypten und in hethitischen
Kontexten musste z.B. der König in bestimmten Abständen zeremoniell sein Königreich durchschreiten, um darin symbolisch seine Souveränität zu erneuern und zu
bestätigen (mit weiteren Beispielen: SARNA, Genesis, 100).
128 Vgl. z.B. Dtn 11,24 aufgenommen: „Jeder Ort, auf den eure Fußsohle treten wird,
wird euch gehören."
129 Symbolisch wird mit dem Altarbau auch das spätere Großkönigtum „Israel" an
seinen Grenzen definiert (vgl. DEURLOO/VAN MIDDEN/VAN DEN BERG, Koning en
Tempel, 28 und DEURLOO, Gefährdung der Ahnfrau, 27 Anm. 16: „Damit hat er [Ab-
raham] das ganze Land abgesteckt."): In Sichem, dem Herzen des späteren Nordreichs errichtet Abraham seinen ersten Altar (Gen 12,6f). Nach Abrahams Abstieg
nach Ägypten und seinem „Mini-Exodus" (Gen 12,10-13,1) kann der Altarbau wieder aufgenommen werden. Abraham kehrt nach Bethel und Ai zurück, wo er zuvor
den Altar errichtet hatte (Gen 12,8) und proklamiert dort wiederholt den Namen
JHWHs (Gen 13,4) und zwar an einer Stelle, wo er das Land in alle Richtungen sieht
(Gen 13,14), also genau auf der Grenze von Nord- und Südreich. „Ai und Bethel"
werden wiederholt als Grenze beider Reiche bezeichnet (vgl. Jos 18,13). Der letzte
Altar entsteht in Hebron, der Davidstadt im Zentrum des Südreiches (s. für die geo-
graphischen Aspekte DEURLOO, Narrative Geography, 48-62 und DERS., Berscheba,
12. Zum Bau der drei Altäre vgl. vor allem DEURLOO, Narrative Geography, 52-55;
DERS., De mens als raadsel, 148 und DERS., The Way of Abraham, 98-101).
130 Zu Lots Auseinandersetzung mit Abraham s. Teil B.3.4.1.

Verheißung, das er von JHWH gezeigt bekommt (Gen 13,14f). Das zuvor symbolisch eingenommene Land lässt JHWH Abraham nun zur Gänze sehen. Damit kommt der Auszug in ein Land, „dass ich dir zeigen werde" (הָאָרֶץ אֲשֶׁר אַרְאֶךָּ; Gen 12,1) hier zum Ziel. Abraham zeigt sich also gerade darin als Erstling, dass er und nicht sein Konkurrent Lot das verheißene Land betreten darf. Damit ergibt sich für die Kapitel 12-13 ein chiastischer Aufbau:

A Gen 12,1-4a: Auftrag: „Geh in das Land, das ich dir zeigen werde."
  B Gen 12,4b-5: Abraham zieht zusammen mit Lot nach Kanaan
    C Gen 12,6-9: Altarbau. Proklamation des Gottesnamens.
      D Gen 12,10-20: Abraham verfehlt das Land.[131]
    C′ Gen 13,1-4 Aufnahme des Altarbaus. Proklamation des Gottesnamens.
  B′ Gen 13,5-13: Trennung von Lot.
A′ Gen 13,14-18: Das Gehen ins Land kommt im Sehen des Landes zum Ziel.

Zum Abschluss dieses ersten Teils der Abrahamgeschichte unterstreicht JHWHs Segen für Abraham dessen Position als Erstling: In Gen 9,26 wurde gerade nicht Sem selbst, sondern „JHWH, der Gott Sems" von seinem Vater gesegnet. Dies ist umso auffälliger, da seine Brüder Ham und Japhet direkt von Noah gesegnet bzw. verflucht werden (Gen 9,25.27). Der direkte Segen Gottes wurde auf die Weise noch aufgehoben, um ihn an exponierter Stelle Abraham anzukündigen (Gen 12,1-3; dort die Wurzel ברך fünfmal) und ihm schließlich nach Abschluss der Landnahme in Gen 14,19 persönlich zukommen zu lassen: „Und er (scl. JHWH) segnete ihn (וַיְבָרְכֵהוּ) und sprach: „Gesegnet (בָּרוּךְ) sei Abram von Gott, dem Höchsten, der Himmel und Erde geschaffen hat." Daneben demonstriert Abraham seinen Status als Erstling durch seine Fürsorge für seinen Bruder Lot. In der Episode um die vier Könige, die Kanaan mit Krieg überziehen (Gen 14,1-17), steht Abraham für seinen „Bruder" Lot (Gen 14,14.16) ein und rettet ihn unter Einsatz seines Lebens, als er hört, dass Lot gefangen gesetzt wurde (Gen 14,12).

3.2.2 Erstlingstum im Kontext der Nachkommenverheißung (Gen 15-21)

In Gen 15,1 setzt mit der Formulierung אַחַר הַדְּבָרִים הָאֵלֶּה/„Nach diesen Begebenheiten" die Abrahamgeschichte neu ein. Die Überleitungsfor-

---

131 Zu Gen 12,10ff vgl. Teil B.3.3.1.

mel ist im Kontext von Gen 12-25 eher untypisch, da in den übrigen
Erzählungen in der Regel ohne Überleitung direkt in das Geschehen
eingeführt wird. In der Abrahamerzählung begegnet die Formel nur
hier und in Gen 22,1, sowie mit leicht abgewandelter Formulierung in
Gen 22,20 (וַיְהִי אַחֲרֵי הַדְּבָרִים הָאֵלֶּה). An allen drei Stellen werden Wendepunkte der Abrahamgeschichte eingeleitet. Die Formulierung bindet
dabei jeweils die neu einsetzende Episode an die gesamte Abrahamgeschichte zurück und ordnet sie in den Gesamtzusammenhang von
Gen 12-21 ein. Nachdem die Landverheißung im Zentrum des ersten
Hauptteils der Abrahamerzählung stand, wird die noch ausstehende
Nachkommenschaft erst ab Gen 15 zum Hauptthema. Schon die quantitative Verteilung des Wortes בֵּן/„Sohn" über die Abrahamerzählung
spricht für sich: In den Kapiteln 12-14 kommt בֵּן nicht ein einziges Mal
vor. Zwar werden dort Abraham die Nachkommen schon verheißen,
doch bleibt diese Nachkommenverheißung mit der Umschreibung
זֶרַע/„Samen" recht unkonkret.[132] Die Verheißungszusage konkretisiert
sich ab Gen 15 in Form der Erwartung eines Sohnes. In den Kapiteln
15-22 kommt בֵּן mehr als 50mal vor.[133] Auch das Problem der Unfruchtbarkeit Saras, das schon in der Einleitung knapp konstatiert wurde (Gen 11,30), kommt erst jetzt wieder zum Tragen. In Gen 15,2-3
weist Abraham auf seine Kinderlosigkeit hin, die seiner Meinung nach
die Nachkommenverheißung in Frage stellt:

(V. 2) וַיֹּאמֶר אַבְרָם אֲדֹנָי יֱהוִה מַה־תִּתֶּן־לִי וְאָנֹכִי הוֹלֵךְ עֲרִירִי וּבֶן־מֶשֶׁק בֵּיתִי הוּא
דַּמֶּשֶׂק אֱלִיעֶזֶר

„Da sagte Abram: Herr, JHWH, was willst du mir geben? Ich gehe ja doch
kinderlos dahin, und Erbe meines Hauses, das wird Elieser von Damas-
kus."

(V. 3) וַיֹּאמֶר אַבְרָם הֵן לִי לֹא נָתַתָּה זָרַע וְהִנֵּה בֶן־בֵּיתִי יוֹרֵשׁ אֹתִי

„Und Abram sagte: Siehe, mir hast du keinen Nachkommen gegeben, und
siehe, der Sohn meines Hauses wird mich beerben."

Bis zu Beginn des Kapitels 15 war jede Reaktion Abrahams auf Gottes
Befehle schweigsamer Gehorsam gewesen.[134] Erst durch das Ausbleiben seiner Nachkommenschaft scheint bei Abraham Diskussionsbedarf
zu entstehen. Die sofortige Wiederholung des וַיֹּאמֶר אַבְרָם in V. 3 betont

---

132 S. in Gen 12,7; 13,15; 13,16 (2x); 15,3.8 u.ö. Die allgemeinere Nachkommenverheißung in Gen 12,2f; 13,14f (Land und Nachkommen); Gen 15,2; 15,5.18.

133 Nimmt man die Schlusskapitel Gen 23-24 noch hinzu, erhöht sich die Zahl auf über
80 Vorkommen.

134 Vgl. schon Gen 12,1-4: „Geh du! […] Und Abram ging, wie JHWH zu ihm geredet
hatte."

die Dringlichkeit der Frage Abrahams und legt die Emphase auf dessen Zweifel. Der Text spiegelt in Abraham die Erwartungen des Lesers, bei dem sich mittlerweile dieselbe Anfrage aufdrängt.

Die Feststellung der Unfruchtbarkeit Saras steht in starker Spannung zum Mehrungsauftrag (Gen 1,28; 9,1), sowie zum bisherigen Erfolg der Vermehrung, der in den Genealogien von Gen 5; 10 und 11 ausgedrückt ist. Durch die Erneuerung der Nachkommenverheißung in Gen 15,4 und der Konkretisierung dieser Verheißung durch die Ankündigung der Geburt eines Sohnes bestätigt JHWH seine ursprüngliche Verheißung. Jedoch steht der sich daran anschließende Bundesschluss noch ganz im Kontext der Landgabe (V. 18b). Das Land – so die Aussage des Textes – bildet damit die Grundlage der Nachkommenverheißung.[135]

Da Sara in der Folge aber kinderlos bleibt (Gen 16,1), ergreift sie nun selbst die Initiative und überredet Abraham, mit ihrer ägyptischen Magd Hagar einen Nachkommen zu zeugen (Gen 16,1-5).[136] Doch scheint die in Gen 16 berichtete Geburt Ismaels für die immer noch unfruchtbare Sara keine annehmbare Lösung zu sein. Vielmehr zwingt sie die mit Ismael schwangere Hagar zur Flucht in die Wüste (Gen 16,6-16), damit Ismael nicht zum legitimen Erbfolger Abrahams werde. JHWH bestätigt diesen Entschluss Saras insofern, als dass er in Gen 17 betont, dass *Sara* es sein soll, die Abraham ein Kind zur Welt bringt (Gen 17,18.19). Vor allem I. Fischer hat darauf aufmerksam gemacht, dass Sara eine herausragende Rolle in der „Erzeltern"-Erzählung und im Besonderen in Gen 17 zukommt. Über Sara wird dieselbe Verheißung und Gottes Segen ausgesprochen wie über den Erzvater. Einzig der Bund wird explizit nur mit Abraham geschlossen.

> „Wenngleich die sprachliche Gestalt der Zusagen an Sara als Rede an Abraham gestaltet sind, und daher nur vermittelt durch den Mann an die Frau ergehen, stehen sie in ihrer kraftvollen Aussage auf gleicher Ebene. Das Insistieren Gottes darauf, daß der Sohn Saras Bundesträger sein wird und nicht Abrahams Erstgeborener Ismael, hebt die Bedeutung Saras für die Verwirklichung der Verheißung hervor"[137]

---

135 Mehrungs- und Landverheißungen gehören sachlich zusammen; gegen WESTER-MANN, der verschiedene, unabhängige vor- und nachexilische Verheißungstraditionen postuliert: Das Land müsse erst nach dem Exil wieder verheißen werden; die Sohnesverheißungen stammen noch aus Zeit der Väter, weil sie auf ein typisch nomadisches Kolorit der Erzählungen zurückgingen, s. vor allem: WESTERMANN, Die Verheißungen an die Väter. Studien zur Vätergeschichte (FRLANT 116), Göttingen 1976.

136 S. dazu die Ausführungen Teil B.4.1.1.

137 I. FISCHER, Erzeltern, 13.

JHWH betont damit aber auch, dass Saras und Abrahams zuvorige, eigenmächtige Initiative kein adäquates Mittel war, um die Kinderlosigkeit zu überwinden.[138] In Gen 17 erfolgt die Nachkommenverheißung dann ausdrücklich im Kontext des Bundes (Gen 17,4-5). Dort wird nochmals die Geburt des verheißenen Nachkommen bekräftigt, was vor allem in der Umbenennung von „Abram" in „Abraham" und durch die Deutung als וְהָיִיתָ לְאַב הֲמוֹן גּוֹים („Du wirst zum Vater einer Menge von Nationen werden"; Gen 17,4f) hervorgehoben wird. Hierin zeigt sich JHWHs Geschichtsmacht, die Abraham eine neue Rolle im göttlichen Plan zuschreibt.

In den folgenden Erzählungen spitzt sich die dringliche Frage nach der Wahrscheinlichkeit bzw. Unwahrscheinlichkeit der Erfüllung dieser erneuerten Verheißung immer weiter zu. Von der zunehmend unglaubwürdiger werdenden Nachkommenverheißung an die in die Jahre gekommene Sara[139], über die anschließende Vernichtung eines ganzen Volkes in Sodom und Gomorra[140] und den inzestuösen Versuch, angesichts der vermeintlichen totalen Vernichtung der Menschheit mit dem Vater noch Nachkommen zu zeugen (Gen 19,30-38), wird in Gen 20 sogar ein ganzes Königreich von der Außerkraftsetzung der natürlichen Fortpflanzung getroffen (Gen 20,18).[141] Die Dramatik ist hier auf ihrem Höhepunkt angelangt, denn immerhin könnte Abimelech und nicht Abraham der Vater des verheißenen Sohnes sein. Gerade an diesem tiefsten Punkt der Abrahamerzählung, zeigt JHWH sein geschichtsmächtiges Handeln: erst durch sein rettendes Eingreifen wird die Gefahr überwunden und kann im Folgenden Isaak, der verheißene Sohn, schließlich doch noch geboren werden.

Der Bericht der Geburt Isaaks, Gen 21,1-7, wird in der Form einer Gebärnotiz mit Namensbegründung gestaltet. Die Geburt wird in großer Analogie zur Geburt Ismaels in Gen 16,15-16 dargestellt. Bei aller formalen Gleichbehandlung von Ismael und Isaak[142] wird letzterer wesentlich stärker akzentuiert. Ismael ist eben nicht der erwartete Sohn, sondern Isaak. Gen 21,1-7 ist von großer Redundanz geprägt: Fünfmal

---

138 Analog dazu: Terachs eigenmächtiger Entschluss nach Kanaan zu ziehen, führt dazu, dass sie nie in Kanaan ankommen (Gen 11,31). Erst der von Gott initiierte Aufbruch führt zum Ziel (Gen 12,1ff).

139 Die Unwahrscheinlichkeit einer solchen Geburt wird eigens hervorgehoben: Gen 17,17 aus dem Munde Abrahams; Gen 18,11 aus Sicht des Erzählers; Gen 18,12 aus dem Munde Saras. Vgl. noch. Vgl. Gen 15,18.

140 Vgl. Gen 18,16-33; 19,1-29.

141 Zu Gen 20 vgl. Teil B.3.3.2.

142 Ausführlich zu Gen 21,1-7 und der Rahmung durch die Hagar-Ismael-Erzählungen Gen 16; 21,8-21 s. Teil B.4.1.2.

wird der Verbalstamm ילד gebraucht, sechsmal das Substantiv בֵּן und viermal wird betont, dass alles so geschieht wie JHWH gesagt (כַּאֲשֶׁר אָמַר V.1a), geredet (כַּאֲשֶׁר דִּבֶּר V.1b; אֲשֶׁר־דִּבֶּר V. 2) und geboten (כַּאֲשֶׁר צִוָּה אֹתוֹ אֱלֹהִים V. 4) hatte. Die Geburt des Sohnes, die in der gesamten Abrahamerzählung vorbereitet wurde, bekommt hier einen effektvollen Abschluss. Dabei wird Abrahams Geschlechtsakt bewusst verschwiegen, denn es ist letzlich JHWH, der sich hier an sein Verheißungswort hält.[143] Als im Anschluss daran Ismael als Isaaks direkter Erbfolgekonkurrent endgültig aus dem Land vertrieben wird (Gen 21,8-21), ist Isaak auch tatsächlich der legitime erstgeborene Sohn Abrahams. In der Erfüllung der Sohnesverheißung weist sich Abraham als Erstling aus: Zum einen bestätigt ihn die Weiterführung seiner Linie als solchen und zum anderen legitimiert die direkte göttliche Intervention zur Ermöglichung dieser Nachkommenschaft diese privilegierte Funktion des Erzvaters.

3.2.3 Legitimierung des Erstlings durch JHWH (Gen 22,1-19)

Die Perikope wird in V. 1a mit der Überleitungsformel וַיְהִי אַחַר הַדְּבָרִים הָאֵלֶּה/„nach diesen Geschehnissen" eingeleitet. Hierüber wird der Gesamtzusammenhang von Gen 12-21 als Subtext mit eingespielt und der Übergang zu einem neuen Erzählabschnitt markiert.[144] Allerdings schließt Gen 22,1 nicht einfach diffus an seinen vorgehenden Kontext an, vielmehr gibt der Text deutliche Signale, welchen vorausgehenden Kontext er fortschreibt und auf die Weise reïnterpretiert sowie theologisch neu interpretiert. Namentlich in der neueren Exegese konnte deutlich gezeigt werden, dass Gen 22 besonders mit Gen 12,1-8[145]; 13,14-17 sowie Gen 21[146] intertextuell verbunden ist. Vor allem Gen 12 wird durch die Wiederholung der bemerkenswerten Imperativverbindung לֶךְ־לְךָ in Gen 22,2 zu einem der wesentlichen Verweistexte. Denn erst in Gen 22 kommt mit der erneuten Nennung der Imperativverbin-

---

143 Vgl. Gen 21,2: לַמּוֹעֵד אֲשֶׁר־דִּבֶּר אֹתוֹ אֱלֹהִים/„zu der bestimmten Zeit, die Gott ihm gesagt hatte" in Wiederaufnahme der Verheißung von Gen 18,14: „Zur bestimmten Zeit komme ich wieder zu dir (לַמּוֹעֵד אָשׁוּב אֵלֶיךָ), übers Jahr um diese Zeit, dann hat Sara einen Sohn".

144 Dieselbe Funktion erfüllen die Formulierungen auch in Gen 15,1 (Einleitung des zweiten Hauptteils der Abrahamgeschichte) und in Gen 22,20 (Einleitung des Epilogs der Abrahamgeschichte).

145 Vgl. hierzu Teil B.3.2.

146 Listen der ausdrucksformalen und inhaltlichen Parallelen zwischen Gen 21 und Gen 22,1-19 bei I. FISCHER, Opferung, 26-31 und STEINS, Die Bindung Isaaks, 147-163 (bes. 153-163).

dung der in Gen 12,1 begonnene Spannungsbogen zum Ziel.[147] Allerdings beschränkt sich das Verhältnis von Gen 22 mit Kapitel 12 nicht auf punktuelle Parallelen: Steins kann zeigen, dass „die Bezüge zwischen Gen 12 und Gen 22 [...] weit über die Ebene der Wörter und Wendungen hinaus [gehen] und auch strukturelle Aspekte und Inhalte ein[schließen]."[148] Gen 12 wird damit durch die große Zahl der Bezüge und deren Positionierung zu einer Gen 22 insgesamt durchziehenden „Ebene". Gen 12 und 22 markieren damit Anfang und Ende des Spannungsbogens, zwischen denen sich die gesamte Abrahamgeschichte entspannen. Abraham gelangt in Gen 22,1-19 folglich zum letzten und eigentlichen Ziel seines Weges.

Die Fortführung der Überleitungsformel mit einem invertierten Verbalsatz (V. 1a) macht einen Sprung auf die metakommunikative Ebene von Autor und Leser[149] und kommentiert zugleich das gesamte nachfolgende Geschehen nach Art einer vorwegnehmenden Überschrift theologisch:[150] „Gott stellte Abraham auf die Probe" (Gen 22,1a).[151] Durch diese Leserinformation liegt die Spannung nicht bei der Auflösung, sondern auf dem Handeln und Wort Abrahams.[152] Abraham selbst wird die göttliche Intention des Auftrages erst in Gen 22,12 enthüllt. Aber auf der Erzählebene wird deutlich, dass mit der Aufforderung zur Opferung Isaaks die gesamten Verheißungen an Abraham und damit die zukünftige Geschichte des Volkes Israel bedroht sind. Die Perikope ist gerahmt durch die emphatische Betonung, dass Isaak der langersehnte, aber einzige Sohn Abrahams ist, der nun mit dem Leben bedroht ist.[153] „Fulfilment of all prior promises are bound to the obedience of Abraham (22:18). Here, Abraham becomes a real צַדִּיק."[154]

---

147 Zur nur in Gen 12,1 und 22,2 vorkommenden Verbindung לֶךְ־לְךָ vgl. Teil B.3.2.

148 STEINS, Die Bindung Isaaks, 137.

149 Das Perfektum im erzählenden Teil dient zur Einleitung von „Hintergrundinformationen" und ist Neben- bzw. Hintergrundtempus (vgl. SCHNEIDER, Grammatik, bes. 159ff; zum Ganzen BAUER, Prinzip, 29 u. DEURLOO, Omdat ge gehoord hebt, 43-45).

150 Vgl. STEINS, Die Bindung Isaaks, 140. Ein vergleichbares Prinzip findet sich auch in der Himmelsszene des Hiobbuches (Hi 1-2).

151 Bei der „Prüfung" (Wurzel נסה/pi) geht es darum, etwas zu lernen: Dies explizit in Ex 20,18-21; Ri 3,1-4 (jeweils Wurzel נסה/pi).

152 Die Formel וַיְהִי אַחַר הַדְּבָרִים הָאֵלֶּה sollte daher auch nicht als redaktioneller Zusatz angesehen werden. Sie ist vielmehr fest in der Erzählung verankert. Die mit einem Perfektum gebildete Nominalkonstruktion וְהָאֱלֹהִים נִסָּה אֶת־אַבְרָהָם setzt die Narrativ-Form וַיְהִי zwingend voraus (ebenso VEIJOLA, Das Opfer Abrahams, 139 und NEEF, Prüfung, 51).

153 Vgl. Gen 22,2: קַח־נָא אֶת־בִּנְךָ אֶת־יְחִידְךָ אֲשֶׁר־אָהַבְתָּ אֶת־יִצְחָק/„Nimm deinen Sohn, deinen einzigen, den du lieb hast, Isaak." Dieselbe Formulierung findet sich in V. 16 und 18.

154 NOORT, Human Sacrifice and Theology, 4.

Bei der Erzählung von der „Prüfung Abrahams" in Gen 22,1-19 handelt es sich um einen herausragenden Text der biblischen Literatur[155] und der jüdischen und christlichen Tradition.[156] Gerhard von Rad hat die Erzählung vom „Opfer Abrahams" – oder wie sie im Judentum genannt wird – von der „Bindung Isaaks" (Gen 22,1-19) als „formvollendetste und abgründigste aller Vätergeschichten"[157] bezeichnet. Diese in jeder Hinsicht außergewöhnliche, ja extreme und wegen seines Gottes- und Menschenbildes immer schon als anstößig empfundene Erzählung hat in der Theologie, in der Literatur und in der Kunst eine lebhafte Deutung und Rezeption erfahren. Schlichter kann man diese Prüfung nicht erzählen[158], aber auch kaum eindrücklicher. Der Gesamteindruck

---

155 Gen 22 ist ein ausgesprochen vielbeachteter Text der alttestamentlichen Exegese; vgl. aus der neueren Zeit vor allem (neben den Komm.) STEINS, Die „Bindung Isaaks" im Kanon (Gen 22); DERS., Abrahams Opfer. Exegetische Annäherungen an einen abgründigen Text, 311-324; DERS., Die Versuchung Abrahams (Gen 22,1-19). Ein neuer Versuch, 509-519; DEURLOO, Omdat ge gehoord hebt naar mijn stem (Gen. 22), 40-60; Diebner, Was sich auf dem Berge im Lande Moriyah abspielte. Gen 22 erklärt als Teil der „israelitischen" Torah, 47-57; DERS., Noch einmal zu Gen 22,2: אֶרֶץ הַמֹּרִיָּה, 58-72; s. auch SCHMID, Die Rückgabe der Verheißungsgabe. Der „heilsgeschichtliche" Sinn von Gen 22 im Horizont innerbiblischer Exegese, 271-300 (dort bes. die auf S. 271f gebotene neuere Forschungsliteratur); KAISER, Die Bindung Isaaks. Untersuchungen zur Eigenart und Bedeutung von Genesis 22,199-224; SCHORN, Genesis 22 – Revisited, 89-109; MITTMANN, ha-Morijja – Präfiguration der Gottesstadt (Gen 22,1-14.19), 67- 96; NOORT, Genesis 22: Human Sacrifice and Theology in the Hebrew Bible, 1-20; VEIJOLA, Das Opfer des Abraham – Paradigma des Glaubens aus dem nachexilischen Zeitalter, 129-164; VAN SETERS, Abraham, 227-249; DERS., Prologue to History, 261-264; BOEHM, The Binding of Isaac. An Inner-Biblical Polemic on the Question of „Disobeying" a Manifestly Illegal Order, 1-12; KUNDERT, Die Opferung/Bindung Isaaks, Bd. 1: Gen 22,1-19 im Alten Testament, im Frühjudentum und im Neuen Testament; DERS., Die Opferung/Bindung Isaaks, Bd. 2: Gen 22,1-19 in frühen rabbinischen Texten; NEEF, Die Prüfung Abrahams. Eine exegetisch-theologische Studie zu Gen 22,1-19.

156 Zur Auslegungsgeschichte von Gen 22 in jüdischer wie christlicher Tradition vgl. die bei STEINS gebotene Spezialbibliographie zu Gen 22 (DERS., Die Bindung Isaaks); außerdem NOORT/TIGCHELAAR (Hg.), The Sacrifice of Isaac. The Aqedah (Genesis 22) and its Interpretations (Themes in Biblical Narrative. Jewish and Christian Traditions 4), Leiden u.a. 2002; KUNDERT, Die Opferung/Bindung Isaaks, Bd. 1: Gen 22,1-19 im Alten Testament, im Frühjudentum und im Neuen Testament (WMANT 78), Neukirchen-Vluyn 1998; DERS., Die Opferung/Bindung Isaaks, Bd. 2: Gen 22,1-19 in frühen rabbinischen Texten (WMANT 79), Neukirchen-Vluyn 1998 und die bei SCHMID gebotene neuere Forschungsübersicht und Literatur: DERS., Die Rückgabe der Verheißungsgabe, 270 Anm. 1.

157 VON RAD, Genesis, 189.

158 Alle bedeutenden Alttestamentler haben sich eingehend mit Aufbau und Intention von Gen 22 beschäftigt. Ein herausragender und lesenswerter Beitrag zur Erzähl-

der Perikope wird wesentlich geprägt durch den Wechsel von erzählenden und redenden Passagen. Während die erzählenden Momente
den Blick gezielt auf das Tun und Handeln Abrahams richten, tragen
die redenden Elemente eine Lebendigkeit und Dramatik in das Geschehen ein. Darüber hinaus ist der gesamte Text in höchstem Maße
stilisiert: In Gen 22,1-19 lassen sich eine Fülle von charakteristischen
und prägenden Stilfiguren beobachten: 44x wajjiqtol-Formen als erzäh-
lendes Tempus, Inversion, wörtliche Rede, Imperative, enumerativer
Stil, die Zahl „drei" als Gestaltungsgerüst, Dreier-, Fünfer- und
Siebenerstrukturen.[159] Die Stilfigur „Anaphora" wird in Gen 22,1-19
bei Eigennamen (vgl. etwa „Abraham" V. 1.3.4.5.6.7.8.9.11.13.14.1;
„Isaak" V. 2.3.6.7.9), Nomina („Ort" V. 3.4.9), Verbformen („und er
sagte" V. 1.2.5.7 (4x).8.11.12; „nehmen" (6x); „gehen" (7x); „sehen" (3x
und 2x in V. 14)), der Partikel „siehe" (V. 1.7.11.13) und der adverbiel-
len Bestimmung des Ortes „dort" (V. 2.9) oft und gerne verwendet.[160]
Auf diese Weise treten einzelne Verse miteinander in Verbindung,
wodurch eine starke inhaltliche und stilistische Geschlossenheit entsteht. Gegen jeden Versuch, eine ältere Gestalt des Textes herauszuarbeiten[161], ergeben sich damit gewichtige Einwände.

Die eigentliche Erzählung setzt erst mit dem וַיֹּאמֶר in V. 1b ein. Das
Berg-Motiv dient als Klammer an den Rändern der Perikope. Nur in V.
2 und 14 erfolgen lokale Benennungen der Opferstätte, deren Klang-
verwandtschaft (יְהוָה יִרְאֶה–הַמֹּרִיָּה) und sachliche Verbundenheit hierzu
auffällig sind.[162] Nur an diesen beiden Stellen ist vom „Berg" (V. 2:
עַל אַחַד הֶהָרִים/ V. 14: בְּהַר יְהוָה יֵרָאֶה)[163] die Rede, der sonst konstant
מָקוֹם, „Ort" oder wegen der quasi-kultischen Terminologien[164] besser:

---

technik in Gen 22 bleibt bis heute die Untersuchung des Altphilologen AUERBACH
(DERS., Mimesis. Dargestellte Wirklichkeit in der abendländischen Literatur,
Bern/München ⁹2001), der im ersten Kapitel anhand von Gen 22,1-19 die alttestamentliche Erzählkunst mit derjenigen der großen Epen Homers mit Hilfe der „Narbe
des Odysseus" vergleicht.

159 Für einen Überblick siehe die hilfreiche Auflistung bei NEEF, Prüfung, 38-50; vgl.
     auch STEINS, Die Bindung Isaaks, 107.
160 Dazu KÖNIG, Stilistik, 298.
161 Eine umfangreiche Forschungsübersicht zu den zahlreichen Versuchen, die Genese
     des Textes zu rekonstruieren bei STEINS, Die Bindung Isaaks, 104-114.
162 V. 2: „in das Land Morija (אֶל־אֶרֶץ הַמֹּרִיָּה) [...] auf einem der Berge"; V. 14: „den Na-
     men des Ortes ‚JHWH wird ersehen' (יְהוָה יִרְאֶה) [...]. Auf dem Berg JHWHs wird er-
     sehen.")
163 Vgl. noch 2 Chr 3,1. Hier wird der Berg Morija mit dem Jerusalemer Tempelberg
     identifiziert.
164 Zu der (angedeuteten wie expliziten) Kultterminologie und Ritualelemente (die
     Gegenstände „Messer", „Feuer" und „Altar" und die Opfermaterie sind schon bei
     der ersten Erwähnung determiniert [Gen 22,6.9], was sich dadurch erklärt, dass es
     sich um selbstverständliche Requisiten der Opferszenerie handelt [vgl. STEINS, Die

„Kultort", genannt wird (vgl. Gen 22, 3.4.9.14). Gerade wegen der Bedeutung dieses Berges überrascht die einführende Bezeichnung des
Zielpunktes der Reise als „*Landes* Morija" (אֶרֶץ הַמֹּרִיָּה) in Gen 22,2a:

וְלֶךְ־לְךָ אֶל־אֶרֶץ הַמֹּרִיָּה וְהַעֲלֵהוּ שָׁם לְעֹלָה עַל אַחַד הֶהָרִים אֲשֶׁר אֹמַר אֵלֶיךָ

Gehe vor dich hin in das Land Morija, und opfere ihn dort als Brandopfer
auf einem bestimmten Berge, den ich dir nennen werde!

Die Fortführung in V. 2b mit עַל אַחַד הֶהָרִים אֲשֶׁר אֹמַר אֵלֶיךָ („auf einem
bestimmten Berge, den ich dir nennen werde"; Gen 22,2b) rekurriert
dabei auf Gen 12,1b: „zu dem Land, das ich dir zeigen werde." Dies
legt nahe, dass Gen 22,1-19 das eigentliche Ziel der Landverheißung
von Gen 12,1-4 ist.[165] Schon im ersten Hauptteil der Abrahamerzählung
(Gen 12-14) wurde das ihm aufgetragene „Sehen" des Landes zum
Ziel des Auszuges Abrahams. Es beschrieb symbolisch die Erfüllung
der Landverheißung (Gen 12,1-13,18) und bestätigte zugleich auf diese
Weise Abraham als Erstling.[166] Auch Gen 22 läuft wieder auf das „Sehen" dieses „Landes Morija" hinaus. So ist ראה Motivwort in Gen 22:
Das „Sehen" Gottes (Gen 22,8.14) korrespondiert dem Sehen des Kultortes durch Abraham in V.4 (den Ort).13 (den Widder) und dem Sehen
auf den Berg von JHWH (V. 14).[167] Vor allem aber klingt das „Sehen" in
dem mysteriösen Namen „Morija" an (ראה/pt. Hof): *Das Gezeigte
JHWHs*".[168] Darüber hinaus liegt in V. 14a und 14b ein Wortspiel mit
dem Verb „sehen" (V. 14a: יִרְאֶה/V. 14b: יֵרָאֶה) in Bezug auf den Ortsnamen vor. In V. 14b explizit als „JHWH erscheint" gedeutet: „auf dem

---

Bindung Isaaks, 161 und KÖNIG, Genesis, 550 Anm. 2]) in Gen 22, die die ganze Op-
ferungserzählung durchzieht, s. die Auflistungen bei STEINS, Die Bindung Isaaks,
160-163. Auf die textprägende Funktion kultischer Vorstellungen und die Häufung
des entsprechenden Vokabulars weist auch hin HUNTER, Father Abraham, 23 Anm.
16: „The extend of which the vocabulary of the Levitical sacrificial system of the
whole offering informs the account is very striking". Ebenso WALTERS, Wood, 17:
Von Gen 22,7f bis 13f laufe eine Sinnachse mit kultischer Ausrichtung. Zum „Ritual-
konzept" von Gen 22 vgl. WILLI-PLEIN, Opfer, 87-90 (weitere Literatur bei STEINS,
Die Bindung Isaaks, 161); vgl. auch DEURLOO, Omdat ge gehoord hebt, 49; WESTER-
MANN, Genesis I/2, 441.

165 S. noch ED NOORT: „That the first verses of Gen 22 speak of the land Moriah, which
    is later replaced by the mountain Moriah, is related to the intention of the author to
    connect 12 with 22,1." (NOORT, Human Sacrifice and Theology, 6).

166 Vgl. Teil B.3.2.1.

167 Das Motivwort in der Gesamterzählung: Gen 12,1.7; 13,10.14.15; 16,13-14; 20,10;
    21,19; 22,4.8.13.14; 24,62; 25,11.

168 Die Vulgata übersetzt: „*in terram visionis*".

Berg JHWHs, auf dem er erscheint (ראה/Nif)".[169] Darum hat der Aufbruch Abrahams (Gen 22,2b) sein Ziel in genau diesem Ort.

In Analogie zu Gen 12-13 errichtet Abraham deshalb auf diesem „ersehenen Land" einen Altar (Gen 22,9; vgl. Gen 12.13).[170] So korrespondiert das „Ersehen des Landes" (Gen 13) mit dem „Ersehen" des einen bestimmten Kultortes in Gen 22. Damit kommt der gesamte Aufbruch Abrahams ins verheißene Land im Errichten des Altars auf dem Berg Morija zu seinem Ziel. Dieser besondere Altar ist darum auch der einzige, an dem Abraham JHWH auch tatsächlich ein Opfer darbringt (Gen 22,13). Der Erstling ist somit in Kanaan angekommen und hat das verheißene Land symbolisch und in Überbietung zu Gen 13f eingenommen. Dieser letzte Altarbau bekommt eine zusätzliche Betonung, da im unmittelbaren Kontext berichtet wird, dass Abraham in Beerscheba gerade keinen Altar baut (Gen 21,22-34), aber trotzdem den Namen JHWHs anruft (Gen 22,33). Der Altarbau in Beerscheba wird Isaak überlassen (vgl. Gen 26,25).[171] Damit ist Gen 21,22-34 nicht etwa nur Zwischenspiel[172], das die beiden Erzählungen über die Lebensbedrohung der beiden Söhne Ismael und Isaak voneinander trennt, es bildet die Vorbereitung[173] des Altars auf dem Berg JHWHs.

169　So bei Beachtung der masoretischen Akzente (vgl. STEINS, Die Bindung Isaaks, 145). יֵרָאֶה lässt sich dann nur als asyndetischer Relativsatz verstehen. Eine Alternative bietet sich durch die Anlehnung an die Versionen von LXX und Vulg; vgl. BLUM, Vätergeschichte, 324: „auf dem Berg, auf dem JHWH erscheint." Bei Änderung der Punktation von Nif in Qal entspricht das Verb dem in V. 14a (= „er sieht"): „auf dem Berg, auf dem JHWH sieht". Allerdings kann MT beibehalten werden, da er sinnvoll ist (vgl. STEINS, Die Bindung Isaaks, 145 Anm. 43).

170　Zu den Altarbauten in Gen 12 und 13 vgl. Teil B.3.2.1. Auch die Beschreibungen der Lokalitäten der ersten Altäre klingen an den Namen Morija in seinem gesamten paronomastischen Spektrum („sehen"/ראה, „lehren"/ירה und „fürchten"/ירא)[170] an: bei der „Eiche Moreh" (מוֹרֶה) (Gen 12,5f)[170] und bei den „Bäumen Mamres" (מַמְרֵא) (Gen 13,18). Beide Begriffe weisen auf die Bedeutung dieses besonderen Altars bereits voraus. Beide Ortsnamen können von ירה abgeleitet werden. Im Aramäischen ist der מַמְרֵא ein Toralehrer, der eine abweichende Meinung hat (vgl. DALMAN, Aramäisches Wörterbuch, Art. מַמְרֵא, 239r). Eine knappe Übersicht über die philologischen wie literarischen Deutungsmöglichkeiten des theophoren Namens מוֹרִיָה/„Morija" bei SCHULT, Glosse, 56f, dort mit weiterführender Literatur; vgl. auch STEINS, Die Bindung Isaaks, 139 und DIEBNER, Nur in Gen 22 nicht „heimatlos", 77.

171　DEURLOO spricht in Gen 21 von der „preparation of Isaac's location, Beerscheba." (DEURLOO, The Way of Abraham, 102-107; Zitat 102).

172　So z.B. THOMPSON, The Literary Formation, 96f und FOX, In the Beginning, 79: „The interlude, which usefully separates the life threat to Abraham`s two sons [...]".

173　So mit DEURLOO, Beerscheba, 12f; DERS., Narrative Geography, 58-60 u. DERS., The Way of Abraham, 106.

Durch das Bestehen der Prüfung JHWHs und durch das Errichten des Altars hat Abraham sich endgültig als Erstling erwiesen. Die Feststellung in V. 12b, Abraham sei „gottfürchtend" (כִּי־יְרֵא אֱלֹהִים אַתָּה), hebt dies hervor.[174] Und die Feststellung der Gottesfurcht יְרֵא אֱלֹהִים (*jere elohim*) steht chiastisch dem „Sehen Gottes" (יְהוָה יִרְאֶה) (*JHWH jireh*) in V. 14 gegenüber, worin man eine paronomastische Beziehung zum Namen Morija sehen kann: Das Ersehen des Ortes korrespondiert der Qualifizierung Abrahams zum Gottesfürchtigen.[175] In der abschließenden Gottesrede (V. 17f) erfolgt daher die endgültige Bestätigung Abrahams als Erstling:

(V. 17a) כִּי־בָרֵךְ אֲבָרֶכְךָ וְהַרְבָּה אַרְבֶּה אֶת־זַרְעֲךָ [...]

(V. 18) וְהִתְבָּרֲכוּ בְזַרְעֲךָ כֹּל גּוֹיֵי הָאָרֶץ עֵקֶב אֲשֶׁר שָׁמַעְתָּ בְּקֹלִי

Darum werde ich dich reichlich segnen und deine Nachkommen überaus zahlreich machen [...]

und in deinem Samen werden sich segnen alle Nationen der Erde dafür, dass du auf meine Stimme gehört hast.

Das Gotteswort schlägt einen Bogen zu Gen 12 zurück, denn der Befehl zum Auszug Abrahams zielt auf die Verwirklichung des göttlichen Segens (Gen 12,2b). Indem nun in Abraham der Segen für „alle Geschlechter der Erde" (Gen 12,3) verankert liegt, hat sich der göttliche Segen erfüllt: Da Abraham geht, wie Gott ihm geheißen hat, wird sein Same schließlich zum Segen „für alle Nationen auf der Erde" (Gen 22,18). Und dieser Segen zeigt, dass Abraham seine Rolle als Erstling auch tatsächlich erfüllt bzw. erfüllen wird. Er kann ihn weitergeben und so anderen zum Segen werden. Damit schließt sich der Kreis: Weil Abraham sich als Erstling erwiesen hat, findet der von Gott verheißene Segen Erfüllung in Abraham.

3.3 Erstlingstum und JHWH

Immer wieder gefährdet Abraham durch eigene Fehlentscheidungen sein Erstlingstum. Denn zwischen göttlicher Erwählung auf der einen

---

174 Die Verbindung von Gottesfurcht und Prüfung noch in Ex 20,20 (zur engen lexematischen Verknüpfung von Gen 22,1.12 mit Ex 20,20 vgl. STEINS, Die Bindung Isaaks, 163-180). Dort heißt es: „Fürchtet euch nicht! Denn nur um euch zu prüfen, ist Gott gekommen, und damit die Furcht vor ihm euch vor Augen sei, damit ihr nicht sündigt."

175 Vgl. auch die Deutung Morijas als „Fürchtung Jah[wes]" (Zitat KAISER, Bindung, 206), Ableitung von ירא/„fürchten" (s. noch SCHULT, Glosse, 57).

und menschlicher Qualifizierung zum Erstling auf der anderen Seite besteht gerade kein Automatismus. Doch kann JHWH auch aktiv in den Qualifizierungsprozess eingreifen. Namentlich den beiden literarisch verwandten Erzählungen Gen 12,10-20 und Gen 20,1-18 (traditionell als „Gefährdung der Ahnfrau" bezeichnet)[176] kommt hier eine spezielle Funktion innerhalb der Abrahamerzählung zu: Beide markieren jeweils kurz vor der Erfüllung der Landes- (Gen 13-14) bzw. der Nachkommenverheißung (Gen 21,1-7) den Tiefpunkt des Weges Abrahams. Beide Male wird Abrahams Erstlingstum grundsätzlich in Frage gestellt und allein durch JHWHs Eingreifen wird die Wende eingeleitet und die Erfüllung der jeweiligen Verheißung erreicht.[177]

3.3.1 Gen 12,10-20 als Tiefpunkt und Wendepunkt der Qualifizierung Abrahams

Die Episode Gen 12,10-20[178] steht im Kontext der Landverheißung (Gen 12-14) und stellt den ersten Tiefpunkt auf Abrahams Reise dar. Abraham zieht nach Ägypten hinab (וַיֵּרֶד), um seine Familie vor der drohenden Hungersnot zu bewahren und gibt dort aus Angst um sein Leben Sara als seine Schwester aus. Diese wird daraufhin vom ahnungslosen Pharao in dessen Harem geführt (Gen 12,10). Deshalb ist das „Hinabgehen" in V. 10 nicht nur lokal zu verstehen, sondern kündigt innerhalb der Erzelternerzählungen immer eine negative Wende an. So wird der Fehltritt Judas in Gen 38,1 ebenfalls eingeleitet in einer Bemerkung über sein „Hinabsteigen" (וַיֵּרֶד).[179] Anders als in Gen 12,4 handelt Abraham hier auf eigene Initiative (die Eigeninitiative war schon in Gen 11,31f problematisiert worden: Durch Terachs eigenmächtigen „Auszug" hat dieser Kanaan nie erreicht), denn Ägypten ist gerade nicht das Land, dass JHWH ihn sehen lassen will. Und in der dritten Version der „Gefährdung der Ahnfrau" (Gen 26) wird Abrahams Abstieg nach Ägypten direkt kommentiert:[180]

---

176 S. dazu vor allem den Vergleich und die Interpretation aller drei Erzählungen bei I. FISCHER, Erzeltern, 117-258. Es gibt zahlreiche Synopsen der Erzählungen, z.B. KOCH, Formgeschichte, 136-141. Vgl. auch VAN SETERS, Abraham, 167-191, MCEVENUE, Interpreting, 41f.92-97.

177 Im wesentlichen Folge ich hier DEURLOO, Gefährdung der Ahnfrau, 17-27.

178 Vgl. dazu noch die Beschreibung von Aufbau, Struktur und Intention der Erzählung bei I. FISCHER, Erzeltern, 119-133 (samt Forschungsüberblick über die üblichen traditions- und überlieferungsgeschichtlichen Zuordnungen).

179 Vgl. noch Gen 26,2; 37;25.

180 So mit MISCALL, Old Testament Narrative, 30.

„[...] Da ging Isaak zu Abimelech, dem König der Philister, nach Gerar. Und JHWH erschien ihm und sprach: Zieh nicht hinab nach Ägypten; bleibe in dem Land, das ich dir sage! Halte dich als Fremder auf in diesem Land!" (Gen 26,1-3).

Die Kritik an Abrahams Verhalten ist überdeutlich, zumal auch hier (im Gegensatz zur zweiten Version der Geschichte in Gen 20) über das Hungermotiv auf dieselbe Ausgangssituation verwiesen wird.[181] Im Unterschied zu den beiden anderen Versionen der Gefährdung der Ahnfrau wird in Gen 12,10-20 eine deutliche Verbindung zur Exodusthematik hervorgerufen, die das negativ konnotierte Szenario noch verstärkt. Nur hier ist das Reiseland Ägypten und der ausländische Potentat der Pharao. Auch die Strafen Gottes gleichen den „Plagen" des Exodusgeschehens. Und in Gen 12,20 befiehlt der Pharao Abraham zu gehen (הלך) und sendet ihn dann fort (שׁלח/Pi). Israels „Auszug"[182] und „Wegzug"[183] aus Ägypten wird mit derselben Terminologie umschrieben.[184]

Insgesamt lässt Gen 12,10-20 keinen Zweifel daran, dass es Abrahams Fehler war, nach Ägypten hinabzuziehen. Damit wird die Erfüllung der Landverheißung in Frage gestellt, denn Abraham scheint es

---

181 Zugleich ist der Kommentar von Gen 26 auf Gen 12 ein gutes Beispiel dafür, dass kanonische Lektüre nicht immer nur in eine Richtung funktioniert; mit den Worten MISCALLS: „The effects of similar texts are not one-way, but flow in all directions, the ‚parallel' text is already the ‚primary' text and affected by the ‚parallel' text." (DERS., Old Testament Narrative, 30).

182 Vgl. z.B. Ex 3,19; 8,24; 14,29; 15,19.

183 Vgl. z.B. Ex 5,1; 7,16; 12,33; 13,17.

184 In der Forschung wurde oft auf das „Ägyptenmotiv" an dieser Stelle hingewiesen; die Parallelen wurden zuerst von CASSUTO erkannt und sind dort auch detaillierter ausgearbeitet (vgl. CASSUTO, Genesis II, 334-337); vgl. noch GUNKEL, Genesis, 173; WEIMAR, Redaktionsgeschichte des Pentateuch, 20; BLUM, Vätergeschichte, 309-314, der allerdings betont, dass Gen 12,10ff durch Einfügung in Vg² in dieser Sinndimension verstärkt wird. Ägyptenmotiv in den Patriarchenerzählungen vgl. auch den motivisch offeneren Aufsatz zum Verhältnis von Mose zur Genesis von CARR, Genesis in Relation to the Moses Story, 273-295. Dort setzt er sich vor allem mit der gegenteiligen These KONRAD SCHMIDS auseinander, der Genesis und den Komplex der Exodustraditionen entstehungsgeschichtlich voneinander abgrenzt (vgl. SCHMID, Erzväter und Exodus. Untersuchungen zur doppelten Begründung der Ursprünge Israels innerhalb der Geschichtsbücher des Alten Testaments (WMANT 81), Neukirchen-Vluyn 1999). CARR zeigt, dass die Bezüge zwischen Genesis und Exodus weit über die Ebene von Wörtern und Wendungen hinausgehen und auch strukturelle wie inhaltliche Aspekte miteinschließen. So sind alle drei Erzväter mit Ägypten verbunden. In Gen 12,1-3 beginnt eine Reihe von Aufbruchsbefehlen (vgl. Gen 26,2-3; 31,13 und 46,3-4), die alle einen gemeinsamen Nenner haben: Sie binden alle Erzväter auf verschiedenste Weise an Ägypten.

nicht zu gelingen, Gottes Befehl Folge zu leisten (Gen 12,1ff) und das
verheißene Land auch tatsächlich zu erreichen.

Dieser Tiefpunkt der Abrahamgeschichte wird nur durch das Eingreifen JHWHs überwunden. Danach wird die Episode abrupt beendet
(Gen 12,19): Der gottgewirkte Exodus bringt Abraham wieder zurück
ins verheißene Land, denn er zieht reich beschenkt aus Ägypten nach
Kanaan zurück (Gen 13,2; so auch Israel Ex 12,35.38). Und erst daraufhin kann die vorläufige Erfüllung der Landverheißung durch das „Sehen" des Landes erfolgen.[185]

3.3.2 Gen 20,1-18 als Tiefpunkt und Wendepunkt der Qualifizierung Abrahams

Im Kontext der Nachkommenverheißung (Gen 15-21) versagt Abraham
abermals als Erstling: Kurz vor der mittlerweile immer unwahrscheinlicher gewordenen Geburt des einen Sohnes gibt Abraham noch einmal
Sara als seine Schwester aus, so dass der Stadtkönig Abimelech sie in
sein Haus holt (Gen 20,1-18). In Gen 20,2 wird allerdings nicht erwähnt,
warum Abraham dies tut. Dies kann der Leser aus Gen 12,10-20 erschließen. Da außerdem zwei Fremde in Sodom beinahe vergewaltigt
wurden (Gen 18/19), scheint Abraham das nun auch für sich und seine
Frau Sara zu befürchten. Beide waren ebenfalls Fremde in Gerar (Gen
20,1).[186] Der emphatische Vorausblick auf das Exodusgeschehen in Gen
12,10-20 ist in dieser Version der Gefährdung der Ahnfrau vollkommen
verschwunden, darum wird die Hungersnot als Grund der patriarcha-
len Migration nicht mehr erwähnt. Es geht auch nicht um die feindliche
Rolle eines Herrschers, denn dem Potentaten von Gerar wird ein höhe-
rer moralischer Status gegeben als dem Pharao in Gen 12: Mit dem
Pharao kommuniziert JHWH allein über die Plagen, wohingegen
Abimelech direkt von Gott angesprochen wird (Gen 20,3). Nicht mehr
Abraham und die Gefährdung des ihm verheißenen Landes stehen
damit im Zentrum. Das Land wird Abraham sogar freundlich angebo-
ten (Gen 20,15). Vielmehr sind nun Sara und die ihr verheißene Geburt
des Sohnes Isaak das zentrale Thema (Gen 18,14). Darum ist in Gen 20
nicht mehr nur Abraham verantwortlich für die Lüge, denn Sara bestätigt seine Lüge (Gen 20,5).[187]

---

185 Vgl. Teil B.3.2.1.
186 Man beachte das Wortspiel in Gen 20,1 von גְּרָר/„Gerar" und גֵּר/„Fremder".
187 Abimelech unterstreicht dies extra: „Und sie, auch sie (וְהִיא־גַם־הִוא) selbst hat gesagt:
     Er ist mein Bruder." (Gen 20,5).

Durch die Preisgabe der Erzmutter entsteht nun die Gefahr, dass Abimelech der Vater des Nachkommen Abrahams sein könnte.[188] Gott selbst stellt darum König Abimelech in einem Traum zur Rede (Gen 20,3). Dieser Traum erweist sich als Gerichtsverfahren, worin Abimelech unverzüglich als schuldig befunden wird. Als Folge davon wird Abimelech impotent und alle Frauen seines Reiches werden unfruchtbar (Gen 20,17.18).[189] Sie erleiden damit dasselbe Schicksal wie Sara.[190]

Erst nach diesem Eingreifen JHWHs kann nun der Sohn Abrahams geboren werden (Gen 21,1-7). Und durch das Verschweigen von Abrahams Rolle bei dieser Geburt wird der Akzent ganz auf JHWHs Handeln gelegt.

Die drei Erzählungen von der Gefährdung der Ahnfrau sind in der alttestamentlichen Forschung oft verglichen worden. Als „Glücksfall für die Exegese" werden sie gerne als Musterbeispiel für eine exegetische Falluntersuchung mit literarhistorischer Intention verwendet.[191] Sie gelten nicht selten als Musterbeispiele für einen mündlichen Hintergrund der der schriftlichen Formen von Erzählungen.[192] Insbesondere die Abhängigkeiten der drei Erzählungen voneinander und deren zeitliche Priorität sind oft diskutiert worden. Die Bewertung der unterschiedlichen „geprägten Elemente", die man in den drei Erzählungen

---

188 Gottes Eingriff durch die Plagen suggeriert zumindest, dass der Pharao Sara nicht angerührt habe. CASSUTO interpretiert die Plagen in Gen 12,10-20 als Versuch Gottes, den Pharao an der Annäherung an Sara zu hindern; vgl. CASSUTO, Genesis II, 356-358. So auch klar IBN EZRA (Komm. zu Gen 12,19) in Aufnahme der haggadischen Midraschim: „Und JHWH (wörtlich: der Name) brachte über ihn Plagen, damit er sie nicht anrühre." (vgl. dazu MILLARD, Eröffnung der Tora, 324f) Er erinnert daran, dass eine Verunreinigung Saras durch einen außerehelichen Geschlechtsverkehr damit auch ganz Israel verunreinigt hätte, „and it is even harder to believe that the Torah would have incorporated such a tale." (CASSUTO, Genesis II, 357). Im Sinne von CASSUTO ist der Eingriff Gottes somit prophylaktisch erfolgt.

189 Was in Gen 12,10-20 nur kurz mit dem unkonkreten Begriff „Plagen" angedeutet wurde, wird hier als konkretes Handeln Gottes beschrieben.

190 Vgl. die parallelen Formulierungen: In Gen 20,18: „Alle Schöße werden verschlossen" (עָצַר עָצַר יְהוָה) und in Gen 16,2 bei Sara: „Siehe doch, JHWH hat mich verschlossen (עֲצָרַנִי יְהוָה), dass ich nicht gebäre."

191 Zitat KOCH, Formgeschichte, 136; aufgenommen u.a. bei WEIMAR, Redaktionsgeschichte des Pentateuch, 4, der mit dieser Dreifachüberlieferung seine redaktionsgeschichtliche Sicht des Pentateuchs begründet.

192 Vgl. GUNKEL, Genesis, LXXXIII; WESTERMANN, Erzählungen, 22 u.a; die forschungsgeschichtliche Debatte um mündliche Vorstadien etc. bei DEURLOO, Gefährdung der Ahnfrau, 17f.; I. FISCHER, Erzeltern, 190-258; MILLARD, Eröffnung der Tora, 314-353 (dort eine Besprechung diachroner wie synchroner Ansätze) und im Aufsatzband von BECKING/SMELIK: Een patriarchale leugen: Het verhaal in Genesis 12 verschillend belicht, Baarn 1989.

zu entdecken meint, führen zu überaus disparaten Ergebnissen. Schon die Beurteilung dessen, was nun wirklich die konstitutiven Züge der Erzählung seien, hängt von den Prämissen ab, mit denen man an die drei Teile heran geht. Versteht man Gen 26 als ältesten Text[193], so fallen die Schlüsse wesentlich anders aus, als wenn Gen 12 als „Grundtext" angesehen wird. Kriterium für das Alter scheinen Urteile darüber zu sein, wie man sich eine „alte" Erzählung vorzustellen habe: z.B. profan, undramatisch, mit „rein natürlichem Handlungsverlauf" oder mit einem (fast naiven) Umgang mit Gottes Eingreifen in menschliche Schicksale.[194] Die auffallend vielen gemeinsamen Elemente legen aber nun nahe, dass diese Häufung von Gemeinsamkeiten nur überlieferungsgeschichtlich durch mündlich vorliegendes Erzählmaterial geklärt werden kann, zumal da – hierauf weisen insbesondere I. Fischer und Millard hin –, die Einzelelemente sehr frei narrativ eingebunden werden können und so mit denselben geprägten Elementen ein sehr unterschiedlicher Handlungsverlauf konstruiert wird.[195] Die antike und mittelalterliche jüdische Bibelauslegung hat die drei Texte nur selten explizit verglichen. Implizit sind die Bezüge allerdings sehr viel häufiger und dichter. Viele thematische Einzelfragen werden in den Kommentierungen durch Rück- und Vorgriffe innerhalb dieser Texte behandelt. Raschi beispielsweise greift in der Kommentierung von Gen 12,19 auf Gen 20,15 vor.[196] Die in dieser Untersuchung vorgeschlagene Deutung der drei Erzählungen versucht eine konsequent literarische Bestimmung des Verhältnisses der drei Erzählungen zueinander. Entstehungsgeschichtlich betrachtet handelt es sich möglicherweise um unterschiedliche Geschichten, Quellen oder Traditionen. Auf der synchronen Ebene werden daraus jedoch Varianten, die sich gegenseitig intertextuell ergänzen.

3.4 Disqualifizierung der Brüder Abrahams

3.4.1 Lot (Gen 13,1-14,24;18/19)

Lot ist als Sohn des verstorbenen Haran an dessen Stelle getreten (Gen 11,28f) und kommt damit als potentieller Erstling neben Abraham in Frage. Deshalb wird seine Rolle gegenüber Abraham in Gen 13,1-14,24 13-14 näher konturiert. Da Lot gerade hier als „Bruder" Abrahams bezeichnet wird (Gen 13,8; 14,14.16), wird der Leser darauf hingewiesen, dass nun wieder auf den Bruderkonflikt um das Erstlingstum fokus-

---

193 So WEIMAR, Redaktionsgeschichte des Pentateuch, 89.
194 S. MALY, Genesis 12,10-20; 20,1-18; 26,7-11.
195 Vgl. MILLARD, Eröffnung der Tora, 314 und FISCHER, Erzeltern, 211-228.
196 Vgl. hierzu MILLARD, Eröffnung der Tora, 314f.

siert wird.[197] Abraham ist nicht alleine in das verheißene Land gezogen, sondern „Lot zog mit ihm" (Gen 12,4a). Ebenso zieht Lot wieder mit Abraham aus Ägypten heraus (Gen 13,1). Dies wirft beim Leser die Frage auf, bei welchen der beiden es sich tatsächlich um den Erstling handelt. Der „Mitläufer Lot" (Gen 13,5) steht so dem Berufenen Abraham (Gen 12,1-3) gegenüber.

Da Abraham reich beschenkt und mit einer großen Rinderherde ausgestattet aus Ägypten zurückkehrt (Gen 13,2) und auch Lot über einen ansehnlichen Viehbestand verfügt (Gen 13,5), ist das Land für beide zu klein geworden. Das Problem kann nur gelöst werden, indem sich Lot und Abraham voneinander trennen.[198] Abraham schlägt deshalb Lot vor, sich ein Stück Land zu wählen, in das er ziehen will (Gen 13,8f). Während Abraham Lot vorschlägt, das Land zu seiner Linken oder zur Rechten zu wählen (V. 9), wählt Lot gerade das fruchtbare Land, was *vor* ihm liegt (V. 10). Lot wählt also das Jordanland (V. 11), und kehrt damit dem verheißenen Land den Rücken zu. Die mehrfache Erwähnung negativ konnotierter Orts- und Eigennamen in diesem Kontext sensibilisieren bereits dafür, dass Lot hierbei eine Fehlentscheidung getroffen hat:[199] „Ägypten" (Gen 13,10) ist zwar als fruchtbares Land bekannt[200], doch ist es wegen Gen 12,10-20 noch eindeutig negativ besetzt. Sodom, Gomorra und Zoar (Gen 13,10.12.13) verweisen bereits auf die Katastrophe in Gen 18/19. „Zoar" wird im Kontext zusätzlich mit dem König von Bela identifiziert (Gen 14,2.8), der als einer der neun rivalisierenden Könige in Kanaan Krieg führen und dadurch Lots Leben bedrohen wird. Das Gefälle zwischen Abrahams positiver und Lots falscher Entscheidung wird auf die Weise auch auf die Geographie der Erzählung übertragen: Nach der Trennung kann Abraham von den Höhen „zwischen Bethel und Ai" (Gen 13,3f) das gesamte

---

197 Eine Übersetzung sollte das scheinbar widersprüchliche אָח/„Bruder" an dieser Stelle deswegen nicht durch eine stimmigere Übersetzung verändern; so gebraucht beispielsweise die Elberfelder Bibelübersetzung in Gen 14 durchweg „Neffe". Es gibt verschiedene Modelle der Auslegung des Ausdrucks in den Kommentaren: GUNKEL, Genesis, 174, VON RAD, Genesis, 131, SPEISER, Genesis, 94, WESTERMANN, Genesis I/2, 206 sind der Ansicht, dass durch das אָח in Gen 13,8 die näheren Verwandten *im Allgemeinen* repräsentiert seien. Diese Auslegung hat ihr Recht. Doch ist es ebenso möglich, den Sohn des Bruders als sein Rechtsnachfolger aber auch in einem engeren Sinne als „Bruder" anzusprechen (so mit JACOB, Genesis, 360).

198 Gen 13,5-13; פרד/Nif in Gen 13,9.11.14 der Sache nach noch Gen 13,6.

199 Vgl. DEURLOO, Tekstverwijzingen, 84f.

200 Sowohl Abraham (Gen 12,10) als auch Isaak und Jakob (Gen 26,1; 42,1) fliehen wegen einer Hungersnot dorthin.

verheißene Land überblicken. Lot hingegen zieht in die „Ebene des Jordan" (כָּל־כִּכַּר הַיַּרְדֵּן) hinunter (Gen 13,11).

Nach der Trennung Lots von Abraham ist dem Leser bewusst, dass Lot seine Rolle als Erstling verspielt hat, da er das verheißene Land erst gar nicht betreten wollte. Gen 18-19 bestätigen diese Disqualifizierung nochmals. Die Erzählungen um Gottes Besuch bei Abraham sowie vom Gericht über Sodom und Gomorra dienen als retardierendes Element[201], bevor die eigentliche Abrahamgeschichte mit der Geburt der beiden Söhne wieder aufgenommen wird (Gen 16ff). Die Texte vergleichen Lot und Abraham über ein System von Parallelen und Kontrasten:

Abrahams verheißungsvolle Begegnung mit Gott steht dem Vernichtung bringenden Besuch Gottes und seiner beiden Boten in Sodom gegenüber. Und Abraham wie Lot sitzen an einem Eingang,[202] als der Besuch ankommt.[203] Bei Abraham geschieht dies zur Mittagszeit, wohingegen Lots Besucher bei Nachteinbruch kommen, zu einer Zeit also, in der es in Sodom sehr gefährlich sein konnte. Beide laden ihre Gäste freundlich zum Einkehren in ihr Haus ein (Gen 18,2-4; 19,2). Im Vergleich zu Abrahams Festessen (Gen 18,5-8: Brot, Kuchen, Grieß, Kalb und Milch) wirkt Lots Mahlzeit jedoch etwas karg (Gen 19,3: ungesäuertes Brot; מַצּוֹת). Mithin steht die vorbildliche Gastfreundschaft dem fremdenfeindlichen Verhalten der Bewohner von Sodom schroff gegenüber.[204] Darüberhinaus kommt JHWH selbst in Gestalt der drei Männer bei Abraham zu Besuch (Gen 18,1). Dies erinnert an den außergewöhnlichen göttlichen Umgang in Gen 2-3.4. Zudem wird Abraham eines direkten Gesprächs mit Gott gewürdigt, in dem er als menschlicher Gesprächspartner zuerst das Wort ergreift (Gen 18,16b-33). Der direkte Kontakt mit JHWH kennzeichnet ihn als den Erstling, was der Rückgriff auf die erste Verheißung in Gen 12,2a.3b an Abraham noch verstärkt.[205] Abraham wird außerdem zweimal als Prophet gekennzeichnet. Dies geschah schon einmal in Gen 15,1-6, und in Gen 20,7 wird Abraham explizit als נָבִיא bezeichnet werden. Damit stellt das Selbstgespräch Gottes (Gen 18,17a) Abraham in eine Reihe mit den

---

201 Vgl. HIEKE, Genealogien, 140.
202 Vgl. die identische Partizipialsatzkonstruktion in Gen 18,1: וְהוּא יֹשֵׁב פֶּתַח־הָאֹהֶל und Gen 19,1: וְלוֹט יֹשֵׁב בְּשַׁעַר־סְדֹם.
203 Hierbei fällt der antithetische Gebrauch von „Zelteingang" (פֶּתַח־הָאֹהֶל) und „Stadttor" (בְּשַׁעַר־סְדֹם) auf.
204 Die Parallelen der beiden Kapitel werden nur gelegentlich notiert, vgl. BRODIE, Genesis as Dialogue, 298 und HAMILTON, Genesis 18-50, 30.
205 Im Übrigen spricht auch Mose, wie Abraham, aber noch häufiger als dieser, direkt mit JHWH.

Propheten wie Mose, denen JHWH insbesondere sein Gerichtsvorhaben im Voraus mitteilt.[206] Wie der im dtr Sinne wahre Prophet erfährt Abraham nach Gen 19,28 umgehend, dass Gott das Gericht an Sodom unverzüglich vollstreckt.[207]

Im Gegenzug liegt im weiteren Verlauf der Erzählung der Akzent auf der negativen Charakterisierung Lots. So bietet Lots Leben eine Aneinanderreihung von Unglücken und Fehlentscheidungen.[208] Lot wird während der ganzen Katastrophe als jemand geschildert, der nicht begreift, in welcher Gefahr er sich befindet.[209] Um Lots Versagen zu unterstreichen spielt der Text zusätzlich die Sintfluterzählung als Subtext mit ein:[210] Nur in Gen 6,5 wie auch in Gen 18,20 wird im Kontext von drohender Vernichtung davon gesprochen, dass die Bosheit bzw. die Sünde „groß war" unter den Menschen: כִּי רַבָּה. Da כִּי in Gen 18,20 syntaktisch unnötig ist, kann man es als Verweis auf Gen 6,5 verstehen, denn dort muss das vorausgehende „Sehen JHWHs" zwingend mit כִּי konstruiert werden[211] Dies führte schon die Rabbinen zu der Annahme, dass es sich bei der Bestrafung von Sodom und Gomorra um dieselbe Straf-Kategorie gehandelt habe wie zur Zeit der Sintflut.[212] Auch einzelne Erzählzüge verweisen aufeinander: Wie JHWH in Gen 7,16 eigenhändig die Tür der Arche aus Schutz vor dem kommenden Unheil verschließt, so tun dies auch die Boten JHWHs im Hause Lots, um ihn vor der wilden Menge draußen zu bewahren (Gen 19,10). Während Noah Gottes Willen entsprechend handelt (Gen 6,22; 7,5), folgen allerdings Lot und seine Familie ihren eigenen Einsichten, wodurch ein Teil der Familie in der Katastrophe umkommt; und da der Bote das Versprechen gibt, Zoar zu verschonen, bekommt der Ort dieselbe Funktion wie die Arche in der Fluterzählung. Doch misslingt auch dies,

---

206 Mose bittet Gott an einer Stelle sogar explizit darum, ihn ins Vertrauen zu ziehen (Ex 33,13).

207 Vgl. Dtn 18,21-22 zum Grundsatz; Jer 28,15-17 erfüllt sich binnen zweier Monate Jeremias Prophezeiung an Hananja. Vgl. ferner Ez 33,12-22, wo Ezechiel erfährt, dass seine Gerichtsverkündigung eingetreten ist.

208 Vgl. die kurze Zusammenstellung bei HIEKE, Genealogien, 135-137.

209 So will Lot beispielsweise erst gar nicht aus Sodom ins Gebirge fliehen, weil er denkt, dort und nicht in der Ebene von Sodom drohe ihm Lebensgefahr. Die Boten Gottes müssen ihn erst dazu überreden (Gen 19,17-20). Ausführlicher vgl. SMELIK, Lot tussen Noach en Abraham, 34f.

210 Die grundlegende Beobachtung bei SMELIK, Lot tussen Noach en Abraham, 31.37.

211 Die Aussage des „Sehens, dass die Bosheit groß war" (Gen 6) widerspricht dem „Und er sah, dass es gut war", Gen 1,25 u.ö. Das Handeln der Menschen steht also gänzlich im Gegensatz zu der durch JHWH gesetzten Schöpfungsgüte.

212 Literaturhinweise bei SMELIK, Lot tussen Noach en Abraham, 32.

denn Lots Frau blickt hinter sich und erstarrt damit zur Salzsäule (Gen 19,26).

Am Ende dieses Vergleiches steht für den Leser unmissverständlich fest, dass es Lot nicht gelingt, mit Abraham zu konkurrieren, denn die ganze Episode endet mit dem Versuch der Töchter Lots, mit dem Vater nach der Zerstörung noch Kinder zu zeugen. Die Kinder dieser deutlich negativ belegten Verbindung[213] tragen die Namen der zwei Erzfeinde Israels, Moab und Ammon (Gen 19,30-38). I. Fischer u.a. sehen in der Erzählung von den Töchtern Lots allerdings keine eindeutig negative Konnotation.[214] Die dahinter stehende Beobachtung ist richtig: Der Inzestvorschlag der Töchter habe als einziges Ziel, Leben zu erhalten und sich Kinder zu verschaffen (Gen 19,32b) und sei daher nicht moralisch abzuqualifizieren. Man kann hier auf Gen 38 verweisen, wo Tamar auch mit ihrem Schwiegervater verkehrt, um die Zukunft der eigenen Familie zu sichern. Das Anliegen ist auch dort keine sexuelle Zügellosigkeit o.ä., sondern ausschließlich das (legitime; I. Fischer[215]) Anliegen der Fortsetzung der genealogischen Linie. Selbst Gunkel merkt an, dass ein abwertendes Verständnis der Erzählung wohl erst in späterer Zeit anzunehmen sei.[216] Insofern ist auch in jedem Fall von Rads harschem Urteil zu widersprechen. Er hält die Erzählung für „ein scharfes Urteil über die Blutschande im Hause Lots, dessen Leben damit in einem großen inneren und äußeren Bankrott ausmündet", der zwar anfangs „noch von Gottes Gnade gehalten […] dann doch der geschichtsführenden Hand Gottes völlig entglitten" sei und „zuletzt im Rausch den vitalen Mächten erliegt".[217] Allerdings scheint die negative Beurteilung der Handlung durchaus vertretbar, da – zumindest in der Lesewahrnehmung – die eindeutig negativ konnotierten Völker Moab und Ammon, die aus dieser Verbindung entstehen, im Rückblick die Tat entsprechend werten lassen. Die damit vorgenommene Identifikation Lots mit Moab und Ammon schließt Lot jedenfalls als Erstling endgültig aus.

---

213 Das Gen 19 entsprechende Inzestverbot steht in Lev 18,6: Verboten sind alle sexuellen Beziehungen zu Blutsverwandten. Der Verkehr vom Vater mit seiner Tochter wird dort nicht ausdrücklich erwähnt, man könnte dafür allerdings Lev 18,17 heranziehen: Dort wird der Verkehr mit einer Frau und gleichzeitig mit deren Tochter verboten (vgl. dazu GUNKEL, Genesis, 219; HIEKE, Genealogien, 139 Anm. 397).

214 S. I. FISCHER, Erzeltern, 37f.

215 I. FISCHER, Erzeltern, 38.

216 GUNKEL, Genesis, 217; s. auch BRUEGGEMANN, Genesis, 176.

217 VON RAD, Genesis, 177.

3.4.2 Nahor (Gen 22,20-24)

Zweimal wird in Gen 22,20-24 betont, dass Nahor der Bruder Abrahams ist (Gen 22,20.23). Er war als Konkurrent um die Erstgeburtsfrage noch übrig geblieben. Diese potentielle Konkurrenzsituation wird sogleich zu Beginn der Perikope wieder aktiviert: Dem „Sohn, deinen Einzigen, den du lieb hast" (Gen 22,2.16.18) werden die zwölf Nachkommen Nahors gegenübergestellt. Die Zwölfzahl wird dabei nicht direkt erwähnt, sie soll vom Leser durch eigene Kombinatorik (acht von Milka und vier von Rëuma sind zwölf) entdeckt werden.[218]

Während der Erstling Abraham von der Nachkommenverheißung in Gen 12 bis zur Geburt seines einzigen Sohnes große Hindernisse überwinden musste, erfreuen sich seine Verwandten schon eines großen Nachwuchses: Harans direkter Bruder hat bereits in Gen 11,27f Nachkommen; Nahor und selbst Ismael (Gen 17,20; vgl. Gen 25,13-15) bekommen symbolisch zwölf Nachkommen, womit sie die Zwölfzahl der Stämme Israels präfigurieren, die Israel in Abraham noch vorenthalten bleiben. Die Zwölfzahl der israelitischen Stämme wird erst in Gen 35,22-26 vollständig erreicht. Allerdings war Nahor erst gar nicht mit in das verheißene Land Kanaan gezogen, sondern in Ur geblieben (Gen 11,27-32). Dies wird erzählerisch geschickt gelöst: So erhält Abraham Nachricht von Nahors Familie über einen Boten aus Ferne, denn Nahor ist schließlich fernab von Kanaan geblieben. Damit scheidet Nahor als potentieller Erstling aus, weshalb seine Linie auch nicht weiter verfolgt wird, sondern mit dessen Genealogie schließt.

3.5 Endgültige Bestätigung von Abrahams Erstlingstum (Gen 22,20-25,11)

Der letzte Abschnitt der Abrahamerzählung wird in Gen 22,20 mit der bereits aus Gen 15,1 und 22,1 bekannten Formulierung וַיְהִי אַחֲרֵי הַדְּבָרִים הָאֵלֶּה eingeleitet. Die Formel erfüllt dort dieselbe Funktion wie in den Kapiteln zuvor und leitet damit den Schlussteil Gen 22,20-25,11 als epiloghaften Übergang zu den Toledot Ismaels und Isaaks in Gen 25,12ff ein.[219] Durch dieses „Nachspiel" zur eigentlichen Abraham-

---

218 Vgl. HIEKE, Genealogien, 131.

219 Hierzu MISCALL: „Attention is drawn to the covenant story in Genesis 15 and to the sacrifice of Isaac in Genesis 22 because both happened 'after these things', whereas many other events, in contradistinction, are dated to specific years in Abraham's live." (MISCALL, Old Testament Narrative, 13).

erzählung wird nochmals sichergestellt, dass Abraham sich als Erstling
Terachs erwiesen hat.

3.5.1 Erstlingstum und Landnahme (Gen 23)

Der Kauf der Grabstätte für seine verstorbene Frau Sara (Gen 23) verdient besondere Beachtung, da Tod und Begräbnis einer Frau im gesamten TeNaK nur hier berichtet werden. In dieser Erzählung erfährt
Abraham eine zusätzliche Bestätigung seines Erstlingstum. Denn über
ein raffiniertes Verweissystem wird nochmals auf die Verbindung von
Landverheißung und Erstlingstum angespielt, die schon in Gen 12-14
die Erzähldynamik bestimmte.[220] Und an den Rändern der Perikope
wird der Leser bereits für das Thema „Landverheißung" sensibilisiert.
So wird der Ausdruck בְּאֶרֶץ כְּנָעַן mit Nachdruck genannt und rahmt
Anfang und Ende der Erzählung (Gen 23,2[221].19[222]). Innerhalb der Erzählung weist die Bezeichnung des Volkes als עַם־הָאָרֶץ (Gen 23,7.12.13)
auf die Landesthematik hin. Abraham will lediglich eine Grabhöhle
(מְעָרָה) für seine verstorbene Frau erwerben (Gen 23,8f), doch will der
Händler Efron die Höhle nur samt Feld (שָׂדֶה) an Abraham verkaufen
(wörtlich: geben/נתן) (Gen 23,11). Seine Forderung wiederholt Efron in
V. 15 nochmals, gebraucht aber nun statt שָׂדֶה beiläufig das Wort
אֶרֶץ/„Land". Der Substantivwechsel dürfte angesichts der thematischen
Inklusion nicht zufällig sein. Zwar geht es auf der narrativen Ebene um
den *Erwerb* eines *Feldes* (Gen 23,9.13.16). Aber für den Leser erschließt
sich noch eine weitere Dimension: Theologisch geht es um das *Geben*
des *Landes*. Der Feld-*kauf* wird so zu Land-*gabe*. Damit wird hier die
Landgabe aus Gen 13-14 miteingespielt.[223] Zugleich wird auf die Weise
Abrahams Rolle nochmals aufgewertet: Die Landverheißung erfüllt
sich nicht nur symbolisch[224], sondern Abraham erwirbt rechtmäßig das
erste Stück Land in Kanaan (Gen 23,16). Fortan dient es den Erzeltern

---

220 Grundlegend zur Funktion von Gen 23 im Rahmen der „Toledot Terachs" vgl. die
    Beobachtungen bei DEURLOO, Graf van Sara, 22-32 und DERS., The Way of Abraham,
    109f.
221 „Und Sara starb zu Kirjat-Arba, das ist Hebron, im Land Kanaan (בְּאֶרֶץ כְּנָעַן)."
    „Und danach begrub Abraham seine Frau Sara in der Höhle des Feldes von
    Machpela, gegenüber von Mamre, das ist Hebron, im Land Kanaan (בְּאֶרֶץ כְּנָעַן)."
223 Besonders Gen 13,15 ist in diesem Kontext wichtig: „Denn das ganze Land, das du
    siehst (אֶת־כָּל־הָאָרֶץ אֲשֶׁר־אַתָּה רֹאֶה), dir will ich es geben (לְךָ אֶתְּנֶנָּה)."
224 Vgl. dazu Teil B.3.2.1.

als Grabstätte[225] und wird damit zu einem wichtigen Symbol für die dauerhafte Ansiedelung Israels im Lande.[226]

3.5.2 Genealogische Weiterführung

In Gen 22,20-24 wird in genealogischer Form knapp vorweggenommen, was in Gen 24 mehrfach betont wird: Rebekka ist über Nahor mit Abraham und Isaak verwandt (vgl. Gen 24,15.24.47; 25,20). Darum kann sie Isaak auch zur Frau nehmen (Gen 24) und mit ihr die genealogische Linie Abrahams weiterführen. Rebekka ersetzt auf diese Weise Sara, deren Tod in Gen 23 berichtet wird. Und wie Sara ist Rebekka zunächst unfruchtbar (Gen 25,21). Isaak und Rebekka treten so an die Stelle von Abraham und Sara. Damit steht die Erzählung Gen 24 nicht ohne Grund noch innerhalb der Abrahamerzählung, denn sie bestätigt Abraham als Erstling und über ihn setzt sich auch tatsächlich die genealogische Linie fort und führt einen Schritt weiter zu Isaak.

Die abschließende genealogische Weiterführung der direkten Abrahamlinie unterstreicht dies: In Gen 25,1-4 ist noch einmal ist von einer Frau Abrahams, Ketura, die Rede. Diese Nebenlinie ist mit Gen 25,4 abgeschlossen. Letztlich wird Abraham nun doch (zumindest symbolisch) zum „Vater einer Menge"[227] und bekommt verglichen mit seinen Brüdern die meisten Nachkommen: Zählt man alle Stammbäume zusammen, kommt man bei Abraham mit Ketura auf sechzehn, bei Nahor auf zwölf und bei Haran zusammen mit Lot auf sieben[228] Nachkommen.[229] Hierin drückt sich der von JHWH verheißene Nachkommenssegen für den Erstgeborenen aus.

Die folgenden Notizen Gen 25,5-6 klären die Erbfolge und verhindern mögliche Störungen der Isaak-Linie, indem die Söhne der Nebenfrauen Abrahams „weit weg von Isaak" geschickt werden. Auf diese Weise stellt der Text unmissverständlich sicher, dass diese Nebenlinien von Segen und Verheißung sowie vom verheißenen Land ausgeschlossen sind. Sie haben zwar nach Gen 12,1-3 Anteil am Segen Abrahams,

---

225 In der Höhle von Machpela werden Sara und Abraham (Gen 25,9) beerdigt, sowie Isaak, Rebekka (Gen 49,30f) und Jakob (Gen 49,30 und 50,13).

226 Zuvor war durchgängig betont worden, dass Abraham ein Fremder im Land Kanaan blieb (so explizit in einer resümierenden Abschlussnotiz der Beerscheba-Episode; Gen 21,34); auch zu Beginn von Gen 20 wird gleich Abrahams Fremdenstatus festgehalten.

227 Dieser Hinweis bei I. FISCHER, Erzeltern, 371.

228 Drei von Haran und vier von Lot.

229 Vgl. dazu die Übersicht bei HIEKE, Genealogien, 128.

nicht jedoch am speziellen Segen und an der Segensmittlerschaft, die von Abraham an Isaak genealogisch übergeht (vgl. Gen 25,5).[230]

Abraham ist der legitime Nachfolger Terachs, weil er sich als Erstling gegenüber seinen Brüdern erweisen konnte.[231] Darum werden die in Gen 11,27 beginnenden Toledot Terachs auch mit der Todesnotiz Abrahams beschlossen (Gen 25,7.8). So wird von Abraham aus die folgende Generation weitergeführt.[232] Allerdings beträgt die Summe aller Söhne der Terachiden genau 35, was gerade mal die Hälfte der siebzig Völker in Gen 10 und der Enkel und Söhne Jakobs in Gen 46 und Ex 1[233] ist. Damit ist Abraham aber noch weit entfernt von der Verheißung „unzähliger Nachkommen". „Ganz Israel" ist eben noch nicht zum Vorschein gekommen, sondern durch Abraham nur einen Schritt weiter auf den Weg gebracht worden.

3.6 Zusammenfassung

Die Vertauschungserzählung um die drei Terachiden bestimmt den gesamten zweiten Toledot-Hauptteil (Gen 11,27-25,11). Die natürliche Geburtsreihenfolge Haran, Nahor und Abraham wird dabei überwunden und Abraham qualifiziert sich Schritt für Schritt als Erstling. Die Gesamterzählung bündelt dabei eine Vielzahl von Motiven, Themen, Erzählstoffen und Textgattungen, dennoch weist der Aufbau eine große thematische Geschlossenheit auf. Wie bei den Vertauschungserzählungen um Set und Sem sind genealogische wie narrative Texte ineinander verschränkt, doch ist der Aufbau der Vertauschungen hier weitaus komplexer. Die Komplexität liegt mithin daran, dass die Erzählungen um das Erstlingstum der Terachsöhne aufs engste verwoben sind mit den Geschichten um Ismael und Isaak, deren Auseinandersetzung um das Erstlingstum schon die nächste Generation betrifft.

Der Qualifizierungsprozess Abrahams dominiert den Hauptanteil der Toledot Terachs. Der Handlungsbogen entspannt sich zwischen Gen 12 und Gen 22. JHWH spricht als einzigen der Terachiden Abra-

---

230 Fast durchgängig wird dies allerdings als redaktioneller Zusatz gewertet, der einen Ausgleich schaffen soll zwischen den lediglich zwei Söhnen Abrahams und der Verheißung von unzählbarer Nachkommenschaft (Gen 12; 15); so etwa WESTERMANN, Genesis I/2, z. St.; GUNKEL, Genesis, z.St. und SPEISER, Genesis, z.St.
231 So auch BREUKELMAN, Bijbelse Theologie I/2, 187.
232 Die ähnelt in der Struktur dem Schema von Gen 5 und 11: Die Todesnotiz beschließt jeweils die Generation. Die neue Generation wird dann mit dem Erstling des Vaters weitergeführt.
233 Diese Beobachtung auch bei HIEKE, Genealogien, 128 und JACOB, Genesis, 118-119.

ham an (Gen 12,1-4) und befiehlt ihm den Auszug ins verheißene Land. Doch kommt diese göttliche Erwählung Abrahams erst in der Morija-Episode zu ihrem Ziel. Abraham qualifiziert sich erst dort endgültig, weil er in dieser Episode auf JHWH hört (Gen 22,18). Auf der narrativen Ebene wird so zwischen Erwählung und der Bestätigung derselben durch die Qualifizierung zum Erstling unterschieden.

Dieses Moment wird im Vergleich zu den vorhergehenden Erzählungen besonders betont. Immer wieder gefährdet Abraham durch eigene Fehlentscheidungen sein Erstlingstum. Lediglich JHWHs Eingreifen kann dies verhindern (vgl. vor allem die Erzählung der sog. „Gefährdung der Ahnfrau" Gen 12,10ff und 20,1ff). Der Erweis des Erstlingstums Abrahams ist eng verbunden mit der Land- und Nachkommenverheißung, die Abraham in Gen 12 zugesprochen werden. Abraham erweist sich als derjenige, in dem die Verheißungen Erfüllung finden: Die Landverheißung wird symbolisch in Gen 13f sowie durch den Erwerb des ersten Stück Landes in Kanaan Gen 23 erfüllt; die Nachkommenverheißung erfüllt sich in Gen 21,1-7, der Geburt Isaaks und in der Schilderung der letztlich tödlichen Bedrohung des einzigen Sohnes und seiner göttlichen Errettung in Gen 22,1-19. Ferner zeigt sich Abrahams Erstlingstum in solidarischem Verhalten seinem Bruder gegenüber: Er rettet seinen „Bruder" Lot[234] aus der Lebensgefahr (Gen 14) und steht für ihn auch bei der Katastrophe von Sodom vor JHWH ein (Gen 18/19).

Wesentliches Element der Qualifizierung ist also die Disqualifizierung seiner Brüder. Beide Prozesse sind dichter miteinander verknüpft als in den bisherigen Vertauschungserzählungen, wodurch die Konkurrenzsituation betont wird: So zieht Lot zusammen mit Abraham in das verheißene Land ein (Gen 12,4; 13,1.5). Als Sohn des verstorbenen Haran könnte er ebenso wie Abraham potentieller Erstling sein. Während Abraham sich aber als Erstling durch sein Hören auf JHWH qualifiziert (Gen 13.14), disqualifiziert sich parallel dazu Lot, indem er das verheißene Land gerade ablehnt (Gen 13,10f). Gen 18/19 bestätigt diese Disqualifizierung Lots nochmals. Abrahams zweiter Bruder Nahor scheint dagegen schon durch die symbolischen zwölf Nachkommen (Gen 22,20-24) im Segen JHWHs zu stehen, während Abraham noch um die wunderbare Geburt des *einen* Sohnes bangen muss. Allerdings war Nahor erst gar nicht in das Land Kanaan gezogen und kommt deshalb nicht als Erstling in Frage.

Nachdem in den vorangegangenen Kapiteln die Disqualifizierung der Brüder bei gleichzeitiger Qualifizierung Abrahams geschildert

---

234 Als „Bruder" wird Lot nur in diesem Kontext bezeichnet (vgl. Gen 13,8; 14,14.16).

wurde, schließt nun die Genealogie des Erstlings die Vertauschungserzählung ab (Gen 21,1-17; 25,1-6). Dies ist die letzte Bestätigung Abrahams als Stammvater der Erblinie und damit als Erstling, die nun über
Isaak weitergeführt wird.

4. Ismael und Isaak (Gen 15-22; 24; 25,12ff)

Im Blick auf das Vertauschungsmotiv tritt mit Ismael und Isaak zum
ersten Mal ein Bruderpaar in den Mittelpunkt der Erzählungen. Zuvor
waren mit Kain, Abel und Set sowie Ham, Japhet und Sem und Haran,
Nahor und Abraham gleich mehrere Brüder in Konkurrenz zueinander
getreten. Die Erzählung kann sich entsprechend ganz auf den Konflikt
und die Konkurrenz dieser beiden Brüder konzentrieren. Zwar ist Ismael der erstgeborene Sohn Abrahams (Gen 16,15f), doch wird letztlich
über Isaak die genealogische Linie weitergeführt. Ismaels Stammbaum
wird in Gen 25,12-18 lediglich summarisch genannt. Isaaks Toledot
hingegen eröffnen die folgende Erzählung um Esau und Jakob (Gen
25,19ff).

Die Vertauschung von Ismael mit Isaak wird hauptsächlich in Gen 15-
22 entfaltet, die wiederum Bestandteil der Abrahamerzählung sind.[235]
Die Geburten von Ismael und Isaak sind essentieller Bestandteil der
Qualifizierung Abrahams gegenüber seinen Brüdern Nahor und Ha-
ran/Lot. In der Einleitung zur Abrahamgeschichte (Gen 11,27-32) wurde bereits knapp, aber effektvoll Saras Kinderlosigkeit konstatiert: וָלָד
וַתְּהִי שָׂרַי עֲקָרָה אֵין לָהּ. Der zweigliedrige Vers betont gleich zweifach
den Makel Saras: Sie war unfruchtbar עֲקָרָה („unfruchtbar") und „sie
hatte kein Kind" (אֵין לָהּ וָלָד). Der Gebrauch der archaisierenden Form
וָלָד statt des üblichen יֶלֶד[236] für „Kind" zieht zusätzlich die Aufmerksamkeit des Lesers auf diese Stelle. Da direkt davor (V. 27-29) und danach (V. 31) die Nachkommen der übrigen Terachiden Nahor und Ha-
ran/Lot betont werden,[237] wiegt die Kinderlosigkeit Saras und
Abrahams besonders schwer. Die Kinderlosigkeit Abrahams stellt dessen Rolle als Erstling in Frage. Diese Problematik wird jedoch erst in
Gen 15 wieder aufgegriffen. Die immer noch bestehende Kinderlosigkeit Abrahams (Gen 15,2f) wird zum Problem und bestimmt die Dy-

---

235 S. dazu Teil B.3.2.1.
236 Die Form וָלָד ist singulär in MT.
237 S. Teil B.3.1.

namik der folgenden Handlungen in Gen 15-21.[238] Mit der Geburt Ismaels (Gen 16) scheint die Nachkommenverheißung gerade noch nicht erfüllt zu sein, erst die Geburt Isaaks (Gen 21,1-7) bringt die erhoffte Wende herbei.

Damit spielt sich der Bruderkonflikt von Ismael und Isaak gleichsam im Hintergrund der Erzählungen um Abrahams Verheißungsweg ab. Das literarische Verweissystem der beiden Vertauschungserzählungen aus zwei Generationen fällt entsprechend dicht aus. Der Vertauschungsprozess von Ismael und Isaak ist nur im Horizont von Abrahams Qualifizierung angemessen zu erfassen. Um allzu viele Dopplungen innerhalb dieser Untersuchung zu vermeiden, wird an den entsprechenden Stellen auf die Ergebnisse der literarischen Analyse der Abrahamerzählung verwiesen.

4.1 Qualifizierung Isaaks - Disqualifizierung Ismaels (Gen 15-21)

4.1.1 Die Geburt Ismaels (Gen 16,1-6.7-16)

Die Erzählung Gen 16,1-16 ist deutlich in zwei Teile gegliedert, V. 1-6 und V. 7-16. Der Einschnitt zwischen V. 6 und 7 wird sowohl durch den Wechsel der handelnden Personen (V. 1-6: Sara, Hagar, Abraham; V. 7ff: Hagar, der Bote, Ismael) als auch des Ortes (V. 1-6: Aufenthaltsort der Erzeltern[239]; V. 7ff: Quelle in der Wüste) markiert. Erst über die Geburt Ismaels in Gen 16,15f kehrt die Erzählung wieder an den Ausgangspunkt zurück. Auch der Erzählstil der beiden Teile ist unterschiedlich. In V. 1-6 halten sich Erzählung und direkte Rede die Waage. Jedoch sind die Verse 7-16 durch Reden und deren knappe Einleitung charakterisiert. Es fehlt jegliche Aktion. Das situative Gespräch zwischen dem Engel und Hagar beherrscht die Szene, die mit einem Ausblick auf die Zukunft schließt. Die Verse 15-16 haben „notizenhaften Stil"[240], korrespondieren in ihrer Form (Beschreibung von Handlungen) aber damit der inhaltlichen Rückbindung der Geschichte an den Ausgangspunkt (V. 1-6). Beide Teile haben je einen Spannungsbogen für sich, überlappen sich jedoch teilweise, da die Flucht der schwangeren Hagar, die als Lösung des ersten Teils dient, bereits den zweiten vorbe-

---

238 S. dazu Teil B.3.2.2.

239 Die Erzählung wird nicht näher lokalisiert. Der letzte Aufenthaltsort wird in Gen 13,18 berichtet und ist wie in Gen 18,1 Mamre.

240 I. FISCHER, Erzeltern, 271.

reitet. So entsteht ein Spannungsbogen, der von der in V. 1 konstatier-
ten Kinderlosigkeit bis zur Geburt Ismaels (V. 15f) läuft.[241]

Verse 1-6: Der Ausgangspunkt der Erzählung ist Saras Kinderlosigkeit
(Gen 16,1). V. 1 ist eine in knappem Stil gehaltene Exposition, die alle
handelnden Personen und bereits die potentiellen Konfliktfelder vorstellt. Der Vers beginnt mit der gezielt invertiert an den Anfang der
Geschichte gesetzten Nennung Saras. Sie ist die Hauptperson des ersten Teils der Erzählung. Innerhalb der Textwelt, in der dies geschieht,
ist die Kinderlosigkeit einer verheirateten Frau eine der großen, beherr-
schenden Nöte.[242] Rettung aus dieser Not könnte nur die Geburt eines
Kindes sein.

Das Ausbleiben der Nachkommen für Abraham stellt außerdem
dessen Status als Erstling gänzlich in Frage. Es ist dabei zu beachten,
dass die Not der Kinderlosigkeit hier vom Standpunkt der Frau aus
gesehen ist (anders die konstatierte Kinderlosigkeit Abrahams in Gen
15,2.3). Entsprechend geht es bei der Notlösung auch primär um die
Linderung der Not der Frau: Das von Sara vorgeschlagene Vorhaben
soll ihr eine Familie schaffen. Dadurch erklärt sich, dass beide in der
Erzählung vorkommenden Frauen die eigentlichen Hauptakteure dieser Episode sind: Sara ist die Hauptfigur in Gen 16,1-6, Hagar die
Hauptperson in Gen 16,7-15. Im Gegensatz zu den vorherigen Kapiteln
bleibt Abraham vollkommen im Hintergrund. Er führt lediglich die
ihm angetragenen Handlungen aus.

Dies zeigt auch, dass für die Gesamterzählung der einleitende V. 1
notwendig ist. In Kapitel 15 beklagt Abraham, in Kapitel 16 Sara als
Hauptakteurin der folgenden Ereignisse die Kinderlosigkeit. Die tradi-
tionelle Pentateuchkritik scheidet V. 1a (neben V.3.15-16) als priesterlichen Anteil an der (jahwistischen) Grunderzählung aus; so die meisten
Publikationen.[243] Die genannten Autoren stimmen in der Abgrenzung
der P-Stücke überein, nehmen aber teilweise einen komplizierten Entstehungsprozess für Gen 16 an. Als Begründung der Ausgrenzung von
V. 1a wird angeführt, dass von der Kinderlosigkeit Saras bereits in Gen
11,30 berichtet wird und damit der Gesamterzählung (J zugeordnet)

---

241 Die Einheitlichkeit von Gen 16 kann ALEXANDER, The Hagar Traditions, 131-148
     aufzeigen. Auch Gen 21 sieht er als Einheit an; vgl. ebenso DEURLOO, Hagar en Is-
     mael, 9-15.

242 Zum soziokulturellen Lebenszusammenhang der Frauen vgl. vor allem I. FISCHER,
     Erzeltern, 73-116 (bes. 89f: „Unfruchtbarkeit").

243 Vgl. etwa EISSFELDT, Hexateuch-Synopse, 24f; GUNKEL, Genesis, 184; SKINNER, Gene-
     sis, 285; NOTH, Pentateuch, 17.118; VON RAD, Genesis, 147f; ZIMMERLI, 1. Mose 12-25,
     60; WESTERMANN, Genesis I/2, 281; KILIAN, Abrahamüberlieferungen, 95; LOHFINK,
     Priesterschrift, 198.

auch keine Exposition fehle, der der J-Erzählfaden die für das Verständnis der Geschichte wesentliche Notiz über die Unfruchtbarkeit
Saras bereits in Gen 11 liefere. Dass mit dem Wegfall von V. 1a allerdings der Erzählung die Exposition genommen wird, ist nicht zu bestreiten[244] und wohl als schwerwiegendes Gegenargument anzuführen.
Dass V. 1 als ganzer Exposition ist, der die Problemlage der Erzählung
darstellt, ist durch seine sprachliche Gestalt schwer zu bestreiten. Da in
V. 1 alle handelnden Personen genannt und die Konfliktfelder der
kommenden zumindest angedeutet werden, kann V. 1 nicht nur als
Einleitung des ersten Teils der Erzählung, sondern ebenso als Einleitung des zweiten Teils der Handlung angesehen werden.[245]

Zum ersten Mal innerhalb der Abrahamerzählung greift nun Sara aktiv
in das Geschehen ein. Da trotz der Erneuerung der Nachkommenverheißung in Gen 15,18 (vgl. V. 4) die Geburt des verheißenen
Sohnes ausbleibt, greift Sara zur Selbsthilfe mit dem Mittel der Leihmutterschaft (Gen 16,2-6). Die Initiative zur Leihmutterschaft geht von
Sara aus (V. 2b):

$$\text{אוּלַי אִבָּנֶה מִמֶּנָּה}$$

Vielleicht werde ich aus ihr (scl. Hagar) erbaut werden.

Der Vers spielt mit den ähnlich klingenden Worten בנה/„bauen" und
בֵּן/„Sohn" und ist ein sprechender Ausdruck für die Not, in der sich
Sara befindet. Das Leben einer Frau scheint nur dann ganzheitlich zu
sein (so wie ein Gebäude oder eine Stadt etwas ganzheitliches ist),
wenn sie Glied einer Familie ist, in der sie dem Mann Kinder schenkt.
Die Notlösung Saras wird so für den Leser nachvollziehbar. Hagar, die
ägyptische Magd Saras (Gen 16,1), soll an ihrer Stelle einen legitimen
Nachkommen Abrahams zur Welt bringen. Abraham hört auf Sara,
indem er ihrem Rat Folge leistet (Gen 16,2). Sara wird allerdings eifer-
süchtig, als Hagar tatsächlich schwanger wird (V. 5). Die Beschwerde
Saras (V. 5), der Abraham nachgibt (V. 6a), führt dazu, dass Sara selbst
die Mutter „ihres Kindes" vertreibt (V. 6b). Gerade durch Saras Handeln war Hagar zu ihrer direkten Konkurrentin geworden. Dabei geben
die beiden Verbalsätze in V. 3 einen deutlich ironischen Kommentar
auf die Missgunst Saras gegenüber Hagar:

---

244 Zur Kritik dazu vgl. etwa I. FISCHER, Erzeltern, 259-261; VAN SETERS, Abraham, 193;
      KNAUF, Ismael, 25; BLUM, Vätergeschichte, 315f.
245 Zur sprachlichen Gestalt der Exposition vgl. neben dem oben Beschriebenen noch I.
      FISCHER, Erzeltern, 272f.

„Da nahm Sarai, Abrams Frau (שָׂרַי אֵשֶׁת־אַבְרָם), ihre Magd, die Ägypterin
Hagar, nachdem Abram zehn Jahre im Land Kanaan gewohnt hatte, und
gab sie Abram, ihrem Mann, ihm zur Frau (לְאִשָּׁה). (Gen 16,3)"

Die meisten Übersetzungen geben das zweite אִשָּׁה zu Unrecht mit
„Konkubine" bzw. „Nebenfrau" wieder. Denn das Substantiv, das hier
verwendet wird, ist gerade nicht פִּילֶגֶשׁ („Nebenfrau", vgl. Gen 25,6),
sondern dasselbe, das im ersten Versteil auch zur Charakterisierung
Saras verwendet wird. Wenn Hagar Abraham „zur Frau" (und nicht
etwa Nebenfrau) gegeben wird, konstituiert das rechtlich ein Ehever-
hältnis.[246] V. 3b hat ein offensichtliches Interesse daran, den Nachkommen Hagars als legitimen Sohn Abrahams darzustellen.

Diese Sichtweise wird im Laufe der Erzählung allerdings vorerst
nicht eingeholt und erst mit der Geburt Ismaels in V. 15f wieder aufgegriffen. Dem entspricht auch die für den Erzählverlauf auffällige Bezeichnung Hagars mit Namen, Herkunft und sozialer Stellung (V. 3a).
Hagar ist ja bereits vorgestellt (Gen 16,1), die Angaben sind also bekannt. Sie sind allerdings dann sinnvoll, „wenn V. 3 den Abschluss
einer rechtgültigen Ehe anzeigen will."[247] Die terminologische Gleichung „Sarai, Abrams Frau" und „Hagar, die Abram zur Frau gegeben
wird" hebt gerade die Gleichrangigkeit beider Frauen hervor. Jedoch
wird Saras ambivalente Sicht auf Hagar ebenfalls in den Vers mit eingetragen: Einerseits ist Hagar legitime Ehefrau Abrahams geworden.
Andererseits insistiert der Vers auf der Bezeichnung Hagars als שִׁפְחָה,
was wohl Saras Sicht widerspiegelt. Auch der Engel greift den Terminus שִׁפְחָה wieder auf (V. 8) und lässt damit Hagars Status (und damit
auch den rechtlichen Status von Ismael) bis V. 15f im Ungewissen.

Verse 7-16: V. 7 leitet die folgende Episode Gen 16,7-14 ein, die Hagar
zur Hauptfigur hat. Hier begegnet Hagar in der Wüste ein Bote Gottes,
der ihr einen Sohn verheißt. Saras Versuch, durch eine Nebenfrau Kinder zu bekommen (V. 2), ist gescheitert. So kann die Erzählung mit der
Flucht Hagars nicht enden. Sie kommt erst zum Ziel durch die Worte
des Boten Gottes an Hagar. Die Geburtsankündigung rückt die bevorstehende Geburt Ismaels in ein günstiges Licht:

„Und der Engel JHWHs sprach zu ihr:

---

246 Das hebt besonders Irmtraud Fischer zutreffend hervor (vgl. ihre Ausführungen
   zu Gen 16,3: I. Fischer, Erzeltern, 261-263). Dass die Formulierung einen Rechtsakt
   widerspielgelt, wird ferner von Berg nachdrücklich betont (Berg, Der Sündenfall
   Abrahams, 7-14). Dass dadurch aber „die Dienerin der Sarai zur Nebenfrau Abrams"
   werde (S. 9) ist jedoch nicht aus dem Text zu entnehmen, sondern eine eigene Deutung. Der Text verwendet wohl bewusst den Terminus אִשָּׁה und nicht פִּילֶגֶשׁ.
247 Fischer, Erzeltern, 262.

Siehe, du bist schwanger und wirst einen Sohn gebären; dem sollst du den Namen Ismael (יִשְׁמָעֵאל) geben, denn JHWH hat gehört (כִּי-שָׁמַע יְהוָה) auf dein Elend." (Gen 16,11).

Die Etymologie des Namens Ismael ist evident.[248] Gerade Hagar – und nicht Sara – bekommt den lange ersehnten Nachkommen verheißen. Die positive Einstellung JHWHs gegenüber Hagar wird noch durch eine Mehrungsverheißung an Hagar unterstrichen, die der Abrahams gleicht (Gen 16,10; vgl. Gen 17,20): Auch Ismaels Nachkommen werden unzählbar sein. Die indirekte Kritik an Saras Missgunst ist deutlich.

Zum ersten Mal innerhalb der Abrahamerzählung kommt in Gen 16,11 das Wort בֵּן/„Sohn" vor. Lexikalisch findet sich בֵּן innerhalb von Gen 12-15 nur dreimal ohne Bezug auf die Nachkommenverheißung: In Gen 12,4 ist בֶּן Teil der Altersangabe (בֶּן-חָמֵשׁ שָׁנִים וְשִׁבְעִים שָׁנָה) Abrahams. In Gen 12,5 und 14,12f dient בֶּן der Beschreibung der Verwandtschaftsverhältnisse zwischen Abraham und Lot: לוֹט בֶּן-אָחִיו. Im Rahmen der Nachkommenverheißung begegnet בֶּן zweimal: In Gen 15,2.3 dient die Erwähnung des בֶּן-מֶשֶׁק בֵּיתִי (V. 2) bzw. des בֶּן-בֵּיתִי (V. 3) der Betonung gerade des Ausbleibens des konkreten Nachkommens für Abraham. Dies lenkt die Aufmerksamkeit in Gen 16,7ff ganz auf Ismael. In ihm könnte sich die Nachkommenverheißung in Form der Geburt eines Sohnes konkretisieren. Aus V. 3 erschließt sich zumindest, dass Hagar, als legitime Ehefrau Abrahams, auch einen legitimen, d.h. erbfähigen Nachfolger zur Welt bringen konnte. Ob Ismael tatsächlich der *eine, verheißene* Sohn Abrahams sein wird, in dem sich die Verheißung an Abraham erfüllt, bleibt hier noch offen und erzeugt ein entsprechendes Spannungspotential.

4.1.2 Gen 17,1-21,7: Ankündigung und Geburt Isaaks

Nachdem der selbstständige Versuch Saras und Abrahams zur Überwindung der Kinderlosigkeit nicht zum gewünschten Erfolg geführt hat, setzt die Erzählung in Gen 17 neu ein. Der Fehltritt Abrahams und Saras wird durch die erneute Nachkommenverheißung in Gen 17 durch JHWH enttarnt. Die Verse 3b-8 sind von der Mehrungsverheißung bestimmt, die Verse 15-21 von der konkreten Sohnesverheißung. Demgegenüber tritt die Landverheißung (V. 8) stark zurück. Dies fällt gerade im Kontrast zu Gen 15 auf. In V. 3b-8 ergeht die Verheißung an Abraham, in V. 15-21 ist auch Sara in die Verheißung mit einbezogen. Der erneute Bundesschluss in Gen 17 kündigt an, dass im Folgenden nun tatsächlich die Erfüllung der Nachkommenverheißung bevorsteht.

---

248 Vgl. auch Gen 17,20.

Auch die zweite Ankündigung der Geburt Isaaks geschieht durch
JHWH persönlich (Gen 18,1-15). Der persönliche Umgang Abrahams
mit JHWH (vgl. noch Gen 2/3) deutet an dieser Stelle bereits die besondere Rolle seines Sohnes Isaak an. Was in Gen 17,16f allerdings *über*
Sara gesagt wurde, wird nun in Gen 18,12-14 *zu* ihr gesagt (V. 15). Dies
deutet eine Steigerung der Geburtsankündigung gegenüber der erste-
ren an.

Die Erzählung streicht hierbei besonders die vorbildliche Gastfreundschaft Abrahams heraus (gerade im Kontrast zu Lot in Gen
19[249]). Die Verbindung des Themas der Gastfreundschaft mit Ankündigung der Geburt eines Kindes findet sich nicht nur in der Bibel. So
kennt auch die griechische Antike die Geschichte von der freundlichen
Aufnahme dreier Fremder, die in Wirklichkeit die Götter Zeus, Posei-
don und Hermes sind, durch Hyreius, einen kinderlos gebliebenen
Mann. Dem Gastgeber wird dann zur Belohnung der lang ersehnte
Sohn geboren.[250] Auch in Gen 18 ist in gewisser Weise der verheißene
Sohn als Lohn für die erwiesene Gastfreundschaft anzusehen, jedoch
nicht so, dass erst durch Abrahams Gastfreundschaft sich JWHH beein-
flussen ließe, seine Verheißung zu erfüllen, sondern dass Abraham sich
gerade dafür öffnet, die Verheißungsgabe von JHWH zu empfangen.[251]

Das Spannungspotential des vorherigen Kapitels wird hier zunächst teilweise gelöst. Es handelt sich in Ismael anscheinend noch
nicht um den erwarteten Sohn Abrahams. Die Nachkommenverheißung an Ismael wird zwar nochmals aufgegriffen (Gen 17,20),
doch will JHWH ausdrücklich nur mit Isaak seinen Bund schließen
(Gen 17,21). Der Leser wird praktisch wieder auf die Ausgangssituation
in Gen 15 zurückgeworfen. Auch die Geburt Ismaels konnte die Lage
Abrahams nicht ändern.

Ankündigung und Vorbereitung der Geburt des lange ersehnten Sohnes bilden das inhaltliche Zentrum nicht nur von Gen 17, sondern des
gesamten narrativen Zusammenhangs Gen 17,1-21,7. Isaak wird in Gen
17,19 zum ersten Mal erwähnt. Seine Geburt wird jedoch erst in Gen
21,1-7 berichtet. Der Handlungsbogen erstreckt sich vom Befehl der
Namensgebung (Gen 17,19) bis zu seiner Ausführung (Gen 21,3) bzw.
vom Befehl zur Beschneidung am achten Tag (Gen 17,12) und seiner
Durchführung (Gen 21,4). Über mehrere Etappen wird die Geburt vorbereitet. Dabei spitzt sich die Frage nach der Wahrscheinlichkeit der

---

249 Vgl. dazu den ausführlichen Vergleich beider Perikopen in Teil B.3.4.1.
250 Vgl. OVID, Fasti 5,494ff.
251 Vgl. im Gegensatz dazu Abrahams ungläubiges Lachen in Gen 17,17.

Erfüllung dieser Verheißung immer weiter zu.[252] In Gen 20 steht noch einmal die gesamte Verheißung auf dem Spiel, denn Abraham gibt Sara als seine Schwester aus. Der Machthaber von Gerar könnte entsprechend zum Vater des verheißenen Sohnes werden.[253] Dieser Tiefpunkt der Abrahamerzählung bereitet die Geburt Isaaks in Gen 21,1-7 vor. Das „ganze Haus Abimelech" muss erst unfruchtbar werden (Gen 20,17f), damit der eine Sohn für Abraham geboren werden kann.

Die angekündigte Geburt des einen Sohnes ist von so großer Bedeutsamkeit, dass innerhalb der gesamten Teilerzählung Gen 17,1-21,7 der Name Ismael nach dem Bundesschluss in Gen 17 in der gesamten Erzählung nicht mehr vorkommt. Selbst in der Erzählung um die tödliche Bedrohung von Hagar und Ismael in der Wüste (Gen 21,8-21) wird auf Ismael nur als „dem Sohn" (בֵּן, V. 10 [2x].11.13), „dem Kind" (יֶלֶד, V. 14.15.16) bzw. „dem Jungen" (נַעַר, V. 12.17.18.19.20) verwiesen. Hingegen ist über ein Wortspiel mit der Verbalwurzel des Namens „Isaak" (יִצְחָק) der ersehnte Nachkomme Isaak innerhalb der gesamten Teilerzählung immer präsent. Die bevorstehende Geburt Isaaks wird so in verschiedene Richtungen ausgedeutet: Auf die Ankündigung der Geburt Isaaks reagieren sowohl Abraham (Gen 17,17) als auch Sara (Gen 18,12f.15) jeweils wegen ihres hohen Alters mit einem ungläubigen Lachen. Dieses Lachen wird nach der Geburt zu einem freudigen Ausruf Saras (יִצְחַק־לִי, Gen 21,6). Allerdings ist dieses letzte צחק wegen der Kombination mit der Präposition לְ mit Suffix der 1. pers. sg. durchaus mehrdeutig: Jeder, der von der Geburt hört soll mit bzw. um Sara lachen: צָחֹק עָשָׂה לִי אֱלֹהִים (V. 6). Abhängig von der Deutung des לִי („für", „zu"; „mit" oder „über") kann das Lachen entweder als triumphierende Freude Saras gedeutet werden oder als Gelächter über Saras Geburt in so hohem Alter.[254] Die mehrdeutige Wortkombination fängt die Komplexität und die Ambivalenz der gesamten Teilerzählung noch einmal abschließend ein.

Die Geburt Isaaks (Gen 21,1-7) wird in großer Analogie zu derjenigen Ismaels geschildert (Gen 16,15-16):[255]

---

252 Die Etappen der Geburt des einen Sohnes werden in Teil B.3.2.2 beschrieben.

253 Zu Gen 20 s. Teil B.3.3.2.

254 Es ist auffallend, dass in poetischen Texten צָחַק oft mit der Wurzel לעג parallelisiert wird, die „lächerlich machen, auslachen" bedeutet. Normalerweise wird לעג immer mit der Präposition לְ konstruiert (wie צָחַק in Gen 21,6).

255 S. dazu auch den Vergleich beider Text bei HIEKE, Genealogien, 130. Zur Detailanalyse der Geburtserzählung s. Teil B.3.2.2.

Gen 16,15: Hagar gebar Abram einen Sohn

Gen 21,2: Sara wurde schwanger und gebar dem Abraham einen Sohn in seinem Alter, zu der bestimmten Zeit, die Gott ihm gesagt hatte.

und Abram gab seinem Sohn,

Gen 21,3: Und Abraham gab seinem Sohn,

den Hagar geboren hatte,

der ihm geboren worden war, den Sara ihm geboren hatte,

den Namen Ismael.

den Namen Isaak.

Gen 16,16: Und Abram war 86 Jahre alt, als Hagar dem Abram Ismael gebar.

Gen 21,5: Abraham aber war hundert Jahre alt, als ihm sein Sohn Isaak geboren wurde.

Bei derartigen formalen Entsprechungen sind die Abweichungen von besonderem Gewicht. Bei Isaak wird Abrahams hohes Alter betont sowie der von Gott angekündigte Zeitpunkt. JHWH hält also sein Wort. Das hohe Alter Abrahams unterstreicht dabei das wundersame Eingreifen JHWHs. Nicht die Eigeninitiative der Eltern (Gen 16,1-6) kann den verheißenen Nachkommen hervorbringen, sondern nur JHWHs wunderbares Eingreifen. Gen 21,4 betont eigens, dass Abraham seinen Sohn am achten Tag beschneiden lässt. Zwar wird auch in Gen 17,23.25.26 gleich dreifach betont, dass Ismael beschnitten wurde, doch erst bei Isaak wird die Beschneidung *rite* durchgeführt, d.h. den Vorschriften von Gen 17,12 entsprechend am *achten* Tag. Die literarische Gegenüberstellung der beiden Geburtsgeschichten unterstreicht so nochmals, was in den Erzählungen bereits deutlich wurde: Ismael ist nicht der verheißene Sohn und damit auch nicht der Erstling Abrahams. Isaak tritt an dessen Stelle.

In diesem Kontext ist zudem die Erwähnung, dass Abraham im Alter von 100 Jahren den verheißenen Nachkommen geboren bekommt (V. 5), auffällig. Der Zahl scheint hier eine besondere Bedeutung zuzukommen, denn immerhin spielen die Zahlenangaben gerade in der Abrahamgeschichte eine große Rolle. Sie werden bei Abraham an bestimmenden Wendepunkten in Abrahams Leben vermeldet[256] und finden sich bei keinem anderen Erzvater in einer derartigen Dichte. Gerade die Zahl „100" spielt in Abrahams Leben nun eine entscheidende Rolle: Zunächst ermöglicht die Nennung des Lebensalters an diesem Punkt eine Vergleichbarkeit mit Sem, der – wie Abraham ein Sohn, der sich erst als Erstling erweisen musste –im Alter von 100 Jahren seinen ersten eigenen Sohn zeugt (vgl. Gen 11,10). Ferner kommt Abraham mit 75 Jahren ins Land Kanaan (Gen 12,4) und stirbt im Land mit 175 Jahren (Gen 25,7-9), was seinen Aufenthalt im Land selbst auf 100 Jahre summiert. Zudem spielt der gesamte Mittelteil der Abrahamerzählung um die Geburt Isaaks (Gen 17-21) im 100. Lebensjahr. Die Zahl 100 markiert somit die Mitte seines Lebens, nämlich die Geburt seines (vorerst) einzigen Sohnes Isaak.

4.1.3 Bestätigung Isaaks als Erstling (Gen 21,8-21)

Direkt nach der entscheidenden Erzählung von der Geburt Isaaks wird die Trennung von dessen Bruder Ismael berichtet (Gen 21,8-21). Diese Trennung von Ismael schließt den Qualifizierungsprozess Isaaks als Erstling zunächst ab.

Als legitimer Erbe Abrahams bedeutet Ismael immer noch eine potentielle Störung der Nachkommenverheißung, die sich gerade in Isaak erfüllen soll. In Gen 15,5 scheint in Abrahams Nachkommenschaft auch Ismael mit eingeschlossen. In Gen 15,4 scheint Ismael als leiblicher Sohn nicht ausgeschlossen. Letztlich wird in Gen 17,12.23.25.26 gleich vierfach betont, dass Ismael als Zeichen des Bundes beschnitten und somit zum Bundesgenossen des ebenfalls beschnittenen Isaak (Gen 21,4) wird. Die Erzählungen um Ismael zeigen, dass er ein echter Abrahamsohn ist, der als solcher Gottes Segen sowie Verheißungen über zahlreiche Nachkommen erhält: zweimal gegenüber seiner Mutter, bei ihrer Flucht vor Sara (Gen 16,10-12) und bei ihrer Rettung nach der Verstoßung (Gen 21,18); und zweimal zum Trost auch gegenüber dem Vater, nämlich bei der ersten Ankündigung der Geburt Isaaks (Gen 17,20; vgl. Gen 25,12-18) und bei der Aufforderung, Ismael mit Hagar wegzuschicken (Gen 21,13).

Die Teilerzählung Gen 17,1-21,7 hatte die Konkurrenz beider Brüder vorerst in den Hintergrund treten lassen. Ismael wird dort nicht mehr erwähnt. Erst in Gen 21,8-21 wird die Problematik der Konkurrenz von Ismael und Isaak wieder mit eingespielt. Nach einer knappen

---

256 Eine übersichtliche Auflistung bei PIRSON, Genesis, 11f und bei FOKKELMAN, Time and Structure in the Abraham Cycle, 96-109.

Einleitung (V. 8)[257] bringt die Fortführung in V. 9 das Kernproblem auf den Punkt:

וַתֵּרֶא שָׂרָה אֶת־בֶּן־הָגָר הַמִּצְרִית אֲשֶׁר־יָלְדָה לְאַבְרָהָם מְצַחֵק

Und Sara sah den Sohn der Ägypterin Hagar, den diese dem Abraham geboren hatte, „scherzen".

Der Handlungseinsatz V. 9a ist bezeichnend: וַתֵּרֶא שָׂרָה/„Und Sara sah". Wie in Gen 16,1-6 ist es wieder Sara (und nicht Abraham), die die Handlung dominiert. Die Dichte des Erzählens wird dadurch ermöglicht, dass nur diese Handlung, das „Werfen des Blickes" erzählt wird. Vom Leser wird erwartet, dass er selber mitdenkend erkennt, was dieser Blick bedeutet. Die Richtung des Blickes ist beschrieben in den beiden gegensätzlichen Bestimmungen der Mutter des Kindes: „Hagar, die Ägypterin" – „den sie Abraham geboren hatte", aus denen der Konflikt erwächst. Der Konflikt wird über die namensgebende Verbalwurzel צחק weiter ausgedeutet. Das מְצַחֵק (צחק/Pi.) wird an dieser Stelle zumeist mit „spielen", „scherzen"[258] und „vergnüglich spielen"[259] übersetzt. Die LXX ergänzt etwa: Sara sah Ismael „mit ihrem Sohn spielen" (ἰδοῦσα δὲ Σαρρα τὸν υἱὸν […] παίζοντα μετὰ Ισαακ τοῦ υἱοῦ αὐτῆς).[260] Jenni bemerkt zur Verwendung von צחק/Pi: „In allen […] Fällen handelt es sich um eine fröhliche Tätigkeit, die aus verschiedenen, abwechslungsreichen, aufeinanderfolgenden Einzelaktionen besteht […]"[261] So wäre das מְצַחֵק mit Irmtraud Fischer zu deuten als

„fröhliche Anteilnahme des Hagarsohnes am Fest der Entwöhnung, die Sara nicht ertragen kann. Ismaels familiäre Integration in den Kindertagen

---

257 V. 8 stellt eine harmonische Überleitung von der Geburtsnotiz dar. Die Zuordnung von V. 8 zur vorangehenden bzw. zur nachfolgenden Erzählung stellt ein Problem dar (s. die Problemskizze bei I. FISCHER, Erzeltern, 299f). V. 8 ist nicht notwendigerweise als Abschluss der Geburtsnotiz zu sehen, sondern bildet eher die situative Einleitung zur folgenden Erzählung. Voraussetzung für einen solchen direkten Erzähleinstieg ist allerdings, dass die Personen der Handlung bereits bekannt sind, also auch die Geburt Isaaks bereits erzählt ist; zuweilen wird nämlich V. 8 aus entstehungsgeschichtlichen Überlegungen zu Gen 21,1-7 gerechnet. Die Erzählung (Gen 21,8.9ff) habe „keinen Anfang", auf Personen der Handlung wird verwiesen, ohne sie vorzustellen. KNAUF, Ismael, 17 schließt daraus, dass Gen 21 deswegen keine selbständige Erzählvariante gewesen sein kann, sondern eine Fortschreibung zu Gen 21,1-7 sein muss.
258 Vgl. etwa STEINS, Die Bindung Isaaks, 151; I. FISCHER, Erzeltern, 308f.
259 I. FISCHER, Erzeltern, 308f.
260 Als Variante auch innerhalb der Vulg.-Tradition.
261 JENNI, Das hebräische Pi'el, 156; vgl. noch die Auflistung der Belege JENNI, Das hebräische Pi'el, 155.

wird gemeinsames Erbe nach sich ziehen, das sieht und erkennt Sara beim Anblick der scherzenden Knaben!"[262]

Allerdings ist מְצַחֵק als fröhliches Spiel der Kinder im Gesamten der Belege nicht gerade häufig.[263] Es scheint auf dem Hintergrund der Konkurrenzsituation zwischen Isaak und Ismael vielmehr eine andere, vielleicht wesentlichere Konnotation mitzuschwingen. Hierzu sind zwei Vorüberlegungen nötig:

(1) Obwohl das צחק hier nicht wie in Gen 17,17; 18,12f.15 und 21,6 im Qal, sondern im Piel erscheint, lässt sich entgegen der üblichen Meinung keine strenge semantische Differenzierung zwischen den beiden Wortstämmen belegen.[264] In V. 9 wird wie in allen Fällen zuvor eine Ausdeutung des Namens „Isaak" geleistet. Die besondere Pointe in V. 9 liegt allerdings gerade darauf, dass Ismael diesmal das Subjekt der Handlung ist.[265]

(2) Die Wurzel צחק kann auch mit sexueller Konnotation gebraucht werden. In Gen 39,14.17 verleumdet die Frau des Potifar Joseph, er sei ihr sexuell nahe getreten (beide Mal לְצַחֶק [צחק/Pi]).[266] In Gen 26,8 wird in direkter Verbindung zu Isaak ebenfalls eine sexuelle Handlung beschrieben: „Isaak koste mit Rebekka" (יִצְחָק מְצַחֵק).

Überträgt man diese Beobachtungen auf Gen 21,9, bekommt das „Scherzen" Ismaels eine bedrohliche Note: Ismael führt in Gen 21,9 sexuell konnotierte Handlungen aus. Nach Gen 17,25 ist Ismael in Gen 21 mindestens 13 Jahre alt und in geschlechtsfähigem Alter. Ismael konnte potentielle Erben zeugen, die Isaak in seiner Rolle als potentiellen Erstling bedrohen könnten. Denn letztlich soll über den Erstling die Genealogie des Vaters weitergeführt werden. Ismael ist das Subjekt der mit Isaak verbundenen Verbalwurzel. Ismael stand folglich nach Mei-

---

262 I. FISCHER, Erzeltern, 309.

263 Vgl. zu dieser Verwendung KEEL, Die Weisheit spielt vor Gott, 24.

264 So mit ALTER, The Five Books of Moses, 103; gegen beispielsweise WESTERMANN, Genesis I/2, 414.

265 WESTERMANN begründet mit demselben Argument gerade eine gegenteilige Auffassung: „Daß mit dem Verb מְצַחֵק auf den Namen Isaak angespielt sei, ist nicht anzunehmen, weil Ismael das Subjekt des Verbs ist." (WESTERMANN, Genesis I/2, 414). Doch beachtet WESTERMANN die Konfliktsituation zwischen Isaak und Ismael nicht, die gerade in Gen 21,8ff wieder aufgegriffen wird.

266 Vgl. ebenso Ex 32,6. Zum erotischen Aspekt, wo immer Erwachsene als Subjekt von צחק angegeben werden vgl. KEEL, Die Weisheit spielt vor Gott, 45.

nung Saras im Verdacht, die Rolle Isaaks einzunehmen.[267] Es ist gerade
kein „friedliches Bild, auf das Saras Blick fällt"[268], sondern Sara ist um
das Erbrecht ihres eigenen Sohnes Isaak besorgt. Der Sohn einer Magd
soll nicht mit Saras Sohn Erbe werden (V. 10).

Um der Bedrohung vorzubeugen, soll Abraham seinen ersten Sohn
vertreiben (V.10), was dieser auch unverzüglich tut (V. 14). Zwischen
beiden Handlungen liegt die Rede JHWHs, die Saras Entscheidung
unterstützt (Gen 21,11f) und damit die Ablösung Ismaels bestätigt.
Zwar werden Ismael wieder Nachkommen verheißen (Gen 21,13; vgl.
Gen 17,6; vgl. auch Gen 17,20: Ismaels 12 Fürsten). Allerdings geschieht
dies jetzt in Abgrenzung zum Erstling Isaak, denn der Bund wird ausdrücklich mit Isaak und nicht mit Ismael geschlossen (Gen 17,21). Erst
nach der Wegsendung Ismaels ist der Qualifizierungsprozess Isaaks
abgeschlossen. Durch Hagars Vertreibung wird deutlich, dass Ismael
ein eigenes Volk bilden wird, die Ismaeliter.[269] Isaak hat damit die Position Ismaels als Erstling übernommen. Ismael kann die eigentliche
Erblinie nicht mehr stören. Isaak bleibt im verheißenen Land. Ismael,
als Sohn einer Ägypterin, wohnt nicht im Lande Kanaan, sondern im
Negev, südlich davon.

4.1.4 Ismael-Erzählungen (Gen 16; 21,8-21) als Rahmung der Isaak-Erzählungen

Beim Durchgang durch die Vertauschungserzählung von Ismael und
Isaak fällt auf, dass die Erzählungen um Hagar und Ismael (Gen 16;
21,8-21) die eigentliche Erzählung von Ankündigung und Geburt
Isaaks (Gen 17,1-21,7) zu rahmen scheinen: Die Vorhersage von Ismaels
künftiger Größe ergeht zweimal an Hagar (Gen 16,7-16; 21,8-21); und
dem freiwilligen Weggang Hagars (Gen 16) korrespondiert der erzwungene (Gen 21,8-21). In Gen 21,8-21 wie schon in Gen 16,1-16 ist
Sara die treibende Kraft für Hagars Trennung von den Erzeltern. Hier

---

267 Die Deutung von צחק/Pi mit sexueller Konnotation wird meist abgelehnt (vgl. etwa I.
     FISCHER, Erzeltern, 308f [dort mit weiterführender Literatur zum Problem]). Dies ge-
     schieht dann zu Recht, wenn mit der sexuellen Handlung in Gen 21,9 irgendwie ein
     sexueller Übergriff Ismaels auf Isaak impliziert wird (so. z.B. JACOB, Genesis, 512
     oder SCHWANTES, Kind, 170). Die in der obigen Argumentation vorgenommene Deu-
     tung grenzt sich allerdings gegen solche Deutungsversuche ab. Eine solche Deutung
     lässt sich weder aus dem Text noch durch den Terminus צחק belegen. Die oben fest-
     gestellte sexuelle Konnotation bezieht sich lediglich auf die Möglichkeit sexueller
     Handlungen Ismaels, um sich als Erbfolger Abrahams und Stammhalter der
     Abrahamlinie zu erweisen.

268 WESTERMANN, Genesis I/2, 414.

269 Vgl. Gen 25,13; vgl. auch Ps 83,7; 1 Chr 2,17; 27,30; Gen 37,25ff; 39,1; Ri 8,24.

wie dort leitet eine Rede Saras an Abraham das Geschehen ein. In Gen 16 stellt sie vorerst ihr Anliegen dar (V.2), woraus sie die Anweisung an Abraham ableitet. Nach dem Verlust ihres Ansehens als Herrin bei der schwangeren Magd wendet sie sich abermals an ihren Mann, wobei die Folge dieses Gesprächs zur Flucht führt. In Gen 21,10 setzt ihre Rede unmittelbar mit einem Imperativ ein. Die Rede Saras in Gen 21 ähnelt von der Funktion innerhalb der Erzählung her dann auch nicht nur der von Gen 16,2, sondern mehr noch der von Gen 16,5, in der sie ihren Mann dazu veranlassen will, gegen ihre Magd vorzugehen. In beiden Texten wird Abraham zudem lediglich eine marginale Rolle zuge-schrieben. Er führt jeweils die ihm aufgetragenen Handlungen aus. Hingegen stehen in besonderer Weise die Frauen im Vordergrund der Erzählung. Allerdings ist in Gen 21 Ismael schon geboren, wohingegen in Gen 16 Hagar lediglich mit Ismael schwanger ist. Darum setzen die Texte teils unterschiedliche Akzente: Im Mittelpunkt von Gen 21 steht der Konflikt um das Erbe, nicht wie in Gen 16 die Rivalität der beiden Frauen. Es wird nicht der Status Hagars problematisiert (eine ägypti-sche Sklavin; vgl. vor allem Gen 16,2.3.4), sondern der ihres Sohnes. Deutlich korrespondieren die Erzählungen einander, wenn sie auch nicht völlig identisch sind.

Diese Dopplung wird zumeist auf die Existenz zweier unterschied-licher Überlieferungen über Hagars Begegnung mit dem Engel in der Wüste erklärt, die beide in die Endfassung des Textes eingebaut wur-den.[270] Selbst wenn das stimmt, kann man annehmen, dass der bibli-sche Erzähler die Vielzahl der Verheißungen, von denen er leicht einige hätte weglassen können, bewusst beibehielt, um Ismaels unverschulde-te Zurücksetzung auszugleichen. Was in der alttestamentlichen For-schung üblicherweise als „Dublette" bezeichnet wird,[271] kann so Kon-zept einer planvollen Komposition sein. Entsprechend beobachtet Coats zutreffend: „The crisis in the narrative, introduced in Genesis 16, is rejoined in 21:8-13, a continuation of the counterpart rather than a doublet."[272] *Innerhalb* dieser Inklusion kommt Ismael hingegen über-haupt nicht vor. Gen 17,1-21,7 verschweigt den Namen des Konkurren-ten Isaaks vollkommen.

Der Dopplung der Hagar-Ismael-Erzählung korrespondiert eine Reihe von „Dopplungen" innerhalb des Spannungsbogens von Gen 15-22. Diese verleihen der Erzählung ihre Struktur und lassen auf eine

---

270 Eine Darstellung der Problematik bei I. FISCHER, Erzeltern, 332f.357.360.
271 Vgl. WESTERMANN, Genesis I/2, 413f.
272 COATS, Genesis with an Introduction, 13. Ebenso DEURLOO, The Way of Abraham, 107-109.

planvolle Anlage der Hagar-Ismael-Erzählungen schließen. Dazu zählen z.B. die größeren und kleineren Motive wie die „Sterne" (Gen 15,2; 22,17), der „Bund" (Gen 15,18; 17,2ff), das „Hören" auf die Stimme von Sara (Gen 16,3; 21,12), das „Lachen" (Gen 17,17; 18,12; 21,6f), das Motiv der Gastfreundschaft/-feindschaft (Gen 18/19) und das von Gott als Richter über den Gerechten (Gen 18,16ff; 20,4). Die Rahmung unterstreicht die Nebenrolle Ismaels und betont umgekehrt das inhaltliche Zentrum der Erzählung und damit die Sonderstellung Isaaks.

4.2 Bestätigung Isaaks als Erstling

4.2.1 Gen 22,1-19

Trotz der narrativ abgeschlossenen Qualifizierung Isaaks steht in Gen 22,1-19 noch einmal Isaaks Rolle als Erstling auf dem Spiel. Zwar erschließt sich die sog. „Opferung Isaaks" ganz im Dienste der Qualifizierung Abrahams, doch konturieren einige besondere Züge der Erzählung die hervorgehobene Rolle Isaaks gegenüber seinem Bruder. Nur diese Aspekte sollen hier betrachtet werden. Für die Analyse von Gen 22,1-19 im Kontext der Abrahamerzählung sei auf das entsprechende Kapitel in Teil B.3 verwiesen.

Die Parallelen zwischen Gen 22,1-19 und der Ismael-Erzählung Gen 21,8-21 sind unverkennbar: So gerät jeweils der Ahn eines späteren Volkes (Isaak, Ismael) aufgrund eines Gotteswortes in Todesgefahr. Auf dem Höhepunkt spricht Gott bzw. sein Bote, und er lässt jeweils sehen, was Rettung bringt. In der Forschung sind schon immer die „beachtlichen Parallelen"[273] aufgefallen. Eindrucksvolle Listen der ausdrucksformalen und inhaltlichen Parallelen zwischen Gen 21 und Gen 22,1-19 haben I. Fischer sowie Steins zusammengestellt.[274] Fokkelman hat zusätzlich darauf aufmerksam gemacht, dass der Lücke in der erzählten Zeit zwischen Gen 16,16 und 17,1 (dreizehn Jahre) die Lücke zwischen Gen 21 und 22 (vgl. Gen 21,34: *viele Tage, viele Jahre*") korrespondiert. Demnach wäre Isaak in Gen 22,3 ungefähr 13 Jahre alt. Der „Sohn der Verheißung" hätte dann im selben Alter geopfert werden

---

273 I. Fischer, Opferung, 26.

274 Vgl. I. Fischer, Opferung, 26-31 und Steins, Die Bindung Isaaks, 147-163 (bes. 153-163; in Ergänzung zu I. Fischer). So gerät jeweils der Ahn eines späteren Volkes (Isaak, Ismael) aufgrund eines Gotteswortes in Todesgefahr. Auf dem Höhepunkt spricht Gott bzw. sein Bote, und er lässt jeweils sehen, was Rettung bringt.

sollen, in dem sein Konkurrent Ismael die Beschneidung empfangen hatte und als Sohn und Erbfolger anerkannt wurde (Gen 17,23).[275]

Die parallele Charakterisierung der beiden Brüder erhält einen expliziten Kontrast durch die dreimalige Qualifizierung Isaaks als יָחִיד/„einziger" in der Rahmung der Erzählung (Gen 22,2.12.16). Der Ausdruck hält nochmals den *status quo* fest, der nach der Trennung zwischen Ismael und Isaak erreicht war: Isaak ist in Gen 22 weder der „geliebte Sohn"[276], noch „der einzige, d.h. der einzig verbliebene"[277], noch der „spezielle Sohn"[278]. Vielmehr ist er im Vollsinn des hebräischen Wortes der „einzige Sohn".[279] Isaak löst Ismael in seiner Funktion als Erstling ab. Nach der Vertreibung Ismaels gibt es keinen anderen Erstling als Isaak. JHWH selbst bezeichnet Isaak als Abrahams einzigen Sohn (Gen 22,2) und bestätigt damit die vollzogene Ersetzung Ismaels durch Isaak (wie zuvor in Gen 21,12).

Darüber hinaus hat das Bestehen der Prüfung durch Abraham eine direkte Auswirkung auf die Deutung und Qualifizierung Isaaks, denn das abschließende Gotteswort an Abraham in Gen 22,16-18 bestätigt Isaak als legitimen Nachfolger Abrahams, der ausdrücklicher Mit-Adressat der erneuten Mehrungsverheißung an Abraham ist.

4.2.2 Genealogische Weiterführungen (Gen 24; 25)

Den Abschluss der Vertauschungserzählung bildet die endgültige Legitimierung der Position Isaaks. Nach dem Tod und dem Begräbnis Saras

---

275　Vgl. FOKKELMAN, Time and Structure in the Abraham Cycle, 96-109.

276　Vgl. LXX; zu dieser üblichen Übersetzung von יָחִיד GESENIUS, Hebräisches und aramäisches Wörterbuch, 459 s.v..

277　STEINS, Die Bindung Isaaks, 147.

278　KUNDERT, Opferung 1, 25-34.

279　Zum Problem der Übersetzung von יָחִיד in Gen 22,2 vgl. auch KUNDERT, Opferung 1, 25-34 und WALTERS, Wood, 303: „The Hebrew *yahid* means 'only' and by extension 'favourite'. [...] Reasons for preferring 'only' include: (a) *yahid* clearly means 'only' in other passages such as Ju 11,34, and JPS translates it so using 'favourite' only at Zc 12,10 where the parallel line has 'first-born'; (b) Isaac was the only son of Abraham and Sara, and the only one through whom the promise was to be fulfilled – Ishmael was specifically set aside (17,18-21), God's command is a test precisely because it seems to contradict the promise which rests in Isaac; (c) Since biblical law reckoned the first-born from the mother's side (Ex 13,2), a man could have two first-born sons; to speak as if a man had to *yahid* sons would be similar; (d) a well known Midrash on this verse has Abraham say to God, 'But each son is the only one of his mother', showing that later traditions understood *yahid* as 'only'; (e) while it is correct that the Septuagint translates *agapetos* 'beloved', both Aquila and Symmachus render with words meaning 'only'."

in Gen 23 wird für Isaak, den neuen Ahnherrn, die passende Ehefrau und zukünftige Ahnfrau Israels gesucht (Gen 24). Wie bei seinem Vater ist der Bestand der Familie durch die Unfruchtbarkeit Rebekkas zunächst gefährdet, das Problem wird aber (im Erzählverlauf) rasch gelöst (Gen 25,21).[280] Die genealogische Linie kann über Isaak auch tatsächlich fortgesetzt werden. Der natürliche Erstgeborene Ismael und die weiteren Abraham-Söhne werden abgefunden und aus der eigentlichen Erbfolge ausgeschieden (vgl. Gen 25,1-6). Ihre Nachkommen werden nicht weiter verfolgt, während die Isaak-Linie weitergeführt wird. Am Ende der Abrahamerzählung segnet JHWH letztlich Isaak (Gen 25,11), den Ahnherrn der zukünftigen Generation. Da Isaak und Ismael gemeinsam ihren verstorbenen Vater begraben (Gen 25,9), „entsteht die offene Frage, wie es mit den beiden weitergeht."[281] Die Vertauschungserzählungen werden abgeschlossen durch einen genealogischen Vergleich zwischen Ismael und Isaak, die diese offene Frage endgültig klären.

Toledot Ismaels (Gen 25,12-18): In den Toledot Ismaels wird dieser als Sohn Abrahams vorgestellt. Der Relativsatz אֲשֶׁר יָלְדָה הָגָר הַמִּצְרִית שִׁפְחַת שָׂרָה לְאַבְרָהָם (V. 12b) charakterisiert ihn näherhin als einen für Abraham geborenen Sohn der Ägypterin Hagar, der Magd Saras. Hagar wird hier wieder in ihrem Abhängigkeitsverhältnis zu ihrer Herrin genannt. Dadurch entsteht ein Bezug zu Gen 16, der auch in V. 18 durch die Angabe des Siedlungsgebietes Richtung Ägypten und durch die Paraphrasierung des Botenspruches für Ismael (עַל־פְּנֵי כָל־אֶחָיו; Gen 16,12; 25, 18) wieder aufgegriffen wird.[282] Beide Frauen bestimmen entsprechend Ismaels Herkunft. Dies spiegelt den Qualifizierungs- bzw. den Disqualifizierungsprozess Ismaels: Aufgrund der Handlungen und teils Fehlentscheidungen seiner Eltern wurde er seines Status als natürlicher Erstgeborener enthoben.[283] Die Toledot Ismaels nennen summarisch die Nachkommen Ismaels (Gen 25,12-18). Außerhalb des Buches Genesis wird Ismael lediglich in der Genealogie des chronistischen Geschichtswerkes (1 Chr 1,28f) nochmals aufgenommen. Hagar findet keine weitere Erwähnung mehr.

---

280 S. dazu Hieke, Genealogien, 295.
281 HIEKE, Genealogien 248.
282 So auch die Beobachtung bei I. FISCHER, Erzeltern, 43.
283 Der Einwand, dass die Angabe der Mutter im Stammbaum bei polygynen Ehen üblich sei, greift hier nicht. Innerhalb des Toledot-Systems findet sich (außer in den Esau-Toledot Gen 36) kein Vermerk über die Mutter (vgl. I. FISCHER, Erzeltern, 43-45). Die Nennung bleibt entsprechend eine Besonderheit, deren Deutung es aus dem literarischen Kontext heraus zu klären gilt.

Toledot Isaaks (Gen 25,19-35,29): Die Toledot Isaaks beginnen in Gen 25,19 und eröffnen eine gesamte Erzählung. Über Isaak wird damit die väterliche Linie weitergeführt. Erst die Todesnotiz Isaaks in Gen 35,27-29 beschließt die Isaak-Toledot und leitet über zum vierten und letzten Toledot-Hauptteil der Genesis (Gen 36-50). Gen 25,20 spielt die Braut-werbungserzählung in Gen 24 wieder mit ein, und die in diesem Zusammenhang beschriebenen verwandtschaftlichen Verhältnisse verweisen auf die Genealogie Nahors in Gen 22,20-24 (vgl. noch Gen 24,15). V. 20 streicht heraus, dass Isaak endogam heiratet, was in der Genesis mehrfach bevorzugt wird.[284] Diese positive Auszeichnung Isaaks wirkt in besonderer Weise, da im Gegensatz dazu bei Ismael betont wurde, dass dessen „ägyptische" Mutter (Gen 25,12; vgl. Gen 16.17.21) ihm eine „ägyptische" Frau besorgt (Gen 21,21). Von Ismael wird zwar noch *vor* Isaak berichtet, dass er zwölf Söhne zeugte (Gen 25,12-18; vgl. Gen 17,20), doch wird er auch hier von Isaak übertroffen: In den Toledot Isaak kommen zum ersten Mal der Name „Israel" (Gen 32,29) sowie das Volk „Israel", repräsentiert in seinen zwölf Stämmen (Gen 35,22b-26), explizit vor.[285] Der Zielpunkt des Toledot-Buches wird entsprechend gerade mit Isaak erreicht.[286]

Eine Besonderheit in Bezug auf Isaak ist noch zu betonen: Isaak gehört keiner Genealogie im engeren Sinne an, weil er in keiner Liste oder Aufzählung im Buch Genesis erwähnt wird. Eine genealogische Einbindung erfolgt lediglich über die genealogische Erzählung Gen 21,1-7.[287] Dennoch bildet Isaak ein wichtiges Glied innerhalb des Toledot-Systems, weshalb in einer nachgestellten Erläuterung seiner Toledot (Gen 25,19a) die genealogische Einordnung über die Formulierung אַבְרָהָם הוֹלִיד אֶת־יִצְחָק/„Abraham zeugte Isaak" nachgeholt wird (Gen 25,19b). Diese Formulierung ist bemerkenswert, da ein solcher Rückblick im Zusammenhang der Toledot-Formel einzigartig ist.[288] Norma-

---

284 So auch HIEKE, Genealogien, 159.

285 Diese Beobachtung bei DEURLOO, Onze lieve vrouwe, 61.

286 Zum Aufbau und zur Intention des Toledot-Buches vgl. Teil A.4.2.

287 S. dazu HIEKE, Genealogien, 339f.

288 Vgl. CROSS, Priestly Work, 304: „To have Isaac's birth mentioned in his own genealogy is quite without parallel." CROSS vermutet daher, dass die Zeugungsnotiz die Glosse eines Schreibers sei, der die Überschrift einer Abraham-Toledot vermisst hat und mit diesem Zusatz nachtragen wollte. TENGSTRÖM, Toledot, 35-39 greift diese Anregung auf, betrachtet die Notiz jedoch nicht als Glosse, sondern als gezielten Ersatz der Abraham-Toledot (TENGSTRÖM, Toledot, 36). Wichtig an beiden Thesen ist die Beobachtung, dass beide Abrahamsöhne in ihren Toledot als Abrahamsöhne ausgewiesen werden, wodurch ein für das Toledot-Schema irregulärer Rückgriff auf die vorhergehende Generation erfolgt. Dass dies ausgerechnet in jener Generation der Fall ist, bei der eine Toledot des Vaters fehlt (vgl. Gen 11,27: Toledot Terachs!;

lerweise wenden die Toledot den Blick nach vorne, zu den Nachkommen, und nicht zum Vater.[289] Doch macht die erweiterte Beschreibung
Isaaks im Kontext Sinn: Über das הוֹלִיד erfolgt ein formaler Anklang an
die entsprechenden Formulierungen in Gen 5,1ff sowie in Gen 11,11ff
(וַיּוֹלֶד/Hif mask.) – insbesondere in Gen 11,27 (הוֹלִיד).[290] Hierüber wird
Isaak in die genealogische Linie eingebunden. Die Zeugungsnotiz in
der Isaak-Toledot hat jedoch ihre Entsprechung in der Geburtsnotiz der
Toledot Ismaels. Der Erstling Isaak wird durch den Vater definiert, die
Seitenlinie Ismaels über die Mutter.

4.2.3 Letztgültige Bestätigung: Isaak als Segensmittler (Gen 26,1-33)

Eine Art „Nachtrag" erfährt die Isaak-Figur innerhalb der Jakob-Esau-
Erzählung. Dort wird in auffälliger Ausführlichkeit noch einmal von
Jakobs und Esaus Vater Isaak erzählt (Gen 26,1-33).[291] Im Erzählfokus
steht Isaaks Nachfolge in die an Abraham ergangenen Verheißungen
mit ihrer Zusage von Gottes Beistand und Segen. Dies erklärt, warum
einige zentrale Themen der Abrahamgeschichte hier miteingespielt
werden.[292] Gen 26 weist nun eine klare, chiastische Konstruktion auf:[293]

Abraham bekommt keine eigene Toledot), dürfte wohl kein Zufall sein. Allerdings
muss dies nicht, wie bei CROSS, TENGSTRÖM u.a., zwingend entstehungsgeschichtlich
erklärt werden. Im Kontext des Qualifizierungsprozesses Abrahams machen beide
Rückverweise Sinn: Zu Beginn der Toledot Terachs kann Abrahams Toledot nicht
genannt werden, denn es ist noch nicht sicher, welcher der drei Terachiden zum
Erstling wird. Vom Ende her gesehen wird Abraham durch die Genealogien seiner
Söhne als Erstling bestätigt. Abraham demonstriert damit, dass über ihn (und nicht
über Haran/Lot oder Nahor) die eigentliche genealogische Linie weitergeführt wird.

289 Vgl. dazu Teil A.4.2; ebenso I. FISCHER, Erzeltern, 43f.

290 Das Perfekt Hif 3. pers. mask. (הוֹלִיד) taucht im Buch Genesis nur in Gen 11,27 und
     25,19 auf (so die wichtige Beobachtung HIEKES, vgl. dazu HIEKE, Genealogien, 129).

291 Zur speziellen Funktion von Gen 26 innerhalb der Jakob-Esau-Erzählung ausführli-
     cher in Teil B.5.2.

292 So zieht Isaak trotz Hungersnot (Gen 26,1; vgl. Gen 12,10) auf göttlichen Befehl
     ausdrücklich *nicht* nach Ägypten (Gen 26,2-3), was einen direkten kritischen Kom-
     mentar auf Abrahams verhängnisvollen „Abstieg" in Gen 12,10-20 darstellt. Ferner
     erinnert das „Wohne in dem Land das ich dir sage."/ שְׁכֹן בָּאָרֶץ אֲשֶׁר אֹמַר אֵלֶיךָ (Gen
     26,2) an Gen 22,2: עַל אַחַד הֶהָרִים אֲשֶׁר אֹמַר אֵלֶיךָ/„auf einem Berg, den ich dir sage." Für
     eine ausführliche Besprechung dieser und weiterer Elemente, die aus der Abraham-
     Erzählung in die Isaak-Erzählung mit einfließen s. DEURLOO, Genesis-Kommentar,
     132-135.

293 Die Gliederung der Erzählung folgt dem Vorschlag DEURLOOS; vgl. dazu die Aus-
     führungen bei DEURLOO, Genesis-Kommentar, 133-135. In der Forschung wird
     grundsätzlich die „geschlossene, klar als solche erkennbare Konzeption" (WESTER-
     MANN, Genesis I/2, 515) gelobt. Der Bericht sei „eine außerordentlich dicht kompo-

A Hungersnot (im Landesinneren) (26, 1a)
  B Isaak zieht zu Abimelech nach Gerar (26,1b)
    C Isaak bleibt nach einem Gotteswort in Gerar (26,2-6)
      D Etymologie des Namens Isaak (26,7-8)
        E Ärger über Isaaks Verhalten (26,9-11)
          F Gottes Segen für Isaak (26,12-14)
        E' Neid und Ausweisung Isaaks (26,14b-16)
      D' Isaak gibt den Brunnen Namen (26,17-22)
    C' Isaak wohnt in Beerscheba und erhält ein Gotteswort (26,23-25)
  B' Abimelech zieht aus Gerar zu Isaak (26,26-31)
A' Wasser gefunden (auch im Landesinneren) (26,32)

Inhaltliches Zentrum der Erzählung ist der göttliche Segen (Gen 26,12-14), der Isaak als Segensträger qualifiziert. Auch die beiden rahmenden Gottesworte V.2-6 und V.23-25 weisen Isaak als Erstling Abrahams aus, in dem die Segensverheißungen an den Vater bestätigt werden können.[294] Die narrative Entwicklung hat offenbar Isaaks Aufstieg vom גֵּר/„Fremdling" in גְּרָר/„Gerar" (Gen 26,1.3) zum gleichberechtigten Partner eines Königs in Beerscheba (V. 26-31) zum Ziele. Der Statusänderung korrespondiert, dass zu Beginn Isaak nach Gerar zu Abimelech zieht (V. 1b), wohingegen am Ende Abimelech aus Gerar zu Isaak kommt (V.26-31). Die Statusänderung wird in der Episode über das Ausheben der verschiedenen Wasserbrunnen (Gen 26,12-33) bekräftigt, indem der Bundeschluss zwischen Abraham und Abimelech in Gen 21,22-34 wieder aufgenommen wird. Gegenüber Isaak wird durch Abimelech Abrahams Schwur (שֶׁבַע) am „Schwurbrunnen" (בְּאֵר שֶׁבַע)[295] bekräftigt (Gen 26,28.29). Den Eid, der am Brunnen geschworen wird, wiederholt Gen 22,16 und 24,8. Während in der vergleichbaren Beer-scheba-Episode der Abrahamerzählung allerdings betont wird, dass Abraham ein Fremder im Land der Philister blieb (Gen 21,34), ist Isaak in Beerscheba nun gerade zum anerkannten Bündnispartner „im Landesinneren" (V. 32) geworden.

---

nierte Erzähleinheit" (BLUM, Vätergeschichte, 302); ähnlich SOGGIN, Genesis, 347; s. auch TASCHNER, Verheißung und Erfüllung, 199: „dicht komponierte Erzähleinheit." Gegen NOTH, Pentateuch, 114, der von einer „kompendienartigen" Zusammenstellung von unabhängig voneinander existierenden Isaküberlieferungen spricht. VON RAD, Genesis, 216 vergleicht in dessen Gefolge Gen 26 mit einem Mosaik (s. bereits GUNKEL, Genesis, 299).
294 Vgl. besonders Gen 26,24.
295 Vgl. vor allem Gen 21,31.

Aus diesem Grund bleibt nun auch Isaak – und nicht Abraham – der Altarbau in Beerscheba überlassen. Abraham rief dort zwar den Namen JHWHs an (Gen 21,33), baute aber letztlich keinen Altar, wohl deshalb, weil er sich noch als Fremder im Lande aufhielt.[296] Dies darf erst Isaak tun (vgl. Gen 26,25). Dieser Altarbau korrespondiert hinsichtlich der Symbolik dem „Angeldcharakter" der Landnahme beim Kauf der Höhle von Machpela (Gen 23) im Falle Abrahams. Analog zur Abrahamgeschichte hat der Altar eine Indexfunktion und steht für die Präsenz Gottes im verheißenen Land.[297]

Als Erstling erfüllt sich damit in Isaak symbolisch die Landverheißung und überwindet so – zumindest in symbolischem Sinne – seinen Status als Fremdling[298]: Es ist Gottes Land, auf dem Isaak sich nach dem Altarbau nun befindet. Der *Sohn* ist damit im verheißenen *Land* (die beiden zentralen Themen der Abrahamerzählung) als der „*Gesegnete* JHWHs" (בְּרוּךְ יְהוָה; Gen 26,29).[299] Die Erzählungen akzentuieren damit Isaak als tatsächlichen *Verheißungs-* und *Segensträger* und bestätigen somit sein Erstlingstum.

4.3 Zur Erzählstruktur der Vertauschungserzählung

Die Vertauschungserzählung von Isaak und Ismael ist durch einige Besonderheiten geprägt, die den Vertauschungsprozess in besonderer Weise charakterisieren und konturieren. Durch die Fokussierung auf lediglich zwei Brüder wird in narratologischer Hinsicht die Möglichkeit geboten, die Konkurrenten direkt miteinander zu konfrontieren und miteinander zu vergleichen. Dieser direkte *Vergleich* der beiden Hauptakteure steht darum auch im Vordergrund der Erzählungen.

Obwohl Abrahams Nachkommen in Isaak einen Namen bekommen (Gen 21,12) und JHWH seinen Bund nur mit Isaak schließen will (Gen 17,21), scheint Ismael kein geringerer Sohn Abrahams zu sein.[300] Im Gegensatz zu den bisherigen disqualifizierten Erstgeborenen (be-

---

296 DEURLOO spricht in Gen 21 von der „preparation of Isaac's location, Beerscheba." (DEURLOO, The Way of Abraham, 102-107; Zitat 102).

297 Zu dieser Deutung der Altarbauten vgl. besonders Teil B.3.2.1.

298 Vorsichtiger ausgedrückt könnte man auch von einer „Steigerung" hinsichtlich der Zugehörigkeit zum Land sprechen. Denn immerhin sieht sich später Jakob auch nur als „Fremdling" an. In jedem Fall aber ist eine Steigerung gegenüber dem Fremdenstatus Abrahams in der vergleichbaren Situation zu vermerken.

299 Vgl. auch Gen 25,11: וַיְבָרֶךְ אֱלֹהִים אֶת־יִצְחָק.

300 Zu diesem Aspekt s. dazu vor allem die Arbeiten von NAUMANN: Ismael - Abrahams verlorener Sohn, 70-89 und DERS., Streit um Erbe und Verheißung?, 107-123.

sonders deutlich bei Kain, Ham und Lot) werden Ismael und Isaak besonders nah aneinander gerückt. Kein anderes Bruderpaar wird einander so ähnlich geschildert wie Ismael und Isaak. Wie Abrahams Nachkommen so sind auch die von Hagar und Ismael unzählbar (Gen 16,9f; vgl. Gen 15,5.29). Hagars Sohn soll zu einer großen Nation werden (Gen 21,18) wie Isaak (Gen 21,3; Gen 12,2; 17,20; 18,18). Nach Kapitel 17 ist Ismael selbst der Prototyp des beschnittenen Proselyten. Gleich dreimal wird betont, dass sich Ismael durch Abraham als Reaktion auf die Bundesbedingungen in Gen 17,12 beschneiden lässt (V. 23.25.26). Auch die Geburtsschilderungen beider Brüder ähneln einander stark (Gen 16,15-16; 21,1-7). Darüber hinaus ist der Brunnen Lahai Roi (לַחַי רֹאִי) ein geographischer Punkt, der Ismael (Gen 16,14) und Isaak (Gen 24,62; 25,11) miteinander verbindet. Lachai Roi begegnet nur an diesen Stellen im TeNaK. Beide Söhne sind mit dem Leben bedroht (vgl. Gen 21,8ff; Gen 22,1-19); beide beerdigen zusammen ihren Vater (Gen 25,7.11). Fox spricht in Bezug auf Ismael sogar vom „same exalted status as his brother."[301]

Auch die ägyptische Abstammung Hagars ist wohl nicht nur „pure Zufälligkeit", sondern Bestandteil der Typisierung Ismaels. Das heben insbesondere Martin Buber und Karel Deurloo hervor.[302] In unmittelbarem Kontext wurde über Abrahams „Mini"-Exodus bereits die Ägypten- und Exodus-Thematik mit eingespielt (vgl. Gen 12,10-13,1), was dem Leser ermöglicht, bei der Charakterisierung Hagars als ägyptische Magd (Gen 16,1) diese Sinnebene mitzulesen. Die Unterdrückung (ענה), die Hagar von Sara widerfährt, erscheint im Kontext der Abrahamerzählung viermal: Gen 15,13; 16,6.9.11.[303] Hagar und Ismael werden aus ihrem Land vertrieben (Gen 21,10: גרש/pi), fliehen und durchwandern die Wüste (Gen 21,14-21). Dort trifft und benennt Hagar JHWH in der Wüste (Gen 16,7-12). Dies entspricht der Motivik im Buch Exodus. Mose und Aaron fordern vom Pharao, dass er sie in die Wüste wegsendet (Ex 5,1ff). Daraufhin wird das gesamte Volk vertrieben (גרש/pi: Ex 6,1; 11,1; 12,39). Die Benennung und Offenbarung Gottes geschieht in Ex 3/4 bzw. 6. Das Schicksal Hagars und Ismaels wird damit dem Schicksal von Abrahams Volk in Ägypten parallelisiert. Dieser literarische Verweis lässt umgekehrt Abraham und Sara in einem schlechten Licht erscheinen, da diese faktisch die Rolle von „Ägypten" in der Exoduserzählung einnehmen. Durch die Parallelisierung von Isaak und

---

301 Fox, In the Beginning, 79.
302 Vgl. Buber/Rosenzweig, Die Schrift und ihre Verdeutschung, 232 und Deurloo, Hagar en Ismael, 11 (mit weiterführenden Literaturhinweisen).
303 Es wird dann erst wieder in Gen 29 gebraucht.

Ismael wird in narratologischer Hinsicht ein Spannungsbogen erzeugt, der bis zum Ende hin letztlich offen lässt, welcher der beiden Brüder sich als Erstling qualifiziert. Erst in der Rückschau ist eine Beurteilung des Vertauschungsprozesses letztlich endgültig zu bestimmen.

> Dass der natürliche, aber disqualifizierte Erstgeborene Ismael eine relativ geringe Abwertung erfährt, hält sich noch bis in die rabbinische Zeit durch. Carol Bakhos konnte in einer lehrreichen Studie deutlich zeigen, dass selbst in rabbinischer Zeit kein allzu negatives Bild von Ismael bei den Rabbinen zu verzeichnen ist.[304] Bakhos untersucht die Bedeutung der Figur des Ismael in der rabbinischen Literatur, namentlich in der tannaitischen und amoräischen Periode, sowie in späteren Midraschim. Zum einen ist interessant, dass in der tannaitischen wie amoräischen Periode die Nachkommen Ismaels selten als Araber bezeichnet werden. Zum anderen kann Bakhos belegen – wenn dies auch auf den ersten Blick nicht allzu überraschend erscheint –, dass das Bild Ismaels vor der islamischen Expansion neutral, positiv und selten negativ gezeichnet werden konnte und erst danach Ismael deutlich negativer dargestellt wird. So habe Ismael – nach den späteren jüdischen Traditionen – Unzucht und Götzendienst getrieben, weshalb er von Sara mit Hagar weggeschickt wurde (GenR 53,7). Diese „Verwilderung" führt der Midrasch auf Abraham selbst zurück, weil dieser Ismael zu sehr geliebt und ihn nicht genügend gezüchtigt habe (ExR 1,1). Hagar wird als Tochter des Pharao identifiziert, die dieser Sara als Magd gab, nachdem er die Wunder Gottes gesehen hatte (GenR 45,1). Hagar wird manchmal auch mit Ketura, der Frau, die Abraham nach dem Tode Saras geheiratet hat, identifiziert (GenR 61,4).

Die parallelen Darstellungen der beiden Brüder lenken darüber hinaus den Blick auf die eigentlichen Aktanten der Erzählung: Die literarische Ausarbeitung der Qualifizierung Isaaks sowie der Disqualifizierung Ismaels tritt in der Vertauschungserzählung deutlich in den Hintergrund. Es fällt auf, dass weder Isaak noch Ismael sich durch *eigenständige Handlungen* in die Vertauschung einbringen. Demgegenüber sind es im Wesentlichen die Handlungen der Eltern Abraham, Sara und Hagar, die über die Stellung ihrer Söhne innerhalb der Familie entscheiden. Im Falle von Ismael geschieht die Disqualifizierung vor allem über die Abkunft der Mutter (Ägypterin) und die Geburt aus der nicht von Gott gebilligten Eigeninitiative Saras (Gen 16,1-6). Im Gegenzug erweist sich Isaak nicht selbst als Erstling, sondern wird dazu durch ein auf göttliche Intervention zurückgehendes Handeln Abrahams (vgl. Gen 22,18[305]). Deutlich erkennbar wird die Vertauschung Isaaks und

---

304 Ishmael on the Border. Rabbinic Portrayals of the First Arab, Albany 2006.
305 Dazu Teil B.3.2.3.

Ismaels aus der Perspektive der Eltern erzählt. Diese Besonderheit ist darin begründet, dass die Vertauschung von Isaak und Ismael als Nebenthema der eigentlichen Haupterzählung um Abraham, Nahor und Haran dient.[306]

4.4 Zusammenfassung

Die Vertauschung von Ismael und Isaak ist integrierender Bestandteil der Qualifizierungserzählung des Erstling Abrahams und nur in diesem Kontext zutreffend zu deuten. Ismael ist der erstgeborene Sohn Abrahams (Gen 16,15f), doch wird er von Abrahams zweitem Sohn Isaak in seiner Funktion als Erstling abgelöst. Die Disqualifizierung Ismaels in Gen 16-17 und Gen 21,8-21 bildet die thematische Klammer, die das eigentliche Thema, die Erwählung und wunderbare Geburt Isaaks, ein- und ausleiten (Gen 17,1-21,7). Die Ismael-Erzählungen rahmen die Erzählung des eigentlichen Erstlings und lenken den Fokus des Lesers auf die Geburt des lange erwarteten Abrahamsohnes Isaak, dessen Geburt im Verlauf von Gen 15-21 zunehmend unwahrscheinlicher zu werden scheint. Die eigentliche Vertauschung wird in Gen 21,8-21 abgeschlossen mit der Vertreibung des legitimen Erbfolgers Ismael in den Negev. Letztlich markiert die über Isaak weiterführende Toledot-Linie (Gen 25,19ff) diesen als Erstling. Seine Toledot führen bis zu „Israel" hinab (Gen 32/35) und demonstrieren so, dass sich in Isaak als Erstling der Segen Gottes weiter fortsetzt.

5. Esau und Jakob (Gen 25,12-36,43)

Tod und Begräbnis Abrahams beschließen den zweite Toledot-Hauptteil (Gen 11,27-25,11) und leiten in den dritten Hauptteil über, der mit der Nennung der Toledot Ismaels (Gen 25,12) sowie der Toledot Isaaks (Gen 25,19) eröffnet.

Im Zentrum stehen die beiden Brüder Esau und Jakob, die durch ihre Bezeichnung als „Zwillinge" (תּוֹמִם; Gen 25,24) besonders dicht aneinander gerückt werden. Die geburtliche Nähe der Brüder zueinander lässt die Frage der Geburtsreihenfolge noch dringlicher erscheinen.[307] Gleich zu Beginn der Jakob-Esau-Erzählung wird der Konflikt

---

306 Vgl. dazu noch Teil C.1.5.

307 Dazu zutreffend HIEKE: „Zwillingsbrüder repräsentieren die engste denkbare Blutsverwandtschaft. Wenn nun Jakob und Esau für die Völker Israel und Edom (Gen 36)

zwischen Ismael und Isaak über deren Genealogie in die Gesamterzäh-
lung mit eingespielt, was den Leser auf die Thematik der kommenden
Erzählungen vorbereitet. Ismael wird in seiner Toledot Gen 25,12-18
nochmals vorgestellt als „Sohn Abrahams" und näherhin als „Sohn der
Ägypterin Hagar, der Magd Saras." Hagar wird hier wieder in ihrem
Abhängigkeitsverhältnis zu ihrer Herrin genannt. Dies verweist auf
den Disqualifizierungsprozess Ismaels: Aufgrund der Handlungen und
Fehlentscheidungen seiner Eltern wurde er seines Status als natürlicher
Erstgeborener enthoben.

Jedoch erfüllen sich gerade auch in den Toledot Ismaels in besonderer Weise die Verheißungen Gottes.[308] Ismael bekommt zwölf Söhne,
die zu großen Völkern werden. Die Ankündigung der zwölf Fürsten
(Gen 17,20) wird demnach in Gen 25,16 wortwörtlich erfüllt. Im Blick
auf die folgenden Erzählungen dient sie als Lesehinweis: Wenn Gott
seine Verheißung schon für die Nebenlinie erfüllt, wie sehr erst wird er
sie für die Hauptlinie erfüllen.[309]

Schlussendlich wird nicht über den natürlichen Erstgeborenen Esau
(Gen 25,25) die genealogische Linie weiter geführt, sondern über seinen
jüngeren Zwillingsbruder Jakob. Erst die erneute Toledot-Formel in
Gen 36,1 beschließt die Toledot Isaaks, die damit Gen 25,12-35,29 umfassen.[310] Isaaks Toledot leiten bereits den vierten Toledot-Hauptteil
ein, in dem Israels Erstlingstum im Mittelpunkt steht (Gen 37,1.2-50,26).

Im Blick auf die Vertauschungsthematik leisten die Jakob-Esau-
Erzählungen eine inhaltliche Zuspitzung hinsichtlich der Verhältnisbestimmung von „Erstgeburtssegen" (בְּרָכָה) und „Erstgeburtsrecht"
(בְּכֹרָה).[311] Zum ersten Mal treten Erstgeburtssegen und Erstgeburtsrecht
in der narrativen Entfaltung des Qualifizierungsprozesses Jakobs auseinander und bestimmen den Spannungsbogen der Gesamterzählung.
Das Thema בְּכֹרָה wird zuerst behandelt. Der Begriff kommt nach dem

---

stehen, so drücken sowohl die Verwandtschaft als auch die harte Rivalität und der
Kampf das äußerst ambivalente Verhältnis Israels zu seinem südöstlichen Nachbarn
Edom aus. Eine kulturelle und räumliche Nähe einerseits und die bittere Erfahrung
steter Konflikte andererseits führen dazu, die Geschichte narrativ in das Motiv der
‚feindlichen Brüder' zu kleiden und mit dem Zwillingsmotiv noch zuzuspitzen."
(HIEKE, Art. „Zwillinge", WiBiLex 2008).

308 Vgl. Gen 17,20 u. Gen 16,10; 21,18.

309 Diese Beobachtung bei HIEKE, Genealogien, 149.

310 Zu den vier Toledot-Hauptteilen, die über das Toledot-System in der Genesis definiert werden vgl. Teil A.4.2.

311 Vgl. die Assonanz beider Wörter Gen 27,36: אֶת־בְּכֹרָתִי לָקָח וְהִנֵּה עַתָּה לָקַח בִּרְכָתִי/„Mein
Erstlingstum hat er genommen, und siehe, jetzt hat er meinen Erstlingssegen ge-
nommen."

Erwerb des Erstgeburtsrechts in Gen 25 nur noch einmal abschließend in Gen 27 vor. Ab Gen 28 steht der Erwerb des dazugehörigen Erstgeburtssegens im Mittelpunkt der Erzählung. Seine בְּרָכָה muss Jakob über einen langen Prozess noch verdienen, um sich schließlich als Erstling gegenüber Esau zu erweisen. Entlang der Erzählachse „Erwerb des Erstlingstums (Gen 25,29-34) – Erwerb des Erstlingssegens (vgl. Gen 26,1-33,17) – Bestätigung als Erstling (Gen 33,18-35,29)" ergibt sich demzufolge eine klare Strukturierung der gesamten Jakob-Esau-Erzählung.[312]

5.1 Exposition des Konflikts (Gen 25,19-34)

5.1.1 Geburt von Esau und Jakob (Gen 25,19-28)

Die Toledot-Formel in Gen 25,19 eröffnet die eigentliche Jakob-Esau-Erzählung und die kleine narrative Einheit Gen 25,19-34 bereitet die Bühne für den Fortgang der Jakob-Esau-Erzählung, indem die Berichte aus den Jugendtagen der beiden Protagonisten den Grundstein für die Motive legen, die den weiteren Fortgang der Erzählung bestimmen werden. Von den kurzen Notizen über Rebekkas Unfruchtbarkeit (Gen 25,21a), ihre problematische Schwangerschaft (Gen 25,21b.22) mit der Gottesverheißung (Gen 25,23) und die Geburt und das Aufwachsen der Zwillinge (Gen 25,24-28) hebt sich die Geschichte des Linsengerichts stilistisch ab (Gen 25,29-34), ist allerdings ohne die vorangehenden Informationen nicht zu verstehen. Gen 25,29-34 leitet zur Geschichte über den Erstgeburtssegen in Gen 27 über. Alle Informationen, die in dieser Exposition gegeben werden, sind unabdinglich für den weiteren Verlauf der Segensvertauschung in Gen 27.[313]

---

312 Diese Gliederung ist angelehnt an den Vorschlag bei DEURLOO, Genesis-Kommentar, bes. 133.135.142f. Die Gliederungsversuche in Bezug auf die Jakoberzählung sind vielfältig. Gewöhnlich wird die von FOKKELMAN vorgeschlagene Einteilung in vier Erzähl-Akte vertreten: Jakobs langer Aufenthalt bei Laban nimmt darin den Mittelteil ein, während davor und danach die Entstehung und die Auflösung seines Konflikts mit Esau geschildert wird, also: (1) Gen 25,19-28,22; (2) Gen 29,1-32,2f (3) Gen 32,4-33,20 (4) 34,1-35,29 (vgl. FOKKELMAN, Narrative Art in Genesis, 86-241, bes. 238-241). Die Gliederung wird in den meisten neueren Kommentaren vertreten (vgl. etwa SEEBASS, Genesis II/2, 267; in leicht variierter Form DICOU, The Role of Edom, 116f; jeweils mit Verweis auf FOKKELMAN). Diese Gliederung ist formal richtig. Im Hinblick auf die Textsignale, die die Gesamterzählung selbst setzt, ist jedoch die Gliederung anhand von Erstgeburtssegen und Erstgeburtsrecht sinnvoller.

313 Vgl. VAN SETERS, Prologue to History, 283-288.

Die einleitenden Texte der Erzählungen um Jakob und Esau sind
gänzlich in das narrative System der vorausgehenden und nachfolgenden Kapitel eingebettet:[314] Gen 25,20 spielt die Brautwerbungserzäh-
lung in Gen 24 wieder mit ein, und die in diesem Zusammenhang beschriebenen verwandtschaftlichen Verhältnisse verweisen auf die
Genealogie Nahors in Gen 22,20-24 (vgl. noch Gen 24,15). Rebekkas
ausdrückliche Verbindung zu Laban (V. 20b) eröffnet darüber hinaus
die Möglichkeit der später folgenden Laban-Jakob-Episode. Die
endogame Heirat Isaaks hebt diesen als Erstling im Kontrast zur
exogamen Ehe Ismaels (vgl. Gen 21,21)[315] besonders positiv hervor.[316]
Jedoch bleibt Rebekka – anders als die Frauen Ismaels, deren Fruchtbarkeit offenbar selbstverständlich war – zeitweilig unfruchtbar (Gen
25,21a), was Rebekka in die Linie der unfruchtbaren Erzmütter einreiht
(vgl. Sara Gen 11,31 und Rahel wie Lea in Gen 29,31; 30,1[317]). Die
Überwindung dieser Unfruchtbarkeit durch die Fürbitte Isaaks und
Gottes Eingreifen wird allerdings noch im selben Vers beschrieben (V.
21b). Dem Leser erschließt sich die Dramatik der Kinderlosigkeit von
Isaak und Rebekka erst durch eigene Kombinatorik und in der Nachbe-
trachtung: Aus V. 26b wird deutlich, dass es sich hierbei um einen Zeitraum einer 20 Jahre währenden Unfruchtbarkeit Rebekkas gehandelt
haben muss.[318] Die Situation ähnelte damit der Unfruchtbarkeit Saras,
deren Überwindung die Erzähldynamik des zweiten Erzählkreises der
Abrahamerzählung bestimmte (Gen 15-21). Das göttliche Eingreifen
zur Überwindung der Kinderlosigkeit wirkt so umso stärker betont,
und wie bei Abraham und später bei Jakob wird Isaaks Anteil an der
Schwangerschaft verschwiegen und betont damit das göttliche Moment, das den natürlichen Vorgang durchbricht.

Die im Folgenden beschriebene problematische Schwangerschaft
und Geburt wird ohne die genealogischen Elementartypen erzählt (Gen
25,22-26),[319] hebt aber mit ihren „individuellen Zügen"[320] gerade die

---

314 Vgl. hierzu HIEKE, Genealogien, bes. 137.159f.
315 Vgl. noch Gen 25,12 bzw. Gen 16.17.21, wo betont wird, dass Ismaels Mutter eine
ägyptische Frau war.
316 Endogame Heiraten werden in der Genesis mehrfach bevorzugt; vgl. dazu HIEKE,
Genealogien, 159.
317 S. dazu Teil C.3.2.2.
318 Vgl. V. 26b: „und Isaak war sechzig Jahre alt, als sie geboren wurden" in Kombination mit V. 20: „und Isaak war vierzig Jahre alt, als er sich Rebekka zur Frau nahm"; s.
auch HIEKE, Genealogien, 159-162.295 Anm. 822.
319 Zur Beschreibung der formalen Gestalt von Gen 25,19-28 vgl. HIEKE, Genealogien,
152-154. Zur Feinstruktur von Gen 25,21-26 vgl. FOKKELMAN, Narrative Art in Genesis, 86-94.

Besonderheit des bevorstehenden Antagonismus der beiden Brüder hervor. Diese individuellen Einzelelemente geben der kommenden Vertauschungserzählung wichtige Akzente und konturieren den Konflikt der Brüder in entscheidender Weise. Die einzelnen Aspekte dieser Geburtserzählung sollen im Folgenden besprochen werden:

(1) Der Konflikt der Söhne vom Mutterleib an (V. 22a) ist – wie van Seters gezeigt hat – ein literarischer Topos, welcher enge Parallelen nicht nur in anderen Teilen der Patriarchenerzählungen, sondern auch in der griechischen Literatur hat.[321] Das verbindende Element dieser ähnlich ablaufenden Erzählungen ist neben dem Konflikt vom Mutterleib an der Streit zwischen den Brüdern, welcher als eine besondere Störung des Systems angesehen wird.[322] Hinzu kommt, dass bei den griechischen Parallelen ebenso wie in Gen 25,22 die Motivation für den Streit nicht erwähnt wird.[323] Der Grund für die Ereignisse aus dem späteren Leben der Helden wird so noch vor der Geburt verortet, „[d]adurch bekommt der Streit den Charakter einer unabwendbaren Grundgegebenheit".[324]

(2) Der Begriff תוֹאָם (V. 22) kommt innerhalb des TeNaK nur noch einmal in Bezug auf die Geburt Perez und Serachs vor (Gen 38,27) und weist damit die Einzigartigkeit dieser Zwillingsgeburten aus.[325] Zwillingsgeburten galten im Altertum, wenn auch nicht gerade als schlechtes Vorzeichen, so doch als etwas Unheimliches.[326] Sie stellten das wich-

---

320 HIEKE, Genealogien, 154.
321 Vgl. VAN SETERS, Prologue to History, 281. Insbesondere die Geschichte der beiden Söhne des Phokos und der Asterodea, Krisos und Panopeus, welche zwei Städte in Phokis repräsentieren, aus den Frauenkatalogen Hesiods, kann hier erwähnt werden (fr. 58). Möglich ist, dass es sich bei dem Fragment ebenfalls um eine Ätiologie für spätere Konflikte zwischen den Poleis Krisos und Panopeus handelt; allerdings ist diese aufgrund der fragmentarischen Überlieferung schwierig zu bestimmen (Text und Übersetzung dieser Stelle bei HIRSCHBERGER, Gynaikōn Katalogos; zum Problem der Fragmentierung des Frauenkataloges s. HIRSCHBERGER, Gynaikōn Katalogos, 42-50); s. für eine detaillierte Besprechung weiterer griechischer Parallelen HAGEDORN, Hausmann und Jäger, 140f).
322 Vgl. DU BOULAY, Portrait of a Greek Mountain Village, 220.
323 S. dazu vor allem HAGEDORN, Hausmann und Jäger, 140-142.
324 TASCHNER, Verheißung und Erfüllung, 22.
325 Die Annahme einer Drillingsgeburt in Gen 5,32 (Sem, Ham und Japhet) durch GUNKEL und andere (vgl. GUNKEL, Genesis, 157) ist absurd und findet keinen Anhalt am Text. Dazu HIEKE: „Wenn das Buch Genesis um die Zwillingsgeburten von Rebekka und Tamar ein entsprechendes Aufhebens macht, ist ein völlig selbstverständliches, beiläufiges Erwähnen einer (viel selteneren) Drillingsgeburt undenkbar." (HIEKE, Genealogien, 119).
326 Vgl. dazu KRAUS/KÜCHLER, Erzählungen der Bibel II, 137.

tige Recht der Erstgeburt in Frage, das bei Söhnen, die am gleichen Tag geboren waren, nicht eindeutig zu sein schien. Die Wichtigkeit, die deshalb der einwandfreien Bestimmung des Älteren beigemessen wurde, zeigt der zweite biblische Bericht über die Geburt von Zwillingen (Gen 38,28-30). Darin wickelt die Hebamme dem Kind, das dem Anschein nach zuerst zur Welt kommen soll, da es seinen Arm schon aus dem Mutterschoß heraus streckt, zur Kennzeichnung einen roten Faden um die Hand.[327]

(3) Das Packen der Ferse bei der Geburt Esaus (V. 26) ist biologisch nicht wahrscheinlich[328], bezeichnet aber bildhaft die Hinterlist Jakobs.[329] Von Esau hingegen wird gesagt, dass er rötlich, ganz wie ein haariger Mantel (אַדְמוֹנִי כֻּלּוֹ כְּאַדֶּרֶת שֵׂעָר) ist. Er ist damit die einzige Figur im TeNaK, welche als behaart beschrieben wird. Die Paronomasie von שֵׂעָר/„behaart" scheint hier direkt zu עֵשָׂו zu gehen.[330] Die Beschreibung der körperlichen Eigenarten hat den Zweck, eine implizite Identifizierungsmöglichkeit von Esau mit Edom zu leisten. Die volksgeschichtliche Perspektive war im Gottesorakel V. 23 bereits angeklungen. Im Terminus שֵׂעָר/„haarig" kann man das edomitische Siedlungsgebiet שֵׂעִיר/„Seïr"[331] mithören[332] und einen Verweis auf den צָעִיר/„den Jüngeren" aus dem Gottesorakel V. 23 sehen. Das Wort אַדְמוֹנִי/„rötlich" ermöglicht einen Anklang an אֱדוֹם/„Edom".[333] Ferner wird durch Esaus körperliche Eigenarten der bevorstehende Konflikt schon präfiguriert: Das *Erstlingstum* wird verkauft für ein „*rotes* Linsengericht" (Gen 25,29.34), und der *Erstgeburtssegen* wird gestohlen mithilfe der Imitierung der *Behaarung* des älteren Bruders.

---

327 Vgl. zu Gen 38 und zur Geburt von Perez und Serach Teil B.6.3.

328 Vgl. JACOB, Genesis, 544: „Der Vorgang ist gynäkologisch unmöglich." Ebenso HIEKE, Genealogien, 154.

329 Vgl. auch Gen 27,36.

330 Vgl. JACOB, Genesis, 543f. Esau ist bis heute ein unableitbarer Personenname (dazu SOGGIN, Genesis, 343).

331 Seïr als Siedlungsgebiet der Edomiter in Gen 36,8 u.ö.

332 Dies wird fast durchgängig vermerkt, vgl. beispielsweise DICOU, The Role of Edom, 120; FOKKELMAN, Narrative Art in Genesis, 199f und BLUM, Vätergeschichte, 70f (dort mit weiterführender Literatur).

333 Innerhalb der Tora erscheint das אַדְמוֹנִי nur hier in Gen 25,25; das Wort findet man nur noch in 1 Sam 16,10; 17,42 zur Bezeichnung der Schönheit Davids.

5.1.2 Das Gotteswort und die dadurch geweckten Erwartungen (Gen 25,23)

Das Gotteswort in V. 23 verdient besondere Aufmerksamkeit, da es die Rivalität zwischen den beiden Söhnen Isaaks und Rebekkas durch JHWH selbst bestätigt, deutet und religiös verankert. Das „Gottesorakel" ist poetisch geformt[334] und klar in zwei Doppelverse gegliedert:[335]

A (27aα): „Zwei Nationen (גֹּיִם) sind in deinem Leib,

A' (27aβ): und zwei Volksstämme (לְאֻמִּים)[336] scheiden sich aus deinem Innern;

B (23bα): und ein Volksstamm (לְאֹם) wird stärker sein als der andere,

B' (23bβ): und der Ältere (רַב) wird dem Jüngeren dienen (צָעִיר)."

Zunächst fällt die Vermeidung des Begriffs בְּכוֹר auf, denn das Gegensatzpaar צָעִיר-רַב (V. 23bβ) weicht vom übrigen Sprachgebrauch der Genesis ab. An anderen Stellen werden Geschwisterpaare häufig mit den Begriffspaaren בְּכוֹר und צָעִיר in Beziehung zueinander gesetzt (vgl. Gen 19,31.34.35.38; 29,26; 43,33). Allerdings lässt sich dies als Teil der Textstrategie interpretieren: Wer zum Erstling von Isaaks Söhnen wird, steht ja gerade noch aus.

Darüberhinaus verlässt die Deutung des Konflikts durch das Gotteswort die Ebene der Familiengeschichte und trägt den Aspekt des Konflikts zwischen Edom und Israel in die Geburtsgeschichte ein, noch ehe der Leser weiß, dass Esau der Stammvater der Edomiter ist.[337] Der Brüderkonflikt bekommt damit einen paradigmatischen Anstrich: die Geschichte von den Konflikten innerhalb einer Familie wird zu der Geschichte der Auseinandersetzung zweier Völker.[338] Da Esau außerdem seinen Volksnamen schon zu Beginn der Jakob-Esau-Erzählung bekommt, wird zusätzlich die Frage nach der Volkswerdung Jakobs unterstrichen. Der damit eröffnete Spannungsbogen wird sich erst mit dessen Umbenennung und Volkswerdung in Gen 32 bzw. 35 schließen.

---

334 Vgl. BOECKER, 1. Mose 25,12-37,1. Isaak und Jakob, 17-19.

335 Vgl. TASCHNER, Verheißung und Erfüllung, 24.

336 In Gen 25,23 neben Gen 27,29 einziger Beleg von לְאֹם in der Tora. לְאֹם ist poetischer Ausdruck für Volk, Nation, Volksstamm (in Ps und Jes besonders häufig). Im Alten Testament fast immer im Plural gebraucht. LXX übersetzt ἔθνη oder λαοί, sowie manchmal mit ἄρχοντες (Gen 27,29; Jes 34,1; 41,1; 43,4.9) und βασιλεῖς (Jes 51,4) und φυλή (Prov 14,34). Im Parallelismus zu גֹּיִם steht לְאֻמִּים: in Gen 25,23; Jes 34,1; 43,9; Ps 2,1; 44,3.15; 105,44; 149,7).

337 Vgl. HAGEDORN, Hausmann und Jäger, 142.

338 Hierzu ausführlicher Teil C.3.1.2.1.

Allerdings hat das Gottesorakel dieselbe Mehrdeutigkeit wie sein griechisches Pendant in Delphi, da die Bestimmung des genauen Verhältnisses der beiden Brüder bzw. Völker zueinander offen gelassen wird.[339] Über bestimmte syntaktische, semantische wie paronomastische Signale werden unterschiedliche Lesererwartungen hervorgerufen, die einen Spannungsbogen eröffnen, der die gesamte Jakob-Esau-Geschichte bestimmt: Die grundsätzliche Ambivalenz des Verses lässt sich am besten vom Ende her bestimmen: וְרַב יַעֲבֹד צָעִיר. Das Problem entsteht dadurch, dass weder die Bedeutungen von רַב und צָעִיר eindeutig zu bestimmen sind, noch deren syntaktisches Verhältnis zueinander und darüber hinaus sich beide Adjektive sowohl auf die beiden Brüder wie auch auf die in V. 23a erwähnten Völker beziehen können. Der Verbalsatz V. 23bβ lässt offen, ob sich רַב oder צָעִיר als Subjekt auf יַעֲבֹד bezieht. In typisch poetischem Stil ist weder רַב noch צָעִיר mit Kasusmarkern versehen.

Die gebräuchliche Übersetzung mit „der Ältere wird dem Jüngeren dienen"[340] muss entsprechend nicht zwangsläufig erfolgen und ist unproblematisch, da sie das וְרַב als *nominativus absolutus* auffasst (*casus pendens*), während die dafür typischen syntaktischen Marker wie die Wendung zu einem unabhängigen Satz mit eigenem Subjekt[341] oder ein pleonastisches Pronomen[342] fehlen. Ferner deutet die Übersetzung die Versstruktur als Abfolge von *Subjekt-Verb-Objekt*, die im Hebräischen äußerst selten ist. Als gewöhnliche Wortstellung innerhalb des Verbalsatzes ist die Folge *Verb-Subjekt-Objekt* (als häufigster Typ) zu betrachten; nicht selten treten hiervon abweichende Wortfolgen auf, wenn ein Satzglied durch Voranstellung nachdrücklich hervorgehoben werden soll; so folgen einander *Objekt-Verb-Subjekt*, *Verb-Objekt-Subjekt*, *Subjekt-Objekt-Verb* bzw. *Objekt-Subjekt-Verb*.[343] Lediglich die Struktur der vorangehenden Verszeilen könnte die Wortfolge *Subjekt-Verb-Objekt* even-

---

339 Gegen FOKKELMAN, Narrative Art in Genesis, 89, der das Orakel als „unambiguous" kennzeichnet.

340 So deutet schon die LXX: ὁ μείζων δουλεύσει τῷ ἐλάσσον; vgl. noch ALTER, The Five Books of Moses,129; DICOU, The Role of Edom, 116; GUNKEL, Genesis, 289; von Rad, Genesis, 264; SPEISER, Genesis, 193; SYREN, The Forsaken First-Born, 82; TURNER, Announcements of a Plot, 119; WENHAM, Genesis II,175f; SEEBASS, Genesis II/2, 269; WESTERMANN, Genesis I/2, 411.

341 Vgl. Gen 17,15: שָׂרָי כִּי שָׂרָה שְׁמָהּ: „(Deine Frau Sarai sollst du nicht mehr) Sarai (nennen), sondern Sara soll ihr Name sein".

342 Vgl. Gen 36,8: עֵשָׂו הוּא אֱדוֹם: „Esau, das ist Edom." Zum Ganzen s. WALTKE/ O'CONNOR, Hebrew Syntax, §§ 4.7b-c; 8,4b; 33,24a; 37,5a; 38,2d.

343 S. GESENIUS/KNAUTZSCH/BERGSTRÄSSER, Hebräische Grammatik, § 142.2; vgl. noch HEARD, Dynamics of Diselection, 99.

tuell noch vertretbar erscheinen lassen, doch ist die syntaktische Gesamtstruktur der vorangehenden Verse völlig anders. Dies bedeutet
nun nicht, dass nicht in der üblichen Weise übersetzt werden kann oder
sollte, doch ist die umgekehrte Zuordnung ebenso wahrscheinlich.
Man könnte versuchen, die Ambivalenz von V. 23bβ in der Übersetzung festzuhalten. Im Deutschen kann dies leider nicht nachgeahmt
werden. Ein brauchbarer Vorschlag findet sich für den englischen
Sprachbereich bei Heard: „The older the younger shall serve."[344]
    Die syntaktische Mehrdeutigkeit wird durch die semantische noch
verstärkt. Die Begriffe רַב und צָעִיר können jeweils eine quantitative
(groß-klein) oder eine zeitliche (alt-jung) Bedeutung haben.[345] Die
Übersetzungsmöglichkeiten schillern entsprechend zwischen „der
Größere soll dem Kleineren dienen"[346] bis „der Ältere soll dem Jüngeren dienen." Letztere Übersetzung ist zwar die übliche, doch ist der
Begriff רַב gerade in volksgeschichtlichem Kontext häufig belegt (vgl.
Dtn 7,1; 9,14; 26,5; Num 22,3 u.ö.).[347] Der Gebrauch in V. 23b korrespondiert insofern dem גּוֹיִם und לְאֹם in V. 23a. Die aus dieser Beobachtung resultierende Deutungsmöglichkeit „das größere Volk wird dem
kleineren Volk dienen"[348] ist daher nicht zu vernachlässigen. Auch auf
paronomastischer Ebene wird diese Undeutlichkeit noch verstärkt: Das
„dienen" (יַעֲבֹד) reimt zwar auf יַעֲקֹב.[349] Das צָעִיר („der Jüngere") scheint
aber auf שֵׂעִיר („Seïr") bzw. im unmittelbaren Kontext auf שֵׂעָר („behaart"; Gen 25,25) und damit auf Esau anzuspielen.
    Die verschiedenen Deutungsmöglichkeiten akzentuieren die Leser-
erwartungen jeweils in unterschiedlicher Weise und führen sie teils *ad
absurdum*: Die volksgeschichtliche Perspektive („das größere wird dem
kleineren Volk dienen"), stellt die Verheißung Gottes gerade in Frage,
denn Israel wird über Abraham, Isaak und später auch über Jakob verheißen, dass es „zahllos" sein wird. Falls aber Jakob an die Stelle Esaus
treten sollte, bedeutet dies, dass Jakob gerade das kleinere Volk sein

---

344 HEARD, Dynamics of Diselection, 99. Zum Problem vgl. noch HEARD, Dynamics of
    Diselection, 98-102 (mit weiterführender Literatur).
345 רַב ist in der Grundbedeutung „viel/groß" geläufig (s. HEARD, Dynamics of
    Diselection, 101). Seltener ist die Bedeutung „alt": die רַבִּים in Hi 32,9 sind „die Betag-
    ten" (vgl. assyr. *rabû*). צָעִיר kann sowohl „klein" als gelegentlich auch „jung" heißen
    (vgl. SEEBASS, Genesis II/2, 271).
346 So schon die LXX; vgl. noch HEARD, Dynamics of Diselection, 101: „the lesser will
    serve the greater."
347 רַב ist in der Grundbedeutung „viel/groß" geläufig (s. HEARD, Dynamics of Dise-
    lection, 101).
348 So schon die LXX; vgl. noch HEARD, Dynamics of Diselection, 101: „the lesser will
    serve the greater."
349 Diese Beobachtung bei WENHAM, Genesis II, 175f.

wird. Die familiengeschichtliche Perspektive lässt das Problem entstehen, dass weder Esau noch Edom je Jakob bzw. Israel gedient haben. Jakob ist gerade der Diener Labans und bezeichnet Esau in Gen 32/33 wiederholt als seinen „Herrn".[350]

5.1.3 Disqualifizierung Esaus und vorläufige Qualifizierung Jakobs (Gen 25,29-34)

Die Erzählung Gen 25,29-34 hat ganz die Disqualifizierung Esaus im Blick. Die Frage nach der בְּכֹרָה steht im Zentrum der Erzählung vom Linsengericht (Gen 25,29-34). Das Stichwort בְּכֹרָה kommt hierin viermal vor (vgl. V. 31.32.33.34) und beendet als letztes Wort die knapp erzählte Episode. Wie Fokkelman nachwies, ist der Text chiastisch aufgebaut:[351]

> **A** Jakob kocht sein Gericht (V. 29a)
>   **B** Esau kommt (V. 29b)
>   **C** Esau: „Lass mich schlingen" (V. 30)
>   **D** Jakob sagt: Verkaufe dein Erstgeburtsrecht (V. 31)
>   **E** Esau: Ich bin am Sterben (V. 32)
>   **E'** Jakob: Schwöre (V. 33a)
>   **D'** Esau verkauft sein Erstgeburtsrecht (V. 33b)
>   **C'** Jakob gibt Brot und das Linsengericht (V. 34a)
>   **B'** Esau geht
> **A'** Esau missachtet sein Erstgeburtsrecht (V. 34b)

Das Zentrum des Chiasmus bilden die Verse 32-33a: Esau ist der eigentliche Wert der בְּכֹרָה nicht bewusst, als er es von reiner Essgier bestimmt verkauft. Und „er aß und trank, stand auf und er ging seines Weges" (V. 34), als wäre nichts geschehen. Die Erzählung zielt auf Esaus selbstverschuldete Missachtung der בְּכֹרָה, durch die er sich folglich als Erstling disqualifiziert.

In Gen 25,25 war implizit bereits auf die Gleichsetzung von Esau mit Edom verwiesen worden. Nun wird die explizite Edom-Identifikation in Gen 25,30b nachgereicht[352] und zusätzlich über das Wortspiel הָאָדֹם (V. 30a)/אֱדוֹם (V. 30b) unterstrichen. Man kann daraus schließen, dass die Gleichsetzung mit Edom bewusst im Kontext des Verkaufs der בְּכֹרָה gesehen werden soll. Im Erzählzusammenhang wird so darauf abgehoben, „daß man nicht durch Geburt zum

---

350 Gen 33,8.13.14.15; vgl. noch Gen 32,5.6.19. Dazu passt, dass Jakob sich selbst als „dein Knecht" bezeichnet (Gen 33,5.14; vgl. 32,5.6.11.17[2x].19.21).

351 Vgl. FOKKELMAN, Narrative Art in Genesis, 94-97.

352 Vgl. noch Gen 36,8 u.ö.: „Esau, das ist Edom."

Erzfeind Israels wird, sondern sich diesen Status ‚verdienen' muss."[353]
Zum Abschluss der Episode erfolgt zum ersten Mal innerhalb der Genesis eine qualifizierende Beurteilung durch den Erzähler selbst:
וַיִּבֶז עֵשָׂו אֶת־הַבְּכֹרָה (V. 34: „So verachtete Esau seine Erstgeburt"). Esaus
selbstverschuldete Disqualifizierung als Erstling wird damit endgültig
bestätigt.

Im Gegenzug hat sich Jakob – auf welche bedenkliche Art und Weise auch immer – an seiner Statt zum „Erstling" etabliert. Zwar ist auch Jakobs Rolle innerhalb der Erzählung mehr als dubios, da er die Schwächesituation seines Bruders Esau, der hier als sehr grobschlächtig gezeichnet wird, ausnutzt, um über dessen Schwur an dessen Erstgeburtsrecht zu gelangen.[354] Jedoch scheint schließlich Jakob das Erstgeburtsrecht auf legale Weise erworben zu haben.[355] Die Erzählung zum Linsengericht dient auch der moralischen Entlastung Jakobs in Gen 27,1-40. Die Kritik an Jakob erfolgt höchstens subtil, wobei der Erzähler wohl nicht auf eine moralische Wertung des Geschehenen abzielt. In Gen 27,36 klingt die Zweifelhaftigkeit des Erwerbs noch nach:

> „Heißt er darum Jakob, weil er mich nun schon *zweimal* betrogen (פַעֲמַיִם;
> Dual) hat? Mein Erstgeburtsrecht hat er genommen, und siehe, jetzt hat er
> auch meinen Segen genommen!"[356]

Der Erzähler lässt Esau den Kauf des Erstgeburtsrechts im Nachhinein
als Betrug werten, die Erzählung selbst hält die Rolle Jakobs aber vorerst in dieser Ambivalenz offen.

5.2 Qualifizierungsprozess Jakobs (Gen 26,1-33,17)

5.2.1 Erschleichung des Erstgeburtssegens (Gen 26,34-28,9)

Bevor weiter über Jakob und Esau berichtet wird, wird ein Kapitel eingeschoben, das in auffälliger Ausführlichkeit noch einmal von deren Vater Isaak erzählt (Gen 26,1-33).[357] Im Fokus der Erzählung liegt der göttliche Segen für Isaak (V. 12-14[358]; vgl. V. 29: בְּרוּךְ יְהוָה). Die Erzäh-

---

353 So die schöne Beobachtung HAGEDORNS (s. HAGEDORN, Hausmann und Jäger, 144).
354 Vgl. JACOBS, Genesis, 545-546.
355 Darum lügt Jakob auch nicht, wenn er sich seinem Vater vorstellt mit: „Ich bin dein Erstling" (Gen 27,19). Erst hiernach folgt die Lüge Jakobs: „Ich bin Esau".
356 Vgl. auch Hos 12,4.
357 Zur Detailanalyse von Gen 26 vgl. Teil B.4.2.3.
358 Auch innerhalb der Gesamtkonstruktion der Perikope bildet der Segen die Mitte: Der chiastische Aufbau von Gen 26 hat den göttlichen Segen in den Versen 12-14 zur Mitte.

lungen akzentuieren Isaak als tatsächlichen *Verheißungs-* und *Segensträger* und leiten damit das zentrale Thema von Gen 26,34-28,9 ein, wo es um die wichtige Weitergabe des väterlichen Segens geht.[359] Spätestens in Gen 26 wird dem Leser klar, wie viel dieser göttliche Segen wert ist, der sich gerade in Isaak weiter durchsetzt.[360]

Mit Gen 26,34 beginnt eine neue narrative Einheit mit dem Textsignal וַיְהִי und der abrupten Einführung Esaus. Die Verse über Esaus erste Heirat fremder Frauen (26,34-35) und seine nochmalige Heirat (28,6-8; vgl. 27,46; 28,6-9) bilden einen Rahmen, innerhalb dessen sich die Betrugserzählung entfaltet (Gen 27,1-28,5). Der neue Erzähleinsatz in Gen 27,1 erfolgt mit einem וַיְהִי und der Markierung eines Zeitsprungs zu dem in Gen 26 dargestellten Geschehen. Die Erzählung beginnt mit einem im TeNaK „weit verbreiteten Motiv"[361]: Isaak ist alt und seine Augen sind schwach. Viele Berichte, die von einer Erbfolge oder einer Nachfolge handeln, weisen einen vergleichbaren Anfang auf.[362] Jedoch wird Isaaks Altersschwäche durch den Kontrast zum in Gen 26 geschilderten selbstbewussten Segensträger besonders akzentuiert. Die Sehschwäche Isaaks (V. 1: וַתִּכְהֶיןָ עֵינָיו מֵרְאֹת) ist als Voraussetzung des folgenden Betruges unabdingbar.[363] Allerdings kann der Hinweis auf die verminderte Sehfähigkeit auch in metaphorischem

---

359 S. auch FOKKELMAN, Oog in oog, 19-22: Immerhin ist die Tat, worauf alles ankommt, der Segen in Gen 27.

360 Folglich ist es auch nicht unproblematisch davon auszugehen, dass im jetzigen Kontext „Gen 26,1-33 verstellt ist" (SEEBASS, Genesis II/2, 267) oder „Kap. 26 im Kontext an verfehlter Stelle" eingefügt sei (SEEBASS, Genesis II/2, 278; beide Zitate als Beispiele der *opinio communis*. Gen 26 ist gerade ein zentraler Bestandteil der Jakob-Esau-Erzählung und ergibt in seiner Platzierung durchaus einen Sinn.

361 TASCHNER, Verheißung und Erfüllung, 38.

362 Vgl. Gen 24 (Abraham); Gen 48-49 (Jakob); Gen 50,24f (Joseph); Dtn 33 (Mose); Jos 23 (Josua); 1 Sam 3 (Eli); 1 Sam 23,1-7 und 1 Kön 2,19 (David).

363 Die vergleichbare Situation liegt in Gen 24 vor. Der altgewordene Abraham will hier wie Isaak seinen Segen an die Nachkommen weitergeben (WENHAM bezeichnet beide Erzählungen als „death-bed blessing scene"; DERS., Genesis II, 203f). Beide Erzählungen heben gleich zu Beginn das Gesegnetsein der Väter hervor (Gen 24,1b; dass Isaak der Gesegnete JHWHs ist, wurde in Gen 26,1-33 bereits breit ausgeführt). Wie in Gen 27,1 wird auch hier Abrahams Alter betont, allerdings ohne eine Sehschwäche Abrahams zu erwähnen. Die Verbindung von Gen 24 und 27 mit Gen 28,1-5 wurde schon häufig gesehen. Beide Textstücke wurden daher derselben Quellen (nämlich „J") zugeschrieben (vgl. etwa GUNKEL, Genesis, z.St.: Gen 28,1-2 als „Echo" zu Gen 27,1-40; SKINNER, Genesis, z.St.: Gen 28,1-2 „is modelled on" Gen 24,3-4; und STRUS, Nomen-Omen, 112f: „the content of the blessing of Isaac (28,3-4) particularly recalls that of 26,2-5,24".

Sinne gebraucht werden.[364] Sie kündigt an, dass eine Konfliktsituation bevorsteht, in der der verantwortliche Hauptakteur sein problematisches Handeln nicht klar überblicken kann und folglich in übertragenem Sinne „schlecht sieht".[365] Die eigentliche Betrugserzählung gliedert sich in sieben Szenen, in denen in ständig wechselnder Konstellation jeweils nur zwei Personen auftreten: [366]

Isaak - Esau (V. 1-5)
Rebekka - Jakob (V. 6-17)
Jakob - Isaak (V. 18-29)
Esau – Isaak (V. 30-40)
Rebekka - Jakob (V. 41-45)
Rebekka - Isaak (V. 46)
Isaak - Jakob (28,1-5)

Der Aufbau spiegelt nochmals die sich in Gen 25,20-26 abzeichnende und in Gen 25,28 erwähnte Trennung innerhalb der Patriarchenfamilie: Die beiden Kontrahenten Esau und Jakob begegnen sich in keiner Szene direkt. Auch Esau ist seiner Mutter nie szenisch zugeordnet, was in Gen 25,28 narrativ erläutert wurde. Die Erzählung zieht ihre Dynamik größtenteils aus der konfliktgeladenen Zuordnung Isaak-Esau und Rebekka-Jakob in Gen 25,28, die hier gleich zu Beginn wieder aufgegriffen wird: Isaak will Esau segnen (V.1-5), wohingegen Rebekka um jeden Preis Jakob als Erstling durchsetzen will (V.6-8). Der Brüderkonflikt wird implizit über die Bezeichnung Jakobs als חָלָק, „glatt", mit eingespielt. Der Begriff klingt an das Halak-Gebirge an (הָהָר הֶחָלָק),

---

364 Neben 1 Sam 3,2; 1 Kön 14,4 vgl. vor allem Gen 48,10-13. Auch dort ist der Zusammenhang der Sehschwäche mit einer Segensvertauschung gegeben: Ephraim und Manasse werden miteinander vertauscht – und zwar im Gegensatz zu Gen 27 *absichtlich* (vgl. Gen 48,18f); vgl. STEINBERG, Poetics of Biblical Narrative, 349-354.

365 Ganz anders die Hervorhebung der „klaren Sicht" bei Mose (Dtn 34,7): Seine Augen waren gerade nicht trübe geworden (לֹא־כָהֲתָה עֵינוֹ).

366 Ähnlich auch die sieben Szenen, die FOKKELMAN, Narrative Art in Genesis, 102f vorschlägt. Für gewöhnlich wird nach dem Handlungsgeschehen eingeteilt, nicht nach den beteiligten Personenkonstellationen. Aber auch so kommt man auf sieben Szenen (vgl. dazu WENHAM, Genesis II, 202: Gen 26,34f, 27,1-5; 6-17; 1-29; 30-40; 41-28,5; 6-9). Allerdings gehören die Ehen Esaus (Gen 26,34f; 28,6-9) zur thematischen Klammer und nicht zur eigentlichen Erzählung. Außerdem kommt es in der Betrugserzählung gerade auf die Personeninteraktion an. Die hohe Erzählkunst von Gen 27 ist von vielen Auslegern immer wieder gelobt worden. EISING, Untersuchung, 69, spricht in diesem Zusammenhang von einem „Meisterwerk des Szenenaufbaus". S. VOLZ/RUDOLPH, Der Elohist, 70; BLUM, Vätergeschichte, 85 Anm. 101.

„das gegen Seïr ansteigt" (Jos 11,17; 12,7). Das Halak-Gebirge markiert Israels südlichsten Teil und damit die Grenze zu Edom/Esau.[367]

Den *inhaltlichen* Mittelpunkt der Erzählung bildet der „Erstlingssegen". Das Schlüsselwort בְּרָכָה wird genau siebenmal wiederholt und korrespondiert damit den sieben Schlüsselszenen.[368] Die Erzählung vermeidet die Bezeichnung בְּכוֹר/„Erstgeborener" für Esau, wenn von ihm berichtet wird. Sowohl im Zusammenhang mit Isaak (V. 1: בְּנוֹ הַגָּדֹל) als auch mit Rebekka (בְּנָהּ הַגָּדֹל; V. 15) wird nur vom „älteren Sohn" gesprochen, um die Verwechslungs- und Täuschungsthematik zwischen Esau und Jakob deutlicher hervortreten zu lassen.[369] Nur an den beiden Schlüsselstellen, der Täuschungs- und der Wiedererkennungsszene in den Versen 19 bzw. 32, gebraucht der Erzähler den Terminus „Erstling".

Der Segensbetrug von Rebekka und Jakob besteht aus drei Teilen: das Zubereiten der Ziegenböcke anstelle des Wildbrets (V. 14.17), das Anziehen von Esaus Kleidern (V. 15) und das Bekleiden mit dem Ziegenfell, um Esaus Körperbehaarung nachzuahmen (V. 16). Diese drei Elemente kommen wieder vor in Gen 27,21-27 (nacheinander, in anderer Reihenfolge). Dreimal sagt Isaak zu seinem Sohn: „Komm näher (oder: bringe) heran (V. 21.25.26; נגש im Qal), und dreimal folgt Jakob dieser Aufforderung: „und er trat/brachte heran" (V. 22.25.27). Dreimal hätte Isaak also den Betrug entdecken können, aber weder durch das Betasten von Jakobs Fellen (V. 21f), noch beim Essen des falschen „Wildbret" (V. 26), noch beim Küssen (wobei er den Geruch von Esaus Kleidern riecht) (V. 26f), fliegt Jakobs Tarnung auf. Die dreifache Wiederholung der Schlüsselbegriffe bildet eine wichtige Grundstruktur dieser Perikope.[370] Es geht ganz und gar um das Hervorheben der Täuschung durch Jakob. Der Höhepunkt der Erzählung ist entsprechend bei den beiden Täuschungs- bzw. Enthüllungsszenen zwischen Isaak und Jakob (V. 18f) sowie zwischen Isaak und Esau (V. 32) zu suchen.

367　Vgl. DICOU, The Role of Edom, 120; BLUM, Vätergeschichte, 71 (Anm. 19 allerdings kritisch).191; FOKKELMAN, Narrative Art in Genesis, 199f Anm. 6 und BÖHL, Wortspiele, 18f.

368　Vgl. בְּרָכָה in Gen 27,12.35.36(2x).38.41; 28,4. Neben dem Substantiv kommt das Verbum ברך/„segnen" hingegen gleich 19 mal vor: Gen 27,4.7.10.19.23.25.27(2x).29(2x). 30.31.33(2x).34.38.41; 28,1.3.

369　Dazu DEURLOO, Genesis-Kommentar, 127.

370　Ausführlicher hierzu noch DICOU, Wanneer zegent Izaak, 14 und DERS., Jakob en Esau, Israël en Edom, 25f. Vgl. noch FOKKELMAN, Narrative Art in Genesis, 102 für weitere dreimalige Wiederholungen in Gen 27 und ebenso DICOU, Jakob en Esau, Israël en Edom, 20 über die Zahl „Drei" in den gesamten Erzählungen über Jakob und Esau. Siehe FISHBANE, Text and Texture, 49 und FOKKELMAN, Narrative Art in Genesis, 98-102 für den Aufbau von Kapitel 27 in 2x drei Teile.

Beide Söhne geben sich dort als „Esau" zu erkennen. Die Szenen korrespondieren einander:

(V. 18b) וַיֹּאמֶר הִנֶּנִּי מִי אַתָּה בְּנִי

(V. 32) וַיֹּאמֶר לוֹ יִצְחָק אָבִיו מִי־אָתָּה

Zusätzlich sind die beiden Antworten auf die Frage des Vaters chiastisch einander zugeordnet:

(V. 18b) וַיֹּאמֶר יַעֲקֹב אֶל־אָבִיו אָנֹכִי עֵשָׂו בְּכֹרֶךָ

(V. 32) וַיֹּאמֶר אֲנִי בִּנְךָ בְכֹרְךָ עֵשָׂו

V. 32 greift zunächst die Frage des Vaters nach der Identität des Sohnes in V. 18 wörtlich auf, jedoch fehlt das nachgestellte בְּנִי in V. 32. Esau antwortet auf die Frage seines Vaters wahrheitsgemäß: „Ich bin dein Sohn, dein Erstgeborener, Esau." (אֲנִי בִנְךָ בְכֹרְךָ עֵשָׂו; V. 32b). Diese Antwort unterscheidet sich in einem zentralen Punkt von Jakobs Antwort in V. 18: Esau beginnt damit, sich als *Sohn* Isaaks zu identifizieren, folglich mit derjenigen Eigenschaft, die der Vater aus der Frage gerade weggelassen hatte. Dann erst bezeichnet sich Esau selbst als Erstgeborener (בְּכֹרֶךָ) – ein Titel, den er in Gen 25 bereits rechtmäßig an Jakob verkauft hatte; erst als letztes nennt er seinen Namen. Jakob hingegen beginnt die Antwort mit der Lüge: Esau sei sein Name. Erst darauf folgt der (legal erworbene) Titel: „der Erstgeborene." (V. 19). Erst als der wahre Esau vor ihm steht, erkennt der Vater schließlich seinen Fehler und den Betrug Jakobs (V. 33-35). V. 36 unterstreicht, dass Esau nun nicht nur sein Erstlingstum, sondern auch den Erstlingssegen verloren hat:

„Mein Erstlingstum hat er genommen (אֶת־בְּכֹרָתִי לָקָח),

und siehe (וְהִנֵּה),

jetzt hat er auch meinen Segen genommen (לָקַח בִּרְכָתִי)."

Die chiastische Konstruktion von לָקַח mit בְּכֹרָתִי und בִּרְכָתִי stellt einen intensiven inhaltlichen Bezug beider Begriffe her. Die ohnehin orthographisch wie klanglich ähnlichen Wörter בְּרָכָה und בְּכֹרָה[371] ähneln sich bis in das Suffix hinein.

Letztlich erlangt Jakob durch die listenreiche Täuschung des sterbenden Isaak den väterlichen Erstgeburtssegen (Gen 27,23.27: וַיְבָרְכֵהוּ).[372]

---

371 Zu dieser Beobachtung vgl. BUBER/ROSENZWEIG, Die Schrift und ihre Verdeutschung, 224 und BREUKELMAN, Das Buch Genesis, 79-81 u. DERS., Bijbelse Theologie I/2, 49-60.

372 Wegen der identischen Verbalformen in Gen 27,27 und 27,23b (וַיְבָרְכֵהוּ) stellt sich die Frage, wann denn nun eigentlich Isaak Jakob segnete. Deutlich ist, dass Isaak Jakob nicht zweimal gesegnet haben kann, denn die Erzählung betont ja gerade die Einma-

Da Esau seinem Bruder das Erstgeburtsrecht verkauft und es zudem Jakob gelingt, ihm den Segen Isaaks abzulisten, scheint sich das Orakel zu bestätigen: Der Jüngere ist tatsächlich dem Älteren überlegen. Allerdings scheint ein Ende der Rivalität zwischen den beiden zunächst nicht in Sicht. Die Rede Isaaks deutet dies bereits an, denn sie greift die Ambivalenz des Gottesorakels in bemerkenswerter Übereinstimmung wieder auf:

Gen 25,23:	Gen 27,29:
Zwei Nationen (גּוֹיִם) sind in deinem Leib,	Völker (עַמִּים) sollen dir dienen (יַעַבְדוּךָ)
und zwei Völkerschaften (לְאֻמִּים) scheiden sich aus deinem Innern;	und Völkerschaften (לְאֻמִּים) sich vor dir niederbeugen!
und ein Volksstamm wird stärker sein als der andere, und der Ältere wird dem Jüngeren dienen (יַעֲבֹד).	Sei Herr über deine Brüder, und vor dir sollen sich niederbeugen die Söhne deiner Mutter!

Die Kombination der Begriffe „dienen" (עבד), „Nationen" (גּוֹיִם) und „Völkerschaften"(לְאֻמִּים) in Gen 27,29 verweist auf Gen 25,23. In Gen 25,23 war offen geblieben, welcher der beiden Brüder die entsprechende Funktion zugesprochen bekommt. In Gen 27,29 bekommt nun zwar rein formal Jakob den väterlichen Segen zugesprochen. Allerdings entbehrt die Erzählung nicht eines scharfen, ironischen Untertones. Jakob muss im Anschluss an den Segenserwerb vor seinem Bruder fliehen (Gen 27,41-45), das verheißene Land verlassen (Gen 28,1-5)[373] und seinem Onkel Laban dienen (Gen 29-30). Im Gegenzug wird sich auch Esau nie vor Jakob verbeugen und ihm dienen (vgl. Gen 27,40). Das Gegenteil wird der Fall sein, da sich Jakob vor Esau mehrmals verbeugen wird (Gen 33,1-11). Die Wurzel שָׁחָה/„niederbeugen" kommt in der Jakoberzählung nur hier in Gen 27 und in Gen 33 vor.

Aus der Schilderung des „Segensbetrugs" geht klar her vor, dass das Tun Rebekkas und Jakobs keineswegs beschönigt werden soll. Isaak (Gen 27,35: בְּמִרְמָה) wie Esau selbst (Gen 27,36: וַיַּעְקְבֵנִי) qualifizie-

---

ligkeit des väterlichen Erstlingssegens (V. 36.39f). Das Problem wird meist durch quellenkritische Scheidungen „aufgelöst" (zum Proprium vgl. SEEBASS, Genesis II/2, 301.306f). M.E. handelt es sich in V. 23 aber vielmehr um eine vorausblickende und zusammenfassende Parenthese (zum Problem mit einer detaillierten Auswertung s. DICOU, Wanneer zegent Izaak, 14-22).

373 Das Trennungsmotiv in Kombination mit dem Verlassen des Landes war zuvor beim Brunnenstreit in Gen 26,12-33 angeklungen.

ren das Handeln Jakobs als Betrug. Auch sind sich Rebekka und ihr Sohn Jakob bewusst, dass ihr Auftritt die Verfluchung verdient (Gen 27,12.13).

Unterstrichen wird der Betrug Jakobs durch das Wortspiel יַעֲקֹב - וַיַּעְקְבֵנִי - עָקֵב: Durch die Kombination von Gen 25,26 („an der Ferse/ עָקֵב festhalten") mit Gen 27,36 (וַיַּעְקְבֵנִי „betrügen"; wörtlich: „hinterher schleichen"; vgl. auch Jer 9,3) ist am Ende des ersten Teils der Jakoberzählung ein subtiler Schuldaufweis Jakobs/יַעֲקֹב entstanden, der schon in seinem Namen aufgehoben ist. Martin Buber übersetzt daher den Eigennamen יַעֲקֹב an den bedeutsamen Stellen mit „Fersenschleicher."[374] Folglich scheint auch der soeben erworbene Erstgeburtssegen Jakob nicht ausreichend als Erstling zu qualifizieren. Jakobs erschlichener und mit Schuld belasteter Segen muss noch zu seinem eigenen Segen werden. Dies wird in Gen 28,10-35,29 thematisiert. Entsprechend ist das Thema „Erstlingstum" nun auch inhaltlich abgeschlossen. Der Begriff בְּכֹרָה erscheint zum letzten Mal in Gen 27,36 innerhalb der Jakoberzählung. Auch der Begriff בְּכוֹר erscheint in Kapitel 27 zum letzten Mal (V. 32) und wird erst wieder bei der Auflistung der Söhne Jakobs gebraucht (Gen 35,23).

5.2.2 Endgültige Disqualifizierung Esaus (Gen 26,34f;28,6-9)

Der Segensbetrug Gen 27,1-28,5 wird durch zwei Notizen über Esaus Ehen gerahmt (Gen 26,34f und Gen 28,6-9). Der Rahmen dient zum einen als Interpretationshilfe und setzt Rebekka, die Jakob zu einem Betrugsmanöver anstiftete und sich ihrem Mann gegenüber illoyal verhalten hat, ins Recht. Rebekka bringt den Vater dazu, der Flucht Jakobs nicht nur den rechten Anstrich, sondern wegen Esaus Fehlverhalten auch zwingende Notwendigkeit zu geben. Der Kreis schließt sich hier, weil der Vater sich der besseren Einsicht seiner Frau auch in Sachen Esaus fügen muss und nun Jakob sowohl die Wahl der rechten Frau nahelegt als auch den Segen der Familientradition von Abraham her (Gen 28,4) weitergibt. Rebekka setzt den zu Segnenden durch, und JHWH steht ihr bei – zumal sich Isaak im Nachhinein mit seiner Frau

---

374 Das moralische Urteil fällt allerdings nicht so stark aus wie in Hos 12,4. Dort wird die Tat Jakobs freilich sehr abwertend geschildert: „Im Mutterleib hinterging (עָקַב) er seinen Bruder." Das ging in der Tora freilich nicht so offen: Das ist bewusst doppelsinnig formuliert und kombiniert Gen 25,26 und Gen 27,36 („betrügen"/wörtlich: „hinterherschleichen" וַיַּעְקְבֵנִי; vgl auch Jer 9,3). Durch die Kombination entsteht ein eindeutiger Schuldaufweis Jakobs (= Israels). Schon vom Mutterleib an ist Jakob (und damit seine Nachkommen) verdorben. In Hos 12 dient dies dem Schuldaufweis: Israels Schuld ist nicht zufällig und vermeidbar, sondern schon im Stammvater grundgelegt; vgl. hierzu noch HIEKE, Genealogien, 169f.

solidarisiert (Gen 28,1; vgl. Gen 27,46). Sie hat JHWHs Orakel verstanden (Gen 25,23) und nicht falsch gewählt, auch wenn ihre Methoden nicht ohne Folgen bleiben.[375]

Zum anderen bilden die beiden Ehen Esaus den letzten Versuch des natürlichen Erstgeborenen, sich als Erstling zu positionieren. Esaus exogame Heirat mit den Hetiterinnen Jehudit und Basemat (Gen 26,34) wird allerdings von beiden Eltern ausdrücklich negativ bewertet. Die Feststellung, dass dies den Gram der Eltern auslöst (vgl. Gen 26,35[376] und Gen 27,46[377]), wird „auch auf der pragmatischen Ebene der Erzählung verurteilt. Esau grenzt sich selbst aus."[378] In der Genesis können zudem die Hetiter mit deutlich negativ konnotierten Kanaanäern identifiziert werden.[379] Die Erzählabschnitte in Gen 24 und Gen 28,1-5 unterstreichen gerade den Aufwand, der betrieben wird, um gerade keine kanaanäischen Frauen zu heiraten, sondern zur Not lange Strapazen und Reisen auf sich zu nehmen, um im fernen Mesopotamien *endogam* zu heiraten. Erst in Gen 28,6-8 wird auch Esau gewahr, dass er mit der exogamen Heirat der beiden Hetiterinnen falsch lag. Um den Makel in den Augen des Vaters doch noch zu verringern, nimmt sich Esau die Tochter Ismaels, Mahalat, zur Frau (Gen 28,9). Allerdings ist auch dieser – nun zumindest bedingt endogame – Versuch zum Scheitern verurteilt, da Ismaels Nachkommenschaft bereits aus der Hauptlinie ausgeschieden war. Damit korrespondiert, dass der Name von Esaus dritter Frau in keinem genealogischen System mehr auftaucht – selbst in der Toledot Esaus nicht (vgl. Gen 36).

Die negative Sicht auf Esaus Qualifizierungsbestrebungen geht sogar soweit, dass beide Ehen Esaus im Nachhinein unterschiedslos miteinander identifiziert werden können: In Gen 36,2-3 heiratet Esau – neben einer Hetiterin und einer Heviterin – Ismaels Tochter. Dies entspricht zunächst der Information aus Gen 28,9. Jedoch heißt diese Frau nun nicht mehr Mahalat, sondern Basemat, welche wiederum eine der

---

375 Ähnlich wie in Kap. 38 (Tamar) rühmt dieses Kapitel die Entschlossenheit der Frau, sich gegenüber dem Stammvater durchzusetzen.

376 „Und sie waren ein Herzeleid (מֹרַת רוּחַ) für Isaak und Rebekka."

377 „Und Rebekka sagte zu Isaak: Ich bin des Lebens überdrüssig wegen der Töchter Hets. Wenn Jakob auch eine Frau wie diese nimmt, von den Töchtern Hets, von den Töchtern des Landes (מִבְּנוֹת הָאָרֶץ), was sollte mir dann noch das Leben?"

378 HIEKE, Genealogien, 154.

379 Vgl. etwa Gen 36,2: „Esau hatte sich seine Frauen von den Töchtern Kanaans genommen: Ada, die Tochter des Hetiters Elon, und Oholibama, die Tochter Anas, der Tochter Zibons, des Heviters" und Gen 10,15: Het als Sohn Kanaans. Entsprechend erwirbt Abraham auch das erste Stück Erde „im Lande Kanaan" (Gen 23,1-20) von „den Söhnen Hets" (Gen 23,3.5.7.10(2x).6.18.20; vgl. Gen 25,10 und 49,32).

beiden hetitischen Frauen Esaus aus Gen 26,34 ist.[380] Die exogamen wie endogamen Ehen Esaus sind aus der Sicht der Erzählung nicht geeignet, Esau in irgendeiner Weise als Erstling zu rehabilitieren. Esau betreibt seine Familienplanung auf eigene Initiative und außerhalb der Verheißungslinie. Durch den Verkauf seines Erstgeburtsrechts wie durch seine Heiraten zeigt Esau, dass er der Verantwortung des Erstlingstums nicht würdig ist und disqualifiziert sich damit endgültig als potentieller Erstling.

5.2.3 Neueinsatz des Qualifizierungsprozesses (Gen 28,10-22)

Die Analyse von Gen 25-27 hatte gezeigt, dass dort die Frage nach der legitimen Nachfolge Isaaks die Handlung vorantreibt. Die immer wieder aufbrechende Ironie, mit der die einzelnen Episoden erzählt sind, stellt die Fragwürdigkeit der Mittel heraus, mit denen die Beteiligten versuchen, den Qualifizierungsprozess eigenmächtig voranzutreiben. Jakob scheint trotz Erstgeburtsrecht und Erstlingssegen die Rolle des Erstlings erfüllen zu können. Obwohl es um die entscheidende Frage der rechtmäßigen Erbfolge Isaaks geht, bleibt die Rolle JHWHs dabei eigentümlich marginal auf den zweideutigen Orakelspruch Gen 25,23 und den Versuch Isaaks beschränkt, seinen Segen (Gen 27,27-29) zu legitimieren, bei dem es im Grunde um die Durchsetzung seiner eigenen Vorlieben geht. Jedoch setzt mit der Bethel-Erzählung in Gen 28,10-22 die Erzählung neu ein. Die Eingangsnotiz V. 10 bindet die Bethel-Episode in die Jakoberzählung ein. Die Angabe, dass Jakob aus Beerscheba auszieht, stimmt ebenso mit Gen 26,23 überein wie Haran als Ziel seiner Flucht mit dem Auftrag Rebekkas in Gen 27,43. Wenn nun eben an der Stelle, an der die negativen Folgen dieses Tuns deutlich zutage treten (Bedrohung der Nachkommenschaft [Gen 27,45]; Flucht Jakobs aus dem Land, das seinen Vätern und dessen Nachkommen verheißen worden war), JHWH in die Erzählung eingreift, muss dies seine Gründe haben.

Die Rede JHWHs an Jakob in Gen 28,13-15b hat dabei eine Signalwirkung. Schon die Redeeinleitung in V. 13a macht die Richtung, in die diese Worte weisen, unübersehbar deutlich. Es geht hierin offenbar um Grundlegendes: Die Verheißungen an Abraham und Isaak zuvor werden aufgenommen und für Jakob aktualisiert. Der Segen in Gen 28,13f

---

380 Der Eigenname בְּשְׂמַת ist nur in Gen 26,33 und in Gen 36,3.4.10.13.17 belegt. Die homonymen Belege in 1 Kön 4,15 und 2 Chr 11,18 meinen eine andere Person. Das Verwirrspiel von Basemat und Mahalat ist sehr schön bei HIEKE beschrieben (vgl. HIEKE, Genealogien, 154).

zitiert dabei fast wörtlich Gen 13,14-16[381] und die Landverheißung V.
13f greift die zahlreichen Verheißungen der Genesis auf (Gen 12,7;
15,18; 17,8; 24,7).[382] Es wird so signalisiert, dass von diesem Punkt der
Erzählung an JHWH selbst die Linie seiner Väter fortschreibt und Jakob seinen Ort in der Heilsgeschichte zuweist. Dies bedeutet einen
Neuanfang[383] und eine *Umorientierung*[384] für Jakob: Im Gegensatz zu Gen
25,23 und Gen 27,29 ist von einer Herrschaft Jakobs über seinen Bruder
hier nicht mehr die Rede, vielmehr davon, dass durch Jakob und dem
Volk, das von ihm ausgeht, „alle Geschlechter auf Erden" gesegnet
werden (Gen 28,14). Der Segen, den Jakob verheißen bekommt, ist kein
Erbe, um das man seinen Bruder betrügen kann, sondern JHWH selbst
schreibt diese Linie fort und begründet die Fortsetzung des Qualifizierungsprozesses Jakobs. Das Gelübde, das Jakob am Ende der Bethel-
Erzählung (Gen 28,20-22) leistet, stellt die Verlässlichkeit eben dieser
Gottesverheißungen auf den Prüfstand, so dass sich der Leser fragen
muss, ob und wie sie sich im Laufe der Handlung bewahrheiten. Ein
weiteres, wesentliches Element der Bethel-Episode ist das von Jakob in
Gen 28,20-22 geleistete Gelübde. Zusammen mit seiner Einlösung ist es

---

381 Vgl. Gen 28,14: „du wirst dich ausbreiten nach Westen und nach Osten und nach
Norden und nach Süden hin."; 13,14: „sieh von der Stätte aus, wo du wohnst, nach
Norden, nach Süden, nach Osten und nach Westen."; beide Stellen werden mit „Be-
thel" assoziiert.

382 Die Verheißungen, die an die drei Erzväter ergehen (Gen 12,1-3; 13,14-18; 15; 17;
26,2-5; 28,13-15), weisen erhebliche sprachliche und inhaltliche Parallelen auf (eine
Analyse der Verheißungstexte unter diesem Aspekt bei TASCHNER, Verheißung und
Erfüllung, 73-76) und bilden insgesamt ein „tragendes, verbindendes Gerüst" (VON
RAD, Theologie, Bd. I., 181) innerhalb der Erzelternerzählungen. Vgl. auch
RENDTORFF: „Mit dieser Verheißung, daß sie [scl. die Erzväter] Segen für die ganze
Menschheit sein sollen, sind also die Überlieferungen von den drei Erzvätern zu ei-
ner großen Einheit zusammengeschlossen." (RENDTORFF, Problem, 59).

383 S. auch SEEBASS, Genesis II/2, 309, der den Gegensatz von Gen 27* zur Bethel-
Episode deutlich benennt: „Wenn alsbald eine große Gottesoffenbarung folgt
(28,10ff), so deckt diese nicht einen Betrug/Betrüger, sondern der Zusammenhang
erfordert eine Umkehrung des Denkens […]." Er versteht die Anrede Jakobs durch
JHWH jedoch eher im Sinne einer unverdienten Bestätigung der Ereignisse Gen
25/27(vgl. schon das Gottesorakel Gen 25,23, durch das JHWH Position bezieht):
„Die wundervolle Anrede lässt also bereits ahnen, daß Jahwe den Segen Isaaks nicht
desavouieren wird, obwohl er betrügerisch erworben war." (SEEBASS, Genesis II/2,
316).

384 Vgl. auch TASCHNER, Verheißung und Erfüllung, 80: „Gottesrede und Heiligtums-
ätiologie von Bethel treffen sich in einem Punkt: Gemeinsam funktionieren sie als
erzählerisches Gegenstück zu den vorhergegangenen Episoden. Sie wirken als Kontrast zum ersten Teil der Jakoberzählung Kap 25B/27, in dem die Versuche geschildert werden, die Erwählungsgeschichte eigenmächtig fortzuschreiben." (die Argumente dafür bei TASCHNER, Verheißung und Erfüllung, 57-84).

einer der „roten Fäden" der Jakobsgeschichte (vgl. Gen 31,7.13; 35,1-
3.7) und kommt erst in Bethel (Gen 35,1-15) zum Abschluss.[385] Aufgrund der in der Forschung üblichen Aufteilung von Gelübde und
Verheißungsrede auf unterschiedliche literarische Schichten[386] stellen
sich wenige Ausleger die Frage, welche Bedeutung der Zusammenhang von Gelübde und Gottesrede hat. Dabei hat man es hier mit einem „Grundpfeiler der Architektur"[387] bzw. einer „theologischen Rahmung"[388] der Jakoberzählung zu tun:[389] Die Einreihung Jakobs in die
Linie der Väter erfolgt nicht ohne Umwege, sondern Jakob muss sich
dessen zuvor noch als würdig erweisen. Die Bedingungen der Protasis
des Gelübdes sind darauf angelegt, beim Leser Spannung zu erzeugen,[390] denn er muss sich im weiteren Verlauf fragen, ob tatsächlich
auch eintrifft, was Jakob zur Bedingung macht. Dazu gehört die friedliche Rückkehr ins Haus seines Vaters. „Der Bruderkonflikt wird so un-
verbrüchlich mit der Frage verknüpft, ob Jakob in die Linie der Väter
eingereiht wird, die in Gen 12,1-3 beginnt."[391] Erst dann kann auch sein
Qualifizierungsprozess zum Erstling als abgeschlossen gelten.

Der in der Bethel-Episode grundgelegte Neuansatz der Jakob-Esau-
Erzählung wird mithin zum „literarischen Programm" der kommenden Erzählungen. In der Bethelepisode wird der Grundstein für die
Motive gelegt, die den weiteren Fortgang der Erzählung bestimmen
werden: Die Zusage göttlicher Begleitung und schlussendlicher Rückkehr in das verheißene Land (V. 15) ist charakteristisch für die gesamte
Jakoberzählung.[392] Diese Verheißungen werden wiederum in Gen
32,10-13 und 35,11f aufgenommen. Jakobs Errichtung des „Gedenk-
steins" (V. 18-22) wird wieder erwähnt in Gen 31,13 und 35,1-7. Die
Begegnung Jakobs mit den Engeln (Gen 28,12) direkt *nach* seiner Flucht

---

385　Diese vielfältigen literarischen Bezüge von Gen 28,10-22 zu seinen Kontexten sind
　　　schon häufiger herausgearbeitet worden. Es sei hier lediglich auf FOKKELMANS Stu-
　　　die zu dieser „small literary unit" verwiesen, der die Bezüge als erster in einer
　　　grundlegenden, intertextuellen Auslegung von Gen 28 bietet (letztlich verweisen
　　　auch die meisten neueren Kommentare auf ihn); vgl. FOKKELMAN, Oog in oog met
　　　Jakob, Assen 1981 und DERS., Narrative Art in Genesis, 46-81; s. noch WENHAM, Ge-
　　　nesis II, 219-226.
386　S. dazu vor allem den Überblick bei TASCHNER, Verheißung und Erfüllung, 80-82.
387　TASCHNER, Verheißung und Erfüllung, 82.
388　So schon den Titel der Studie RICHTERS: „Das Gelübde als theologische Rahmung der
　　　Jakobüberlieferungen" (RICHTER, Gelübde, 21-52).
389　Vgl. RICHTER, Gelübde, 42-49; BLUM, Vätergeschichte, 93; CRÜSEMANN, Zehnte, 40;
　　　VAN SETERS, Prologue to History, 300-305.
390　Vgl. TASCHNER, Verheißung und Erfüllung, 82.
391　TASCHNER, Verheißung und Erfüllung, 82.
392　Vgl. Gen 28,20; 31,3.5.42; 32,13; 35.3; 46,4; vgl. ebenso Gen 26,3.24.

entspricht der Begegnung mit dem Engel kurz *vor* seiner Rückkehr ins Land (Gen 32,2). Die als מַלְאֲכֵי אֱלֹהִים bezeichneten Boten kommen nur an diesen beiden Stellen in der Genesis vor.[393] Der Sonnenuntergang (Gen 28,11; כִּי־בָא הַשֶּׁמֶשׁ) und der Sonnenaufgang (Gen 32,32; וַיִּזְרַח־לוֹ הַשֶּׁמֶשׁ) markieren jeweils die Wendepunkte der Handlung: beim ersten Mal *vor* dem Verlassen des Landes im Kontext von Verheißung und erhoffter Erfüllung; beim zweiten Mal kurz *vor* der Rückkehr ins Land[394] und der Aussöhnung mit seinem Bruder Esau und der damit verbundenen Bestätigung des Erstlingssegens für Jakob. Jakobs Aufenthalt in Bethel (Gen 28,10-22) gibt damit den Auftakt für die kommenden Episoden um Jakobs Weg zum eigenen Erstlingssegen (Gen 28,10-35,29).

5.2.4 Jakobs Aufenthalt bei Laban (Gen 29,1-32,1)

Das Ereignis in der Jakoberzählung, das den zunächst geweckten Lesererwartungen am entschiedensten zuwiderläuft, ist die friedliche Wiederbegegnung Jakobs und Esaus in Gen 33. Es stellt den Höhepunkt der Handlung dar und verkörpert zugleich den hintergründigen theologischen Gehalt der Jakoberzählung. Im folgenden Abschnitt wird dies noch näher besprochen werden. Auf den ersten Blick scheint nun die Handlung der Jakob-Laban-Episode (Gen 29,1-32,1) in keinem erkennbaren Zusammenhang mit dem Spannungsbogen der Jakoberzählung zu stehen, der vor allem den Konflikt zwischen den beiden Brüdern Jakob und Esau betrifft.[395] Die Laban-Episode handelt von Jakobs Dienst in der Fremde, in dessen Verlauf er zu einem gesegneten und reichen Mann wird. Bei näherer Betrachtung ergeben sich allerdings beachtliche Querverbindungen, die ein bezeichnendes Licht auf die *Ursachen* und die *Lösung* des Konfliktes sowie die *Schuld* Jakobs werfen:

Beim Konflikt zwischen Jakob und Laban tragen beide durch Betrügereien und „freie Auslegungen" der getroffenen Vereinbarungen dazu bei, dass sich das Verhältnis zunächst zusehends verschlechtert.

---

393   Der מַלְאַךְ אֱלֹהִים (sg.) kommt nur noch in Gen 21,17 und 31,11 vor; häufiger ist hingegen in der Genesis die Rede vom מַלְאַךְ יְהוָה; vgl. Gen 16,7.9.10.11; 22,11.15.

394   Der Sonnenaufgang (Gen 32,27) ist der entscheidende Moment in Gen 32,23-33. Erst durch den drohenden Sonnenaufgang wird es Jakob möglich, die Situation für sich positiv zu wenden.

395   So urteilt z.B. SEEBASS: „Kap. 31 ist zweifellos Höhepunkt und Ziel der kleinen Sammlung von Jakob-Laban-Erzählungen, zu denen noch 29,31-30,24 gehört. Abgesehen von der Anspielung 29,26b findet man keine Beziehung zu den vorhergehenden Esauerzählungen." (SEEBASS, Genesis II/2, 376). Ebendort: „Man hätte zwischendurch den in Gen 25,19-28 angebahnten Konflikt mit Esau beinahe vergessen können, so wenig war von seinem Konflikt zu spüren."

Hierüber wird der Betrug Jakobs an Esau mit eingespielt und damit
Jakobs schuldhafte Rolle in dem Brüderkonflikt festgehalten und aktualisiert. Gleich zu Beginn greifen die immer wiederkehrenden, langwie-
rigen Lohnverhandlungen das Thema Betrug wieder auf. Auch auf
dem Höhepunkt der Episode von Jakobs Hochzeit (Gen 29,15-30) fällt
das Stichwort רָמָה/Pi (betrügen; V. 26[396]). In der Formulierung Labans,
„so tut man nicht an unserem Ort" (לֹא־יֵעָשֶׂה כֵן בִּמְקוֹמֵנוּ), ist die Anspielung auf Jakobs viel weitergehenden Betrug nicht zu überhören.

Laban hat als betont verwandtschaftlich Handelnder (V. 13a.14a)
letztlich seinen Verwandten gründlich hintergangen, weil er das Richtige nicht von Anfang an gesagt hat.[397] Auch das Motiv der „Verschleie-
rung" bei der Hochzeit Jakobs mit Lea spielt eventuell auf die für die
List Jakobs benötigte Einkleidung mit den Tierfellen an. Die Laban-
Episode nimmt dabei die Ambivalenz der Zukunftsvorhersagen für
Jakob aus Gen 25/27 wieder auf. Wenn Jakob 20 Jahre in ein Verhältnis
eingebunden wird, das wiederholt durch die Stichworte עבד[398] und
שָׂכָר[399] charakterisiert wird, drängt sich im Hinblick auf die im Sterbese-
gen vorausgesagten Verhältnisse (Gen 27,29) der Eindruck einer „meisterhaft inszenierten Ironie"[400] auf.

Dieser Eindruck verstärkt sich noch dadurch, dass sich der Konflikt
der beiden Schwestern um die Vorrangstellung (Gen 29,31-30,24), der
in Rahels Diebstahl der Teraphim mündet, als Spiegelung der Handlung in Gen 25/27 begreifen lässt: Die Rivalität der beiden Schwestern
beginnt bereits damit, dass Rahel die eigentliche geliebte Frau Jakobs
ist (Gen 29,18), während Lea aufgrund des Betrugs von Laban an Jakob
eine unfreiwillige Beigabe darstellt (Gen 29,27). Auch das Wirken Gottes wird hier in gewisser Weise gespiegelt: War die jüngere Schwester
Rahel zwar Jakobs Geliebte und Lea die verschmähte Erstgeborene, so

---

396 Das Verbum/Pi nur hier in der Tora.
397 Vgl. GUNKEL, Genesis, 329. Zur Formulierung „so tut man nicht" (לֹא־יֵעָשֶׂה כֵן) vgl.
    noch Gen 34,7 und 1 Sam 13,12. Die ältere Tochter gibt auch Saul (1 Sam 18,17; breit
    ausgeführt in Jub 28). „Täuschung bei der Brautwerbung ist ein häufiges Motiv vgl.
    Grimms Märchen Nr. 89 [scil. „Die Gänsemagd"] vgl. Nr. 13 [scil. „Der Froschkö-
    nig"]" (GUNKEL, Genesis, 328), vgl. noch HERODOT, Historien, III,1. Die Ehe mit zwei
    Schwestern wird in Lev 18,18 verboten. Die Schlussfolgerung von SEEBASS, dass die
    Ehe mit den Schwestern aber in „früher Zeit" als „unanstößig" empfunden wurde,
    ist nicht zwingend (DERS., Genesis II/2, 331), da es in Gen 29/30 gerade um den
    Schuldaufweis Jakobs geht.
398 Vgl. Gen 29,15.18.20.25.27[2x].30;30,26[3x].29; 31,6.
399 Vgl. Gen 30,28.32.33;31,6-8. Zu den beiden charakteristischen Begriffen vgl. TASCH-
    NER, Verheißung und Erfüllung, 89.98-102 und FOKKELMAN, Narrative Art in Gene-
    sis, 130.
400 TASCHNER, Verheißung und Erfüllung, 138.

fand Lea von Anfang an Gunst in den Augen JHWHs, während Rahel einen Kampf zu bestehen, also lange zu warten hatte. Demgegenüber wird schon im Gottesorakel in Gen 25,23 eine Bevorzugung des Zweitgeborenen Jakob oder – um die bewusste Ambivalenz des Gottesspruchs zu berücksichtigen – zumindest die durch göttliche Intervention ermöglichte Umkehr der natürlichen Geburtsreihenfolge durch Gott selbst unterstrichen. Auf Jakob und nicht auf den natürlichen Erstgeborenen konzentriert sich das Handeln Gottes. In den Geburtsgeschichten (Gen 29,31-30,24) setzt sich der Konflikt der beiden weiter fort. Die Wortspiele und Ätiologien der Namen der Söhne der beiden Schwestern und ihrer Mägde basieren auf dem Ringen der beiden Schwestern miteinander.[401] Die Geburtsgeschichten der Söhne Jakobs machen entsprechend einen beträchtlichen Anteil an der Laban-Episode aus. In Gen 29,31 liegt eine Exposition vor, deren Elemente (Lea wird verschmäht – Rahel ist unfruchtbar) alle folgenden Handlungen durchdringen. Ausgerechnet die geliebte Rahel bleibt zunächst unfruchtbar, während Lea mit Kindern gesegnet wird. Rahels Unfruchtbarkeit wird abschließend erst in Gen 30,22-24 überwunden.

Die Geburtsgeschichten werden dadurch gerahmt, dass sich beim ersten Sohn (Ruben) und beim letzten (Joseph) die Namensbegründungen *nach* den Namensgebungen geboten werden und nicht wie bei den restlichen neun Söhnen *davor*. Obwohl Lea ebenfalls kurzfristig unfruchtbar bleibt (was erzähltechnisch den Einsatz ihrer Magd Silpa begründet), so bringt sie es doch immerhin auf sechs Kinder, während Rahel lediglich zwei Kinder gebären kann – und darüber hinaus später an der Geburt des Jüngsten, Benjamin, stirbt (vgl. Gen 35,19). Dennoch sind gerade diese beiden Kinder, Joseph und Benjamin, die Lieblingssöhne Jakobs. Joseph wird später eine besondere Rolle spielen, wenn es darum geht, die Israeliten mit Ägypten zu verbinden. Ferner sucht Rahel in Gen 30,14-16 ihre Hilfe nicht mehr in einer göttlichen Instanz, sondern stattdessen in einer im orientalischen Kulturraum als Aphrodisiakum bekannten, mit der Hoffnung auf eine Fertilitätssteigerung verwendeten Pflanze, den דּוּדָאִים (Gen 30,14).[402] Rahel „verkauft" im

---

401 So auch die Beobachtung von HIEKE, Genealogien, 170f. Zur Etymologie der Namen vgl. u.a. LACOCQUE, Une descendance, 119-123 und MEURER, Gebärwettstreit, 93-108.

402 Gemeint ist hier die Mandragora vernalis. Einige knappe Hinweise finden sich bei ZOHARY, Pflanzen der Bibel, 188-189, bei JACOB, Genesis, 597f (mit Spr 7,17f gegen die Vorstellung, dass die Dudaim als Aphrodisiakum verwendet wurden: „Die Dudaim sind also nicht in höherem Grade Stimulantien als sonst duftende Blumen, und die ganze Gelehrsamkeit von Alraunen, Liebesäpfeln und ihrem Liebeszauber ist überflüssig.") und bei VON RAD, Genesis, 238.

Grunde den Geschlechtsverkehr mit Jakob für die von Ruben, ihrem Erstgeborenen, für seine Mutter Lea gesammelten Dudaim.[403] Die Szene vom Verkauf des Erstlingstum Esaus scheint hier deutlich durch.

Auf einen letzten Punkt sei hier noch hingewiesen, der auf die Schuld Jakobs rückverweist, bisher aber in der Forschung noch nicht berücksichtigt wurde. Bei der Täuschungserzählung in Gen 27 sind die *fünf Sinne wesentlich,* da sie wegen der Altersschwäche des Vaters die Segensvertauschung überhaupt erst ermöglichen. Erst nach dem Dreischritt von Fühlen (V. 21-23), Schmecken (V. 25) und Riechen (V. 27) ist Isaak vollkommen überzeugt, den richtigen Sohn zu segnen. Darauf kann Gen 29/30 zurückgreifen und ergänzt die Sinne zur vollständigen Fünfzahl. M.E. dürften sich nicht zufällig die Namen der ersten beiden Söhne Jakobs ebenfalls auf die beiden noch fehlenden Sinne beziehen: רְאוּבֵן (wörtlich: „Seht! Ein Sohn"; die Namensdeutung in Gen 29,32: כִּי־רָאָה יְהוָה) und שִׁמְעוֹן (abzuleiten von שמע; die Namensdeutung in Gen 29,33: כִּי־שָׁמַע יְהוָה). Die Söhne sind damit gleichsam ein Rückverweis auf Jakobs eigene Schuld in Gen 27. Wie in Jakobs Namen („Fersenschleicher"; vgl. Gen 25/27) ist auch in seinen Söhnen die Schuld für den Leser präsent. Dies verstärkt den Leseeindruck, dass die Schuld nicht ohne weiteres zu überwinden ist, denn sie hat sich – so das Bild – schon in die nächste Generation hinein fortgesetzt bzw. haftet dieser neuen Generation noch an.

Betont werden soll an dieser Stelle noch einmal, dass es sich bei den beschriebenen Motivspiegelungen um *Lesehinweise* handelt, die die Bedeutung bestimmter Aspekte der Jakob-Esau-Erzählung signalisieren und reïnterpretieren. So sollen Jakobs Handlungen wohl nicht dadurch entschuldigt werden, dass in der Laban-Episode demonstriert wird, wie sehr die Verhältnisse in der Fremde und die in Gen 25/27 dargestellten Praktiken sich ähneln.[404] Ganz und gar fern liegen in irgendeiner Weise moralisierende oder psychologisierende Deutungen, die auf eine *Belehrung* der Jakobsfigur innerhalb der Laban-Episode zielen, also etwa die Deutung der Episode als eine Art Nemesis: Jakob müsse etwa am eigenen Leib erfahren, was er anderen angetan hat. So formulierte es von Rad klassisch: „So zeigt der Erzähler, wie in diesem Schwank derbster Sorte eine ernste Nemesis waltet."[405] Allerdings war schon gezeigt worden, dass die List Jakobs in Gen 25 und 27 nur durch *subtile* Andeutungen des Autors vom Leser als Betrug gedeutet wer-

---

403 SEEBASS, Genesis II/2, 341 dazu treffend: „Rahel muß in ihrer Selbstachtung stark heruntergekommen sein."

404 So der Hinweis bei TASCHNER, Verheißung und Erfüllung, 85.

405 Vgl. VON RAD, Genesis, 235 (über Jakobs Hochzeit in Gen 29,21-26).

den kann. Auf der Textoberfläche geschieht dies freilich nicht so stark, wie der Nemesis-Gedanke es erwarten ließe.

Auf der anderen Seite zeichnen sich in der Episode der Beginn der Erfüllung der Bethelverheißung sowie der Abschluss der Qualifizierung Jakobs als Erstling ab. Der Konflikt der beiden Frauen weitet sich zum „Gotteskampf" aus (נִפְתּוּלֵי אֱלֹהִים נִפְתַּלְתִּי; Gen 30,8), in dessen Verlauf insgesamt elf Söhne geboren werden, die alle die Namen der Stämme Israels tragen. In den elf Söhnen Jakobs verwirklicht sich sichtbar der Erstlingssegen. Der „Gotteskampf" der Schwestern weist zudem voraus auf den Kampf am Jabbok (Gen 32,23-33)[406], wo Jakob seinen eigenen Segen zugesprochen bekommt. Als sich das Verhältnis zwischen Laban und Jakob zusehends verschlechtert, bekommt Jakob von JHWH selbst den Auftrag, in das Land zurückzukehren, das ihm verheißen worden ist (Gen 31,3). In der Flucht Jakobs vor Laban zu Esau (Gen 31,1-32,1) spiegelt sich die Flucht Jakobs vor Esau zu Laban.

Das Ziel der Erzählung besteht in einer Streitschlichtung (V. 43-54), die eindeutig auf Gottes Wirken zugunsten Jakobs zurückgeführt wird (V. 24.29.42). Auch den Streit zwischen den beiden Frauen hat letztlich Gott zu einem versöhnlichen Ende geführt. Hierin werden die bevorstehende Begegnung mit Esau und die Hoffnung auf Versöhnung präfiguriert. Am Ende seines langen Aufenthaltes in der Ferne hat Jakob nicht nur zwei Frauen, die ihn in seiner Verselbstständigung, Flucht und Befolgung des Gotteswortes rückhaltlos unterstützen (Gen 32,2-24), sondern auch elf Söhne und ein beträchtliches Vermögen erworben (Gen 30,25-31,1). Dadurch scheint Jakob zumindest als potentieller Erstling in Frage zu kommen. Die Laban-Episode leistet damit zum einen wesentlichen Erzählfortschritt innerhalb der Jakob-Esau-Erzählung. Zum anderen spiegelt sie – aus der Leserperspektive – den Bruderkonflikt Jakob-Esau, woraus sich für den Leser eine Reihe von déjà-vù-Erlebnissen auftun.[407] So regt der Text dazu an, von der Jakob-Laban-Episode her den ungelöst im Raum stehenden Bruderkonflikt weiterzudenken und eine Lösung zu erwarten.

---

406 Als Vollverb („besiegen"; nicht als Modalverb) erscheint יכל nur in Gen 30,8 und in Gen 32,26.29 innerhalb der Genesis.

407 Für die gezielte Platzierung zwischen den Erzählungen um den Konflikt der Brüder sprechen sich dezidiert DICOU, The Role of Edom, 129-131; DERS., Jakob en Esau, Israël en Edom, 129 und FOKKELMAN, Narrative Art in Genesis, 140f aus (jedoch mit unterschiedlichen Begründungen). Zum Verhältnis des „Jakob-Laban-Komplexes" zur Peripetie der Jakoberzählung vgl. auch TASCHNER, Verheißung und Erfüllung, 137-139.

5.2.5 Versöhnung als Bestätigung des Erstlingssegens (Gen 32,2-33,17)

Jakob kehrt mit einer großen Familie und großem Reichtum zurück. In Gen 32,2f wird mit expliziten wie impliziten Verweisen auf die Bethelepisode Gen 28,10-22 der Erzählfaden um Bruderkonflikt und Erstlingssegen wieder aufgegriffen.[408] Jakob hat sich nun bei der Rückkehr mit den Folgen seines Verhaltens gegenüber Esau auseinanderzusetzen. Die ausstehende Versöhnung mit seinem Bruder bestimmt nun die Dynamik der Erzählung. Der gesamte Abschnitt Gen 32,2-33,17 ist als eine zusammenhängende, wohl komponierte Erzählung zu lesen.[409]

Innerhalb dieser Komposition bildet Jakobs Kampf mit dem unbekannten Mann am Jabbok und seine Umbenennung in „Israel" (Gen 32,23-33) den Kulminationspunkt der Segensthematik.[410] Die Jabbok-Episode ist damit das Pendant zu Gen 25,29-34, wo der Erwerb des Erstlingstum im Zentrum stand. Die Erwähnung des Volksnamen „Israel" (die Umbenennung Jakobs in Gen 32,29) entspricht der Erwähnung des Volksnamen des anderen Bruders gleich zu Beginn (Edom in Gen 25) und verstärkt damit die thematische Inklusion. Erst Jakobs Begegnung mit Gott macht ihn zur Begegnung mit seinem Bruder bereit (Gen 33,1-11). Gen 32,23-33 dient innerhalb der Versöhnungserzählung als retardierendes und sinnentscheidendes Moment, das den meisterhaft konstruierten Spannungsbogen in Gen 32/33 just vor der Lösung des Bruderkonflikts noch einmal unterbricht.

Gen 32,23-33 gehört damit wesentlich zum Aufbau der Versöhnungsepisode mit dazu. V. 23 markiert mit zwei Rückverweisen auf den voranstehenden Kontext gerade keinen selbstständigen Erzählanfang. Das Subjekt Jakob ist nicht eingeführt, und die Zeitangabe „in jener Nacht" bindet ausdrücklich an V.22 und V. 14 zurück. Auch setzt der Aufbruch einen Ort voraus, der über den Rückverweis „dort" in V. 14 auf Machanajim V. 3 führt. Und schließlich bedarf die Erwähnung von Frauen und Kindern des vorausgegangenen Kontextes. „Mag die Szene durch ihre Bezüge zwischen Anfang und Schluss eine gewisse Ge-

---

408 Eine Inklusion kann man in Gen 28,10-22 und Gen 32,2f sehen, die unmittelbar nach dem Verlassen des Landes bzw. unmittelbar vor der Rückkehr in das Land stattfindet. Die Begegnung Jakobs mit den Engeln (Gen 28,12) direkt *nach* seinem „Auszug" (seiner Flucht) entspricht der Begegnung mit dem Engel kurz *vor* seiner Rückkehr ins Land (Gen 32,2). Hier sind es allerdings die Engel, die auf Jakob treffen (וַיִּפְגְּעוּ־בוֹ מַלְאֲכֵי אֱלֹהִים), nicht umgekehrt (Gen 28,12); vgl. auch FOKKELMAN, Narrative Art in Genesis, 198f sowie TASCHNER, Verheißung und Erfüllung, 140-150.

409 Die enge formale wie theologisch-narrative Vernetzung wird über die konstitutiven Wortspiele mit פְּנוּאֵל/פְּנִיאֵל־פָּנֶה und חֵן־מַחֲנַיִם־מַחֲנֶה־מִנְחָה geleistet. S. dazu weiter unten.

410 So auch DEURLOO, De naam en de namen, 37 und DERS., Genesis-Kommentar, 151.

schlossenheit zeigen, wozu nicht nur das Verb עבר, sondern auch der
Kontrast von Nacht und Sonnenaufgang beiträgt, so ist sie doch ohne
ihren Kontext nicht wirklich funktionsfähig."[411] Zur Kontexteinbin-
dung von Gen 32,23-33 sind in den letzten Jahren die zahlreichen literarischen Bezüge der Szene am Jabbok herausgearbeitet worden, so
u.a. von Fokkelman, Deurloo, Blum und Taschner.[412] Die starke Kontexteinbindung der Jabbok-Erzählung macht es schwer, in ihr eine
„unglücklich"[413] platzierte Episode zu vermuten, die als „eine ausge-
sprochene Einzelerzählung"[414] bzw. „Sage auf eignen Füßen"[415], retar-
dierend zwischen der Vorbereitung Jakobs auf die Begegnung mit
Esau in Kapitel 32 und die Begegnung selbst in Kapitel 33 „eingeschoben" zu sein scheint.

5.2.5.1 Versöhnung und Segen (Gen 32,23-33)

Bei seiner Rückkehr fürchtet Jakob sich sehr vor der Begegnung mit
seinem Bruder. Diese Furcht (Gen 32,12: כִּי־יָרֵא אָנֹכִי אֹתוֹ; vgl. V.8-9)
rekurriert auf die Tötungsabsicht Esaus in Gen 27,41. Die „400 Mann"
(Gen 32,7; 33,1), mit denen Esau Jakob entgegen zieht, versprechen
auch wenig Gutes. Die Begegnung mit Gott am Jabbok leitet nun die
entscheidende Wende im Versöhnungsgeschehen ein (Gen 32,23-32).
Von dem Gespräch Jakobs mit Laban (Gen 31,25-32,1) bis zur Wiederbegegnung der beiden Brüder (Gen 33,17) vergehen einige Tage, die
über zwei Kapitel hinweg ausführlich geschildert werden. Während in
den vorausgegangenen Passagen die Zeit immer wieder gerafft wurde
(20 Jahre innerhalb von zwei Kapiteln), verlangsamt sich das Erzähl-
tempo hier am Schluss der Jakoberzählung merklich:[416] Erzählzeit und
erzählte Zeit näheren sich in hohem Maße an. Das Fehlen von zeitlichen Lücken („Gaps") steigert die Erzählintensität enorm und zeigt an,
dass die Jakoberzählung nun ihrem Höhepunkt entgegen strebt. Ein
vergleichbares Phänomen von retardierendem Erzählen tritt nur noch
in Gen 22,1-19 auf. Hier wie dort laufen die entscheidenden Erzählfäden zusammen: In Gen 22,1-19 ging es um die abschließende Qualifizierung Abrahams zum Erstling. In Gen 32,23-33 steht ebenso Jakobs
Rolle als Erstling auf dem Spiel. Die Krise wird hier wie dort erst durch

---

411 KÖCKERT, Jakobs Gegner, 167f.
412 S. FOKKELMAN, Narrative Art in Genesis, 17-236; DEURLOO, Genesis-Kommentar,
     152-154; BLUM, Vätergeschichte, 140-151 und TASCHNER, Verheißung und Erfüllung,
     140-195.
413 NOTH, Pentateuch, 111.
414 NOTH, Pentateuch, 104.
415 GUNKEL, Genesis, 365.
416 S. vor allem FOKKELMAN, Narrative Art in Genesis, 195.

das Eingreifen Gottes[417] und die göttliche Bekräftigung des Erstlings überwunden (Gen 22,15-18; 32,30).

Die Erzählung beginnt damit, dass Jakob in der Nacht seine Familie über den Fluss Jabbok bringt. Er selbst aber bleibt diesseits des Flusses (V. 22-24). Als Jakob die Furt überqueren will, wird er von einem unbekannten „Mann" (V. 25) angegriffen. Der Text deutet später an, dass dies wohl Gott gewesen sei (V. 29.31; vgl. פְּנִיאֵל und יִשְׂרָאֵל). Der Kampf mit dem Bruder, den er fürchtet, scheint ein Kampf mit Gott zu werden.

Erst als der neue Tag anbricht, wird der ungleiche Kampf entschieden. Der Übergang von der Nacht zum Tag (V. 25) markiert den entscheidenden Wendepunkt und weist auf V. 14, wo es Nacht ist. In der Forderung des Angreifers in V. 27 („Lass mich, denn die Morgenröte ist angebrochen") sah Gunkel zu Recht ein szenisches „Mittel, um von der als länger dauernd vorgestellten Handlung des Ringens an einen Endpunkt zu kommen, der die Hauptsache bringen muss."[418] In der Erzählperspektive kann die Forderung des Angreifers darüber hinaus als Angebot zur Beendigung des Kampfes verstanden werden.

Die Frage des nächtlichen Angreifers nach Jakobs Namen (V. 28a) leitet nun die entscheidende Szene ein. Diese Frage greift die väterliche Frage nach Jakobs Namen in der Szene vom Segensbetrug wieder auf, die Jakob damals noch mit einer Lüge beantwortete (אָנֹכִי עֵשָׂו; Gen 27,19). Jetzt antwortet Jakob zum ersten Mal mit seinem richtigen Namen (V. 28b). Der Ausspruch des Eigennamens יַעֲקֹב kommt einem Schuldbekenntnis gleich: Über die Wortspiele in Gen 25,26 („an der Ferse [עָקֵב] festhalten") und Gen 27,36 (וַיַּעְקְבֵנִי/„betrügen"; wörtlich: „hinterher schleichen") war Jakobs Schuld bereits in seinen Eigennamen mit eingetragen. Auch im Kämpfen (Gen 32,25.26: אבק) Jakobs mit dem „unbekannten Mann" waren schon die vielen Unter- und Nebentöne der paronomastischen Jakob-Etymologien wieder zu hören (vgl. auch die Assonanzen יַעֲקֹב-יַבֹּק). Eben dieses Schuldbekenntnis wollte der nächtliche Angreifer ausgesprochen bekommen. Erst durch die göttliche Umbenennung verschwindet der Makel Jakobs: Aus „Jakob" wird „Israel" (V. 29).[419]

---

417 Bzw. beide Male ist es nicht JHWH selbst: In Gen 22,11 u.ö. ist es der Engel JHWHs. In Gen 32 kann es sich durch bewusste Undeutlichkeit um einen Mann (32,25), Gott (32,29) oder einen Engel (32,2f; vgl. Hos 12,5) handeln.

418 GUNKEL, Genesis, 361; s. noch KÖCKERT, Jakobs Gegner, 165f. Ähnlich argumentiert auch BLUMS, der das Motiv der aufsteigenden Morgenröte in Gen 32 als zeitliche Begrenzung des Kampfes ansieht (vgl. BLUM, Komplexität der Überlieferung, 15).

419 Die begriffliche Spannung sollte darum gerade nicht zu überlieferungsgeschichtlichen Konstruktionen führen (eine Übersicht dieser Versuche und Literaturhinweise

Auf Grundlage dieser Argumentation dürfte sich auch das viel diskutierte Problem lösen lassen, warum zur Deutung des neuen Namens „Israel" gerade nicht mehr das Verbum אבק („ringen") gebraucht wird, sondern über die Wurzel שרה („kämpfen") eine Etymologie hergestellt wird: כִּי־שָׂרִיתָ עִם־אֱלֹהִים „denn du hast mit Gott und mit Menschen gekämpft" (Gen 32,29b; darum auch יִשְׂרָאֵל).[420] Das Verbum אבק spielt zuvor auf die Jakob-Paronomasien an und betonte so dessen Schuldverstrickung. In „Israel" ist dieser Makel vollkommen beseitigt. Erst *nach* dem Erhalt des neuen Namens kann Jakob nun auch seinen eigenen Segen erhalten (וַיְבָרֶךְ אֹתוֹ שָׁם; V. 30).

Vom Sonnenuntergang in unmittelbarem Kontext (Gen 32,14.22.23) geht es nun über zum Sonnenaufgang (Gen 32,32; וַיִּזְרַח־לוֹ הַשֶּׁמֶשׁ). Er kündigt ein Ende der Zeit in der Fremde für Jakob an. Der Sonnenuntergang zu Beginn der Flucht (Gen 28,11; כִּי־בָא הַשֶּׁמֶשׁ) deutete metaphorisch den Tiefpunkt der Jakoberzählung an und leitete den in JHWH selbst begründeten Neubeginn ein. Am Ende des Aufenthaltes in der Ferne und nach vollzogener Umkehr Jakobs wird dieser Tiefpunkt schließlich wieder durch JHWHs Eingreifen überwunden.[421] Dazwischen stand die Erzählentwicklung in Bezug auf Jakobs Segen und die Aussöhnung mit Esau beinahe still. Nach der Begegnung mit Gott und der vollzogenen Veränderung kommt das Versöhnungsgeschehen nun wieder in Gang. Vom „betrogenen Betrüger" wird Jakob so zum „Streiter Gottes" (יִשְׂרָאֵל).[422] Die Namensänderung spiegelt die innerliche Veränderung Jakobs wider, der nun mit seiner Schuld im Reinen ist. Diese Umkehr Jakobs ist das theologisch zentrale Element der Jabbok-Episode. Über das Motivwort עבר/„hinübergehen" wird diese Verän-

---

bei KÖCKERT, Jakobs Gegner, 160-18, bes. 173). Die Jakob-Paronomasien dürften im Vordergrund gestanden haben für den Gebrauch zweier unterschiedlicher Verben. וַיֵּאָבֵק (Gen 32,25) blickt zudem voraus auf die versöhnliche Umarmung durch Esau (Gen 33,4: וַיְחַבְּקֵהוּ, Wurzel חבק).

420 Zum Problem s. beispielsweise TASCHNER, Verheißung und Erfüllung, 154 und KÖCKERT, Jakobs Gegner, 173.

421 Nur an diesen beiden Stellen kommt explizit שֶׁמֶשׁ in der Jakoberzählung vor. Der Bezug von Gen 32 auf Gen 28,10-22 wird noch verstärkt: In der Jabbokepisode wie in Bethel Gen 28,10-22 spielt der „Ort" eine entscheidende Rolle (6x הַמָּקוֹם in Gen 28: V.11 [3x] und dann wieder 3x am Ende in V. 16,17,19, was in der Umbenennung des מָקוֹם kulminiert [V. 19]), dass er einen neuen Namen bekommt. Er wird durch die Offenbarung zu einem Ort, der für das Gottesverhältnis Jakobs von entscheidender Bedeutung ist; vgl. die Wichtigkeit des מָקוֹם in Gen 22.

422 So die treffliche Übersetzung MARTIN BUBERS. Der Übersetzung gelingt es, zumindest einen Teil der Ambivalenz des hebräischen Begriffs einzufangen: Gedeutet wird der Name als „mit Gott gekämpft" (V. 29). Allerdings haben Eigennamen mit theophorem Element „El" durchgängig „Gott" als Subjekt des Verbums im Namen, also: „Gott kämpft".

derung Jakobs metaphorisch aufgenommen. Das „Überqueren" ist nicht nur Motivwort der gesamten Versöhnungsepisode Gen 32/33[423], sondern inkludiert im Besonderen die Jabbok-Erzählung. Die Sequenz וַיַּעֲבֹר (V. 23; und er überschritt) –מַעֲבַר (V. 23; Furt)–וַיַּעֲבִרֵם (V. 24; und er führte sie hinüber)–וַיַּעֲבֵר (V. 24; er führte hinüber)–עָבַר (V. 32; er überschritt) rahmt die eigentliche Handlung. Seine *Rückkehr* ins Land wird durch die Begegnung mit Gott auch tatsächlich zur *Umkehr*. Nicht der erschlichene Segen vom Vater, noch der (letztlich auch durch Betrug) erworbene Segen und Reichtum bei Laban machen Jakob zu Israel, sondern erst dieser göttliche Segen qualifiziert Jakob letztlich zum Erstling. Auf diese Weise ausgestattet und verändert kann Jakob nun auch seinem Bruder begegnen, um sich mit ihm zu versöhnen.

5.2.5.2 Reïnterpretation der Versöhnung durch Gen 32,23-33

Es vollzieht sich aber noch eine weitere Veränderung innerhalb dieser Erzählung, der die in Gen 33 erwartete Versöhnung neu perspektiviert und die Lesererwartungen korrigiert. Als Jakob in Machanajim lagert (מַחֲנָיִם; Gen 32,4-22), trifft er verschiedene Vorbereitungen, um seinen Bruder zu besänftigen und seine Familie und sein Hab und Gut zu retten (Gen 32,4-14a.14b-22). Durch das Innehalten im Gebet (Gen 32,4-14a) wird Jakob reif für neue Taten.[424] Dieser Abschnitt dient somit als Exposition zum Folgenden. Zuerst teilt er sein Lager (מַחֲנֶה; V.8.22), dann schickt er von seinem Viehbestand Esau mehrere Herden als Geschenk (מִנְחָה, V.14.19.22) entgegen. Die Hoffnung Jakobs ist es, Gnade (חֵן) in den Augen seines Bruders zu finden. Die immer wiederkehrende Wendung לִמְצֹא־חֵן בְּעֵינֶיךָ im Munde Jakobs (Gen 32,6; 33,10.15) bildet ein wichtiges Bindeglied zwischen Gen 32 und 33. Das paronomastische Wortspiel mit den Begriffen Machanajim (מַחֲנָיִם)[425]–Lager (מַחֲנֶה)[426]– Geschenk (מִנְחָה)[427] ist bemerkenswert und konstitutiv für den Gesamtzusammenhang Gen 32f. Im Besonderen verbindet es die Episode von Jakobs Kampf am Jabbok (Gen 32,23-33) mit der Erzählung um die Begegnung und Versöhnung mit seinem Bruder Esau, die sie

---

423 Vgl. Gen 32,17.22.23.24.32; 33.3.14; dazu bereits GUNKEL, Genesis, 356; s. auch FOKKELMAN, Narrative Art in Genesis, 206.212; BLUM, Komplexität der Überlieferung, 11.15; TASCHNER, Verheißung und Erfüllung, 155f; KÖCKERT, Jakobs Gegner, 165-168 und besonders DEURLOO, De naam en de namen, 35-39.

424 Vgl. FOKKELMAN, Narrative Art in Genesis, 204.

425 Gen 32,3, vgl. dazu BLUM, Vätergeschichte, 142.

426 Gen 32,8.9.11.

427 Gen 32,14.19.21.22; 33,10.

unterbricht.[428] Das zentrale Anliegen Jakobs, Gnade (חֵן) bei Esau zu finden, wird damit unterstrichen.[429]

Die Jabbok-Episode unterbricht jedoch dieses Vorhaben Jakobs. Nach der Begegnung am Jabbok wird dann auch der Ort Machanajim (Gen 32,3.14) umbenannt in Peniël bzw. Penuël (Gen 32,31f; פְּנִיאֵל/פְּנוּאֵל), „Angesicht Gottes." Die lokale Veränderung spiegelt eine grundlegende theologische Veränderung in Jakobs Denken. Durch die Umbenennung wird nämlich die מַחֲנַיִם-Assonanz abgelöst durch ein Wortspiel mit der neuen Ortsbezeichnung Peniël/Penuël (פְּנוּאֵל/פְּנִיאֵל/פָּנֶה-).[430] Dieser Wandel sei im Folgenden erläutert: Zu Eingang der Versöhnungs-Episode fürchtet sich Jakob gerade, das Angesicht (פָּנֶה) seines Bruders zu sehen (Gen 32,21f):

> „Ich will ihn versöhnen (אֲכַפְּרָה פָנָיו) durch das Geschenk, das vor mir (לְפָנַי) hergeht, danach erst will ich sein Gesicht (פָּנָיו) sehen; vielleicht wird er mich annehmen (יִשָּׂא פָנָי). So zog das Geschenk vor ihm her (עַל-פָּנָיו), er aber übernachtete in jener Nacht im Lager."

Der zentrale Begriff פָּנֶה begegnet insgesamt fünfmal – und zwar mit Suffixen im Wechsel von dritter und erster Person Singular, die sich jeweils auf Jakob und Esau beziehen. Die Wendung אֲכַפְּרָה פָנָיו ist im Hebräischen ungewöhnlich und singulär (wörtlich: „sein Angesicht bedecken")[431] und deutet wohl schon auf die hervorgehobene Bedeutung des Wortes פָּנֶה im folgenden Erzählabschnitt hin. Daraufhin aber begegnet Jakob nicht dem Angesicht Esaus, sondern einer Person, die lediglich als אִישׁ klassifiziert wird. Vom Erzählduktus her wäre ab Gen 33,23ff natürlich unmittelbar Esau zu erwarten, dem Jakob von Angesicht zu Angesicht begegnet (V. 21f). Jedoch lässt die Erzählung eine eindeutige Identifizierung des אִישׁ, mit dem Jakob kämpft, offen. Ge-

---

428 Vgl. VON RAD, Genesis, 283f; FOKKELMAN, Narrative Art in Genesis, 220; DICOU, The Role of Edom, 121; DERS., Jakob en Esau, Israël en Edom, 28 und DEURLOO, De naam en de namen, 35–39.

429 Zum Wortspiel vgl. DEURLOO, De naam en de namen, 36f; DERS., Genesis-Kommentar, 150f und DICOU, The Role of Edom, 121 Anm. 2 (mit weiteren Belegen); vgl. dazu noch BLUM, Vätergeschichte, 142 und TASCHNER, Verheißung und Erfüllung, 145f.

430 Zum Wortspiel פְּנוּאֵל/פְּנִיאֵל-פָּנֶה vgl. noch BÖHL, Wortspiele, 14f; DICOU, The Role of Edom, 121; DERS., Jakob en Esau, Israël en Edom, 18f.27f; DEURLOO, De naam en de namen, 35–39 und DERS., Genesis-Kommentar, 150 und FOKKELMAN, Narrative Art in Genesis, 197–231 *passim*.

431 Aus Spr 16,14 darf nicht „Grimm" ergänzt werden, sondern als Sprachparallele erscheint יְחַלּוּ פָּנֶיךָ (das Gesicht sanft machen) in Ps 45,13; Spr 19,6; Hi 11,19; Mal 1,9 (vgl. JANOWSKI, Sühne als Heilsgeschehen, 98 Anm. 393).

deutet wird der Unbekannte zumeist als Engel[432], Esau[433] oder Gott selbst.[434] Die Begründung für den neuen Namen Jakobs, „Du hast mit *Gott* und den *Menschen* gekämpft und hast gewonnen" (Gen 32,29), könnte man – bei aller Schwierigkeit dieses Verses – damit als weiteren Hinweis auf den nächtlichen Kämpfer und dessen Mehrdeutigkeit verstehen: Gott oder Esau?[435]

> Die Schwierigkeit dieses Verses besteht zum einen darin, dass Jakob augenscheinlich nicht gewonnen hat: Jakob hinkt davon. Jakob tritt als Sieger zum ersten Mal in der Deutung des midraschartigen Hoseatextes[436] Hos 12,2-5 auf. Zum anderen wird weder durch die Bezüge innerhalb des Abschnitts noch vom literarischen Zusammenhang her deutlich, weshalb Jakob mit „Gott und den Menschen" gekämpft haben soll.[437] In der Forschung wird der Vorschlag gemacht, diesen Satz auf alle Konflikte Jakobs zu beziehen, von denen die Erzählungen zu berichten wissen. Dann wäre sozusagen der Kampf am Jabbok der Höhepunkt der Jakobskämpfe und „Israel" entsprechend „Ehren-„ bzw. „Siegesname", der die Durchsetzungsfähigkeit Jakobs besie-

---

432 Die Engel begegneten Jakob gerade zuvor (Gen 32,2f). So schon die Deutung von Hos 12,5: „Er kämpfte mit dem Engel und war überlegen." Vgl. auch Ri 6,14 und 3,3ff. FISHBANE, Text and Texture, 54 leitet seine Deutung als „Engel Gottes" von sowohl Hos 12,5 als auch der Parallele Gen 28,10ff ab, die er als Spiegelbild der Kampfszene am Jabbok sieht.

433 Vgl. WELLHAUSEN, Composition, 45 Anm. 2; GAMMIE, Theological Interpretation, 123: „[...] but the man uppermost in Jacob's mind, when one looks at the continuous narrative, is clearly Esau [...]." Vorsichtiger TASCHNER, Verheißung und Erfüllung, bes. 156f.239f (mit weiterer Literatur).

434 Hier sind natürlich zunächst die Forscher zu nennen, die bei ihren Betrachtungen die nachträgliche Theologisierung der alten Sage durch den Jahwisten in den Mittelpunkt stellen. Für viele stehe GUNKEL: „Jedenfalls führt die Gottesgestalt der Sage in sehr alte Zeit. Dazu stimmt auch der eigentümliche Ton der Sage, die das Grauen der Gottheit in das Dämmerlicht des Geheimnisses hüllt" (DERS., Genesis, 365; vgl. dazu ein Überblick bei KÖCKERT, Jakobs Gegner, 160-181). Jakob interpretiert den Mann als Gott; darum die Benennung „Peniël", „Angesicht Gottes". Auch die Namensnennung „Isra-El" legt den Kampf *mit* Gott nahe (obwohl das theophore Verbum eigentlich immer die Gottheit zum Subjekt hat). Die älteste Deutung als Gotteskampf bei Hos 12,4: „in seiner Manneskraft kämpfte er mit Gott." Zum Problem als Ganzem s. jetzt auch KÖCKERT, Jakobs Gegner, 160-181 (bes. 177-179) (mit einigen biblischen Parallelen).

435 So mit TASCHNER, Verheißung und Erfüllung, 159.

436 Zur Zuordnung beider Traditionen in Gen und in Hos zuletzt wieder BLUM, Hosea 12 und die Pentateuchüberlieferungen, 291-321, bes. 317-319. Nach BLUM „impliziert" die Grundschicht der Überlieferung Hos 12,3-15 „historisch eine (selbstverständliche) Kenntnis einer literarischen Jakobsgeschichte (jedenfalls in der Substanz der Jakoberzählung in Gen *25; *27-33) und einer Moseüberlieferung (Exodus und Zug nach Kanaan)" (S. 318).

437 Eine Problemskizze bei TASCHNER, Verheißung und Erfüllung, 158f.

gelt.[438] Hiergegen ließen sich deutliche Einwände erheben. Die direkt anschließende Szene zeichnet ein anderes Bild: Dort kann Jakob den Segen nur bewahren, indem er sich Esau siebenmal zu Füßen wirft. Durch die Versöhnung mit Gott wird ja erst die Versöhnung mit Esau (auf die kommt es aber an) überhaupt ermöglicht. Dieses Verbeugen stellt die exakte Umkehr des väterlichen Segens in Gen 27,9 dar: Vor *Jakob* sollten sich dort die Nationen, Mütter und Kinder verbeugen. Von einer triumphalistischen Durchsetzungsfähigkeit Jakobs kann also am Ende der Jakoberzählung keine Rede sein.

Dieses Verwirrspiel an diesem entscheidenden Punkt ist kaum zufällig. Zu Recht spricht Blum in diesem Zusammenhang von „verhüllender Sprache".[439] Der Erzählduktus läuft darauf hinaus, dass das Angesicht Esaus und das Angesicht Gottes für den Leser in dieser Szene nicht mehr klar auseinanderzuhalten sind. Jedoch wird zumindest dem Leser (nicht aber Jakob auf der Erzählebene) im Laufe der Handlung klar, dass es sich bei dem Gegner um Gott gehandelt haben muss (V. 29.31; vgl. פְּנִיאֵל und יִשְׂרָאֵל). Anstelle von Esau tritt Jakob nun Gottes Angesicht gegenüber, sodass Jakob nun bei der Begegnung mit Esau dessen Angesicht sehen kann, als wäre es Gottes Angesicht (Gen 33,10).[440] Erst im Angesicht des Feindes erkennt Jakob Gott von Angesicht zu Angesicht. Die Begegnung hat die Umbenennung des Ortes zur Folge. Machanajim wird in Peniël/Penuël (פְּנוּאֵל/פְּנִיאֵל) umbenannt,[441] da Jakob dort dem Angesicht Gottes (כִּי־רָאִיתִי אֱלֹהִים פָּנִים אֶל־פָּנִים; Gen 32,31b) begegnet. Erst diese Begegnung von Angesicht zu Angesicht bringt die erhoffte Versöhnung, um Esau von Angesicht zu Angesicht gegenübertreten zu können. Es ist letztlich diese *göttliche* Versöhnung, in der sein neuer Name und damit seine neue Identität gründen, nicht die Geschenke (מִנְחָה), mit denen Jakob Gnade bei seinem Bruder finden will. Darum verdrängt metaphorisch der neue Name „Peniël" den alten Namen „Machanajim".

---

438 So etwa GUNKEL, Genesis, 362; WESTERMANN, Genesis I/2, 632.

439 BLUM, Komplexität der Überlieferung, 17 Anm. 106.

440 Diese Aussage in Gen 33,10 ähnelt zudem in ihrer Struktur auffällig Gen 32,31b (vgl. BLUM, Komplexität der Überlieferung, 10 und TASCHNER, Verheißung und Erfüllung, 156f), was die inhaltlichen Bezüge zusätzlich verstärkt:

(Gen 32,31b) כִּי־רָאִיתִי אֱלֹהִים פָּנִים אֶל־פָּנִים וַתִּנָּצֵל נַפְשִׁי

(Gen 33,10) כִּי עַל־כֵּן רָאִיתִי פָנֶיךָ כִּרְאֹת פְּנֵי אֱלֹהִים וַתִּרְצֵנִי

441 Nur in V. 31a פְּנִיאֵל statt פְּנוּאֵל, da hier die Assonanz mit אֱלֹהִים פָּנִים אֶל־פָּנִים (V. 31b) deutlich werden soll. In V. 32 dann wieder פְּנוּאֵל.

5.2.5.3 Versöhnung der Brüder (Gen 33,1-17)

Im Anschluss an die Jabbok-Episode wird die Versöhnung der beiden Brüder (Gen 33,1-11) und deren anschließende, friedliche Trennung berichtet (Gen 33,12-17). Der Erzählbogen kommt hier zum Ende. Gen 33,1-17 entspricht in umgekehrter Weise Gen 26,34-28,9: Dort ist die Beziehung zwischen Esau und Jakob gebrochen, in Gen 33 wird sie wieder hergestellt.

Offensichtlich gliedern die beiden gleichlautenden Verse 33,1a und 5a den ersten Erzählgang:

(1a) וַיִּשָּׂא יַעֲקֹב עֵינָיו וַיַּרְא

„Jakob hob seine Augen auf und sah"

(5a) וַיִּשָּׂא אֶת־עֵינָיו וַיַּרְא

„Er (Esau) hob seine Augen auf und sah"

Auf diese Weise stellt der Erzähler die unterschiedlichen Perspektiven ausdrücklich einander gegenüber, aus der die beiden Brüder das Geschehen erleben.[442] Das ist deshalb so bemerkenswert, da bisher der Erzähler nur aus der Perspektive Jakobs das Geschehen berichtet hat.[443] Jakob sieht seinen Bruder mit 400 Mann herannahen (V. 1a), und Esaus Blick fällt auf Jakobs Frauen und seine Kinder (V. 5b). Auf diese Weise gewinnt die Handlung ihre Plastizität.[444] Die an Jakob soeben vollzogene Umkehr zeigt sich in der Umkehrung der im väterlichen Segen zugesprochenen Verhältnisse (Gen 27,29): Nicht die Völker dienen ihm und die Völkerschaften verbeugen sich vor Jakob. Jakob verbeugt sich vor Esau siebenmal (וַיִּשְׁתַּחוּ; Gen 33,3). Nach ihm tun dies auch seine Mägde, seine Frauen und seine elf Söhne (Gen 33,6-7). In der literarischen Bewegung vom Einzelnen zur Menge wird sehr plastisch der in den „Völkern" und „Völkerschaften" beschlossene Plural des individuellen Vätersegens Gen 27,29 aufgenommen.[445]

Selbst wenn dieses Verbeugen nur eine Floskel altorientalischer Höflichkeit sein sollte[446], so verbeugt sich doch nicht Esau vor Jakob (Gen 25,23), sondern Jakob vor Esau, und dies sogar gleich siebenmal

---

442 Dazu FOKKELMAN: „The text shows how the brothers look at each other" (DERS., Narrative Art in Genesis, 224).

443 Mit Ausnahme von Gen 25,24b.

444 Dies hebt auch TASCHNER hervor (vgl. TASCHNER, Verheißung und Erfüllung, 159).

445 Zu letzterem s. auch die Ausführungen bei FOKKELMAN, Narrative Art in Genesis, 224.

446 So dezidiert SEEBASS, Genesis II/2, 407-409. Die übermäßigen Geschenke Jakobs sowie Jakobs Höflichkeit und Anrede Esaus als „Herr" seien alle im Rahmen der altorientalischen Höflichkeitsnormen zu sehen.

(Gen 33,3). Das siebenmalige Verbeugen ist außerdem – wie die Kommentare durchweg notieren[447] – ein aus den Amarnabriefen bekannter Ritus, der das Verhalten der Vasallen gegenüber ihrem König beschreibt.[448] Derlei Hintergrund dürfte auch für die Begegnungsszene von Jakob und Esau intendiert sein.[449] Dazu passt, dass Jakob sich selbst als „dein Knecht" (Gen 33,5.14; vgl. 32,5.6.11.17(2x) 19.21) und Esau „meinen Herrn" (Gen 33,8.13.14.15; vgl. Gen 32,5.6.19) nennt. Bei der Begegnung erscheint Esau sehr großherzig. Er ist voller Freude, seinen Bruder wieder zu sehen (Gen 33,4). Esaus versöhnliche Umarmung (Gen 33,4: וַיְחַבְּקֵהוּ, Wurzel חבק) konterkariert den soeben ausgetragenen, bedrohlichen Gotteskampf (Gen 32,25: וַיֵּאָבֵק, Wurzel אבק). Es ist Esau, der dieses konfliktbeladene Wort „Bruder" wieder in den Mund nimmt (V. 4).

Das eigentliche Versöhnungsgeschehen in Gen 33,9-11 ist klar strukturiert und chiastisch komponiert:[450]

A (9): Da sagte Esau: Ich habe genug (יֶשׁ־לִי), mein Bruder; es sei dein, was du hast.

> **B** (10a): Jakob aber sagte: Nicht doch; wenn ich überhaupt Gnade (חֵן) gefunden habe in deinen Augen,

>> **C** (10b): dann nimm (וְלָקַחְתָּ) mein Geschenk (מִנְחָתִי) aus meiner Hand.

>>> **D** (10c): denn ich sah dein Angesicht (פָנֶיךָ),

>>> **D'** (10d): als hätte ich Gottes Angesicht (פְּנֵי אֱלֹהִים) gesehen, und du hast mich freundlich angesehen.

>> **C'** (11a): Nimm (קַח־נָא) doch meinen Segen (אֶת־בִּרְכָתִי), der dir gebracht ist.

> **B'** (11b): Denn Gott hat sich über mich erbarmt (חַנַּנִי).

A' (11c): Ich habe von allem genug (יֶשׁ־לִי־כֹל).

Im Zentrum steht wieder das Motivwort פָּנֶה, das in der Jabbok-Erzählung über das Wortspiel פְּנוּאֵל/פְּנִיאֵל-פָּנֶה eine Reïnterpretation des Versöhnungsgeschehens ermöglichte.[451] Diese Versöhnung, die zuerst

---

447 Vgl. etwa GUNKEL, Genesis, 366; SKINNER, Genesis, 413; VON RAD, Genesis, 266 und WESTERMANN, Genesis I/2, 639.

448 „Zu Füßen des Königs, meines Herrn, falle ich siebenmal und siebenmal nieder." (EA 286,3; 289,3; TUAT I/5, 513f [DIETRICH/LORETZ]).

449 An dieser Stelle greift auch SKINNERS Einwand nicht (DERS., Genesis, 413): Er führt 1 Sam 20,41 als Gegenbeispiel dafür an, dass Jakob sich in Gen 33 als Esaus Vasall ausgebe. Dort verbeugt sich David vor Jonathan dreimal. Allerdings ist Jonathan Königssohn (s. auch KÖCKERT, Jakobs Gegner, 221f).

450 Der chiastische Aufbau ist angelehnt an FOKKELMAN, Narrative Art in Genesis, 226.

451 Vgl. dazu Teil B.5.2.5.2.

zwischen Gott und Mensch stattfinden musste, wird nun auch zwischenmenschlich in die Tat umgesetzt. Der Übergang von Machanajim zu Peniël hatte schon angekündigt, dass nicht Jakobs Geschenke die erhoffte Wende einleiten können. Zwar formuliert Jakob in Gen 33,10b noch:

וְלָקַחְתָּ מִנְחָתִי מִיָּדִי

„Nimm mein Geschenk"

Jedoch verändert sich dies nach der Erwähnung des Sehens des Angesichtes (V. 10c.d). Jakob artikuliert nun nochmals sein Anliegen, jedoch tut er dies in fundamental anderer Weise (Gen 33,11a):

קַח־נָא אֶת־בִּרְכָתִי

„Nimm meinen Segen"

בְּרָכָה ist in der Regel mit „Segen" zu übersetzen, kann manchmal aber auch „Gabe" bzw. „Geschenk" bedeuten.[452] Im Falle von V. 11 wird in der Regel die letztere Übersetzung vorgezogen, da der Bezug zur parallelen Formulierung in V. 10a (מִנְחָה) dies „erzwinge".[453] Diese Argumentation scheint allerdings den theologischen Kern, worum es bei Jakobs Angebot geht, zu verfehlen. Die Formulierung in Gen 33,11a nimmt deutlich die Klage Esaus in Gen 27,36 (לָקַח בְּרְכָתִי [Esau]: „Er hat meinen Segen genommen") bzw. die Feststellung Isaaks in Gen 27,35 (וַיִּקַּח בִּרְכָתֶךָ: „Er hat deinen Segen genommen") wieder auf. Nur an diesen drei Stellen tritt לקח in Kombination mit בְּרָכָה auf. Der Bezug zum Segensbetrug in Gen 33,11 wird hierdurch überdeutlich. Damit wird auch klar, was Jakob mit seiner Handlung eigentlich bezwecken will: Jakob gibt in Gen 33,11b symbolisch den erschlichenen Erstgeburtssegen wieder an Esau zurück. Da im Kontext mit dem anderen Wort für „Geschenk" (מִנְחָה; über מַחֲנַיִם – מַחֲנֶה – חֵן) gespielt wird, sollte auch eine Übersetzung den im Hebräischen unterschiedlichen Wortgebrauch kenntlich machen. Auch die LXX übersetzt in V. 11 mit εὐλογία statt des δῶρον in V. 10. Im Kontext der gesamten Jakoberzählung geht es hier außerdem um den „Segen", weswegen der Leser wohl zumindest auch beide Konnotationen hier mithören kann. Taschners Vorschlag („Versöhnungsgeschenk") versucht beide Aspekte zu verei-

---

452 בְּרָכָה wird in der Bedeutung „Segensgeschenk" noch in Jos 15,19 (=Ri 1,15); 1 Sam 25,27; 30,26; 2 Kön 5,15; 18,31 (= Jes 36,16) gebraucht.

453 Vgl. SEEBASS, Genesis II/2, 404f.407-409; unter Abweisung der Deutung BUBERS als „Segen"; dort mit weiterer Literatur.

nen.[454] Allerdings wird so die Segensterminologie verschleiert. Die Übersetzung mit „Segen" ist darum vorzuziehen.[455]

Die Konflikte werden mit Esaus Akzeptanz von Jakobs Segen besiegelt. Die Konflikterzählung kommt hier zu ihrem Ende. Jakob hat sich mit Erhalt seines eigenen Segens als Erstling qualifiziert. Nun ist nicht nur zwischen Mensch und Gott, sondern auch zwischen Mensch und Mensch Versöhnung geschehen.[456] Der Qualifizierungsprozess Jakobs ist hiermit abgeschlossen.

Nach der Versöhnung kehrt jeder friedlich in sein eigenes Land zurück (Gen 33,16-17). Diese Trennung nach der Lösung des Konflikts hat ihre Parallele in der Trennung Jakobs von Laban direkt vor der Begegnung der beiden Brüder (Gen 31,1-32,1: erst die Flucht vor Laban, dann die Trennung). Die Trennungen bilden damit zusätzlich einen Rahmen zur eigentlichen Versöhnungserzählung. Wie schon bei Abraham und Isaak zuvor wird aber auch sichergestellt, dass nur die Hauptlinie im verheißenen Land bleibt. Esau siedelt in einem anderen Land (Bergland Seïr), was ausdrücklich in Gen 36,8-9[457] betont wird. Auf diese Weise stellt der Text unmissverständlich sicher, dass diese Nebenlinien ein für allemal von Segen und Verheißung im Land ausgeschlossen sind.

---

454 TASCHNER, Verheißung und Erfüllung, 238.

455 So mit BUBER/ROSENZWEIG, Die Schrift und ihre Verdeutschung, 224-226; BUBER, Leitwortstil, 1141; DEURLOO, De naam en de namen, 38 und DERS., Genesis-Kommentar, 157; FOKKELMAN, Narrative Art in Genesis, 227; GREENSPAHN, When Brothers Dwell together, 127 Anm. 46 und FISHBANE, Composition and Structure, 28.

456 Zum Versöhnungsaspekt, den viele hier sehen (vgl. etwa FOKKELMAN, DEURLOO, BREUKELMAN, BUBER): Der ganze Erzählabschnitt Gen 28-32 ist im Wesentlichen auf die Themen Schuld/Schuldaufweis und Versöhnung ausgerichtet. Der Schuldaufweis war in Gen 28-31 sorgsam vorbereitet. Die Versöhnung und Wegnahme der Schuld geschah in Gen 32,23-33. Das scheint die theologische Hauptlinie der Erzählung zu sein. Damit ist SEEBASS und COATS zu widersprechen: Nach SEEBASS werde die Versöhnung in Gen 33 nicht akzentuiert, da Jakob auch mit keinem Wort von der Schuld an Esau spreche, was nach SEEBASS entweder darauf zurückzuführen sei, dass Esau entweder den Konflikt vergessen hatte oder angesichts des von ihm Erreichten (V. 9) auf eine Verfolgung früheren Unrechts verzichtet und sich ungeteilt am Wiedersehen freuen kann (vgl. SEEBASS, Genesis II/2, 408; ebenso COATS, Genesis with an Introduction, 227). SEEBASS sah allerdings schon im Laban-Kreis keine signifikanten Verbindungen zum Bruderkonflikt.

457 Vgl. dazu HIEKE, Genealogien, 179.

5.3 Bestätigung Jakobs als Erstling (Gen 33,18-35,29)

5.3.1 Bestätigung im Kontext der Landverheißung (Gen 33,18-35,15)

Mit Gen 33,18 wird deutlich ein neuer Erzählabschnitt eingeleitet. Die Handlung setzt hier neu ein und beschreibt die Zeit Jakobs im verheißenen Land (בְּאֶרֶץ כְּנַעַן; V. 18). Schon der Relativsatz „als er von Paddan-Aram gekommen war" (בְּבֹאוֹ מִפַּדַּן אֲרָם; V. 18b) markiert eine Distanz zu den zuvor berichteten Ereignissen. Für den Leser ergibt sich damit eine nachvollziehbare zeitliche Zäsur[458], die umso mehr ins Gewicht fällt, als sich von Gen 31,25-33,17 eine Handlungsfolge ohne größere zeitliche Lücken ergibt. Der folgende Erzählabschnitt Gen 33,18-35,15 lässt sich in die drei Abschnitte Gen 33,18-20; Gen 34 und Gen 35,1-15 unterteilen, in denen sich einige deutliche Querverbindungen finden lassen.[459] Taschner und van Wolde können anhand dieser intertextuellen Verknüpfungen überzeugend darlegen, dass die drei Abschnitte als in sich stimmiger Erzählbogen begriffen werden können.[460] Die beiden Notizen über Aufbruch und Altarbau am jeweiligen Zielort Sichem (Gen 33,18-22) bzw. Bethel (Gen 35,1-15) bilden dabei einen Rahmen zu Gen 34. Die Ortsnamen „Sichem" und „Bethel" werden antithetisch einander gegenübergestellt und bekommen eine narrative Funktion, auf die im weiteren Verlauf der Analyse noch zurückzukommen sein wird.

Die Jakob-Esau-Erzählung wendet sich in diesem Erzählkomplex ihrem Ende zu. Nach der Versöhnung mit seinem Bruder hat sich Jakob endgültig als Erstling etabliert. Der mit Gen 33,18 beginnende Erzählkomplex schließt den mit dem Bethelgelübde begonnenen Handlungsbogen (Gen 28,20-22) ab. Ziel des Erzählkomplexes ist es, Jakob endgültig als Erstling Isaaks zu bestätigen und zu legitimieren.[461] Dies

---

458　Vgl. EICHRODT, Quellen, 93 und NAUERTH, Untersuchungen zur Komposition der Jakoberzählungen, 92.

459　Zu den Querverweisen innerhalb dieses Abschnitts s. vor allem TASCHNER, Verheißung und Erfüllung, 205-220; FOKKELMAN, Narrative Art in Genesis, 197-236 und VAN WOLDE, Love and Hatred, 435-449.

460　Vgl. TASCHNER, Verheißung und Erfüllung, 204-218 und VAN WOLDE, Love and Hatred, bes. 444-447.

461　Der Qualifizierungsprozess Jakobs wird hier noch einmal aufgenommen; in diesem Punkt gegen TASCHNER, der als gemeinsamen Nenner der Erzählungen lediglich „die Beziehungen der Jakobleute zu den Bewohnern des Landes" sieht (TASCHNER, Verheißung und Erfüllung, 218). Dass der Brüderkonflikt bei TASCHNER keine Rolle mehr spielt, kommt daher, dass er das Ende der Jakob-Esau-Erzählung schon in Gen 33,17 sieht (vgl. TASCHNER, Verheißung und Erfüllung, bes. 196f.199 [Gen 33-35 als „Ergänzung"].204[indirekter Zusammenhang mit dem Spannungsbogen bis Gen 33,17]). Dem ist TASCHNER insofern zuzustimmen, als der direkte Konflikt zwischen

geschieht über mehrere Etappen, in denen verschiedene Erzählelemente der bisherigen Vertauschungserzählungen eingespielt werden:

V. 19 berichtet unmittelbar vom Kauf eines Grundstücks durch Jakob.
Dies ist hier sicher auch als Hinweis auf die „Friedfertigkeit" Jakobs zu
verstehen. Er zahlt für das Land offenbar einen angemessenen Preis.[462]
Mit keinem Wort wird in V. 19 etwas davon gesagt, warum Jakob das
Landstück erworben hat. Es ist jedenfalls keine Rede davon, dass das
gekaufte Land als Grabstätte dienen soll. Erst in einem späteren Text
wird festgestellt, dass hier die Gebeine Josephs beigesetzt worden sind
(Jos 24,32). Jedoch lässt der Landkauf an Abrahams Kauf der Grabhöhle
Machpela (Gen 23) denken, bei dem ebenfalls der vom Käufer bezahlte
Kaufpreis genannt wird. Der Landkauf, den Jakob Gen 33,19 tätigt, ist
entsprechend auf dem Hintergrund von Gen 23 zu sehen. Bei Abraham
war der Landkauf als symbolische Erfüllung der Landverheißung zu
deuten:[463] Abraham erwarb dort das erste Stück Land in Israel, wodurch er als Erstling bestätigt wurde, da sich in ihm die Landverheißungen symbolisch erfüllten. Ebenso erinnert die Errichtung des Altars
bei Sichem in Gen 33,29 an die Altarbauten Abrahams in Gen 12,7b.8
und Gen 13,18. Abraham baut seinen ersten Altar ebenfalls in Sichem,
unmittelbar nachdem er von JHWH die Landverheißung erhalten hat
(Gen 12,6ff), was bis Gen 33,18 nicht wieder erwähnt wird.[464] Der
Altarbau in Gen 13,18 erfolgt nach der Auseinandersetzung mit Lot
(Gen 13,8), die aber nach der Trennung der beiden friedlich beendet
wird (Gen 13,9ff). Unmittelbar anschließend wird von einer erneuten
Landverheißung berichtet, die an Abraham ergeht (Gen 13,14ff). Der
Altarbau Gen 13,18 beschließt den gesamten Vorgang. Die eigentümliche „Zwischenbemerkung des Erzählers"[465] in der Mitte von Gen 13,
die darauf hinweist, dass die „Kanaaniter und Perisiter" im Lande
wohnen (Gen 13,7), verweist ebenfalls auf Gen 33: Beide Bevölkerungs-
gruppen werden gemeinsam erst in Gen 34,20 genannt.[466] Die Stellen,
die bei der Lektüre von Gen 33-35 mit eingespielt werden, stehen dem-

---

Esau und Jakob nun tatsächlich beendet ist. Jedoch geschieht die Bestätigung der
Qualifizierung Jakobs im Nachklang dieses Konflikts. Auch die hierauf folgende
Gegenüberstellung der Genealogien Esaus und Jakobs in Gen 36; 37,1.2ff nimmt den
Konflikt wieder auf. Der Mittelteil Gen 33,18-35,15 ist entsprechend auch im Kontext
des Brüderkonfliktes zu sehen.

462 Vgl. BOECKER, 1. Mose 25,12-37,1. Isaak und Jakob, 110.
463 Vgl. Teil B.3.2.1.
464 Vgl. NAUERTH, Untersuchungen zur Komposition der Jakoberzählungen, 138.
465 TASCHNER, Verheißung und Erfüllung, 219.
466 Vgl. JACOB, Genesis, 361.

entsprechend in unmittelbarem Zusammenhang mit der Landverheißung, die Abraham zuteil wird. Der Qualifizierungsprozess Abrahams zum Erstling erhält auf diese Weise eine „paradigmatische Bedeutung."[467]

Jedoch kann der Leser vorerst diese positive Abraham-Schablone nicht ohne weiteres auf Jakob übertragen. Vielmehr bilden der Zug nach Sichem und die darauf folgende Dina-Episode (Gen 34) einen scharfen, negativen Kontrast zur vorbildlichen Existenz Abrahams als Erstling. In Gen 25,19-33,17 wird die friedliche Aussöhnung zwischen Israel und dem Erzfeind Edom betont.[468] Die Erfüllung der in Bethel ergangenen Landverheißung (Gen 28,13-15) war unmittelbar von dieser Aussöhnung abhängig. Gerade diese Landverheißung scheint für Jakob, trotz seines Erstlings-Status, nicht in Erfüllung gehen zu können.

In Gen 34 wird nun von einem Massenmord an einem ganzen Volk berichtet (Gen 34). Ein so hohes Maß der Kriegsbreitschaft, wie es dort demonstriert wird, wirkt geradezu deplatziert im Kontext der vorherigen Erzählabschnitte und lässt den Leser die positive Bewertung Jakobs noch einmal überdenken. Gen 33,18-20 bildet zur gesamten Episode die Einleitung. Der Ort des Geschehens, Sichem, und die beiden Hauptakteure, Hamor und Sichem, werden bereits in Gen 33,18.19 eingeführt.[469] Schon der Einsatz der Erzählung verheißt wenig Gutes: Der Aufbruch nach Bethel erfolgt ausdrücklich auf Gottes Geheiß hin (Gen 35,1ff), der Zug nach Sichem hingegen nicht (Gen 33,18-20). Somit stehen auch der Landkauf und der Altarbau in Sichem unter einem schlechten Vorzeichen. Das Kapitel Gen 34 handelt von Vergewaltigung, Hinterlist und Genozid und obwohl das Geschehen nach einer ethischen Beurteilung verlangt, liefert der Text kaum Anzeichen für eine unmittelbare Wertung der Vorgänge.[470] Irgendeine programmatische Funktion dieser Erzählung lässt sich auf den ersten Blick kaum ermitteln.[471] Da die Deu-

---

467 NAUERTH, Untersuchungen zur Komposition der Jakoberzählungen, 138.

468 Die volksgeschichtliche Perspektive des Konfliktes zwischen Esau und Jakob wird gleich zu Beginn mit der Identifizierung Esaus mit Edom (Gen 25,30) eingespielt. Die Identifizierung Jakobs mit Israel wird erst in Gen 32,29 „nachgereicht", also am Ende der Konflikterzählung zwischen Esau und Jakob. Die volksgeschichtliche Perspektive rahmt demnach den Qualifizierungsprozess Jakobs.

469 Vgl. zu diesen und weiteren intertextuellen Verbindungen zwischen Gen 33,18-20 und Gen 34 TASCHNER, Verheißung und Erfüllung, 204f; s. auch VAN WOLDE, Love and Hatred, 435-437.

470 Vgl. CRÜSEMANN, Tora, 88: „[...] jeder Hinweis auf eine göttliche Norm für die Tat Simeons und Levis fehlt."

471 Vgl. SEEBASS: „eine nicht leicht verständliche Überlieferung" (SEEBASS, Genesis II/2, 420). Den *status quo* der verschiedenen Deutungsmöglichkeiten fasst VAN WOLDE

tungskategorien fast völlig fehlen, „entsteht eine ungeheure Spannung, die die Leserin und den Leser zu einer eigenen Stellungnahme herausfordert",[472] wobei es den Lesern jedoch unmöglich gemacht wird, sich auf die eine oder andere Seite der Konfliktparteien zu schlagen. Vorerst bleibt festzuhalten, dass, bei allen Deutungsschwierigkeiten, Sichem zu einem Ort wird, an dem alles misslingt. Erst im Fortgang der Erzählung kann die negative Sichem-Episode überwunden werden.

Einen *Neubeginn* nach der Katastrophe von Sichem stellt der Aufbruch von Sichem nach Bethel, der dortige Altarbau und die (wiederholte) Umbenennung in „Israel" dar (Gen 35,1-15). Die Aufforderung Gottes an Jakob, nach Bethel hinaufzuziehen, sich dort niederzulassen und einen Altar zu errichten, erfolgt in Gen 35,1 völlig unvermittelt. Von einer Traumoffenbarung (vgl. etwa Gen 28) ist keine Rede. Es bleibt beim reinen Gotteswort, das unmittelbar von Jakob befolgt wird. Der Aufbruch Jakobs auf göttliches Geheiß stellt damit die Umkehrbewegung zum anfänglichen Aufbruch in Gen 28 dar. So wie Jakob über die Zwischenstation Bethel nach Haran gelangte, so führt ihn sein Rückweg wieder über Bethel – diesmal allerdings nicht zufällig wie in Gen 28,11, sondern auf ausdrücklichen Geheiß Gottes, damit der in Gen 28,11ff noch fehlende Altar nun gebaut werde. Insgesamt zeigt sich die außerordentlich hohe Kontextabhängigkeit dieses Abschnitts zur gesamten Jakob-Esau-Erzählung,[473] weshalb sich der Zug Jakobs nach Bethel und der Altarbau als Erfüllung des Gelübdes von Gen 28,20-22 lesen lassen.[474] Zur Vorbereitung auf den Aufbruch und in erzählerischer Konsequenz des in Gott eröffneten Neuansatzes bricht Jakob mit den im Ausland gebrauchten Kultbildern und Amuletten. Jakob trennt sich durch das Wegschaffen der fremden Götter von seiner heidnischen

---

noch einmal gut zusammen (s. VAN WOLDE, Love and Hatred, 435-449); s. auch TASCHNER, Verheißung und Erfüllung, 211f. Bei der Besprechung der Vertauschung von Simeon und Levi wird auf die Episode Gen 34 noch näher einzugehen sein; s. dort Teil B.6.2.2.

472 TASCHNER, Verheißung und Erfüllung, 206.

473 Zur Kontexteinbindung von Gen 35 vgl. TASCHNER, Verheißung und Erfüllung, 214f und JACOB, Genesis, 663. Nach BLUM habe der Erzähler von Gen 35 die Geschichte von Jakob „bewusst neu dargestellt" und „reformuliert." BLUM, Vätergeschichte, 268 (vgl. die 268-270 aufgeführten Argumente); BLUM hier mit dem Verweis auf das „Problem", dass in Gen 35,9-15: „drei ‚Ereignisse' der Jakobgeschichte hier noch einmal erzählt werden" (BLUM, Vätergeschichte, 267): die Umbenennung Jakobs in Israel (Gen 32,29), die Errichtung der Mazzebe in Bethel (Gen 28,18), die Benennung der Stätte Bethel (Gen 28,19).

474 Vgl. JACOB, Genesis, 663. Die Parallelen Gen 28 und Gen 35 sieht auch BLUM; vgl. die Synopse bei BLUM, Vätergeschichte, 267.

Vergangenheit (V. 2-4), was durch die beiden in V. 2 erwähnten Reinigungsakte noch unterstrichen wird. Die hier geschilderte Begebenheit hat eine auffallende Parallele in dem Bericht von Jos 24. Auch dort geht es darum, „fremde Götter" zu entfernen (Jos 24,23), nachdem vorher noch radikaler als es in Gen 35 der Fall ist, gesagt war, dass die Väter früher „anderen Göttern gedient haben" (Jos 24,2). Beide Begebenheiten sind in Sichem lokalisiert. Wie Gen 35,1ff schildert auch Jos 24 den Übergang in eine neue Lebensphase, nämlich nach vollzogener Landnahme des Volkes den Übergang zum endgültigen Bleiben des Volkes im Lande. Blum kann hier von einer „Generalprobe von Jos 24" bzw. einer „beispielhaften Antizipation sprechen".[475] Man könnte dies als Lesehinweis werten, dass mit Gen 35 die Landverheißung nun wieder in den Fokus der Erzählung rückt – im Nachklang von Gen 33,18ff allerdings unter geänderten Vorzeichen.

Wichtiges Element der Bethel-Episode ist mithin die wiederholt erfolgende Umbenennung Jakobs in „Israel" (Gen 35,10).[476] Diese Doppelung, die meist quellenkritisch aufgelöst und auf unterschiedliche Teilerzählungen verteilt wird,[477] kann auch als Lesehinweis gedeutet werden, der die Bedeutung der Umbenennung besonders heraushebt.[478] Im Vergleich zu Gen 32 ist es nun tatsächlich Gott selbst, der den Namen Israel öffentlich „proklamiert" (Gen 35,10): וַיִּקְרָא אֶת־שְׁמוֹ יִשְׂרָאֵל. Das וַיִּקְרָא verstärkt das bloße „Sagen" (יֵאָמֵר) des Namens in Gen 32,29. In der wiederholten Umbenennung kann man eine Art Rückbesinnung auf die Heilsgeschichte Jakobs sehen, die sich von dem „Israel" der Sichem-Episode absetzt und durch Gott selbst ihren Neueinsatz findet. Dafür spricht auch, dass Jakob gerade in diesem Kontext wieder einen Altar baut (Gen 35,7). Da die Erzväter zum Altarbau keines Gotteswortes bedürfen,[479] war in Gen 35,1 mit der ausdrücklichen Aufforderung zur Errichtung eines Altars das entscheidende Erzählmoment bereits gesetzt: Auf die Errichtung genau dieses Altars kommt es an.

---

475 Vgl. BLUM, Vätergeschichte, 35-45; was zuletzt wieder von KÖHLMOOS aufgenommen wurde: Die Verknüpfung von Gen 35,1-7* mit Jos 24 habe die Funktion „eines antizipierenden Paradigmas" (KÖHLMOOS, Bet-El, 257).

476 Die auffällige Reihenfolge von Umbenennung und Selbstvorstellung in Gen 35,10.11 entspricht dabei dem Handlungsverlauf der Jabbok-Szene; (so bereits EISSFELDT, Hexateuch-Synopse, 18 Anm. 2; GROß, Jakob, 330; BLUM, Vätergeschichte, 266; TASCHNER, Verheißung und Erfüllung, 229).

477 V. 10 wird „beanstandet" und als sekundärer Einschub gewertet (vgl. GUNKEL, Genesis, 387). S. ferner die Argumente pro et contra bei BLUM, Vätergeschichte, 265f., der V. 10 dem ursprünglichen Bestand belässt und an der literarischen Einheitlichkeit von Gen 35,9-15·festhält.

478 So mit DIEBNER, Eine „enge Definition" von „Israel", 261.

479 S. WESTERMANN, Genesis I/2, 669 und SEEBASS, Genesis II/2, 437.

Der Altar in Bethel bildet folglich – wie van Wolde zu Recht hervorhebt
– das *positive Gegenstück* zum fehlgeschlagenen Altarbau in Sichem
(Gen 33,20):

> „The altar built by Jacob in Shechem in Gen 33,20 is replaced by the altar in
> Bethel in Gen 35,7. [...] Both texts (Gen 33,18-2 implicitly and Gen 35,1-3
> explicitly) refer back to Gen 28,10-20, where Jacob's God was related to Be-
> thel. [...] Bethel, the place where Jacob met his God, represents the ideal of
> one place, one people and one god. It is opposed to the other place, She-
> chem, with alien people and alien gods, who have to be buried."[480]

Mit dem Altarbau in Bethel – und nicht mit demjenigen in Sichem –
kommt der in Gen 28,10-20 begonnene Spannungsbogen zum Ziel.[481]
Jakob erfüllt damit in Bethel sein Gelübde, das er in Bethel gegeben
hatte (Gen 28,20-22). Der Bau genau dieses Altars wurde in der Jakoberzählung sorgsam vorbereitet. Beispielsweise bereitet in Gen 33,20 das
eigentümliche וַיַּצֶּב־ /„und er stellte/richtete auf" gewisse Schwierigkeiten, weil man das Verb gewöhnlich mit einer Mazzebe verbindet.[482]
Bezieht man indes sowohl Gen 28,18 als auch Gen 35,7 (vgl. noch Gen
31,45; 35,20) mit ein, wird die Indexfunkton dieser Wendung wie des
Verbs deutlich: Der Vers bindet die verschiedenen „Gründungen" in
der Jakoberzählung, in der sowohl Altar als auch Mazzeben vorkommen, „in einer lectio coniuncta"[483] zusammen. Höhepunkt dieser Hand-
lungslinie ist der Altar in Bethel. Erst durch dessen Bau wird Jakob in
die Linie der Väter eingereiht (Gen 35,12ff).[484] In Bezug auf diese narrative Entwicklung wird die Jakoberzählung vergleichbar mit der
Abrahamerzählung. Auch dort bildete mit Gen 22,1ff die Errichtung
des Altars auf einem bestimmen *„Maqom"* mit anschließendem Opfer
durch Abraham (der einzige Altar, an dem Abraham auch tatsächlich
ein Opfer bringt!) den Höhepunkt seiner Qualifizierungserzählung.
Durch diesen Altarbau in Gen 22 wird Gott von Abraham als Erstling
und Verheißungsträger sowie als Segensmittler bestätigt (Gen 22,18).[485]
Der Altar hat zusätzlich eine Indexfunktion, da er – wie schon bei Abraham (vier Altäre)[486] und Isaak (Beerscheba; Gen 26,25[487]) – für die

---

480 VAN WOLDE, Love and Hatred, 445.
481 Die Anspielung auf das Gelübde und die Verheißung in Bethel durchziehen die
     Jakob-Geschichte wie ein roter Faden (vgl. Gen 28,13; 31,13; 35,1); vgl. dazu Teil
     B.5.2.3.
482 Vgl. KÖCKERT, Vätergott und Väterverheißungen, 85; er setzt sie in V. 20 sogar ein.
483 Vgl. LEVIN, Der Jahwist, 262.
484 Vgl. die Abfolge von Aktualisierung der Väterverheißungen an Jakob und dem
     Gelübde Jakobs in Gen 28,10ff (vgl. dazu Teil B.5.2.3).
485 Vgl. dazu Teil B.3.2.3.
486 In Gen 12-13 sowie den Altar samt erstem Opfer in Gen 22; vgl. Teil B.3.2.1 und 3.2.3.

Anwesenheit JHWHs im verheißenen Land steht. Der Altarbau bestätigt damit symbolisch die Landverheißung. Wie bei Abraham und Isaak schon ausgeführt, bestätigt dieser Zusammenhang von Altarbau und Landverheißung den jüngeren Sohn in seiner Position als Erstling. Im Falle Jakobs wird dieser Bezug noch dadurch hervorgehoben, dass am Höhepunkt der Erzählung die Umbenennung Jakobs – im Gegensatz zu Gen 32,23ff – nun *innerhalb des verheißenen Landes* geschieht und direkt nach dem Altarbau mit Gen 35,12 zuerst die *Landverheißung* aktualisiert wird.

In Gen 35,10-15 wird dann auch die Abrahamparallelität wieder aufgenommen, die ab Gen 33,18ff mit eingespielt wurde. Die ausdrückliche und endgültige Einbindung Jakobs in die mit Abraham anhebende Tradition wird hier durch explizite Querverweise auf Gen 17 zum Ausdruck gebracht. Die Parallelität betrifft Aufbau und Inhalt. Anfang und Schluss der Erscheinungsszenen entsprechen sich (vgl. Gen 17,1 mit V. 9 und Gen 17,22 mit V. 13).[488] Inhaltlich geht es in beiden Texten weitgehend um die gleichen Sachverhalte: Selbstvorstellung Gottes, Namensänderung des Verheißungsempfängers, Verheißung von Nachkommenschaft und Landbesitz. Nur vom Bund ist in V. 9-13 nicht die Rede. Er ist mit Abraham endgültig geschlossen und bedarf keiner Wiederholung. Das bedeutet: Was Abraham verheißen war, wird nun auch Jakob, dem eigentlichen Stammvater Israels zugesagt. Jakob wird damit in die Linie der Väter eingereiht. Die mit der innerlichen *Umkehr* Jakobs (Gen 32,23ff) vollzogene *Rückkehr* ins Land wird damit endgültig besiegelt. Er ist als Erstling Isaaks und Stammvater Israels durch Gott selbst legitimiert.

5.3.2 Genealogische Bestätigung Jakobs (Gen 35,16-26; 36; 37,1ff)

Die Nachkommenverheißung wird sogleich symbolisch erfüllt. Jakobs jüngster Sohn Benjamin wird nun geboren (Gen 35,18) und komplettiert damit die Zwölfzahl der israelitischen Stämme. „Ganz Israel" kann nun auch vollständig aufgezählt werden (Gen 35,22b-26). Zum ersten

---

487 Vgl. dazu Teil B.4.2.3.

488 Die Parallelen werden bei SEEBASS noch näher ausgeführt (SEEBASS, Genesis II/2, 443f); vgl. außerdem WESTERMANN, Genesis I/2, 673f; MCEVENUE, Interpreting the Pentateuch, 165f und TASCHNER, Verheißung und Erfüllung, 227f. Der Rückbezug von Gen 35 auf Gen 17 ist evident; darüber besteht in der Forschung kein Dissens; s. dazu RENDTORFF, Problem, 136-140; GROSS, Jakob, 325-328; WESTERMANN, Genesis I/2, 673 u.a.

Mal benutzt der *Erzähler* in V. 21-22 „Israel" statt „Jakob".[489] Der Israel-Name stiftet auch tatsächlich Zukunft. Die Jakobgenealogie Gen 35,21b-26 schließt die Isaak-Toledot ab und rechnet damit die Söhne Jakobs zu den Nachfahren Isaaks.[490] Die genealogischen Texte über Isaak (Gen 25,19-28) wie Jakob (Gen 35,22b-26) rahmen die Jakob-Esau-Erzählung. Als Erstling wird eben Jakob die Hauptlinie weiterführen. Esaus Genealogie wird hingegen erst im Anschluss daran nachgereicht (Gen 36,1ff). Wie die Nebenlinie Ismael (Gen 25,12-18) umfassen die Toledot Esaus nur genealogische Darstellungen. Die Toledot Jakobs hingegen (Gen 37,2ff) leiten wieder eine Erzählung ein und führen die Hauptlinie zur nächsten Generation weiter.

5.4 Zusammenfassung

Die Toledot Isaaks (Gen 25,19-35,29) haben die Vertauschungserzählung um das Zwillingsbruderpaar Esau und Jakob zum zentralen Thema. Die Erzählungen beginnen mit der pointierten Disqualifizierung des natürlichen Erstgeborenen Esau (Gen 25-27). Dieser verkauft sein kostbares Erstgeburtsrecht (Gen 25,29-34). Durch den Erwerb wird Jakob – zumindest vordergründig – zum Erstling. Umgekehrt steht Esaus Rolle als Erstling ab hier nicht mehr zur Diskussion. Darum kann gleich zu Beginn Esau mit dem Erzfeind Edom (und dessen Stammesgebiet „Seïr") identifiziert werden.[491] Nach der vierfachen Erwähnung der בְּכֹרָה in Gen 25 ist dieses Thema daher auch abgeschlossen und kommt nicht mehr vor.[492] Über seine Ehen versucht Esau sich noch abschließend als Erstling zu positionieren, doch heiratet er erst exogam (Gen 26,34f), danach zwar endogam (Gen 28,6-9), allerdings nur innerhalb der Nebenlinie Ismael. Die Rehabilitierung gelingt ihm dadurch nicht.[493]

---

489 Erst innerhalb der Joseph-Juda-Erzählung wird der Name dann häufiger verwendet (Gen 37-50).

490 S. HIEKE, Genealogien, 174.

491 Vgl. die zahlreichen etymologischen Anspielungen auf Edom, Esau und Seïr in Gen 25; s. dazu Teil B.5.1.

492 Lexikalisch nur noch in Gen 27,36, im Munde Esaus, als Hinweis auf den vorausgegangenen „Betrug" in Gen 25 sowie in der Widerspiegelung des Erstgeburtsstreits im Konflikt der beiden Frauen um das Vorrecht der Erstgeborenen in Gen 29,21-26.

493 Vgl. die deutliche Missbilligung dieser Ehen Esaus durch die Eltern (vgl. Gen 26,35 und Gen 27,46). Erst in Gen 28,6-8 wird auch Esau gewahr, dass er mit der exogamen Heirat der beiden Hetiterinnen falsch lag.

Nach dem Erwerb des Erstlingstums durch Jakob geht es um den Erwerb des dazugehörigen *Erstlingssegen* (Gen 26-32/33). Diesen erhält Jakob zwar zunächst in Gen 27. Der Fortgang der Erzählung wird jedoch zeigen, dass er sich auch mit diesem Erstlingssegen noch nicht als Erstling gegenüber Esau positionieren kann.

Darum hebt die Erzählung in der Bethelepisode (Gen 28,10-22) vollkommen neu an und JHWH greift nun aktiv in den Qualifizierungsprozess Jakobs ein. Der Segen, den Jakob hier verheißen bekommt, ist kein Erbe, um das man seinen Bruder betrügen kann, sondern JHWH selbst schreibt diese Linie fort und begründet die Fortsetzung des Qualifizierungsprozesses Jakobs. Der Konflikt der beiden Brüder findet auch in dem Bericht über den Aufenthalt Jakobs bei Laban sein nachhaltiges Echo (Gen 29,1-32,1). Die Laban-Episode treibt die Handlung zum einen dahingehend voran, dass Jakob während seines Aufenthaltes bei Laban einen beträchtlichen Reichtum erwerben kann. Jakob erscheint entsprechend tatsächlich als potentieller Erstling. Zum anderen steigert sich die Dringlichkeit nach Jakobs eigenem Segen und nach der Aussöhnung mit seinem Bruder durch die raffinierte Einspielung bestimmter Motive des Bruderkonfliktes. Jakobs schuldhafte Rolle in der Auseinandersetzung wird hierdurch hervorgehoben.

Ab Gen 32,2f wird der Erzählfaden um den Bruderkonflikt und das Erstlingstum wieder aufgegriffen. Die Jabbok-Episode (Gen 32,23-32) bekommt eine zentrale Funktion innerhalb des Qualifizierungsprozesses. Erst dort bekommt Jakob seinen eigenen, nämlich göttlichen Segen (vgl. Gen 32,30). Voraussetzung dafür ist die innerliche Umkehr Jakobs, die in der Umbenennung Jakobs in „Israel" festgehalten wird. Die Frage des nächtlichen Angreifers nach Jakobs Namen (Gen 32,28) greift die *Grundfrage* und *Ursache* der Schuldverstrickung aus Gen 27,18 wieder auf. Diese Frage hatte Jakob damals mit einer Lüge beantwortet („Esau"; Gen 27,19). Jetzt antwortet er wahrheitsgemäß mit „Jakob" und spricht damit gleichzeitig ein Schuldbekenntnis aus: „Fersenschleicher" (Martin Buber). Jakobs Eigenname wird über zwei Wortspiele in Gen 25,26 und Gen 27,36 mit dessen Schuld assoziiert. Erst nach diesem Schuldbekenntnis wird Jakobs Name erneuert und er in „Israel" umbenannt. Nach dieser göttlich begründeten Versöhnung kann nun auch eine Versöhnung zwischen Esau und Jakob stattfinden (Gen 33,1-11), in deren Folge Jakob den gestohlenen Segen symbolisch an Esau zurückgibt.[494] Jetzt erst ist der Qualifizierungsprozess für Jakob abgeschlossen.

---

494 Vgl. Gen 33,11: קַח־נָא אֶת־בִּרְכָתִי; die Aufforderung zitiert Gen 27,36: לָקַח בִּרְכָתִי (Esau) bzw. 27,35: וַיִּקַּח בִּרְכָתֶךָ (Isaak).

Wie schon bei den Erzvätern zuvor bestätigen die räumliche Trennung der beiden Brüder (Gen 33,12-16; vgl. Abraham und Lot sowie
Isaak und Ismael), der Landeserwerb in Sichem (Gen 33,19, vgl. Abraham Gen 23) und der Altarbau in Bethel (Gen 35,7; wie Abraham und
Isaak) Jakobs Erwählung zum Erstling. Die Bethel-Episode Gen 35,1-15
und der damit verbundene Altarbau können als Erfüllung des Gelübdes in Gen 28,20-22 betrachtet werden. In Gen 35,10 spricht Gott selbst
die Erneuerung von Jakob-Israel aus und vollzieht damit die endgültige Anerkennung Jakobs zum Erstling. Erst jetzt kann auch der letzte
Sohn Jakobs geboren werden (Gen 35,16-18), worauf dann zum ersten
Mal innerhalb der Genesis alle zwölf Stämme Israels genannt werden
(Gen 35,22b-26). Der genealogische Vergleich zwischen Esau (Gen
36,1ff) und Jakob (Gen 37,2ff) markieren das Ende des erfolgreich abgeschlossenen Vertauschungsprozesses: Esaus Linie wird endgültig zur
Nebenlinie. Über Jakob wird die Hauptlinie in die nächste Generation
weitergeführt.[495]

6. Vertauschungen innerhalb Israels: die Joseph-Juda-Erzählung

Gen 36,1-50,26 stehen unter dem Thema des Erstlingstum innerhalb
Israels. Unter der Frage, wer der Erstling unter den zwölf Brüdern sein
soll, entfaltet sich eine komplexe Erzählung um die Konflikte der Brüder untereinander. Die Toledot-Formeln in Gen 36,1.9 und Gen 37,2
eröffnen den vierten und damit letzten Toledot-Hauptteil der Genesis
(Gen 36,1-50,26),[496] deren wesentlicher Bestandteil die sogenannte Josephsgeschichte (Gen 37,1-50,26) darstellt. Das Ende des Toledot-
Hauptteils ist weit schwieriger zu bestimmen als dessen Anfang: Da
die nächste Toledot-Formel erst in Num 3,1 folgt, entfällt die Orientie-
rung an der folgenden Formel. Zieht man in Analogie zu den bisherigen Toledot-Zyklen die Todes- bzw. Begräbnisnotizen heran, so enden
die Toledot Jakobs in Gen 49,33. Jedoch sind die folgenden Beschreibungen des feierlichen Begräbnisses mit heranzuziehen (Gen 50). Dennoch enden Jakobs Toledot nicht mit seinem Tod (Gen 49,33) und seinem Begräbnis (Gen 50,1-14), sondern erst mit der Todesnotiz der

---

495 Schon mithilfe des Verhältnisses von Erzählungen und Genealogie werden die
     genealogischen Linien auf- bzw. abgewertet: Esaus Toledot umfasst lediglich genea-
     logische Texte, Jakobs hingegen vor allem Erzählungen; diese Beobachtung auch bei
     HIEKE, Genealogien, bes. 151.
496 Zur Gliederung der Genesis anhand der Toledot-Formeln s. Teil A.4.2.2.

Hauptperson Joseph (Gen 50,26). Hier fällt die strukturelle Nähe zur Toledot Terachs auf (Gen 11,27-25,11), wo in ähnlicher Weise die Todesnotiz des Protagonisten Abrahams die Toledot des Vaters beendet.[497] Von dieser Beobachtung ausgehend lässt sich auch die Bedeutung der Erwähnung von Josephs Tod am Ende der Genesis noch unterstreichen: Im Übergang vom Buch Genesis zum Buch Exodus kommt der Geschichte eine herausragende Funktion zu, denn sie schlägt den großen Bogen von Kanaan nach Ägypten und damit den Bogen von den Erzeltern zur eigentlichen Geburt Israels als Volk in Ägypten bzw. in der Wüste. Joseph wird in der Genesis nicht begraben, was schon nach dem ausführlich berichteten Begräbniszug für Jakob deutlich hervortritt. Die Erwähnung des nicht bestatteten Sargs Josephs im letzten Vers der Genesis (V. 26: „und sie salbten ihn und legten ihn in einen Sarg in Ägypten"/וַיַּחַנְטוּ אֹתוֹ וַיִּישֶׂם בָּאָרוֹן בְּמִצְרָיִם) steht literarisch als Garant und Symbol für das kommende Exodusereignis. Der Exodus selbst ist bereits durch den Begräbniszug seines Vaters vorgezeichnet, denn der verstorbene Jakob wird in Gen 50,1-14 die Route entlang geführt, die auch Mose beim Auszug aus Ägypten nehmen wird. Erst Mose wird dann die Gebeine Josephs mitführen (Ex 13,19) und ihn nach Abschluss des Exodus, d.h. nach dem Einzug ins Land, bei Sichem beerdigen (Jos 24,32). Erst dort schließt sich der narrative Bogen.

Die Erzählung über die Jakobsöhne fällt in kompositorischer Hinsicht weitgehend aus dem Rahmen der bisherigen Erzählungen, insofern sie einen großen Spannungsbogen entfaltet, der die Geschichte als große erzählerische Einheit auftreten lässt. Man spricht deshalb zu Recht von einer „Novelle". Die unterschiedlichen Konflikte aller zwölf Brüder spielen erzählerisch in Gen 37-50 die entscheidende Rolle, denn sie sind es, die die Dynamik der Handlung bestimmen und zu ihrem Ziel führen. Durch ihr Fehlverhalten disqualifizieren sich die drei erstgeborenen Söhne Leas Ruben, Simeon und Levi in ihrer Funktion als Erstlinge, so dass nun für das Ausfüllen dieser Rolle innerhalb Israels mehrere Optionen möglich sind. In Frage kämen zwei logische Folgen: Die eine ginge dem Alter der Jakobsöhne entlang und müsste nun *Juda* als potentiellen Erstling erscheinen lassen (der vierte Lea-Sohn). Die Auseinandersetzung und Qualifizierung Judas vor seinen Brüder (vor allem der Konflikt Juda-Ruben) spielt daher auch eine wichtige Rolle. Jedoch beginnt die Gesamterzählung nach der Nennung der Toledot Jakobs (Gen 37,2aα) nicht mit dem zu erwartenden Erstling Juda, sondern setzt ihm den erstgeborenen Rahelsohn, eben Joseph, als Prätendenten ge-

---

497 Diese Beobachtung auch bei HIEKE, Genealogien, 248.

genüber: „Dies sind die Toledot Jakobs: *Joseph* […]." (Gen 37,2aβ) –
eben „*Joseph* und seine Brüder". Von daher erschließt sich auch das
relative Recht der Benennung der Erzählung als „Josephsgeschichte".[498]
Scheinbar gibt der Einsatz der Josephsgeschichte somit implizit eine
erste mögliche Antwort auf die Frage nach dem Erstgeborenen in Israel, noch ehe sie sich (vor allem in Gen 49) vollends klärt. In jedem Fall
wird das Leserinteresse für die somit markierte Konkurrenz zwischen
Joseph und Juda geweckt. Jeder der beiden Haupt-Konkurrenten bekommt darüberhinaus eine eigene Vertauschungsszene zugeordnet: So
durchbrechen Judas Söhne Perez und Serach (Gen 38,27-30) und Josephs Söhne Ephraim und Manasse (Gen 48,1-22) jeweils die natürliche
Erbfolge. Dabei konturieren die Einzelaspekte dieser Erzählungen wiederum die Hauptkonfliktpartner.

Aus dem Beschriebenen wird deutlich, dass gleich *vier* Vertau-
schungskonstellationen innerhalb des vierten Toledot-Hauptteils im
Folgenden zu beschreiben sind, nämlich (1) Juda gegenüber seinen
Brüdern Ruben, Simeon und Levi, (2) Perez und Serach, (3) Ephraim
und Manasse. (4) Der Hauptkonflikt ereignet sich zwischen Joseph und
Juda.

6.1 Gen 37.38 als Exposition des Konflikts zwischen Joseph und Juda

Nach dem deutlich abgegrenzten Kapitel über Esau und seine Nachkommen (Gen 36,1-43), welches durch seine Vorordnung vor die Toledot Jakobs das Ergebnis der Vertauschung von Esau und Jakob nochmals einprägt,[499] wird in Gen 37,2 mit der Toledot-Formel יַעֲקֹב אֵ֫לֶּה
תֹּלְדֹות neu eingesetzt. Der Abschnitt über Jakobs Linie beginnt jedoch
nicht mit der Toledot-Formel, sondern mit der Siedlungsnotiz in Gen
37,1[500], welche als Äquivalent zu einer analogen Ortsangabe bei Esau

---

498 Der Leser erwartet zunächst Juda als Erstling, denn immerhin stammt von ihm der
Königsstamm Davids ab (Gen 38; vgl. Rut 4) – Matthäus berichtet darum auch von
„Juda und seinen Brüdern" (vgl. Mt 1,2: Ἰακὼβ δὲ ἐγέννησεν τὸν Ἰούδαν καὶ τοὺς
ἀδελφοὺς αὐτοῦ).

499 Die sog. „Invertierung" der Stammbäume der vertauschten Brüder dient als Lesehinweis und markiert die erstgenannte Linie als Neben- und die nachfolgende Linie
als Hauptlinie; eine Struktur, die sich in fast allen Vertauschungserzählungen findet.
Zur Zusammenfassung und Auswertung des Befundes s. Teil C.2.1.

500 Vgl. BLUM, Vätergeschichte, 234 und HIEKE, Genealogien, 192.203, denen darin
zuzustimmen ist, dass Gen 37,1 nicht der *Abschluss* der Toledot Esaus sei – u.a. gegen GUNKEL, Genesis, 395, VON RAD, Gesenius, 303; WENHAM, Genesis II, 341, BREU-
KELMAN., Bijbelse Theologie I/2, 15.

(Gen 36,6-8) aufgefasst werden darf.[501] Diese Siedlungsnotiz Jakobs in Kanaan rekapituliert einen entsprechenden Hinweis über Jakob aus der Toledot Isaaks in Gen 35,27 und über Isaak in Gen 31,18. Durch die proleptische Nennung der Siedlungsnotiz Jakobs vor dessen eigentlicher Toledot in Gen 37,2 wird die im Kontext der Vertauschungserzählung wichtige Trennungsthematik mit eingespielt, die – ergänzend zu Gen 33,16 – nochmals unterstreicht, dass Jakob und Esau weder hinsichtlich der weiteren Familienentwicklung noch der Siedlungsgeographie Berührungspunkte haben.[502]

6.1.1 Gegenüberstellung von Joseph (Gen 37) und Juda (Gen 38)

Die Gesamterzählung Gen 37-50 wird mit zwei Konflikterzählungen eröffnet, in deren Mittelpunkt einmal Joseph (Gen 37) und dann Juda (Gen 38) stehen. Erzähltechnisch bilden beide Kapitel eine Exposition, die die Protagonisten vor- und einander gegenüberstellt. Schon die bloße Anzahl reiner Wortwiederholungen – wie עֵז/„Ziege" (Gen 37,31; 38,17.20); יסף/„hinzufügen" (Gen 37,5.8; 38,5.26); כסה/„bedecken", „verbergen" (Gen 37,26; 38,14.15); נגד/„erzählen" (Gen 37,5; 38,13); מצא/„finden" (Gen 37,15.32; 38,20.22.23) und צֹאן/„Schaf" (Gen 37,2.12; 38,12.13.17) – schaffen ein dichtes Textgewebe in Gen 37 und 38 und heben die inhaltlichen Bezüge beider Kapitel aufeinander besonders hervor:

Der Beginn der Josephsgeschichte erzählt zweimal das Zerbrechen von Familien, in Gen 37 für die Familie Jakobs, in Gen 38 für die seines Sohnes Juda.[503] In beiden Erzählungen wird jemand mit einem Kleidungsstück betrogen (Jakob in Gen 37,32f; Juda besonders in Gen 38,15f) und in beiden Fällen spielt die Identifikation („untersuche doch"/הַכֶּר־נָא in Gen 37,32 und 38,25) und das „Erkennen" (Gen 37,33; 38,26) eines den Träger kennzeichnenden Kleidungsstücks bzw. Accessoires eine entscheidende Rolle: Josephs besonderes Kleid in Gen 37, Tamars Verkleidung und Judas Siegel, Stab und Schnur in Gen 38. Daher ist Alters Urteil im Wesentlichen zuzustimmen:

> „The precise recurrence of the verb [scl. of recognition] in identical forms at the ends of Genesis 37 and 38 respectively is manifestly the result not of some automatic mechanism of interpolating traditional materials but of careful splicing of sources by brilliant literary artists. The first use of the

---

501 So mit HIEKE: „Im Bezug auf die vorausgehende Toledot Esau entspricht Gen 37,1 der Siedlungsnotiz über Esau im Bergland von Seïr (36,8)." (HIEKE, Genealogien, 246).

502 Vgl. dazu Teil B.5.2.5.3.

503 Vgl. G. FISCHER, Die Josephsgeschichte als Modell für Versöhnung, 244.

formula [scl. of recognition] was for an act of deception [scl. the deception of Jacob]; the second use is for an act of unmasking [scl. the unmasking of Judah]. Judah with Tamar after Judah with his brother is an exemplary narrative instance of the deceiver deceived."[504]

Bei allen Parallelen in diesem Fall sind jedoch zugleich die Differenzen zu beachten: In Gen 37,32f führt die Identifizierung zur Täuschung über den tatsächlichen Sachverhalt, in Gen 38,25f kommt es zur Aufdeckung des tatsächlichen Sachverhalts, was Judas Entwicklung innerhalb der Gesamterzählung überhaupt erst ermöglicht. Ferner sind auch die familiären Beziehungen beider vergleichbar: Auch die Affäre von Tamar und Juda findet in derjenigen von Potifar und Joseph ihr Gegenstück (Gen 39) – freilich mit unterschiedlichem Ausgang. Judas Schwiegertochter und zukünftige Kindsmutter Tamar ist im TeNaK filiationslos (anders Jub 41,1: „Kanaanäerin"). Sie hat als Stamm-Mutter der Söhne Judas und Mutter der jüdischen Könige jedoch einen leichten Vorteil gegenüber der Stamm-Mutter des Hauses Joseph, die eine zwar unbescholtene, aber eindeutig „fremde Frau" ist (nämlich Ägypterin, eine Tatsache, die in Gen 41 erstaunlich unpolemisch hingestellt wird[505]).

Damit können die Kapitel Gen 37 und 38 als „Doppel-Exposition" angesehen werden, die am Anfang der sog. Josephsgeschichte den Blick auf die zwei Hauptfiguren unter den Söhnen Jakobs lenkt und diese kurz und treffend charakterisiert: „Josef erscheint als unsensibler, verwöhnter Träumer; in Gen 38 gelingt es Tamar, den schwer sich vergehenden Juda einmal zur Einsicht seines Unrechts zu bringen."[506] Die Doppel-Exposition skizziert *in nuce* den bevorstehenden Konflikt der beiden Brüder und wird damit zum Bestandteil von Gen 37-50.

6.1.2 Zur Stellung von Gen 38 im Kontext und zur Nomenklatur „Joseph-Juda-Erzählung"

Die hier vorgenommene Deutung setzt eine Sicht auf die Abfolge der Kapitel 37 und 38 voraus, die die Zugehörigkeit des Juda-Kapitels 38 zu Gen 37-50 stark macht. Dies ist forschungsgeschichtlich nicht unumstritten. Mehrheitlich erkennen die Exegeten in Genesis 38 sowohl eine in sich geschlossene Einzelerzählung („erratischer Block"[507]) als auch eine sekundäre (zumeist dem sog. „Jahwisten" bzw. der „jahwistischen

---

504 ALTER, Art of Biblical Narrative, 10.
505 S. dazu EBACH, Genesis 37-50, 243-263, bes. 254f.
506 G. FISCHER, Die Josephsgeschichte als Modell für Versöhnung, 246.
507 S. BRUEGGEMANN, Genesis, 307: „This chapter stands alone, without connection to its context. It is isolated in every way and is most enigmatic."

Redaktion" zugeschriebene) Einschaltung in die Josephsgeschichte. Für die Selbständigkeit von Gen 38 spricht sich beispielsweise Westermann aus:

> „Kapitel 38 ist eine in sich abgeschlossene Einzelerzählung […]. Die Erzählung von Juda und Tamar ist nicht, wie bisher gesagt wurde, in die Josephsgeschichte eingefügt worden, sie hat mit ihr nichts zu tun, sondern in die Jakobsgeschichte bzw. den Schluß der Jakobsgeschichte (Gen 37 Vorlage und 46-50). […] Einer […] ausführlichen genealogischen Rahmung bedarf die Erzählung, weil sie selbständig umlief, ähnlich wie bei dem Buch Rut."[508]

In ähnlicher Weise positionieren sich Schweizer, Blum und Coats, nach denen die Erzählung vom Jahwisten stamme.[509] Als Gründe für die Selbständigkeit von Gen 38 werden angeführt, dass Gen 38 das einzige Kapitel in Gen 37-50 sei, in dem Joseph nicht vorkommt. Dass Gen 38 auch in anderer Hinsicht nicht organisch in den Erzählkontext eingefügt ist, zeige sich noch deutlicher daran, dass die in diesem Kapitel thematisch zentrale Absonderung Judas von der Jakobfamilie nicht wieder aufgelöst wird. Von Gen 42 an befindet sich Juda auch räumlich wieder im Kreis der Jakobsöhne, ohne dass an irgendeiner Stelle gesagt wäre, dass und wie er wieder zu ihnen zurückgekehrt sei. Auf weitere Probleme weist Ebach hin:

> „Auf der anderen Seite fällt die Erzählung von Gen 38 ebenso deutlich aus dem Kontext in 37-50 heraus. Das zeigt sich bereits […] im Blick auf das ‚Personal' der Erzählung(en). Von den vielen in Gen 38 namentlich bezeichneten Personen (neben Juda und Tamar sind es Hira aus Adullam, der Kanaanäer Schua und seine – nicht namentlich genannte – Tochter, Judas Frau, dazu die ersten Söhne Judas: Er, Onan und Schela und schließlich Perez und Serach, die Söhne, die Tamar von Juda empfängt) spielt nur Juda in Gen 37-50 außerhalb des Kap. 38 eine, allerdings bedeutende, Rolle; Judas Söhne werden noch einmal in der - freilich in der Form ebenfalls aus dem Erzählkontext herausfallenden - Liste der nach Ägypten Übersiedelnden in 46,8-27 (hier in V 12) genannt. Alle anderen Personen aus Gen 38 (einschließlich der Tamar) werden in 37-50 sonst nicht mehr erwähnt."[510]

Es bleibt also der Eindruck eines in den literarischen Kontext eingefügten Kapitels. Die Frage allerdings, ob das Kapitel entweder ursprünglich selbstständig existiert hat und für die Einfügung überarbeitet oder

---

508 WESTERMANN, Genesis I/3, 42f.

509 Vgl. SCHWEIZER, Die Josefsgeschichte, 325; BLUM, Vätergeschichte, 224; COATS, Genesis with an Introduction, 8.53.273f. Auch für GUNKEL ist Gen 38 nachträglich in den Hauptfaden des Jahwisten eingestellt. S. GUNKEL, Genesis, 395.410. Die gleiche Argumentation bei VON RAD, Genesis, 291, allerdings ohne Quellenzuweisung.

510 EBACH, Genesis 37-50, 119.

in Kenntnis der Josepherzählung verfasst wurde, ist sehr strittig. Peter Weimar sieht in einer neueren Studie zu Gen 38 die Annahme, dass Gen 38 ein Fremdkörper im Rahmen der Josephsgeschichte darstelle, insofern bestätigt, als dass er eine ursprüngliche Erzähleinheit identifiziert (V.6-11*.13-19*.24-26a), die nicht für den größeren Zusammenhang konzipiert sei. Erst in einem nächsten Schritt sei dann (vielleicht auch auf der Ebene der Endredaktion) Gen 38 in den literarischen Zusammenhang der Josephgeschichte einerseits, sowie der Genesis im Allgemeinen, integriert worden.[511] Ebach zieht aus dem Befund ähnlich Schlüsse:

> „So spricht viel dafür, dass es sich in der Erzählung von Gen 38 um ein zunächst eigenes Überlieferungsstück handelt, welches dann jedoch nicht nur redaktionell in das Gefüge von 37-50 einmontiert, sondern bis in den Wortlaut auf den Kontext bezogen wurde."

Dennoch bleibt Ebach hinsichtlich der entstehungsgeschichtlichen Priorität in der endgültigen Entscheidung vorsichtig:

> „Dass Gen 38 von vornherein als Bestandteil der Josefsgeschichte konzipiert wurde (so *Cassuto* […],), ist daher nicht wahrscheinlich; die umstrittene Frage, ob es unabhängig von der Josefsgeschichte entstand und dann in ihren Kontext eingefügt (so bereits *M. Noth*, Überlieferungsgeschichte 1948, 252 f.) und ihm angepasst wurde oder ob es in Kenntnis der Josefsgeschichte verfasst wurde (so u. a. *R. Alter*, Art 1981, 3-11; *W. Dietrich*, Josepherzählung 1989, 51; *E. Blum*, Vätergeschichte 1984, 245), lässt sich schwer entscheiden." [512]

Folglich ist auch die Datierung von Gen 38 umstritten, da diese wiederum davon abhängig ist, welche Tendenz man der Juda-Erzählung abzuspüren meint.[513] Mittlerweile konnten verschiedene Studien von etwa Fokkelman[514], Alter[515], Levinson[516], Deurloo[517], G. Fischer[518], Ka-

---

511 Vgl. dazu den zweiteiligen Aufsatz: WEIMAR, Gen 38 - Eine Einschaltung in die Josefsgeschichte: BN 138 (2008), 5-37 und BN 140 (2009), 5-30; s. auch noch DERS., „Und er nannte seinen Namen Perez" (Gen 38,29). Erwägungen zu Komposition und literarischer Gestalt von Gen 38. Teil 1: BZ 51/2 (2007), 193-215 und Teil 2: BZ 52/1 (2008), 1-18.

512 Beide Zitate: EBACH, Genesis 37-50, 119f.

513 Einen Überblick gibt EBACH, Genesis 37-50, 120.

514 Vgl. FOKKELMAN, Genesis 37 and 38 at the Interface of Structural Analysis and Hermeneutics, 152-187.

515 S. ALTER, Art of Biblical Narrative, 5-11.

516 S. LEVENSON, Death and Resurrection, 157-164. LEVENSON unterstreicht noch einmal, dass viele der Verbindungen, die er beobachtet hat, schon in den frühen rabbinischen Midraschim diskutiert und elaboriert wurden.

517 Vgl. bes. DEURLOO, Eerstlingschap en koningschap, 62-73 und in knapperer Form: DERS., Genesis 37,2-11 als thematischer Auftakt, 71-81.

minsky[519], Ebach[520] sowie Brodie[521] zeigen, dass die Juda-Tamar Erzählung signifikante intertextuelle Verbindungen zu den sie unmittelbar umgebenden Texten, namentlich mit Gen 37, aufweisen.[522] Nimmt man die Bezüge zum Makrokontext der Genesis noch hinzu[523], wird Gen 38 zu einem *integrierenden* Bestandteil der „Joseph-Erzählung".

Aufgrund der hohen Vernetzungsdichte von Gen 37 und 38 können entsprechend beide Kapitel als „Doppel-Exposition" begriffen werden. Dies wird zunehmend häufiger vorgeschlagen.[524] Allerdings ist besonders hervorzuheben, dass die literarische Integrität von Gen 38 in dieser Hinsicht kaum überschätzt werden kann. M.E. greifen auch diejenigen Deutungsversuche etwas zu kurz, die zwar den Charakter der Doppel-Exposition von Gen 37.38 bestätigen, in Gen 38 aber lediglich einen narrativen „Exkurs" (Hieke[525]) oder ein „retardierendes Element" (Coats) sehen. So schreibt Coats zu Gen 38:

518 Vgl. G. FISCHER, Die Josephsgeschichte als Modell für Versöhnung, 244-146
519 Vgl. KAMINSKY, Yet I Loved Jacob, 63-f.
520 S. den neuen Kommentar Ebachs zur Josephsgeschichte; bes. EBACH, Genesis 37-50, 119-121.
521 Vgl. BRODIE, Genesis as Dialogue, 297f.
522 Die wichtigsten Querverweise sind oben schon besprochen.
523 Die Wurzel ירד in Gen 38,1; 39,1 (vgl. noch den Wunsch Jakobs, nach der Todesnachricht über seinen Sohn, in das Totenreich hinabzusteigen [אֵרֵד; Gen 37,35]). Das Erkennungsmotiv in Gen 37,32.33; 38,25.26; 42,6.8. Die Ziege, die in Gen 37 und 38 benutzt wird, ebenso wie bei Rebekka, um Jakob zu helfen, Esaus Segen zu stehlen (Gen 27). Das Motiv, dass mit dem Vorweisen eines Kleidungsstücks ein falscher Schein zur vorgeblichen Wahrheit erhoben werden kann (Gen 37.38), taucht dann noch einmal in Kap. 39 auf, wenn Potifars Frau Josephs Kleid zum Erweis des vorgeblich ihr gegenüber von Joseph verübten Vergehens herzeigt (dazu EBACH, Genesis 37-50, 106f); ebenso in Kap. 27. Die Zwillingsgeburt Tamars ruft die einzige andere, weil auch explizit mit dem Terminus תְּאוֹמִים markierte Zwillingsgeburt von Esau und Jakob ins Gedächtnis (das Lemma תּוֹאָם innerhalb der Genesis nur in Gen 25,24 und 38,27), sowie die Geburt der Josephsöhne Ephraim und Manasse. Und letztlich noch Juda, der sich weigert, nach dem Verlust von zwei Söhnen noch den dritten aufzugeben, ebenso wie sich Jakob in Gen 42,36-38 zunächst weigert, nach dem Verlust von Joseph und Simeon auch noch Benjamin zu verlieren. Vgl. noch EBACH, der die intertextuellen Bezüge zwischen dem Segenskapitel Gen 49 und Gen 38 herausarbeitet (EBACH, Genesis 37-50, 596f).
524 Vgl. hierzu PIRSON: „On the basic of both syntactic indications and grounds regarding the content of Genesis 37 and 38 it is in all respect justified to consider these chapters the introduction to the ensuing narrative" (PIRSON, Lord of the Dreams, 127); s. auch EBACH, Genesis 37-50, 119 u.ö., sowie FOKKELMAN, Genesis 37 and 38 at the Interface of Structural Analysis and Hermeneutics, 152-187; DEURLOO, Eerstlingschap en koningschap, 62-73 und DERS., Genesis 37,2-11 als thematischer Auftakt, 71-81. Etwas anders, aber im Wesentlichen übereinstimmend: WEIMAR, Erwägungen zur Entstehungsgeschichte, 329.
525 So z.B. HIEKE, Genealogien, 255.

„The Juda-Tamar narrative breaks into a firm unity in the Joseph story [...] and thus delays the pace of action in the Joseph story plot. [...] In contrast to the unity by context in the patriarchal narratives, this story is completely isolated from the Joseph story."[526]

In narratologischer Hinsicht ist Gen 38 das sicherlich *auch;* jedoch müsste man demgegenüber wohl präzisieren: In Gen 38 setzt ein neuer Erzählabschnitt ein, der den Protagonisten Juda vorstellt (insofern wäre der Begriff „Exkurs" gerechtfertigt), der aber zusammen mit der Präsentation Josephs in Gen 37 der Vorstellung beider Hauptfiguren der gesamten Erzählung um den Bruderkonflikt dient.[527] Daher werden nur *mit* Gen 38 die *wesentlichen* Züge der Gesamterzählung begreifbar.[528]

Da Gen 37 und 38 als Exposition der Gesamterzählung zwei der Jakobsöhne besonders hervorheben - deren Konkurrenz die Dynamik der Gesamterzählung in essentieller Weise mitbestimmt - scheint es angemessen, von der Bezeichnung „Josephserzählung" abzuweichen und im Folgenden den Begriff „Joseph-Juda-Erzählung" für die Kapitel 37-50 stark zu machen.[529] Die gebräuchliche Bezeichnung „Josephsgeschichte" ist natürlich nicht falsch.[530] Sie hat ihre Berechtigung darin,

---

526 Vgl. COATS, Genesis with an Introduction, 273.

527 So dezidiert lediglich FOKKELMAN, Genesis 37 and 38 at the Interface of Structural Analysis and Hermeneutics, 152-187; DEURLOO, Eerstlingschap en koningschap, 62-73 und DERS., Genesis 37,2-11 als thematischer Auftakt, 71-81; vgl. auch die dem zustimmende Nebenbemerkungen bei DIEBNER, Juda und Israel. Zur hermeneutischen Bedeutung, 130-132.

528 Durch die Betonung der literarischen Integrität von Gen 38 soll keine textgenetische Aussage getroffen werden, sondern lediglich die Bedeutung von Gen 38 für das Erzählganze unterstrichen werden. M.E. geht LAMBES Argumentation dann auch einen Schritt zu weit, wenn der von der synchronen Bedeutung von Gen 38 direkt auf eine *ursprüngliche* Zugehörigkeit von Gen 38 zur Josephsgeschichte schließt (LAMBE, Judah's Development, 67f).

529 Dafür plädiert DEURLOO nachdrücklich, vgl. z.B. DEURLOO, Genesis-Kommentar, 165, DERS., Genesis 37,2-11 als thematischer Auftakt, 71-81 und DERS., Eerstlingschap en koningschap, 62-73.

530 Es gibt immer wieder Versuche, den Erzählkomplex Gen 37-50 anders zu benennen. Doch beschreiben sie m.E. jeweils nur Einzelaspekte. So z.B. VON RAD, Genesis, 229: „Aber wenn unser Block von Jakoberzählungen überschrieben wird: ‚Dies ist die Familiengeschichte Isaaks', und wenn dieser Erzählkomplex mit dem Bericht von Isaaks Tod endet (Kap. 35,28), liegt es doch viel näher, das Ganze der Absicht der Sammler doch eigentlich als eine Isaakgeschichte zu verstehen. Man muss dann freilich konsequent sein und in unserer sogen. ‚Josephsgeschichte' eine Jakobsgeschichte sehen. Dafür spricht aber auch die Tatsache, daß auch dieser große Erzählzusammenhang ganz ähnlich mit ‚Dies ist die Familiengeschichte Jakobs' beginnt (Kap. 37,2) und mit dem Bericht von Jakobs Tod und der Überführung seiner Leiche nach Kanaan seinen Abschluss findet (Kap. 50)." SEEBASS, Josephsgeschichte, 6, hingegen

dass über weite Strecken Joseph die Hauptperson ist und seine Todesnotiz den Abschnitt beendet. Jedoch wird mit dieser Bezeichnung die
Erzähldynamik falsch akzentuiert, da sich diese letztlich zwischen Joseph und Juda entwickelt.

6.2 Ruben, Simeon, Levi und Juda

6.2.1 Disqualifizierung Rubens

Ruben ist der erste Sohn Jakobs, der ihm von Lea geboren wurde (Gen
29,32). Als בְּכוֹר wird er im Fortgang der Erzählungen dann auch wiederholt gekennzeichnet (Gen 35,23; 46,8; 49,3), jedoch verwirkt er sein
Erstlingstum. Die narrative Entfaltung dieses Vorgangs geschieht in
Gen 35 äußerst knapp: Kurz bevor in Gen 35,22b-26 zum ersten Mal
alle zwölf Söhne Israels aufgezählt werden, und damit Israel in Gänze
erschienen ist, informiert eine kurze Notiz darüber, dass Ruben – während die Familie bei Migdal Eder lagerte (V. 21) – mit Jakobs Nebenfrau
Bilha schläft (Gen 35,22a). Die zweite Vershälfte teilt lediglich mit, dass
Israel es gehört habe. Die LXX ergänzt die offenbar als zu knapp empfundene Bemerkung durch den Zusatz: καὶ πονηρὸν ἐφάνη ἐναντίον
αὐτου/„und böse erschien es vor ihm." Doch die geradezu „verstören-
de Lakonik"[531] des masoretischen Textes in Gen 35,22 hat ihren Grund.
Sie stellt eine Leerstelle dar und weckt eine Erwartung, die erst in Gen
49,3f eingelöst wird. Beim finalen Segen Jakobs über seine Söhne lässt
der Vater im Ruben-Spruch keinen Zweifel daran, dass er das Verhalten seines Sohnes deutlich missbilligt:

> „Ruben, mein Erstgeborener bist du, […].
> Du bist übergewallt wie die Wasser,
> du sollst keinen Vorrang haben (אַל-תּוֹתַר),
> denn du hast das Lager deines Vaters bestiegen (כִּי עָלִיתָ מִשְׁכְּבֵי אָבִיךָ);
> da hast du es entweiht.
> Mein Bett hat er bestiegen (יְצוּעִי עָלָה)."

Gen 49 kommentiert so nachträglich Gen 35,22a und besiegelt endgültig, dass Ruben wegen seiner Tat (כִּי עָלִיתָ מִשְׁכְּבֵי אָבִיךָ) die Rolle als
Erstling abgesprochen bekommt. Den Vorrang bekommt Ruben (V. 3)
vom Vater rechtlich entzogen. Noch deutlicher geschieht die Abwer-
tung Rubens in 1 Chr 5,1-3. In 1 Chr 5 wird das semantisch offenere

---

hilft sich mit der neuen Bezeichnung „Israel-Joseph-Geschichte." Allerdings ist auch
diese Bezeichnung nicht unproblematisch, da es in der Toledot Jakobs nicht nur um
Joseph und Jakob geht.

531 EBACH, Genesis 37-50, 584.

אַל־תּוֹתַר aus Gen 49,3 („der erste sollst du nicht sein" bzw. „du sollst keinen Vorrang haben") nachdrücklich interpretiert als der Verlust von Rubens *Erstlingstum*:

> "Und die Söhne Rubens, des Erstgeborenen Israels (בְּכוֹר־יִשְׂרָאֵל)
> – denn er (scl. Ruben) war der Erstling (הַבְּכוֹר);
> weil er aber das Lager seines Vaters entweiht hatte, wurde sein Erstlingstum
> (בְּכֹרָתוֹ) den Söhnen Josephs, des Sohnes Israels, gegeben;
> und er wird nicht nach dem Erstlingstum (לַבְּכֹרָה) im Geschlechtsregister einge-
> tragen;
> [...] Joseph aber erhielt das Erstlingstum (וְהַבְּכֹרָה) –
> die Söhne Rubens, des Erstgeborenen Israels (בְּכוֹר יִשְׂרָאֵל): [...]"[532]

Gleich viermal wird auf dieses Erstlingstum Bezug genommen und Ruben in den rahmenden Versen 1 und 3 als „Erstling" bezeichnet, um den Verlust des Vorrechts noch herauszustreichen. Die explizite Hervorhebung des Erstlingsstatus Rubens in der Chronik vermag auch darauf hinzuweisen, dass dem Titel בְּכוֹר in manchen Fällen eine Index-funktion zuzukommen scheint: Die Bezeichnung „Erstling" kommt zwar in der Genesis häufig vor, jedoch findet sich die explizite Be-zeichnung eines Sohnes *innerhalb* der Haupt-Verheißungslinie des To-ledot-Systems nur dreimal, so werden neben Ruben (Gen 35,23; 46,8; 49,3) nur noch Judas erster Sohn Er (Gen 38,6.7) und Josephs natürli-cher Erstgeborener Manasse (Gen 41,51; 48,14.18) als „Erstlinge" mar-kiert.[533] Bei allen dreien handelt es sich um natürliche Erstgeborene, die ihr Erstlingstum jedoch verlieren. In Bezug auf Ruben kann der Titel בְּכוֹר daher als Lesehinweis auf eine bevorstehende Umkehr der natürli-chen Geburtsreihenfolge verstanden werden. Durch dieses Textsignal wird Ruben gleich bei seiner Einführung als disqualifizierter Erstling charakterisiert.

---

532 Vgl. noch (ohne diesen kritischen Einschub) Ex 6,14: „Dies sind die Häupter ihrer Vaterhäuser: Die Söhne Rubens, des Erstgeborenen Israels: Henoch, Pallu, Hezron und Karmi; das waren die Sippenverbände Rubens." Zum Aufbau der Genealogie 1 Chr 5 und zu den Beziehungen dieser Genealogie zu den denjenigen in der Genesis s. JAPHET, 1 Chronik, 149-180, bes. 152-154 und DIES., I & II Chronicles, 128-142. „V 1-2 stellen eines der markantesten Beispiele für Midrasch in Chr dar. Als Midrasch wird der Text zum einen dadurch ausgewiesen, dass er einen vorhandenen Vers in-terpretiert. Auf das Zitat von Ex 6,14 ‚die Söhne Rubens, des Erstgeborenen von Is-rael' folgt eine Deutung, worin die Diskrepanz zwischen Rubens offiziellem Status als Erstgeborenem und seiner tatsächlichen historischen Stellung unter den Stäm-men gerechtfertigt wird. Außerdem führt diese Interpretation einen neuen theologi-schen Gedanken ein, der seine Form durch eine neuartige Kombination von vorhan-denen biblischen Texten erhält (scl. Gen 35,22; 48,5)" (JAPHET, 1 Chronik, 152).
533 Bei Esau erscheint בְּכֹר nur in der Selbstbezeichnung: Gen 27,19.32.

Es stellt sich die Frage, inwiefern Ruben falsch handelte und dies zu seiner Verurteilung führte. Vermutlich geht es nur vordergründig um einen Verstoß gegen das Verbot, mit der Frau des Vaters zu schlafen, welches nach Lev 20,11 mit einer Todessanktion[534] bewehrt ist.[535] Auffällig ist, dass Bilha in Gen 35,22 (und nur dort) als פִּילֶגֶשׁ/„Nebenfrau" bezeichnet wird, während sie sonst שִׁפְחָה/„Sklavin" (Gen 29,29) oder (so Rahel) אֲמָתִי/„meine Magd" (Gen 30,3) genannt wird.[536] Damit kommt die Notiz in Gen 35,22 in engste Nähe zu einer anderen, ebenfalls knapp erzählten und ebenfalls mit dem Verlust des Erbfolgerechts verbundenen Szene. Mit Seebass[537] kann auf die Bemächtigung des Harems durch Abschalom in 2 Sam 16,20-22 verwiesen werden.[538] Dort verkehrt Abschalom öffentlich sexuell mit den Nebenfrauen (auch hier der Terminus פִּילֶגֶשׁ) seines Vaters David, um auf diese Weise die schwindende Autorität des Vaters und den eigenen Machtanspruch zu

---

534 Der semantisch offenere Begriff „Todessanktion" ist hier der üblichen Bezeichnung als „Todesstrafe" vorzuziehen, denn u.a. konnte HIEKE deutlich zeigen, dass die Terminologie „Todesstrafe" nicht vom biblischen Bild gedeckt wird (vgl. HIEKE, Todesstrafe, 349-374): Der Tatbestand, der mit dieser Sanktion bewehrt ist, ist sehr disparat (HIEKE, Todesstrafe, 350-361). Auch die genaue Durchführung der „Todessanktion", sowie die Instanz, die diese Strafe ausführen soll, bleiben ungenannt (HIEKE, Todesstrafe, bes. 364-368): In Lev oder Num werden beispielsweise keine exekutiven Instanzen genannt und es gibt im TeNaK eine ganze Reihe Fälle, die unter die „Todesrechtssätze" fallen würden. Das beginnt bei Kain, der Abel totschlägt, geht weiter über Abraham, der seine Halbschwester Sara ehelicht (Gen 20,12), bis hin zu Juda, der mit seiner Schwiegertochter Tamar Zwillinge zeugt (Gen 38). In diesen Fällen ist jedoch vom Todesrecht keine Rede. Letztlich gibt es nur fünf Belege für „Todesrechtsprozesse" in der Hebräischen Bibel, die im Kontext allesamt als „paradigmatische Lehrerzählungen" mit paränetischem Charakter gedeutet werden sollten; vgl. etwa Lev 24,10-23 und die Geschichte vom Sabbatschänder Num 15,32-36; sowie das Exempel des Mosenachfolger Josua an Achan (Jos 7), der sich unrechtmäßig etwas von der Kriegsbeute aneignete. Achan wird nicht durch einen Prozess überführt, sondern durch ein Gottesurteil. Die Todesrechtssätze sind viel eher als paränetische Lehrerzählungen zu deuten (die tatsächliche Durchführung ist unwahrscheinlich). „Diese Sätze fassen in Worte, was unter keinen Umständen vorkommen darf. Es geht nicht um die Strafe (das zeigen die weitgehend fehlenden Ausführungsbestimmungen und die stereotype Sanktionsformulierung), sondern um den zu verurteilenden, zu ächtenden Tatbestand." (HIEKE, Todesstrafe, 373).

535 S. noch Dtn 23,1: „Niemand soll seines Vaters Frau nehmen und aufdecken seines Vaters Decke." (vgl. Lev 18,8; 20,11 und Dtn 27,20:. „Verflucht sei, wer bei der Frau seines Vaters liegt, denn er hat die Decke seines Vaters aufgedeckt!").

536 Diese wichtige Beobachtung auch bei EBACH, Genesis 37-50, 584.

537 S. SEEBASS, Die Stammessprüche Gen 49,3-27, 333-350.

538 Die Bezüge von Gen 35 und 2 Sam werden häufig vermerkt. Zur Relation der Stellen in Gen 49 und 2 Sam 16 vgl. DE HOOP, Genesis 49 in Its Literary and Historical Context, 512f.

demonstrieren.[539] Die in 2 Sam 16 erzählte Zurschaustellung führt (neben anderen Gründen) in der Geschichte der Thronnachfolge Davids dazu, dass Abschalom als Nachfolger Davids ausfällt. In ähnlicher Weise führt auch die entsprechende Machtdemonstration Rubens aus Gen 35,22a zu seiner Disqualifizierung als Erstling. Das führt zu dem Urteil, welches Jakob in Gen 49,3f über Ruben fällt. „Entsprechend bestand Rubens Delikt darin," so zutreffend Seebass, „den Vater zu ersetzen und Dominanz über die Brüder gewinnen zu wollen."[540]

Der *Charakter* dieser Machtergreifung Rubens lässt sich noch näherhin präzisieren. Die Tat Rubens findet *expressis verbis* „jenseits von מִגְדַּל־עֵדֶר" statt (V. 21). Die Ortsangabe מִגְדַּל־עֵדֶר kommt nur noch einmal in Mi 4,8 vor und bezeichnet dort die davidische Königsstadt Jerusalem. Man könnte in der Ortsangabe in Gen 35,21 einen *chiffrierten* Hinweis auf Jerusalem und das davidische Königtum vermuten.[541] Tatsächlich werden weder Jerusalem, noch der Zionsberg, noch das davidische Königtum innerhalb der Tora erwähnt. Das mag zum einen der narrativen Logik der Ursprungserzählungen entsprechen, denn die Entstehung und Konsolidierung des davidischen Königtums wird erst in den Samuel- und Königebüchern literarisch entfaltet. Wahrscheinlich ist aber auch, dass die judäischen Kultorte und das davidische Königtum nicht erwähnt werden *konnten*, denn immerhin mussten auch die *Samaritaner* die Tora mitlesen können, für die judäische Herrscher aus der judäischen Stadt Jerusalem und dem dort beheimateten Kultheiligtum auf dem Zionsberg keine maßgeblichen Institutionen waren.[542] In jedem Fall kann das Thema Königtum innerhalb der Genesis nur über chiffrierte Hinweise angegeben werden. Folglich begeht Ruben seine Tat vor den Toren Jerusalems, womit die Tat im Kontext des davidischen bzw. allgemein judäischen Machtanspruches zu deuten ist. Die Plausibilität dieser Deutung liegt darin, dass sich im direkten Umfeld dieser Erzählung sowie im Makrokontext der Genesis viele Anspielungen auf das Thema Königtum befinden (so etwa Melchisedek und Salem in Gen 14; Morijah = Zion Gen 22; Rahels Grab bei der Davidstadt

---

539 Vgl. zu Verletzungen fundamentaler Inzest- und Heiratsregeln als Demonstration von Macht POSPÍSIL, The Kapuaka Papuans, 109.165f.282-286 und SIGRIST, Regulierte Anarchie, 246.

540 SEEBASS, Die Stammessprüche Gen 49,3-27, 343.

541 Ähnlich DEURLOO, Koning en tempel, 30f und DIEBNER, Eine „enge Definition" von „Israel", 263.

542 Die Tora wird hier verstanden als gemeinsames „Kompromissdokument" *beider* Kultgemeinden. Diese These wird in Teil C.3.4 noch ausführlicher entfaltet; hierauf sei verwiesen.

Bethlehem)[543] und sich gerade im engeren Kontext der Joseph-Juda-Erzählung die Frage des Erstlingstums auf die nach legitimen Macht- und Herrschaftsstrukturen *innerhalb* Israels zuspitzt.[544] Über die vielen unterschiedlichen expliziten wie impliziten Quer-, Vor- und Rückverweise im Kontext der Königsfrage für Israel ist es dem Leser möglich, die Chiffren im Umfeld von Rubens Machtergreifung aufzulösen.

Damit ist Rubens Tat als königliche Usurpation zu deuten,[545] durch die er seinen vermeintlichen erstgeburtlichen Anspruch, als Oberhaupt der Familie zu gelten, selbständig durchsetzen will. Rubens Griff nach dem Königtum in Israel bei Migdal Eder (=Jerusalem) kostet ihn sein Erstlingstum. Mit Ruben kann folglich auch die Hauptverheißungslinie nicht fortgesetzt werden. Darum wird gleich nach Rubens gescheitertem Versuch sich als Erstling zu positionieren, wieder bei einer Generation vorher, nämlich bei Jakobs Israel-Stammbaum, neu angesetzt (V. 22b-26). Das Königtum in Israel – so wird der vierte Toledot-Hauptteil noch deutlich zeigen – ist einem anderen der Jakobsöhne vorbehalten.

6.2.2 Disqualifizierung Simeons und Levis

Nach Rubens Tat fällt das Erstgeburtsrecht entsprechend ihrer Geburtsreihenfolge nun Simeon und Levi zu (die Geburtsnotizen in Gen 29,33.34). Doch Simeon und Levi werden ebenfalls hintan gesetzt. Bei einem Besuch in der Stadt Sichem wird Jakobs einzige Tochter Dina vom Sohn des dortigen Königs vergewaltigt. Der junge Mann will das Mädchen heiraten und Jakob ist bereit, ihm seine Tochter zu geben und mit den Stadtbewohnern einen Bund zu schließen. Doch überfallen seine Söhne Simeon und Levi darauf die Stadt, metzeln alles nieder und holen Dina zurück (V. 27-29). Das hinterlistige[546] Massaker wird zwar von Jakob anschließend als Unrecht bezeichnet (Gen 34,30), doch bestehen die Söhne darauf im Recht zu sein, da die Sichemiten ihre Schwester Dina wie eine Prostituierte behandelt hätten (V. 31). Dina spielt eine kurze, aber signifikante Rolle und bleibt in der Geschichte ziemlich schemenhaft. Was sie will und wie es ihr geht, wird in der ganzen Erzählung nie gefragt. Sie ist und bleibt stummes Opfer, so-

---

543 Die ausführliche Besprechung der Querverweise und einer Verhältnisbestimmung von Erstlingstum und Königtum in Israel weiter unten in Teil B.6.5.1.

544 Vgl. vor allem die thematische wie begriffliche Nähe der Joseph-Juda-Erzählung zur sog. „Thronfolgegeschichte" (Anzeige und Auswertung diese Befundes weiter unten Teil B.6.5).

545 Ebenso DEURLOO/VAN MIDDEN/VAN DEN BERG, Koning en Tempel, 30-32.

546 Die Hinterlist der Brüder ist das Problem (mehr dazu bei SEEBASS, Genesis II/2, 432 [mit den entsprechenden rechtlichen Regelungen]).

wohl Sichems wie ihrer Brüder. Dies entspricht Dinas Rolle im gesamten Erzählkorpus: Sie erscheint nur noch ein einziges Mal in Gen 46,15
in der Liste der Nachkommen Jakobs, die nach Ägypten kommen (Gen
46,8-27)und zwar ohne vorher in der Liste der Nachkommen Jakobs
erwähnt zu werden (Gen 35,22-26).[547] Innerhalb der Geburtsgeschichten
der Jakobskinder (Gen 29f) erhält die Tochter Dina (Gen 30,21) als einzige keine Namensdeutung durch die Mutter. Auch in der formalen
genealogischen Struktur nimmt Dina eine Außenseiterrolle ein. Die
Geburten der Söhne werden innerhalb der Geburtsgeschichten der
Jakobsöhne (Gen 29,31-30,24 mit 35,16-18) gleichbleibend eingeleitet:
„sie empfing und sie gebar"/וַתַּהַר לֵאָה וַתֵּלֶד. Dinas Geburtsnotiz erfolgt
nicht mit der *wajjiqtol*-Form, sondern mit: וְאַחַר יָלְדָה בַּת/„danach gebar
sie auch eine Tochter" (Gen 30,21).[548] Dina wird – so scheint es – nur
eingeführt, damit sie eine bestimmte narrative Funktion erfüllt (nach
Gen 37,35 und 46,7 hatte Jakob immerhin mehrere Töchter, nur Dina
wird aber namentlich genannt), nämlich die Disqualifizierung der beiden Brüder zu illustrieren.[549]

Man kann sich fragen, ob Jakob seine Missbilligung über die Tat
nicht deutlicher zum Ausdruck hätte bringen müssen. Daran mag ihn
die tatsächliche, aktuelle Gefahr, die in der gegebenen Situation nur
durch den engen Zusammenhalt der Familie gebannt werden konnte,
gehindert haben. Im Stammesspruch Gen 49,5-7 verurteilt Jakob die Tat
der Söhne jedoch deutlich, indem er sie als „Werkzeuge der Gewalt"
(כְּלֵי חָמָס מְכֵרֹתֵיהֶם) bezeichnet und hinzufügt: „Zu ihrem Kreis mag ich
nicht gehören, mit ihrer Rotte vereinige sich nicht mein Herz" (Gen
49,5-6). Der Vater distanziert sich so als Sprecher von den Gewalttätern
– die schlimmste Sanktion einer Solidargemeinschaft, wie sie Israel
eigentlich darstellen soll.[550] V. 7a nimmt nun das Entsetzen von V. 5a
wieder auf,[551] indem er blinden Zorn verflucht.[552] Dieser Fluch (אָרוּר
אַפָּם) über Simeon und Levi besiegelt die Disqualifizierung der beiden
Brüder. Der *Fluch* steht in pointiertem Gegensatz zu Kapitel 49 als Ganzem, das sich als *Segen* für die Söhne Jakobs versteht (Gen 49,28). Durch

---

547 Zum Ganzen vgl. noch PIRSON, Lord of the Dreams, 117-121 und VAN WOLDE, Love
and Hatred, 435-449.

548 Diese Beobachtung auch bei PIRSON, Lord of the Dreams, 115 Anm. 2.

549 In dieser Funktion entspricht Dina der Figur des Abel (Hauch) in Gen 4; vgl. zu Abel
Teil B.1.1.

550 Vgl. VON RAD, Genesis, 348.

551 Es handelt sich bei dem Stämmespruch deutlich um eine Ringkomposition (s.
SEEBASS, Josephsgeschichte, 172); gegen SCHULZ, Leviten, 21: V. 7 sei einheitlich
„Nachtrag".

552 Ebenso das Urteil der Weisheit: Hi 36,13; Spr 14,29; 25,18; vgl. 16,32.

diesen literarischen Effekt wird die Disqualifizierung beider Söhne zusätzlich verstärkt.

6.2.3 Qualifizierung Judas

Nach der Ausschaltung von Ruben, Simeon und Levi, geht das Erstgeburtsrecht an Juda über, den vierten Sohn Jakobs von Lea (Gen 29,35). Jedoch scheint sich Juda seiner verantwortungsvollen Rolle als Erstling zu Beginn noch nicht bewusst. Er muss sich gegenüber Ruben, der fortan versucht, sich vor seinem Vater als Erstling zu rehabilitieren, seines Erstgeburtsrechts erst noch würdig erweisen.

6.2.3.1 Juda und Ruben (Gen 37)

In Gen 37 treten sich zum ersten Mal Ruben und Juda als direkte Konkurrenten einander gegenüber. Beide versuchen auf ihre Weise, die führende Rolle unter den Brüdern zu übernehmen.

Die Ausgangssituation für das sich in Gen 37 abspielende Szenario wird in Gen 37,2-20 entfaltet: Der Zwist unter Brüdern wird in erster Linie dadurch hervorgerufen, dass Jakob explizit nur Joseph lieb hat (Gen 37,3)[553], obwohl er lediglich der vorletzte der Jakobsöhne ist. Die Begründung für Jakobs besondere Liebe zu Joseph, nämlich dass er der „Sohn seines Alters" sei (V. 3: בֶן־זְקֻנִים), ist allerdings seltsam. Denn eigentlich ist Benjamin der Sohn „seines Alters" (יֶלֶד זְקֻנִים; Gen 44,20). Außerdem hätte der Leser doch eher den Grund für die Vorliebe für Joseph in der bevorzugten Mutter Rahel gesehen (vgl. Gen 21,2; 29,17-20.30-34). Sie wird auch in der Genealogie Gen 46,8-25 besonders hervorgehoben: Bei ihr wird in Gen 46,19 als einzige der vier Frauen unterstrichen, dass sie die Frau Jakobs war: אֵשֶׁת יַעֲקֹב (vgl. auch Gen 44,27). Gemeint ist wohl, dass sie – wie andere Stellen betonen (Gen 29,18.30) – seine Lieblingsfrau war. Rahel wird jedoch in Gen 37,2f nicht namentlich genannt. Mir scheint es wahrscheinlich, dass die Formulierung בֶן־זְקֻנִים in Gen 37,3 wohl an Abrahams einzigen Sohn Isaak erinnern soll, der ihm im hohem Alter, nämlich בֶן לִזְקֻנָיו/„in seinem Alter", geboren wurde (Gen 21,2; vgl. Gen 18,11). Und auch Isaak wird gegenüber dem eigentlichen Erstgeborenen Ismael bevorzugt behandelt. Sachlich und sprachlich wiederholen sich hier die Muster der vorausgehenden Familiengeschichte, in welcher Bevorzugung und Hass immer wieder vorkommen: Isaak liebt Esau, nicht Jakob - Rebekka liebt Jakob, nicht Esau - Jakob liebt Rahel, nicht Lea.

---

553 Dazu LANCKAU, Der Herr der Träume, 141f.

Die aus der Vorliebe für Joseph resultierende Bevorzugung des „kleinen Burschen"[554] (V. 2) macht ihn bei seinen Brüdern verhasst, die scheinbar untereinander eine eigene Hierarchie haben. Die Brüder suchen das Problem auf ihre Weise zu lösen: Sie wollen die Erfüllung der Träume verhindern, indem sie den Träumer, als er zu ihnen aufs Feld kommt, sofort erschlagen wollen (Gen 37,12-20).

Sprachen die Brüder bisher als Einheit („einer zu seinem Bruder", V. 19), so tritt ab V. 21 Ruben, der älteste der Jakobsöhne, auf. Er will Joseph retten und sich damit für seinen Bruder einsetzen, wodurch er seine Rolle als Erstling erfüllen würde. Damit könnte er sich bei seinem Vater rehabilitieren. Er schlägt deshalb vor, ihn nicht zu töten, sondern in eine Zisterne zu werfen (V. 21-22; die Durchführung V. 23-24). Indem sie Joseph lebend in das Loch würfen, hätten sie immerhin kein Blut vergossen. Freilich hätte auch ein lebend in eine Zisterne geworfener Joseph unter normalen Umständen kaum eine Überlebenschance. Immerhin wäre das kein *direkter* Mord, faktisch jedoch schlägt Ruben den Brüdern lediglich eine andere Form der Tötung vor. Allerdings will er nur bei den Brüdern den Eindruck erwecken, dass er Joseph verhungern lassen wolle. Eigentlich plant er Joseph hinter dem Rücken der anderen aus dem Loch zu holen und seinem Vater zurückzubringen (V. 22b). Rubens Rettungsversuch leidet daran, dass er (in vergleichsweise guter Absicht) hinter dem Rücken der anderen Brüder handeln will. Natürlich scheitert dieser Plan, denn als sie beim Brüdermahl sitzen (während Joseph in der ausgetrockneten Zisterne, aus der er sich nicht befreien kann, gefangen ist), sehen sie in der Ferne eine ismaelitische Karawane kommen (V. 25).

Hatte zunächst Ruben dem Vorhaben der Brüder seinen eigenen Plan entgegengestellt, so wird in V. 26f Juda in ähnlicher Weise tätig. Im Kontrast zu Ruben wendet er sich ausdrücklich dagegen, Joseph zu

---

554 Vgl. LANCKAU, Der Herr der Träume, 134-137. In den summarisch ausgerichteten Erzählungen und Notizen von der Geburt der Söhne Jakobs sowie seiner Tochter Dina in Gen 30 wird zwar nicht explizit von einem größeren Altersabstand zwischen Joseph und seinen Brüdern gesprochen, dennoch ergibt sich klar, dass Rahel erst als Letzte nach der Geburt aller Söhne der Lea, der Mägde und der Geburt Dinas schwanger wird. Jakob wartet also auch nach Gen 29.30 mindestens mehrere Jahre auf ein Kind der geliebten Rahel. Ob hier in Gen 37,3a ein noch größerer Altersabstand als in Gen 29f intendiert ist, wenn vom „Sohn des Alters" die Rede ist, erscheint jedoch fraglich (s. VON RAD, Genesis, 286). Am Schluss der Josephsgeschichte ergeht ein *Auftrag* des alten, sterbenden Joseph an seine noch älteren Brüder. Somit ist aus dieser Perspektive der Altersunterschied nicht so gravierend groß gesehen worden.

töten, freilich mit der fragwürdigen Begründung, daraus würde man ja keinen Vorteil ziehen. Er schlägt stattdessen vor, ihn aus der Zisterne wieder herauszuholen und an die Ismaeliter zu verkaufen. Dass Juda gerade an dieser Stelle daran erinnert, Joseph sei ja schließlich ihr Bruder, ihr Fleisch und Blut (V. 27), setzt ein etwas dubioses Verständnis von familiärer Solidarität voraus. Denn seinen eigenen Bruder in die Sklaverei zu verkaufen und ihn damit gerade von seinen Brüdern zu entfernen, mutet doch sehr zynisch an. Jedoch rettet Juda auf diese Weise zunächst einmal das Leben Josephs. Im Gegensatz zu Ruben zeigt Juda immerhin, dass er in Kategorien von Brüderlichkeit zu denken und zu handeln versucht. Er steht damit relativ gesehen besser da als Ruben. Was jedoch wahre Brüderlichkeit innerhalb Israels bedeutet, muss Juda noch erlernen. In den folgenden Erzählungen wird Juda daher gerade an seinem brüderlichen Umgang gemessen.

Die übrigen Brüder akzeptieren Judas Vorschlag und wollen Joseph nach Ägypten verkaufen. Doch während die Brüder noch beratschlagen, nähert sich eine Karawane der Midianiter, die Joseph aus dem Brunnen holt und für 20 Silberstücke an die Ismaeliter[555] verkauft (Gen 37,28). So wird Joseph nach Ägypten gebracht (V. 28-30.36). Dem Vater erklären die Brüder daraufhin, dass Joseph von wilden Tieren zerrissen und gefressen sei und legen ihm das mit Tierblut getränkte königliche Gewand Josephs als Beweis vor (V. 31-35).

Die Gegenüberstellung von Ruben und Juda als Prätendenten um das Erstlingstum sind, wie dargelegt, Motor der Erzählentwicklung. Einige Handschriften gleichen allerdings die unterschiedlichen Rollen „Juda" und „Ruben" durch Namensangleichung an (so z.B. in V. 21: „Juda" statt „Ruben"). Die Motivation dafür ist deutlich: Man will die Schwierigkeit umgehen, dass einmal Ruben und dann wieder Juda sich als Fürsprecher der Brüder hervorheben. Das wurde wohl als unschöne Dopplung empfunden. Das Phänomen sorgte in der Forschungsge-

---

555 Die wechselnden Bezeichnungen für die Gruppe der Kaufleute als Midianiter bzw. Ismaeliter war ein hinreichender Grund für hypothetische Quellenscheidungen innerhalb der Josephsgeschichte. Die oben gebotene Auslegung bleibt am Text und zeigt, dass der Endtext auch ohne quellenkritische Operationen schlüssig zu lesen ist. Vgl. dazu EBACHS Fazit, der nach eingehender Besprechung der Midianiter/Ismaeliter-Problematik in seinem Kommentar zur Josephsgeschichte zu folgendem Ergebnis kommt: „Dass die Midianiter sekundär eingefügt seien, um die Brüder vom Vorwurf des Verkaufs ihres Bruders zu entlasten […], überzeugt m.E. angesichts des faktischen Handelns der Brüder wenig und lässt zudem das „Medaniterproblem" in V 36 ungelöst […]. Dass Ismaeliter und Midianiter wechselnde Bezeichnungen derselben Gruppe seien […], überzeugt angesichts des in 37,28 Erzählten noch weniger. Dass ein Redaktor da manches nicht verstanden und durch seine Hinzufügungen einen letztlich noch unverständlicheren Text bewirkt habe, überzeugt am wenigsten." (EBACH, Genesis 37-50, 107f).

schichte ebenfalls für eine Reihe quellenkritischer Hypothesen, die die
Josephsgeschichte u.a. anhand der Redepartien von Ruben und Juda
auf verschiedene Quellen aufteilten. Mittlerweile dürfte jedoch klar
sein, dass solche Eingriffe in den Text wesentliche Sinnaussagen verschwinden lassen und deshalb zu vermeiden sind.[556] Die in der vorliegenden Untersuchung gewählte Lektüre vom Endtext her kann die
Rollenaufteilung zwischen Juda und Ruben sinnvoll am Text plausibel
machen.

6.2.3.2 Juda als potentieller Erstling (Gen 38)

Für die Charakterisierung Judas ist Genesis 38 entscheidend, da nur
von hier aus der Wandel zwischen Judas Verhalten in Gen 37,26f und
demjenigen in Gen 43-44 sinnvoll erklärt werden kann.[557]

Gen 38 beginnt denkbar ungünstig für den Erstlings-Prätendenten
und führt zunächst die Kritik an Juda aus Gen 37 fort: „Und es geschah
in jener Zeit, dass Juda hinabzog – von seinen Brüdern weg. [...]." (V.
1). Die sehr vage zeitliche Verknüpfung („Und es geschah in jener
Zeit") ist zwar chronologisch unplausibel[558], doch steht die Vergleichbarkeit beider Situationen im Vordergrund. In Bezug auf das
Erstlingstum von Ruben bzw. Juda war in Gen 37 die mangelnde Brüderlichkeit der Brüder untereinander kritisiert worden. Nun entfernt
Juda sich absichtlich von seinen Brüdern und entzieht sich so seiner
Verantwortlichkeit. Das „Herabsteigen" (ירד) deutet bereits die Negati-
vität der kommenden Handlungen Judas an: Als Abraham in Gen
12,10ff auf eigene Initiative nach Ägypten „hinabsteigt", hätte dies beinahe sein Erstlingstum gefährdet.[559]

---

556 Als einer der ersten formulierte DONNER eine grundsätzliche Kritik an diesem Vor-
     gehen (vgl. DONNER, Die literarische Gestalt der alttestamentlichen Josephsgeschich-
     te, 36-39).

557 SALM, Juda und Tamar, 211: „Im Rahmen der Josefsgeschichte bereitet Gen 38 die
     Umkehr Judas vor." Vgl. dazu auch die Ausführung zu Gen 37/38 als „Doppel-
     Exposition" Teil B.6.1.

558 JACOB, Genesis, 710 Anm. 11 macht darauf aufmerksam, dass die Ereignisse in Gen
     38 von der Chronologie her nach dem Verkauf Josephs und vor den Reisen der Brü-
     der nach Ägypten unmöglich sind. Die ganze Episode von Juda und seinen Söhnen,
     die er bekommt, umfasst mehr als zwanzig Jahre. Zu den chronologischen Schwie-
     rigkeiten hinsichtlich der Eingliederung in den Erzählablauf vgl. u.a. SARNA, Gene-
     sis, 264f.

559 Eine direkte Kritik des eigenmächtigen Hinabziehens Abrahams findet sich in der
     parallel aufgebauten Erzählung von Gen 26; dort ergeht nun ein direktes Gotteswort
     an Isaak, das auf Abrahams Entscheidung direkten Bezug nimmt: „Es kam aber eine
     Hungersnot ins Land nach der früheren, die zu Abrahams Zeiten war. [...] Und

Dem *freiwilligen* Hinabgehen Judas steht das *erzwungene* Hinab-gebrachtwerden Josephs gegenüber, das als gleichzeitig gedacht wird (וַיָּבִיאוּ Gen 37,28; וְיוֹסֵף הוּרַד Gen 39,1). Die Kapitel Gen 37 und 39 setzen damit Gen 38 einen Rahmen und konterkarieren Judas Fehlverhalten.

Die negative Sicht auf Juda wird außerdem noch weiter ausgeführt: Er heiratet die Tochter eines kanaanitischen Mannes namens Schua (V. 2) und geht damit eine *exogame* Beziehung ein, die innerhalb des genealogischen Systems nicht präferiert wird. Der literarische Verweis auf Esaus ebenfalls exogame Ehen tritt dabei deutlich zu Tage: Esau scheiterte durch seine exogamen Verbindungen gerade daran, sich als Erstling zu positionieren.[560] Der beschriebene Heiratsvorgang Judas ist zudem durch die Wortkombination ראה/ „sehen" und לקח/„nehmen" deutlich negativ konnotiert. Die Kombination der beiden Verben findet sich auch in Gen 3,6[561]; 6,2[562]; 12,15[563] und in Gen 34,2.[564] Angesichts dieser Belege, die überwiegend das Sehen und das anschließende Nehmen negativ konnotieren[565], verwundert es nicht, dass Judas Ehe-schließung nur Ärger einbringt.[566]

Der Erzähllogik entsprechend schlägt Judas genealogische Linie zunächst fehl. Seine Söhne sterben und die – zudem noch filiationslo-se[567] – Schwiegertochter Tamar bleibt kinderlos zurück. Dieser verwei-

---

JHWH erschien ihm und sprach: Zieh nicht hinab nach Ägypten." (V. 1f). Zum Ganzen vgl. Teil B.3.2.1.

560 Vgl. dazu Teil B.5.2.2

561 Eva sieht die Frucht und nimmt und isst.

562 Die Gottessöhne sehen die Schönheit der Menschentöchter und nehmen sie zu ihren Frauen.

563 Die Beamten des Pharaos sehen Saras Schönheit, und man nimmt sie in den Palast.

564 Sichem sieht Dina und nimmt sie.

565 Vgl. allerdings: Gen 22,13 (Abraham nimmt den Widder) und Gen 30,9 (Lea nimmt ihre Magd Silpa und gibt sie Jakob zur Frau).

566 Diese wichtige Beobachtung bei HIEKE, Genealogien, 195 Anm. 547 (mit einer Analyse der Vorkommen der Kombination im Einzelnen) und WENHAM, Genesis II, 366.

567 Dass Juda seinem erstgeborenen Sohn Er eine Frau ohne Filiation gibt, dürfte höchst problematisch gewesen sein. Während Judas Frau als Tochter eines Kanaanäers eingeführt ist, fehlt eine solche Zuordnung bei Judas Schwiegertochter (obwohl dies fälschlicherweise gern angenommen wird). Man erfährt nichts über Tamars Herkunft. Überhaupt wird die Herkunft Tamars biblisch nie explizit thematisiert (diese Beobachtung bei HIEKE, Genealogien, 286f). Die Erklärung, Tamar sei „wahrscheinlich eine Kanaanäerin" (WESTERMANN, Genesis I/3, 45; ähnlich WENHAM, Genesis II, 366) kann sich auf den Text von Gen 38 nicht stützen. Anders in Jub 41,1. Dort wird Tamar als „eine Frau von Arams Töchtern" bezeichnet, also als eine Frau rechter Herkunft, wie die übrigen „Mütter Israels" und *nicht* als Kanaanäerin (vgl. dazu Jub 41,2: „Und er [scl. Er] hasste sie [scl. Tamar] und lag nicht mit ihr, denn seine Mutter war von den Töchtern Kanaans. Und er wollte sich eine Mutter aus dem Stamm sei-

gert Juda auch die Leviratsehe (V. 3-11), zu der er verpflichtet gewesen
wäre. Denn gemäß den Bestimmungen der Leviratsehe (Dtn 25,5-10)
hätte Juda seinen Sohn Sela nicht verweigern dürfen, sondern ihm Tamar zur Frau geben müssen, um so den Erhalt der Familien-Genealogie
durch die Sicherung der männlichen Generationenfolge zu gewährleisten. Tamar hingegen zeigt Eigeninitiative und setzt sich dafür ein, dass
die Generationenfolge Judas erhalten bleibt, indem sie den einzigen
Ausweg, die Befruchtung durch den Schwiegervater, wählt (V. 12-24).

Zuerst sieht es demnach so aus, als ob Juda ebenso disqualifiziert
werden würde wie Ruben, denn der Inzesttatbestand verweist auf die
entsprechende Tat des Erbfolgekonkurrenten Ruben. Nach Lev 18,15 ist
die Verbindung Judas zu seiner Schwiegertochter inzestuös und damit
verboten. Dem korrespondiert, dass Gen 38 zum einen betont, dass sich
Tamar als Prostituierte verkleidete und damit für Juda unkenntlich
machte, zum anderen, dass Juda später nicht mehr mit ihr verkehrte
(Gen 38,26). Auch der Genesis-Text sieht die Verbindung letztlich als
illegitim an.[568] Die negative Konnotation wird noch deutlicher durch
die bereits bemerkte literarische Nähe von Gen 38 zur Thronfolgegeschichte[569], insbesondere zu den illegitimen Verbindungen in 2 Sam 11
(David und Bat-Scheba)[570] und in 2 Sam 13 (Tamar wird dort von ihrem
Bruder missbraucht).[571] Durch Inzest war Ruben als Erstling disqualifiziert worden, für Juda scheint sich nun dasselbe anzubahnen. Allerdings handelte Ruben „bewusst" und „mit Absicht", wohingegen Juda
„unabsichtlich" und „unwissentlich"[572] handelte. Letzteres ist ent-

---

ner Mutter nehmen."; Übersetzung nach BERGER, Das Buch der Jubiläen, 521). Er
möchte in Jub gerne eine Kanaanäerin (wie seine Mutter) heiraten. Wegen der unge-
klärten Herkunft Tamars in Gen 38 bleibt Judas spätere Nachkommenschaft im
Grunde kultrechtlich und im Blick auf die Zugehörigkeit zu „Israel" eigentlich problematisch; für weitere Beispiele aus der rabbinischen Literatur, die um eine Klärung
der Abstammung Tamars bemüht sind s. BAUCKHAM, Tamar's Ancestry, 317;
BAUCKHAM erwähnt jedoch auch andere Tradition, die gerade betonen, Tamar sei
eine Heidin (u.a. Targum Pseudo-Jonathan zu Gen 38,6) bzw. eine Proselytin (Philo)
gewesen.

568 Das Jubiläenbuch reflektiert dieses Problem ausführlich (Jub 41,23-28). Im Test XII
     stellt sich Juda selbst als betrunken dar (und warnt damit zugleich vor übermäßigem
     Weingenuss; die Parallele zu Gen 9: Noahs „Weinrausch" ist deutlich) (TJud 11,1;
     der Text in dt. Übersetzung bei BECKER, Die Testamente der zwölf Patriarchen, 68f).
     Die Problematik ist der Tradition in jedem Fall bewusst.

569 S. dazu Teil B.6.5.1.

570 In 1 Chr 3,5 heißt die Mutter Salomos nicht Bat-Scheba, sondern Bat-Schua.

571 Nur dort und in Gen 37 wird die Wortkombination כְּתֹנֶת פַּסִּים/„königliches Gewand"
     erwähnt.

572 Vgl. diese differenzierende Terminologie zur Erhebung des Tatbestandes in Lev 4,2-
     35 und Num 15,22-31.

schuldbar. Er „erkannte" Tamar ohne Kenntnis davon zu haben, wer sie war (Gen 38,16), und er „erkannte" sie fortan nicht mehr (Gen 38,26).

Die entscheidende Wende bringt die Identifikationsszene (V. 25f). Sie stellt den Höhepunkt der Erzählung dar. Tamar, die als Prostituierte verkleidet bei Enajim/עֵינַיִם („Zwei Augen") die Initiative ergriff (V. 14), ist es nun, die Juda die Augen öffnet, als sie ihm dessen identitätsausweisende Gegenstände vorlegt (V. 25). Die darauf folgende abschließende Selbstkritik Judas (V. 26) ist die Quintessenz der ganzen Szene: „Sie hat gerecht gehandelt im Verhältnis zu mir (צָדְקָה מִמֶּנִּי)."[573] Damit stellt der Erzähler Tamars Verhalten über dasjenige Judas. Er sagt nicht, dass eine/r von beiden „gerecht", also tora-konform gehandelt habe, sondern bewertet lediglich Tamars Verhalten als „relativ besser". Denn immerhin setzt sich Tamar – wenn auch mit problematischen Mitteln – dafür ein, dass Judas Linie fortbesteht.[574] Selbiges wäre eigentlich Judas Aufgabe als potentieller Erstling gewesen. Stattdessen zeigt ihm Tamar, welche Verantwortung er als Erstling gegenüber seiner Familie und damit auch gegenüber seinen Brüdern eigentlich hätte übernehmen müssen. In dieser Einsicht liegt der Kern der wahrzunehmenden Veränderung Judas innerhalb der Josephsgeschichte: Zwar bleibt Juda wie Jakob vorerst ein eher zweifelhafter Charakter, doch bildet die Selbsterkenntnis Judas die Grundlage für seine folgende Veränderung. Er muss erst eine Wandlung wie Jakob durchlaufen, bevor er sich selbst

---

573 Die Wendung צָדְקָה מִמֶּנִּי lässt mehrere Übersetzungen und damit auch mehrere Deutungsnuancen zu. Die vielfache Möglichkeit, das hebräische מִן aufzufassen, welches ein räumliches „von", eine Relation, aber auch einen Komparativ ausdrücken kann, führt je nach Nuancierung zu den genannten Übersetzungsvarianten. Die formalste Übersetzung wäre wohl: „Sie ist von mir her [gesehen] gerecht." (für diesen Vorschlag plädiert vor allem EBACH, Genesis 37-50, 146 u.ö.) (zum Problem s. noch EBACH, Genesis 37-50, bes. 145-149). Die hier vorgeschlagene Übersetzung („Sie hat gerecht gehandelt im Verhältnis zu mir") bleibt recht wörtlich, um mehr als eine Interpretation zu ermöglichen. So gibt es noch folgende Übersetzungsmöglichkeiten: (1) „Sie ist im Recht gegen mich" (so etwa die Neue Züricher; Elberfelder; SEEBASS, Josephsgeschichte 32; BUBER: „Bewährt ist sie gegen mich" und WESTERMANN, Genesis I/3, 42). (2) „Sie ist gerechter als ich" (so Luther; JACOB, Genesis, 718; VAN DER MERWE/NAUDÉ/KROEZE, Biblical Hebrew Reference Grammar, 290: „She is more righteous than I." und LXX: δεδικαίωται Θαμαρ ἢ ἐγώ). (3) „Sie ist die Gerechte, ich nicht." (so DEURLOO, Onze lieve vrouwe, 32; DERS., Erstlingschap en koningschap, 71); „She is in the right, not I." (WENHAM, Genesis II, 362; für diese Übersetzung s. auch WALTKE/CONNOR,, An Introduction to Biblical Hebrew Syntax, 265).

574 Vgl. DIEBNER, Blick in die Schublade, 70.

rechtfertigen kann (Gen 44,16), um sich dadurch als Erstling gegenüber seinen drei erstgeborenen Brüdern durchsetzen zu können.[575]

In der Konsequenz kann nun der eigentliche genealogische Erzähl-strang wieder aufgegriffen werden. Die weibliche Initiative Tamars bringt jedoch den gewünschten Erfolg (Perez und Serach; Gen 38,27-30) und garantiert damit den Fortbestand der Linie Judas. Auf diese Weise ersetzen die beiden Zwillinge Perez und Serach die beiden Söhne Er und Onan, die Juda durch den Tod verloren hat. Dies kann als Zeichen dafür gedeutet werden, dass Juda vergeben wurde.[576] Somit kann Gen 38 vollständig als eine genealogische Erzählung gesehen werden[577], da das Kapitel trotz aller erzähltechnischen Details und motivlichen Aus-gestaltungen primär um das Thema Nachkommenschaft kreist. In der Geburt der beiden letzten Söhne zeigt sich, dass Juda auch tatsächlich das Potential hat, seine Rolle als Erstling zu erfüllen, indem er nämlich die Linie des Vaters fortführt.

6.2.3.3 Juda und seine Brüder (Gen 42,1-45,28; 49,8-12)

Noch ein letztes Mal treten sich Ruben und Juda in der Gunst um die Anerkennung des Vaters gegenüber. Wegen der weltweiten Hungers-not schickt Jakob seine Söhne nach Ägypten, um dort Getreide zu kau-fen. Seinen jüngsten Sohn Benjamin behält er jedoch zurück, da er die-sen Sohn nicht auch noch verlieren will.

In Ägypten angekommen beginnt Joseph, der seine Brüder erkannt hat, mit seiner „Lektion", die sie zur Einsicht ihres Unrechts, aber auch zur echten Annahme ihres Bruders führen soll. Tatsächlich geht es bei Josephs Verhalten um den Test der Brüderlichkeit, um eine Versöh-nung zu ermöglichen. Das so oft erwähnte Motiv der „Nemesis" (Gun-kel u.a.) dürfte damit überhaupt keine Rolle spielen.[578] Joseph stellt seinen Brüdern die Bedingung, dass sie ihren jüngsten Bruder nach Ägypten bringen müssten, um die Wahrheit ihrer Reden zu beweisen (Gen 42,1-35). Ruben versucht wieder als erster sich vor dem Vater zu rehabilitieren, indem er dem Vater anbietet, für dessen jüngsten Sohn Benjamin einzustehen. Wie in Gen 37 scheitert Rubens gute Absicht

---

575 So auch EBACH, Genesis 37-50, 145 und LAMBE, Judah's Development, 53-68.

576 So auch HIEKE, Genealogien, 283; GOLDIN, Youngest Son, 30; SARNA, Genesis, 270.

577 Zur Analyse und formalen Beschreibung des genealogischen Verweissystems von Gen 38 vgl. HIEKE, Genealogien, 195f und I. FISCHER, Erzeltern, 31-35. Zur Rezeption und Ausfaltung der Genealogie Juda in 1 Chr 2.3-4,23 vgl. u.a. KNOPPERS, Intermarriage, 15-30.

578 Zum Nemesis-Gedanken s. die kritische Auswertung bei G. FISCHER, Die Josephsge-schichte als Modell für Versöhnung, 249.

wiederholt an seiner Durchführung: Rubens Angebot, seine beiden eigenen Söhne zu töten, falls er Benjamin nicht zurückbringe (Gen 42,37), muss auf den Vater nur allzu zynisch gewirkt haben. Dieser ist immer noch untröstlich über den Tod seines Sohnes Joseph und hat Angst, den noch verbliebenen jüngsten Sohn ebenfalls zu verlieren (Gen 42,38; 44,22.29-31). Folglich wird Rubens Vorschlag vom Vater abgewiesen (V. 38). Erst als Juda anbietet, mit seinem eigenen Leben als Bürge für Benjamin einzustehen (Gen 43,9), lässt der Vater alle Brüder ziehen.

Bei der zweiten Reise der Brüder nach Ägypten (Gen 43,1-45,28) kommt es zur entscheidenden Wende. Zum wiederholten Male will Joseph testen, ob seine Brüder aus ihrem damaligen unsolidarischen Verhalten gelernt haben. Joseph lässt die Taschen in der Reihenfolge anordnen, wie die Brüder auch bei der Mahlzeit saßen, und lässt sie durch seinen Hausverwalter durchsuchen und der Reihe nach – beginnend beim Ältesten – aufstellen (Gen 44,12). Die ersten zehn, die sich alle zusammen an Joseph schuldig gemacht hatten, kommen frei. Nur der jüngste Sohn Benjamin, der unschuldig ist, wird des Diebstahls bezichtigt. Trotz der zu Genesis 37 spiegelbildlichen Situation[579] handeln alle Brüder anders: Sie zeigen Trauer und kehren alle gemeinsam um (Gen 44,13), obwohl sie das Angebot haben, frei zu gehen (V. 10). Endlich zeigen die Brüder dasjenige brüderliche Verhalten, dass sie zu Beginn der Erzählung haben vermissen lassen. Jetzt macht auch Juda das wahr, was er dem Vater zuvor zugesichert hatte. Er rechtfertigt sich dadurch, dass er im Namen seiner Brüder die rhetorische Frage stellt: „Was sollen wir reden und wie uns rechtfertigen?" (Gen 44,16). Dass dies ausgerechnet Juda erwähnt, der vor Tamar gezwungen war zuzugeben, dass sie gerechter gehandelt habe als er (Gen 38,26), ist bemerkenswert. Er spricht für seine Brüder, einmal in V. 16, weiterhin (als längste Rede der Genesis) in seinem Plädoyer V. 18-34. Ein gegenüber Genesis 37 und 38 völlig gewandelter Juda ist nun ganz vom Denken an den Vater (14 Mal אָב) erfüllt. Er zitiert ihn – teils lang und wörtlich[580] –, und kann sogar die Vorzugsliebe des Vaters und damit die eigene Benachteiligung ansprechen.[581] Seine Rede gipfelt in der Hinga-

---

579 SCHENKER, Versöhnung und Sühne, 35 spricht von einer „vollkommen symmetri-sche[n] Situation." – Es verbindet auch das Stichwort נַעַר/„Knabe", das in Gen 37,2 für Joseph verwendet wird und von Juda in seinem Plädoyer sieben Mal für Benja-min.

580 Gen 44,25 = 43,2; 44,27-29 greifen Formulierungen aus Gen 37,33 und 42,36.38 auf. Juda hat sich Sprache und Einstellung des Vaters zu Eigen gemacht.

581 Gen 44,20: „und sein Vater liebt ihn."; V. 30: „Und seine Seele ist gebunden an seine Seele."; noch weitergehend in diesem Punkt ist V. 27: „Ihr wisst, dass zwei mir mei-

be für den „schuldigen" Bruder. Juda, der den Plan ersonnen hatte, seinen Bruder Joseph in die Sklaverei zu verkaufen, bietet sich nun selbst als Sklave an für Benjamin, seinen Bruder.[582] Damit steht er mit seinem Leben als Bürge (V. 32f) für den kleinsten Bruder ein. Durch sein verantwortungsvolles Handeln demonstriert Juda dasjenige Verhalten, das ihn als wahren Erstling unter seinen Brüdern ausweisen soll.[583] Auf diese Weise rehabilitiert sich Juda endgültig vor seinem Vater.[584]

Im väterlichen Segen über Juda wird dessen führende Rolle noch einmal letztgültig unterstrichen (Gen 49,8-12). Gen 49,9 enthält sogar noch einen abschließenden Verweis auf die Konkurrenz zwischen Ruben und Juda. Das hier positiv konnotierte „Hochkommen" (עָלִיתָ) Judas ist mit demselben Verbum beschrieben, das zur Charakterisierung von Rubens Fehlverhalten gebraucht wird (Gen 49,4) und sich dort auf das Besteigen (עָלִיתָ) des väterlichen Bettes bezog. Nach der selbsttätigen Disqualifizierung der drei erstgeborenen Brüder ist Juda an die freigewordene Stelle gerückt und hat sich als königliche Figur etabliert.

6.3 Serach und Perez (Gen 38,27-30)

Die knappe Geburtsnotiz Gen 38,27-30 der Judasöhne Perez und Serach schließt die Erzählung Gen 38 ab. Juda muss hier die Söhne Tamars als die seinigen anerkennen. Letztlich greifen die Verse 27-30 den Beginn der Handlung in V. 1ff wieder auf und bilden somit eine Inklusion der Juda-Tamar-Erzählung: An die Stelle von Er und Onan sind dann Perez

---

ne Frau geboren hat." Das impliziert, dass seine eigene Mutter Lea nicht in so vollem Maße zählt. Hier kann Juda sogar diese eine ihm liebe Person treffende Zurücksetzung als Realität benennen. STEINBERG, Poetics of Biblical Narrative, 308 hebt hervor, dass die Vorzugsliebe des Vaters zum anderen Bruder für Juda Grund seiner Hingabe wird.

582 SEEBASS bestreitet dies; für ihn streiche Juda die ganze Sorge um den *Vater* heraus (V. 34), dem nun von Herzen zugestanden wird, einen der Brüder mit seiner Seele zu verbinden (V. 30b) (s. SEEBASS, Josephsgeschichte, 101-103). Die Erzählentwicklung allerdings legt nahe, dass die Pointe der Juda-Rede tatsächlich in seinem Eintreten für Benjamin liegt.

583 Die Entwicklung, die Juda von Gen 37 bis zum Ende der Joseph-Juda-Erzählung durchläuft, ist wesentlich für das Verständnis. Das Verweissystem der Einzeltexte untereinander ist überaus dicht. Umso unverständlicher wirkt da die Beurteilung SCHWEIZERS: „Auf der Ebene der Endredaktion der Kap. 37-50 erhält Juda durch die Information aus Gen 38 zweifelsohne markante Züge, die jedoch für Gen 44 völlig belanglos erscheinen." (SCHWEIZER, Die Josefsgeschichte, 325).

584 Vgl. dazu G. FISCHER, Die Josephsgeschichte als Modell für Versöhnung, 250.

und Serach getreten. Die Formulierung in V. 27, ‏וְהִנֵּה תְאוֹמִים בְּבִטְנָהּ‎/„es waren Zwillinge in ihrem Leib", zitiert fast wörtlich Gen 25,24 (‏וְהִנֵּה‎ ‏תוֹמִם בְּבִטְנָהּ‎) und spielt damit die Konfliktkonstellation der beiden Brüder Esau und Jakob als Subtext mit ein. In der Parallel-Geschichte Gen 25,19-26 wird ebenfalls eine (für die Genesis sonst einzigartige[585]) Zwillingsgeburt mit vor der Geburt im Streite liegender Brüder berichtet. Wie im Gottesorakel in Gen 25 beeinträchtigt die göttliche Intervention in Gen 38,7 („Er aber war böse, so ließ JHWH ihn sterben") zunächst das genealogische System. In Gen 25,25 ist Esau der natürliche Erstgeborene, der über diverse Wortspiele im Fortgang der Erzählung mit „Edom" = rot[586] identifiziert wird. Der natürliche Erstgeborene Serach erhielt zur Kennzeichnung als ursprünglicher Erstgeborener einen „roten"/„karmesinfarbenen" Faden (‏שָׁנִי‎; V. 28), daher die Namensgebung ‏זֶרַח‎ = „Morgenröte" bzw. „Sonnenaufgang"[587] – Seebass deutet den Namen mit der findigen Übersetzung: „Strahlemann"[588]. Damit wird Serach ebenfalls in die Reihe der übergangenen Erstgeborenen eingereiht, denn er geht wie auch Esau seiner privilegierten Rolle verlustig.

Auch auf der genealogischen Ebene wird die Verbindung zwischen den beiden natürlichen Erstgeborenen Esau und Serach deutlich. Unter den Nachkommen Edoms findet sich auch ein „Serach" (Gen 36,13.17 und V. 33: Serach, der Vater des edomitischen Königs Jobab; vgl. noch 1 Chr 1,37). Die Erwähnung des „roten Fadens" in V. 28 ermöglicht ferner ein subtiles Wortspiel, das sich erst über den reinen Konsonantenbestand erschließt: Anders punktiert ließe sich das ‏שָׁנִי‎ auch als ‏שֵׁנִי‎/„der Zweite" lesen. Diese Doppeldeutigkeit von ‏שָׁנִי‎ ist, wenn ich es richtig sehe, bisher noch nicht notiert worden. Sie scheint mir aber sinntragend

---

585 Nur in Gen 25,24 wie in Gen 38,27 kommt innerhalb der Genesis das Wort Zwillinge vor, mit nur einer kleinen Differenz: In Gen 25,24 ist in der Kurzform geschrieben (‏תוֹמִם‎), für Tamars Söhne in der Langform (‏תְאוֹמִים‎). Zur lexikalischen Grundform ‏תְאוֹמִים‎ und zur kontrahierten Form ‏תוֹמִם‎, s. jetzt auch HIEKE, Art. „Zwillinge" (WiBi-Lex 2008). HIEKE hebt hervor, dass der Begriff in der Bedeutung „Zwilling" nur in der Genesis erscheint – und zwar nur in Gen 25.38. Die Formvariante von ‏תְאוֹמִים‎, die im Buch Ex häufiger vorkommt, bezeichnet vor allem symmetrische Strukturen in der Architektur (vgl. Ex 26,24; 36,29); vgl. noch GREENSPAHN, When Brothers Dwell together, 129.
586 In Gen 25,25 ‏אַדְמוֹנִי‎ „rötlich" (in Gen nur hier; das Wort findet man nur noch in 1 Sam 16,10; 17,42 zur Bezeichnung der Schönheit Davids) und ‏הָאָדֹם‎ „das Rote" (Gen 25,30: ‏הַלְעִיטֵנִי נָא מִן־הָאָדֹם הָאָדֹם הַזֶּה‎) als Anspielung auf ‏אֱדוֹם‎, das auch explizit: ‏עַל־כֵּן קָרָא־שְׁמוֹ‎ ‏אֱדוֹם‎ (Gen 25,30).
587 Abzuleiten von ‏זרח‎ = aufgehen (der Sonne).
588 SEEBASS, Josephsgeschichte, 39.

für den Vertauschungsprozess.[589] Der üblicherweise mit einem roten
Faden markierte Erstling wird pointiert ironisch als eigentlicher „Zweiter" der Geburtsreihenfolge eingeführt, was durch das Herauskommen
des Perez im folgenden Vers sogleich bestätigt wird. Perez wird die
Linie Judas weiterführen, die schließlich zu König David führt (vgl. Rut
4,18-22; s. auch 1 Chr 2,4-15).[590]

6.4 Manasse und Ephraim (Gen 48,1-22)

6.4.1 Adoption als Doppelanteil des Segens für Joseph

Laut der knappen Geburtsnotiz Gen 41,50 wurden Joseph zwei Söhne
geboren, Ephraim und Manasse, wobei Manasse explizit als Erstgeborener in die Erzählung eingeführt wird (Gen 41,51; 48,14.18).[591] Innerhalb des größeren Erzählzusammenhangs von Gen 47,29-50,14, der die
letzten Tage des alten Jakob (samt Tod und Begräbnis) schildert, sollen
just vor dem großen Segen über alle Jakobsöhne (Gen 49) auch beide
Josephsöhne gesegnet werden (Gen 48,1-22), deren Mutter Asenat, die
Tochter Potiferas, des ägyptischen Hohenpriesters von On, ist (Gen
41,25.50-52). Das Problem der ägyptischen Linie innerhalb Josephs
Stammbaum kann nur durch den Stammvater „Israel"/Jakob persönlich gelöst werden. Im Segen über die Söhne Josephs geht es daher zugleich um die Legitimation der beiden als rechtmäßige Nachkommen.

Die Vertauschung der beiden Josephsöhne wird gleich in der ersten
Szene (Gen 48,1-7) vorbereitet: Die natürliche Geburtsreihenfolge „Manasse und Ephraim" (V. 1) wird bei der ersten Nennung durch Jakob
selbst umgedreht: „Ephraim und Manasse" (V. 5) will er an die Stelle
von Ruben und Simeon setzen. Die Annahme der Enkel als eigene Kinder, noch dazu an der Stelle der beiden ältesten Söhne, bedeutet, dass
sie trotz ihrer ägyptischen Mutter in den Kreis der Familie aufgenommen werden und den gleichen Status wie dessen direkte Nachkommen
in erster Linie erhalten. Am deutlichsten kommt das in einem ausführ-

---

589 Die Mehrdeutigkeit des vor-masoretisch, unpunktierten Konsonantenbestandes
kann m.E. immer vorausgesetzt werden. Sie ist für den damaligen Leser eine nachvollziehbare Deutungsebene. Im Allgemeinen ist die rabbinische Literatur voll von
solchen Deutungen, die sich auf den reinen Konsonantenbestand beziehen.

590 So verwundert es auch nicht, dass diese Tamar ausdrücklich in die messianische
Genealogie Jesu von Nazareth aufgenommen wurde (vgl. Mt 1,3).

591 Die Geburtsnotizen von Ephraim und Manasse finden sich in Gen 41,50-52. Neben
Gen 48 haben beide nur noch eine Erwähnung in Gen 46,20 (dort allerdings nur innerhalb einer Aufzählung der Nachkommen Jakobs [Gen 46,8-27]).

lichen Nebensatz in 1 Chr 5,1-3, einer Art innerbiblischen Kommentar zu Gen 48, zum Ausdruck:[592]

> „Und die Söhne Rubens, des Erstgeborenen Israels
> – denn er war der Erstgeborene; weil er aber das Lager seines Vaters ent-weiht hatte, wurde sein Erstgeburtsrecht *den Söhnen Josephs*, dem Sohn Is-raels, gegeben – [...].“

Die volle Tragweite dieser Aufnahme erschließt sich aus dem Vergleich mit Gen 21, wo Hagar, die ägyptische Magd Abrahams, samt ihrem Sohn Ismael, dem bis dato einzigen Sohn Abrahams, verstoßen wer-den.[593] Gen 48,1-7 kommt einer Umkehrung des damaligen Geschehens gleich: Jakob versucht, in seiner Großfamilie eine ähnlich unmenschli-che Ausgrenzung wie bei seinen Großeltern zu vermeiden. Traten in der Vertauschungserzählung Perez und Serach an die Stelle von Er und Onan,[594] geschieht dies parallel mit Ephraim und Manasse, die durch die Adoption[595] an die Stelle von Ruben und Simeon treten. Erst diese knappe Notiz ist die erzählerische Grundlage dafür, dass später Eph-raim und Manasse immer wieder im Kontext der zwölf Stämme Israels genannt werden können.[596] So fasst Ebach den Befund treffend zusam-men:

> „Die Annahme von Efraim und Manasse (‚wie Ruben und Simeon') lässt ja nicht neben Josef nun noch diese beiden in die Reihe der ‚Kinder Israel(s)' eintreten, sondern diese beiden *als* (das Haus) ‚Josef'; es gibt dementspre-chend keine Stämmeliste, in der Josef, Efraim und Manasse auf gleicher

---

592   Vgl. dazu auch DEURLOO, Eerstlingschap en koningschap, 71f.
593   Vgl. dort auch die explizite wie subtile Anspielung in Themen und Signalwörtern auf die Exodus-Thematik. Das Ägyptenmotiv erscheint allerdings invertiert und damit als Gegenbild zum späteren Volk Israel: Hagar, Abrahams *ägyptische* Sklavin, wird von Sara *unterdrückt* (motivliche wie lexikalische Übereinstimmung in Gen 15.16.21). Hagar wird vertrieben (Gen 21,10), flieht und durchwandert die Wüste (Gen 21,14-21). Dort trifft und benennt sie JHWH in der Wüste (Gen 16,7-12; vgl. Ex 3,13-14). Hagar und Ismael werden somit zum Spiegelbild für Israels *Sklaverei* im (al-lerdings ungenannten) *Ägypten*; dazu ausführlicher in Teil 4.3.
594   Vgl. JACOB, Genesis, 721.
595   Ob es sich dabei um eine Adoption (Vgl. DE HOOP, Genesis 49 in Its Literary and Historical Context, 333-339 GREENSPAHN, When Brothers Dwell together, 141f.) im strikt rechtlichen Sinne handelt, ist in der Forschung allerdings umstritten (vgl. dazu die Zusammenstellung der wichtigsten Argumentationen bei EBACH, Genesis 37-50, 532-535).
596   Vgl. HIEKE, Genealogien, 201. Mithin heißt der Sohn Rahels bei Jeremia „Ephraim": „Denn ich bin Israel zum Vater geworden, und Ephraim ist mein Erstgeborener" (Jer 31,9).

Ebene selbdritt auftreten, sondern nur solche, in denen entweder Josef oder Efraim und Manasse, bzw. Manasse und Efraim mitzählen."[597]

Durch die Adoption werden allerdings nicht nur Ephraim und Manasse als Söhne Jakobs anerkannt. Vielmehr wird damit auch der Status Josephs verändert: Er ist Sohn von Jakob, aber nun zugleich Stammhalter der Söhne, die jetzt auf der Linie mit seinen Brüdern stehen, wodurch Joseph und Jakob genealogisch gleich gestellt werden. Dadurch erscheint Joseph als Prätendent des Erstlingstum in Israel, als derjenige, der in jedem Fall die Linie des Vaters fortsetzten kann, da er diese selbst repräsentiert.

Der folgende Text der Segnung von Ephraim und Manasse (Gen 48,8-20) ist durchsetzt von Hinweisen auf die Umgehung des Erstgeburtsrechts und die Bevorzugung des jüngeren Sohnes Ephraim.[598] Dabei läuft Gen 27 in Gen 48 immer als Subtext mit,[599] denn zu den nicht aufgearbeiteten Erlebnissen in Jakobs Vergangenheit gehört insbesondere der Betrug an seinem Vater (Gen 27), der auf die Weise wieder zum Tragen kommt: Die „Sterbesegensszene" Gen 48 greift die entsprechende Szenerie in Gen 27 auf und spitzt die dortige „Altersschwäche" und „Blindheit" des Vaters weiter zu (V. 1.2.10). V. 19 verweist explizit auf das Gottesorakel Gen 25,23. Der „Kuss" in Gen 48,10 entspricht dem „Kuss" Isaaks vor dem Segen Gen 27,26f. Blum spricht darum in Bezug auf Gen 27 und 48 zu Recht von einer „erzählerische[n] Klammer."[600]

Joseph führt in V. 13 seine Söhne Israel zu. Er tut dies in einer bestimmten Weise der Platzierung der Söhne, durch die, von Jakob her gesehen, eine spiegelbildlich umgekehrte Anordnung entsteht. Joseph nimmt Manasse an die linke und Ephraim an die rechte Hand. So kommt Ephraim an der linken Seite des Vaters und Manasse an dessen rechter Seite zu stehen. Wenn nun Jakob seine Hände in üblicher Weise den beiden auf den Kopf legte, so würde er – und genau das sollte Josephs Anordnung bewirken – den älteren Manasse mit der Rechten, den jüngeren Ephraim mit der Linken segnen. Dahinter steht die in vielen Kulturen und so auch in der Bibel bezeugte Auffassung der rechten als der Ehrenseite.[601] Der Erzähler erzählt dies sehr ausführlich, um zu zeigen, dass Joseph jeden möglichen Fehler ausschalten will. Gerade

---

597 Vgl. EBACH, Genesis 37-50, 551.

598 S. dazu DE HOOP, Genesis 49 in Its Literary and Historical Context, 339-348; HIEKE, Genealogien, 201f und SYRÉN, The Forsaken First-Born, 138.

599 Zu den Parallelen von Gen 27 und 48 vgl. die Ausführungen Teil B.5.2.1.

600 BLUM, Vätergeschichte, 259.

601 Vgl. z.B. Ps 110,1, aber auch Mt 25, 33 und Hebr 1,3. S. dazu GREENSPAHN, When Brothers Dwell together, 15 (mit weiterer Literatur).

im Blick auf diesen Segen selbst erweist sich die Frage, wer eigentlich wann und wie gesegnet wird, als ziemlich schwierig. Denn in dem Moment, wo Jakob in einer kompliziert verdrehten Weise die Hände auf Ephraim und Manasse gelegt hat, um *diese* zu segnen (V. 14), segnet er letztlich *Joseph* (V. 15a).[602] Jedoch bezieht sich der *Inhalt* dieses Segens (bes. in V. 16) wiederum auf Josephs *Söhne*. Diese Besonderheit ist entscheidend für die Deutung der Rolle Josephs in Bezug auf „ganz Israel". Denn nach der Adoption von Ephraim und Manasse kann Joseph nur noch in ihnen verortet werden und durch die beiden repräsentiert sein. Entsprechend ist auch der Segen über Joseph einer über das „Haus Joseph". Damit erhält Joseph in Ephraim und Manasse faktisch einen „Doppelanteil" Segen. Dieser „Doppelanteil" wird noch auffälliger, da laut Dtn 21,15-17 (ebenfalls innerhalb der Tora) gerade dem natürlichen Erstgeborenen der doppelte Anteil zustünde, auch wenn er von der *ungeliebten* Frau kommt. Nach Gen 29,17-21 hatte Jakob Rahel lieb und nicht Lea. Der Doppelanteil müsste folglich dem erstgeborenen Lea-Sohn Ruben, und nach dessen Disqualifizierung damit eigentlich Juda zukommen.

6.4.2 Joseph als Segensmittler

Als Joseph sieht, dass der Vater die Hände überkreuzt (V. 14) und im Begriff ist, die Söhne in falscher Reihenfolge zu segnen, will er den Vater von dem Fehler abhalten (V. 17.18). Er greift wieder in die Szenerie ein und führt die Hände des Vaters in „korrekter" Reihenfolge Manasse und Ephraim erneut zu. Joseph scheint so ägyptisch assimiliert zu sein, dass er die Besonderheit Israels nicht mehr kennt: Die Nachkommenschaft und damit die Zukunft Israels ist letztlich in JHWHs Eingreifen begründet. In Bezug auf die Nachkommenschaft Israels hat JHWH daher immer das letzte Wort, denn wenn Nachkommen geboren werden, dann „mit Hilfe JHWHs" (vgl. Gen 3; 4,1). Wo es für die anderen Väter als eine Selbstverständlichkeit erscheint, Kinder in großer Zahl zu bekommen, ist Israels Zukunft immer bedroht, denn Israels Erzmütter Sara, Rebekka, Rahel und Lea sind alle unfruchtbar. Die natürlichen Abläufe werden in Bezug auf Israel regelmäßig durchbrochen. Und weil Jakob dies zuvor erlebt hat, weiß er, was er tut: „Dieser soll auch ein Volk werden und wird groß sein, aber sein jüngerer Bruder wird größer als er werden." (Gen 48,19). So setzt Jakob das Motiv der Bevorzugung des jüngeren Sohnes, dessen Nutznießer er selbst ist,

---

602 Um die Schwierigkeit zu übergehen verändert LXX zu καὶ ηὐλόγησεν αὐτούς: „und er segnete sie." (ebenso Vulg und Syr).

fort. Offen, bewusst und Josephs Vorgehen vorausahnend setzt der fast blinde (V. 8.10) Vater den Vorrang des Jüngeren. Und mit dem Segen Jakobs in V. 20 ist die Vertauschung schließlich abgeschlossen:

> „Und er segnete sie an jenem Tag und sprach:
> Mit dir (בְּךָ) wird Israel segnen und sagen: Gott mache dich wie Ephraim und wie Manasse! So setzte er Ephraim vor Manasse."

Eigentümlich ist das בְּךָ in der Wendung בְּךָ יְבָרֵךְ (V. 20a). Innerhalb dieses Kontextes kann sich das בְּךָ nur auf Joseph beziehen[603], der dann in der gesamten Passage als erster Adressat der Worte Jakobs zu verstehen ist.[604] „So dürfte Josef mit diesem בְּךָ in das zweite Segenswort ebenso einbezogen sein wie durch die Adressierung des Segens über seine Söhne an ihn (V. 15a) in das erste."[605] Dieses בְּךָ lässt sich als Echo eines anderen Segenswortes hören, nämlich der Zusage an Abraham in Gen 12,3: וְנִבְרְכוּ בְךָ כֹּל מִשְׁפְּחֹת הָאֲדָמָה/„In dir sollen sich segnen lassen alle Völker der Erde". Was dort Blum für Gen 12,3 herausgearbeitet hat,[606] trifft jedenfalls für Gen 48,20 zu: Ephraim und Manasse sind *paradigmatisch* Gesegnete. Wenn jetzt in Israel Ephraim und Manasse als paradigmatisch Gesegnete aufgerufen werden, dann geschieht das „mit dir/durch dich/in dir", d.h. mit, durch und in Joseph, dem in Gen 48 kein eigenes Segenswort zugesprochen wird und der doch in die Segensworte einbegriffen ist. Auf die Weise wird Joseph in Gen 48 zum Inbegriff des Segens und zugleich zum exemplarischen Gesegneten, was ihn in seiner Rolle als Erstling kaum mehr auszeichnen könnte.[607]

6.4.3 Die beiden Zwillingsgeburten und ihre Funktion in Gen 37-50

Die Geburtserzählungen um Judas Söhne Perez und Serach (Gen 38,27-30) und um Josephs Söhne Ephraim und Manasse (Gen 48) sind auf vielfältige Weise mit der Haupterzählung vernetzt. Es lässt sich zeigen, dass beide Erzählungen der eigentlichen Vertauschung um Juda und Joseph zugeordnet sind, denn Perez und Serach sowie Ephraim und Manasse stehen genealogisch auf einer Ebene und sind damit miteinander vergleichbar. Jeder der beiden Konkurrenten um die Rolle als Erstling bekommt folglich eine Vertauschungserzählung zugeschrie-

---

603 Um die Schwierigkeit zu übergehen, verändert LXX zu ἐν ὑμῖν. Die LXX bleibt hierin in Bezug auf die Abänderung V. 15a (ηὐλόγησεν αὐτοὺς statt וַיְבָרֶךְ אֶת־יוֹסֵף) konsequent.
604 So mit EBACH, Genesis 37-50, 560.
605 EBACH, Genesis 37-50, 560.
606 Vgl. BLUM, Vätergeschichte, 349-352.
607 Dazu DEURLOO, Genesis-Kommentar, 189.

ben, die jeweils dessen besondere Funktion unter den Jakobssöhnen konturiert:

Zunächst fällt auf, dass beide Texte jeweils nur spezifische Elemente des Vertauschungsmotivs enthalten. Bei der Vertauschungserzählung, die Juda zugeordnet wird, fehlt das Element des Erstgeburts*segens*. Über die in Gen 38 angezielte Parallelität mit Esau und Jakob wäre dieser Segen allerdings als wichtiges Thema um das Erstlingstum in Israel zu erwarten gewesen. Stattdessen steht bei der Linie Juda-Perez das Thema „Königtum" im Vordergrund, welches Funktion und Rolle Judas innerhalb Israels näher charakterisiert und profiliert. Denn Perez und Serach ersetzen Er und Onan (genealogische Inklusion der Geschichte) und setzen damit die genealogische Linie des Königsstammes Juda fort. Erst wenn Juda selbst eine Zukunft hat, kann er auch eine Zukunft für Israel als König bieten.[608] In Gen 48,1-22 hingegen steht nicht die Vertauschung im Vordergrund, sondern der Erstgeburtssegen. In Ephraim und Manasse wird Joseph nicht nur zum Inbegriff des Segens in Israel, sondern auch – jedenfalls implizit durch den Doppelanteil Segen in Ephraim und Manasse (vgl. Gen 48,3-7.15f) – zum Erstling.

Über weitere Verweise sind auch die genealogischen Ebenen der Väter und ihrer Söhne miteinander verbunden: So sind Perez wie Serach nicht wie Esau und Jakob die unmittelbaren Erstgeborenen Judas. Erst nach der genealogischen Ausschaltung von Er, Onan und Schela werden die Zwillinge geboren und treten so an die Stelle von Er und Onan. Perez ist nach dem Erstling Er (Gen 38,6) der vierte Sohn von Juda, ebenso wie Juda selbst der vierte Sohn von Jakob ist nach dem Erstling Ruben. Eine weitere Verbindung zwischen Ruben und Er kommt dadurch zustande, dass nur diese beiden als בְּכוֹר bezeichnet werden (Ruben in Gen 35,23; 46,8; 49,3; Er in 38,6.7), was zur Kennzeichnung der Erstgeborenen innerhalb der direkten Verheißungslinie „Israel" in der Genesis zwar nicht unüblich, jedoch selten ist (so nur noch Manasse Gen 41,51; 48,14.18; Esau nur in Selbstbezeichnung als „Erstling": Gen 27,19.32).

---

608 Die Kontinuität der Judalinie aufzuzeigen, dürfte mit das Hauptziel der Gesamterzählung sein. Schwerlich dürfte es sich darum bei den V. 27-30 wegen Rut 4 um eine sekundäre Zufügung handeln, wie öfter angenommen wurde (vgl. etwa WESTER-MANN, Genesis I/3, 50f). Würde man die Geburtsgeschichte herausnehmen, würde man nicht nur die durchdachte Komposition aufbrechen, sondern auch Gen 38 wirklich zu einem „erratischen Block" innerhalb der Josephserzählung konstruieren (zu diesem Aspekt ausführlich unter Teil B. 6.1.3).

Auch in thematischer Hinsicht profilieren Gen 38,27-30 und 48,1-22 die
Hauptthematik der Joseph-Juda-Erzählung. Gen 38,29 erwähnt nicht
explizit ein Gerangel der beiden Brüder im Mutterleib, was gerade
durch die sonst angezielte Parallelität mit Gen 25 auffällig ist.[609] Lediglich der Name Perez (פֶּרֶץ/„Riss"), womöglich ein Hinweis auf einen
Dammriss bei der Mutter, der bei einer Auseinandersetzung entstanden sein könnte (V. 29: מַה־פָּרַצְתָּ עָלֶיךָ פָּרֶץ)[610], deutet dies an. Serach
zieht seine Hand vielmehr wieder zurück. Die Ursache bleibt ungenannt. Fast scheint es so, als lasse Serach freiwillig Perez den Vorrang –
ganz anders als bei der Parallele mit Esau und Jakob (vgl. die Bezeichnung Jakobs als „Fersenpacker" von Beginn an [Gen 25,26;27,36]).
Eventuell wird hier eine Parallele zur Segnung von Ephraim und Manasse angedeutet, wo Jakob beide Söhne ebenfalls freiwillig vertauscht,
ohne dass eine Konkurrenz beider Brüder stattgefunden hat. Der Kontrast zu den vorausgegangenen, konfliktbeladenen Vertauschungen
wird noch auffälliger durch die in Gen 48 wahrnehmbare inhaltliche
Parallelität zu Gen 27.

6.5 Juda und Joseph – Konkurrenz um Erstlingstum und Königtum

Unter den Vertauschungserzählungen innerhalb der Joseph-Juda-
Erzählung hatte sich die Konkurrenz um Joseph und Juda als diejenige
hervorgetan, die die Dynamik der Gesamterzählung bestimmt. Die
Ursachen dieses Konflikts sowie sein narrativer Verlauf sollen im Folgenden nachgezeichnet werden.

6.5.1 Die Frage nach legitimer Herrschaft als Thema von Gen 37-50

Gen 37-50 fokussieren auf Israel in seiner Ausdifferenzierung in zwölf
Söhne und stehen unter Thema des Erstlingstums *innerhalb* Israels. Es
scheint ein Erklärungsbedarf zu bestehen hinsichtlich der *inneren Strukturen der Herrschaft* und der *inneren Solidarität*, was in der Joseph-Juda-
Erzählung literarisch aufgearbeitet wird.[611] Somit ist auch nicht verwunderlich, dass gerade hier der Frage nach dem legitimen *Königtum*
innerhalb Israels ein thematisches Schwergewicht zukommt. Dieses
Thema ist zwar innerhalb der Genesis nicht neu: Schon in Gen 17,6.16
ergeht die Königsverheißung an Israel, die in Gen 35,11b repetiert wird.

---

609 Somit gegen SEEBASS, der hier eine direkte Parallele zu Gen 25 sieht (SEEBASS, Jo-
      sephsgeschichte, 39f).
610 Vgl. JACOB, Genesis, 720 und SEEBASS, Josephsgeschichte, 39.
611 Vgl. dazu noch Teil C.3.1.

Allerdings bleibt der Modus der Verheißung bis dahin noch bestehen und wird erst innerhalb der Joseph-Juda-Erzählung explizit entfaltet. Es können verschiedene Subtexte identifiziert werden, die die Thematik immer wieder im Horizont der narrativen Entfaltung innerhalb der Genesis hintergründig mitlaufen lassen, die Leseerwartung steuern und die Dringlichkeit der Konkretion der Königsverheißung für Israel unterstreichen: Könige sind vorerst nur den übrigen Völkern beschieden. In der Genesis werden u.a. erwähnt die „großen Vier" (Gen 14), die zwölf Fürsten Ismaels (Gen 17,20; vgl. 25,18ff) sowie die acht edomitischen Könige (Gen 36,31-39). Zudem sind die Schlussperikopen der beiden Teilabschnitte der Abrahamerzählung (Gen 12-14 und Gen 15-22) durch die Anspielung auf das davidische Jerusalem markiert:

Dies geschieht in Genesis gleich auf zweifache Weise. Die Begegnung Abrahams mit „Melchisedek" findet in „Salem" statt. Da Salem an mehreren Stellen im TeNaK mit „Jerusalem" identifiziert wird (vgl. etwa Ps 76,2-3), kann diese Bedeutung auch in Gen 14 mitgelesen werden.[612] Der Name „Melchisedek" (מַלְכִּי־צֶדֶק), „Gerechtigkeitskönig"[613], weist in dieselbe Richtung: „Gerechtigkeit" und davidisches Königtum werden verschiedentlich miteinander assoziiert; so ist „Zedekia" (צִדְקִיָּהוּ; 2 Kön 24,17) der letzte König Jerusalems und auch Ps 110,4 setzt mit Melchisedek Beziehung.[614] Aber auch die weiteren Namen der Könige und Priester aus Jerusalem legen die Verbindung nahe: אֲדֹנִי־צֶדֶק (Jos 10,1); צָדוֹק (1 Kön 2,35) und יְהוֹצָדָק (1 Chr 5,41). Gen 15-22 wird hingegen mit einem chiffrierten Verweis auf das Jerusalemer Heiligtum abgeschlossen (Morijah Gen 22 = Zion; vgl. 2 Chr 3,1).

Ein impliziter Hinweis auf das davidische Königtum findet sich noch bei der Ortsangabe der Grabstätte Rahels. Auf dem Weg nach Bethlehem ist Rahels Grab zu finden (Gen 35,19). Dies wird in Gen 48 wieder aufgenommen, als es um die Weitergabe des väterlichen Segens geht: „Dort habe ich sie begraben, an dem Weg nach Efrata, das ist Bethlehem." (Gen 48,7). Das Grabmonument Rahels verweist auf die Zukunft Israels, die aus Bethlehem kommen wird, nämlich die Geburt des davidischen Herrschers über ganz Israel.[615] Mithin ist in einer Er-

---

612 Vgl. dazu DEURLOO, Koning en tempel, 28; aber auch ELGAVISH, The Encounter of Abram and Melchizedek, 496f und VAWTER, On Genesis, 199.

613 S. dazu die Ausführungen bei ELGAVISH, The Encounter of Abram and Melchizedek, 495-508.bes. 495f.

614 Zu dieser Verbindung s. DEURLOO, Koning en tempel, 29.

615 Als Heimatort Davids wird Bethlehem als „seine" (= Davids) Stadt (1 Sam 20,6; vgl. 1 Sam 20,28) verstanden, erhält aber nie, wie Jerusalem, den Titel „Stadt Davids" (vgl. 2 Sam 5,7). Vgl. noch die Ankündigung des davidischen Messias aus Bethlehem in Mi 5,1. Ausführlicher zum Ganzen DEURLOO, Onze lieve vrouwe, 34f.60f). Das

weiterung der Genealogie Esaus in Gen 36,31-39 von „Königen in Edom" die Rede. In der Einleitung dieses Abschnitts (Gen 36,31) ist das Königtum in Edom dem noch nicht bestehenden in Israel gegenübergestellt. Die Liste der acht edomitischen Herrscher weist durch die Angaben von Eltern und Herkunft darauf hin, dass keiner von ihnen von Esau abstammte. Auf die Weise wird ausgeschlossen, dass die edomitischen Könige in den Verheißungen an Abraham und Sara oder an Jakob (Gen 17,6 und 16 bzw. 35,11) gemeint sein können.

Mit dem Erstling Ruben wird die Frage nach dem legitimen Königtum innerhalb Israels eingeführt. Seine versuchte Usurpation (Gen 35,22) scheitert allerdings und seine königlichen Ambitionen werden daraufhin bedeutungslos. Die Dringlichkeit der Frage nach einer legitimen Herrschaft in Israel wird ab Gen 37 weiter zugespitzt. Namentlich die vielfach bemerkten Anspielungen auf die „Thronfolgegeschichte", die ab Gen 37 auf dem Erzählhintergrund mitlaufen, erzeugen einen spezifischen Deutehorizont der kommenden Handlungen.[616] Die Parallelen zur davidischen Erzählung um Herrschaftskonkurrenz sind dabei sehr vielfältig und finden sich auf verschiedenen Ebenen. So konnte etwa Rendsburg die Parallelitäten der Namen von Gen 38 und derjenigen in der Davidgeschichte aufzeigen.[617] Auffällig ist vor allem der Hauptcharakter Tamar, der in Gen 38 wie in 2 Sam in eine inzestuöse Beziehung verwickelt wird. Verwiesen sei auch auf die ähnlich klingenden Namen der Charaktere: Bat-Schua in Gen 38, Bat-Scheba in 2 Sam 11; in 1 Chr 3,5 wird Salomos Mutter (eigentlich Bat-Scheba) schließlich Bat-Schua genannt. Vor allem die sachlichen und narrativen Parallelen sind interessant: In beiden gibt es einen Freund, der den Protagonisten begleitet, unmittelbar bevor dieser mit Tamar verkehrt (Hira in Gen 38,12; Jonadab in 2 Sam 13,3). Beide benutzen ein ungewöhnliches Wort für Kleidung: כְּתֹנֶת פַּסִּים (nur in Gen 37,3.23.32 und 2 Sam 13,18). Schließlich ereignen sich beide Tamargeschichten zur Zeit des Schafschurfestes (Gen 38,13; 2 Sam 13,23-29), und in beiden Geschichten kommt der Ausdruck „Lege dich zu mir" (Gen 39,7.12 שִׁכְבָה

Grabmal wird damit jedenfalls im Grenzgebiet zum Territorium des Stammes Benjamin lokalisiert. S. zum Problem der Lokalisierung BLUM, Vätergeschichte, 207f; er deutet Bethlehem hier nicht als Stadt- sondern als Landschaftsnamen und umgeht damit die Problematik, dass die Stammmutter Benjamins im Stammesgebiet von Juda begraben sein soll.

616 Die Verbindungen von 2 Sam und Gen 38 sind schon lange bemerkt worden, vgl. etwa KAMINSKY, Yet I Loved Jacob, 74f; GREENSTEIN, Formation of Biblical Narrative, 165-167; BLENKINSOPP, Theme and Motif in Succession History, 44-57 und DEURLOO, Onze lieve vrouwe, 80f; zuletzt wieder bei MCKENZIE, Tamar and her Interpreters, 201-204.

617 RENDSBURG, David and His Circle in Genesis xxxviii, 438-446.

עִמִּי; 2 Sam 13,11: שְׁכְבִי עִמִּי) in derjenigen Szene vor, in der die Avancen des Gegenübers zurückgewiesen werden. Die Parallelitäten sind derart auffällig, dass Harvey in Bezug auf 2 Samuel von „retelling the Tora" sprechen kann.[618]

6.5.2 Judas Königtum

Innerhalb dieses Deutehorizonts wird zunächst Joseph als königliche Figur eingeführt. Die Toledot Jakobs beginnen mit der Nennung seines Namens (Gen 37,2a). Zwar ist Joseph als Kind der geliebten Frau schon in besonderer Weise in Erscheinung getreten, da er bei der Begegnung und Versöhnung Jakobs mit Esau als einziger Sohn mit Namen genannt wurde (Gen 33,2), dennoch ist der Beginn mit Joseph, dem siebten Sohn Jakobs, thematisch überraschend. Da es im ersten Teil der Josephs-Erzählung um das Thema Königtum geht (Gen 37,5-8; Josephs Träume), wundert man sich, warum nun nicht Juda als erster erwähnt wird.[619] Immerhin ist er derjenige, aus dem sich schließlich die königliche Dynastie in Israel entwickeln wird (Juda-Perez-David; vgl. Gen 38; Rut 4).

Der Beginn der Erzählung entspricht jedoch ganz der Sicht des Vaters (V. 3), der seinen Sohn vor allen anderen Söhnen lieb hat und ihn bevorzugt behandelt. Jakob schenkt Joseph ein „königliches Gewand" (כְּתֹנֶת פַּסִּים) um ihn in besonderer Weise vor seinen Brüdern auszuzeichnen. Die Wortkombination כְּתֹנֶת פַּסִּים (Gen 37,3.23.32) kommt nur noch in 2 Sam 13,18 vor, wo sie die Gewänder der unverheirateten Prinzessinnen bezeichnet.[620] Über LXX (χιτὼν καρπωτός) und Vulg (*talari tunica*) wurde in Luthers Übersetzung daraus ein „bunter Rock". Es handelt sich jedoch nicht nur um ein „knöchellanges Festgewand mit Ärmeln"[621], sondern vor allem um ein „königliches Gewand" – die literarische Vernetzung mit der „Thronfolgegeschichte" im Allgemeinen und mit 2 Sam 13,18 im Speziellen ist für diese Deutung ausschlaggebend. Zwar kann aus lediglich zwei Belegen die Semantik des Aus-

---

618 Die Analyse der Gemeinsamkeiten bei HARVEY, Retelling the Torah. Er geht von einer zeitlichen Priorität von Genesis vor 2 Samuel aus. Selbstverständlich ist seine entstehungsgeschichtliche Konsequenz nicht zwingend. AULD kommt in seiner Studie zu einem gegensätzlichen Ergebnis (AULD, Tamar between David, Judah, and Joseph, 93-106). Die Frage nach der zeitlichen Priorität lässt sich allein Aufgrund der Parallelen beider Textabschnitte nicht lösen.

619 Vgl. Ps 78,67f: „Er verwarf das Zelt Josephs und erwählte nicht den Stamm Ephraim, sondern erwählte den Stamm Juda, den Berg Zion, den er lieb hat."; s. Mt 1,2: Ἰακὼβ δὲ ἐγέννησεν τὸν Ἰούδαν καὶ τοὺς ἀδελφοὺς αὐτοῦ."

620 Vgl. noch LANCKAU, Der Herr der Träume, 143.

621 EBACH, Genesis 37-50, 53.

drucks כְּתֹנֶת פַּסִּים nicht mit Sicherheit bestimmt werden, jedoch zeigt die Joseph-Juda-Erzählung ja nicht nur an dieser Stelle signifikante Ähnlichkeiten zu den davidischen Hoferzählungen.[622]

Das Geschenk des Gewandes ist hier nicht als kleine Bevorzugung Josephs, sondern im Sinne einer Einsetzung als rechte Hand des Vaters und damit als Aufhebung der Altershierarchie zu verstehen. Jakob sah somit in Joseph von Anfang an den zukünftigen Herrscher.[623]

Wie nach dieser väterlichen „Investitur" nicht anders zu erwarten, träumt Joseph daraufhin königliche Träume. Das „Sich-Verneigen" der Brüder (vgl. Gen 37,7: „und sie verneigten sich vor [der Gabe]/וַתִּשְׁתַּחֲוֶיןָ) wird zum Leitwort der Josephserzählung. Das Verbum bezeichnet den Vorgang der Huldigung, der Proskynese, d.h. einer bis zum Boden reichenden tiefen Verneigung.[624] Es kommt bei beiden Träumen vor, beim ersten in V. 7 im Traumbild, beim zweiten sowohl auf der Bildebene des Traums (V. 9) als auch in der den geträumten Anspruch zurückweisenden Reaktion des Vaters (V. 10). Unmittelbar aus diesem Traumbild schließen die Brüder (Gen 37,8), Joseph wolle über sie „König sein" (מלך) und „herrschen" (משל), wobei beide Verben durch die jeweilige Hinzufügung eines verstärkenden absoluten Infinitivs markant betont sind. Wie andere sprachliche Ausdrucksformen in den einleitenden Abschnitten der Josephsgeschichte weist die Proskynese auf das erwähnte Vorkommen in den Jakobsgeschichten (bes. in Gen 33,1-11) zurück sowie auf Kommendes voraus: In Gen 42,6; 43,26.28 wird es als tiefe Verneigung der Brüder vor dem vermeintlichen Ägypter Joseph begegnen. Die tiefe Verneigung zwischen Joseph und Jakob (Gen 47,31; 48,12) wird dagegen zur wechselweise vollzogenen Ehrerbietung, bezeichnet also eine von gegenseitigem Respekt gekennzeichnete Beziehung und keine Unterwerfung. Durch diesen Leitwortstil wird immer wieder die Frage aufgeworfen, ob erst durch die Proskynese der Brüder gegenüber ihrem Bruder letztlich Josephs Träume erfüllt

---

622 S. zu den Bezügen von Gen 37-50 zur Thronfolgegeschichte Teil B.6.5.1. Speziell zum „königlichen Gewand" in diesem Kontext vgl. noch WAHL, Hofgeschichte, 59-74. WAHL identifiziert als verbindendes Element das Motiv des Aufstiegs des Israeliten am fremden Hof und vergleicht die Josephsgeschichte noch viel weitreichender mit der Esthererzählung und den Danielepisoden.

623 Letztere Deutung bei RUPPERT, Josephserzählung, 84.127f. Grundsätzlich JACOB, Genesis, 697: „Die Auszeichnung lehrt, daß Jakobs Vaterliebe in dem erstgeborenen Sohn der Rahel von Anfang an den zukünftigen Herrscher sah. Sein Fehler war, daß er dies offen zu erkennen gab." Mit dem Nachsatz meint JACOB, dass erst die für die Brüder sichtbar gewordene äußerliche Bevorzugung durch den Vater, zum Hass der Brüder führte (V. 4ff).

624 Dazu LANCKAU, Der Herr der Träume, 155-162 (mit Abbildungen).

werden und Joseph entsprechend dadurch die königliche Rolle innerhalb Israels zugeschrieben bekommt.[625]

Verstärkt wird dieser literarische Effekt dadurch, dass auch die Bevorzugung Josephs durch den Vater weiterhin betont wird. Ein Höhepunkt ist hier in Gen 44 zu sehen. Dieses Kapitel leitet die entscheidende Wende innerhalb der Joseph-Juda-Erzählung ein und lässt Juda als
herausragende Figur unter seinen Brüdern erscheinen.[626] Genau in dieser Szene spricht Jakob gegenüber seinem Sohn Ruben und dessen
Brüdern von Benjamin als „meinem Sohn", als ob die übrigen nicht
seine Söhne seien. Mit der Aussage „Meine Frau hat mir zwei Söhne
geboren" (Gen 44,27) erweckt er ferner den Anschein, als ob er nur
seine Lieblingsfrau Rahel, die Mutter seiner beiden Lieblingssöhne
Joseph und Benjamin, als Frau ansehe.

Jedoch soll die kritische Sicht der Brüder Recht behalten: Die Brüder reißen Joseph seinen Mantel herunter und senden ihn mit Blut be-
fleckt an ihren Vater (Gen 37,23.31-36). Joseph wird dieses königliche
Gewand nie wieder anziehen und Jakob, der seinen Lieblingssohn so
gern als König unter seinen Brüdern gesehen hätte, bekommt das Kö-
nigsgewand wieder zurück. Der Symbolcharakter dieser Handlung ist
deutlich: Mit dem Verlust seiner königlichen „Requisite" kann Joseph
gleich zu Beginn seine königlichen Ambitionen aufgeben. Aber obwohl
sie sich vor ihm in Ägypten verbeugen, soll Joseph kein König unter
ihnen sein. Zwar ist er höchster Reichsbeamter in Ägypten, wird aber
nie explizit „König" genannt. Nach Gen 41,40 bekommt Joseph zwar
alle politische Macht, nur eben nicht den Thron, was ausdrücklich erwähnt wird.

Der Text spielt freilich mit den Leserwartungen: So war Joseph zu
Beginn seines Aufstieges nach Gen 41,46 genau 30 Jahre alt, was dem
Lebensalter Davids entspricht, als er König wurde (2 Sam 5,4). Zwar
trifft auch die Handlung der Proskynese der Brüder vor Joseph ein,
jedoch verneigen sich in Gen 42,6 nur *zehn* Brüder vor Joseph. Lediglich
bei der Proskynese von *elf* Brüdern in Gen 43,26a.28[627] könnte man eine
Erfüllung des Herrschaftstraumes Josephs aus Gen 37 vermuten[628], wo

---

625 Zur thematischen Zuspitzung auch EBACH in seinem Kommentar zur Josephsge-
     schichte: „Zu einem zentralen Thema, das sich durch die gesamte Josefsgeschichte
     zieht […] wird das Thema ‚Herrschaft'. Es wird bereits in den Josefsträumen in Kap.
     37 zum Leitmotiv und mit ihm wird das Wort חוה/‚sich tief verneigen' nebst dem pa-
     rallel gebrauchten נפל/‚(nieder)fallen' zum Leitwort der Erzählung." (EBACH, Genesis
     37-50, 41).
626 Vgl. dazu Teil B.6.2.3.
627 Gen 43,26: וַיִּקְדּוּ וַיִּשְׁתַּחֲווּ ; Gen 43,28: וַיִּשְׁתַּחֲווּ־לֹו אַרְצָה.
628 Dazu LANCKAU, Der Herr der Träume, 318-320.

im Bild der Proskynese der elf Sterne (Gen 37,8.10) das Verhalten der Brüder vorausgesagt wird. Allerdings ist zu betonen, dass sich seine Brüder nur solange vor ihm in königlicher Ehrerbietung verneigen, wie sie ihren Bruder *noch nicht* erkannt haben. Die Brüder verneigen sich also vor dem unbekannten Repräsentanten der ägyptischen Macht, und damit unbewusst vor Joseph. Nach der Wiedererkennungssequenz (Gen 45) wird nicht mehr von einer solchen Ehrerbietung der Brüder berichtet.[629] Damit wird im eigentlichen Sinne Joseph keine königliche Würde durch seine Brüder zugestanden.

Somit bleibt als Kandidat für die königliche Rolle innerhalb Israels nur noch Juda übrig. Mit ihm ist das davidische Königtum untrennbar verbunden, was in Gen 38, sowie in den folgenden Texten schon angedeutet und in Gen 49,10 schließlich ausgesprochen wird. Nachdem alle anderen Prätendenten ausgefallen sind, wird deutlich, dass Juda die königliche Funktion innerhalb Israels übernehmen wird. Entscheidend in der Juda- und Tamar-Erzählung Gen 38 ist die Identifikationsszene. „Erkenne/Untersuche doch (הַכֶּר־נָא), wem dies Siegel und diese Schnur und dieser Stab gehören?" (Gen 38,25). Diese Formulierung greift die Gleichlautende in Gen 37,32 wieder auf: „Erkenne/Untersuche doch (הַכֶּר־נָא), ob es das königliche Gewand deines Sohnes ist oder nicht!" In Josephs Fall hatte dieser die Zeichen seiner königlichen Würde endgültig abstehen müssen. Juda dagegen erhält seine „königlichen Insignien"[630] wieder zurück.

Mit der Frage nach der Gerechtigkeit Judas (Gen 38,26) wird außerdem die zentrale Kategorie angesprochen, die die Könige in Israel auszeichnet.[631] Juda wird entsprechend der Königstamm sein und seine Linie wird darum auch als davidische Genealogie (Perez) fortgeführt (Gen 38,27-30). Ein wichtiges Kriterium für recht verstandenes Königtum innerhalb Israels ist die Brüderlichkeit. Immerhin soll der König in Israel einer „aus der Mitte deiner Brüder" (Dtn 17,14) sein.[632] Und Juda

---

629 Auf die entsprechende Formulierung in Gen 50,18 wird weiter unten noch einzugehen sein (vgl. Teil B.6.5.2).

630 DEURLOO/VAN MIDDEN/VAN DEN BERG, Koning en Tempel, 33.

631 In Teil B.6.5.1 wurde schon gezeigt, dass die „Gerechtigkeit" das judäische Königtum auszeichnet. „Gerechtigkeit" ist Namensbestandteil vieler Könige und Priester in Jerusalem (vgl. noch „Melchi-Zedek" im Kontext von „Salem" [= Jerusalem] in Gen 14). Das Wortfeld „Gerechtigkeit" hat in der Genesis eine Index- und Hinweisfunktion für das davidisch geprägte Königtum.

632 Königtum als Brüderlichkeit ist das zentrale Thema des Richterbuches. Erst von diesem Thema her und in seinem Rahmen wird das Thema Königtum in Israel richtig verstanden. (vgl. dazu die Dissertation von P. VAN MIDDEN: Broederschap en Koningschap, bes. 242-276 [Hoofdstuk 5: Broederschap en Koningschap]).

muss eine Entwicklung durchlaufen, bis er sich auch seinen Brüdern gegenüber brüderlich, d.h. königlich verhalten kann. So besteht Juda in Gen 44 Josephs Test der Brüderlichkeit. Juda, der seine königliche Würde zum Pfand gegeben hat (הָעֵרָבוֹן; Gen 38,18), gibt sich selbst für seinen Bruder Benjamin als Bürge (אֶעֶרְבֶנּוּ; Qal von ערב; Gen 43,9; 44,32). Zum ersten Mal heißt es darum auch nicht „Joseph und seine Brüder" (Gen 37,2ff), sondern „Juda und seine Brüder" (וַיָּבֹא יְהוּדָה וְאֶחָיו; Gen 44,14; ebenso in Mt 1,2!). Juda ist die zentrale Figur unter seinen Brüdern – unterstrichen durch den Singular der Verbalform (וַיָּבֹא) in Gen 44,14: „Und Juda und seine Brüder (= Juda mit seinen Brüdern), er kam in das Haus Josephs." Dieselbe grammatikalische Besonderheit im Kontext der Vertauschungserzählungen findet sich auch in Gen 9,23: Sem nahm mit Japhet (gewöhnlich übersetzt mit: „Sem und Japhet nahmen…"). Das Verbum steht in der dritten Pers. Sg.: „Er nahm, nämlich Sem (und sein Bruder Japhet), die Decke für seinen Vater." Sem ist der Hauptakteur und führt die entscheidende Handlung aus, die ihn gegenüber seinen Brüdern als Erstling auszeichnet. Bei Jakobs Besuch in Ägypten (Gen 46,1-30) ist es dann auch nicht der natürliche Erstgeborene Ruben, der zuvor noch als erster in der Nachkommenliste Jakobs eingeführt wurde (Gen 46,8), sondern Juda, der allen Brüdern voraus dem Vater den Weg nach Goschen zu Joseph weisen soll (Gen 46,28).

Nachdem Juda narrativ als königliche Figur etabliert ist, wird seine Funktion in Gen 49 im Segen bestätigt. In Konsequenz dieser Bestätigung verbeugen sich die Brüder schließlich vor Juda: יִשְׁתַּחֲוּוּ לְךָ בְּנֵי אָבִיךָ (Gen 49,8). Diese Proskynese (יִשְׁתַּחֲוּוּ) durchzieht wie oben als Leitmotiv die gesamte Joseph-Juda-Erzählung und ist auf das Königtum bezogen. Was Ruben sich an Dominanz hatte nehmen wollen, sollen die Jakobsöhne Juda (später) freiwillig geben.

Die Verbindung Judas mit der Herrschaft in Israel wird noch deutlicher, wenn man bedenkt, dass nur im Judaspruch (Gen 49,8b.9) *eindeutig* staatliche Verhältnisse vorkommen.[633] Dass Juda mit V. 8b das Recht der Erstgeburt zufiele,[634] wird allerdings nicht erwähnt und sollte auch nicht in den Text hineingelesen werden.[635] Erstlingstum ist nämlich gerade nicht identisch mit Herrschaft.[636]

---

633 Mit GUNKEL, Genesis, 481 und SEEBASS, Josephsgeschichte, 176 gegen SCHORN, Ruben, 251 u.ö. mit Berufung auf SCHMITT, Die nichtpriesterliche Josephsgeschichte, 180-198.

634 So die meisten Ausleger; s. dazu die kritischen Anmerkungen bei SEEBASS, Josephsgeschichte, 173.

635 So mit WESTERMANN, Genesis I/3, 258f.

636 Das zeigt die Erzählentwicklung der gesamten Joseph-Juda-Erzählung; gegen DE HOOP, Genesis 49 in Its Literary and Historical Context, 352f.

In Gen 50,18 allerdings fallen zum ersten Mal *alle* Brüder vor Joseph nieder (jedoch mit dem Verbum „niederfallen"/נפל gebildet). Es scheint zunächst so, als ob sich der Traum Josephs damit erfüllt habe[637] und Judas königliche Rolle auf die Weise relativiert sei. Im Kontext ist der Kniefall der Brüder allerdings mit Ebach als „Rückfall" der Brüder zu interpretieren:[638] Die Brüder bieten als versöhnendes Handeln ihre Versklavung an. Sie verhalten sich abermals wie gegenüber einem ägyptischen Herrn[639] und sie verhalten sich so, wie es die Ägypter selbst taten, als sie sich Joseph gegenüber freiwillig in den Status von Sklaven des Pharaos begaben (Gen 47,13-26). So aber soll es in Israel gerade nicht sein, denn die Brüder sollen Diener Gottes (Gen 50,17) sein, aber nicht Diener Josephs. Gerade um diesen unversöhnlichen Gegensatz zwischen dem Dienst für den Pharao und dem Dienst für Gott wird es immer wieder in den ersten Kapiteln des Exodusbuches gehen. Auf dem Hintergrund dieser Rück- und Querbezüge wird erst deutlich, warum Joseph auf das Anerbieten der Brüder mit der rhetorischen Frage antwortet: הֲתַחַת אֱלֹהִים אָנִי „Ja, bin denn ich an Gottes Stelle?" (Gen 50,19). „Dieser Satz, der die Unterwerfung der Brüder zurückweist und darum eine entschiedene Korrektur der ersten Traumerwartung (37,7 f.) ist," so Ebach, „erweist sich als Schlüsselsatz nicht nur dieser Szene, sondern der ganzen Josefsgeschichte."[640] Die theologische Pointe liegt gerade darin, dass Gott den Familienkonflikt in eine Dimension erhoben hat (vgl. V. 19b.20), bei der Joseph sich neben Gott setzen müsste, um noch Vergeltung zu üben.[641] Diese richterliche Rolle kann Joseph aber nur zurückweisen und sie allein Gott überlassen.

Die stilistische Feinheit, dass in Gen 50,18 wie schon in Gen 44,14 das Niederfallen der Brüder vor Joseph nicht mit יִשְׁתַּחֲווּ (so bei Juda Gen 49), sondern mit וַיִּפְּלוּ bezeichnet wird, räumt auf der Erzählebene letzte Zweifel aus dem Weg: Joseph will seine Brüder nicht beherrschen. Damit stellt Gen 50,18 gerade nicht Judas königliche Rolle in Frage, sondern unterstreicht diese noch: Joseph selbst weist diese Rolle

---

637 Damit gegen GUNKEL, Genesis, 490 und SEEBASS, Josephsgeschichte, 200, die den Kniefall als Erfüllung von Gen 37 deuten. Zur Frage der Traumerfüllung in der Josepherzählung vgl. die Zusammenstellung der verschiedenen Positionen bei EBACH, Genesis 37-50, 657-659.
638 Vgl. EBACH, Genesis 37-50, zu Genesis 50, bes. 657f.
639 Vgl. die vielfachen inhaltlichen Parallelen sowie intertextuellen Bezüge zur Proskynese der Brüder in Gen 44, die EBACH herausgearbeitet.
640 EBACH, Genesis 37-50, 659. Dieser Spannungsbogen von der Traumerwartung bis zu Gen 50 wird bei EBACH, Beobachtungen und Überlegungen zu einem Schlüsselsatz der Josefsgeschichte, 602-616 eingehend untersucht und beschrieben.
641 S. PROCKSCH, Das nordhebräische Sagenbuch, 428.

von sich zurück. Zudem schärft die Ähnlichkeit der Formulierung in Gen 49 (Juda) und 50 (Joseph) noch einmal den Blick auf die unterschiedlichen Rollen von Juda und Joseph.

6.5.3 Josephs Erstlingstum

Joseph bekommt nicht die königliche Rolle in Israel zugesprochen. Allerdings wird er in seiner nicht weniger wichtigen Funktion als Erstling für Israel beschrieben – eine Rolle, die nun gerade nicht Juda zugeschrieben wird.

Erste Hinweise auf die Erstlingsrolle Josephs finden sich schon bei den Geburtsgeschichten der Jakob-Söhne (Gen 29-30): Der Hinweis, dass Lea anfangs *problemlos* ihre Kinder gebären kann, kann als Verweis darauf gewertet werden, dass Juda als Lea-Sohn gerade nicht der erwählte Erstling sein wird. Denn sowohl eine (zeitlich begrenzte) Unfruchtbarkeit der Erzmütter sowie eine problematische Schwangerschaft (vgl. Sara; Rebekka; Rahel) charakterisierten bis dato die Erstlinge. Für die Hauptverheißungslinie scheint gerade nicht ein „natürlicher" Weg vorgesehen. Somit ist Joseph als Sohn der zunächst unfruchtbaren Rahel in Gen 29 als Erstling bereits angedeutet.

Joseph aber ist in einem gewissen Sinne auch als der natürliche Erstgeborene Jakobs anzusehen, nämlich als der erste Sohn von Jakobs geliebter Frau Rahel. Im Kontrast dazu war Juda nie der Erstgeborene – auch nach Ausschaltung der drei erstgeborenen Brüder kommt die Position lediglich ihm zu. Juda wird zwar politische Macht in Israel zugesprochen, doch den mit dem Erstlingstum verbundenen „Segen" bekommt nur Joseph. In Gen 48 empfängt Joseph von Jakob sogar den „Doppelanteil" des Segens (implizit in Ephraim und Manasse durch die Adoption seiner Söhne Gen 48,1-7 und den Segen V. 15f sowie V. 20). Dieser „Doppelanteil" wird noch auffälliger, wenn man bedenkt, dass laut Dtn 21,15-17 in jedem Fall nur dem erstgeborenen Sohn, auch und gerade wenn er von der ungeliebten Frau stammt (also eigentlich Juda von seiner Mutter Lea), der doppelte Anteil zusteht. Stattdessen wird Joseph geradezu zum Inbegriff von Segen in Israel (Gen 48,20). Auffälligerweise wird Joseph nie explizit als בְּכוֹר bezeichnet; in Gen 49,26 wird er lediglich als נָזִיר unter seinen Brüdern betitelt.[642] Der Funktion nach ist er allerdings doch so etwas wie ein Erstling,[643] einer, der seine Brüder am Leben erhält. Joseph gelingt es, das „Haus des

---

642 Die Bezeichnung Josephs als נָזִיר sowohl in Gen 49,26 als auch in Dtn 33,16 ist eher als allgemeiner Ausdruck einer herausgehobenen Position zu verstehen (s. EBACH, Genesis 37-50, 630f).

643 So mit DEURLOO, Genesis 37, 2-11 als thematischer Auftakt, 80.

Vaters" zu retten. Indem er für seine Brüder Sorge trägt (vgl. Gen 50,19-
21), übt er etwas aus, was dem Erstling Ruben ihm gegenüber nicht
gelungen ist: Ihn vor Hunger oder Versklavung zu retten (Gen
37,21f.29f).[644] Ohne Joseph, den Erstling, gibt es damit keine Zukunft
für Juda, den Vorvater der Könige Israels.[645]

Die diffizile Rollenverteilung zwischen Juda und Joseph manifestiert
sich im väterlichen Segen Gen 49. Juda bekommt dort in *sechsfacher*
Form Herrschermacht und die politische Führungs-Position zugespro-
chen (Gen 49,8-12) – ohne explizite Segens-Zusage. Die sechsfache
Nennung findet seine Entsprechung im Joseph-Segen, wo Joseph *sechs
Mal* terminologisch der Segen zugesprochen wird (Gen 49,22-26). Zu
beachten ist im Blick auf die Spruchsammlung in Gen 49 (traditionell
„Segen Jakobs") im Ganzen, dass der Text sich selbst als Segen des
Vaters über seine Söhne gibt (V. 28[646]), dass aber in den Sprüchen selbst
vom „Segen" explizit *nur* bei Joseph die Rede ist. In der väterlichen
Bestätigung Judas wird auch dessen ursprüngliches Fehlverhalten nicht
verschwiegen,[647] denn über ein subtiles Wortspiel wird Gen 37 wieder
mit eingespielt: In V. 9 wird Juda in positiver Weise mit einem jungen
Löwen verglichen, der vom Raub (טֶרֶף) hochkommt. Dieser „Raub"
spielt die Schattensequenz aus Judas Leben wieder ein. Da Joseph für
tot erklärt werden soll (Juda hatte hier die führende Rolle), wird sein
Mantel mit Blut beschmiert und zu Jakob gebracht. Der Vater ruft daraufhin aus: טָרֹף טֹרַף – „Joseph ist in Stücke gerissen." (Gen 37,33). Mit
diesem kritischen Unterton wird Juda gegenüber seinem gesegneten
Bruder platziert.

Am Ende der Konkurrenz steht daher zum ersten Mal im Kontext
der Vertauschungserzählungen ein *Ausgleich* zwischen den beiden
Brüdern und nicht der *ausschließliche* Anspruch des einen oder anderen
Bruders. An dieser Stelle lässt sich nochmals auf Gen 48 verweisen: Bei
der Vertauschung von Ephraim und Manasse handelt es sich um die
letzte Vertauschungserzählung innerhalb der Genesis. Bemerkenswer-
terweise ist gerade diese Vertauschung zugleich die „sinnloseste" aller
Vertauschungen innerhalb der Genesis. Denn schließlich werden *beide*
Söhne gesegnet. Beide Kinder sind zugleich anwesend, erfahren ge-

644 Erst in 1 Chr 5,1f wird Joseph explizit als Erstling bezeichnet.
645 Diese sehr wichtige Beobachtung auch bei DEURLOO, Eerstlingschap en koningschap,
     62-73.
646 In V. 28 wird die Aussage getroffen, der Vater habe alle seine Söhne gesegnet (in
     diesem Vers kommt das Wort[feld] „segnen" dreimal vor.
647 Ähnlich wie auch Jakobs Eigenname („Fersenschleicher") selbst nach seiner Rehabi-
     litierung immer noch an dessen Schuld erinnert.

meinsam menschliche Nähe (V. 10.12) und werden zusammen gesegnet (V. 15f.20). Außerdem entfällt die übliche deutliche Disqualifizierung wie Qualifizierung der Söhne und der Unterschied im Segen der beiden Söhne ist höchstens ein *gradueller*. Ebenso ist das Verhältnis der Stämme Ephraim und Manasse in späteren Reihungen uneinheitlich: In manchen Reihen steht Ephraim zuerst, in manchen Manasse.[648] Vielleicht will die Josephsgeschichte beide Zählungen ins Recht setzen, in dem Manasses Erstgeburt betont wird, aber ebenso auch Ephraims Vorrang. Wichtig dürfte m.E. sein, dass hiermit dasjenige motivlich gespiegelt wird, was den gesamten vierten Toledot-Hauptteil durchzieht und im Jakob-Segen in Gen 49 endgültig seine Entscheidung findet: Die Frage nach der Binnenstrukturierung Israels. Der *Ausgleich* unter den Söhnen nimmt die narrative Bestrebung der Joseph-Juda-Erzählung auf, eine differenzierte Rollenverteilung zwischen Joseph und Juda innerhalb Israels auszutarieren. Gleichzeitig präfiguriert Gen 48 die endgültige Verhältnisbestimmung von Joseph und Juda in Gen 49, die ebenfalls in einem Ausgleich mündet.[649]

6.6 Zusammenfassung

Da im Unterschied zu den vorausgegangenen Erzählungen Israel als Ganzes den Erstlingssegen empfangen hat, erweist sich die Ausdifferenzierung der Rollen innerhalb Israels als komplex. Von Jakobs Söhnen disqualifizieren sich die ältesten, Ruben, Simeon und Levi, sodass Juda, der Viertgeborene Jakobs, als logische Konsequenz erscheint. Auf der anderen Seite steht der Erstgeborene von Jakobs Lieblingsfrau Rahel, nämlich Joseph. Er wird vom Vater deutlich als vorrangig unter seinen Brüdern gesehen (Gen 37,2f u.ö.).

Ab hier entwickelt sich der Konflikt auf zwei Bahnen: Juda muss sich gegen diesen zwar schon disqualifizierten, aber nichtsdestotrotz ambitionierten Erstgeborenen Ruben durchsetzen.[650] Juda kann sich – obwohl er erst einen langen Weg der inneren Veränderung beschreiten muss – als Erstling unter den Lea-Söhnen durchsetzen, in dem er Verantwortung für seine Brüder übernimmt (vgl. vor allem Gen 44,32f).

---

648 „Ephraim und Manasse" in den übrigen biblischen Büchern meistens in der „natürlichen" Reihenfolge (konsequent in Num); außerhalb der Tora vor allem in Jos bisweilen die Nennung in der vertauschten Reihenfolge (vgl. Jos 14,4; 16,4 u.ö.). Details bei EBACH, Genesis 37-50, 527.

649 S. dazu Teil B.6.5.

650 Zur Detailanalyse der Vertauschung von Ruben, Simeon, Levi und Juda s. Teil B.6.2.

Der Hauptkonflikt verläuft allerdings zwischen Juda und Joseph.[651] Bis in ihre Söhne hinein (Perez und Serach; Gen 38; Ephraim und Manasse; Gen 48) können beide miteinander verglichen werden, denn auch bei ihren Söhnen wird die Geburtsreihenfolge nicht eingehalten.

Eine gewisse Entscheidung über die inneren Strukturen und Herrschaftsverhältnisse in Israel bringt allerdings erst das Segenskapitel Gen 49. Hier werden in vielfacher Hinsicht offene Erzählfäden aufgenommen sowie zu Ende geführt und bisherige narrative Entwicklungen und Konstellationen bestätigt. Schon die formale Struktur von Gen 49 spiegelt den narrativen Aufbau der Gesamterzählung wider. Es ist zu beachten, dass die in den Sprüchen durch die Anrede in der 2. Pers. (sonst 3. Pers.) herausragenden Söhne just die sind, die in der Josepherzählung als Konfliktpartner auftreten, nämlich Ruben, Juda und Joseph selbst. Darüber hinaus sind die Segens-Sprüche über Juda (Gen 49,8-12) und Joseph (Gen 49,22-26) deutlich länger als die ihrer Brüder. Zugleich zeigt sich die erläuterte Konkurrenz beider innerhalb der Erzählung: Auch die Sprüche an Ruben, Simeon und Levi sind länger als die der sieben anderen, was ebenfalls die narrative Entwicklung reflektiert, da Levi und Simeon eine eigene Erzählung bekommen (Gen 34) und Ruben als Erstling versagt (Gen 35,22) hat. Hingegen kommt Benjamin nur in seiner Rolle als „Pfand" narrative Bedeutung zu und die anderen Brüder kommen nur in den Geburtslisten vor. Auch inhaltlich bestätigen die Segenssprüche die vorausgegangene narrative Entwicklung. Die Disqualifizierung von Ruben, Levi und Simeon wird deutlich. Allerdings wird im Bezug auf Juda und Joseph – im Unterschied zu den vorherigen Vertauschungserzählungen – eine Art Machtausgleich ausbalanciert: Juda bekommt die königliche Rolle innerhalb Israels zugesprochen während Joseph die des Segensmittlers erhält. Diese Ausdifferenzierung der Rollen wird besonders interessant bei der Frage, auf welchem realgeschichtlichen Hintergrund diese Texte in ihrer Pragmatik funktionieren konnten. Immerhin weist der Stamm Juda voraus auf das spätere „Südreich" und „Joseph" auf das „Nordreich", so dass ein realpolitisches Konzept hier im Hintergrund stehen könnte. Dieser Frage wird in Teil C.3.4 nachgegangen, wenn nach der Textpragmatik in historische Perspektive gefragt wird.

---

651 Vgl. die Doppel-Exposition Gen 37.38, in der jeder der Hauptcharaktere eine thematische Einführung bekommt und beide über ein dichtes Verweissystem miteinander verglichen werden.

7. Das Vertauschungsmotiv außerhalb der Genesis

Die Untersuchung der Vertauschungserzählungen im Kontext der Genesis zeigt, dass die Vertauschungsprozesse einen Großteil der narrativen Entwicklung innerhalb der Genesis konstituieren und die Gesamterzählung vorantreiben. Außerhalb sind diese Vertauschungen nur vereinzelt anzutreffen. Innerhalb dieses Kapitels sollen nun alle Vertauschungskonstellationen außerhalb der Genesis untersucht werden, die mit den Vertauschungen der Genesis vergleichbar sind oder zumindest einige signifikante Einzelelemente aufweisen. Allerdings sollen hier nicht noch einmal die Texte der Chronik erwähnt werden, da diese lediglich im Kontext ihrer „Nacherzählung" der Geschichte Israels auch die Vertauschungen der Genesis knapp referieren. In der Einzelexegese wurde jeweils zur Stelle vermerkt, wie die Chronik mit den vertauschten Brüdern umgeht.

7.1 Kürzere Vertauschungsnotizen

Nadab und *Abihu* sind die beiden erstgeborenen Söhne Aarons. Beide werden der Sinai-Erzählung zufolge der Gottesschau und Teilnahme an der Opfermahlgemeinschaft mit Gott gewürdigt (Ex 24,1.9f) und sind zur Priesterweihe bestimmt (Ex 28,1; Lev 8,1ff). Aber bei ihrem ersten Opfergang machen sie sich durch die Darbringung eines „fremden Feuers" der Kontamination des heiligen Opfers schuldig[652] und werden durch göttliche Feuerflammen gerichtet (Lev 10,1f). So geht die Sukzession des hohepriesterlichen Amtes auf den drittgeborenen Eleasar über (Num 20,25ff; Dtn 10,6; Jos 24,33), der mit dem heiligen Räucheropfer umzugehen weiß (vgl. Num 17,1-15). Dies dürfte auch der Grund dafür sein, dass die genealogische Ausführung der beiden Erstgeborenen in der Genealogie der Aaroniden Ex 6,23-25 fehlt. V. 25 bietet lediglich zu Eleasar die weiterführende Genealogie. Eleasar wird

---

652 Es handelt sich also um ein unrechtmäßiges Opfer. Bei der unerlaubten Kulthandlung (Lev 10,1f) könnte man eventuell an Rauchopfer für Fremdgötter denken (vgl. 2 Kön 17,11; 22,17; 23,5.8; Jer 1,16; 7,9; 11,13.17 u.ö.) (s. dazu KORNFELD, Levitikus, 40f), in jedem Fall aber kommt die Kohle nicht vom Räucheraltar, sondern von einem falschen, nämlich „fremden" und damit wohl „unautorisierten" Altar (s. mit MILGROM, Leviticus, 93). Dies scheint das Hauptproblem des Fehltritts zu sein (vgl. noch STAUBLI, Die Bücher Levitikus. Numeri, 85f.).

so zum Amtsnachfolger Aarons eingesetzt (Num 20,25-28),[653] seine Brüder werden einfach übergangen. Ferner wird *Gideon* als der jüngste seiner Brüder (Ri 6,15) zum Retter für Israel von JHWH bestellt (Ri 6,11-24). Die *Jotamerzählung*, in welcher der jüngste Sohn Gideons (Ri 9,4) nach Ermordung all seiner Brüder als einziger übrigbleibt (Ri 9), ist wohl nicht der Vertauschungsthematik zuzuordnen. Es geht hier im Besonderen um eine Überlebens- und nicht eine Vertauschungsge-schichte.[654]

7.2 Aaron und Mose (Ex-Dtn; 1 Chr 23)

Nach Ex 7,7 ist Aaron der drei Jahre ältere, erstgeborene Bruder Mo-ses.[655] Allerdings entwickelt sich Mose innerhalb der Exodus-Erzählung zur zentralen Figur. Der Vorrangstellung des Mose entspricht, dass Gott zu Aaron allein meistens nicht direkt spricht (vgl. Lev 10,8), son-dern meist durch Vermittlung des Mose (Ex 7,19 u.ö.). Wenn von bei-den nebeneinander die Rede ist, wird durchweg zuerst Mose genannt (über 70mal „Mose und Aaron"). Lediglich in den genealogischen Lis-ten in Ex 6,20; Num 26,59; Lev 3,1-4; 1 Chr 5,29; 23,13 wird Aaron als der Ältere vor Mose genannt.

7.2.1 Qualifizierung und Legitimierung Moses (Ex 6,14-27)

Das hier beschriebene Phänomen bedarf auf der narrativen Ebene ebenso einer Erklärung wie die Vertauschungen innerhalb der Genesis. Es lassen sich einzelne Elemente identifizieren, die mit denen in der Genesis übereinstimmen und in einer Art rudimentärer Grundstruktur einer Vertauschungserzählung entsprechen.

Als entscheidender Text kann in diesem Zusammenhang der Levi-ten-Stammbaum Ex 6,14-27 gelten.[656] Innerhalb dieser Genealogie wer-den Aaron und Mose als Söhne des Leviten Amram eingeführt (V. 20. 26; noch Num 26.58f und 1 Chr 23,13). Die Nennung der beiden Brüder entspricht an dieser Stelle auch der geburtlichen Reihenfolge: Aaron und Mose. Auf die Geburt der beiden Brüder Aaron und Mose folgt

---

653 Nach 1 Chr 24,3ff sind die sich auf Eleasar berufenden Priesterklassen doppelt so groß wie die, die sich von seinem Bruder Itamar herleiten. Außerdem leiten sich von Eleasar die späteren Hohepriester ab; vgl. Esr 7,1-5; 1 Chr 5,30-41; 6,35-38.

654 Ebenso FOX, Younger Brother, 46.

655 Vgl. auch Num 33,39 (Alter Aarons) mit Dtn 31,2 (Alter Moses).

656 Zur Beschreibung der Abgrenzung, der formalen Struktur und der Kontexteinbin-dung der Genealogie s. HIEKE, Genealogien, 214-226.

wie zu erwarten die Nennung der Nachkommen des natürlichen Erstgeborenen Aaron (Ex 6,23-25).

Das Gotteswort, das direkt vor der genealogischen Liste platziert ist
(V. 13), gibt bereits einen Lesehinweis, dass diese Reihenfolge im Kontext des Vertauschungsprozesses zu deuten ist: JHWH nennt die beiden
Brüder in der vertauschten Reihenfolge (Mose und Aaron). Die Genealogie Moses wird innerhalb des Levitenstammbaums nicht erwähnt[657],
jedoch ist er ab Ex 6,28ff der Hauptakteur der Ereignisse. Dies kann
man in Analogie zu den Erzählungen der Genesis sehen, in denen die
Genealogie der Nebenlinie lediglich mit genealogischen Texten abgeschlossen wird, diejenige des Erstlings allerdings in eine Erzählung
überführt wird, so etwa bei Isaak und Jakob, deren Toledot – im Gegensatz zu denen ihrer Brüder – eine Erzählung eröffnen. Die *Voranstellung* der Genealogie Aarons markiert aber gerade die *Vorrangstellung*
Moses (vgl. die Vorordnung der Genealogie des natürlichen Erstgeborenen Kain vor Sets; Ismaels vor Isaaks; Esaus vor Jakobs etc.[658]).

Die innerhalb der Levitengenealogie beschriebene Vertauschung
wird dadurch markiert, dass am Ende die Umstellung von „Aaron und
Mose" (V. 26) zu „Mose und Aaron" (V. 27) erfolgt.[659] Folgerichtig geht
die Erzählung auch mit Mose direkt weiter (V. 28). Die Verse 27 und 28
bestätigen damit die Reihenfolge des Gotteswortes aus V. 13.

Moses Rolle als Erstling wird nun insofern bestätigt, dass in der
Folge nicht mehr an beide Brüder gemeinsam der Auftrag Gottes
ergeht (vgl. Ex 6,13), sondern allein an Mose (vgl. z.B. Ex 7,1f). Der Vorordnung Moses entspricht, dass seine Beauftragung (Ex 6) der Einsetzung des älteren Bruders Aaron vorausgeht: erst in Ex 7,1f wird Aaron
dem Mose als „Prophet" zugeordnet. Auch in der darauf folgenden
Erzählung nimmt Mose die führende Rolle gegenüber seinem Bruder
ein. Ex 7,6 deutet dies bereits an:

„Moses tat so, und Aaron [auch] (וַיַּעַשׂ מֹשֶׁה וְאַהֲרֹן), was JHWH ihnen aufge-
tragen hatte, so taten sie."

Auffällig ist, dass die vorangestellte *wajjiqtol*-Form im Singular steht,
während eigentlich zwei Subjekte das Verbum regieren.[660] Dies deutet
an, dass Mose der Hauptakteur dieser Handlung ist. Aaron handelt *mit*
Mose, aber eben *nach* dessen Anleitung (vgl. dazu vor allem Ex 4,13-

---

657 Zur Auslassung der Genealogie Moses s. noch PROPP, Exodus 1-18, 280.284-286.

658 Dazu ausführlicher in Teil C.2.1.

659 Die LXX gleicht an V. 26 an und bietet die ursprüngliche Reihenfolge: Ααρων καὶ
     Μωυσῆς (s. PROPP, Exodus 1-18, 265).

660 Die Vulgata behält diese Besonderheit ebenfalls bei: *fecit itaque Moses et Aaron.*

17). Dieselbe grammatikalische Auffälligkeit findet sich bei den Erstlingen Sem (Gen 9,23) und Juda (Gen 44,14):

Gen 9,23: וַיִּקַּח שֵׁם וָיֶפֶת אֶת־הַשִּׂמְלָה וַיָּשִׂימוּ

„Und Sem nahm, zusammen mit Japhet, das Obergewand, und sie legten es […]"

Gen 44,14: וַיָּבֹא יְהוּדָה וְאֶחָיו [...] וַיִּפְּלוּ לְפָנָיו

„Und Juda kam, zusammen mit seinen Brüdern, […] und sie fielen vor ihm nieder."

An allen drei Stellen wird die führende Rolle des Erstlings über diese syntaktische Konstruktion markiert und dient damit als Lesehinweis auf die Vertauschung. Diese grammatikalische Besonderheit sollte darum auch in der Übersetzung kenntlich gemacht werden, was aber in nahezu keiner der gebräuchlichen Übersetzungen und in nur wenigen Kommentaren berücksichtigt wird, da hier – wie auch in der LXX[661] – an den Plural des Subjekts angeglichen wird.[662] Die hier für Ex 7,6 gebotene Übersetzung klingt zwar im Deutschen umständlich; dies ist im Hebräischen aber nicht minder der Fall.

Dass die führende Rolle der Mosefigur in der folgenden Erzählung der Wüstenwanderung noch weiter ausgebaut wird, ist bekannt und braucht hier nur kurz angedeutet werden: Aaron erscheint als Nebenfigur zu Mose. Während der Schlacht gegen die Amalekiter stützt er zusammen mit Hur die zum Gebet erhobenen Arme des Mose, da die Israeliten nur siegen können, solange Mose betet (Ex 17,12). Am Sinai steigt Mose den Berg immer wieder allein auf und ab, um oben mit Gott und unten mit dem Volk zu sprechen, nur in Ex 19,24 und Ex 24,1.9 erscheint Aaron als sein Begleiter. Im Rahmen der priesterlichen Anordnungen zum Bau des Heiligtums verkündet Gott an Mose und nicht an Aaron, dass Aaron und seine Söhne Priester werden sollen (Ex 28,1; Ex 29,1).

7.2.2 Disqualifizierung Aarons

Man kann die Erzählung vom Goldenen Kalb in diesem Zusammenhang als die Disqualifizierungserzählung Aarons betrachten. Während Mose auf dem Berg die Weisungen Gottes erhält, bringt Aaron im Tal

---

661 In Analogie zu Sem und Juda harmonisiert auch die LXX den Singular wieder zu ἐποίησεν δὲ Μωυσῆς καὶ Ααρων.

662 Für viele stehe PROPP, Exodus 1-18, 262; außerdem die Elberfelder, Neue Züricher und die Luther-Übersetzung.

Sünde über das Volk (Ex 32,21[663]). Unter seiner Leitung baut man das Goldene Kalb als Bild JHWHs (Ex 32,1-35) und verstößt damit gegen die Zehn Gebote, die Gott eigenhändig auf steinerne Tafeln geschrieben und Mose gerade erst auf dem Berg gegeben hat (Ex 31,18). Im Gegenzug töten die Leviten im Namen JHWHs 3000 Verehrer des Goldenen Kalbs und profilieren sich so positiv gegenüber Aaron (V. 26-29).

7.3 Davidisches Königtum (Aufstiegs- und Thronfolgegeschichte)

Vier Vertauschungen lassen sich im Kontext der davidischen Genealogien identifizieren. Die Aufnahme von Einzelelementen der Vertauschungen in der Genesis und die Beschreibung von Vertauschungsprozessen geschehen in höchst unterschiedlicher Form und Ausführlichkeit.

(1) *David und seine Brüder*: David ist der jüngste Sohn Isais (1 Sam 16,11). Gott erwählt ihn (V. 12f), an allen anderen geht er vorüber (V. 8-10). Er wird dadurch faktisch zum Erstgeborenen – so auch die Deutung durch Ps 89,28.

(2) *David und Saul*: Eine Variation der Vertauschungen könnte man in den Erzählungen um die ersten beiden Könige Israels, Saul und David sehen. David löst letztlich den zuerst gesalbten JHWHs ab. Zwar handelt es sich nicht wie sonst üblich um ein brüderliches Verhältnis zwischen den beiden Königsprätendenten, doch sind die wesentlichen Einzelelemente des Vertauschungsmotivs unverkennbar:

---

663 Zwar ist es nicht Aarons alleinige Schuld, doch aber zumindest eine entscheidende Mitverantwortung und Mitschuld, die er durch sein Nicht-Eingreifen trägt. In V. 21 wendet sich Mose an Aaron, um die vorliegende Schuld des Volkes zu spezifizieren. Mit der Formulierung „Was hat dir dieses Volk getan" wird ihm allerdings nicht die alleinige Schuld zugewiesen, vielmehr geht es darum, dass Aaron durch Halbwahrheiten das Sündigen anderer zugelassen bzw. billigend in Kauf genommen hat (s. dazu DOHMEN, Exodus 19-40, 309). DOHMEN verweist noch auf die Parallele in Gen 20,9: Hier kommt nicht nur die identische Formulierung: „Was hast du uns getan" vor, sondern auch die sonst nur noch zweimal im TeNaK begegnende Formulierung חֲטָאָה גְדֹלָה/„große Sünde", die Schuldfrage und Schuldzuweisung an Abraham, zielt in dieselbe Richtung wie in Ex 32. „Das Problem, das sich daraus ergibt, ist nicht das einer Mitschuld an der Sünde, sondern das Verhältnis zu dem, der dann sündigt. Deshalb steht hier wie da die Frage ‚was habe ich dir getan' bzw. ‚was hat das Volk dir getan' (DOHMEN, Exodus 19-40, 309). Aarons Antwort (V. 22) reagiert dann exakt hierauf. Die Pointe dieser Antwort liegt auf dem abschließenden Nebensatz: „Du selbst kennst das Volk, dass es böse ist", den man als Entschuldigung Aarons und Schuldzuweisung an das Volk aufzufassen hat.

In Analogie zum natürlichen Erstgeborenen wird Saul zum ersten König Israels gesalbt. Die Einsetzung Sauls wird in dreifacher Weise in der Sequenz von Salbung (1 Sam 10,1), Präsentation (1 Sam 10,24) und Einsetzung (1 Sam 11,14f)[664] erzählt und unterstreicht die Bedeutsamkeit dieses Ereignisses. Jedoch kann sich Saul seines Königsamtes nicht als würdig erweisen. Von Sauls Verwerfung durch Samuel (im Auftrag JHWHs) wird in 1 Sam 13,7b-15e und 1 Sam 15 berichtet.[665] Der Grund für Samuels Haltung Saul gegenüber liegt in einem religiösen Fehlverhalten Sauls begründet. Beide Erzählungen stellen diesen schwerwiegenden Schritt JHWHs (ausgeführt durch Samuel) unterschiedlich als angemessenes Verhalten auf das Fehlverhalten Sauls dar: In 1 Sam 13 handelt Saul falsch, weil er nicht auf Samuel gewartet und so das Gebot JHWHs missachtet hat (13,13f). In 1 Sam 15 missachtet Saul eigenmächtig das Gebot JHWHs, den Bann vollständig an den Amalekitern zu vollstrecken (15,3.26). Als Folge der Verwerfung Sauls rückt nun David als möglicher Prätendent des Königsamtes in den Mittelpunkt der Erzählungen. Wie schon in 1 Sam 9,1-10,1 bei Saul, so wird David auf Geheiß JHWHs in 1 Sam 16 gesalbt.

Wie bei den brüderlichen Vertauschungserzählungen werden David und Saul auf verschiedenen Ebenen miteinander verglichen, um so die Konkurrenten genauer zu konturieren.[666] Sauls Verwerfung und Davids Erwählung werden in 1 Sam 15 und 16 direkt einander gegen-

---

664 Den Erzählzusammenhang und die narrative Struktur von 1 Sam 8-12 arbeitet sehr präzise VETTE in seiner 2005 erschienenen Dissertation zu 1 Sam 8-12 heraus. Unter anderem kann VETTE sehr plausibel die Textstrategien der Kap. 8-10 offenlegen, die eine sinnvolle Lesbarkeit gerade der dreifachen „Einsetzung" Sauls möglich machen. Diese dreifache Einsetzung Sauls gilt sonst häufig gerade als Argument gegen die Einheitlichkeit der Kap. 8-12 (vgl. VETTE, Samuel und Saul, bes. 221-227).

665 Vgl. die darauf noch Bezug nehmenden Stellen: 1 Sam 16,1; 28,17 u. 1 Chr. 10,13. In Kap.15 soll Saul auf den Befehl Gottes hin die Taten Amaleks an den Israeliten rächen und den vollständigen Bann an den Amalekitern vollstrecken (15,3). Saul verschont allerdings nach seinem Sieg eigenmächtig den Amalekiterkönig Agag und das wertvolle Vieh (15,9), weshalb er von Gott verworfen wird: Samuel kündigt Saul als Strafe für die Übertretung des Banngebots das Ende seines Königtums an (15,28). Vergleicht man Kap. 13 und 15 miteinander, sieht man, dass in beiden Texten eine kontroverse Begegnung zwischen Saul und Samuel stattfindet, die aber je ganz spezifisch endet: In Kap.13 wird die ganze Familie Sauls verworfen („dein Königtum"/ מַמְלַכְתְּךָ [V. 14a]), in Kap.15 hingegen ist nur von der Verwerfung der Person Sauls die Rede („[...] das Königtum von *dir* gerissen"/ מֵעָלֶיךָ [...] קָרַע יְהוָה אֶת־מַמְלְכוּת [V. 28b]).

666 S. vor allem die Studie von KLEIN zur narrativen Gegenüberstellung von David und Saul: KLEIN, David versus Saul, bes. 63-111 (das Kapitel „B. Vergleichsbrücken"); vgl. noch DEURLOO/VAN MIDDEN/VAN DEN BERG, Koning en Tempel, 82-90 und FOKKELMAN, Narrative Art, Vl. 2: The Crossing Fates, bes. 17-21.

übergestellt. Nachdem Samuel seine Aufgabe erfüllt hat, „macht Samuel sich auf und geht nach Rama" (1 Sam 16,13c: וַיָּקָם שְׁמוּאֵל וַיֵּלֶךְ הָרָמָתָה). Dies greift die analoge Abschlussnotiz in 1 Sam 15,34a wieder auf (וַיֵּלֶךְ שְׁמוּאֵל הָרָמָתָה). In beiden Fällen haben die Ereignisse einen andauernden Effekt: Kapitel 15 resultiert in der endgültigen Verwerfung Sauls, wohingegen Kapitel 16 die lebenslange Erwählung Davids zum Ergebnis hat. Saul und David zeichnen sich beide durch ihre Schönheit aus (V. 12; vgl. 1 Sam 9,2).[667] In beiden Fällen bildet eine Opferfeier den Rahmen für die Salbung, und der Geist Gottes, der zunehmend von Saul weicht (vgl. 1 Sam 9,6.10; 10,10-12; 11,6; 16,14-23) und einem bösen Geist Platz macht (vgl. 1 Sam 16,14-23), ruht ab 1 Sam 16, 13 auf David.[668] Wie Saul in 1 Sam 9,1 wird auch David zunächst nur in einer begrenzten Öffentlichkeit eingeführt (Davids Vater und Familie). Der Erzählzusammenhang stellt beide Salbungen als *vorbereitende* Handlungen dar, die erst durch die politischen und militärischen Verhältnisse ratifiziert werden. Der König muss sich als solcher zuerst noch erweisen.

Im Falle Davids wird dieser Qualifizierungsprozess im Erzählzusammenhang 1 Sam 16,1 - 2 Sam 5,12 beschrieben, der im Allgemeinen als Aufstiegsgeschichte Davids bezeichnet wird.[669] Bis zum Tode Sauls geschieht diese Qualifizierung Davids im Kontrast zur Disqualifizierung Sauls (vgl. 1 Sam 16,1-31,13), wobei die Handlungen der Kontrahenten kontrastierend einander gegenübergestellt werden können und Davids Handlung durchweg positiver erscheinen lassen. So ist ein entscheidendes Element der Krieg gegen die Philister. Die Bedrohung durch die Philister ist – bei aller historischen Wirklichkeit, die dahinter stehen mag – zunächst ein *literarischer Topos*. Die Philister gelten in diesem Sinne als die Urfeinde Israels.[670] Wegen der Philisternot wird das Königtum in Israel überhaupt erst eingeführt (1 Sam 8; 12).

---

667 Knapp zu den Parallelen und Unterschieden der Salbungen Sauls und Davids STOLZ, Das erste und zweite Buch Samuel, 106-108.

668 S. MCCARTER, I Samuel, 276.278 und STOLZ, Das erste und zweite Buch Samuel, 108f.

669 S. dazu GERTZ, Grundinformation Altes Testament, 287-292 und die dort angegebene Literatur; vgl. noch ZENGER, Einleitung in das Alte Testament, 234 und STOLZ, Das erste und zweite Buch Samuel, 109. Der Einschnitt, den die Buchgrenze zwischen 1 Sam 31 und 2 Sam 1 setzt, ist nicht ursprünglich, sondern wird von der LXX vorgenommen (vgl. u.a. ZENGER, Einleitung in das Alte Testament, 230-237). Die Buchgrenze wird literarisch nicht angezeigt, und reißt sogar die Erzählung vom Tode Sauls und Jonathans und das Klagelied Davids auseinander. Dennoch markiert natürlich der Tod Sauls einen wichtigen Einschnitt in der Erzählung, wodurch das relative Recht der Buchteilung zu begründen ist.

670 Vgl. schon die Völkertafel Gen 10. Dort werden die Philister in einer genealogischen Reihe mit Ägypten genannt – beide gehen aus Kanaan hervor.

Folglich ist auch der Sieg über die Philister ein wichtiges Kriterium für legitimes Königtum in Israel. Die Erzählungen über die Philisterkriege in 1 Sam 17,51-54 und 1 Sam 31 sind deutlich durch teils wörtliche Übereinstimmungen miteinander verknüpft (17,51//31,4f; 17,51//31,9;17,51//31,7; 17,52//31,1; 17,54//31,10). Bei David handelt es sich um seinen Ersterfolg im Süden. Für Saul besiegelt der Krieg im Norden letztgültig sein Scheitern. Andere Gemeinsamkeiten stellen Saul und Goliat auf eine Ebene: David tötet einen Philister, Goliat, der als sehr groß beschrieben wird (17,4), während Saul, der Größte des Volkes (9,2; 10,23), von Philistern bedroht, sich selbst umbringt. Saul und Goliat wird der Kopf abgeschlagen (17,51; 31,9), worauf beide sterben (17,51; 31,7). Beider Rüstungen werden an heilige Orte gebracht (17,54; 31,10). Die Israeliten und die Philister werden ebenfalls parallelisiert: So wie die Philister fliehen, als sie sehen, dass Goliat tot ist (17,51), flieht Israel, als bekannt wird, dass Saul gestorben ist (31,7). In dem Maße, wie die Philister auf der Flucht in die Heimat fallen (17,52), fallen auch die Israeliten am Berg Gilboa auf dem Rückzug (31,1).

Die Absicht der Erzählung wird deutlich: So erfolgreich Israel nach dem Sieg Davids über Goliat ist, so wenig ehrenhaft wird Israel von den Philistern am Berg Gilboa besiegt. 1 Sam 31 knüpft an 1 Sam 29 mit dem Thema der Philisterschlacht an. Dieses Thema wird in 1 Sam 28,1-2 und 1 Sam 29 aus der Perspektive der Philister, 1 Sam 28,3ff und 1 Sam 31 aus israelitischer Perspektive erzählt. Der Sieg der Philister signalisiert, dass Saul an einer der zentralen Aufgaben des Königtums, nämlich das Volk vor seinen Feinden zu schützen, gescheitert ist.[671] Nach wie vor bedrohen die Philister Israel. Saul ist der fallende, David der aufsteigende König. David gelingt es schließlich die Philister endgültig zu besiegen (2 Sam 5,17-25). Er qualifiziert sich damit als legitimer König und wird darum der erste König (2 Sam 2) über „ganz Israel" (2 Sam 5; Davids Aufstieg zum Gesamtkönig über Israel 2 Sam 5-10).

Die Parallelisierungen der beiden Königsfiguren schlagen sich auch in der Struktur der Gesamterzählung nieder. Die Qualifizierungserzählung Davids folgt im Wesentlichen dem gleichen Aufbau wie die Saulerzählung: Geheime Erwählung – öffentliche Bestätigung (durch ein Zeichen) – Versagen in der Bewährung – Verwerfung und ihre folgende öffentliche Bestätigung. Jedoch setzt die Davidgeschichte im Einzelnen andere Akzente. Diese Unterschiede sind gerade für den Qualifizierungsprozess Davids von großer Relevanz: Geheime Erwäh-

---

671 Vgl. das Richterbuch, wo sich der von JHWH berufene Retter gerade dadurch seiner göttlichen Rettung würdig erweist, dass er die Feinde Israels besiegt.

lung – öffentliche Bestätigung (das Zeichen) – Bewährung im Gehorsam – fortwährende und endliche Bestätigung in der Natanweissagung (2 Sam 7). Was David im Unterschied zu Saul in besonderer Weise auszeichnet, ist gerade, dass er sich durch die Propheten JHWHs bestimmen (Samuel; Natan) und maßregeln (Natan; vgl. 2 Sam 11; 12) lässt.[672] Gerade die Prophetie aber stellt das kritische und bestimmende Moment für das Königtum in Israel dar – jedenfalls nach Sicht und Darstellung der Vorderen Propheten. Die Darstellung der Anfänge der Königszeit für Israel beginnt darum auch nicht mit der Einführung des Königs, sondern mit derjenigen des Propheten (1 Sam 1).

(3) Den Kontext der folgenden Vertauschung bilden Davids Ehebruch mit Batseba (1 Sam 11), seine Blutschuld an deren Mann Urija (vgl. den „Urijabrief" 2 Sam 11,14-25), Natans Parabel und Strafrede, sowie Davids darauf folgende Selbsterkenntnis (2 Sam 12). David tut Buße und empfängt Vergebung, jedoch stirbt sein erstgeborener Sohn aus dieser Verbindung (2 Sam 12, 15b-23). Der zweite Sohn Davids mit Batseba ist Salomo (V. 24), dessen hervorgehobener Status dadurch ausgedrückt wird, dass eigens betont wird, dass „JHWH ihn liebt" (V. 24b). Salomo erhält deshalb den Beinamen יְדִידְיָה (Liebling JHWHs[673]) (V. 25). Nicht der erste Sohn Davids mit Batseba trägt somit die Davidslinie weiter, sondern erst der zweitgeborene Sohn.

> Schwierig bleibt die Erwähnung von Salomo als Batsebas *viertem* Sohn in 1 Chr 3,1-24. Eventuell strebt der Chronist eine Parallelisierung mit Juda an, dem Stammvater des davidischen Königtums (Gen 38). Auch Juda war der viertgeborene Sohn Jakobs, wird aber trotzdem der „Erstling" in Bezug auf das Königtum in Israel. Dies wird durch die folgende Beobachtung gestützt: In 1 Chr 3,5 werden die ersten vier Söhne „Batschua, der Tochter des Ammiel" zugeschrieben, und da sich Salomo hierunter befindet, ist wohl „Batseba, die Tochter des Eliam" (2 Sam 11,3) gemeint. „Batschua" ist als eine Anpassung der ursprünglichen Form „Batseba" an den Namen der ersten Frau des Ahnherrn Juda zu verstehen, im Zuge einer allgemeinen Tendenz, Parallelismen zwischen der Familie Davids und Juda herzustellen (vgl. Gen 38). Es fällt auf, dass die beiden Namen Batseba und Tamar beide in Judas Biographie (1 Chr 2,3-4) ausdrücklich genannt werden. Die LXX liest in 1

---

672 S. dazu die Ausführungen bei DEURLOO/VAN MIDDEN/VAN DEN BERG, Koning en Tempel, 90.

673 Zur Deutung des Beinamens vgl. noch Ps 127: Nur dieser und Ps 72 sind Salomo gewidmet. Die exakte Mitte von Psalm 127 ist der Ausdruck לִידִידוֹ (V. 2), was im Kontext sicher mit „Geliebter" zu übersetzen ist, aber gleichzeitig dem Beinamen König Salomos ähnelt. Allgemein zur Namensdeutung s. McCARTER, II Samuel, 303f (ein knapper, instruktiver Forschungsüberblick).

Chr wie in 2 Sam und 1 Kön Βηϱσαβεε, und die Vulgata gibt den Namen an allen Stellen mit *Bethsabee* wieder.

(4) Die letzte Vertauschungskonstellation lässt sich innerhalb der sog. „Thronfolgegeschichte" (2 Sam 9 - 1 Kön 1-2) entdecken, deren narrative Dynamik durch die Nachfolgestreitigkeiten der Davidsöhne um das davidische Königtum entscheidend bestimmt ist.[674]

Nach 2 Sam 3,2-5 hatte David sechs Söhne, die ihm in Hebron geboren wurden.[675] Die Liste der Davidsöhne in 2 Sam 3,2-5 ist nicht ganz unproblematisch, da zweifelhaft ist, ob sie tatsächlich *alle* Söhne Davids umfasst, die in Hebron geboren wurden. Jedenfalls wird von jeder Mutter nur der erstgeborene Sohn genannt, und vom allerersten wird gesagt, dass er auch der Erstgeborene seines Vaters sei.[676] Es ist unwahrscheinlich, dass keine der Frauen David in der Zeit in Hebron weitere Kinder geboren haben sollte. Im Kontext ist allerdings nur wichtig, welche Söhne der *Erzähler* als direkte Erbfolge präsentiert. Die ersten vier Söhne – Ammon, Kilab, Abschalom, Adonija – disqualifizieren sich als Erstlinge.

Ammon disqualifiziert sich dadurch, dass er seine Halbschwester Tamar vergewaltigt. *Abschalom* hasst Ammon dafür, nimmt Rache (2 Sam 13,23-33) und flieht (2 Sam 13,34-38). Die Erzählung lässt Abschaloms Mord als Racheakt am Vergewaltiger seiner Schwester Tamar interpretieren (V. 32; vgl. V. 22). Diese Deutung der Ereignisse legt die Erzählung allerdings Jonadab in den Mund, der nach 2 Sam

---

674 Der Begriff „Thronfolgegeschichte" fängt diese Auseinandersetzungen begrifflich ein. Jedoch zeigt die nicht enden wollende Diskussion, dass eine genaue literarische Abgrenzung und Verhältnisbestimmung der einzelnen Erzähleinheiten und die historische Verortung der sog. „Thronfolgegeschichte Davids" nicht unumstritten ist (eine knappe Forschungsübersicht bei GERTZ, Grundinformation Altes Testament, 289f). L. ROST hatte 1926 die Thronfolgegeschichte (1 Sam 4-6; 2 Sam 6-7.9-20; 1 Kön 1-2) wirkmächtig als eigenständiges Literaturwerk beschrieben, das von einem Erzähler am salomonischen Hof zu Ehren Salomos verfasst sein solle (vgl. ROST, Die Überlieferung von der Thronfolge Davids). Die Erzählung galt entsprechend lange als Anfangspunkt israelitischer Historiographie (vgl. VON RAD, Der Anfang der Geschichtsschreibung, 148-188). Mittlerweile werden aber die Darstellungstendenz (die mitunter als Salomo-*kritisch* bewertet werden kann), die genaue literarische Abgrenzung und die zeitliche Verortung zunehmend in Frage gestellt (vgl. dazu die Beiträge in PURY/RÖMER, Die sogenannte Thronfolgegeschichte).

675 Vgl. die nahezu wörtliche Übernahme der Liste in 1 Chr 3,1-4 (zu den Abweichungen im Detail s. JAPHET, 1 Chronik, 120f).

676 Dass Ammon der Erstgeborene das Vaters war, hält explizit die LXX-Version von 2 Sam 13,21b fest: καὶ οὐκ ἐλύπησεν τὸ πνεῦμα Αμνων τοῦ υἱοῦ αὐτοῦ ὅτι ἠγάπα αὐτόν ὅτι πρωτότοκος αὐτοῦ ἦν/„Aber er tat seinem Sohn Amnon nichts zuleide, denn er liebte ihn, weil er sein Erstgeborener war."

13,3ff nicht mehr das Vertrauen der Leser genießt. Es gibt keine Deutung des Mordes aus der Perspektive der Erzählung selbst. Die Einbettung der Geschichte in den Makrokontext der „Thronfolgegeschichte" weist jedoch eine Dynamik auf, die an der Selbstlosigkeit der Tat Abschaloms zweifeln lässt: Nach 2 Sam 3,2f ist Abschalom nach Ammon geboren. Ammon ist demnach nicht nur derjenige, der Abschaloms Schwester vergewaltigt, sondern steht auch in der Thronfolge an erster Stelle. Vom zweiten in 2 Sam 3,2f genannten Davidsohn, *Kilab*, ist im Erzählkontext nicht mehr die Rede.[677] So steigt Abschalom durch den Tod seines Bruders direkt an die erste Stelle der Thronfolge auf. In der Folge von Kapitel 15 wird deutlich,[678] dass es Abschalom sehr wohl um die königliche Macht geht. Der Aufstand gegen den Vater zeigt den Machtwunsch Abschaloms überdeutlich (2 Sam 15f). Die in 2 Sam 16 erzählte Zur-Schau-Stellung führt (neben anderen Gründen) in der Geschichte der Thronnachfolge Davids dazu, dass Abschalom als Nachfolger Davids ausfällt. Dies ist in ihren Grundzügen mit Rubens Usurpationsversuch Gen 35,22 vergleichbar, der ebenfalls zur Disqualifikation des Erstgeborenen führte. Die Disqualifizierung von Ammons und Abschaloms Verhalten wird später im Munde Davids expliziert (2 Sam 13,31.39).

Die Nachfolgefrage spitzt sich nun zwischen *Adonija* und *Salomo* zu. Nach 2 Sam 12 ist Salomo zwar Batsebas „Erstling", aber nach 2 Sam 3 nicht Davids erstgeborener Sohn. Vielmehr wird betont, dass Adonija der „ältere Bruder" Salomos ist (vgl. 1 Kön 2,22). Angesichts der Handlungs- und Altersschwäche des Königs (1 Kön 1,1-4) signalisiert Adonija öffentlich seinen Anspruch auf den Thron (1 Kön 1,5-10).[679] Worauf sich diese Erwartung Adonijas begründet, bleibt unausgesprochen. Sicher spielt dabei die in V. 6b angedeutete Tatsache eine wesentliche Rolle, dass Adonija nach dem Tode Ammons (2 Sam 13,28f) und Abschaloms (2 Sam 18,15) der nunmehr älteste unter den noch lebenden Davidsöhnen war. Auf seinen Streitwagen lässt Adonija von vorauseilenden Läufern seinem Zug den Weg frei machen. Doch steht dies schon unter ungünstigen Vorzeichen: die an 2 Sam 15,1 angelehnte Formulierung (dort: Abschaloms Streitwagenaufgebote) spielt in 1 Kön

---

677 Davids zweiter Sohn, von Abigajil geboren, heißt in 1 Chr 3,1 nicht „Kilab", sondern „Daniel". Eventuell kann die eine Namensform als Korruption der anderen gelten, wie allgemein angenommen wird (vgl. JAPHET, 1 Chronik, 121; WILLI, 1. Chronik 2,3-5,26, 69 und DERS., 1. Chronik 1,1-4,43, 110). Die Lesart der LXX fungiert dabei als Bindeglied.

678 Die Auseinandersetzung mit Abschalom in 2 Sam 13-19.

679 Vgl. die explikative Aussage Adonijas (1 Kön 1,5a): „*Ich* bin es, der König wird."/אֲנִי אֶמְלֹךְ.

1,5 Abschaloms Usurpationsversuch als Subtext wieder mit ein. Dessen Gestalt war ebenfalls stattlich (2 Sam 14,25f; vgl. 1 Kön 1,6). David hatte auch Abschalom mehrfach nicht unter Kontrolle gehabt (vgl. 2 Sam 13-15). So fällt schließlich auch hintergründig Abschaloms Name (1 Kön 1,6). Die Disqualifizierung von Adonijas Verhalten wird deutlich. Schließlich bestellt David selbst Salomo zum Thronnachfolger (1 Kön 1,28-37). Seine Einsetzung zum König wird dreimal beschrieben, wobei stets neue Aspekte hinzukommen: V. 33-35.38-40.43-46.[680] Salomos Thronbesteigung erfolgt in 1 Kön 1,38-53 – und zwar vor den Augen Adonijas (V. 41).

7.4 Zusammenfassung

Die Durchsicht der Vertauschungskonstellation außerhalb der Genesis konnte zeigen, dass es sich bei den Vorkommen im Wesentlichen um *kürzere* Vertauschungsnotizen handelt, die größtenteils nur einzelne Elemente der Vertauschungserzählungen aufweisen. Die Häufigkeit der Vertauschungen und die strukturelle Vernetzung einzelner Erzählelemente untereinander nimmt außerhalb der Genesis signifikant ab und scheint in der Abfolge der biblischen Bücher nach den Königebüchern völlig zu verschwinden. Auch bei den komplexer wirkenden Vertauschungen um David und Saul sowie Aaron und Mose fällt auf, dass die Vertauschungserzählung bei weitem nicht in dem Maße den Erzählzusammenhang dominiert, wie dies in der Genesis der Fall ist. Die einzelnen Elemente der Vertauschungen erscheinen viel weniger dicht strukturiert und ausformuliert. Der für die Vertauschungen wichtige Prozess von Disqualifizierung und Qualifizierung ist nur im Falle Aarons und Moses sowie unter den Davidsöhnen in Grundzügen vorhanden. Jedoch ist nochmals zu betonen, dass im Vergleich zu den Genesiserzählungen hier der eigentliche Qualifizierungsprozess nicht in entscheidender Weise Erzähldynamik und Erzählfortschritt bestimmt, sondern lediglich als zusätzliches Erzählelement in einem größeren Erzählzusammenhang eingeführt wird.

---

680 Vgl. die drei Szenen bei der Königswahl Sauls.

Teil C: Systematisierende Synthese

1. Analyse der Motivelemente und Erzählstrategien

Die Detailanalyse (Teil B) konnte zeigen, dass die einzelnen Vertauschungen durch eine Reihe sprachlicher Referenzen und motivlicher Querverweise eng miteinander verknüpft sind. Es handelt sich bei den Vertauschungen um ein Erzählmotiv, das signifikant gehäuft in der Genesis auftritt und dort zugleich gleichmäßig über den Erzählverlauf verteilt ist. Die Grundbestandteile dieses Motivs, seine immer wiederkehrenden Elementartypen und Darstellungselemente, sollen im Folgenden zusammengetragen und systematisiert werden, bevor sie in Teil C.3 auf ihre Textpragmatik hin untersucht werden.

In formaler Hinsicht können die zwölf Vertauschungskonstellationen der Genesis zunächst in zwei Gruppen unterschieden werden: Es gibt sieben umfangreich narrativ ausgearbeitete Vertauschungs-*Erzählungen*, zu ihnen zählen die Vertauschungen um Kain, Abel und Set (Gen 4/5); Ham, Japhet und Sem (Gen 9,18-11,26); Haran, Nahor und Abraham (Gen 11,27-25,11); Ismael und Isaak (Gen 15-22); Esau und Jakob (Gen 25,12-36,43); Ruben, Simeon, Levi und Juda (Gen 34; 35,22; Josephsgeschichte) sowie Juda und Joseph (Josephsgeschichte). Die verbleibenden fünf Vertauschungen um Joktan und Peleg (Gen 10,25.26-29; 11,18); Elam, Assur, Arpachschad, Lud und Aram (Gen 10,22-24); Er und Perez (Gen 38); Serach und Perez (Gen 38, 27-30) sowie Manasse und Ephraim (Gen 48, 1-22) sind knappe, weniger narrativ ausgearbeitete Vertauschungs-*Notizen*.

Die Einzelerzählungen weisen erwartungsgemäß die größte Vielfalt einzelner Gestaltungselemente auf; sie sollen zuerst untersucht werden (Teil 1.1-1.4). In Teil C.1.5 soll dann nach den Beziehungen der Vertauschungen zueinander – im Speziellen der Notizen zu den Erzählungen – gefragt werden.

1.1 Die Vertauschung als Prozess: Disqualifizierungen und Qualifizierungen

Die Dynamik jeder einzelnen Vertauschungserzählung wird dadurch bestimmt, dass der erwählte jüngere Bruder in seiner Rolle als Erstling *sukzessive* etabliert wird. Natürlicher Erstgeborener und erwählter Erstling werden nicht einfach per Gottesentschluss determiniert, vielmehr ist in Bezug auf die Vertauschungen von einem längeren *Prozess* zu sprechen, innerhalb dessen sich auf der einen Seite der natürliche Erstgeborene seines geburtlichen Status nicht würdig erweist und auf der anderen Seite sich der jüngere Bruder in seiner Rolle als Erstling erst noch durchsetzen muss:

(1) Auf die Präsentation der Brüder folgt durchgängig zuerst die *Disqualifizierung* des natürlichen Erstgeborenen. Der erstgeborene Bruder wird nicht einfach durch die Erwählung des jüngeren Bruders verworfen: Kain (Teil B.1.1); Ham (Teil B.2.1.1); Haran/Lot (Teil B.3.4.1) und Nahor (Teil B.3.4.2); Ismael (Teil B.4.1); Esau (Teil B.5.1.3//B.5.2.2), sowie Ruben (Teil B.6.2.1), Simeon und Levi (Teil B.6.2.2) gelingt es nicht, sich als Erstlinge zu positionieren. Auch außerhalb der Genesis lässt sich die Betonung des selbstverschuldeten Verlustes bemerken: *Aaron* verliert seinen Erstgeborenenstatus durch den Zwischenfall mit dem Goldenen Kalb (Teil B.7.2.2) und von Davids Söhnen disqualifizieren sich die ersten drei Söhne *Ammon*, *Abschalom* und *Adonija* (Teil B.7.3). Ebenso kann sich *Saul* durch sein mehrmaliges Fehlverhalten (s. vor allem 1 Sam 13.15.23.26) nicht als „Erstling" erweisen (Teil B.7.3).

(2) Umgekehrt müssen sich auch Set gegenüber Kain und Abel (Teil B.1.2); Sem gegenüber Ham und Japhet (Teil B.2.1.2); Abraham gegenüber Haran/Lot und Nahor (Teil B.3.2); Isaak gegenüber Ismael (Teil B.4.1); Jakob gegenüber Esau (Teil B.5.2) und Juda gegenüber Ruben, Simeon und Levi (Teil B.6.2.3) als Erstlinge und damit als Verheißungsträger JHWHs erweisen. Auch auf die literarische Ausarbeitung dieser *Qualifizierung* wird durchgängig wert gelegt. Lediglich bei Isaak und Ismael ist eine Besonderheit zu vermerken: *Ismael* disqualifiziert sich nicht aktiv als Erstling, sondern vielmehr die Abkunft seiner Mutter (Ägypterin) und die von Gott nicht gebilligte Eigeninitiative von Sara und Abraham (Gen 16,2f) verursachen dies. Im Gegenzug erweist sich *Isaak* nicht aktiv als Erstling, sondern das auf göttliches Eingreifen zurückgehende Handeln Abrahams (vgl. Abraham Hören auf die Stimme JHWHs in Gen 22,18 als Abschluss des Weges Abrahams) und dessen Bestätigung durch JHWH selbst (Gen 25,11) gewährleisten die Qualifizierung. Diese Abweichung hat damit zu tun, dass die Ismael-Isaak-

Erzählung innerhalb der Vertauschungserzählung Haran/Lot, Nahor und Abraham als Erzählelement funktioniert (s. Teil C.1.5).

Dieser Prozess dominiert die Vertauschungserzählungen ebenso inhaltlich wie quantitativ. Besondere Erwähnung verdient der *bipolare* Charakter der Einzelerzählungen, denn in der Forschung wird die Disqualifizierung als eigener Erzählstrang nicht berücksichtigt. Nach meiner Kenntnis hat bisher allein R.Chr. Heard der aktiven Disqualifizierung mit seiner Wortneuschöpfung „diselection"[1] gesonderte Aufmerksamkeit gewidmet und damit den gegenläufigen Doppelprozess als wesentliches literarisches Gestaltungselement herausgearbeitet.

Die prozesshafte Entwicklung hin zum Erstling bzw. zum disqualifizierten Erstgeboren wird in stilistischer Hinsicht begleitet von einer bisweilen recht ambivalenten Schilderung der jeweiligen Konkurrenten. Über das Gestaltungsmittel von Kontrastierung und Parallelisierung werden die konkurrierenden Brüder besonders dicht aneinander gerückt und zugleich deren unterschiedliche Charaktereigenschaften deutlich hervorgehoben:

(1) Kain und Set werden innerhalb der genealogischen Erzählungen Gen 4,1-16.25-26 sowie der Genealogien Gen 4,17-24 und Gen 5,1-32 über gleiche und ähnliche Namen der Kainiten- wie Setitengenealogie miteinander verglichen (Teil C.2).

(2) Dem Fehlverhalten Hams wird innerhalb der Ablöseerzählung Hams das richtige Verhalten Sems gegenübergestellt (Teil B.2.1).

(3) In der Lektüre nimmt man Abraham als erfolgreiche Gegenfigur zum immer wieder versagenden Lot wahr; so vor allem in Gen 12-13 sowie in Gen 18; 19 (Teil B.3.2.1 mit B.3.4.1).

(4) Insbesondere werden die Brüder Isaak und Ismael als Charaktere mit sehr ähnlichen Eigenschaften beschrieben und rücken daher sehr dicht aneinander: Schon die Geburtsschilderungen beider Brüder ähneln einander (Gen 16,15-16; 21,1-7). Beide sind mit dem Leben bedroht und empfangen bei ihrer Rettung durch JHWH eine Segensverheißung (vgl. Gen 21,8ff; Gen 22,1-19). Schließlich beerdigen beide zusammen ihren Vater (Gen 25,7.11) und sind auch geographisch über den in Gen 16,14 (Ismael) und Gen 24,62 (Isaak) erwähnten Ort Lachai Roi miteinander verbunden (Teil B.4.3).

(5) Teilweise oszillieren die wertenden Beurteilungen von Erstling und natürlichem Erstgeborenen so stark, dass Lesererwartungen hinsichtlich des Vertauschungsprozesses immer wieder durchbrochen werden. Gen 25-27 sind geprägt vom unmittelbaren Vergleich der bei-

---

1   Zur Erläuterung des Begriffs s. HEARD, Dynamics of Diselection, 3f.

den Brüder Esau und Jakob (Teil B.5.1 mit B.5.21), die zudem über die Einführung beider als „Zwillinge" (Gen 25,24; תּוֹאִם) mit einer greifbaren Gegenüberstellung eröffnen. Jakobs Bevorzugung als Erstling wird dem Leser nicht ohne weiteres einsichtig, denn er betrügt seinen Bruder Esau (Gen 25-27), um damit an dessen Erstgeburtsrecht zu gelangen. Jakobs Name hält über zwei Wortspiele mit der Namenswurzel in Gen 25,26 und Gen 27,36 diesen Betrug in dessen Namen fest: Jakob wird zum „Fersenschleicher" (Martin Buber). „Jakob kann hier nicht gerade als Identifikationsfigur für einwandfreies Verhalten dienen", so Taschners Beurteilung,

> „Er betrügt seinen Bruder gleich zweimal und täuscht obendrein den Vater. Seine Handlungen bewirken massiven Streit […] Durch List und Betrug scheint es Jakob zu gelingen, sowohl das Erstgeburtsrecht als auch den Sterbesegen des Vaters zu ergattern. Zu diesem Schluss muss der Leser oder die Leserin kommen, wenn er oder sie diese Episoden (scl. Gen 25.27f) für sich nimmt."[2]

Esaus Rolle ist umgekehrt ebenfalls nicht eindeutig negativ konnotiert. Immerhin ist Esau der Liebling seines Vaters, und dieser gibt Esau oder dem, den er dafür hält, seinen ganzen Segen (Gen 27,27-30). Außerdem ist Esau das Opfer der Intrigen Rebekkas und der List Jakobs. Er verschmäht zwar sein Erstgeburtsrecht, doch als er erfährt, dass Jakob ihn auch noch um den väterlichen Segen betrogen hat, weint der Hüne (Gen 27,38). Die biblischen Texte schildern Esau gerade nicht als einen von Gott verstoßenen, armen und seines Segens beraubten „verlorenen Sohn"[3]. Vielmehr wird ein völlig gegensätzliches Bild gezeichnet: In der Versöhnungsszene Gen 33,1-16 kommt Esau wie ein wohlhabender Fürst daher (Teil C.5.2.5.3), den Jakob durchgängig als „Herr" bezeichnet. Er ist im Ausland wie Jakob zu beachtlichem Reichtum gekommen

---

2   Taschner, Verheißung und Erfüllung, 233.

3   Dieses negative Esau-Bild ist wohl vor allem durch die negative Sicht des Erzfeindes Edom/Esaus in den Nebi'im gespeist, die jedoch nicht Sicht der Tora ist. Sowohl in Jer 49,8.10 als auch Ob 1,6.8.9.18.19.21 und Mal 1,2.3 wird dem Hause Esau die Zerstörung angedroht. Dies gipfelt geradezu in der Deklassierung Edoms als *unbeschnittene* Erzfeinde Israels (Die Erwähnung des „Unbeschnittensein" eines bestimmten Volkes ist eine der heftigsten Abqualifizierungen im TeNaK. Von Esau stammt in einer anderen Überlieferung auch Amalek, ein weiterer Erzfeind Israels ab (1 Chr 1,36). Die Unterscheidung der Funktionen von Edom/Esau in Genesis und den Prophetenbüchern verschwindet in den folgenden Jahrhunderten fast völlig: In der rabbinischen Literatur wird „Edom" als Symbol für „den Feind" benutzt, anfangs für „Rom" (die Identifikation Edoms mit Rom ist nach dem Bar-Kochba-Aufstand belegt [GenR 65,21]), später auch für die „Kirche". Gerade die Jakob-Esau-Erzählung wird zur Illustration dieser speziellen Feindschaft (vgl. Butterweck, Jakobs Ringkampf, 75-90 u. Cohen, Esau as Symbol, 19-48).

und blickt auf eine stattliche Nachkommenschaft (Gen 36) zurück.[4] Esau besitzt die Größe, Jakob als Erster wieder nach allem Geschehenen „Bruder" zu nennen (Gen 33,9) und begegnet ihm damit versöhnt.[5] Die exogame Heirat mit den Hetiterinnen (Gen 26) wird zwar verurteilt, andererseits bemüht sich Esau in Gen 28,8-9 um eine endogame Eheschließung, „die Ambivalenz aus Distanz und Nähe, Ähnlichkeit und Verschiedenheit, Legitimität und Verworfenheit, die die Erzählungen insgesamt prägt, wird so über Esaus Frauen in die Nachkommenschaft (Edom) fortgesetzt."[6] Der Leser kann demzufolge durchaus Sympathie für ihn entwickeln und seinen Hass auf Jakob gut verstehen.

(6) Ebenso werden Ruben und Juda auf diese Weise einander gegenübergestellt, was besonders in der Doppelexposition Gen 37 und 38 entfaltet wird und dann bis Gen 44 handlungsbestimmend wirkt (Teil B.6.2).

(7) Literarisch am deutlichsten ausgearbeitet wird die Gegenüberstellung und Parallelisierung von Joseph und Juda, die die gesamte Joseph-Juda-Erzählung[7] dominiert (Teil B.6.1 mit B.6.5). Bis in ihre Söhne hinein, die ebenfalls miteinander vertauscht werden (Perez und Serach; Gen 38//Ephraim und Manasse; Gen 48), sind Joseph und Juda miteinander vergleichbar (Teil B.6.3 und B.6.4).

1.2 Innerfamiliäre Solidarität als Kriterium des Erstlingstums

Der Vertauschungsprozess wird durch die Handlungen der konkurrierenden Brüder bestimmt. Zentrales Kriterium für die Beurteilung dieser Handlungen ist die Frage nach der Funktion, die der Erstlingstumprätendent für die gesamte Familie erfüllt: Der Erstling ist der Erste und Privilegierte unter seinen Brüdern, ist aber gerade dadurch auch zu „brüderlichem" Verhalten verpflichtet, indem er sich solidarisch für seine engste Familie einsetzt. In Bezug auf die innerfamiliäre Solidarität ist selbstverständlich *die gesamte Familie* im Blick, wodurch man entsprechend von „Geschwisterlichkeit" sprechen könnte. Allerdings ist hier dem Begriff „Brüderlichkeit" der Vorzug zu gegeben, da sich in allen Erzählungen (mit Ausnahme von Gen 34: Dina) die Solidarität am Verhalten des potentiellen Erstlings zu seinen Brüdern misst:

---

4   Dies betonen besonders SPINA, Esau, 3-25 und ihm folgend HIEKE, Genealogien, 161.

5   Vgl. Gen 33,4: *Esau lief auf Jakob zu und umarmte ihn* etc.

6   HIEKE, Genealogien, 171.

7   Zu der in dieser Untersuchung vorgeschlagenen Nomenklatur für die „Josephserzählung (Gen 37-50)" s. Teil B.6.1.2.

(1) In der Brudermorderzählung von Kain und Abel (Gen 4,1-16) ist die fehlende Brüderlichkeit, die Kain durch die letztlich zum Tode Abels führende Missgunst gegenüber seinem Bruder demonstriert, evident. An seinem mangelnden solidarischen Verhalten gegenüber Abel muss sich Kain messen lassen – JHWH selbst mahnt diesen Mangel in mehreren Redegängen bei Kain an und erinnert ihn an seine Pflichten als natürlicher Erstling, nämlich die Sorge für seinen Bruder. Genau daran scheitert Kain (Teil B.1.1.1).

(2) Bei der Auseinandersetzung um Ham und Sem in Gen 9,18-29 ist es diesmal Sem, der zusammen mit seinem Bruder Japhet dem Vater hilft (Gen 9,23-25) und dem Vater die nötige Ehrerbietung zukommen lässt (Teil B.2.1.2). Über eine kleine grammatikalische Besonderheit wird betont, dass Sem hauptverantwortlich diesen Akt durchführt. Die Inkongruenz singularischer Verbalform und pluralischem Subjekt in Gen 9,23 weisen ihn als Hauptakteur der Handlung aus, die ihn gegenüber seinen Brüdern als Erstling auszeichnet: „Er nahm, nämlich Sem, zusammen mit Japhet (וַיִּקַּח שֵׁם וָיֶפֶת) ein Gewand [...] und deckten die Blöße ihres Vaters zu (וַיְכַסּוּ אֵת עֶרְוַת אֲבִיהֶם)." Der Singular wird in der Regel übergangen und pluralisch wiedergegeben: „Sem und Japhet nahmen [...]."

(3) Abraham setzt sich in einer lebensbedrohlichen Situation für seinen „Bruder" Lot ein und rettet diesen (Gen 14; Teil 3.2.1). Dass es in diesem Zusammenhang um innerfamiliäre Solidarität geht, wird dadurch unterstrichen, dass ausschließlich in diesem Kontext Abrahams Neffe Lot dreimal als dessen „Bruder" bezeichnet wird (Gen 13,8; 14,14.16).

(4) Bei Isaak und Ismael kommt der eigentliche Bruderkonflikt nicht vor. Bei ihnen steht das Verhältnis von Eltern und Sohn im Mittelpunkt, da die Isaak-Ismael-Geschichte ein Erzählelement der Abrahamgeschichte (Gen 15-22) darstellt.

(5) In der Jakob-Esau-Erzählung steht die brüderliche Solidarität ganz im Vordergrund der Handlungen: Wegen Betruges an seinem Bruder (Gen 25 und 27; Teil B.5.13 mit B.5.2.1) muss Jakob letztlich sogar das Land verlassen (Gen 28,1-5). Obwohl er durch den zwar problematischen, aber im Grunde doch legalen Erwerb des Erstgeburtsrechts als Erstling gelten könnte, hebt die Erzählung nach diesen Ereignissen noch einmal völlig neu an. Mit der Bethelgeschichte (Gen 28,10-22; Teil B.5.2.3) beginnt der eigentliche Qualifizierungsprozess Jakobs, der erst mit der Aussöhnung Jakobs mit seinem Bruder Esau endet (Gen 33,1-11; Teil 5.2.5).

(6) In Gen 36-50 kommt nun ein neuer Aspekt hinzu, denn da es dort um die Rolle des Erstlings innerhalb Israels geht, wird das Thema

„Brüderlichkeit" im Rahmen der Frage nach der legitimen Herrschaft in Israel verhandelt (Teil B.6.1 und B.6.5.1). Simeon und Levi wollen zwar geschwisterlich für ihre Schwester Dina einstehen, doch schlägt dies in einen regelrechten Genozid um (Gen 34). Die Brüder Josephs, allen voran Ruben und Juda, setzen sich gerade nicht für ihren Bruder ein und verkaufen ihn als Sklaven (vgl. vor allem Gen 37). Nur Juda kann schließlich sein unsolidarisches Verhalten überwinden, indem er, der noch zuvor seinen Bruder in die Sklaverei verkaufen wollte, mit seinem Leben als Bürge für den kleinsten seiner Brüder einsteht (Gen 44,32f). Dadurch übernimmt Juda erstmals Verantwortung für seine Brüder und demonstriert dasjenige Verhalten, das ihn als wahren Erstling unter seinen Brüdern ausweist und so seine Qualifizierung beschließt (Teil B.6.2.3). Zum ersten Mal innerhalb der Josephsgeschichte wird nun nicht mehr von „Joseph und seinen Brüdern" (Gen 37,2ff) gesprochen, sondern von „Juda und seinen Brüdern" (וַיָּבֹא יְהוּדָה וְאֶחָיו; Gen 44,14). Juda ist die zentrale Figur unter seinen Brüdern. Unterstrichen wird dies durch den Singular der Verbalform (וַיָּבֹא) in Gen 44,14, der derselben grammatikalischen Betonung bei Sem in Gen 9,23 entspricht: „Und Juda und seine Brüder (= Juda mit seinen Brüdern), er kam in das Haus Josephs." Bei Jakobs Besuch in Ägypten (Gen 46,1-30) ist es darum Juda (und nicht der natürliche Erstgeborene Ruben, der allen Brüdern voraus dem Vater den Weg nach Goschen zu Joseph weisen soll (Gen 46,28).

1.3 Abschluss des Vertauschungsprozesses

Der Vertauschungsprozess gilt als abgeschlossen, sobald die Qualifizierung des Erstlings wie auch die Disqualifizierung des natürlichen Erstgeborenen bestätigt und legitimiert worden ist. Bestätigung und Legitimierung erfolgen in mehreren, aufeinanderfolgenden Einzelschritten:

(1) Explizite Bestätigung von Qualifizierung und Disqualifizierung
Eine explizite, d.h. auf der Erzählebene artikulierte Bestätigung der Qualifizierung begegnet innerhalb der Erzählungen regelmäßig. Sie kann über drei Legitimationsinstanzen erfolgen:
   a) entweder durch den Vater, so im Segen für Sem (Gen 9,26), Ephraim (Gen 48,19f) und Juda (Gen 49,8-12).
   b) oder durch die Mutter: bei Set in Gen 4,25 durch deren Namensdeutung „Ersatz"/„Fundament".
   c) oder unmittelbar durch JHWH selbst: so im Gotteswort und Segen JHWHs an Abraham (Gen 22,18) und an Jakob (Gen

32,29; 35,10; Teil B.5.3.1). Am Ende der Abrahamerzählung segnet JHWH letztlich auch Isaak (Gen 25,11; vgl. Gen 22,18) und bestätigt damit den Ahnherrn der zukünftigen Generation. Ferner charakterisiert Gen 26,1-33 Isaak als von Gott legitimierten Segensmittler (Teil 4.2.3).[8] Tamar bekommt in Perez und Serach (Gen 38,27-30) zwei männliche Zwillinge, die möglicherweise ein Ersatz für Er und Onan (Gen 38,3.4) sein könnten und damit ein göttliches Zeichen dafür, dass auch Juda von JHWH rehabilitiert[9] und als möglicher Erstling legitimiert wird (Teil B.6.3).

Hingegen erfolgt nur in Ausnahmefällen eine Bestätigung der Disqualifizierung des natürlichen Erstgeborenen. Die Disqualifizierung ergibt sich zumeist durch die Evidenz des Fehlverhaltens. Im Falle Kains weist allerdings JHWH selbst auf dessen Versagen hin (Gen 4,6-7.9-12). In der Regel sprechen die Väter die Verfehlungen ihrer Erstgeborenen aus und bestätigen damit die vollzogene Disqualifizierung, so im Fluch Noahs über Ham (Gen 9,25) und im Fluchwort Jakobs über Ruben, Simeon und Levi (Gen 49,3f.5-7). Auch die Disqualifizierung von Ammons und Abschaloms Verhalten wird durch David selbst explizit und abschließend angesprochen (2 Sam 13,31.39). Nur ein einziges Mal vollzieht sich die Bewertung der Handlung *außerhalb der Erzähllebene*. Zur Disqualifizierung Esaus bemerkt der sonst im Hintergrund bleibende Erzähler, dass Esau sein Erstgeburtsrecht „verachtete" (וַיִּבֶז; Gen 25,34).

(2) Genealogische Gegenüberstellungen
Die genealogischen Linien des Erstlings und des natürlichen Erstgeborenen werden im Anschluss an den Vertauschungsprozess einander gegenüber gestellt: (1) Kains Nachkommen (Gen 4,17-24) denjenigen Sets (Gen 4,25-26) (Teil B.1.21); (2) Sems Nachkommen (Gen 10,21-31) denjenigen seiner Brüdern Ham (Gen 10,12-20) und Japhet (Gen 10,2-5) (Teil B.2.2.1). (3) Nach den Geburtsnotizen von Haran, Lot und Nahor erhält *Abraham* in Gen 21,1-7 mit göttlicher Hilfe schließlich doch noch den Nachwuchs. Letztlich bekommt Abraham mehr Nachkommen als seine Verwandten (Gen 25,1-6), was sicherstellt, dass sich in ihm der

---

8   Von daher erklärt sich die oft als abwegig empfundene Positionierung der Isaak-Episode Gen 26,1-33 innerhalb der Erzählung seiner Söhne: Direkt vor der Segensvertauschung in Gen 27 wird für Isaak nochmal pointiert darauf hingewiesen, dass sich in ihm als Vater auch tatsächlich der göttliche Segen verwirklichen kann (Teil B.5.2.1).

9   S. GOLDIN, The Youngest Son, 30.

Segen JHWHs verwirklicht (Teil B.3.2.2 mit B.3.5). (4) Auch die Nachkommen von Ismael (Gen 25,12-17) und Esau (Gen 36) stehen denen
ihrer Konkurrenten Isaak (Gen 25,19ff) und Jakob (Gen 35,22b-26;
37,2ff) unmittelbar gegenüber (Teil B.4.2.2.//B.5.3.2). (5) Bei der Konkurrenz zwischen Juda und Joseph steht der genealogische Vergleich besonders im Zentrum. Joseph wie Juda bekommen in ihren Söhnen je
eine Vertauschungserzählung zugeschrieben (Juda: Perez und Serach
Gen 38; Joseph: Ephraim und Manasse Gen 48).

(3) Genealogische Weiterführung
Erst nach dieser genealogischen Gegenüberstellung kann nun auch die
genealogische Hauptlinie *fortgesetzt* werden: Die Genealogien der Erstlinge Set (Gen 5,1ff; Teil B.1.2.3), Sem (Gen 11,10ff; Teil B.2.2.2), Abraham (Gen 25,1-4; Teil B.3.5.2), Isaak (Gen 24;25,19ff; Teil B.4.2.2) sowie
Jakob (Gen 35,16-20: „ganz Israel"; sowie Gen 37,2ff; Teil B.5.3.2) beschließen jeweils die Vertauschungserzählung, führen die neue Erblinie
weiter und leiten über zum folgenden Erzählkomplex. Vor allem den
Toledot-Formeln (Teil A.4.2.) kommt diese abschließende und überleitende Funktion zu: so im Falle Sets (Gen 5,1ff), Sems (Gen 11,10ff),
Isaaks (Gen 25,19ff) und Jakobs (Gen 37,2ff). In der Weiterführung der
väterlichen Linie erweist sich der jüngere Bruder als Erstling. Der Erstling kann – so die Botschaft des Textes – auch tatsächlich den mit dem
Erstlingstum verbundenen Segen weitergeben. Erst mit dieser abschließenden genealogischen Legitimierung des Erstlings gilt die Vertauschung als abgeschlossen und gültig.

In zwei Erzählungen sind Qualifizierungsprozess und die genealogische Weiterführung miteinander verschränkt: (1) Jakob bekommt mit
dem von Esau erstandenen „Erstgeburtsrecht" in der Fremde schon elf
Nachkommen von Lea und Rahel (Gen 29/30; Teil B.5.2.4). Doch erst
nach der Aussöhnung mit JHWH und Esau und des Erwerbs seines
eigenen Erstgeburtssegens (Gen 32/33) ist Jakobs Qualifizierung abgeschlossen. Nun kann der letzte Sohn Jakobs, Benjamin, geboren werden
(Gen 35,18), worauf dann zum ersten Mal innerhalb der Genesis alle
zwölf Stämme Israels genannt werden (Gen 35,22b-26). (2) Eine weitere
Ausnahme bildet die Joseph-Juda-Erzählung (Teil B.6.1). Daher erfolgt
die literarische Gegenüberstellung ihrer Nachkommen nicht am Ende
der Erzählung, sondern wird in die narrative Entwicklung mit hinein-
genommen: im Falle Judas in Gen 38,27-30 mit Perez und Serach (Teil
B.6.3); im Falle Josephs in Gen 48,1-22 mit Ephraim und Manasse (Teil
B.6.4).

(4) Räumliche und genealogische Trennungen

Die in der Weiterführung der Hauptlinie zu erkennende genealogische *Trennung* der Konkurrenten macht unmissverständlich deutlich, dass es nur in der Hauptlinie mit dem Segen JHWHs weitergeht. Zwischen den Genealogien der Brüder gibt es keine Berührungspunkte mehr. Dieses Trennungsmotiv wird auch in geographischer Hinsicht aufgegriffen, da sich die konkurrierenden Brüder nach Beendigung der Auseinandersetzung um das Erstlingstum auch räumlich voneinander separieren: (1) Der Erstling Set beginnt mit der Anrufung JHWHs im Land (Gen 4,26), während Kain das Land verlassen muss. Der Zielort der Flucht, נוד, ist weniger geographisch als theologisch bedingt. Das „Land des Umherirrens" (נוד Qal: umherschweifen, -irren) verweist auf den paradigmatischen Charakter dieser ersten Trennung: Kain verschwindet aus dem Wirkbereich JHWHs, nämlich „vom Angesicht JHWHs weg" (Gen 4,16) (Teil B.1.2.2), während Sets Linie durch die Anrufung JHWHs (Gen 4,26) diese Distanz gerade überwindet (Teil B.1.2.2). (2) Abraham trennt sich einerseits von Lot (Gen 13,1-13; Teil B.3.2.1) und schickt andererseits seine Kinder von Ketura aus dem Land (Gen 25,6; Teil B.3.5.2). (3) Ismael und Hagar werden vertrieben (Gen 16; 21,8-21; Teil B.4.14). (4) Auch Esau und Jakob trennen sich nach ihrer Aussöhnung voneinander (Gen 33,12-16; vgl. Gen 36,6-7; Teil 5.2.5.3). Über die proleptische Nennung der Siedlungsnotiz Jakobs (Gen 37,1) vor dessen eigentlicher Toledot in Gen 37,2 wird die Trennungsthematik mit eingespielt, die wiederholt unterstreicht, dass Jakob und Esau weder verwandtschaftliche noch geographische Berührungspunkte haben (vgl. Gen 36,1; s. Teil B.6.1.).

(5) Bestätigung im Kontext der Landverheißung

Ein letztes Element der Legitimierung der Vertauschung kann noch hinzukommen. Bei den drei Erzvätern Abraham, Isaak und Jakob wird zum Abschluss der Vertauschung noch auf die göttliche Landverheißung rekurriert. Die Legitimation durch JHWH wird in diesem Falle zusätzlich verstärkt. So erwirbt Abraham das erste Stück Land in Kanaan für „Israel" (die Höhle von Machpela Gen 23; Teil B.3.5.1) und Jakob in Sichem das zweite (Gen 33,19; Teil B.5.3.1). Ferner zeichnen sich alle drei Erzväter durch den Bau eines oder mehrerer Altäre im verheißenen Land aus: so der mehrfache Altarbau bei Abraham in Gen 13-14 (Teil B.3.2.1) und Gen 22,1-19 (Teil B.3.2.3); bei Isaak in Beerscheba (vgl. Gen 26,25; Teil B.4.2.3) und bei Jakob in Bethel (Gen 35,1-15) – nach einem „missglückten" Versuch in Sichem (Gen 33,18-22) (Teil B.5.3.1). Der Altarbau gilt als Zeichen der Anwesenheit Gottes und die erwählten Erstlinge dürfen diese Altäre bauen und den Namen Gottes dort anrufen. Der Erstling nimmt damit symbolisch das verheißene Land ein, denn dort realisiert sich durch die Anwesenheit JHWHs bereits *in nuce* eine Vorwegnahme der Landnahme, die vornehmlich im Josuabuch entfaltet werden wird.

1.4 Göttliche Interventionen

1.4.1 Verhältnis von Qualifizierung und göttlicher Erwählung

Zu den menschlichen Streitpaaren kommt noch JHWH als dritte handelnde Person hinzu. Zwar greift er selten offensichtlich in das Weltgeschehen ein, sondern zieht im Verborgenen die Fäden, doch wird er stets als vertikale Dimension der horizontalen zwischenmenschlichen Dimension berücksichtigt.

Es ist durchgängig JHWH selbst, der die Voraussetzung der Möglichkeit eines Vertauschungsprozesses schafft. Diese göttliche Intervention kann als *Erwählung* bezeichnet werden; sie wird innerhalb der Texte weder eigens begründet noch narrativ reflektiert. Die Abrahamgeschichte ist hierfür ein bekanntes Beispiel: Zwar käme Lot auch als potentieller Erstgeborener nach dem Tode seines Vaters Haran in Frage (Gen 11-14[10]), doch spricht JHWH Abraham an (Gen 12,1-4) und gibt ihm so die Möglichkeit sich als Erstling zu erweisen, indem er ihm die Anweisung zum Auszug nach Kanaan gibt. Die Favorisierung Abrahams vor seinen Brüdern bleibt unbegründet. Allerdings lassen sich vereinzelte Versuche der Deutung bzw. literarischen Aufarbeitung entdecken: Im Konflikt von Jakob und Esau bereitet JHWH mit dem vieldeutigen Gottesorakel Gen 25,23 den Boden für die bevorstehenden Auseinandersetzungen. Letztlich aber werden durch den mehrdeutigen „Orakelspruch" nur bestimmte Erwartungen geweckt; aus dem Gotteswort selbst ist nicht mit Sicherheit zu erheben, ob JHWH nun tatsächlich Jakob favorisiert (Teil B.5.1.2). Im Falle von Perez und Serach (Gen 38,27-30) beeinträchtigt zunächst die göttliche Intervention in Gen 38,7 („Er aber war böse, so ließ JHWH ihn sterben") das genealogische System und schafft so die Voraussetzung für die Vertauschungserzäh-

---

10   So jedenfalls nach dem dichten Erzählduktus von Gen 11-14. Zwar käme in der Erbfolge zuerst der Bruder (also Abraham oder Nahor) und dann erst der Sohn Harans, doch wird Lot gleich zu Beginn in Gen 11,27-32 Abraham opponiert (Teil B.3.1). Da in der Folge Lot wiederholt als „Bruder" Abrahams bezeichnet wird (Gen 13,8; 14,14.16) – diese Bezeichnung Lots tritt damit nur in dem Textzusammenhang auf, in dem es um den direkten „Bruderkonflikt" zwischen Abraham und Lot geht (Teil B.3.4.1) – entsteht der Leseeindruck einer vergleichbaren Erbfolgeberechtigung beider „Brüder".

lung von Perez und Serach. Außerhalb der Genesis begegnet die vorausgehende und unbegründete Erwählung des Erstlings in gleicher
Weise: Bereits vor der Vertauschung von dem jüngeren Mose mit seinem erstgeborenen Bruder Aaron (Ex 6,14-27) bietet das Gotteswort in
Ex 6,13 die Reihenfolge „Mose und Aaron", die das Ergebnis der noch
erfolgenden Vertauschung bereits vorbereitet. Deren Ursache wird
damit auf das göttliche Moment zurückgeführt (Teil B.7.2). Außerdem
wird der Richter Gideon durch den „Engel JHWHs" (V. 11 u.ö.) beru-
fen (Ri 6,11-24) (Teil B.7.1). Auch David ist zwar der jüngste Sohn Isais
(1 Sam 16,11), doch erwählt Gott gerade ihn (V. 12f). Schließlich wird
die Wahl Salomos in 2 Sam 12,24 lapidar mit der Formulierung וַיהוָה
אֲהֵבוֹ begründet (Teil B.7.3).

1.4.2 JHWH als Movens des gesamten Vertauschungsprozesses

JHWH ist nicht nur Ursache des Vertauschungsprozesses, sondern
greift auch verschiedentlich in ihn ein. Zwei prägnante Beispiele sollen
hier besonders hervorgehoben werden: Abrahams Qualifizierungsprozess geschieht einmal unter der Perspektive der Landverheißung (Gen
12-14) und einmal unter der Perspektive der Nachkommenverheißung
(Gen 15-21). Von seiner Erwählung in Gen 12,1ff bis zu seiner Anerkennung als Erstling (Gen 22,18) (Teil B.3.2) ist seine Qualifizierung als
Erstling von existenzbedrohenden Tiefpunkten geprägt (s. vor allem
Gen 12,10ff; 20,1ff): Abraham gefährdet immer wieder selbsttätig die
Erfüllung der Verheißungen, was seine Rolle als Erstling grundsätzlich
in Frage stellt. Letztlich können die Tiefpunkte einzig und allein durch
JHWHs Eingreifen überwunden werden (s. vor allem Gen 13; 21,1-7;
dazu Teil B.3.3). Auch Jakob ist eher der „tragische" Typ eines Gewin-
ners. Zwar ist er nach Erwerb von Erstlingstum (Gen 25) und Erstlingssegen als potentieller Erstling anzusehen, doch heftet ihm der Betrug
zunächst noch deutlich an (Teil B.5.2.1). Erst die göttliche Intervention
in Bethel (Gen 28,10-22; Teil B.5.2.3) läutet eine Wende ein, die einen
neuen Erzählstrang eröffnet, an deren Ende – abermals durch göttliches
Eingreifen (Gen 32,23-33) – die Aussöhnung Jakobs mit Esau steht.
Daher erhält Jakob auch erst in Gen 32/33 seinen eigenen Erstgeburtssegen – durch JHWH selbst (Teil B.5.2.5).[11]

---

11 Kurz vor Jakobs Aussöhnung mit Esau (Gen 33,1-11) nimmt JHWH durch die Umbenennung Jakobs in „Israel" (Gen 32,29) dessen mit der Schuld verbundenen Namen „Jakob" („Fersenschleicher") von ihm und gibt ihm seinen eigenen Erstlingssegen (Gen 32,30). Die Aussöhnung mit Esau und die damit verbundene symbolische
Rückgabe des Erstgeburtssegens an Esau komplettieren den Vertauschungsprozess:
Jakob bittet Esau, sein Versöhnungsgeschenk nicht zu verschmähen (Gen 33,11):

Gottes Handeln beschließt durchgängig die gesamte Vertauschung, da die *letztgültige* Legitimierung des Erstlings ausnahmslos durch JHWH selbst vollzogen wird. Die Bestätigung der Vertauschung durch das Trennungsmotiv, die symbolische Erfüllung der Landverheißung durch Altarbau und Landeserwerb sowie die genealogische Weiterführung der Hauptlinie verweisen in ihrer Letztursache auf JHWH selbst (Teil C.1.3).

1.5 Literarische Verknüpfung einzelner Vertauschungen

In diesem Kapitel soll der Frage nachgegangen werden, wie die einzelnen Vertauschungserzählungen sowie die kürzeren Vertauschungsnotizen miteinander verknüpft sind.

Die beiden Vertauschungen von Kain, Abel und Set sowie Sem, Ham und Japhet sind über das genealogische System auf engste Weise miteinander verbunden. Beide Vertauschungen verweisen innerhalb des ersten Toledot-Hauptteils (Gen 5,1-11,26[12]) gegenseitig aufeinander und erzeugen darüber hinaus neue Sinnpotentiale, die über den Gehalt der jeweiligen Einzelerzählung hinausgehen. Dies wird in Teil C.2.2 noch näher entfaltet werden. Ferner sind die Vertauschungen von Haran/Lot, Nahor und Abraham sowie Isaak und Ismael strukturell aufeinander bezogen: Die Isaak-Ismael-Erzählung ist integrierender Bestandteil des Qualifizierungsprozesses von Abraham. Bestandteil der Qualifizierung Abrahams ist die Erfüllung der Nachkommenverheißung, die in Gen 15-21 gerade in der Erwartung und der Geburt von Ismael bzw. Isaak zum Hauptthema wird. Die Auseinandersetzung zwischen Ismael und Isaak spiegelt das Ringen der Eltern wider, auf welche Weise die Kinderlosigkeit Abrahams (vgl. Gen 11,30; 15; 16) am besten zu überwinden sei (Teil 3.2.3). Dass am Ende der Vertauschung sich Isaak als der Erstling erweist, ist letztlich auf die göttliche Intervention zurückzuführen (Gen 21,1-7), die *Saras* Unfruchtbarkeit überwindet. Damit wirkt die Ismael-Isaak-Vertauschung wieder zurück auf die Erzählebene der Abrahamgeschichte: Erst mit der Geburt Isaaks in Gen 21,1-7 (und nicht mit der Geburt Ismaels in Gen 16,1-6.7-16; Teil B.4.1.1.1) erweist sich Abraham als Erstling (Teil 3.2.2), der ge-

---

קָח־נָא אֶת־בִּרְכָתִי/„Nimm doch meinen Segen [, der dir gebracht worden ist.]" Der Vers zitiert Esaus Klage in Gen 27,36 (לָקַח בִּרְכָתִי). Da Esau das Geschenk (מִנְחָה) nun annimmt, ist auch zwischen Mensch und Mensch „Segen" durch „Segen" ausgeglichen (zur Aussöhnung zwischen Esau und Jakob die über die Wortfelder פְּנוּאֵל/פְּנִיאֵל-פָּנֶה und חֵן – מַחֲנָיִם –מַחֲנֶה מִנְחָה ab Gen 32 vorbereitet wird; vgl. Teil B.5.2.5).

12 Zur Gliederung der Genesis anhand der Toledot-Formeln s. Teil A.4.2.

mäß des Gotteswillens handelt. Mitunter war bereits aufgefallen, dass
Isaak und Ismael lediglich über die Handlungen ihrer Eltern disqualifi-
ziert bzw. qualifiziert werden (Teil C.1.1), so dass die „Passivität" des
Brüderpaares deren Auseinandersetzung gegenüber der eigentlichen
Abrahamerzählung deutlich in den Hintergrund treten lässt. Die Is-
mael-Isaak-Erzählung funktioniert narrativ nur als Nebenthema zur
Abrahamerzählung.[13]

Die Vernetzungsdichte zwischen den sieben Vertauschungs-Erzäh-
lungen und den bisher noch nicht in den Blick gekommenen kürzeren
Vertauschungs-Notizen sind mitunter weitreichender: Die Vertauschungen um Joktan und Peleg; Elam, Assur, Arpachschad, Lud und
Aram; Er und Perez; Serach und Perez sowie Manasse und Ephraim
sind deutlich weniger narrativ ausgearbeitet. Sie stehen allerdings nicht
literarisch unverbunden neben den größeren Erzählungen, sondern
sind allesamt auf charakteristische Weise mit ihnen verbunden: Die
Vertauschung um Joktan und Peleg (Gen 10,25.26-29; 11,18)[14] sowie
Elam, Assur, Arpachschad, Lud und Aram (Gen 10,22-24) stehen innerhalb der Genealogie des Erstlings Sem. Sie nehmen durch ihre in-
vertierte Aufgliederung der Nachkommenslinien (dazu Teil C.2.1) das
Vertauschungsmotiv der Haupterzählung um Sem, Ham und Japhet
auf und verstärken die in beiden Semitengenealogien (Gen 10; 11) beschlossene Bestätigung der Qualifizierung Sems.

In besonderem Maße sind die vier Vertauschungserzählungen innerhalb der Joseph-Juda-Erzählung miteinander vernetzt. Joseph und
Juda; Juda gegenüber Ruben, Simeon und Levi; Ephraim und Manasse
sowie Perez und Serach müssen sich mit ihrer Rolle als potentielle Erstlinge auseinandersetzen: Die Vertauschungserzählungen von Ruben,
Simeon, Levi und Juda sind nötig, um Juda als *Prätendenten* des

---

13   Dazu passt, dass die Geschichten des Erstlings Isaak im Verhältnis zu den Erzählun-
     gen der anderen Stammväter kaum ein eigenes Profil erkennen lassen. Die Bindung
     Isaaks (Gen 22) ist im Blick auf die Figur Abrahams hin geschrieben, die Brautwer-
     bung in Mesopotamien (Gen 24,1-61) verläuft – anders als später bei Jakob – ohne
     Isaak. Die Geschichte der Geburt Esaus und Jakobs sowie der Verkauf des Erstge-
     burtsrechts (Gen 25,19-34) zielt bereits auf Jakob als den kommenden Protagonisten
     ab, die Erzählung von der Gefährdung der Ahnfrau (Gen 26) ist zu großen Teilen ei-
     ne „Doppelüberlieferung" von Gen 12 und 20. Daneben finden sich in den Geschich-
     ten vom Streit um den Brunnen (Gen 26,15-25) und vom Bund mit Abimelech (Gen
     26,26-33) starke motivische Aufnahmen von Abrahamgeschichten. Auch das Ver-
     hältnis zwischen Isaak und Gott wird nicht eigens ausgeleuchtet. Gott erscheint
     Isaak zweimal und gibt ihm die Verheißung, die er auch Abraham schon gegeben
     hat (großes Volk, Land und Segen für die Völker. Gen 26,2-6 und Gen 26,24f).
14   Zur detaillierten Auswertung s. Teil C.2.1.

Erstlingstum und damit als *Kontrahenten* Josephs zu etablieren (Teil B.6.2), der wieder als Erstgeborener von Jakobs Lieblingsfrau Rahel ebenfalls diese Rolle einnehmen könnte. Im Zentrum der Gesamterzählung steht entsprechend die Konkurrenz dieser beiden Brüder (Teil B.6.1). Die Vertauschungen von Perez und Serach (Gen 38,27-30) sowie Ephraim und Manasse (Gen 48) wiederum verdeutlichen Einzelaspekte des Hauptkonflikts (Teil B.6.4.2)[15] und ermöglichen eine Vergleichbarkeit von Joseph und Juda bis in ihre Nachkommen hinein. Dass Ephraim und Manasse letztlich beide zugleich gesegnet werden (Gen 48,20), ist im Kontext der Vertauschungen auffällig und antizipiert den *Ausgleich* zwischen Joseph und Juda (Teil 6.4.3).

Eine weitere Verbindung der Einzelerzählungen der Joseph-Juda-Erzählung wird dadurch hergestellt, dass auch die natürlichen Erstgeborenen der Einzelerzählungen teils miteinander in Beziehung gesetzt werden. Innerhalb der Vertauschungserzählungen werden lediglich Ruben (Gen 35,23; 46,8; 49,3), sowie Judas erster Sohn Er (Gen 38,6.7) und Josephs natürlicher Erstgeborener Manasse (Gen 41,51; 48,14.18) explizit als בְּכוֹר/„Erstling" markiert. Dies ist auffällig, da die Bezeichnung als „Erstling" in der Genesis zwar häufig vorkommt, aber die explizite Bezeichnung eines Sohnes *innerhalb* der Haupt-Verheißungslinie äußerst selten ist. Bei allen drei handelt es sich aber um natürliche Erstgeborene, die ihr Erstlingstum verlieren. Damit kann der Titel בְּכוֹר durchaus als Lesehinweis auf eine bevorstehende Umkehr der natürlichen Geburtsverhältnisse verstanden werden.

1.6. Fazit

Die Textbeobachtungen ließen erkennen, dass die kleineren Vertauschungskonstellationen nur im Rahmen der größeren Erzählungen narrativ funktionieren und den Erzählverlauf der jeweiligen Einzelerzählung voranbringen. Zugleich konnte gezeigt werden, dass die Ver-

---

15 Bei der Vertauschungserzählung von Ruben, Simeon, Levi und Juda erweist Juda sich durch sein solidarisches, Verantwortung übernehmendes Verhalten als Erstling (Gen 44), was ihn wiederum als königliche Figur unter seinen Brüdern etabliert. Die Vertauschung um Perez und Ephraim dient der Hauptintention des Kap. 38: Perez und Serach ersetzen Er und Onan (Inklusion der Geschichte) und setzen damit die genealogische Linie des Königsstammes fort. In Ephraim und Manasse (Gen 48) wird Joseph nicht nur zum Inbegriff des Segens in Israel (Gen 48,20: „Mit dir wird Israel segnen.") sondern auch – jedenfalls implizit – zum Erstling durch den Doppelanteil Segen in Ephraim und Manasse (vgl. Gen 48,15f: Jakob segnet Joseph. Der Inhalt des Segens bezieht sich jedoch auf dessen Söhne [V. 16]).

bindungen der Einzelerzählungen weit über die Ebene von Stichwort-
anknüpfungen und motivlicher Querverweise (Teil C.1.1-1.4) hinausgehen und dass die Erzählungen trotz ihrer relativen Eigenständigkeit
auch miteinander verbunden sind (Teil C.1.5). Erst über diese Verbindungen lässt sich ein *Erzählzusammenhang* erkennen, der über das Vertauschungsmotiv konstituiert wird. Dieser Zusammenhang wird Ge-
genstand der Untersuchung in Teil C.3 sein. Ferner konnte nochmals
der Blick dafür geschärft werden, dass die Vertauschungskonstellationen außerhalb der Genesis nur sporadisch vorkommen; sie nehmen in
literarischer Sicht zumeist nur Einzelelemente und –aspekte des Vertauschungsmotivs auf und sind darüberhinaus als Einzelerzählungen
nicht miteinander vernetzt. Folglich lassen sich auch die Sinnpotentiale
dieser Einzeltexte nur aufgrund des Rückverweises auf die Genesistexte erheben. Mitunter beschreiben die Vertauschungen von beispielsweise Aaron mit Mose und Salomo mit seinen Brüdern nur eine *Facette*
der komplexeren Haupthandlungen und sind somit als narrativer
Nebenzug zu deuten. Das Vertauschungsmotiv und der über das Motiv
konstruierte Erzählzusammenhang erweisen sich als spezifisches Thema der Genesis.

2. Zum Verhältnis von Genealogien und Erzählungen

Die Systematisierung der Elemente und Erzählstrategien des Vertauschungsmotivs konnte zeigen, dass narrative wie genealogische Abschnitte gemeinsam eine Vertauschungserzählung *konstituieren*, wobei
allerdings die genealogische Entfaltung der Thematik nicht einfach als
parallele Konstruktion *neben* der Entfaltung innerhalb der narrativen
Passagen erscheint, sondern in vielfältiger *Vernetzung* mit diesen auftritt. Nach diesen Vernetzungsmechanismen soll im Folgenden gefragt
werden.
    Für den Vertauschungsprozess konnte schon gezeigt werden, dass
die genealogischen Teile wesentlich zur Grundstruktur einer Vertauschungserzählung dazu gehören, indem sie regelmäßig über einen
genealogischen Vergleich und eine genealogische Weiterführung die
Qualifizierung bestätigen und die vollzogene Vertauschung dadurch
legitimieren (Teil C.1.3). Darüber hinaus werden mithilfe des Verhältnisses von Erzählanteilen und genealogischen Elementen die genealogischen Linien auf- bzw. abgewertet: So leiten die Toledot des Erstlings
Terach (Gen 11,27ff) sowie des Erstlings Isaak (Gen 25,19-35,29) eine
Erzählung ein. Auf die Toledot-Formel folgt die Geschichte *aller* Nachkommen Terachs (nämlich Haran, Nahor und Abraham), wobei der

inhaltliche Fokus auf dem Erstling Abraham liegt. Ebenso folgt auf Gen 25 die Geschichte *aller* Nachkommen Isaaks (Esau und Jakob), dessen Erstling Jakob ist. Die durchgehende genealogische Linie wird *narrativ* entfaltet, die ‚Nebenlinien' werden mit Genealogien summarisch abgeschlossen (Nahor Gen 22,20-24, die Söhne Keturas Gen 25,1-4, Ismael Gen 25,12-18). Auch Esaus Toledot umfasst lediglich genealogische Texte (Gen 36); die des Erstlings Jakobs hingegen vor allem Erzählungen (Gen 37-50). Ein ähnlicher Fall liegt bei Mose und Aaron vor: Auf die Geburtsnotiz der Brüder Aaron und Mose folgt die Genealogie des natürlichen Erstgeborenen Aaron (Ex 6,23-25). Moses Genealogie wird nicht erwähnt, jedoch ist er anschließend ab Ex 6,28ff der Hauptakteur der Ereignisse, worüber Mose als Erstling markiert wird – die vorausgegangene und die nachfolgende narrative Entwicklung bestätigen dies.

Dies erzielt den besonderen Effekt, dass der Text mit Hilfe des Verhältnisses von Erzählung und Genealogie die erwählte Linie, die die Verheißung und den Segen genealogisch transportiert, quantitativ und qualitativ durch Erzähltexte markiert und heraushebt, während die von Verheißung und Segensvermittlung ausgeschlossenen Linien quantitativ und qualitativ *reduziert* werden.[16]

Ein gutes Beispiel dafür, dass die Vertauschungen nicht etwa nur über das Toledot-System aufgenommen werden, sondern teilweise in einem feinmaschigen Wechselspiel verschiedener genealogischer Grundtypen das Vertauschungsmotiv literarisch verarbeiten, ist die Kain, Abel und Set-Vertauschung. Die Kainitengenealogie Gen 4,17-24, die in Gen 5,1ff beginnenden Toledot Adams, die genealogische Notiz Gen 4,25f (Adam-Set-Enosch) und die genealogische Erzählung 4,1-17 bilden eine logische und kohärente Abfolge, die letztlich darauf hinausläuft, dass Set Kain als Erstling ablöst (Gen 4,25f). Doch ist der Qualifizierungsprozess Sets mit dessen Geburtsnotiz und seiner Genealogie noch nicht abgeschlossen, denn erst durch die Weiterführung der Setitenlinie im Toledot-System (Gen 5,1ff) erweist sich Set als würdiger Ersatz Kains (dazu Teil B.1). Die zum Teil gleichen und ähnlichen Namen von Gen 5,1-32 im Vergleich mit den Kainiten Gen 4,17-22 neutralisieren gleichsam die unter dem Vorzeichen der Gewalt stehende Genealogie Kains und überwinden damit den natürlichen Erstgeborenen, der in Bezug auf die innerfamiliäre Solidarität versagte.

Nachfolgend soll an zwei komplexeren literarischen Strukturen demonstriert werden, auf welche Weise Erzählung und Genealogie

---

16 Diese Beobachtung auch bei Hieke, Genealogien, 151f. Zur Verheißungslinie innerhalb der Genesis s. weiter unten Teil C.3.1.

ineinandergreifen können. (1) Anhand der sog. „invertierten Genealogien" (2.1) wird verdeutlicht, wie innerhalb des genealogischen Systems die Vertauschungs-*Erzählungen* reflektiert bzw. vorbereitet werden. (2) Das Verweissystem der beiden Vertauschungserzählungen innerhalb des ersten Toledot-Hauptteils (Gen 5,1-11,26) soll die Einordnung der narrativen Elemente in die Toledot-Struktur zeigen (2.2).

2.1 Invertierung von Haupt- und Nebenlinie in den Genealogien

Innerhalb des genealogischen Systems fällt eine Darstellungsstruktur auf, die die narrative Entwicklung innerhalb der Vertauschungserzählungen in ihrer Kontrastierung von Haupt- und Nebenlinie einer Generation aufnimmt, weiterführt und teilweise bereits vorwegnimmt: Im Kontext der Vertauschungen beschreibt die zuerst genannte Genealogie die Nebenlinie, während es sich bei der darauf folgenden Genealogie des Bruders um die Hauptlinie handelt, die sich durchsetzen kann. Dieses Muster soll als „genealogische Invertierung" bezeichnet werden. Es dient als Lesehinweis und kennzeichnet die jeweilige Linie des natürlichen Erstgeborenen sowie des Erstlings.

Die Invertierung vollzieht sich innerhalb des gesamten Spektrums der genealogischen Elemente, bleibt also beispielsweise nicht auf die Toledot-Formeln beschränkt. Man kann insgesamt drei Darstellungsebenen unterscheiden:

(1) Regelmäßig wird in der Forschung die Invertierung bemerkt, die sich *innerhalb des Toledot-Systems* vollzieht. Der genealogischen Hauptlinie geht jeweils die genealogische Darstellung der Nebenlinie *voraus*: die Toledot Ismaels (Gen 25,12-18) vor derjenigen Isaaks (Gen 25,19-35,29) und Esaus Toledot (Gen 36,1-43) vor der Jakoblinie (Gen 37,1-50,26). Beim Chronisten begegnet ein ähnliches Schema: Die Namen der Söhne Abrahams werden in der vertauschten Reihenfolge eingeführt: „Isaak und Ismael" (1 Chr 1,28); jedoch werden ihre Genealogien anschließend in umgekehrter Reihenfolge präsentiert: 1 Chr 1,29-31: Ismael, darauf folgend 1 Chr 1,34ff: Isaak. In gleicher Weise steht Esaus Genealogie (1 Chr 1,35-54) vor derjenigen Jakobs (1 Chr 2,1-2). Eine weitere Invertierung findet sich innerhalb der Toledot der Söhne Noahs (Gen 10,1ff). Hier wird die sonst gebräuchliche Namenstrias „Sem, Ham, Japhet" (so noch in Gen 10,1[17]) in der Abfolge der folgenden Darstellung der Einzelgenealogien verkehrt zu „Japhet, Ham,

17 Zur Diskussion um die natürliche Geburtsfolge von Sem, Ham und Japhet vgl. die Ausführungen in Teil B.2.3.

Sem." Erst werden Japhets Nachkommen (Gen 10,2-5), dann Hams (Gen 10, 6-20) und schließlich diejenigen des Erstlings Sem präsentiert (Gen 10,21-31). Die Ablösung Hams und Japhets als potentielle Erstlinge war bereits in der Erzählung Gen 9,18-29 vollzogen worden, die Invertierung nimmt dies auf. Der Turmbau zu Babel (Gen 11,1-9) und die den ersten Toledot-Hauptteil abschließende Toledot Sems (Gen 11,10ff) nehmen dies dann auf und bestätigen Sem als Erstling Noahs. Der Chronist schließt sich an dieser Stelle wieder dem Darstellungs-muster der Genesis an: Japhets (1 Chr 1,5-7) und Hams Nachkommen (1 Chr 1,8-16) werden *vor* der Auflistung der Nachfahren Sems genannt (1 Chr 1,17-23).

(2) Ferner sind auch Invertierungen *zwischen unterschiedlichen genea-logischen Systemen* zu bemerken: Die Genealogie des natürlichen Erst-geborenen Kains (Gen 4,17-24) steht *vor* der Liste der Nachkommen Sets (Gen 4,25-26 und die Toledot in Gen 5,1ff). Dadurch wird Kains Linie wie zuvor in der Erzählung Gen 4,1-16 als sekundäre und Sets Genealogie als die primäre Linie markiert. Dies wird gestützt durch die Beobachtung, dass der Chronist die Kainiten als Nebenlinie völlig aus-lässt (1 Chr 1,1-4). Auf der Mikroebene der Genealogie Sems (Gen 10,21ff) kann man eine Invertierung feststellen, wenn man diese in Kombination mit Sems Toledot Gen 11,10ff liest: Die beiden Söhne Ebers, Joktan und Peleg (Gen 10,25), werden miteinander vertauscht. Die Genealogie des Erstgeborenen Joktan wird zuerst ausgeführt (V. 26-29) und Pelegs Nachkommen werden hiernach überhaupt nicht erwähnt. Dessen Genealogie erfolgt wiederum erst in Gen 11,18f. Ent-sprechend dem Invertierungsmuster müsste Joktan die Nebenlinie des natürlichen Erstgeborenen darstellen und Peleg die Hauptlinie der Erstlinge „Israels". Dies wird durch die Genealogie bestätigt: Joktan wird in Gen 11 als Nachkomme Ebers nicht einmal mehr genannt (Gen 11,16). Beide Listen ergänzen sich also. Schließlich geht über Pelegs Linie die Toledot Adams weiter, an dessen Ende die drei Söhne Terachs stehen (Gen 11,26). Die Invertierung der Reihenfolge der beiden Brüder kann in 1 Chr 1,20-26 noch deutlicher gesehen werden, wo die beiden Genealogien nicht durch die Babelerzählung getrennt sind.

(3) Schließlich erfolgen Invertierungen auch auf der *Mikroebene der-jenigen Genealogie,* die den neuen Erstling in einer Vertauschungserzäh-lung auszeichnet. In Gen 10 erfolgt die Nennung der Nachkommen Japhets und Hams in der Reihenfolge ihrer Geburten. Der Erstgenannte ist auch jeweils der Erstgeborene. Der linearen Nennung der Nach-kommen (vgl. etwa V. 6: Hams Nachkommen: Kusch, Ägypten, Put und Kanaan) folgen die Nachkommenslisten dieser Söhne in eben die-ser Reihenfolge. Anders jedoch beim Erstling Sem: Seine Nachkommen

werden in Gen 10,22f teilweise invertiert aufgelistet: V. 22 nennt Elam,
Assur, Arpachschad, Lud und Aram als Sems Söhne. Im folgenden
Vers wird der Name von Sems fünftem Sohn Aram zuerst genannt (V.
23). Dann folgt die Genealogie des dritten Sohnes (Arpachschad; V. 24).
Das würde bedeuten, dass es sich bei Aram um die Nebenlinie handelt,
während Arpachschad die Hauptlinie darstellt. Diese Sicht wird deutlich erkennbar beim Chronisten, der Arams Nachkommen noch nicht
einmal erwähnt (1 Chr 1,18). Die Invertierung dient auch auf der Mikroebene der Genealogien als Leseanleitung und unterstreicht die Bedeutung der Linie Sems. Eine zweite Invertierung dieser Art findet sich
innerhalb der Levitengenealogie Ex 6. Die Nennung der Nachkommen
entspricht dort zunächst der Geburtsreihenfolge. Aber in Ex 6,23-25
wird dieses Schema durchbrochen: Auf die Nennung der Söhne Aarons
folgt nicht deren Genealogie. Vielmehr erfolgt erst ein Nachtrag über
Korach, den Sohn des Bruders Aarons (V. 24) und darauf die Genealogie des *drittgeborenen* Aaronsohnes Eleasar (V. 26) – ohne Nennung der
anderen Söhne. Die *Voranstellung* Eleasars bedeutet zugleich dessen
Vorrang (vgl. Num 3,32; 4,16). Nadab und Abihu, die beiden erstgeborenen Söhne Aarons, waren durch ihr kultisches Fehlverhalten vorzei-
tig zu Tode gekommen (Lev 10,1-5; Teil B.7.1).

2.2 Erzählung und Genealogie in Gen 5,1-11,26

Die Vertauschungserzählungen um Kain, Abel und Set (Gen 4-5) sowie
Ham, Japhet und Sem (Gen 5,32; 9,18-11,26) sind eng miteinander ver-
knüpft. Die strukturelle Voraussetzung hierfür bildet das Toledot-
System der Genesis, denn beide Vertauschungen markieren die Ränder
des ersten Toledot-Hauptteils (Gen 5,1-11,26).[18]Die erste und die letzte
Toledot innerhalb dieser Einheit präsentieren jeweils die genealogische
Linie desjenigen Erstlings, der sich als solcher erst hat erweisen müssen: Set (Gen 5,1ff) bzw. Sem (Gen 11,10-26). Die Genealogien beider
Erstlinge sind wiederum parallel aufgebaut:
    In Gen 5,1 wie Gen 11,10 leitet die Toledot-Formel eine lineare Ge-
nealogie ein – und nicht wie Gen 2,4a; Gen 6,9; Gen 11,27; Gen 25,19;
Gen 37,2 eine Erzählung. Darauf folgt in beiden Fällen die Verbalwurzel ילד/„zeugen" genau 27x als Kausativform.[19] Beide Genealogien präsentieren jeweils *zehn Generationen* mit jeweils zwölf namentlich ge-

---

18   Zur Gliederung der Genesis über das Toledot-System s. Teil A.4.2.
19   Wenn ילד zum 28. Mal vorkommt (Gen 5,32), ist das feste Schema bereits verlassen.
      Auch Gen 11,27 eröffnet bereits den zweiten Zyklus um die „Toledot Terachs".

nannten Repräsentanten der genealogischen Hauptlinie, die über die jeweiligen namentlich genannten Erstgeborenen Söhne etabliert wird. Orientierungspunkt beider genealogischer Systeme ist die Sintflut – zehn Generationen *vor* der Flut (Gen 5,1-32) und zehn Generationen *nach* der Flut (Gen 11,10-26)[20] rahmen diese Mitte. Die ersten neun Generationen umfassen je nur einen mit Namen genannten Sohn. Gen 5,1ff ist durch ein gleichbleibendes dreizeiliges Schema rhythmisiert (Teil A.4.1), in dem die Geburt des Erstgeborenen als entscheidendes Ereignis im Leben des Vaters beschrieben wird. Dies geschieht ebenso in Gen 11,10ff, allerdings fehlt dort regelmäßig die dritte Zeile, die Todesnotiz des jeweiligen Ahnvaters. Diese wird lediglich in der neunten Generation bei Terach nachgereicht:

(Gen 11,32). וַיִּהְיוּ יְמֵי־תֶרַח חָמֵשׁ שָׁנִים וּמָאתַיִם שָׁנָה וַיָּמָת תֶּרַח בְּחָרָן

„Und die Tage Terachs betrugen 205 Jahre, und Terach starb in Haran."

Eine vergleichbare Nachreichung auch bei Noah in der ersten Toledot Gen 5,1ff, dort ebenfalls in der neunten Generation: Die Genealogie Noahs (Gen 5,32) wird erst in Gen 9,29 mit dessen Todesnotiz beschlossen. Bei beiden auf diese Weise hervorgehobenen Ahnvätern handelt es sich um die Eltern derer, die ebenfalls über eine Vertauschungserzählung charakterisiert werden, denn die jeweils zehnte Generation endet mit der Geburt von drei mit Namen genannten Söhnen, statt mit nur einem namentlich genannten Erstling: Sem, Ham und Japhet (Gen 5,32) sowie Haran, Nahor und Abram (Gen 11,26). In beiden Fällen leitet damit der Abschluss der einen Genealogie des Erstlings den Beginn der nächsten Vertauschungserzählung ein: Auf die Familiengeschichte der drei Brüder wird jeweils in den nachfolgenden komplexen narrativen Zusammenhängen fokussiert (vgl. Gen 6-9; sowie Gen 11,27-25,11).

Die Parallelen zwischen beiden Vertauschungserzählungen im ersten Toledot-Hauptteil werden zugleich über weitere genealogische Elemente verstärkt: Bei Set wie auch Sem geht der Darstellung der *Toledot* des Erstlings (Set Gen 5,1ff bzw. Sem Gen 11,10ff) eine Genealogie voraus (Gen 4; 10) und jeweils zu Beginn der Toledot kommen einige der Nachkommen des Erstlings vor, die bereits aus einer der zuvor präsentierten Genealogien bekannt sind. Im ersten Fall ist dies die Linie Set-Enosch (vgl. Gen 4,26 mit Gen 5,3.6); im zweiten Falle ist dies die Linie Sem-Eber-Peleg (vgl. Gen 10,21-25 mit Gen 11,10-18).

Die Betonung und Hervorhebung der Erstlinge Set und Sem wird mithin dadurch erreicht, dass deren genealogische Linie jeweils mit der im Kontext ungewöhnlichen Wendung „auch ihm [wurden Söhne ge-

---

20 Der Hinweis auf die Flut findet sich explizit in Gen 11,10: „zwei Jahre nach der Flut."

boren]" (נַם־הוּא) eingeleitet wird. Diese Wendung durchbricht in beiden Fällen die stereotype Formulierung bei den übrigen Brüdern:

Set (Gen 4,26): וּלְשֵׁת נַם־הוּא יֻלַּד־בֵּן/„Und Set, auch ihm wurde ein Sohn geboren."

Sem (Gen 10,21): וּלְשֵׁם יֻלַּד נַם־הוּא/„Und Sem, auch ihm wurden Söhne geboren."

Bei Set wird die Formulierung der Kainitengenealogie Gen 4,17 und der Geburten der Eltern (Gen 4,1.25) durchbrochen; bei Sem wird die Einführungen von Japhet (Gen 10,2) und Ham (Gen 10,6) pointiert derjenigen Sems gegenübergestellt.

3. Zu den Funktionen des Vertauschungsmotivs

Beim Blick auf die einzelnen Vertauschungskonstellationen des Buches Genesis sowie bei der Analyse der einzelnen Erzählelemente wurde nach der Funktion der Teileelemente für den Gesamtaufbau gefragt. Dabei wurden eine ganze Reihe wichtiger Textfunktionen entdeckt. Hier geht es nun darum, die Beobachtungen zusammenzufassen und mit Beobachtungen zu Funktion und Aufbau der Genesis im weiteren Sinne sowie deren Stellung im Kanonganzen zu korrelieren. Im Blick auf die Textfunktionen können vier Aspekte unterschieden werden: die Leistung für den Text selbst (literarische Funktion; 3.1), für die theologische Botschaft (theologische Funktion; 3.2), für die Beantwortung gesellschaftlicher, politischer und ethnischer Fragen (realgeschichtliche Funktion; 3.3 und 3.4) sowie für die Positionierung des Motivs in der Kanonausprägung der hebräischen Bibel, nämlich zu Beginn des TeNaK (kanonische Funktion; 3.5). Es versteht sich von selbst, dass die Darstellung, Beschreibung und Erläuterung dieser Mechanismen notwendigerweise linear erfolgen muss, dass aber im Text selbst die einzelnen textpragmatischen Aspekte immer in gleicher Weise anwesend sind. Die Textmechanismen funktionieren auf den unterschiedlichen Ebenen auch parallel, gehen wechselseitig ineinander über bzw. wirken aufeinander ein. Mitunter folgt daraus, dass die Grenzen zwischen den einzelnen Funktionsebenen nicht vollkommen eindeutig zu ziehen sind.

3.1 Literarische Funktion

Die detaillierte Beschreibung der Vertauschungserzählungen entlang des Erzählfortschritts der Genesis konnte zeigen, dass diese Erzählungen die Genesis wie einen roten Faden vom Anfang bis zu ihrem Ende durchziehen (vgl. Teil B). Im Speziellen konnte gezeigt werden, dass die einzelnen Vertauschungen nicht isoliert nebeneinander stehen, sondern einerseits über ein festes Inventar an Einzelelementen und Erzählstrategien sowie über ein vielschichtiges System aus Vor-, Rück- und Querverweisen untereinander verknüpft sind (Teil C.1), und andererseits in die narrativen wie genealogischen Texte der Genesis eingebunden werden (Teil C.2). Dadurch erschließt sich dem Leser ein *Erzählzusammenhang*. Hiermit sind die beiden Perspektiven der Fragestellung dieses Kapitels umrissen: Zum einen soll dieser Erzählzusammenhang beschrieben werden; zum anderen soll auch nach der Leistung dieses Erzählstranges für den Gesamtaufriss der Genesis gefragt werden. Zu fragen ist, ob hier nur ein weiterer Erzählfaden der Genesis hinzugefügt wird und narrativ Nebenlinien gebündelt werden, oder ob sich die Vertauschungserzählungen in den Aufriss der Genesis wesentlich mit eingliedern.

3.1.1 Die Vertauschungen im Erzählzusammenhang der Genesis

Eine narrative Linie in Blick auf die Vertauschungen lässt sich darin erkennen, dass die Vertauschungen in der Hinsicht einen Zusammenhang herstellen, dass alle zwölf Vertauschungen der Genesis zusammen eine einzige genealogische Linie konstituieren, die sich von Adam bis zu Jakob/ „Israel" hin durchzieht: Nicht über die Linie der natürlichen Erstgeborenen Kain, Ham, Joktan, Elam, Haran, Ismael, Esau und Ruben läuft die Verheißungslinie, sondern über Set, Sem, Peleg, Aram, Abraham, Isaak, Jakob und Juda bzw. Joseph. *Ausnahmslos alle zwölf Vertauschungskonstellationen* in der Genesis stehen im Zusammenhang mit dieser genealogischen Linie. Dadurch wird das Vertauschungsmotiv an die Israel-Verheißungslinie gekoppelt. In den genealogischen Nebenlinien und Seitenzweigen finden sich keine Vertauschungen. Diese genealogische Linie ist zugleich die Hauptlinie, die im Fokus des Erzählzusammenhangs der Genesis liegt. Es war bereits hervorgehoben worden, dass das genealogische System die Grundstruktur der Genesis bildet und eine Lektüreanleitung für den Leser darstellt (Teil A.4.2). Insbesondere die Toledot-Formeln erweisen sich dabei als das tragende Gerüst der fortschreitenden Erzählungen, markieren innerhalb der Genesis deutliche Abschnittsgrenzen und geben dem Buch eine klare literarische Struktur. Innerhalb dieses Systems wird auf den jeweils erstgeborenen Nachkommen fokussiert, der die Linie des Vaters fortführt. Im gesamten „Buch der Toledot" (סֵפֶר תּוֹלְדֹת אָדָם, Gen 5,1-50,26) ist das Leben auf den Erstgeborenen hin ausgerichtet; von ihm her wird die Zeit bestimmt.[21] Begleitet von vielen Nebenthemen wird so innerhalb des genealogischen Systems das Hauptthema der Genesis entfaltet: die Sonderrolle Israels inmitten der Völker auf der Erde. „Hier am Eingang der Tora," so zutreffend Crüsemann, „hat sich Israel eingeschrieben in die weltweite Völkerwelt, hat seinen Platz im Rahmen der gesamten von Gott erschaffenen Menschheit bestimmt."[22]

Auch die Zehnzahl der Toledot-Formeln ist wohl nicht zufällig, sondern bezeichnet ein geschlossenes Ganzes. Damit ergibt sich das Bild, dass die Genealogien in der sog. Ur- und Vätergeschichte, die eine Linie von der Schöpfung bis zum Stammvater Jakob ziehen, *vollständig* und *von Anfang an* zielgerichtet sind: Die Schöpfung gipfelt im Erstgeborenen „Israel". Entlang dieses Erzählfadens geht es um das Geheimnis des Ursprungs Israels inmitten aller Völker und um seine Einzigartigkeit im Unterschied zu den anderen Völkern, mit anderen Worten: es geht um „das Werden Israels inmitten der Völker"[23]. Das Toledot-System führt nach verschiedentlichen narrativen Exkursionen immer wieder auf die eigentliche Verheißungslinie „Israel" zurück. Dabei lässt sich von Toledot-Abschnitt zu Toledot-Abschnitt eine immer engere Fokussierung auf die eigentliche Verheißungslinie beobachten: Von der Toledot von „Himmel und Erde" (Gen 2,4a) geht die Linie am Ende des Buches Genesis bis zur Toledot Jakobs als Vater aller zwölf Söhne Israels.

Allerdings ist die zu den zwölf Söhnen Israels hinführende Linie nicht dem biologischen Zufall oder der scheinbaren Selbstverständlichkeit des Erstgeburtsrechts überlassen, sondern entspringt einem Zusammenspiel göttlicher wie menschlicher Interventionen, deren Ergebnis für Israel meist darin besteht, dass nicht der natürliche Erstgeborene die Hauptlinie fortsetzt, sondern derjenige, der sich als Erstling erwei-

---

21 Die Summe der Lebensjahre des Vaters ergibt sich aus den Teilsummen der Lebensjahre vor und nach der Geburt des Erstgeborenen; dies wird literarisch über eine Struktur hervorgehoben, die in Gen 5,1 eingeführt wird. Nach der Überschrift „Das sind die Toledot Adams, des Menschen" (Gen 5,1) folgen zehn identisch formulierte Textabschnitte, in denen das „Hervorbringen" des Erstgeborenen jeweils im Zentrum steht. Für die linearen Genealogien von Set bis Abraham wird vorausgesetzt, dass jeweils der mit Namen genannte erstgeborene Sohn die Linie fortsetzt gegenüber den namenlosen „Söhnen und Töchtern"/בָּנִים וּבָנוֹת (vgl. etwa Gen 5,6-8). „(1) Und Set lebte 105 Jahre und er zeugte *Enosch*. (V. 6) (2) Und Set lebte, nachdem er *Enosch* gezeugt hatte, 807 Jahre und er zeugte Söhne und Töchter. (V. 7). (3) So waren alle Tage Sets 912 Jahre, dann starb er. (V. 8)" Set lebt also vor (1) und nach (2) dem mit Namen genannten Erstgeborenen. Sein Gesamtalter ergibt sich entsprechend aus der Summe seiner Jahre *vor* und *nach* dem Erstgeborenen (3).
22 CRÜSEMANN, Menschheit und Volk, 181.
23 BREUKELMAN, Bijbelse Theologie I/2, 20.

sen kann. Denn obwohl der natürliche Erstgeborene innerhalb des genealogischen Systems eine herausragende Stellung einnimmt, wird
gerade in Bezug auf die zentrale Verheißungslinie „Israel" das Schema
konsequent durchbrochen. Für „Israel" verwirklicht sich demnach die
Verheißung JHWHs gerade nicht im natürlichen Erstgeborenen, sondern in dessen jüngerem Bruder, dem Erstling. Aus der Vielzahl der
Völker kommt auf diese Weise über Abraham, Isaak und Jakob schließlich „Israel" als „erstgeborenes Volk JHWHs" (ab Ex 4,22) zum Vorschein.

Durch diese Fokussierung auf Israel kristallisiert sich aber nicht nur
eine durchgehende Verheißungslinie heraus, sondern auch eine bestimmte Identität, die durch schrittweise Abgrenzungen von den anderen geprägt ist. Innerhalb der Genesis konstituiert sich dadurch bis zu
ihrem Ende eine Identität Israels, die definiert, wer „Israel" ist und was
es von „den anderen" (den Völkern) unterscheidet. Allerdings baut sich
ausschließlich über die Linie aller Erstlinge letztlich die Hauptverheißungslinie Israel auf. Die Sonderrolle Israels wird über dessen Funktion
als „Erstling" (בְּכוֹר) unter den Völkern theologisch präsentiert und
narrativ entfaltet. Somit erweisen sich die Vertauschungen zu einem
integrierenden Bestandteil der Genesis, die in entscheidender Weise an
dieser Identitätsbestimmung partizipiert. Ohne die Vertauschungen
würde folglich ein wesentlicher Aspekt der Genesis verloren gehen.
Stärker noch: Innerhalb der Genesis werden zwei Konzepte von בְּכֹרָה
pointiert einander gegenübergestellt. In Bezug auf die Völker zeigt sich
die בְּכֹרָה gemäß den üblichen und damals wohl allgemein akzeptierten
Vorstellungen. Für Israel hingegen wird die בְּכֹרָה charakteristisch umgedeutet: Die göttliche Erwählung ersetzt die geburtliche Disposition.
Erstlingstum in Israel ist an JHWH gebunden und nicht an ein Ge-
burts(vor)recht. Bei dem über die Vertauschungen in entscheidender
Weise konturiertem Erstlingstum Israels unter den Völkern handelt es
sich entsprechend um ein literarisches Motiv, das geeignet ist, auf ganz
spezifische Weise Israel als Gottesvolk von den anderen Völkern zu
unterscheiden und es gegenüber anderen Völkern zu *definieren*.

3.1.2 Die בְּכֹרָה als Identitätskriterium Israels: Wahrnehmung aus unterschiedlichen Perspektiven

Die Entfaltung dessen, was die Sonderrolle Israels als Erstlingstum
ausmacht, geschieht innerhalb der Genesis *schrittweise*, d.h. im Erzählverlauf erfolgt eine immer präzisere Definition und Konturierung ihres
Erstlingstums. Erst vom Ende her erschließt sich die volle Semantik der
בְּכֹרָה, die Israel vor den anderen Völkern auszeichnet. Für die Text-

pragmatik ist entscheidend, dass diese Begriffsdefinition aus zwei unterschiedlichen Perspektiven vorgenommen wird:

3.1.2.1 Erstlingstum im Angesicht der Völker (Gen 1-4.5-35)

Von der ersten Vertauschung um Kain, Abel und Set (Gen 4-5) an geht
es um Israels Erstlingstum in Bezug auf die Völker. In der Familienper-
spektive des Brüderkonfliktes sind dabei auch immer die volksgeschichtlichen Auseinandersetzungen im Blick. Die disqualifizierten
Brüder sind dabei Repräsentanten der verfeindeten Nachbarn Israels:
Ham wird beispielsweise mit Kanaan identifiziert (Gen 9,18ff), Lot mit
Moab und Ammon (Gen 19), Ismael mit den Wüstenvölkern und
Ägypten (Hagar; Gen 21) und Esau mit Edom (Gen 25,19-29; 36,1). Einen gewissen Höhepunkt und vorläufigen Abschluss dieser Thematik
bildet allerdings die Vertauschung von Jakob und Esau (Gen 25,12-
35,29). Die Identifikationen der beiden Brüder mit den Volksnamen
Edom und Israel rahmen die Jakob-Esau-Erzählung: Esau wird zu Beginn bereits explizit wie implizit mit Edom identifiziert.[24] Für Jakob
wird diese volksgeschichtliche Identifizierung erst später nachgereicht.
Der Name „Israel" wird zum ersten Mal in Gen 32,29 (vgl. Gen 35,10)
erwähnt und die „Söhne Israels" werden erstmals in Gen 32,33 genannt. Am Ende der Isaak-Toledot ist „Israel" als Ganzes innerhalb der
Völkerwelt erschienen. Jedoch geschieht die Erwähnung Israels nicht
einfach „spät und beiläufig."[25] Die Volkwerdung Israels ist Teil des
Qualifizierungsprozesses *Jakobs*. Über ihn als Erstling wird die Linie zu
„Israel" hinabgeführt. Der Brüderkonflikt verlässt damit die rein familiengeschichtliche Ebene und wird hintergründig zum volksgeschichtlichen Konflikt ausgedeutet.[26] Wie Dicou eigens betont, wird der volksgeschichtliche Aspekt in keiner anderen Genesiserzählung so deutlich
ausgebaut:

> „Only in the Jacob-Esau stories the *relation* between Israel and the other na-
> tion(s) has been made a major theme. It is only in these stories that the
> theme of Genesis – the origin of Israel among the nations and the relation
> between Israel and the nations – is fully worked out."[27]

Die starke Fokussierung auf die Völkergeschichte in der Gestalt von
Familiengeschichte ist – mit Köckert – sicherlich darin zu suchen, dass

---

24 Vgl. dazu Teil B.5.2.1 und 5.2.2.

25 S. SOGGIN, Genesis, 341; s. noch GARBINI, History and Ideology, 81-84.

26 Vgl. auch den volksgeschichtlichen Unterton des Geburtsorakels Gen 25,23; darauf
    Bezug nehmend auch Gen 27,29; s. dazu Teil B.5.1.2.

27 Vgl. DICOU, The Role of Edom, 135.

„ein genealogisch strukturiertes Denken den Ursprung eines Volkes
nicht anders als in Geschichten von den Ahneltern zu erzählen vermag."[28] Doch trifft dies eigentlich auf alle Erzählungen der Genesis zu:
Volksgeschichte ist dort auch immer Familiengeschichte. Der Grund
für die verstärkte volksgeschichtliche Perspektive just in der *Jakob-Esau-
Erzählung* scheint vielmehr in einem anderen Aspekt begründet zu
liegen: Mit der Umbenennung Jakobs und der Geburt der zwölf Söhne
wird dieses Thema innerhalb der Jakob-Erzählung abgeschlossen. In
den zwölf Söhnen konzentriert sich jetzt die Hauptlinie, nicht mehr nur
in einem einzigen Sohn. Der Zielpunkt des „Buches der Toledot" (Gen
5,1) ist folglich mit dem Erscheinen von „ganz Israel" vorerst erreicht.
Die Familiengeschichte ist darum genau hier zur Volksgeschichte geworden.

Israels Verhältnis zu den Völkern wird im Speziellen über das Stil-
mittel von Kontrastierung und Parallelisierung sowie über den Prozess
von Qualifizierung und Disqualifizierung (Teil C.1.1) charakterisiert.
Literarisch präsentiert sich Israel in gleicher Weise in *Abgrenzung von*
den Völkern wie auch in *Nähe zu* ihnen. Durch die Parallelisierung der
Kontrahenten wird in narratologischer Hinsicht ein Spannungsbogen
erzeugt, der bis zum Ende hin letztlich offen lässt, welcher der beiden
Brüder sich als Erstling qualifiziert. Für den Leser ist so erst in der
Rückschau eine definitive Beurteilung des Vertauschungsprozesses zu
bestimmen (Teil C.1.1). Die Kontrastierung hingegen hilft, den Blick für
den Erstling und sein beförderndes Handeln zu schärfen. Über das
Mittel von Parallele und Kontrast wird so aber auch gezeigt, dass die
Völker zur Identitätsbestimmung Israels wesentlich mit dazugehören.
Schließlich entfalten auch die Vertauschungserzählungen ausführlich,
wie sich der jüngere Bruder gegenüber dem natürlichen Erstgeborenen
durchsetzen muss. Der natürliche Erstgeborene disqualifiziert sich
zwar immer eigenverantwortlich, bildet aber über das literarische Motiv der Vertauschungen einen wesentlichen Bestandteil der Charakterisierung des Erstlings, der sich noch als solcher erweisen muss (Teil
C.1.1). Der ältere Bruder bleibt folglich immer Orientierungspunkt der
Selbstdefinition Israels. Damit existiert der Erstling als „jüngerer Bruder" immer im Angesicht des älteren, erstgeborenen Bruders. Folglich
ist auch in volksgeschichtlicher Hinsicht „Israel" durch seine privilegierte Sonderstellung nicht einfach der Völkerwelt enthoben oder bildet eine anthropologische Kategorie *sui generis*. Vielmehr präsentiert
sich „Israel" in seiner literarischen Konstruktion als „kleiner Bruder"
im Angesicht der großen Nationen, der nur über die *Segensvertauschung*

---

28   KÖCKERT, Abraham: Ahnvater, Fremdling, Weiser, 139.

zum Erstling unter den Nationen avancierte; mit anderen Worten: Der
segenslose natürliche Erstgeborene bleibt in den Erzählungen immer der
Bruder, um den der *gesegnete* Erstling nie umhin kommt.

3.1.2.2 Reïnterpretation des Motivs auf seinem Höhepunkt: Gen 36.37-50

Auf Gen 35 folgen nun noch vier weitere Vertauschungserzählungen,[29]
so dass man zunächst annehmen könnte, die oben konstatierte Konver-
genz der Genesis-Thematik mit dem Erzählstrang der Vertauschungen
würde mit dem Erreichen des Erzählziels des Toledot-Buches in Gen 35
aufgegeben. Tatsächlich ist aber das Gegenteil der Fall. Nach Gen 35
wechselt lediglich die narrative Perspektive. In der Joseph-Juda-
Erzählung (Gen 36.37-50) steht „ganz Israel" im Mittelpunkt, weshalb
es hier um die Frage nach den inneren Strukturen der Herrschaft und
der inneren Solidarität in Israel geht. Unter der Frage nach dem
Erstlingstum innerhalb Israels entfaltet sich eine komplexe Erzählung
um die Konflikte der Brüder untereinander. Gleich vier Vertauschungen treiben den Erzählverlauf voran, um die Ausdifferenzierung der
Machtstrukturen innerhalb Israels im Modus der Vertauschungserzählungen zu beschreiben. Die in Teil C.1 besprochenen Erzählelemente
und -strategien treten hier derart verdichtet und untereinander vernetzt auf, dass man die Joseph-Juda-Erzählung als narrativen *Kulminationspunkt* der Vertauschungserzählungen ansehen kann (Teil C.1.5).
Entsprechend liegt die Vermutung nahe, dass diese Erzählungen für
die Identitätsbildung Israels von besonderer Bedeutung sind. Gerade
auf dem Höhepunkt der Vertauschungsthematik lassen sich allerdings
zwei charakteristische Besonderheiten feststellen, die von der bisherigen narrativen Entfaltung des Erstlingstum-Begriffs abweichen:
  (1) Da im Unterschied zu den vorausgegangenen Erzählungen Israel in seiner Ausdifferenzierung in zwölf Söhne *als Ganzes* den Erstlingssegen empfängt (Gen 49), kann der Erzählrhythmus von Disqualifizierung des natürlichen Erstgeborenen, Qualifizierung des Erstlings und
letztgültiger Legitimation des Erstlings hier nur noch bedingt funktionieren. Am Ende der Gesamterzählung steht daher keine definitive
Antwort auf die Erstlingstumfrage, die sich von Beginn an zwischen
Joseph und Juda entwickelt.[30] Nicht Juda *oder* Joseph, sondern *beide*

---

29 S. dazu Teil B.6: Ruben, Simeon, Levi und Ruben; Perez und Serach; Ephraim und
    Manasse sowie Juda und Joseph.
30 Wegen der Fokussierung der Gesamterzählung auf Juda und Joseph wird auch die
    Nomenklatur „Joseph-Juda-Erzählung" der üblichen Bezeichnung „Josephsge-
    schichte" vorgezogen (s. dazu Teil B.6.1.2; zum Inhaltlichen: Teil B.6.5).

zugleich bekommen besondere Rollen innerhalb Israels zugesprochen. In der Vertauschung von Ephraim und Manasse (Gen 48,20[31]), bei der letztlich beide Brüder zugleich gesegnet werden, ist eine Reflexion der Ausgleichsbemühungen zwischen Juda und Joseph zu sehen, die in Ephraim und Manasse einen erzählerischen Niederschlag finden und den in Gen 49 bevorstehenden Ausgleich präfigurieren. Die deutliche Qualifizierung wie Disqualifizierung muss dem *Ausgleich* der Mächte weichen, sofern es um die Verhältnisse in Israel geht. Freilich wollen trotz dieses Ausgleiches die Rollen der Brüder untereinander gut verteilt sein: Joseph erfüllt faktisch die Rolle des Erstlings (obwohl er nie als solcher bezeichnet wird), während Juda die königlich-herrschaftliche Funktion in Israel übernimmt.[32] *Innerhalb* des Hauses Jakobs sind die Unterschiede allerdings lediglich gradueller Natur. Diese *Ausgleichsbemühung* konterkariert die *Ausschließlichkeit* der bisherigen Vertauschungserzählungen.

(2) Aber auch in der Verhältnisbestimmung vom Erstling gegenüber den anderen Brüdern liegt eine Abweichung zum Bisherigen vor. Der Erstling Joseph erfüllt schließlich sein Erstlingstum, indem er in Ägypten für seine Brüder einsteht (Gen 50,15ff). Ruben, der Erstgeborene Leas, hatte dies noch zuvor für Joseph am Brunnen zu tun versucht (Gen 37). Aber auch damit konnte er sich nicht mehr rehabilitieren. Daraus folgt, dass sich das Erstlingstum Israels im Verhältnis *zu* den Völkern und das Erstlingstum *innerhalb* Israels auf gegensätzliche Weise verwirklicht: In Gen 1-35 definiert sich „Israel" in seiner Sonderrolle gegenüber den Völkern. Der *gesegnete* Erstling bleibt unhintergehbar auf den *segenslosen* natürlichen Erstgeborenen bezogen. In Gen 36-50 wird dies ins Gegenteil verkehrt: Joseph ist der *Gesegnete* unter seinen Brüdern, um den der *segenslose* Juda nicht umhin kommt.

Es ist deutlich geworden, dass im Blick auf das Erstlingstum für die Verhältnisse innerhalb Israels und außerhalb Israels unterschiedliche Maßstäbe angelegt werden. In literarischer Hinsicht handelt es sich um weitere Sinnpotentiale, die der Semantik des Begriffs „Erstlingstum" hinzugefügt werden. Die Untersuchung der theologischen Pragmatik des Motivs wird allerdings noch zeigen können, dass es sich hierbei auch um eine spezifische und sinntragende *Umdeutung* des Begriffes handelt, die auf die Bestimmung des Erstlingstum unter den Völker zurückwirkt und Israels Funktion für die anderen Völker bestimmt. Vorerst soll an dieser Stelle die Feststellung der Unterschiede genügen.

---

31 Dazu Teil B.6.4.
32 Vgl. zur feinsinnigen Austarierung der Rollen Teil B.6.5.

Die Wahrnehmung beider literarischer Perspektiven, der Außen- wie der Binnenperspektive, ist grundlegend für die Deutung des Vertauschungsmotivs, da der Text unterschiedliche textpragmatische Interessen erkennen lässt, die auch auf die übrigen Funktionsebenen des Motivs einwirken.[33] Diese Beobachtung erlaubt eine differenzierte Akzentuierung der Funktionsweisen des Motivs. Allerdings sind die beiden Perspektiven auf die Rolle Israels in der Forschung bisher noch nicht wahrgenommen worden. Auch die neueren, betont literaturwissenschaftlich verfahrenden Studien von Kaminsky, Greenspahn und Fox deuten die Vertauschungen gänzlich im Kontext der anderen Völker.[34] Der inner-israelitische Perspektivwechsel wird stets übersehen.

3.1.2.3 Endgültige Bestätigung des Erstlingstums für Israel: Gen 48

Im Blick auf den gesamten Erzählfaden der Genesis ist die letzte Vertauschungserzählung (Gen 48,1-22) besonders bedeutungsvoll. Jakob handelt bei der Bevorzugung von Ephraim vor Manasse *wissentlich*, *eigenverantwortlich* und auf *eigene Initiative*. JHWH greift vordergründig nicht in den Vertauschungsprozess ein. Das ist deshalb auffallend, weil es bisher immer Gottes Wahl war, die sich durchsetzte und den Erstling legitimierte. Außerdem war gerade Jakobs selbstständiger Versuch, den Erstgeburtssegen zu erhalten (Gen 27), (zumindest vorerst) gescheitert. Entsprechend negativ könnte auch Jakobs erneute Initiative in Gen 48 gewertet werden – zumal da Gen 48 gerade mit Gen 27 in einer engen literarischen Beziehung steht.[35] Doch entspricht die Betonung der menschlichen Seite der inneren Logik der gesamten Vertauschungsthematik: „Israel" nimmt die letzte Vertauschung in einer langen Reihe von auf göttliche Interventionen zurückzuführenden Vertauschungen *persönlich* vor. Die Legitimität der Vertauschung für Israel wird damit auf der narrativen Ebene endgültig bestätigt, sozusagen durch die Autorität „Israel" selbst. Damit wird das göttliche Wirken nicht übergangen, sondern anerkannt.

---

33 Die Unterschiede kommen vor allem bei der theologischen (Teil C.3.2.) und bei der realgeschichtlichen Funktion (Teil C.3.3 und 3.4) zum Tragen.

34 Vgl. KAMINSKY, Yet I Loved Jacob, bes. 77; GREENSPAHN, When Brothers Dwell together, 141-160 und FOX, Younger Brother, bes. 63.

35 Gen 27 läuft in Gen 48 immer als Subtext mit (vergleichbare Sterbesegenszene; „Altersschwäche"; „Blindheit"; vgl. dazu die Ausführungen Teil B.6.4.1). BLUM spricht in Bezug auf Gen 27 und 48 zu Recht von einer „erzählerische[n] Klammer." (BLUM, Vätergeschichte, 259). Was Jakob in Gen 48 wissentlich tut, tat Isaak in der vergleichbaren Situation Gen 27 unwissentlich.

Auf der Symbolebene wird diese Erzählstrategie aufgegriffen und bestätigt. Das Vertauschungsmotiv wird noch ein letztes Mal durch das Bild der *Überkreuzung der Hände* Jakobs (V. 14) dem Leser eingeprägt. Dieses Bild, das noch dadurch erweitert wird, dass Joseph auf den scheinbaren Irrtum des beinahe erblindeten Vaters hinweist, dieser aber nochmals seine volle Absicht betont, ist eine Art zusammenfassendes thematisches Ideogramm des Buches Genesis. Vorsichtig könnte man dieses Ideogramm als Taph deuten – der letzte Buchstabe des semitischen Alphabets, der im phönikisch-hebräischen Alphabet die Form eines Markierungskreuzes hatte („x" oder „+"). Nach Ez 9,4 erhalten diejenigen, die beim kommenden Gericht nicht angerührt werden, die Geretteten, ein eschatologisches Siegel aufgedrückt: וְהִתְוִיתָ תָּו עַל־מִצְחוֹת הָאֲנָשִׁים/„[...] zeichne ein Taph-Zeichen an die Stirnen der Männer". Diese eschatologische Versiegelung mit dem Taph-Zeichen hat bis in die christliche Symbolik Eingang gehalten (wohl vor allem über Offb 7,1-4[36]). Die Beobachtung einer Ähnlichkeit des lateinischen „T" (dem Taph entsprechend) und dem Kreuz ist ein Gemeinplatz der christlichen antiken Literatur. Das Taph wurde in der patristischen Allegorese immer wieder als geheimnisvolles Kreuzzeichen gedeutet.[37] Und von dieser – stets ausdrücklich oder stillschweigend auf das Zeichen des Ezechiel bezugnehmenden – Tau-Spekulation der Kirchenväter ist auch das „T" auf Grabverschlussplatten in den Katakomben als „crux commissa" zu verstehen.[38] Deutet man die Überkreuzung in diesem Sinne als *eschatologisches* und *endgültiges* Zeichen, so leistet diese

---

36 Die Rezeption von Ez 9 geht hier wohl über die LXX-Version von Ez: In der LXX wird aus dem „Taph" das τὸ σημεῖον ἐπὶ τὰ μέτωπα, „das Zeichen auf der Stirn." Offb 7,1-4 steigert in deutlicher Aufnahme von Ez 9 (dazu HIEKE, Der Seher Johannes als neuer Ezechiel, 1-30, bes. 9f) das Motiv des Taph-Zeichens zu einer eschatologischen Siegelung: ἄχρι σφραγίσωμεν τοὺς δούλους τοῦ θεοῦ ἡμῶν ἐπὶ τῶν μετώπων αὐτῶν./ „[...] bis wir die Knechte unseres Gottes an ihren Stirnen versiegelt haben." (V. 3).

37 Grundlegend ECKHART, Neue Zeugnisse des frühen Christentums, 39-45 und RAHNER, Symbole der Kirche, 406-411 (Kap. „Das mystische Tau). Vgl. noch: SAUSER , Art. „Tau"; DERS., Frühchristliche Kunst, 219f; DINKLER, Signum crucis, 15 f.,40 und DERS., Art. „Versiegelung".

38 Und nicht als Ornament oder (griech.) verbale Kurzform einer Dämonenbeschwörung zum Schutz des Grabes (dazu ECKHART, Neue Zeugnisse des frühen Christentums, 40 mit einigen Beispielen). In der Eigenschaft eines Schutz- und Eigentumszeichens begegnet das Tau-Kreuz ferner zahlreich an altchristlichen Heiligtümern und Wohnhäusern als Türsegnung, in welcher Bedeutung es – gleichlaufend mit seiner allegorischen Erneuerung im 11./12. Jh. nach dem Schwinden des Verständnisses für die Symbolik des Tau am Ende der Kirchenväterzeit – noch die Neuzeit erreicht (vgl. RAHNER, Symbole der Kirche, 423.426.428-433).

letzte Vertauschungserzählung zusätzlich, dass die Vertauschung ein
für allemal als legitim für Israel bestätigt wird.

3.2 Theologische Funktion

Die literarische Entwicklung der Vertauschungsthematik zielt auf die
Beschreibung der Sonderrolle Israels als Erstlingstum unter den Völkern (Teil C.3.1). In diesem Kapitel soll der Versuch unternommen
werden, die inhaltlichen Konturen und theologischen Implikationen
dieser Sonderrolle näher zu entfalten. Das Identitätskriterium
„Erstlingstum" erfährt im Rahmen der narrativen Entwicklung nicht
nur eine Definition, sondern *begründet* und *legitimiert* Israels Sonderrolle theologisch und *profiliert* so Israels Funktion *für* die Völkerwelt.

3.2.1 Legitimierung der Sonderrolle Israels

Bei der Definierung der Sonderrolle Israels als Erstlingstum geht es im
Besonderen auch um die Legitimation dieser privilegierten Rolle gegenüber den Völkern. Über den zweistrangigen Vertauschungsprozess
wird eine scharfe Trennlinie zwischen qualifiziertem Erwählten und
disqualifizierten Nicht-Erwählten gezogen. Dies unterstreicht das
Trennungsmotiv, das regelmäßig die Vertauschungserzählungen beschließt (Teil C.1.3). Die getrennten genealogischen Linien machen unmissverständlich deutlich, dass es nur in der Hauptlinie „Israel" mit
dem Segen JHWHs weitergeht. Über die räumlichen Trennungen werden zudem die potentiellen Erben Kain, Lot, Ismael, die Ketura-Söhne
und die Söhne der anderen Nebenfrauen Abrahams (Gen 25,6), sowie
Esau siedlungsgeographisch außerhalb des verheißenen Lands verortet. Die reine Konfliktvermeidung steht dabei wohl weniger im Vordergrund,[39] denn immerhin trennen sich Esau und Jakob friedlich, und
zwar nach ihrer Aussöhnung. Vielmehr wird in theologischer Hinsicht
hervorgehoben, dass sich nur in der Hauptlinie die Verheißung Gottes
verwirklicht und nur diese im von JHWH verheißenen Land wohnen
darf.

Die Erzählungen betonen durchweg die Qualifizierung des Erstlings, legen aber gleichermaßen die Emphase auf die selbstverschuldete
Disqualifizierung des natürlichen Erstgeborenen (Teil C.1.1). Der erst-

---

39   Gegen die einseitige Überbetonung der „Konfliktvermeidung" als Hauptgrund der
     Trennungen bei MILLARD, Eröffnung der Tora, 79f.; vgl. dazu noch DICOU, The Role
     of Edom, 132-134 mit weiteren Beispielen; allerdings nicht im Zusammenhang mit
     dem Vertauschungsmotiv.

geborene Bruder wird damit nicht einfach nur übergangen, sondern er
verschuldet *selbsttätig* den Verlust seiner Position. Israels Sonderrolle
als Erstling JHWHs wird auf diese Weise, sozusagen „rechtmäßig",
legitimiert.

Im Folgenden soll nach der *Instanz* bzw. den *Instanzen* dieser Legitimierung gefragt werden. Die Vertauschungserzählungen betonen,
dass die Erstlinge sich ihrer privilegierten Position noch erweisen müssen. So könnte der Eindruck entstehen, dass sich die Erstlinge die Voraussetzungen ihrer Position selbst schaffen könnten, indem sie etwa
durch ihr besseres solidarisches Verhalten (Teil C.1.2) den erstgeborenen Bruder übertreffen. Der Vertauschungsprozess bekäme so willkürliche, fast anarchistische Züge.[40] Tatsächlich aber zeichnet sich der Erstling durch keine Eigenschaft vor seinem biologisch erstgeborenen Bruder aus. Beide sind sich geradezu zum Verwechseln ähnlich: Das Stil-
mittel von Parallelisierung und Kontrastierung (Teil C.1.1) sowie der
Charakter der Vertauschungen als *Prozess* betonen gerade das den Brüdern Gemeinsame. Die Dramatik und Spannung der einzelnen Handlungen – sei es des natürlichen Erstgeborenen oder des potentiellen
Erstlings – entwickelt sich daraus, dass für den Leser oftmals nicht
sofort ersichtlich ist, wer sich unter den Brüdern als der Privilegierte
zeigt und ob dann auch der favorisierte Kandidat sich aufgrund seines
Fehlverhaltens tatsächlich als Erstling erweisen kann. Oft genug entsprechen die Vertauschungen auch gerade *nicht* dem Wunsch der Väter: Terach sieht in Lot seinen rechtmäßigen Nachfolger (Gen 11,31).
Abraham ist mit seinem erstgeborenen Sohn Ismael als Erben glücklich
(Gen 17,18). Isaak geht davon aus, seinen Erstgeborenen Esau zu segnen (Gen 21,1-40). Als Jakob den jüngeren Enkel Ephraim dem Erstgeborenen Manasse vorzieht (Gen 48,17-19), ist Joseph aufgebracht. Vielmehr ist es so, dass durchgängig JHWH selbst die Voraussetzung der
Möglichkeit eines Vertauschungsprozesses schafft (Teil C.1.4). Die
menschliche Qualifizierung hat letztlich ihre Ursache in der göttlichen
Erwählung des Erstlings, welche wiederum ihrerseits grundsätzlich
unbegründet und rätselhaft bleibt (Teil C.1.4.1). Dies unterstreicht, dass
die Erwählung ohne Rücksicht auf die Qualität des Menschen oder
seines Verhalten vor Gott erfolgt.

---

40 Als Beispiel kann hier Rubens Usurpationsversuch angeführt werden (Gen 35,21):
    Die eigenständige Machtergreifung wird sofort verurteilt. Ruben verliert seine Rolle
    als Erstgeborener (Teil B.6.2.1). Zum anderen kann die Konkurrenzsituation Salomos
    mit seinen Brüdern angeführt werden (Teil B.7.3): Salomos Bruder Adonija hatte
    dort *aktiv* den Thron angestrebt (vgl. etwa 1 Kön 1, 5f), was ihm später auch von Da-
    vid vorgeworfen wird. Der (bis 1 Kön 1,46) *passiv* gebliebene Salomo wird aber auf
    diesen Thron gehoben (V. 46).

Was für die Erwählung gilt, gilt allerdings nicht ohne weiteres für den Qualifizierungsprozess, der den Fokus gerade auf die Verantwortung übernehmenden Handlungen der Hauptakteure legt. Die Erzählungen von Abraham und Jakob demonstrieren paradigmatisch, dass die Erwählten auch scheitern könnten. Zwischen Erwählung und Qualifizierung besteht gerade kein einfacher Automatismus (Teil C.1.4.1) und oft genug muss JHWH selbst auf vielerlei Arten in den Vertauschungsprozess *aktiv* und entscheidend eingreifen (Teil C.1.4.2). Dieser Befund hat zwei Implikationen: Zum einen wird damit betont, dass das Erstlingstum sich durch eine stark *ethische Dimension* auszeichnet. Dem soll weiter unten noch nachgegangen werden (s. Teil C.3.2.4). Zum anderen wird damit betont, dass es letztlich immer JHWH selbst ist, der Gewinner und Verlierer hervorruft. Damit wird die theologisch wichtige Aussage getroffen, dass das Erwählungshandeln Gottes allen menschlichen Bemühungen vorausgeht. Des Weiteren wird deutlich, dass nicht nur die Ursache der Erwählung und der Verlauf der Qualifizierung letztlich auf JHWH zurückweisen. Durchgängig ist es auch JHWH, der abschließend eine vollzogene Vertauschung bestätigt und legitimiert.[41] Erst vom Ende der Vertauschungserzählung her erschließt sich so das Wirken Gottes, indem Erwählung und Qualifizierung auch zusammenfallen und so einem göttlichen Plan entsprechen. Damit ist für die Sonderrolle nur JHWHs Handeln konstitutiv, das Israels Erstlingstum unter den Völkern *legitimiert*.

3.2.2 JHWH als Garant der Sonderrolle Israels

Das Motiv der Verwerfung des Erstgeborenen und der Erwählung des jüngeren Bruders unterstreicht Gottes souveränes geschichtsmächtiges Handeln. Der Begriff „Erstlingstum" ist damit in besonderer Weise theologisch profiliert: Israels „Erstlingstum unter den Völkern" verweist immer und grundsätzlich auf die Rolle JHWHs für Israel. Die natürlichen Abläufe werden durchbrochen, da die göttliche Erwählung im Falle Israels die geburtliche Disposition ersetzt: Erstlingstum in Israel ist an JHWH gebunden und nicht an ein Geburtsrecht. Folglich ist auch Israel in fundamentaler Weise in seiner gesamten Existenz auf JHWH verwiesen, der als einziger wiederum Israels Sonderrolle *garantieren kann*. Das Buch Exodus greift diesen Aspekt wieder auf: Die Ge-

---

41 Die Bestätigung der Vertauschung durch das Trennungsmotiv, die symbolische Erfüllung der Landverheißung durch Altarbau und Landeserwerb sowie die genealogische Weiterführung der Hauptlinie (vor allem in Bezug auf die kinderlosen Erzeltern) verweisen in ihrer Letztursache auf JHWH selbst (vgl. die Ausführungen Teil C.1.3).

nesis beschreibt das Hervorkommen von Gottes Erstling aus der Mitte der Völker. In der Exoduserzählung steht JHWH ganz explizit für seinen Erstling ein. So heißt es gleich zu Beginn in der Rede JHWHs zum Pharao (Ex 4,22f):

> „Mein Sohn, mein Erstling ist Israel (בְּנִי בְכֹרִי יִשְׂרָאֵל). [...]
>
> Ich werde deinen Sohn, deinen Erstling töten (אָנֹכִי הֹרֵג אֶת־בִּנְךָ בְּכֹרֶךָ)."

Erstgeburt steht hier gegen Erstgeburt. Die Zukunft, für die JHWH im Blick auf Israel eintreten will, steht im Gegensatz zur Zukunft, die der Pharao mit seinem Volk vorhat.[42]

Über die literarische Einbindung der Vertauschungserzählungen in das genealogische System wird diese theologische Aussage sogar noch verstärkt, da das genealogische System der Genesis letztlich im Schöpfungsakt des einen Gottes Israels wurzelt.[43] Gott ist zwar der Ursprung jeglicher genealogischer Fortpflanzung und hat durch die Gabe der Fortpflanzung der Menschheit eine kreative Autonomie geschenkt, in die sogar der Segen und die Gottesebenbildlichkeit eingebunden sind (vgl. Gen 5,1-3). Doch ist er darin frei, souverän und unverfügbar. Der Nachwuchs ist allein Gottes Geschenk und menschlicher Verfügbarkeit entzogen, wenn es um die Hauptverheißungslinie Israel geht.

Ein besonderes Element in Bezug auf die Vertauschungen bildet das Erzählmoment der „kinderlosen Erzeltern". Nach Vorstellung des TeNaK scheint Kinderreichtum bei den Nachbarvölkern eine (fragwürdige[44]) Selbstverständlichkeit. Wenn es jedoch um das Fortbestehen Israels geht, bleibt die Geburt eines Sohnes immer etwas Besonderes und wird nie als selbstverständlich dargestellt. So bleiben alle vier Erzmütter Israels zunächst kinderlos. Sara (Gen 11,30), Rebekka (Gen 25,21) und Rahel (Gen 29,31)[45] sind unfruchtbar[46] und auch Lea bleibt

---

42 In poetischer Sprache wird dieses Abhängigkeitsverhältnis Israels von JHWH metaphorisch als „Zeugung" beschrieben. JHWH hat Israel hervorgebracht (Dtn 32,18). In JHWHs Klage über die Untreue seines Volkes heißt es in Num 11,12: „Bin ich etwa mit diesem ganzen Volk schwanger gewesen, oder habe etwa ich es geboren [...]?". Vgl. noch Hos 11,1-4: „Als Israel jung war, gewann ich es lieb, und aus Ägypten habe ich meinen Sohn gerufen [...]."

43 Die markanten Punkte sind Gen 2,4a; 5,1-3; vgl. dazu HIEKE, Genealogien, 350.

44 Die Kritik z.B. im Kontext des Fehlverhalten Hams (Gen 9,18ff; zur Deutung der Verfehlung vgl. Teil B.2.1). Vgl. auch die biblisch breite Kritik an den Fruchtbarkeitsriten „Kanaans" mit ihren abweichenden Auffassungen von Sexualität und Fortpflanzung.

45 Die Wurzel עקר findet sich nur an diesen drei Stellen in der Genesis.

46 Hinzu kämen noch: Hanna (1 Sam 2,5) und Israel im Exil (Jes 54,1).

kinderlos (Gen 29,31f; 30,9).[47] Durchgängig wird Unfruchtbarkeit im
TeNaK als ungewünschte Situation betrachtet, sowohl aus der Perspektive des Menschen wie auch JHWHs. Denn das Zeugen von Nachwuchs wird im TeNaK als eigenständiger Schöpfungsakt verstanden.
Somit wird Rahels ängstlicher Ausruf verständlich (Gen 30,1): „Gib mir
Söhne! Und wenn nicht, dann sterbe ich." Auch bei der wundersamen
und tödlich bedrohten[48] Geburt Moses (Ex 1,15-22; 2,1-10) als Beginn
des Exodus sollen alle Frauen auf Befehl des Pharaos „unfruchtbar"
sein (Ex 1). Innerhalb der Geburtserzählung sind genau zwölf Frauen
beteiligt, bis Mose, der Befreier Israels, endlich geboren werden kann.[49]
Auch Hanna (1 Sam 1-2) bringt zu Zeiten größter Not Israels den Richter und Propheten Samuel zur Welt, der letztlich den „Israelkönig"
David zum König salben wird. Schließlich muss Simson auf wunderbare Weise geboren werden, um Israel von der Philisternot zu befreien (Ri
13-16). An entscheidenden Wendepunkten in der Geschichte Israels
kommt der natürliche Prozess immer wieder ins Stocken. Jedes Mal ist
das Fortbestehen Israels bedroht. Das Motiv der Unfruchtbarkeit kann
so zur Metapher einer fehlenden Zukunft in Israel werden:

> „Juble, du Unfruchtbare, die du nicht geboren hast (רָנִּי עֲקָרָה לֹא יָלָדָה),
> brich in Jubel aus und jauchze, die keine Wehen gehabt hat! Denn die Söh-
> ne der Einsamen sind zahlreicher als die Söhne der Verheirateten, spricht
> der JHWH." (Jes 54,1)

Das Bild akzentuiert die Treue JHWHs im Exil. Er wird sich wieder
über Israel erbarmen und für die *Zukunft* Israels sorgen. Dies bedeutet
umgekehrt, dass die unfruchtbaren Erzmütter nicht unfruchtbar blei-

---

47 Ebenfalls kinderlos bleiben Michal, die Tochter Sauls (vgl. 2 Sam 6,23), die
    sunnamitische Frau (vgl. 2 Kön 4,8-37. V. 14b.17) und Elisabeth in Lk 1,7.

48 Jeder Sohn im Land soll auf Befehl des Pharaos getötet werden (Ex 1,22). Tut nach
    drei Monaten letztlich die Tochter des Pharaos, was ihr Vater geboten hat? Der Text
    spielt damit auf feinsinnige Weise: Die Tochter baut für Mose eine תֵּבָה (Ex 2,3), „Kis-
    te", eigentlich einen „Sarg" (vgl. dazu DEURLOO, Onze lieve vrouwe, 46 u. Gesenius,
    Art. תֵּבָה, 869). Wie die תֵּבָה Noahs (die „Arche") wird auch die תֵּבָה Moses mit Pech
    bestrichen (Ex 2,3; vgl. Gen 6,14ff). Das Lehnwort kommt allein in diesen beiden Er-
    zählungen vor. Bei Noah ist die gesamte Schöpfung bedroht, indem sie über die töd-
    lichen Chaosfluten auf eine neue Zukunft zu fährt. Und das Kind, dessen Name die
    gesamte Torah zusammenfasst, wird durch den „Todesfluss" hin gerettet zum Le-
    ben und zur Befreiung und damit zur Zukunft ganz Israels. Vgl. Ex 2,3: Die Tochter
    des Pharao setzt Mose aus im Schilf, סוּף. סוּף bezeichnet auch das Rote Meer, das
    Schilfmeer, jene Fluten, in denen die Ägypter durch JHWH vernichtet werden (Ex
    13;14). Anders punktiert heißt es סוֹף, „Ende".

49 Dies sind die zwei Hebammen Schifra und Pua (Ex 1,15), die Mutter und ihre
    Schwester, die Tochter des Pharao und letztlich sind es die sieben Töchter
    Reguëls/Jitros (Ex 2,16), die Moses Leben retten; s. hierzu noch: SIEBERT-HOMMES,
    Die Retterinnen des Retters Israels, 276-291.

ben müssen. Durch das Eingreifen JHWHs wird regelmäßig die Unfruchtbarkeit überwunden. In der Genesis wird dies sowohl von Sara[50], wie auch von Rebekka[51], Lea[52] und Rahel[53] berichtet. Der Akzent liegt so auf der *göttlichen Intervention*. Bei allen Erzählungen fehlt das bei den Geburtsgeschichten übliche sexuelle Moment[54] durchgängig.[55] Abraham[56], Isaak[57] und Jakob[58] werden nicht als biologische Väter genannt. Die Betonung des göttlichen Eingreifens wird bei der Geburt der Erstlinge Isaak und Joseph noch zugespitzt: König Abimelech muss erst impotent werden und alle Frauen im Land unfruchtbar (Gen 20, 17-18), um die wundersame Geburt des einen Sohnes in Gen 21 zu gewährleisten. Ebenso wird Lea wieder unfruchtbar[59], damit Rahel ihren ersten eigenen Sohn, Joseph, zur Welt bringen kann. Für Israel gibt es entsprechend keine natürliche Zukunft, sondern immer nur ein Fortbestehen „mit Hilfe JHWHs" (vgl. Gen 2,7; 4,1).[60]

Die radikale Verwiesenheit Israels auf JHWH wird im Rahmen der Qualifizierung Jakobs noch verstärkt. Sobald Jakob in „Israel" umbenannt ist, gerät auch dort der natürliche Prozess wieder ins Stocken.

---

50 Gen 21,1.2: „Und JHWH suchte Sara heim. […] Und Sara wurde schwanger."
51 Gen 25,21: „Und Isaak bat JHWH für seine Frau, denn sie war unfruchtbar; da ließ JHWH sich von ihm erbitten, und Rebekka, seine Frau, wurde schwanger."
52 Gen 29,31: „Und als JHWH sah, dass Lea zurückgesetzt war, da öffnete er ihren Mutterleib; Rahel aber blieb unfruchtbar."
53 Gen 30,22: „Und Gott dachte an Rahel, und Gott hörte auf sie und öffnete ihren Mutterleib."
54 Etwa: „Und er erkannte seine Frau" (Gen 4,1.7.25 u.ö.); oder „Er ging zu ihr ein." (Gen 16,4 Hagar u.ö.)
55 Vgl. Gen 21,1-7 (Sara und Abraham); Gen 25 (Isaak und Rebekka); Gen 30 (Rahel und Jakob); 1 Sam 1-2 (Hanna und Elkana); Ri 13 (Manoach und seine namenlose Frau).
56 Gen 21,1.2a: בֶּן וַיהוָה פָּקַד אֶת־שָׂרָה כַּאֲשֶׁר אָמָר וַיַּעַשׂ יְהוָה לְשָׂרָה כַּאֲשֶׁר דִּבֵּר וַתַּהַר („Und JHWH suchte Sara heim, wie er gesagt hatte, und JHWH tat an Sara, wie er geredet hatte. Und sie wurde schwanger.").
57 Gen 25,21: וַיֶּעְתַּר יִצְחָק לַיהוָה לְנֹכַח אִשְׁתּוֹ כִּי עֲקָרָה הִוא וַיֵּעָתֶר לוֹ יְהוָה וַתַּהַר רִבְקָה אִשְׁתּוֹ („Und Isaak bat JHWH für seine Frau, denn sie war unfruchtbar; da ließ JHWH sich von ihm erbitten, und Rebekka, seine Frau, wurde schwanger.").
58 Gen 29,31: וַיַּרְא יְהוָה כִּי־שְׂנוּאָה לֵאָה וַיִּפְתַּח אֶת־רַחְמָהּ („Und als JHWH sah, dass Lea zurückgesetzt war, da öffnete er ihren Mutterleib"); Gen 30,22.23a: וַיִּזְכֹּר אֱלֹהִים אֶת־רָחֵל .וַיִּשְׁמַע אֵלֶיהָ אֱלֹהִים וַיִּפְתַּח אֶת־רַחְמָהּ .וַתַּהַר וַתֵּלֶד בֵּן („Und Gott dachte an Rahel, und Gott hörte auf sie und öffnete ihren Mutterleib. Und sie wurde schwanger und gebar einen Sohn").
59 Vgl. Gen 29,35; 30,9; vgl. Gen 29,31.
60 Dies wird schon vorbereitet bei Eva, der „Mutter von allem, was lebt" (Gen 3,20). Sie soll von nun an unter Schmerzen gebären (Gen 3,16). Aber als sie Kain zur Welt gebracht hat, sagt sie: „Hervorgebracht habe ich einen Mann, *mit JHWH*!" (Gen 4,1).

Von dem „unbekannten Mann", dem Jakob am Jabbok begegnet (Gen
32, 23-33), erhält Jakob einen „Schlag auf die Hüfte" (Gen 32,26.32-33;
יָרֵךְ). Bei dieser Formulierung handelt es sich m.E. ziemlich sicher um
eine euphemistische Umschreibung der natürlichen Potenz des Mannes. Als Umschreibung der männlichen Potenz begegnet יָרֵךְ noch in
Gen 24,2; 46,26; 47,29.[61] Jakob wird so letztlich zeugungsunfähig. Zwar
wird der zwölfte Sohn Benjamin in Gen 35 noch geboren, aber zu diesem Zeitpunkt könnte er schon gezeugt worden sein. Jakob ahnt schon,
dass mit der Beeinträchtigung seiner natürlichen Potenz die Zukunft
Israels auf dem Spiel steht, darum verlangt er auch sofort vom nächtlichen Angreifer: „Ich lasse dich nicht los, es sei denn, du hast mich vorher gesegnet." (Gen 32,27). Durch den anschließenden Segen wird wiederum betont, dass allein JHWH für die Zukunft in Israel sorgen kann.

> Mit dieser Deutung von יָרֵךְ als „Potenz" im übertragenen Sinne wird
> von der üblichen Deutung als „Hüfte" abgewichen. Für gewöhnlich
> wird der Schlag auf die Hüfte mit Verweis auf Gen 32,33 als Ätiologie
> angesehen: Es handle sich um eine „Speisesitte"[62]. Das Speisetabu ge-
> höre zu den lebensweltlichen Vorgaben. „Der Bearbeiter gibt ihm eine
> Begründung in der *vita* des Ahnen derer, die seiner achten. Der Vor-
> gang ist in etwa der Historisierung der Erntefeste mit deren Begrün-
> dung im Exodus vergleichbar".[63] Doch bezweifle ich, dass es sich hier
> um eine Ätiologie im klassischen Sinne handelt: Die Funktion einer
> Ätiologie liegt darin, ein vorfindliches Phänomen zu erklären oder zu
> legitimieren (ein ausführlicher Kriterienkatalog für die biblischen
> Ätiologien wurde bereits 1956 von Fichtner erarbeitet[64]). Nun ist je-
> doch zu bedenken, dass P.J. van Dyk in seinem Aufsatz „The Function
> of So-Called Etiological Elements in Narratives" von 1990 deutlich ge-
> macht hat, dass als ätiologisch angesehene Texte häufig gar keine
> Ätiologien sind, sondern rhetorische Kunstgriffe.[65] Oft bestehe die
> Funktion solcher vermeintlicher Ätiologien gerade nicht darin, vor-
> findliche Phänomene zu legitimieren. Vielmehr treffe genau das Um-
> gekehrte zu. Als rhetorische Kunstgriffe dienten „ätiologische" Texte
> der Legitimierung von Erzählungen durch vorfindliche Phänomene.
> Insbesondere, wenn es sich um allgemein bekannte Phänomene hande-
> le (im Fall von Gen 32 als das Speiseverbot), werde die Glaubwürdig-

---

61 Vgl. etwa Gen 24,24: „Lege deine Hand unter meine Hüfte (תַּחַת יְרֵכִי)."; Gen 46,26:
    „Alle dem Jakob angehörigen Seelen, die nach Ägypten kamen, die aus seiner Hüfte
    hervorgegangen waren (יֹצְאֵי יְרֵכוֹ)"; ähnlich Gen 47,29.
62 Für viele stehe KÖCKERT, Jakobs Gegner, 172f.
63 KÖCKERT, Jakobs Gegner, 177.
64 Vgl. FICHTNER, Die etymologische Ätiologie, 372-396.
65 Vgl. VAN DYK, The Function of So-Called Etiological Elements in Narratives, 19-33.

keit erhöht.[66] Literarisch leistet V. 33 („Daher essen die Söhne Israels nicht das Muskelstück auf dem Gelenk der Hüfte bis auf den heutigen Tag") die *Einbindung* auch der „Söhne Israels" in das Jakobsgeschehen.[67] Nach der Erstnennung Israels in V. 29, werden nun auch die „Söhne Israels" zum ersten Mal in der Genesis erwähnt. Das „Hüftleiden" seinerseits verweist auf die hier besprochene Abhängigkeit Israels von JHWH.

Das über die Vertauschungserzählungen in dieser Weise konturierte Erstlingstum weist allerdings auch die Kehrseite dieses Gottessegens auf: Die Kraft und der Segen Israels liegt nicht in seiner Natur, sondern in der *Geschichte JHWHs*, die Israel widerfährt.[68] Die besondere Erwählung Israels hat sowohl die totale Gründung *in*, aber auch die grundsätzliche Abhängigkeit *von* JHWH zur Folge.

3.2.3 JHWH als Garant der Institutionen Israels (Gen 36-50)

Es konnte gezeigt werden, dass JHWH die Sonderstellung Israels als Erstlingstum gegenüber den Völkern legitimiert und garantiert (Teil C.3.2.1 u. 3.2.2). Der Perspektivwechsel ab Gen 36 fragt nun nach dem Erstlingstum *innerhalb* Israels, also nach Israels internen Machtstrukturen und Institutionen. Da dieses Thema anhand der Thematik des Erstlingstums aufgearbeitet wird, wird dem Leser der Genesis die Möglichkeit geboten, die Semantik des Erst- lingstum-Begriffs in Bezug *auf* die Völker auf die Verhältnisse *in* Israel zu übertragen. Deshalb ist zu fragen: Wer wird als Erstling legitimiert und über welche Instanz(-en) geschieht dies? Bei der Bestimmung dessen, der sich als königliche Figur innerhalb Israels erweisen kann, werden dieselben Kriterien angelegt, wie bei der Bestimmung des Erstlings. Juda wird letztlich wegen seines verantwortungsvollen Verhaltens seinen Brüdern gegenüber die führende Rolle zugeschrieben, wohingegen Ruben diese verliert, da er sich gerade nicht solidarisch verhält, sondern die Macht – in einer Art Usurpationsversuch – an sich reißen will.[69] Demzufolge wird in der theologischen Perspektive der Joseph-Juda-Erzählung ein israelitisches Königtum angestrebt, dass sich – ganz ähnlich wie das Erstlingstum unter den Völkern – gerade nicht als eine *geburtliche* und *dynastische*

---

66 In dieselbe Richtung geht der Aufsatz von UWE BAUER, der eine metaphorische Ätiologie in Ri 18,12 („Machane-Dan") identifiziert (vgl. DERS., Eine metaphorische Ätiologie, 107-113).

67 So mit DEURLOO, De naam en de namen, 38 und ihm folgend DICOU, The Role of Edom, 121.

68 So besonders pointiert DEURLOO, Genesis-Kommentar, 154f.

69 Gemeint ist Gen 35,22a; dazu Teil B.6.2.1.

Institution ausweist, die einem Automatismus folgend von einer Generation auf die nächste überginge.

Dem konvergiert eine Beobachtung, die im Anschluss an die Analyse der Vertauschungskonstellationen außerhalb der Genesis getroffen werden kann (Teil B.7): Die Vertauschungen kommen außerhalb der Genesis lediglich vereinzelt vor, jedoch lässt sich eine gewisse thematische Konzentration feststellen: Die Vertauschungskonstellationen treten gehäuft im Kontext von aaronidischem Priestertum (Aaron und Mose) und davidischem Königtum auf (David und seine Brüder; David und Saul; Salomo als Erstling Batsebas; Salomo und die übrigen Davidsöhne). Dies ist insofern sehr auffällig, da diese Häufungen den vereinzelten Vorkommen der Toledot-Formel außerhalb der Genesis konvergieren.[70] Das Toledot-System wird jedoch ab dem Buch Exodus nicht mehr zur Gliederung genutzt. Die Toledot-Formel kommt nur noch an drei Stellen vor, die wie die Vertauschungserzählungen die besondere Rolle des Priestertums aaronidischer Prägung und des davidischen Königtums besonders hervorheben, indem sie diese Institutionen genealogisch in den Ursprüngen Israels verankern (vgl. Ex 6,16.19: לְתֹלְדֹתָם und Num 3,1-4; jeweils Mose- und Aaron-Genealogie; Rut 4,18-22: von Juda bis zum Beginn der davidischen Dynastie). Hinter dieser Konzentration steckt die subtile Botschaft, dass Priestertum und Königtum innerhalb Israels diejenigen Größen bilden, die Israel im Innersten zusammenhalten. Die Genesis hatte Israel als Ganzes im Blick. Der Bogen der Genesis geht zunächst von der Menschheit hin zur Konstituierung Israels und beschließt damit das Buch Genesis. Ab dem Buch Exodus folgt die Ausdifferenzierung der Ämter innerhalb Israels, wobei die Priester und das davidische Königsamt besonders akzentuiert werden, indem sie über die Toledot-Formel nahtlos an einen der zwölf Stämme angeschlossen werden (die Priester über Levi, das Königtum über Juda). Die Vertauschungserzählungen partizipieren an dieser Engführung: Königtum wie Priestertum sind wichtige Institutionen, die einer Begründung in Israel bedürfen.

Diese Begründung dieser Institutionen erfolgt in allen Fällen auf ähnliche Weise: Die Toledot-Formel (Ex 6,16.19) erscheint innerhalb der Levitengenealogie (Ex 6,16-25). Durch die vielen verschiedenen Namen hindurch wird eine bestimmte Linie besonders akzentuiert:[71] Levi – Kehat – Amram – Aaron – Eleasar – Pinhas. In Ex 6 erfolgt damit eine

---

70 Wie in der Einzelanalyse mehrfach aufgefallen war, sind die Vertauschungserzählungen gerade mit dem Toledot-System der Genesis in entscheidender Weise verknüpft; s. vor allem Teil C.1 und C.2.

71 S. dazu die übersichtliche Darstellung bei HIEKE, Genealogien, 216.218f.

Zuspitzung auf das Priestertum aaronidischer Prägung, in den Worten Galils: „The main purpose was to point out the division between the sons of Aaron (the Aaronite Priesthood) and the remaining families of Levi (including Moses and his descendants)."[72] Gleichzeitig endet damit das genealogische (Toledot-)System; die Toledot-Formel in Num 3,1-4 (Mose- und Aaron-Genealogie) gehört literarisch zu Ex 6.[73] Über die Toledot-Formel wird die Institution des *erblichen*, aaronidischen Priesteramtes an die von der Schöpfung her kommende genealogische (Toledot-)Linie angeknüpft. „Die Notwendigkeit für eine derartige Absicherung besteht in der Weitergabe des Segens: Seit Abraham wird der besondere Segen und die Aufgabe des Segenvermittelns von Generation zu Generation weitergegeben – bis zu den zwölf Söhnen Jakobs."[74] Die Aaroniden werden später gerade mit der Aufgabe des Segenvermittelns vertraut (Num 6,22-27). Daher werden die Priester an das genealogische System des Buches Genesis nahtlos angebunden.

Die dritte Toledot-Formel außerhalb der Genesis ist in Rut 4,18-22 zu finden. Durch den Rückgriff auf die genealogischen Elementarformen der Genesis[75] wird deutlich, dass „[d]ie Rutgeschichte […] die Volksgeschichte der Genesis weitererzählen [will], und zwar von Juda bis zum Beginn der davidischen Dynastie."[76] Mit der Toledot-Formel des Rutbuches werden die Person „David" und damit das Königtum in Israel in der Entstehungsgeschichte des Volkes genealogisch verankert.[77] Nach 2 Sam 7,12 wird mit David zwar ein *erbliches* Königtum errichtet, allerdings wird dieses Königtum – vergleichbar dem aaronidischen Priestertum – als Institution letztlich genealogisch verankert. Hieke hat diesen Befund in seiner Studie zu den Genealogien der Genesis zutreffend beschrieben:

„Damit geschieht hier das Gleiche, das beim priesterlichen Zweig des genealogischen Systems über Ex 6,16-25 und Num 3,1-4 beobachtet werden konnte: Wie der große Ahnherr des zadokidischen Priestertums, Pinhas, so wird hier der exemplarische König Israels, David, genealogisch in den Ursprüngen Israels und letztlich wieder in der Schöpfung verankert. Priestertum und Königtum stehen damit auf einem festen genealogischen Fundament."[78]

---

72 GALIL, Sons of Judah, 489. Vgl. noch SARNA, Exodus, 34; JACOB, Exodus, 163 und PROPP, Exodus 1-18, 283-284.
73 Vgl. dazu HIEKE, Genealogien, 226-233.
74 HIEKE, Genealogien, 226.
75 Dazu HIEKE, Genealogie, 239f.
76 I. FISCHER, Männerstammbaum, 209.
77 Vgl. I. FISCHER, Rut, 259; s. auch HIEKE, Genealogien, 239f.
78 HIEKE, Genealogien, 240.

Dieses feste genealogische Fundament gründet in Gott selbst, so dass letztlich die Institutionen Israels in Gott verankert werden. Für das Vertauschungsmotiv dürfte dieselbe Darstellungstendenz im Hintergrund stehen: Die beiden wichtigen israelitischen Institutionen werden über die Vertauschungen letztlich in Gott gegründet. Damit wird eine bedeutungsvolle theologische Aussage getroffen: In gleichem Maße, wie die Institution des Erstlingstums nicht in einer geburtlichen Disposition gründet, sondern letztursächlich nur durch JHWH garantiert und legitimiert wird, werden auch die Institutionen von Königtum und Priestertum über den Erstlingstumbegriff (ab Gen 36 angewendet auf die Binnenstrukturen Israels) durch JHWH gewährleistet. Zwar sind Priestertum und Königtum erbliche Institutionen in Israel, doch werden sie in ihrer letzten Ursache und damit auch vor ihrer letzten Verantwortungsinstanz in Gott gegründet. In theologischer Hinsicht ist die Wahl von König und Priester freie Entscheidung JHWHs, was das für Israel übliche dynastische Denken zwar nicht in Frage stellt, jedoch in jedem Fall relativiert. Eventuell könnte man darin auch eine implizite Kritik am erblichen Königtum des vorexilischen Israels vermuten.

3.2.4 Erstlingstum in ethischer Dimension

Das Erstlingstum Israels beschreibt nicht allein dessen privilegierte Sonderrolle. Vielmehr erwachsen Israel aus dieser privilegierten Position heraus Aufgaben, die Israel *für* die Völker übernehmen soll. Die Ausführungen Vriezens bringen diese Beobachtung sehr gut auf den Punkt:

> „Die Wahrheit der Erwählung Israels z.B. wird zur Unwahrheit, wenn man sie verstandesmäßig so erfassen will, daß sie folgerichtig enthält, daß Gott die Völker der Erde verworfen hat, und folgerichtig bedeutet, daß Israel mehr ist als die anderen Völker. Denn Israel ist allein darum erwählt, damit es Gott diene zu seinem Ziel, die übrigen Völker zu ihm zurückzubringen."

Auch wenn Vriezen von „Erwählung" im Allgemeinen spricht (mit Blick auf das Dtn), lässt sich dies auf die in der Erwählung gründenden Vertauschungserzählungen applizieren. Der Erstlingstumbegriff hat weniger eine politische Dimension, als eine vornehmlich *ethische*. Das Auseinandertreten von Erwählung und Qualifizierung, wie es die Vertauschungserzählungen beschreiben, betont gerade, dass Israel kein schöpfungsmäßiges oder mythologisch-vorgeschichtliches Primat aneignet, es folglich nicht nur auf die Erwählung ankommt, sondern der potentielle Erstling sich ebenso als solcher erweisen muss. Die Vertauschungserzählungen betonen nicht nur die Privilegien, die sich aus dem Erstgeborenenstatus ergeben, sondern heben in besonderer Weise seine Pflichten und Funktionen hervor. Entscheidend für das Erstlingstum in Israel ist nicht seine *Existenz* als Erstling, sondern sein *Verhalten* als solcher. Gerade darum ist auch das solidarische Verhalten der Erstlinge – wie in Teil C.1.2 gezeigt – das entscheidende Kriterium dafür, ob sich jemand als Erstling erweist oder sich seiner natürlichen Position disqualifiziert. Damit wird zugleich ein biologisch-rechtliches Verständnis von Erstlingstum konterkariert, das auf die reine erstgeburtsrechtliche Disposition gründet. Nicht der qua Geburt garantierte geburtliche Status, sondern der *Erweis* zum Erstling zeichnet den Erwählten aus. Das Erstlingstum ist damit nicht nur Erwählung „aus" den Völkern (vgl. noch Dtn 7,6; 10,14f; 14,2; vgl. Jes 41,8f)[79], sondern auch Erwählung „für" die Völker.[80] In Gen 1-4.5-35 bleibt der segenlose ältere Bruder – jedenfalls innerhalb der literarischen Konstruktion – immer der Bruder, auf den der gesegnete Jüngere verwiesen bleibt. Im Angesicht des erstgeborenen Bruders zu existieren heißt dann auch, sich seiner Aufgabe für die Völker immer wieder zu vergewissern, bzw. – um im Bild zu bleiben – die anderen Völker nicht aus den Augen zu verlieren.

JHWHs Erwählungshandeln an Israel zielt immer schon über Israel hinaus,[81] wobei dieses Handeln sowohl *exemplarisch-repräsentativ* wie *mittlerisch* geschieht. Wie der Erstling in der Familie das Vaterhaus repräsentiert, so steht Israel als Erstling repräsentativ für alle Völker. Der exemplarische Charakter des Gottesvolkes lässt sich sehr gut daran zeigen, dass die innere Differenziertheit des israelitischen Volkes genauso groß ist wie die der gesamten Menschheit. In Gen 46,27 wird die Zahl der Personen, die in Ägypten zu Jakobs Haus gehören, mit siebzig angegeben.[82] Siebzig Völker sind es auch, die nach jüdischer Tradition aus den Noahsöhnen entstehen[83], eine Zahl, die recht genau der von Gen 10 entspricht: [84] Zählt man dort die Namen, kommt man bei Japhet

---

79 Vgl. dazu PREUß, Theologie des Alten Testaments, Bd. II, 305.

80 S. VRIEZEN, Theologie, 72. Vgl. dazu noch ROWLEY, The Biblical Doctrine of Election, 45: „Election is for service."

81 Vgl. dazu besonders PREUß, Theologie des Alten Testaments, Bd. I, 27-30; Bd. II, 305-327.

82 Vgl. auch Ex 1,5; Dtn 10,22.

83 Vgl. TJon zu Gen 11; Sota VII, 5 u.a.

84 Auf eine solche Entsprechung von Menschheit und Volk wird bereits im Moseslied Dtn 32,8 verwiesen: „Als der Höchste den Nationen das Erbe austeilte, als er die Menschenkinder voneinander schied, da legte er fest die Grenzen der Völker nach

auf 14, bei Ham auf 31, bei Sem auf 26 (jeweils ohne Japhet, Ham und
Sem selbst, die ja keine eigenen Völker bilden). Damit ergibt sich als
Summe 70 (bzw. 71[85]). Völkerwelt und Israel fallen damit in eins. In der
Genesis kommt von Beginn an die gesamte Menschheit in ihrem Verhältnis zu Gott in den Blick. Narrativ-theologisch wird dies allerdings
entfaltet im *konkreten* Verhältnis Israels zu JHWH, an dem sich messen
lassen muss, wie das Verhältnis der Menschen zu Gott in idealer Weise
gestaltet sein soll.

Der vorliegende Genesis-Text differenziert gerade nicht zwischen
einer allgemein-anthropologischen „Urgeschichte" und einer israelitischen „Vätergeschichte", sondern erzählt in fortschreitender Fokussierung die Entstehung Israels aus der Vielheit der Menschen.[86] In den
Erzelternerzählungen bleibt die Völkerwelt ein durchgängiges Thema,
und insbesondere Abraham ist nicht nur der Prototyp Israels, sondern
begründet im genealogischen System der Bibel auch andere Gemeinschaften als „Israel". Damit ist „Urgeschichte" von Anfang an „Vätergeschichte" und umgekehrt.[87] „Israel" ist damit entsprechend der ideale, der repräsentative אָדָם vor JHWH. Im dritten Toledot-Hauptteil
wird dies als Ergebnis der Identitätskonstruktion festgehalten: Nicht
Edom (אֱדוֹם) – als Repräsentant der übrigen Völker (Teil C.3.1.2.1) – ist
der mit der göttlichen Verheißung intendierte Adam (אָדָם), sondern
Jakob/„Israel". Das Wortspiel mit den im Konsonantenbestand identischen und assonanten Wörtern אֱדוֹם und אָדָם dürfte nicht zufällig sein,
denn nicht umsonst wird Esau gleich zu Beginn der Erzählungen mit
„Edom" identifiziert, Jakob mit „Israel" allerdings erst am Ende der

---

der Zahl der Söhne Israel." (diese Beobachtung auch bei CRÜSEMANN, Menschheit
und Volk, 190).

85 Genau genommen ergeben alle Völker zusammen 71 Völker, die jedoch verglichen
mit den 70 keinen besonderen symbolischen Wert haben. Will man das Sinnspiel mit
der Zahl 70 erhalten, so könnte man beispielsweise Peleg nicht zählen, da dessen
Nachkommen hier nicht genannt werden und er nur als Bruder Joktans erwähnt
wird. Peleg ist an dieser Stelle Vorverweis auf Gen 11, wo die genealogische Hauptlinie weiterverfolgt wird. Ein anderer Vorschlag wäre, Nimrod als deutliche „Parenthese" von der Gesamtsumme auszunehmen (vgl. JACOB, Genesis, 289ff) oder die besondere zweite Zeugung durch Kus als besonderes Unterglied wegzulassen (so
DEURLOO/ZUURMOND, De dagen van Noach, 72).

86 Vgl. dazu Teil A.4.2 und Teil C.3.1.

87 Die weit verbreitete Unterscheidung zwischen einer „Urgeschichte" und einer „Vätergeschichte" wird damit der Gesamtstruktur des Buches Genesis (als Buch der Toledot) nicht gerecht. Vgl. auch STEINBERG, Framework, 47-48: „The Separation between primeval and the so-called patriarchal history is one we superimpose on the
text. The text itself speaks of the time before the great deluge and then of the postdi-
luvian generations."

Erzählung (Gen 32; 35), nachdem er sich als eigentlicher „Adam" erwiesen hat.

Der repräsentative Charakter der Sonderrolle Israels im Blick auf die Völker wird in Gen 36-50 besonders greifbar. Die in C.4.1 (literarische Funktion) konstatierte Deutungsvariation des Erstlingstum in Bezug auf die inneren Strukturen Israels kann in diesem Zusammenhang gedeutet werden. Versteht sich Israel als Repräsentant des Humanum, steht auch dessen Erstlingstum repräsentativ für das Verhalten unter den Völkern. Das Erstlingstum Israels im Verhältnis *zu* den Völkern und das Erstlingstum *innerhalb* Israels verwirklichen sich demnach auf gegensätzliche Weise: In Israel wirkt Joseph als der *Gesegnete* für den segenlosen Bruder lebenserhaltend und zukunftsweisend. Es kommt zu keinem Ausschluss, sondern zu einem Ausgleich unter den Brüdern. Im Ausgleich vom Erstlingstum Josephs und dem Königtum Judas wird deutlich, was das Erstlingstum Israels innerhalb der gesamten Menschheit zu bedeuten hat: Der Aufstieg des gesegneten Bruders geschieht gerade nicht auf Kosten seiner Brüder, wie dies in der Völkerwelt der Fall ist, sondern der gesegnete Bruder wird seinen Brüdern selbst zum Segen (vgl. noch Gen 12,1-4). Faktisch bekommt damit Israel eine verantwortungsvolle Vorbildfunktion gegenüber den Völkern, die zur dauerhaften ethisch-sittlichen Herausforderung des Gottesvolkes wird. Denn in gewisser Weise wird das Erkennen und Anerkennen Gottes durch die Völker gekoppelt an das Verhalten Israels, dass sein „Erstlingstum" in Bezug auf die inneren Machtstrukturen auch so gestalten muss, dass dieses zum Spiegel der völkerweltlichen Verhältnisse werden kann. Damit wird die Ethik unlösbar mit dem Fortbestand des erwählten Volkes inmitten einer unruhigen Welt verbunden, aber nicht als Vorbedingung für JHWHs Heilshandeln, *sondern als gelebte Folge der Erwählung.*

Dieses Konzept kommt demjenigen von Jes 2,1-5 (bzw. Mi 4,1-5), der Völkerwallfahrt zum Zion, sehr nahe. Seiner literarischen Form nach besteht Jes 2,1-5 aus seiner Randnotiz (V. 1), einer Heilsschilderung (V. 2-4) und einer Selbstaufforderung (V. 5). V. 5 bildet als Abschluss den Aufruf an Israel, als Licht der Völker den Anbruch der Heilszeit durch seine Treue gegenüber JHWH zu bezeugen und damit mit herbeizuführen. Dem Aufruf an die Nationen, zum Zion „in seinen Wegen" zu wallfahren (V. 3), werden diese erst Gehör schenken, wenn Israel dem prophetischen Aufruf Gehör schenkt: „Lasst uns gehen, weiter gehen im Lichte JHWHs." (V. 5). Wenn Israel nicht „im Licht" (בְּאוֹר) geht, dann können die Völker auch nicht „auf seinen Wegen"

(בְּאֹרְחֹתָיו; V. 3) gehen. Das Licht der Tora (V. 3b[88]), das die Völker in Zion erkennen sollen, gibt dem Lebenswandel der Zionsbevölkerung seine Ausrichtung. Der inhaltliche Verweis von V. 5 auf V. 3 wird durch einen phonetischen unterstützt: V. 5 zitiert den Aufruf in V. 3, doch nur teilweise: V. 3 lautet: וְנֵלְכָה בְּאֹרְחֹתָיו/„Lasst uns auf seinen Wegen gehen". In V. 5 sind die beiden letzten Silben weggelassen: וְנֵלְכָה בְּאוֹר/„lasst uns gehen im Licht!" Die Verbindung wird dadurch deutlich: Erst wenn Israel die Pfade Gottes beschreitet, gibt es auch Wege, aus denen JHWH den Völkern Unterricht geben kann. Die Deutung wird im Blick auf die theologische Verbindung von Jes 2,1-5 zu Kapitel 1 bestätigt. Das Motiv, das die beiden Teile – Wiederherstellung Zions (Jes 1) und Wallfahrt der Völker (Jes 2) – miteinander verbindet, lautet: „das Wort JHWHs/die Tora unseres Gottes" (Jes 1,10)// „die Tora/das Wort Gottes" (Jes 2,3).[89] Wenn die Führer und das Volk Jerusalems dieses Wort annehmen, um es zu befolgen, dann werden sich auch die Völker zu dem Gott hingezogen fühlen, der dort Wohnung genommen hat und durch seine Tora dem Leben der Einzelnen und der Nationen Richtung verleiht. So wird der Weltfrieden in Zion seinen Anfang nehmen.

Israel wird so zum Vorbild und zum Segensmittler für alle Völker.[90] Die Verantwortung, die Israel durch das Erstlingstum aufgegeben ist, verweist entsprechend auch auf Gottes universalen Plan mit allen Menschen.

3.3 Realgeschichtliche Funktion: Erstlingstum in inter-nationaler Perspektive (Gen 1-35)

Die Frage nach den gesellschaftlichen, politischen und ethnischen (kurz: realgeschichtlichen) Funktionen des Vertauschungsmotivs soll an dieser Stelle im Vordergrund stehen. Es sei an dieser Stelle nochmals darauf hingewiesen, dass eine konkrete historische Situierung dieses Motivs nur bedingt möglich ist und aufgrund der gewählten Methode

---

88   [...] כִּי מִצִּיּוֹן תֵּצֵא תוֹרָה וּדְבַר־יְהוָה מִירוּשָׁלָם: „Denn vom Zion wird Tora ausgehen und das Wort JHWHs von Jerusalem."

89   Die umgekehrte Reihenfolge ließe vielleicht einen beabsichtigten Zusammenhang vermuten (s. dazu BEENTJES, Quotations, 506–523).

90   Dazu PREUß: „Ein Erwählungsglaube und ein Erwählungsdenken tendieren auf einen gewissen Universalismus hin." (PREUß, Theologie des Alten Testaments, Bd. II, 306). PREUß spricht hier zwar allgemein von Erwählung und nicht etwa von Vertauschung oder Erstlingstum, seine Schlüsse zum universalen Heilsplan Gottes zieht PREUß allerdings durch Verweis auf bestimmte Genesis-Stellen (so etwa Gen 12).

in dieser Untersuchung auch nicht angezielt ist. Lediglich der „Sitz in der Literatur" ist am konkreten Text mit einiger Sicherheit verifizierbar. Jedoch lassen sich anhand der erhobenen Sinnpotentiale des Textes vorsichtig einige Aspekte herausarbeiten, die für eine mögliche zeitliche Verortung hilfreich sein können.

Schaut man in die Forschungsgeschichte, soweit sie sich mit dem Phänomen der Vertauschung des Erstgeburtssegens beschäftigte, fällt sofort auf, dass für die realgeschichtliche Verortung dieses literarischen Phänomens vor allem eine spezifische Deutungskategorie maßgeblich ist: Das Vertauschungsmotiv wird aufgefasst als *Rechtfertigung* und *Legitimation* der Königsherrschaft Salomos[91] bzw. Davids.[92] Diese angenommene textpragmatische Tendenz wird vor allem damit begründet, dass die Vertauschungen bei David und bei Salomo – jedenfalls laut den biblischen Erzählungen[93] – von entscheidender Bedeutung für deren Königtum sind. Dieses Legitimationsdefizit der ersten israelitischen Könige sei dann in der Genesis sozusagen schöpfungs- und erwählungstheologisch verankert worden und damit legitimiert. Zumeist wird die Textgenese dieser Traditionen auch in diesem Zeitraum verortet. Das hohe Alter der Traditionen wird in derlei Konzepten mit Hinweis auf die altorientalische Literatur bescheinigt, in der sich für die Vertauschungen Analogien benennen lassen:

„This thesis – that there is a Davidic/Solomonic tendenz behind the fascination with the son's eclipsing their older brothers – is supported, though hardly proven, by ancient analogues, which range from ancient Near Eastern stories of Idrimi, Ashurbanipal, Esarhaddon, and Hattusilis to the classical accounts of Romulus und Remus or Acrisius and Proetus, and beyond, as in Egyptian myths about Horus and Seth or those of the Persian deities Ahriman and Ohrmazd."[94]

Zutreffend ist hier zunächst die Beobachtung, dass sich Grundstrukturen des Vertauschungsmotivs in der Literatur verschiedener antiker Kulturen finden lassen, u.a. im ugaritischen Keret-Epos oder in der ägyptischen Erzählung von Seth und dessen jüngerem Bruder Horus.[95]

---

91 So z.B. KOCHANEK, La table des nations, 276; s. noch die Hinweise bei GREENSPAHN, When Brothers Dwell together, 7f. 142-144, dort bes. Anm. 7.
92 Vgl. die Hinweise bei FOX, Younger Brother, 47-59 und GREENSPAHN, When Brothers Dwell together, 9-29.
93 Die Details müssen hier nicht mehr ausgeführt werden, s. dazu Teil B.7.3.
94 GREENSPAHN, When Brothers Dwell together, 142f.
95 Dazu FOX, Younger Brother, 47. Zum Ganzen s. noch die Hinweise bei FOX, Younger Brother, 47; GREENSPAHN, When Brothers Dwell together, 6 u. HIEKE, Genealogien, 38f. Selbst in europäischen Märchen lässt sich das Motiv der rivalisierenden Ge-

Problematisch ist allerdings die Auswertung des Befundes. Die in den außerbiblischen Texten beschlossenen Traditionen reichen von vorgeburtlichen Auseinandersetzungen bis hin zu persönlichen Kämpfen zweier Konkurrenten. Die Vertauschung des Erstgeburtssegens steht bei den wenigsten im Vordergrund. Gemeinsam ist allen Texten sicherlich die Frage nach Legitimation von Herrschaft, die auch in der Genesis eine wichtige Rolle spielt. Allerdings kann von dieser Beobachtung noch kein Rückschluss auf die Funktion des Vertauschungsmotivs in seinem (hypothetischen) historischen Kontext erfolgen. Die doch sehr divergenten Quellen sollten nicht einfach homogenisiert werden, um dadurch einlinig eine Begründung des Vertauschungsmotivs zu stützen. Zieht man die bisherigen Erkenntnisse der vorliegenden Arbeit heran, ist die etwas einseitige Gleichung „Legitimation = Legitimation der Herrschaft Davids oder Salomos" doch recht unwahrscheinlich. Schon die bloße textliche Verteilung des Vertauschungsmotivs, dessen textliches Hauptgewicht gerade in der Genesis liegt und außerhalb der Genesis nur in einzelnen Grundelementen auftritt (Teil B.7), spricht gegen diese These, zumindest in dieser monokausalen Form. Die bisherigen Ergebnisse dieser Untersuchung konnten in der detaillierten literarischen Beschreibung (Teil B) sowie in der Beschreibung der Einzelelemente und Erzählstrategien (Teil C.1) aber auch zeigen, dass zwei bisher in der Forschung als Grundkonstanten geltende Funktionsbestimmungen und deren historische Verortung nicht mehr ohne Weiteres gegeben sind: Weder lassen sich die Erzählungen aus gesetzlichen Bestimmungen ableiten (etwa einer „Ultimogenitur"[96]), noch wird über die Vertauschungen ein früheres Stadium israelitischer Religionsgeschichte konserviert (de Vaux[97]). Die Pointe der biblischen Texte liegt ja gerade darin, dass das Erstgeburtsrecht nach antikem Vorbild und das Erstlingstum nach biblischer Vorstellung in gleicher Weise im Text präsent und einander gegenübergestellt werden (Teil C.3.1).

Es wird an dieser Stelle daher ein anderer Weg vorgeschlagen, um sich der realgeschichtlichen Funktion der Texte anzunähern. Da für die Vertauschungen in Gen 1-4.5-35 und diejenigen in Gen 36.37-50 unterschiedliche textpragmatische Tendenzen beobachtet wurden (Teil C.3.2), sind beide Textabschnitte auch gesondert auf deren realgeschichtliche Funktion hin zu untersuchen. Für den Abschnitt Gen 1-4.5-

---

schwister aufgrund empfundener Ungerechtigkeit wiederfinden, so z.B. in „Aschenputtel" oder in Hans Christian Andersens „Das hässliche Entlein".

96   S. dazu Teil A.2.4.
97   S. dazu Teil A.2.4.

35 konnte gezeigt werden, dass die Vertauschungserzählungen eine enge Verbindung mit dem genealogischen System eingehen (vgl. Teil C.2; C.3.1) und hierüber nicht nur am Erzähllaufriss der gesamten Genesis partizipieren, sondern diesen auch wesentlich mitbestimmen. Ein Merkmal der biblischen genealogischen Systeme ist es, dass sich der Text gegen eine allzu enge Festlegung auf konkrete historische Daten sperrt und immer einer gewissen Variabilität (*fluidity*[98]) unterliegt. Hierzu schreibt Hieke:

> „Die Träger der genealogischen Linien (der Hauptlinien und der Nebenlinien) sind nicht 1:1-Codes, die für *eine* bestimmte historische Wirklichkeit (ein Volk, eine Gruppe) stehen, sondern Identitätsfiguren, die die Möglichkeit zur Identifizierung („wir") und zur Abgrenzung („die anderen") bieten."[99]

Tatsächlich ist die wohl wichtigste Aufgabe und Funktion von Genealogien die Konstruktion einer Identität.[100] Der Text spricht allerdings in Chiffren und erlaubt so eine Aktualisierung und Übertragung. Das kann man schon daran ablesen, dass überwiegend nicht ethnische Termini (Völkerbezeichnungen) auftauchen, sondern Familiengeschichten erzählt werden. Die Volksgeschichte Israel wird erzählt als Familiengeschichte. Aus dem Wissen um die Veränderlichkeit der Genealogien ist der Rückschluss auf konkrete geschichtliche Entwicklungen daher nicht möglich.[101] Umgekehrt kann man aber davon ausgehen, dass im genealogischen System der Genesis bestimmte Grunderfahrungen narrativ-theologisch entfaltet werden, die für die Identität des Volksganzen paradigmatisch sind.[102] Dasselbe würde dann auch für die Vertauschungserzählungen gelten: Sie artikulieren eine bestimmte *Grunderfahrung* Israels. Dies ermöglicht eine Anpassung an sich verändernde Zeitumstände und gesellschaftliche Bedingungen.

Diese Grunderfahrung könnte für Israel in der geschichtlichen Wirklichkeit und widersprüchlichen Wirklichkeitserfahrungen liegen. Folgt man dem Bild Israels, wie es sich in der Genesis darstellt, wird hier Israel als der *kleine* Bruder im Angesicht der *großen* Nationen por-

---

98 Den Gedanken einer *genealogical fluidity* hat u.a. im Ansatz schon BERTHOLET, Kulturgeschichte, 86f, formuliert.

99 HIEKE, Genealogien, 348.

100 Zur Bandbreite der Funktionen von Genealogien s. grundsätzlich die Ausführungen von WILSON, z.B. in seinem Artikel „Between ‚Azel' and ‚Azel'", 19.

101 Grundlegend hierzu KUNIN, Logic, 178-182; WILSON, Genealogy, 27-36 und MALAMAT, Tribal Societies, 133.

102 Zum paradigmatischen Charakter vgl. noch die Ausführungen zur kanonischen Funktion (Teil C.3.5).

trätiert – „helpless in the face of the world events."[103] (Teil C.3.1.2). Es geht in den Vertauschungserzählungen um die *Daseinsberechtigung Israels*, die *Legitimation* seiner Sonderrolle und den *Geltungsanspruch* eines kleinen Volkes inmitten der Vielzahl teils größerer, älterer und kulturell dominierender Nationen (Teil C.3.1 und 3.2). Israel muss sich mit dem großen Bruder, den größeren Völkern *arrangieren*, denn es existiert immer „im Angesicht" der übrigen Nationen. Die Israel umringenden älteren und größeren Nationen sind wesentlich in dessen Identitätskonstruktion integriert: Der ältere Bruder bleibt als natürlicher Erstgeborener immer im Blick. Mit Kaminsky kann man hier von „Israel's sense of her late-born status" [104] unter den anderen Völkern sprechen. Der gesegnete jüngere Bruder existiert im Angesicht des nicht-gesegneten Bruders.

Das Vertauschungsmotiv kann hier als *narrativ-theologischer Nachhall* dessen verstanden werden, dass Israel eine völlig „unwahrscheinliche" Geschichte hat. Die Erzählungen versuchen den scheinbaren, aber erfahrbaren Widerspruch zwischen der geglaubten Sonderrolle Israels auf der einen Seite und der „reality of political weakness"[105] auf der anderen theologisch zu deuten und so ihren Platz in der Völkerwelt zu finden. Die widersprüchlichen Wirklichkeitserfahrungen Israels sind gerade in einer Zeit plausibel zu machen, in der Israel seine Eigenstaatlichkeit verloren hat und durch Fremdbeherrschung um die eigene Rolle im Völkerganzen und die Grundkoordinaten der eigenen Identität ringt, also *nicht vor* der exilisch/nachexilischen Zeit. Die in dieser geschichtlichen Situation im Vergleich zu den herrschenden und prosperierenden Völkern für Israel erfahrbare „Zweitrangigkeit" wird durch das Vertauschungsmotiv kompensiert: JHWH schaut in seiner freien Souveränität eben auch auf den „jüngeren Bruder", ohne dass dieser sich diesen Status verdient hätte. Kaminsky erfasst den theologischen Kern des Vertauschungsmotivs völlig zutreffend, wenn er zum Schluss seiner Studie resümiert:

> „[…] in a number of them (scl. these stories) the younger sibling who eventually triumphs is portrayed as a character, who […] is seriously flawed. […] The emphasis of these stories on the upsetting of human expectations by noting god's mysterious election of the youngest child, even when he is flawed, must certainly reflect a deep-seated Israelite perception that their

---

103 FOX, Younger Brother, 63.
104 KAMINSKY, Yet I Loved Jacob, 77.
105 Zitat s. Klappentext des Einbandes. Die Ausführungen dazu: GREENSPAHN, When Brothers Dwell together, 141-160.

nation is blessed, *but has not earned this blessedness primarily through merit.*"[106]

Durch JHWH und nicht durch historische Zufälligkeiten oder den Vorrang eines Erstgeburtsrechts empfängt Israel seine Legitimation. Auf JHWH ist Israel verwiesen, von ihm her weiß Israel sich in seiner Existenz bestimmt.

Bemerkenswert ist, dass sich Israel nicht – in einer Art Gegenbewegung zur Wirklichkeitserfahrung – als *per se* erwähltes und bevorzugtes Volk charakterisiert. Israel erfüllt seine Sonderrolle in dem Bewusstsein „Erstling" zu sein und nicht einfach nur als „natürlicher Erstgeborener" unter den Völkern zu existieren, d.h. mit einem, etwa schöpfungstheologisch garantierten, Sonderrecht. Mit der Sonderrolle Israels als Erstling unter den Völkern geht auch die Verantwortung einher, die Israel in dieser Sonderrolle übernimmt. Erstlingstum in Israel ist kein Selbstzweck, sondern immer zugleich Privileg wie auch Pflicht und Verantwortung (vgl. Teil C.3.2.2). Es ist in diesem Zusammenhang noch einmal eigens hervorzuheben, dass Israel sich über die Vertauschungserzählungen vor allem in einer *ethisch-sittlichen Dimension* in seiner Sonderrolle als Erstling definiert – dafür sprechen der ausführlich narrativ entfaltete Qualifizierungsprozess, in der sich der Erstling erst als solcher *erweisen* muss, sowie die innerfamiliäre Solidarität, die durchgängig als Kriterium für die Qualifizierung ebenso wie für de Disqualifizierung angewandt wird. Die *politische Dimension* der Sonderrolle wird hingegen nicht gesondert betont. Das ist sicherlich zum einen Reflex einer Wirklichkeitserfahrung, in der Israel über eine längere Zeit und ohne absehbares Ende von anderen Völkern fremdbestimmt ist. Zum anderen macht sich Israel mit der Identitätsbestimmung als Erstling einen großen Anspruch zu eigen, der es von den Fremdvölkern fundamental unterscheidet. Das eigene *Scheitern* an diesem ethisch-sittlichen Anspruch wird für Israel ebenso eine Grunderfahrung sein. Allerdings wird Israel dadurch nie von JHWH verworfen. Erwählung und Qualifizierung treten in allen Vertauschungserzählungen nie grundsätzlich auseinander. Der ethische Anspruch ist entsprechend eine Kategorie, auf die als Identitätsmerkmal immer wieder verwiesen werden kann. Dieser *Anspruch* bleibt grundsätzlich bestehen. Hingegen sind die realpolitischen Umstände immer einem Wandel unterworfen. Würde Israel sich in seiner Sonderrolle als *politische* Größe definieren, wäre dieses Bild bei veränderten Konstellationen schnell hinfällig und theologisch überholt. Dasselbe gilt für die Institutionen innerhalb Israels, die über das Vertauschungsmotiv ebenfalls in Gott gegründet sind

---

106 KAMINSKY, Yet I Loved Jacob, 77 (Hervorhebungen BH).

(Teil C.3.2.3). Über diese Verankerung können Priestertum und Königtum alle institutionellen Krisen (Zerstörung des ersten Tempels; Exil, Rivalitäten etc.) überstehen. Der ethisch-sittliche Anspruch dieser Institutionen hingegen bleibt immer bestehen.

Zusammenfassend kann man sagen, dass das Vertauschungsmotiv sich in seiner Vielschichtigkeit und Ausdifferenzierung dazu eignet, die Komplexität der Wirklichkeit differenziert wahrzunehmen, diese literarisch zu reflektieren und theologisch zu interpretieren. Die Stärke des Vertauschungsmotivs liegt gerade darin, dass es nicht in einer konkreten historischen Situation seinen Anlass findet und darin aufgeht, sondern – und hier ist es vergleichbar mit der sog. *fluidity* der genealogischen Systeme – durch seine Variabilität an unterschiedliche Situationen und gesellschaftliche Bedingungen anpassbar ist. Somit kann *generations- und situationsübergreifend* eine paradigmatische Grunderfahrung Israels kommunizierbar gemacht werden.

3.4 Realgeschichtliche Funktion: Erstlingstum in inner-israelitischer Perspektive (Gen 36-50)

Gen 36-50, die Vertauschungserzählung um Joseph und Juda, nimmt innerhalb der Vertauschungsthematik der Genesis eine Sonderrolle ein[107], so dass hierfür in gesonderter Weise nach Textpragmatik und historischen Hintergründen gefragt werden muss: Im Gegensatz zur *Ausschließlichkeit* von Erwählung und Qualifizierung in Gen 1-4.5-35 steht am Ende der Joseph-Juda-Erzählung ein *Ausgleich* zwischen Juda und Joseph. Diese bipolare Konstruktion der Herrschaft in Israel über die Rollenverteilung von Erstlingstum und Königtum weist in gewisser Weise bis in die Königbücher voraus. Die Frage nach den beiden Königtümern in Israel bildet die Grundkonstellation der Königbücher. Gen 37-50 scheint diese Konstellation zu reflektieren[108], um dann eine eigenständige Lösung der Problematik in Form eines Konzeptes der Rollenverteilung zu bieten. In literarischer Perspektive gibt sich die Joseph-Juda-Erzählung als *gemeinsame* Erzählung von „Nordreich" und „Südreich". Jedoch lassen sich m.E. die Feinsinnigkeit und die bis ins kleinste Detail austarierten Nuancen der Rollenverteilung nicht rein

---

107 Auf die Sonderrolle der Joseph-Juda-Erzählung ist innerhalb dieser Arbeit schon mehrfach hingewiesen worden; vgl. Teil C.1.5.

108 Nach 1 Kön 11,28 kommt der Nordreichskönig Jerobeam I aus dem Hause Ephraim. Die Hinweise auf das Königtum in Israel im Allgemeinen und auf das judäische im Speziellen waren schon bei der Besprechung der Joseph-Juda-Erzählung aufgefallen (s. dort Teil B.6.5.1).

narrativ klären. Allzu greifbar und ausdifferenziert ist das Ringen um die führende Position in Israel, wie es in der Joseph-Juda-Erzählung literarisch aufgearbeitet wird. Die Spannungen und Differenzen, die die Fragen nach den legitimen Herrschaftsstrukturen aufwerfen, sind zu deutlich wahrnehmbar, als dass es sich um bloße historische *Erinnerungen* an ein ehemals zweigeteiltes Israel (etwa das davidisch-salomonische Großreich) handeln könnte, die über verschiedene Quellen Eingang in die Erzählung gefunden hätten und darin konserviert worden wären. Es scheint sich um einen – in der Erzählzeit – *aktuellen* und *präsenten* Konflikt zwischen israelitischen Gruppierungen zu handeln, die um Führung und Machtansprüche innerhalb „Israels" ringen.

Blickt man auf die Geschichte Israels, soweit sie rekonstruierbar ist, scheint diese Situation nur erklärbar zu sein auf dem Hintergrund der durchaus konfliktreichen Beziehungen und Rivalitäten zwischen den verwandten samaritanischen und judäischen Kultgemeinden an Garizim und Zion in der Zeit nach dem babylonischen Exil. Das Problem ist auf der einen Seite der herrschaftliche Machtanspruch Judas und auf der anderen Seite die kulturell dominierende samaritanische Garizim-Gemeinde. Beide Gemeinden verstanden sich als das „wahre Israel", wodurch es zu konfliktbehafteten Auseinandersetzungen zwischen beiden Gemeinschaften kam, die sich auch literarisch, nämlich in der Tora, niederschlugen.

Diese These ist voraussetzungsreich und im Rahmen der neueren Pentateuch-Forschung nicht selbstverständlich. Mithin ist es dafür erforderlich, die gegenwärtig greifbaren Daten, die Rückschlüsse auf das Verhältnis zwischen Juda und Samaria in der für die Entstehung des Pentateuchs wichtigen persischen Epoche zulassen, umfassend auszuwerten. Allerdings ist ein zuverlässiges Bild der Provinz Samaria – hierauf hat jüngst Grätz in einer Studie erneut hingewiesen – immer noch „ein Desiderat der Literatur der *Geschichte Israels*, die sich ab dem Zeitpunkt der Zerstörung Samarias zumeist allein dem Schicksal Judas/Judäas zugewendet und damit voll und ganz der alttestamentlichen Darstellung folgt."[109] Vor diesem Problemhorizont versteht sich die These ausdrücklich als ein möglicher Deutungs-*Vorschlag*, der in die gegenwärtige Diskussion mit eingebracht werden soll. Es werden zunächst in drei Schritten die Voraussetzungen der historischen und literarhistorischen Situierung näher dargelegt (Kap. 3.4.1-3.4.2) bevor abschließend (Kap. 3.4.3) ein Versuch unternommen wird, die Vertauschungserzählungen von Gen 36-50 konkret vor diesem historischen Hintergrund zu lesen.

---

109 Vgl. GRÄTZ, Zu einem Essay von Albrecht Alt, 171–184; Zitat 173.

3.4.1 „Samaria" im Lichte neuerer epigraphischer und archäologischer Evidenzen

Die Samaritanerforschung ist ein junges und nicht unumstrittenes Forschungsgebiet. Vor hundertfünfundvierzig Jahren schrieb Geiger: „Möge die Aufmerksamkeit der Gelehrten den vernachlässigten Samaritanern [...] wieder ernstlich zugewendet werden!"[110] Tatsächlich sollte es aber einige Zeit dauern, bis die Bedeutung der Samaritaner für die israelitische Realgeschichte mehr und mehr in den Fokus der Forschung rückte. Dies hatte mithin damit zu tun, dass die Entwürfe zu den Ursprüngen dieser Religionsgemeinschaft, mangels suffizienter Quellenlage, bisher recht hypothesenhaft bleiben mussten. Der Garizim, der Kultort der Samaritaner, galt als Ort synkretistischer Praktiken eines heidnisch inspirierten Mischvolkes. Besonders die ätiologische Erzählung von den Fremdstämmen, die nach der assyrischen Eroberung in Samarien angesiedelt wurden (2 Kön 17) und die Notiz vom Vergraben der Götzenbilder unter der Terebinthe von Sichem (Gen 35,4; vgl. schon Jub 31,1-3) spielten eine Rolle beim Vorwurf, die Samaritaner würden Götzen anbeten.[111] Gleiches ergibt sich auch aus der rabbinischen Literatur, wo die Samaritaner als „Kuthäer", nämlich „*Heiden* aus der Stadt Kutha", bezeichnet werden.[112] Dieses Szenario hat man in der Forschung lange Zeit für mehr oder minder historisch zuverlässig gehalten, weshalb den Samaritanern allerlei synkretistische Tendenzen unterstellt wurden, die diese angeblich auf dem Garizim ausgelebt hätten.[113] Die Samaritaner galten als häretische Religionsgemeinschaft, die sich von der kulturell wie religiös dominierenden Hauptgruppierung in Juda – mit religiösem Zentrum in Jerusalem – und damit von „Israel" absonderte. Methodisch entscheidend war dabei, dass man die zahlreichen Zeugnisse der antiken jüdischen Literatur, die gegen die Menschen in Sichem und auf dem Garizim polemisierten, auf eine einzige Gruppe bezog, nämlich die „Samaritaner", und dass man diese Texte dann als Quelle zur Rekonstruktion von deren

---

110 GEIGER, Neuere Mitteilungen über die Samaritaner, 614f.
111 Vgl. Jos. Ant. XI, 340-346.
112 S. LEHNHARDT, Das außerkanonische Talmudtraktat Kutim, 111-138; ZANGENBERG, Samareia, 92-166.
113 Einen Überblick über die zumeist von religiösen Vorurteilen behaftete Geschichte der Samaritanerforschung im 19. Jh. gibt der spannende Beitrag von FRANZ-KLAUSER, Samaritanerforschung im 19. Jahrhundert, 112-137. Über die späteren Tendenzen der Forschung gibt einen guten Überblick PUMMER, The Present State of Samaritan Studies, 48-51, sowie die 2010 erschienene hervorragende Monographie von KARTVEIT, The Origin of the Samaritans, bes. 1-15.

Religiosität benutzte. So sah man in dem „törichten Volk, das in Sichem wohnte" (Sir 50,26), die Samaritaner. Hinzu kommen diverse, von den biblischen oder rabbinischen Texten herrührende terminologische Schwierigkeiten: Die Provinz Samaria wird teils unkritisch mit dem sog. Nordreich identifiziert. Historisch aber ist das „israelitische Groß-reich", dessen Teilung in Nord- (Samaria) und Südreich (Juda) im 10. Jh.v.Chr. erfolgt sein soll, nicht ohne weiteres verifizierbar. Ebenso wird der in diesem Zusammenhang historisch bedeutsame und theolo-gisch qualifizierende Begriff „Israel" alternierend für das davidisch-salomonische Großreich, für das spätere Samaria oder das spätere Juda verwendet. Letztere Sicht entspricht vor allem der biblischen, nämlich judäischen Tradition.

Die Realität scheint freilich wesentlich komplexer gewesen zu sein und ist im Lichte neuer archäologischer wie epigraphischer Evidenzen für die Provinz Samaria in der persischen und frühhellenistischen Epo-che in entscheidendem Maße anders zu bewerten als dies die bisheri-gen Hypothesen zuließen: Die neuere Forschung tendiert daher dazu, die Provinz Samaria in ihrer kontinuierlichen Entwicklung seit der assyrischen Eroberung zu beschreiben. Im Gegensatz zu Juda, das von den Babyloniern zu großen Teilen zerstört wurde, ist konsequenterwei-se Samaria als das in persischer Zeit besser entwickelte, von der Ein-wohnerzahl her größere und wirtschaftlich stärkere Gebiet anzusehen. Das Macht- und Kulturzentrum Samaria war der Provinz Jehud nicht nur kulturell überlegen, sondern zeichnete sich in dieser Zeit gerade durch seine geographische, kulturelle und religiöse Nähe zu seinen konkurrierenden JHWH-Verehrern in Jehud aus. Damit ist auch in der Provinz Samaria ein Zentrum der JHWH-Verehrung mit einem eigenen Heiligtum seit dem 5. Jh.v.Chr. zu sehen. Im Folgenden sollen diese neueren Entwicklungen[114] exemplarisch skizziert und forschungsge-schichtlich verortet werden:

Terminologische Differenzierungen: Besonders wichtig auf dem Weg zu einer präziseren Erfassung der Samaritaner war zunächst die termino-logische Differenzierung zwischen den eigentlichen Samaritanern im Sinne von auf den Garizim orientierten, aber biblischen Traditionen verpflichteten „Israeliten" und den Samariern im Sinne von zumeist semitischen und heidnischen Bewohnern der Region Samarien, die erstmals von Kippenberg (1971) in die Diskussion eingeführt wurde.

---

114 Einen guten Überblick über den neuesten Stand der Samaritanerforschung geben die Einzelbeiträge, die im 2010 erschienen Sammelband „Samaritans: Past and Present. Current Studies" (hg. von MOR und REITERER) vorliegen.

Kippenberg gelang so eine wichtige Verfeinerung des Begriffsinstru-
mentariums, die die sachlichen Unterschiede zwischen den in der Literatur genannten Gruppen besser erfassen lässt; namentlich wird eine
unkritische und polemisch gefärbte Gleichsetzung der Garizim-
Kultgemeinde mit der nach der assyrischen Eroberung des Nordreichs
entstehenden samarischen Bevölkerung vermieden. Kippenberg überwindet so eine gewisse Tendenz der Forschung, alle Gruppen als identisch anzusehen. Diese Tendenz ist freilich nicht zuletzt darauf zurückzuführen, dass die antiken Quellen selbst keinerlei terminologische
Differenzierungen vornehmen. Die begriffliche Unterscheidung hat
sukzessive in der Forschung breite Akzeptanz gefunden.[115] Eine weitere wichtige Differenzierung geht auf Dexinger zurück. Besonders dessen Textanalysen haben ihn zu der Annahme geführt, dass man im 5.
und 4. Jh. v.Chr. eigentlich noch nicht von „Samaritanern" sprechen
sollte, dass aber eine deutliche Kontinuität zwischen beiden Gruppen
bestehe, die auch in den Texten thematisiert werde (JHWH-Affinität;
Wohnen in Samarien).[116] Der wichtigste Faktor für die Entstehung der
Samaritaner war aber gerade die Etablierung des Kultes auf dem Garizim. Dexingers Differenzierungen sind vor allem deshalb von Bedeutung, weil sie die Sicht einiger Exponenten der älteren Forschung kor-
rigieren, wonach die Samaritaner direkte Nachkommen des Nordreichs
Israel darstellen, die die Katastrophe der assyrischen Eroberung über-
standen und genuine Nordreichstraditionen fortgesetzt hätten. Dexinger unterscheidet daher zwischen sog. „Proto-Samaritanern" und „Samaritanern".

Verbindet man die beiden grundlegenden Differenzierungen von
Kippenberg und Dexinger, kann man konstatieren, dass die Proto-
Samaritaner allesamt Samarier waren, dass aber nach der Weiterent-
wicklung mancher Proto-Samaritaner zu Samaritanern weiterhin noch
Samarier in der Region lebten, die nichts mit dem biblisch inspirierten
Kult auf dem Hauptgipfel des Garizim gemein hatten. Mittlerweile
wird in der Forschungsliteratur neben dem Begriff „Proto-Samaritaner"
noch parallel der Begriff „Prä-Samaritaner" verwendet, dessen Unterscheidung semantisch nicht eindeutig gefasst ist und der Wortgebrauch
entsprechend uneinheitlich gehandhabt wird. Freilich ist auch bei der

---

115 Vgl. etwa EGGER, Josephus Flavius und die Samaritaner - Die heutige samaritanische
Gemeinde lehnt die Bezeichnung „Samarier" allerdings ab. Beim Namen „Samaritaner" handelt es sich um eine Selbstbezeichnung, die nicht von der früheren Hauptstadt des Nordreiches „Samaria" abgeleitet, sondern mit „hüten, bewahren" (aram.
schamrajin „Hüter") verbunden und im Sinne von „Bewahrer der göttlichen Tora"
verstanden wird.
116 S. DEXINGER, Der Ursprung der Samaritaner.

inzwischen sehr nuancierten Nomenklatur Vorsicht geboten, denn diese hängt entscheidend damit zusammen, welche Szenarien für die *Ursprünge* der Samaritaner angenommen werden: So ist m.E. Dexingers Bewertung der Trennung von Samaritanern und Judäern und deren zeitlicher Verortung nicht mehr zuzustimmen (als Datierungskriterium gilt bei Dexinger immer noch die Errichtung eines Tempels auf dem Garizim). Um keine Forschungsergebnisse aufgrund der Nomenklatur und der damit verbundenen Forschungsrichtung zu präjudizieren, soll es hier zunächst vorgezogen werden, einheitlich den Terminus „Samaritaner" im breiten Sinne für die zu beschreibende Gruppierung zu gebrauchen. Dies soll nicht die vorangegangene Forschung negieren, doch ist der semantisch offenere Begriff aufgrund der oben besprochenen Problematik vorzuziehen.[117]

Das Heiligtum auf dem Garizim: Eine neue Interpretation des Geschehens auf dem antiken Garizim war erst im Zuge der großräumigen Ausgrabungen möglich, die seit 1982 über fast 20 Jahre durch die Zivilverwaltung der israelischen Militäradministration von „Judäa und Samaria" unter der Leitung von Magen durchgeführt wurden. Erst sie verhalfen der Neubewertung der textlichen Aussagen zu den Samaritanern durch Dexinger, Kippenberg und Egger zu einem wirklichen Durchbruch. Die archäologische Evidenz des Garizim-Heiligtums ist äußerst aufschlussreich für eine präzise historische Erfassung der Samaritaner: Gab es am Garizim eine umfangreiche Tempelanlage? Wenn ja, konnte diese von den damaligen Religionsparteien als (samaritanisches) Alternativ- bzw. vielleicht auch als Konkurrenzheiligtum zum Jerusalemer Tempel verstanden werden? Die Grabungen sind mittlerweile abgeschlossen, ein erster Band der Endpublikation liegt seit 2004 vor[118]; ein weiterer – in hebräischer Sprache – kam 2006 zu den Grabungen in Neapolis heraus.[119] Obwohl noch nicht das gesamte Material publiziert ist (insbesondere nicht die Keramik und die Daten der Stratigraphie) hat sich das Bild des Heiligtums am Garizim grundlegend verändert: Dank Magens Ausgrabungen ist nun klar, dass nicht Tell er-Ras, sondern der Hauptgipfel Gebel el-Islamiye als maßgeblich für die Rekonstruktion

---

117 Diese Überlegungen schließen an die diesbezüglichen methodologischen Erwägungen bei KARTVEIT an, der 2009 eine neue und umfangreiche Monographie über den Ursprung der Samaritaner vorgelegt hat (s. KARTVEIT, The Origin of the Samaritans, bes. 10f).

118 MAGEN/MISGAV/TSFANIA, Mount Gerizim Excavations I. Dort finden sich auch ein Verzeichnis der früheren Publikationen von MAGEN sowie eine Diskussion der archäologischen Befunde auf dem Berg.

119 MAGEN, Flavia Neapolis.

samaritanischen Lebens herangezogen werden muss. Allein hier lag
das Heiligtum der Samaritaner, das zudem noch Teil einer wesentlich
größeren Anlage war, als bisher angenommen wurde. Im frühen 2. Jh.
v.Chr. wurde dieser Tempelkomplex erneuert und mit einem ausge-
dehnten heiligen Bezirk ausgebaut. Dieses Heiligtum, dessen Gründung Fl. Josephus (Ant. XI, 302ff) mit der anstößigen Verschwägerung
zwischen dem Priester Manasse und dem Statthalter Sanballat während
der Zeit der Alexanderzüge in Verbindung bringt, stammt, Magen zufolge, bereits aus der persischen Epoche (5. Jh.) und seine Gründungs-
umstände sind wahrscheinlich weniger skandalös als es Josephus berichtet:[120] Die in seinem Kontext gefundenen Inschriften verraten[121],
dass JHWH an diesem Heiligtum verehrt wurde, sehr wahrscheinlich –
wie in Jerusalem – ohne Kultbild. Diese Bildlosigkeit des samaritanischen Kultes könnte sich beispielsweise in der Darstellungspraxis
auf samaritanischen Siegeln widerspiegeln: „(…) it seems that the Sa-
marians consciously rejected some very common Persian, Greek and
Phoenician images; they may have felt these figures conflicted with
their Yahwism and/or their national identity."[122] Freilich ist auch darauf
hinzuweisen, dass die in Wadi ed-Daliyeh gefundenen und in Samaria
geprägten Münzen gleichwohl eine vielfältige Ikonographie *paganer*
Motive zeigen,[123] so dass der Befund einer noch genaueren Auswertung
bedarf.

Mit der Neubewertung und Datierung einiger Ausgrabungsfunde
auf dem Garizim, sowie mit der neuerlichen Rekonstruktion dieses
Heiligtums werden eine Reihe von Fragen nach den religionsgeschichtlichen, kulturellen und politischen Umständen der Gründung aufgeworfen, die mangels ausreichender Daten momentan noch nicht abschließend beantwortet werden können. Möglicherweise steht das
Heiligtum in Kontinuität zu einem älteren, sichemitischen Heiligtum:
Stern und Magen gehen aufgrund des Fundes dreier proto-ionischer
Kapitelle in eisenzeitlicher Tradition von einem frühen sichemitischen

---

120 S. MAGEN, The Dating of the First Phase of the Samaritan Temple, 157-211.
121 Die frühesten der 400 um den Garizim gefundenen Inschriften, die erstmals über die
    von MAGEN, MISGAV und TSFANIA 2004 publizierten Ausgrabungsbände vollständig
    zugänglich gemacht wurden, stammen aus dem 5./4. Jh.v.Chr. und decken die ge-
    samte Periode ab, in der das Heiligtum in Gebrauch war. Zwar ist die Edition nicht
    in jeder Hinsicht zufriedenstellend (paläographische Klassifizierungen zur Altersbe-
    stimmung fehlen; die Informationen zu Material und Fundkontexten sind spärlich),
    doch geben die publizierten Texte bisher einen guten Einblick in die Lebenswelt und
    den Kultus der Samaritaner.
122 LEITH, Wadi Daliyeh I, 25.
123 Vgl. zusammenfassend STERN, Archaeology of the Bible, 569f.

Heiligtum im 7.Jh. aus: „these capitals attest an early phase of the
Temple on Mount Gerizim, before it became a center of monotheistic
religion in the Persian Period".[124] Leider ist der ursprüngliche bauliche
Kontext der Kapitelle nicht zu ermitteln. Sie wurden allesamt in sekundärer Verwendung gefunden. Es erscheint m.E. ebenso plausibel, die
Kapitelle zur ersten Bauphase aus der Perserzeit zu rechnen, als allein
aufgrund ihrer Existenz eine eisenzeitliche Bauphase zu postulieren.

Während die Anfänge des Heiligtums auf dem Garizim Gegen-
stand unterschiedlicher archäologischer Einschätzungen bleiben, die
bis ins fünfte vorchristliche Jahrhundert führen, lässt sich sein Ende
besser datieren: Auch *nach* der Eroberung Alexanders des Großen war
der Garizim noch ein wichtiger religiöser Ort[125] und der religiöse Betrieb wurde aufrechterhalten.[126] Erst Ende des zweiten Jahrhunderts,
wahrscheinlich 112/111 v.Chr., ist das Heiligtum durch Johannes Hyrkan I. (143-104 v.Chr.) endgültig zerstört worden. Zwar wird mit Jos.
Ant. XIII, 254-258 die Tempelzerstörung herkömmlich um 128 v.Chr.
datiert. Jedoch wurde nach Ausweis der Münzfunde das Heiligtum auf
dem Garizim nicht vor 111 v.Chr. zerstört, so dass ein Zusammenhang
mit der Eroberung Sichems angenommen werden darf.[127] Damit lässt
sich deutlich zeigen, dass (spätestens) ab der persischen Epoche ein
alternatives kulturelles JHWH-Zentrum bestand, das zudem über einen
langen Zeitraum in Betrieb war.[128]

Kulturelle und religiöse Kontinuität in Samaria seit assyrischer Zeit: Von
ihrem Ende her betrachtet, ist die samaritanische Kultstätte Zielscheibe
von Anfeindungen gewesen, weil man in ihr eine Konkurrenz zum
Jerusalemer Tempel sah. Der vorangegangene Machtverlust Samarias
zu Beginn der hellenistischen Zeit, sowie die anschließenden kriegeri-
schen Auseinandersetzungen könnten diese Entwicklung stark begünstigt haben. Die Wurzeln der Auseinandersetzungen liegen in der wirtschaftlichen Entwicklung der ersten Hälfte des ersten Jahrtausends
v.Chr., in der das sog. Nordreich – entgegen der biblischen Darstellung
– der stärkere, politisch und ökonomisch bedeutendere Staat gewesen
war. Obwohl mit dem Fall Samarias 722/720 v.Chr. das sog. „Nordreich" gut ein Jahrhundert vor dem „Südreich" Juda untergegangen

---

124 STERN, The Religious Revolution in Persian-Period Judah, 202f; dazu auch MA-
     GEN/STERN, Archaeological Evidence for the First Stage, 49-57.
125 S. PUMMER, The Samaritans and Their Pentateuch, 237-269.
126 Vgl. MAGEN, The Dating of the First Phase of the Samaritan Temple, 157-211; ZAN-
     GENBERG, Berg des Segens, Berg des Streits, 289-309.
127 Dazu noch ZANGENBERG, Berg des Segens, Berg des Streits, 304f.
128 S. noch MAGEN, Mount Gerizim: A Temple City, 74-118.

war und sich auch in der Perserzeit neben Samaria und Sichem keine nennenswerten urbanen Zentren in der Provinz Samaria ausbildeten, setzte sich das Gefälle in nachexilischer Zeit fort.[129] Die persische Provinz Samaria war seit ihrer Einrichtung in assyrischer Zeit nicht mehr das Ziel größerer militärischer Angriffe, sodass sie gegenüber der erst in der Restauration begriffenen persischen Provinz Jehud wirtschaftlich deutlich stärker und bevölkerungsreicher dastand.

Auch die angeblich nach 722/720 v.Chr. erfolgten assyrischen Massendeportationen und Assimilierungstendenzen der ehemaligen Nordreichbewohner können inzwischen als polemische Legendenbildung von judäischer Seite identifiziert werden: Knoppers hat in jüngster Zeit das neuere archäologische Material aufgearbeitet und kommt zu dem überzeugenden Ergebnis, dass man nach der assyrischen Eroberung nicht von einem Kulturabbruch (durch Abwanderung und Umsiedelung assyrischer Bevölkerung in das alte Nordreich) sprechen kann,[130] wie 2 Kön 17 und verwandte Texte implizieren.[131] Es lässt sich lediglich eine kleine „diminuation of local population" nachweisen, die er vermutungsweise zurückführt auf „death by war, disease, and starvation, forced deportations to other lands, and migration to other areas, including south to Judah."[132] In gleicher Weise scheint auch die Anzahl ausländischer Einwanderer nicht so zahlreich gewesen zu sein, wie bisher angenommen,[133] denn die Veränderungen in der materiellen

---

129 S. dazu ZWICKEL, Jerusalem und Samaria zur Zeit Nehemias, 201-222; KNOPPERS, Revisiting the Samaritan Question, 265-289.

130 Vgl. KNOPPERS, In Search of Post-Exilic Israel, 160-172; dazu auch GRÄTZ: „Dass eine solche Praxis (scl. der Deportation) unter Tiglat-Pilesar III. und den Sargoniden gängig war, ist kaum zu bestreiten. Die Frage ist nur, ob die Zerstörungs- und Deportationspraxis wirklich so weitreichend war, wie vor allem die biblischen Quellen berichten, da gerade der entscheidende Text 2 Kön 17,23ff. nicht frei von Vorbehalten gegen Samaria und die dort ansässige Bevölkerung sein dürfte." (GRÄTZ, Zu einem Essay von Albrecht Alt, 176f; dort mit weiterer Literatur zum Thema; Zitat 176).

131 Dazu auch ZSENGELLÉR: Die assyrische Deportation „did not produce defined effects on the formation of the religion and society of this community." (ZSENGELLÉR, Canon and the Samaritans, 161-171; Zitat 161).

132 KNOPPERS, In Search of Post-Exilic Israel, 170. ZERTAL schätzt, dass die Populationsgröße ungefähr 70.000-75.000 betrug (ZERTAL, The Heart of the Monarchy, 44 Anm. 3). Hiervon will Sargon II 27.290 deportiert haben. In einem neueren Aufsatz von 2003 schätzt ZERTAL die Bevölkerung auf 60.000 bis 70.000 (ZERTAL, The Province of Samaria, 385).

133 „Most (scl. foreign importees) seem to have absorbed into the local population." (KNOPPERS, In Search of Post-Exilic Israel, 171). ZERTAL hält es für wahrscheinlich, dass die Assyrer sich bewusst dafür entschieden, keine gemischten Siedlungen zwischen Israeliten und Neuankömmlingen zu errichten (s. ZERTAL, The Province of Samaria, 404).

Kultur beschränken sich ausdrücklich auf militärische und administrative Zentren der assyrischen Besatzer.[134] Die ausführliche Sichtung und Auswertung des archäologischen Befundes lässt Zertal zu dem plausiblen Schluss kommen, dass „in most aspects, life in Iron Age Palestine seems to have continued without much change, as far as daily life is concerned."[135] Durch diese *kulturelle Kontinuität* seit der assyrisch-babylonischen Zeit hatten die Samaritaner in der Perserzeit den besseren wirtschaftlichen Ausgangspunkt. Samaria entwickelte sich in der persischen Epoche zur größten Stadt in Palästina, deren Einfluss relativ bedeutend war:[136] In Samaria residierte der persische Statthalter und dort sind in spätpersischer Zeit auch interessante Reste einer Mischkultur aus persischen, phönizischen, griechischen und einheimischen Elementen zu erkennen (Münzen, Daliye-Bullen). Knoppers fasst diesbezüglich zusammen: „During the Achaemenid era, members of the Judean elite were not dealing with a depopulated outback in the north. Quite the contrary, they were dealing with a province that was larger, better-established, and considerably more populous than was Yehud."[137]

Kulturkontakte zwischen beiden JHWH-Kultgemeinden in persischer und früh-hellenistischer Zeit: Es ist daher zu vermuten, dass es *auf den verschiedensten Ebenen* Kontakte und Interaktionen zwischen beiden Kultgemeinden gegeben haben muss. Im Gegensatz zur alttestamentlichen Darstellung war Samaria für Juda in der Perserzeit und darüber hinaus eine ernst zu nehmende Größe, mit der man sich politisch, kulturell, vor allem aber auch theologisch auseinandersetzen musste. Aufgrund von entsprechenden Münzfunden lässt sich schließen, dass die wirtschaftlichen Beziehungen zwischen den Nachbarn in der persischen

---

134 S. dazu Zertal: „most of the Iron Age III (722-535 B.C.E.) ceramic inventory remainded local and continued from the eighth into the seventh/sixth centuries, with some modifications and additions. The Assyrian influence is expressed by addition of a few imported vessels (‚place-ware'), which appear in small quantities" (Zertal, The Province of Samaria, 397).

135 Zertal, The Province of Samaria, 386.

136 S. hierzu Zertal, The Province of Samaria, 377-412. In die gleiche Richtung geht die Einschätzung von Grätz, Zu einem Essay von Albrecht Alt, 179. S. hierzu noch Zwickel: „unter den Babyloniern und dann ab 538 v.Chr. auch unter den Persern das Verwaltungszentrum der südlichen Levante. Dort saß der persische Statthalter, der die Großregion regierte. Das politische Machtzentrum zog auch Einwohner an. In keiner anderen Periode der gesamten Geschichte des Landes gab es so viele Siedlungen im Großraum Samarias wie in der Perserzeit." (Zwickel, Das Heilige Land, 95).

137 Knoppers, Revisiting the Samarian Question in the Persian Period, 273.

Zeit eher gering ausfielen. So kommen Meshorer/Qedar nach Auswertung des numismatischen Materials in Samaria zu dem Ergebnis: „Ob-
servations of our finds suggest an almost closed border to the south
between Samaria and Judea […]".[138] Dies ist wahrscheinlich dem Umstand geschuldet, dass die wirtschaftliche Ausrichtung beider Gebiete
schon traditionell in unterschiedliche Richtungen ging: Juda orientierte
sich vor allem nach Süden (Ägypten), Israel nach Norden (Phöni-
zien).[139] Dennoch hat es in dieser Zeit Verbindungen und vor allem
Kommunikation zwischen den beiden Größen Samaria und Juda gegeben, zumal man mittlerweile auch zeigen kann, dass sich beide Ethnien
nicht nur durch ihre geographische, sondern vielmehr auch über ihre
kulturelle und religiöse Nähe auszeichneten:

Noch Ende des 5. Jh.s wenden sich die (Exils-)Judäer in Elephantine
(Ägypten) wegen der Wiedererrichtung des hiesigen Jahu-Tempels an
die Verantwortlichen in Jerusalem und in Samaria und erhalten eine
gemeinsame Antwort (TADAE A4.9 [Porten /Yardeni, 1986]). Der epi-
graphische Befund zeigt mithin, dass Sprache und Schrift, die von Papyri, Münzen und Bullen bekannt sind, in der Substanz im persischen
Jehud wie auch in Samaria identisch waren. Einige Inschriften am Garizim belegen, dass im 3.-2. Jh. v.Chr. Pilger aus der Stadt Samaria zum
Garizim kamen.[140] Die Inschriften zeigen, dass sich die Personennamen
der Kultgänger in der hellenistischen Epoche in keiner Weise von den
Namen im Jerusalem dieser Zeit unterscheiden.[141] Hierunter finden sich
Namen wie „Yehudah/Yehud"[142] sowie biblische Namen, die weder
aus dem Pentateuch noch aus anderen Schriften des samaritanischen
Kanons stammen.[143] Auch der Großteil der wohlhabenden Bürger, die
aus der Stadt Samaria vor Alexander dem Großen geflohen waren und
deren Dokumente im Wadi ed-Daliyeh überliefert sind, hatten JHWH-
haltige Namen[144] – für die Münzprägungen aus Samaria ergibt sich ein

---

138 MESHORER/QEDAR, Samarian Coinage, 70.
139 Zu den Handelsbeziehungen maßgeblich: SCHIPPER, Israel und Ägypten in der
     Königszeit, 162ff.
140 S. dafür MAGEN/MISGAV/TSFANIA, Mount Gerizim Excavations I, 59 (Inschrift 14)
     und 60 (Inschrift 15).
141 MAGEN/MISGAV/TSFANIA, Mount Gerizim Excavations I, 25-26.85.
142 MAGEN/MISGAV/TSFANIA, Mount Gerizim Excavations I, Inschrift 43 und 49.
143 So z.B. Elnathan; 2 Kön 24,8; Jer 26,22; Delaiah; Esr 2,60; Zabdi; Jos 7,1. Der Gebrauch
     dieser Namen setzt sich noch bis in spätere Epochen fort (dazu PUMMER, The
     Samaritans and Their Pentateuch, 263).
144 S. GROPP, Wadi Daliyeh II, 6; ZSENGELLÉR, Personal Names in the Wadiad-Daliyeh
     Papyri, 182-189 und LEMAIRE, Das Achämenidische Juda, 220-223.

ähnliches Bild.[145] Mit Knoppers kann man hier zusammenfassen: „The Persian Period was an era of cultures in contact. For many residents of Yehud and Samaria, close relations between their two communities were a fact, not an issue."[146]

Auch über diese Epoche hinaus blieben die Kontakte noch weiter bestehen, selbst wenn man die Zerstörung des Heiligtums durch Hyrkan im zweiten Jh. v.Chr. als endgültige Trennung zwischen Juda und Samaria ansieht. Auch 2 Makk 15,1 zeigt, dass anscheinend noch im 2. Jh. v.Chr. Samaria für die vertriebenen Juden ein gängiger Ort war, um Zuflucht zu suchen. Mithin erwähnt 2 Makk 6,2 den Garizim *ohne* negative Konnotation. Die Forschung sieht sich mithin vor dem Problem, dass die materielle Kultur der frühen Samaritaner bis in die byzantinische Zeit hinein nicht eindeutig von der jüdischen zu unterscheiden ist.[147] Lediglich die Inschriften in samaritanischer Schrift erlauben die Identifikation einer Synagoge als samaritanisch. So bleiben trotz aller Unterschiede und gegenseitiger Gewaltausbrüche die Samaritaner bis in die Spätantike hinein ideologisch aufs Engste mit ihren jüdischen Brüdern verbunden. Diese Erkenntnisse verändern das klassische Samaritanerbild der älteren Forschung: Der Ursprung der Samaritaner wurde bisher im Allgemeinen verbunden mit der Eroberung und Zerstörung Samarias durch die Assyrer und der Deportation seiner Einwohner, wie sie in 2 Kön 17 einen textlichen Niederschlag gefunden hat. Nach traditioneller jüdischer Auffassung – die sich auch in den späteren rabbinischen Texten widerspiegelt – sind die Samaritaner die Nachfahren jener fremden, gemischten Völker, die laut 2 Kön 17,24-34 nach dem Fall des Nordreichs (722 v.Chr.) von den Assyrern in Samarien angesiedelt wurden.[148]

Zwei konkurrierende, israelitische Kultgemeinden an Garizim und Zion ab persischer Zeit: Einzigartig sind zwei Inschriften aus der Nachbarschaft der Synagoge aus Delos (2. und 1. Jh. v.Chr.), auf denen sich die Auftraggeber als „Israeliten auf Delos, die Opfer darbringen zum heiligen,

---

145 S. MESHORER/QEDAR, Samarian Coinage, 22.28: „Deliah"; „Schelemiah". Zum YHWH-Kult in der Region Samaria vgl. noch HJELM, Mt. Gerizim and Samaritans, 32f und PUMMER, Samaritanism – A Jewish Sect or an Independent From of Jahwism?, 8-10: "There is every indication that northern Yahwism did not differ from southern Yahwism during the time of the united kingdom and the Archaemenid rule." (8).

146 KNOPPERS, Revisiting the Samarian Question in the Persian Period, 280.

147 Dazu CROWN, Another Look at Samaritan Origins, 133-155 und DERS., Redating the Shism, 17-50, sowie PUMMER, The Samaritans und Their Pentateuch, 251f.

148 Jos. Ant. IX, 277-291.

geweihten Garizim" bezeichnen.[149] Diese Inschriften sind nicht nur
deshalb bedeutsam, weil sie bis vor Kurzem die einzigen antiken
Zeugnisse darstellten, die nachweislich von Samaritanern selbst verfasst wurden, sondern auch inhaltlich dadurch, dass ihre Autoren die
biblische Selbstbezeichnung „Israelitai" für sich reklamieren und diese
durch den expliziten Verweis auf den Kult am Garizim qualifizieren.
Auch die antiken jüdischen Quellen sind in diesem Zusammenhang
trotz aller Samaritaner-Polemik insofern ernst zu nehmen, als sie klar
eine Gruppe angreifen, die ganz deutlich auf dem Boden des Pentateuchs steht, dessen Verheißungen sich aber positiv auf den Garizim
beziehen. Der Garizim gilt als ausschließlicher Kultort, an dem Priester
und Laien ihren Dienst verrichten, und der Berg spielt eine große Rolle
in der Frömmigkeit (Anrufung beim Gebet) sowie in eschatologischen
Kontexten.[150] Es ist also anzunehmen, dass der Streit zwischen Juden
und Samaritanern letztlich darum ging, wer die Heilstraditionen des
Pentateuchs zu Recht für sich beansprucht. Diese Sicht wird indirekt
dadurch bestätigt, dass bereits im 2. Jh. v.Chr. Juden und Samaritaner
in Alexandria dadurch aufgefallen sind, dass sie über die Legitimität
ihrer beiden Kultorte stritten (Jos. Ant. XII, 10; XIII, 74-79).[151] Verbindet
man diese Beobachtung mit den obigen Erkenntnissen, handelt es sich
bei Samaria und Juda um zwei *konkurrierende* Gruppierungen, die sich
jeweils als *israelitische, JHWH-verehrende* Kultgemeinde definieren und –
so meine weiterführende Überlegung – über diesen Anspruch, „Israel"
zu sein, auch miteinander in theologische Auseinandersetzungen treten.

　　Mir scheint es darüber hinaus sehr plausibel, dass Samaria in kultureller wie in theologischer Hinsicht als *das eigentliche „Israel"* anzusehen
ist, das bis in die hellenistische Zeit hinein diesen Anspruch auch
kommunizierte und aufgrund seiner (relativen) Machtstellung auch
gegenüber Jehud kommunizieren konnte. Im Vergleich zum Norden
waren Juda und Jerusalem in der persischen Zeit völlig unbedeutend.
Zwickel spricht von einer geradezu „gegenteiligen Entwicklung" im
samarischen Bergland und in der Provinz Jehud.[152] Die südliche Ethnie

---

149　Dazu ZANGENBERG, Samareia; zum literarischen und historischen Kontext s.
　　　LABAHN, Atalja und Joscheba, 2003, 277-311 und KNOPPERS, Mt. Gerizim und Mt. Zi-
　　　on, 309-338.
150　S. ZANGENBERG, Samareia, 82f.
151　Die antiken Quellen zur Geschichte und Kultur der Samaritaner können mittlerweile
　　　über die deutsche Übersetzung von Zangenberg, 194, sowie über die mittlerweile als
　　　Standardwerk anzusehende Ausgabe von PUMMER, Early Christian Authors on
　　　Samaritans and Samaritanism gut erschlossen werden.
152　ZWICKEL, Das Heilige Land, 94-96; Zitat 95.

„Judäa" beerbte diese Kultur erst viel später. Nach der in 1 Kön 12,1f überlieferten Reichsteilung erhält der Begriff „Israel" erstmals eine historisch greifbare, gesicherte Bedeutung: Er bezeichnet das Territorium des Nordreichs – das Gebiet der zehn in 1 Kön 11,31 genannten Stämme. Der Stamm Juda gehört nicht zu diesem Gebiet, sondern wird als unabhängiges Königtum mit dem Namen Juda (und der Hauptstadt Jerusalem) bezeichnet. Allerdings zeigen die Bezeichnung „die beiden Häuser Israel" in Jes 8,14 und die im Jesajabuch mehrfach belegte Gottesbezeichnung „der Heilige Israels", dass die Idee eines zusammengehörigen, alle zwölf Stämme umschließenden, Israel nicht aufgegeben wurde. Als „Israel" verstanden sich wohl frühestens die judäischen Rückkehrer aus dem Exil im 5. Jh.. Diebner vermutet, dass die judäischen Exulanten im Exil die dort ebenfalls expatriierte israelitische Oberschicht antrafen, diese Traditionen kennenlernten und sich mit diesen weitgehend identifizierten und demzufolge mit dem theologischen Selbstverständnis, (auch) „Israel" zu sein, in die Heimat der Voreltern zurückkehrten.[153] Zwar bleibt Diebners Hypothese weitgehend Spekulation, doch könnte man etwas allgemeiner den Übernahmeprozess wohl damit begründen, dass der Vorsprung des Nordens vor dem Süden zu einem *Legitimationsdruck* seitens der judäischen Religionspartei führte. Die Übernahme des Israelbegriffs in seiner vollen *theologischen* Bedeutung durch Juda geschah in einem langsamen Abtrennungsprozess und barg entsprechend reichliches Konfliktpotenzial.[154] Eine genauere Datierung dieses Prozesses ist indes schwierig. Zunächst einmal ist zu konstatieren, dass es (gemäß des derzeitigen Kenntnisstandes) *vor* den Münzprägungen aus der Zeit des ersten jüdischen Aufstandes[155] gegen die Römer keine *external evidences* dafür gibt, dass sich Juda als „Israel" verstanden hätte.[156] Es gibt bis dahin auch keinen *evidence* dafür, dass Juda extern von anderen Mächten oder Gruppen als „Israel" bezeichnet worden wäre.[157]

---

153 Dazu DIEBNER, Juda und Israel. Zur hermeneutischen Bedeutung, 101-103.

154 S. hierzu die folgenden Ausführungen zum „gemeinsamen" Pentateuch, Teil C.3.4.2.

155 Mit der Inschrift שקל ישראל (vgl. CARMON, Inscriptions, 210 u. 96) (mehr Beispiele bei DIEBNER, Juda und Israel. Zur hermeneutischen Bedeutung, 100).

156 Wohl aber finden sich literarische Niederschläge dieses Ringens um den Israelbegriff: In der Sicht der Bücher Esr/Neh wird Juda/Jerusalem gegenüber den Samaritanern regelrecht „abgeschottet". Juda ist in diesem Sinne „Israel", nämlich *ohne* Samaria.

157 D.h. z.B. im diplomatischen Verkehr. Dies unterstreicht immer wieder DIEBNER (vgl. z.B. DIEBNER, Juda und Israel. Zur hermeneutischen Bedeutung, 99-103). Den gründlichen Nachweis dieser These liefert DIEBNER anhand einer überbordenden Untersuchung sämtlichen zur Verfügung stehenden epigraphischen Materials in seiner Antrittsvorlesung Heidelberg 2002 (diese ist bisher leider noch unpubliziert, wird aber

„Samaritanisches Schisma": Im Horizont dieser neuen Befunde wird freilich die in der Forschung üblich gewordene Begrifflichkeit „Samaritanisches Schisma" problematisch: Denn zum einen ist der aus der Kirchengeschichtsschreibung entlehnte Begriff insofern schwierig, als „Schisma" stets die Abspaltung einer Sondergruppe (in diesem Fall „Samaria") von einer als orthodox definierten *Hauptgruppe* (Juda = Israel) bezeichnet. Die Samaritaner rekonstruieren, wie kaum anders zu erwarten, ihre Identität genau andersherum: Sie glauben, dass es die Juden waren, die sich zur Zeit des Priesters Eli im 11. Jh. v.Chr. vom Hauptstrom abgesondert haben. Samaritanische Theologie und Geschichtsschreibung wird durch die letztgenannte Erklärung geprägt.[158] Diese Auffassung ist geschichtlich nicht zu belegen,[159] aber hinsichtlich der Tradition grundlegend. Der Begriff „Schisma" trägt schon die biblisch fundierte, (judäische) polemische Sicht in sich und spiegelt m.E. die historischen Realitäten nicht wider: In Samaria *und* Juda begegnen uns zwei (zumindest in der Eigenwahrnehmung gleichwertige) *israelitische JHWH-Kulte.* Zum anderen haben der australische Semitist Crown[160] und der niederländische Judaist van der Horst[161] mit Nachdruck darauf hingewiesen, dass trotz aller (möglichen religiösen und kulturellen) Innovation zu Beginn der Geschichte der Samaritaner und aller folgenden Polemik das sog. Schisma als ein Endpunkt einer längeren und von wachsenden Spannungen geprägten Koexistenz anzusehen sei: Unter den Samaritanologen besteht inzwischen weitgehend Einigkeit darüber, dass das Schisma nicht in Verbindung mit der Errichtung eines eigenen Tempels auf dem Garizim zu sehen ist. Doch bietet der Bau des Tempels auf dem Garizim keinen ausreichenden Grund anzunehmen, dass die Trennung beider Kultgemeinden in der Zeit seiner Errichtung bereits vollzogen war. Bekanntermaßen existierten weitere JHWH-Tempel auch außerhalb Palästinas (Elephantine und Leontopolis). Zudem hat Römer darauf hingewiesen, dass „certain texts of the Tetrateuch (but also some texts in Samuel and Kings) as-

---

demnächst unter dem Titel „Seit wann gibt es ‚jenes Israel' (Martin Noth)? Anmerkungen zu ‚Israel' als ekklesiologische Grösse im TaNaK (*Biblia Hebraica et Aramaica*)" in dem von mir in Zusammenarbeit mit DINKELAKER und ZEIDLER herausgegebenen Sammelband „Bernd Jörg Diebner: Seit wann gibt es jenes Israel? Gesammelte Beiträge aus 35 Jahren Neuansatz" erscheinen.

158 Die Perspektive der samaritanischen Tradition anhand ihrer Quellen stellt nun sehr ausführlich dar KARTVEIT, The Origins of the Samaritans, 22-43.

159 Nur GASTER, The Samaritans – Their History, Doctrines und Literature schloss sich dieser Sicht an.

160 S. besonders CROWN, Another Look at Samaritan Origins, 133-155 und DERS., Another Look at Samaritan Origins, 17-50.

161 S. besonders VAN DER HORST, De Samaritanen.

sume the existence of several Yawistic sanctuaries, and this *without* apparent criticism."[162]

Vielmehr ist das Ende des gemeinsamen Weges beider Kultgemeinschaften mit der Zerstörung des samaritanischen Heiligtums sowie der Stadt Sichems (110 v.Chr.) durch Johannes Hyrkan I. gekommen. Seine gewaltsame Judaisierungspolitik bedeutete einen tiefen Bruch der Kultgemeinschaft(en). Seitdem betrachten die Samaritaner nur noch den Garizim als legitime Opferstätte (für das Passa) und die eigene zadokidische Linie als legitime Priesterschaft, die man auf Eleasar, den Sohn Aarons, zurückführte (vgl. 1 Chr 5,29-36). Doch auch dieser Prozess war nicht punktuell, sondern die Trennungs- und Ablöseprozesse liefen wohl schrittweise und über einen längeren Zeitraum ab.[163] Nimmt man diese Erkenntnisse zusammen, scheint es angebracht, statt von einem „Schisma" eher von einer *graduellen Entfremdung* zu sprechen, an deren Ende erst zwei selbstständige Gruppen standen.

3.4.2 Die Tora als Kompromissdokument von Samaria und Jehud

Vor diesem historischen Hintergrund liegt es nahe, dass auch die spätalttestamentlichen Texte auf den verwandten Nachbarn *reflektieren* und bezüglich der religions- und kulturgeschichtlich großen Errungenschaften der nachexilischen Epoche (Tempel und Tora) auf die parallelen Entwicklungen in Samaria *reagieren*. Freilich ließ sich die immens wichtige Rolle Samarias bei der Literaturgenese der alttestamentlichen Schriften bisher nur erahnen, da der hebräische Kanon im Wesentlichen aus der *judäischen* Perspektive überliefert ist und die biblischen Texte *außerhalb* des Pentateuchs entsprechend nur mit einer bestimmen ideologischen und theologischen Hermeneutik auf die Größe „Samaria" eingehen.

Die neuere Samaritanerforschung sieht nun gerade im Pentateuch die literarische Reflexion des Konfliktes zwischen Juda und Samaria prominent vertreten. Bekanntlich besitzen beide Kultgemeinden ihre eigene Form des Pentateuchs, der gerade für die Garizim-Gemeinde von entscheidender Bedeutung ist: Sie akzeptiert nur die Tora in Form des samaritanischen Pentateuchs als eigentliche „Schrift".[164] Die beiden

162 RÖMER, Cult Centralization in Deuteronomy 12, 179 (Hervorhebung BH). Dem Urteil RÖMERS schließt sich auch PUMMER an (s. PUMMER, The Samaritans und Their Pentateuch, 250f).
163 Vielleicht sogar bis in nach-christliche Zeit; vgl. PUMMER, The Samaritans und Their Pentateuch, 237-269.
164 Dass die Samaritaner nur die Tora als Schrift anerkennen, wurde schon von den frühen christlichen Autoren angemerkt; zu den Quellen s. PUMMER, The Samaritans

weiteren Kanonteile der hebräischen Bibel, die Nebi'im sowie die Ketubim, sind aufgrund ihrer deutlich judäischen Perspektive und teils
deutlichen antisamaritanischen Polemik nur als kanonische Schriften
der Jerusalemer Kultgemeinde verständlich.[165] Die meisten Pentateuch-
Modelle gehen davon aus, dass der Pentateuch zuerst und vor allem an
die Bewohner der persischen Provinz Jehud adressiert war und erst in
einem weiteren Schritt von den Samaritanern als Pentateuch akzeptiert
wurde. Die samaritanische Version des Pentateuch, d.h. der bis heute
rezipierte Text mit den speziellen, samaritanischen Änderungen und
Ergänzungen (vor allem den Kultort betreffend) entstand zwar wohl
erst im 2./1. Jh. v.Chr., doch ist es recht unwahrscheinlich, dass die
Samaritaner erst in dieser Zeit den Pentateuch annahmen und diesen
dann auch sofort ihrer eigenen Sicht anpassten. Denn immerhin sind
die bisherigen Pentateuch-Hypothesen insofern unbefriedigend, da sie
die fortwährenden kulturellen und religiösen Kontakte zwischen Samaria und Juda ab dem 5. Jahrhundert außer Acht zu lassen scheinen.
Man kann sich der kritischen Anmerkung Pummers nur anschließen:

> „[…] the Samaritan version of the Pentateuch emerged in the 2nd/1st cen-
> tury B. C. E., when the specially Samaritan readings were introduced into
> one of the otherwise unchanged texts current also in Judah. Because it is
> most unlikely that the Northern Yahwist adopted the Pentateuch at this
> late date and immediately adapted it to their own views, *they must have
> been familiar with it for a considerable amount of time before that.*"[166]

Warum sollten die Samaritaner erst so spät den (judäischen) Pentateuch einfach nur übernommen haben und nicht schon unmittelbar am
Entstehungsprozess beteiligt gewesen sein?[167] Pummers entstehungsgeschichtliche Folgerung ist darum auch konsequent: „[…] everything
speaks for the assumption that the Northerners did not passively and
suddenly accept the Pentateuch from Judeans, but they must have tak-

---

und Their Pentateuch, 239 Anm. 11 und DERS., Early Christian Authors on
Samaritans and Samaritanism, 34f.

165 Gelegentlich wird darauf hingewiesen, dass die Samaritaner auch eine eigene Text-
version des Josuabuches sowie ein als „Chronik II" bezeichnetes, weiteres Werk zur
biblischen Geschichte besitzen (vgl. z.B. FABRY, Der Text und seine Geschichte). Dies
ist grundsätzlich richtig. Da allerdings beide Werke nur in Handschriften aus dem
19./20. Jahrhundert vorliegen, stellt sich die Frage, ob es sich nicht um neuzeitliche
Kompilationen handelt.

166 PUMMER, The Samaritans und Their Pentateuch, 257 (Hervorhebung BH).

167 Vgl. Noch ZSENGELLÉR: „The Samaritan Pentateuch has a serious role in the theory
of canonization of the Hebrew Bible." (ZSENGELLÉR, Origin or Originality of the Torah?, 190).

en part in its growth."[168] An dieser Stelle kann auch an eine diesbezüg-
liche Zwischenbemerkung Albrecht Alts erinnert werden:

> „Denn dieser gemeinsame Besitz (scl. der Pentateuch) kann schwerlich da-
> durch zustande gekommen sein, daß die Samaritaner, nachdem sie sich
> einmal von Jerusalem getrennt hatten, den fertigen Pentateuch von dort
> übernahmen, sondern ist viel wahrscheinlicher als eine Erbschaft aus der
> Zeit vor der Trennung aufzufassen, da der Pentateuch erst dann die Juden
> und Samaritanern gemeinsame endgültige Gestalt gewann."[169]

Nihan hat jüngst Entsprechendes an Dtn 27 für das Deuteronomium
exemplarisch vorführen können:[170] Er bezieht sich hier auf die sog.
Sichem-Tradition in Dtn und Jos, da hier eine literarische Verbindung
von Tora, Bundesschlusszeremonie und einem Kultort in Samaria (bei
Sichem) kreïert wird (Dtn 11,29f; 27; Jos 8,30-35; 24). Nihan kann überzeugend darlegen, dass es sich hierbei keinesfalls – wie sonst üblicherweise angenommen – um eine alte Nordreichstradition handelt, sondern dass die Texte alle einer späten Redaktion, wahrscheinlich der
Endredaktion von Pentateuch und Hexateuch, entstammen: Die Beschreibung des Baus eines Heiligtums auf dem Garizim (Dtn 27,4-8) in
der Nähe von Sichem korrespondiert semantisch wie inhaltlich mit
dem Altargesetz Ex 20,24-26 (vgl. Dtn 27,5-7), das im Unterschied zum
dtr Kultzentralisationsgesetz Dtn 12 noch eine Vielzahl von JHWH-
Altären im Lande zulässt. Nihan identifiziert Dtn 27 als ein Zugeständnis an einen legitimen samaritanischen JHWH-Kult außerhalb des Landes. Hierzu passt auch, dass die Erfüllung der Landesverheißung erst
außerhalb der Tora (Buch Josua) zu ihrem Ziel kommt. Dies scheint damit zu tun zu haben, dass gewisse Zugeständnisse an exils-judäische
Gemeinden[171], wie auch an die samaritanische Gruppierung, gemacht
wurden: Die Tora war so lesbar als gemeinsame Urkunde verschiedener Religionsparteien. In Jos 24 sei nun allerdings – so Nihan weiter –
noch eine vermittelnde, judäische Position zu sehen: Der Bundesschluss in Sichem ist verbunden mit der Offenbarung zusätzlicher Ge-
setze und Anordnungen (Jos 24,25) und legitimiert so den samaritanischen Kultus als toragemäß und gottgewollt. Erst später sei, so Nihan
weiter, die anti-samaritanische Polemik Jos 8,30-35 eingefügt worden,
die von hier wiederum die Textänderung in Dtn 27 von „Berg Garizim"
in den „Berg Ebal" nach sich zog und so dem Text eine anti-

---

168 Vgl. PUMMER, The Samaritans und Their Pentateuch, bes. 252-266; Zitat 264.

169 ALT, Zur Geschichte der Grenze zwischen Judäa und Samaria, 358.

170 S. NIHAN, The Torah between Samaria and Judah, 187-223.

171 Vgl. RÖMER, La fin de L'historiographie deutéronomiste, 269-280; OTTO, Das Deuteronomium im Pentateuch und Hexateuch, 247f.

samaritanische Spitze verlieh. So kann man Nihan in seinen Schlussfolgerungen nur zustimmen:

> „I would like to propose that it is actually possible to identify some instances of concessions made to Samaria at the time of the Torah's redaction in the Persian Period. This suggests in turn that the torah, though probably compiled in Jerusalem, was nonetheless intended to be adopted by Jahwists in Samaria, as well, *from the very time of its inception*."[172] [...]

> „[E]ven though the Jerusalem temple probably was the most likely place for the composition of the Torah during the second half of the Persian Period, it was never written for only *one* community but was intended to be accepted by both Judeans *and* Samarians."[173]

Diese weitreichenden Überlegungen lassen sich auch textgeschichtlich stützen: Unter den Schriftrollen in Qumran befinden sich nicht-masoretische Handschriftenfragmente, die charakteristische Gemeinsamkeiten mit dem Text des Samaritanus zeigen, jedoch noch keine samaritanischen Korrekturen enthalten. Dadurch widerlegen sie das frühere Urteil, als handle es sich beim samaritanischen Pentateuch insgesamt um eine *nachträgliche* und unter samaritanischen Gesichtspunkten vorgenommene Bearbeitung des Masoretentextes. Stattdessen beweisen sie, dass sich der samaritanische Pentateuch tatsächlich an eine eigenständige Texttradition anschließt und diese fortführt. Nicht unproblematisch ist die Verhältnisbestimmung dieser nicht-masoretischen Texte zum Samaritanus. Denn bislang ließ sich in Qumran keine Handschrift nachweisen, die neben den gemeinsamen harmonisierenden und vereinfachenden Textmerkmalen des Samaritanus eine unmittelbare Beziehung zum samaritanischen Pentateuch zu erkennen gab. Vielmehr beschreiben die fraglichen Texte eine, wohl im 3./2. Jh. v.Chr. verbreitete, nicht-masoretische Grundlage, die sich der Samaritanus, aber auch andere Handschriften, zu Eigen machten. Tov hat deshalb vorgeschlagen, die zu dieser Gruppe zählenden Texte nicht mehr – wie bis dahin üblich – als „proto-samaritanisch" zu bezeichnen, sondern als „präsamaritanisch", um damit dem Missverständnis eines direkten Zusammenhangs mit dem Samaritanus vorzubeugen.[174] Die Basis der präsamaritanischen Texte ist freilich relativ schmal, so dass man nur eingeschränkt von einer präsamaritanischen Texttradition sprechen und diese beschreiben kann.

---

172 NIHAN, The Torah between Samaria and Judah, 191.

173 NIHAN, The Torah between Samaria and Judah, 223. Zu demselben Schluss kommt auch ZSENGELLÉR: „Since it is the same Torah as that of the Jews, the final form of it had to be reached *before* the separation of the Samaritan and Jewish communities." (ZSENGELLÉR, Origin or Originality of the Torah?, 190 [Hervorhebung BH]).

174 Dazu TOV, Der Text der hebräischen Bibel, 66.

Hinzukommt die Problematik bei der Erforschung des Samaritanischen Pentateuchs: Diese Pentateuchversion ist im Wesentlichen als Konsonantentext überliefert. Zwar entwickelten die Samaritaner im frühen Mittelalter ebenfalls Vokalzeichen, doch wurden diese nur sporadisch verwendet. Vor dem 20. Jahrhundert existierte keine einzige Handschrift, die vollständig vokalisiert worden wäre. Leider gibt es zum Samaritanischen Pentateuch immer noch keine zufriedenstellende kritische Edition. Die erste moderne Edition des Samaritanischen Pentateuchs wurde von von Gall herausgegeben (1914-1918) und wird für gewöhnlich als Standardtext herangezogen. Bedauerlicherweise handelt es sich nach heutigen philologischen Standards keineswegs um eine unproblematische Edition. Dessen ist sich von Gall selbst bewusst: „Der Entscheid war natürlich subjektiv. Wem der vorgeschlagene Text nicht paßt, kann sich ja aus den Varianten leicht einen anderen heraussuchen."[175] Obwohl er auf eine große Zahl an Manuskripten zurückgreifen konnte, wählte von Gall in vielen Fällen diejenigen Lesarten, die vom masoretischen Text gestützt wurden. Ebenso verhält es sich mit der Bevorzugung der *scriptio defectiva* vor der *scriptio plena*; letztere wird aber von der Majorität der Handschriften gestützt. Man kann dem Urteil Abraham Tals zur Edition daher auch zustimmen, wenn er dies so formuliert: „Unfortunately, the extant edition, produced by August von Gall many years ago […] does not fulfill the requirements of modern philology."[176] Die älteren modernen Editionen[177] konnten nur auf eine recht geringe Auswahl an Manuskripten zurückgreifen. Mittlerweile steht eine Fülle von Handschriften in Bibliotheken in Israel, Europa und den USA zu Verfügung[178], deren präziser kritischer Auswertung es allerdings noch bedarf. Derzeit ist erfreulicherweise eine kritische Edition des samaritanischen Pentateuchs in Vorbereitung, die die bisherige Forschungslücke schließen soll. Die Edition wird von einer internationalen Forschungsgruppe um Stefan Schorch und Jozsef Zsengellér getragen und die ersten Veröffentlichungen (geplant sind zunächst Genesis und Exodus) werden bereits 2010 erwartet.

Hypothetisch lässt sich nun folgendes historisches Szenario für die Entstehung des Samaritanischen Pentateuchs wahrscheinlich machen: Noch vor der Trennung von Juda und Samaria im 2. Jh. wählte die Garizim-Kultgemeinde, wohl aus den (prä-samaritanischen) harmonisierenden Texten, fünf Schriftrollen einheitlichen Charakters aus, die

---

175 VON GALL, Der hebräische Pentateuch, LXVIII.

176 TAL, Samaritan Pentateuch, VI.

177 S. dazu die Zusammenstellung bei ZSENGELLÉR, Origin or Originality of the Torah?, 199-201.

178 Vgl. die Liste der Publikationen von Manuskripten in CROWN/PUMMER, A Bibliography of the Samaritans, 173 Anm. 103 und ROTHSCHILD, Samaritan Manuskripts, 778-794.

sie als wahre Tora betrachtete. Diese fünf Schriftrollen wurden dann zum Basistext des samaritanischen Pentateuchs, in den die samaritanischen Korrekturen sukzessive eingetragen, aber keine weiteren Harmonisierungen mehr vorgenommen wurden. In mehreren Studien kommen die Samaritanologen Pummer und Zsengellér zu vergleichbaren Ergebnissen,[179] so dass sich die entsprechenden Teilaspekte der Entstehung der Tora nun zusammentragen lassen: Die vorliegende Tora, der Pentateuch, ist das Kompromisswerk, das judäische und samaritanische Gelehrte in der vorgerückten persischen Epoche geschaffen haben. Mit der Tora haben sich beide Kultgemeinden dieselbe literarische und identitätsstiftende Grundlage gegeben. Folglich wäre die Tora zu verstehen als narrative Präsentation der allen Gruppierungen des „israelitischen" Kulturspektrums gemeinsamen Merkmale und Kriterien – unbeschadet aller in diesem Dokument zusammengefassten älteren Traditionen und ihrer Herkunft.

Wenn allerdings beide Gemeinschaften dasselbe Textdokument als „kanonische Urkunde" beider „Israel" akzeptieren, hat dies zur Folge, dass zwar alle wesentlichen, beiden Kultgemeinden gemeinsamen, Merkmale darin formuliert sein müssen, aber auf die Darstellung der jeweiligen „konfessionellen"[180] *Eigenarten* verzichtet werden muss. Tatsächlich wird der Kultort, der „Ort, den JHWH wählen wird", nirgends in der Tora ausdrücklich genannt. Ebenso fehlt die Benennung der (in den Büchern außerhalb der Tora) wichtigen davidischen Königs- und Jerusalemtradition. Als Zugeständnis an die Samaritaner kann man ansehen, dass Ebal- wie Garizim-Traditionen ebenfalls in die Tora integriert wurden (Dtn 27,4-26). Auch die spezifischen Eigenarten des Samaritanischen Pentateuchs weichen nur unwesentlich von dieser Kompromiss-Taktik ab. Die etwa 6000 Textabweichungen des samaritanischen Pentateuchs[181] betreffen fast ausschließlich orthographische

179 S. bes. PUMMER, The Samaritans und Their Pentateuch, 237-269; ZSENGELLÉR, Origin or Originality of the Torah?, 189-202.
180 Der Begriff „konfessionell"/„Konfession" ist zugegebenermaßen anachronistisch, dient hier aber als Arbeitsbegriff/-these, der die unter dem (theologisch verstandenen) „Israel"-Begriff zusammengefassten religiösen Ausdifferenzierungen Samaria und Juda vorerst gut umschreiben kann.
181 Die Zahl geht auf den Anhang in Bd. 4 (S. 19-34) der Londoner Polyglotte zurück, der 1657 publiziert wurde. Seitdem findet sich der Hinweis auf die 6000 Abweichungen durchgängig in der Forschungsliteratur. Eine alternative, hiervon abweichende Liste findet sich bei PETERMANN, Versuch einer hebräischen Formenlehre, 219-326. Die neueste Klassifikation der Abweichungen im samaritanischen Pentateuch bei EMANUEL TOVS Studie: Textual Criticism of the Hebrew Bible, 84.97. Zu einer kritischen Diskussion von TOVS Kategorien zur Bestimmung und Klassifizierung

Varianten und nur eine Handvoll Abweichungen tatsächlich den Text-
sinn.

Die Tora in diesem Sinne als „Kompromissdokument" zu deuten,
ist nicht völlig neu. Ernst Axel Knauf spricht in Bezug auf die Tora
schon seit längerem von einem „Grundgesetz" der persischen Provinzen Jehud und Samaria.[182] Vor ihm hatte schon Bernd Jørg Diebner
seine Thesen zur Tora als Kompromissdokument in oben besproche-
nem Sinne ausgearbeitet.[183] Diebner hebt mit der bewusst anachronisti-
schen Formulierung „ökumenisches" Kompromissdokument noch einmal eigens hervor, dass es sich bei der Tora um eine *interne* Einigung
der verschiedenen Religionsparteien handelt – und zwar nicht nur innerhalb der *judäischen* Gruppierungen (wie zumeist angenommen),
sondern gerade zwischen den unterschiedlichen „Konfessionen"
(Diebner) Juda und Samaria.[184] Eckart Otto weist mittlerweile in einem
aktuellen Aufsatz in dieselbe Richtung, wenn er in Bezug auf die
Rechtstraditionen des Pentateuchs formuliert: „Der Pentateuch ist in
diesem Sinne eine Funktion des Ersten Gebotes des Dekalogs und gerade nicht Ausdruck einer von der persischen Reichsregierung inaugu-
rierten Kompromißbildung."[185]

Freilich sind die oben beschriebenen Rivalitäten zwischen Samaria
und Juda sowie ihrer spezifischer Eigenarten in der Tora durchaus
spürbar. Gegenseitige Polemiken werden aber nur subtil und implizit
aufgenommen: Als anti-*samaritanische* Polemik innerhalb der Tora wäre
beispielsweise die Ausrottung der Sichemiten (als Chiffre für „Samaria"[186]) in Gen 34 zu deuten. Mithin trägt sich die Jerusalemer,
davidisch-königliche Linie über implizite Verweise, vor allem innerhalb der Genesis, in die Tora ein (vgl. etwa Gen 14 [Melchisedek]/22
[Morijah=Zion].38 [Daviddynastie][187]). Als Beispiel für die samaritanische Perspektive kann die Aussage über den Propheten Mose in Dtn

---

dieser Unterschiede s. SCHORCH, Die (sogenannten) anti-polytheistischen Korrekturen, 7-9.
182 Vgl. KNAUF, Die Umwelt des Alten Testaments, 173; vgl. auch KNAUF, Audiatur,
122f ; s. auch ALBERTZ, Religionsgeschichte Bd. 2, 588.
183 Zur Tora als „Kompromiss-Papier" DIEBNER seit 1983 (DERS., Unhistorisch-kritische
Spekulation, 81-98) u. 1996 erstmals methodisch ausführlich: DERS., Ekklesiologische
Aspekte einer Kanon-Hermeneutik der hebräischen Bibel (TNK), 37-54 (ein Vortrag
von 1996; in etwas abgewandelter Form dann 1998 in DBAT 29 [1998]), 15-32).
184 DIEBNER zieht zur Veranschaulichung die heutigen ökumenischen Einigungspapiere
der großen christlichen Konfessionen heran.
185 OTTO, Die Rechtshermeneutik des Pentateuch und die achämenidische Rechtsideologie, 105.
186 So mit DIEBNERS, Bere'shith, 135-143.
187 S. dazu die Ausführungen Teil B.6.5.1.

34,10 gelten, der zufolge es nach Mose *keinen* Propheten mehr wie ihn in Israel gab. Diese Spitzenaussage impliziert eine Deklassierung der großen jüdischen Prophetentraditionen wie Jesaja, Jeremia und Ezechiel.[188]

3.4.3 Die Vertauschungserzählungen als Chiffre des Kompromisses

Die Berücksichtigung der samaritanischen Kultgemeinde könnte m.E. hier neue Akzente hinsichtlich der redaktionellen Arbeit des Pentateuchs setzen. Die Josefsnovelle, die in ihrer narrativen Gesamtschau (d.h. mit der Eingliederung von Gen 38) korrekterweise als „Josef-Juda-Erzählung" bezeichnet werden sollte, eröffnet eine beachtenswerte Perspektive: Im Zuge des Erzählbogens wird eine diffizile und fein austarierte Rollenverteilung zwischen Juda und Josef für „ganz Israel" ausgearbeitet. Es ist längst bekannt, dass hinter den Eponymen Juda und Josef die Vertreter der Königreiche „Judas" und „Israels" und deren Nachfahren in persisch-hellenistischer Zeit zu sehen sind, in welcher meiner Meinung nach auch die Josef-Juda-Erzählung zu verorten ist. Diese reflektiert die Arbeit von unterschiedlichen Interessengruppen aus Samaria und Juda dieser Zeit. Der vorliegende Text ist Teil des gemeinsamen Pentateuchs und damit zu verstehen als ein *gemeinsames jüdisch-samaritanisches Produkt*, die ihre Traditionen und Ansprüche in den gemeinsamen Text fließen ließen. Die Josef-Juda-Erzählung scheint im Modus der Brudererzählungen diesen „erzwungenen" Konsens zwischen Juda und Samaria zu chiffrieren:

Entsprechend des oben beschriebenen historischen Szenarios ist deutlich, dass Juda sich mit Samaria, dem eigentlichen „Israel", theologisch auseinandersetzen muss, um einen für beide Seiten akzeptablen „Israel"-Begriff zu formulieren und definieren, in dem beide Kultgemeinden sich wiederfinden können. Über insgesamt vier Vertauschungen wird die Konkurrenz der beiden Kultgemeinden beschrieben, die letztlich in einer *Rollenverteilung*, nicht in einer *Qualifizierung* des einen und der *Disqualifizierung* des anderen, mündet: In der Frage nach dem Erstlingstum innerhalb „Israels" bekommt Joseph die Rolle des gesegneten Erstlings zugesprochen, Juda hingegen wird als königliche Figur unter seinen Brüdern entwickelt. Dabei werden den beiden Hauptfiguren auf der Erzählebene zunächst völlig konträre Rollen zugetragen: Jakob sieht in seinem Lieblingssohn Joseph denjenigen, der eine herr-

---

[188] Weitere Beispiele mit Anspielungen auf die jeweiligen „konfessionellen" Eigenarten bei DIEBNER, Juda und Israel. Zur hermeneutischen Bedeutung, 86-132.

schende Funktion unter seinen übrigen Söhnen einnehmen wird.[189]
Hingegen erwartet man sich gerade von Juda (der über Perez Gen 38
mit David in Verbindung gebracht wird), dass dieser die Rolle des Erstlings unter seinen Brüdern einnimmt, was er auch in Gen 44 zu tun
scheint. Im Kontrast dazu darf Joseph nie herrschen, obwohl er immer
wieder königliche Ambitionen[190] zeigte.[191] Jedoch lassen die Texte indirekt doch noch einige Auseinandersetzungen zwischen Juda und Joseph erkennen. Es fällt beispielsweise auf, dass Juda im Vergleich zu
Joseph überhaupt *keinen* Segen zugesprochen bekommt. In Gen 48
empfängt Joseph von Jakob sogar den „Doppelanteil" des Segens (implizit in Ephraim und Manasse durch die Adoption seiner Söhne Gen
48,1-7 und den Segen V. 15f sowie V. 20) und wird in V.20 geradezu
zum Inbegriff von Segen in Israel. Dies wird in Gen 49 programma-
tisch, aber subtil erzählt und lässt sich als biblisch-theologische Konstruktion in der gesamten Tora nachweisen. Dort wird geradezu peni-
bel vermieden, dass Juda mit dem Wort[feld] „segnen" in Verbindung
gebracht wird. Selbst in Dtn 33, dem Mosesegen über die zwölf Stämme, wird vom „Segen" nur bei Joseph, nicht aber für Juda gesprochen.
Das ist auffallend, da am väterlichen Segen – wie die Jakob-Esau-
Geschichte in Gen 27 zeigt – die *Legitimität* der Traditionslinie hängt.
Ausgerechnet der davidische Königstamm Juda bekommt diese *nicht*
zugesprochen. Dahinter könnte eine Diskussion stehen, die (eventuell
subversiv kritisch) Juda seine Legitimität gegenüber Joseph, dem „Erstling", absprechen will. Zumindest aber wird das Königtum in Israel,
genauer: das judäische Königtum, kritischer betrachtet.

Mithin geht die Gesamterzählung nicht nur bei der *Aufgabenvertei-
lung* innerhalb Israels äußerst akribisch vor, auch bei der *Zuordnung* der
beiden Brüder/Kultgemeinden wird sich um ein spezielles Verhältnis
bemüht: Als gesegneter Erstling steht Joseph/Samaria als Garant für
das Fortbestehen „ganz Israels". Ohne ihn gibt es auch keine Zukunft
für (den segenslosen) Juda (vgl. Gen 50,15ff[192]). Die Texte sind in dem
Bewusstsein des kulturellen Vorranges Samarias (= Israels) geschrieben. Denn die Pointe der Gesamterzählung liegt gerade darin, dass es
ohne Joseph, d.h. die samaritanische Kultgemeinde, auch kein „Gesamt-Israel" geben kann. Juda ist entsprechend auf Samaria angewie-
sen. Das Königtum bzw. der königliche Anspruch über Gesamt-Israel

---

189 In Gen 37,2ff wird dies besonders deutlich, vgl. nur das „königliche Gewand", das
Jakob Joseph schenkt.
190 Vgl. etwa Josephs „Königsträume" und die Erwartung der Proskynese aller Brüder
vor Joseph.
191 Dies ist bereits in Teil B.6.5.2 sehr breit ausgeführt; hierauf sei verwiesen.
192 Zur Auslegung dieser Stelle s. Teil C.6.5.3.

kommt freilich Juda zu. Die samaritanische Garizim-Gemeinde gehört allerdings nicht einfach zu Juda dazu, sondern *Juda* kann ohne Samaria nicht bestehen. Bleibt man im Bild der Vertauschungserzählungen, hieße das: *der „kleinere" Bruder,* Juda, kommt um seinen *erstgeborenen Bruder* „Joseph", Samaria, nicht umhin.

3.5 Kanonische Funktion

3.5.1 Toraperspektive des TeNaK

Die Konzentration des Vertauschungsmotivs auf die Genesis ist auffällig und bedarf einer Klärung. Der TeNaK[193] nimmt in seiner Endgestalt eine Tora-Perspektive ein. Nach jüdischem Glaubensverständnis ist die Tora im Sinne der fünf Bücher Mose die Basis jüdischen Glaubens (jedenfalls seit der frühen Zeit des Zweiten Tempels), sozusagen der „Kanon im Kanon" der jüdischen Bibel.[194] Entsprechend können die Nebi'im sowie die Ketubim als Aktualisierungen der Tora verstanden werden.[195] Der Genesis kommt als erstem Buch dieser Tora eine hermeneutisch grundlegende Funktion zu. In den Texten der Genesis werden gerade keine historischen Zufälligkeiten berichtet, sondern *Grundlegendes* und *Paradigmatisches,* das geeignet ist, einer konkreten historischen

---

193 Zum Problem der unterschiedlichen Kanonformen und zur Unterscheidung von „Kanon" und „Kanonausprägung" s. Teil A.3.2.2.

194 Dies ist eine keineswegs neue Erkenntnis. Ausführlich dazu BEHRENS, Kanon, 274-297 und FISHBANE, Biblical Interpretation; zusammenfassend REVENTLOW, Epochen der Bibelauslegung, 15ff: „Die Tora als Redaktions- und Auslegungsnorm"; noch ausführlicher KAISER, Der Gott des Alten Testaments, 329-353 mit der Überschrift „Die Torah als Mitte der Schrift"; zur Tora als kanonisches Buch vgl. auch ZENGER, Einleitung in das Alte Testament, 24.85f und den von ihm herausgegebenen Band „Die Tora als Kanon für Juden und Christen." Die Zentralbedeutung der Tora auch für Philon und für Qumran betont zu Recht STEGEMANN, Die „Mitte der Schrift", 149-184, bes. 158f.184. Zu den historischen Umständen des Aufkommens der „Tora" s. den von KNOPPERS und LEVINSON herausgegebenen Sammelband „The Pentateuch as Torah. New Models of Understanding Its Promulgation and Acceptance", Winona Lake 2007. Aus dem Sammelband sind vor allem folgende Artikel sehr erhellend: KNOPPERS/LEVINSON, When, Where, and Why Did the Pentateuch Become Torah?, 1-19 sowie KRATZ, Temple and Torah, 77-103.

195 Zu den Propheten heißt es z.B. bei ZENGER: „Die ‚Propheten' gelten als Kommentare zur Tora […]; für die liturgische Verlesung wurden gezielt solche Abschnitte aus den Prophetenbüchern ausgewählt, die diesen Kommentar-Charakter besonders unterstreichen (Propheten-Haftarot)." (DERS., Das Erste Testament, 164. Hier bleibt allerdings offen, welches Alter ZENGER für diese Praxis, die auch in Lk 4,17 und Apg 13,15 vorausgesetzt wird, ansetzt und wie alt letztlich die vorausgesetzte fortlaufende Leseordnung der Tora im Sabbatgottesdienst war).

Verortung zu entsteigen und exemplarisch Gültiges zu artikulieren. Eine solch *grundlegende* Bestimmung Israels wird durch die Vertauschungserzählungen vorgenommen. Dies wurde anhand der literarischen Funktionsanalyse schon festgestellt (Teil C.3.1) und in realgeschichtlicher Perspektive inhaltlich entfaltet (Teil C.3.3) und kann an dieser Stelle aus kanonischer Sicht nochmals bestätigt werden. Das auf den Vertauschungen basierende Erstlingstum Israels artikuliert auf paradigmatische Weise ein wesentliches Konzept seiner Identität. In diesem Licht will sich Israel von Beginn an verstanden wissen und mit dieser Perspektive können auch die folgenden kanonischen Texte gelesen werden.

Die Ausführungen zum vermuteten historischen Hintergrund der Vertauschungen in Gen 36.37-50 konnten zeigen, dass der Tora eine entscheidende Bedeutung als Kompromissdokument der unterschiedlichen „israelitischen" Religionsparteien zukommt. Das Vertauschungsmotiv spielte hier eine entscheidende Rolle, indem es den Ausgleich zwischen Juda und Samaria chiffrierte (Teil C.3.4). Diese Ausgleichsbestrebungen lassen vermuten, warum die Vertauschungen auf die Genesis beschränkt bleiben. Sie liefern ein kompromissfähiges Modell, um für Juda wie Samaria die Tora lesbar zu machen. Beide Gemeinschaften können sich als „Israel" verstehen. Außerhalb der Tora findet man einen viel offeneren Diskurs über den „Israel"-Begriff. Die Bücher Esr/Neh haben ein sehr exklusives „Israel"-Verständnis, das nur Juda, nicht aber die Samaritaner mit einschließt! In der Logik des Kompromiss-Modells ist dies schlüssig erklärbar: Bei den Ketubim handelt es sich um rein *judäische* Literatur! Hier konnten eindeutige Ansprüche und Vorstellungen formuliert werden.[196] Allerdings finden sich auch

---

196 Außen vor bleibt hier die Frage nach der textgeschichtlichen Priorität der Tora, im Speziellen der Genesis, sowie einzelner Schriften der übrigen Kanonteile, da deren Erörterung den Rahmen dieser Arbeit übersteigen würde. Ein interessantes Kanonverständnis zeigt an dieser Stelle DIEBNER. Für ihn ist die Kanongestalt weniger historisches Produkt, sondern die Anordnung der Kanonteile und der Einzelbücher vor allem „ekklesiologisch", d.h. in Bezug auf die Identitätsfrage: „Wer ist und gehört zu Israel?", angeordnet. In seinen eigenen Worten: „Die Dreiteilung des ,Kanons' der BH ist nicht primär begründet, sondern ,ekklesiologisch'. Jeder der drei ,Kanon'-Teile repräsentiert eine andere Definition dessen, was „Israel" als Kultgemeinde sei: 1. Für die Tora (T) besteht „Israel" wesentlich aus der samaritanischen (Garizim-) und judäischen (Zions-) Kultgemeinde. Dabei scheint Juda die politisch dominierende Macht zu sein, während manchmal fast überdeutlich der ,geistliche Vorrang' Samariens zutage tritt (scl. z.B. Gen 49). […]. 2. Die Propheten (N) vertreten eine viel engere Definition. Was ,Israel' ist, wird aus judäischer Perspektive formuliert. […] 3. Die theologisch (ideologisch) engste Bestimmung von „Israel" vertreten nun die relevanten Schriften der K (bes. Chr, Esr/Neh). Hier wird ,Israel' exklusiv von der judäisch-jerusalemischen Sicht her definiert, wobei auch hier verschiedene

andere Tendenzen und Meinungen in der ebenfalls judäischen Nebi'im-Literatur: In Ez 37,15-38 wird ein mit Gen 36-50 vergleichbares
Szenario entworfen. Hier wird das Holz „für Juda" mit dem Holz „für
Joseph" zusammengefügt, um erst dann von „ganz Israel" sprechen zu
können. Erst beide zusammen formen das *eine* Haus „Israel" – freilich
wieder, wie in Genesis – unter einem davidischen Herrscher.

3.5.2 „Erstlingstum" als besonderes Konzept von Erwählung

Die Vertauschungen der Genesis gründen letztlich in einer weder
nachvollziehbaren noch thematisierten Erwählung durch JHWH. Damit lassen sich mindestens zwei Erwählungskonzepte allein innerhalb
der Tora finden. „Erwählung" ist ein Begriff der biblischen Theologie,
der auf dem theologischen Gebrauch des hebräischen Verbums בחר
speziell im Deuteronomium beruht. Er ist zum Inbegriff dessen geworden, was die Existenz Israels begründet.[197] Allerdings wird im Buch
Genesis der Ausdruck בחר nirgends zur Bezeichnung des göttlichen
Handelns bemüht. Dem Erwählungskonzept zum *Ausgang der Tora*
steht so das theologische Konzept des Erstlingstums in Israel zu *Beginn
der Tora* gegenüber. Dieser Befund ist zunächst einmal zu konstatieren.
In der Forschung wird darüber meist hinweggesehen.[198] Man kann sich
fragen, ob die unterschiedlichen Erwählungsvorstellungen von Genesis
und Deuteronomium nicht aufeinander Bezug nehmen. Die pointierte
Sonderstellung jeweils zu Beginn und am Ausgang der Tora lässt dies
recht wahrscheinlich erscheinen. Im Rahmen dieser Studie können nur
einige wesentliche Aspekte und Anfragen des komplexen Themas
„Erwählung" behandelt werden. Die Begriffe בְּכוֹר/„Erstling" und
בָּחוּר/„Auserwählter" ähneln sich phonetisch wie orthographisch. Ent-

---

,Meinungen' greifbar sind. Die Chr ist offen für ‚Überläufer' aus dem ‚Norden' […].
Esr/Neh hingegen verschliessen (sic!) sich radikal den Samaritanern. Das Buch Rut
konterkariert Dtn 23,4f […]: auch die ‚Moabiterin' kann sich zu JHWH ‚(be-) kehren'!" (DIEBNER, Juda und Israel. Zur hermeneutischen Bedeutung, 87f; grundlegend
dessen Ausführung in DIEBNER, Juda und Israel. Zur hermeneutischen Bedeutung,
86-132 und DERS., Die Konzeption der hebräisch-aramäischen ‚Bibel' (TNK), 147-
165).

197 Vgl. z.B. Dtn oder DtJes. Der Begriff „Erwählung" ist seit GALLINGS Monographie
(1928) für die verschiedenen Facetten der hebräischen Begrifflichkeit etabliert (vgl.
GALLING, Die Erwählungstraditionen in Israel). Für eine Detailanalyse der Erwäh-
lungsvorstellung s. besonders PREUß, Theologie des Alten Testaments, Bd. I, 27-30;
Bd. II, 305-327; eine gute Zusammenstellung der verschiedenen Erwählungstraditionen im TeNaK bei RENDTORFF, Die „Erwählung" Israels, 319-327; SEYBOLD, Art.
„Erwählung. I Altes Testament", 1478-1481 und SEEBASS, Art. בחר, 594-608.

198 Diese Differenz übersieht insbesondere KAMINSKY, Yet I Loved Jacob, der in seiner
Monographie über das Thema „Erwählung" arbeitet.

sprechend unterscheiden sich die „Erwählungskonzepte" in Genesis
und Deuteronomium nicht grundlegend, setzen jedoch unterschiedliche Akzente. Als *locus classicus* für das Erwählungskonzept im Deuteronomium gilt der Passus in Dtn 7,6-8 aus dem paränetischen Rahmen
des Dtn. Die Vorstellung ist durchreflektiert und ausgeleuchtet vom
Bekenntnis zu dem Gott, der in freier Entscheidung aus grundloser
Zuneigung „dich aus allen Völkern, die auf Erden sind, für sich erwählt
hat, dass du sein eigen seist." (Dtn 7,6). Hier ist die Auswahl vorausgesetzt, das Motiv ist ausgesprochen und auf die Konsequenzen der Erwählung wird hingewiesen. Damit wird das Verhältnis zwischen Israel
und den anderen in radikaler Schärfe erfasst: Erwählung erlaubt keine
Berufung auf eigene Gerechtigkeit (Dtn 9,4f), schließt aber – wegen der
Ausschließlichkeit der Beziehung – Verpflichtung mit ein (Dtn 14,1f
u.a.). Nicht die Qualität Israels (das kleinste Volk; Dtn 7,7) war der
Grund der Erwählung, sondern die Liebe Gottes zu seinem Volk. Schon
diese starke Betonung des Begriffs „Erwählung" unterstreicht seine
Bedeutung.[199] Sie lenkt letztlich auf die Aussage hin, dass JHWH Israel
aus allen Völkern der Erde zu seinem Eigentum erwählt hat.[200]

Natürlich geht es bei den Vertauschungserzählungen der Sache
nach auch um die allen menschlichen Handlungen vorausgehende
Erwählung Israels durch JHWH, denn in narratologischer Hinsicht
nimmt das Vertauschungsmotiv die „Erwählung" Israels in Ex 19,5ff
proleptisch vorweg. Doch akzentuieren die Vertauschungserzählungen
etwas anders: Das Hauptgewicht fällt auf die aus der Erwählung resultierenden Prozesse von Qualifizierung und Disqualifizierung. Das Zusammenspiel von menschlichem Handeln und göttlicher Intervention
steht im Vordergrund. Erst vom Ende her gesehen – mit der Legitimation der Vertauschung durch JHWH – fallen Erwählung und Qualifizierung wieder zusammen. Erwählung wird narrativ als Prozess entfaltet, theologisch aber ist klar, dass die Qualifizierung letztlich immer
dem Gotteswillen entspricht und entsprechend Qualifizierung und
Erwählung nie wirklich auseinandertreten. Bei den Erwählungskon-
zepten außerhalb der Genesis verlagern sich die Schwerpunkte und
variiert die Reihenfolge: Dem Handeln der Menschen geht nicht nur
die göttliche Erwählung voraus, sondern der Gotteswille artikuliert
sich in der Bundeszusage und der Toragabe als konkreter Lebenswei-

---

199 Zum Erwählungskonzept im Dtn vgl. die einschlägigen Stellen: Dtn 10,15 Erwählung Israels; Dtn 12,5 Erwählung des Ortes des Heiligtums; Dtn 17,15 Erwählung
des Königs; Dtn 18,5 Erwählung der Leviten.

200 „Denn du bist ein Volk, heilig für Jahwe, deinen Gott; dich hat JHWH, dein Gott,
erwählt, ihm zu gehören als Eigentumsvolk unter allen Völkern auf Erden." (Dtn 7,6;
vgl. Ex 19,5).

sung. Umgekehrt stellt Israels Verhalten eine Reaktion auf diesen Gotteswillen dar, der dementsprechend keine *Qualifizierung* im Sinne der Genesis darstellt. Israel muss sich nicht als Erwählter erweisen. Die Erwählung ist *theologisch* wie *narrativ* ein Faktum, das den Beginn der Erwählungsgeschichte Israels setzt. Allerdings machen natürlich auch erst Israels Gehorsam und Bundestreue Israel zu JHWHs Eigentumsvolk. So handelt es sich beispielsweise in Ex 19,5f, in der Vorbereitung des Bundeschlusses, um eine Ermunterung und Motivation zu Treue und Loyalität. Dies wird noch deutlicher, wenn der folgende Vers die dem Volk angekündigte Existenz als Eigentum JHWHs mit anderen Worten und anderen Vorstellungen (priesterliche Gottesnähe) umschreibt. Die Wesensbeschreibung Israels nach Ex 19,5-6, die mit dem Begriff des „priesterlichen Königreiches" umschrieben wird, ist keine Beschreibung eines Ist-Zustandes, „sondern dessen, was Israel sein soll. In der Konzeption eines ‚werde, was du bist!' wird Israels Identität festgehalten [...]."[201] Ferner fokussiert das Vertauschungsmotiv weniger auf die Sonderrolle des Gottesvolkes und das Erwählungsbewusstsein Israels, sondern betont die aus der Sonderrolle resultierende Funktion Israels für alle Völker besonders stark. Daraus resultiert Israels Verantwortung und Vorbildfunktion für die Völker.

---

201 Zum Ganzen s. DOHMEN, Exodus 19-40, 62-64; Zitat 63.

Teil D: Methodischer und exegetischer Ertrag

1. Methodenreflexion

Es war die erklärte Aufgabe dieser Arbeit, die unterschiedlichen Vertauschungskonstellationen des TeNaK innerhalb ihrer Kontexte zu beschreiben und dabei die am vorliegenden Text zu beobachtenden Steuerungsstrategien aufzuweisen, die das Verständnis des Textes auslösen und lenken (*intentio operis*). Angesichts des komplexen Bildes, das die historische Forschung – unabhängig von der jeweils favorisierten Methode – bezüglich der Literar- und Theologiegeschichte der Genesis zu Tage gefördert hat, wurde hier der Versuch unternommen, zumindest für den synchron gelesenen Text *einen* Kerngedanken zu entdecken, der sich in allen Teilen der Genesis finden lässt. Es hat sich als sinnvoll erwiesen, sich dem Phänomen der Vertauschung des Erstgeburtssegens vom Endtext des TeNaK her zu nähern, denn die in dieser Weise vorgenommene Auslegung der Vertauschungserzählungen hat einen beachtlichen Sinnreichtum und ein facettenreiches narratives Konzept entdecken können. So war nicht von vorneherein damit zu rechnen, dass man durch den konzentrierten Blick auf die Vertauschungserzählungen und deren Kontexte vom Endtext her so viel über den literarischen Entwurf der Vertauschungen wie auch über die Genesis im Ganzen erfahren kann (s. vor allem Teil C.3.1 und 3.2). Die Genesis erscheint hier nicht als eine Sammlung von urtümlichen Einzelsagen, deren Abfolge kaum etwas über ihre Bedeutung aussagt. Stattdessen kann ein in sich geschlossener Spannungsbogen wahrgenommen werden, der sich auf höchstem literarischem und theologischem Niveau mit den Themen „Erstlingssegen" und „Erwählung" auf charakteristische Weise auseinandersetzt. Damit soll allerdings nicht impliziert werden, dass das Buch Genesis oder gar der Pentateuch in einem Zug entstanden seien. Literargeschichtlich betrachtet ist dieses komplexe Gesamtbild Ergebnis eines vielschichtigen, wohl kaum je ganz durchdringbaren Überlieferungsprozesses, bei dem auch einander widersprechende Texte aufgenommen und zusammengestellt wurden. Diese Textsammlung ermöglicht wieder neue Sinnzusammenhänge und intertextuelle Beziehungen, die bei isolierter Betrachtung der (hypothetisch erschlossenen) Textteile und Quellen gar nicht oder noch nicht vorhanden gewesen sein mögen.[1] Die beobachteten Verbindungen und Sinnpotentiale sind in ihrer Gesamtheit nur vom gesamten Endtext zu erheben. Es hat sich ferner gezeigt, dass die Interpretation eines wichtigen literarischen und zentralen theologischen Teilbereichs eines biblischen Buches auch ohne Rekonstruktion seiner Entstehungsgeschichte möglich ist. Insofern hat sich das am Anfang gewählte methodische Verfahren als angemessen erwiesen. An dieser Stelle soll dennoch noch einmal betont werden, dass damit kein entstehungsgeschichtliches oder methodenkritisches Urteil verbunden ist. Die Frage nach der Entstehungsgeschichte bleibt nach wie vor berechtigt, denn das Wissen um die Genese der Genesis fügt dem Sinnpotential, das aus dem Endtext erhoben wurde, einen wesentlichen Aspekt hinzu.

Freilich aber brauchen und sollen die Ergebnisse entstehungsgeschichtlicher wie literarisch orientierter Arbeiten nicht unvermittelt nebeneinander stehen. Im Sinne einer Vermittlung zwischen beiden methodologischen Ansätzen ließe sich hier fragen, ob der und/oder die empirischen Verfasser der Genesis und im weiteren Sinne natürlich auch des TeNaK die entdeckten Erzählzusammenhänge bei empirischen Leserinnen und Lesern nicht auch intendiert haben (*intentio auctoris*). Dies lässt sich zwar nicht mehr mit Sicherheit feststellen und ein direkter Rückschluss von der *intentio operis* auf entsprechende entstehungsgeschichtliche Hypothesen ist ebenfalls nicht ohne weiteres möglich (s. Teil A.3.1). Allerdings drängen sich anhand der Textbeobachtungen eine Reihe entstehungsgeschichtlicher *Rück-* und *Anfragen* geradezu auf:[2]

Es fällt auf, dass dem Phänomen der Bevorzugung des jüngeren Bruders und der Verwerfung des Erstgeborenen in der Forschung bisher wenig Aufmerksamkeit gewidmet wurde. Dies dürfte damit zu erklären sein, dass die jeweiligen Einzelerzählungen unterschiedlichen Quellen-, Traditions- und/oder Redaktionsschichten zugeordnet werden, deren literarhistorische Beurteilung entsprechend divergent ausfällt. Wenn es allerdings zutrifft, dass die Vertauschungen zum einen über ein feinmaschiges Netz von vergleichbaren Motivelementen, Stichwortanschlüssen, Erzählstrategien, lexematischen Wiederholungen etc. miteinander verknüpft sind (Teil C.1 und C.2), zum anderen eine deutlich wahrnehmbare und Genesis-übergreifende theologische

---

1   Damit kann auch nicht mehr die Intention von einem oder mehreren Autor(en) oder Redaktor(en) erschlossen werden.

2   Weiterführende Rück-*Schlüsse* auf eine Entstehungsgeschichte können hier allerdings aus methodologischen Gründen nicht gegeben werden.

Gesamttendenz erkennen lassen, die auch auf andere Erwählungsvorstellungen innerhalb der Tora einwirkt (Dtn; Teil C.3.5), dann sollte in entstehungsgeschichtlicher Perspektive danach zu fragen sein, ob die Vertauschungen und ihre Grundelemente als Einzeltraditionen oder Traditionselemente anzusehen sind, die erst nachträglich in einen größeren theologischen und literarischen Kontext eingegliedert worden sind. Sogleich ergibt sich daraus die Frage, ob die literarische Gesamttendenz der Vertauschungserzählungen auf der endredaktionellen Ebene der Genesis wie auch des Pentateuchs tatsächlich zufällig sein kann oder aber auf das Werk einer oder mehrerer Redaktion(en) zurückgeführt werden muss. Das damit angesprochene Verhältnis von Autor(en) und Redaktor(en) stellt ein Problem dar, das zur Zeit für den Penta-/Enneateuch kontrovers verhandelt wird, aber auch für andere Schriften von Belang ist.

Es ist nun weitgehender Konsens der Forschung, dass die Endkomposition des Pentateuchs kein reines Zufallsprodukt sein kann, sondern auf planvolle literarische Arbeit zurückgeht. Die Mehrzahl der Forscher nimmt an, dass die Pentateuchredaktion vorwiegend in priesterlicher Perspektive geschah. Andere Autoren insistieren dagegen darauf, dass die letzte Redaktion aus „nicht-priesterlicher" bzw. sogar „anti-priesterlicher" Sicht (z.B. prophetisch oder weisheitlich) erfolgte. Wieder andere betonen, dass die Redaktion mehrere Perspektiven gezielt nebeneinander stellte – ausgleichend und kontrastierend zugleich. W. Groß charakterisiert mit Recht die derzeitige Forschungslage folgendermaßen: „Über die literarischen Techniken und die äußeren Umstände der Pentateuchredaktion ist wenig bekannt. […] Handfeste Kriterien zur Unterscheidung zwischen der Pentateuchredaktion und noch jüngeren theologischen bzw. terminologischen Ausgleichsversuchen gibt es bisher nicht."[3]

Es gehört zu den grundlegenden Einsichten der alttestamentlichen Wissenschaft des 19. Jahrhunderts, dass der Pentateuch in seiner vorliegenden Gestalt die literarische Hinterlassenschaft des nachexilischen Judentums des zweiten Tempels ist. Durch Krisenerfahrungen wie den Untergang der beiden Reiche Israel und Juda hervorgerufen, reflektieren die geschichtlichen Überlieferungen die Gottesbeziehungen zwischen JHWH als dem Gott Israels und Israel als dem Volk JHWHs. Dieser Sachverhalt lässt sich mit dem Begriff „geglaubte Geschichte" (von Rad) treffend umschreiben. Freilich stand unter den biblischen Autoren nicht zur Debatte, dass sich die geschichtlichen Ereignisse tatsächlich auch so ereignet haben. Doch wurden die Texte nicht allein aus einem *archäologischen* und *archivalischen* Interesse heraus gesam-

---

3   GROß, Zukunft für Israel, 71.

melt und überliefert; entscheidend für den Prozess der Endredaktion ist vielmehr, dass sie ausgewählt, kommentiert und ergänzt wurden im Blick auf die theologische Tragfähigkeit und Anwendbarkeit der Überlieferungen für die diese Texte rezipierende Gemeinschaft. Redaktion heißt dann nicht Tilgung älterer Texte oder Konzeptionen, sondern ist umfassender aufzufassen als Reformulierung ihres Ursprungssinns unter neuen Verstehensbedingungen zur Deutung der Gegenwart.

Besonders in der Genesis ist hinsichtlich der redaktionellen Frage schon seit einiger Zeit ein Umbruch zu verzeichnen, der mit einem erhöhten Interesse an der Urgeschichte als überlieferungsgeschichtlich eigenständigem Abschnitt einhergeht. Die redaktionskritischen Erwägungen zur Urgeschichte lassen sich exemplarisch mit der in dieser Untersuchung vorgelegten Analyse des Vertauschungsmotivs ins Gespräch bringen, weshalb der neuere Forschungsstand an dieser Stelle etwas ausführlicher referiert werden soll. Betrachtet man die gegenwärtige Forschung, stehen im Wesentlichen zwei Ansichten gegenüber: Unter denjenigen, die heute grundsätzlich noch an der Existenz des Jahwisten festhalten (so bei Levin[4] und Berge[5]), besitzt Wellhausens Analyse der Urgeschichte in ihren prinzipiellen Annahmen weiterhin Gültigkeit. Wie Wellhausen setzt auch Levin eine dreistufige Entwicklung von vor-jahwistischen Quellen, jahwistischer Redaktion und Ergänzungen an, die abgeschlossen war, bevor J mit der Priesterschrift verknüpft wurde. Insgesamt analog dazu hat Kratz eine Schichtenanalyse vorgelegt, die sich von Levin allerdings dadurch unterscheidet, dass die in Frage stehende Sintfluterzählung nicht mehr als Ergänzung innerhalb des Jahwisten angesehen, sondern (abgesehen von den genuin priesterlichen Anteilen) der J und P vereinigenden Redaktion zugeschrieben wird. Entsprechend geht einiges von dem theologischen Profil, das ehedem J zukam, nun auf diese Redaktionsschicht über.[6] Im Großen und Ganzen bleibt es dabei, dass J insgesamt die ältere Schicht ist,[7] die

---

4   LEVIN, Der Jahwist.

5   BERGE, Die Zeit des Jahwisten.

6   Vgl. KRATZ, Komposition, 252-262; und das zusammenfassende Schaubild 263.

7   KRATZ weist vor allem auf das redaktionelle Scharnier Gen 12,1-3 am Übergang von Ur- und Vätergeschichte hin: „Die Verheißung an Abraham, in der der Begriff des Segens dominiert, bildet einen Kontrapunkt zum Fluch der Urgeschichte, besonders Gen 2-4, und spannt einen Bogen zur Jakobserzählung in Gen 27-28, besonders 28,13-15." (KRATZ, Komposition, 265). Nach KRATZ schließt Gen 12,1-3 ursprünglich ohne weiteres an den letzten vorpriesterlichen Text der jahwistischen Urgeschichte Gen 11,1-8a an: aus der über die Erde zerstreute Menschheit unter dem Fluch greift sich JHWH einen heraus und legt den Segen auf ihn. Dieser Segen beherrscht auch den Fortgang der Vätererzählung. KRATZ kann beiden literarischen Einheiten Gen

von der Priesterschrift vorausgesetzt und in zahlreichen Abschnitten „imitiert"[8] wird.[9]

Auf der anderen Seite verlor der Jahwist seine Stellung als ältestes Geschichtswerk des Pentateuchs, was traditionell mit der Annahme gekoppelt war, J sei von keiner anderen Überlieferungsschicht des Pentateuchs beeinflusst gewesen. Insbesondere van Seters[10] und H.H. Schmid[11] schlugen demgegenüber Spätdatierungen vor, die den Jahwisten in die exilisch-nachexilische Zeit versetzten, und vertraten, dass J bereits im Einflussbereich deuteronomistischer Theologie und auch in der Wirkungsgeschichte der prophetischen Überlieferung stand. Die zunehmende Sensibilität für die Vernetzungen mit anderen Stimmen des Pentateuchs hat allerdings auch zu der Einsicht geführt, dass sich eine eigenständige J-Komposition davon gar nicht mehr abheben lässt; womit „J" immer mehr an Kontur verlor und schließlich aus der Pentateuchdiskussion herausfiel. Bei Blum[12] übernimmt die deuteronomistische Komposition (Kd) die Aufgabe der Verknüpfung von Väter- und Exodustradition, eine jahwistische Redaktion hatte damit keine eigene Funktion mehr – und konnte somit schließlich wegfallen.[13] Für die Theoriebildung ist allerdings festzuhalten, dass die literarische Vernetzung von J mit der Prophetie und dem Deuteronomismus vorzugsweise anhand der Väter-, Exodus- und Sinaiüberlieferung untersucht wurde. Betrachtet man vor diesem Hintergrund nun speziell die Diskussion um die Urgeschichte, so wird recht schnell deutlich, dass die für den Pentateuch insgesamt diskutierten Modelle hier nicht in gleicher Weise anzuwenden sind. Vor allem gibt es keine einigermaßen durchgängig erkennbaren Verbindungen zur deuteronomistischen Theologie. Das hat zur Folge, dass die Überführung der traditionell „J" zugeschlagenen Texte in die D-Komposition des Pentateuchs eventuell keine aussichtsreiche Option darstellt.

    12,1-3.7 und 28,13-15 als älteste Kompositionsschicht in der Genesis identifizieren, von denen alle anderen Segensverheißungen abhängen und die als redaktionelle Klammer dienen (zum Ganzen KRATZ, Komposition, 252-262.266-269).

8   KRATZ, Komposition, 262.

9   So z.B. Gen 2-3 in Gen 1, oder der Kainitenstammbaum (Gen 4) in der Adamitenliste (Gen 5).

10   VAN SETERS, Abraham.

11   SCHMID, Der sogenannte Jahwist.

12   BLUM, Vätergeschichte und DERS., Studien zur Komposition des Pentateuch.

13   Nach BLUM ist die Kritik an der J-Hypothese von GERTZ, Tradition und Redaktion; SCHMID, Erzväter und Exodus und WITTE, Urgeschichte weiter untermauert worden; vgl. Auch den von GERTZ, SCHMID und WITTE herausgegebenen Sammelband: „Abschied vom Jahwisten." (2002).

Wenn sich die Texte, die nach Abzug von P übrigbleiben, weder als Teil einer durchlaufenden Quelle noch einer übergreifenden Pentateuchkomposition erweisen lassen, dann liegt die Vermutung nahe, dass diese Texte – und mit ihnen die Entwicklung der Urgeschichte – einen gegenüber der Väter- und der Exodustradition ganz eigenen literaturgeschichtlichen Weg genommen haben. So wird sich in letzter Zeit immer häufiger für die diachrone Selbständigkeit der nichtpriesterlichen Urgeschichte ausgesprochen. Dies wird u.a. damit begründet, dass die nicht-priesterschriftliche Urgeschichte zwar von einem feinmaschigen Netz an Querverweisen durchzogen ist, der Kernbestand aber nicht über sich hinausweise.[14] Vor allem Gen 12,1-3, als vermeintliches Ziel und Fluchtpunkt der nichtpriesterlichen Urgeschichte, ist im Anschluss an Crüsemanns mehrfach aufgezeigtes Fehlen eines derartigen Rückverweises, der auch nur annähernd mit dem Beziehungsnetz innerhalb der nichtpriesterschriftlichen Urgeschichte vergleichbar wäre, tatsächlich auffällig.[15] Dabei kommt Crüsemann zu dem Ergebnis, dass es außerhalb von P keine literarische Brücke gibt, die von der Urgeschichte zur Vätergeschichte führt.[16] Die nicht-priesterschriftlichen Texte von Gen 1-11 stehen damit für sich. Der Neuansatz von Crüsemann besteht insbesondere darin, die Überlieferungsgeschichte als eigenen Fall zu betrachten, der nicht von vornherein im Zusammenhang eines übergreifenden Pentateuchmodells unterzubringen ist. In der Konsequenz dieser Beobachtungen werden als Alternative zu den Quellenhypothesen (Levin, Berge) und redaktionsgeschichtlichen Lösungen (Witte) für die Literaturgeschichte gegenwärtig Modelle erwogen, die darauf verzichten, die Urgeschichte im Rahmen einer umgreifenden Pentateuchhypothese zu behandeln, da ein eigener überlieferungsgeschichtlicher Prozess vorausgesetzt wird.[17]

---

14 S. CRÜSEMANN, Die Eigenständigkeit der Urgeschichte, 11-29 und vor allem BLUM, Vätergeschichte, 359f; DERS., Art. „Urgeschichte", 438f; CARR, Reading the Fractures of Genesis, 234-248; WITTE, Urgeschichte, 192-205. Die Diskussion bis 1983 ist dargestellt bei ZENGER, Beobachtungen, 36-40. Für die seitherige Diskussion kann auf genannte Beiträge von WITTE und BLUM sowie das Referat bei SCHMID, Erzväter und Exodus, 165-169 verwiesen werden.

15 Vgl. CRÜSEMANN, Die Eigenständigkeit der Urgeschichte, 18-22; BLUM, Vätergeschichte, 349-361; WITTE, Urgeschichte, 192-200.

16 Vgl. CRÜSEMANN, Die Eigenständigkeit der Urgeschichte, 16.

17 Freilich bleibt das Ende und damit der Auslegungshorizont einer nichtpriesterlichen Version der Urgeschichte umstritten: umfasst sie zunächst nur eine Schöpfung und Flut oder war sie von vornherein auf die Fortsetzung in der Vätergeschichte angelegt? Diese Frage bleibt unlösbar mit der Frage nach der ursprünglichen literarischen Gestalt der nichtpriesterlichen Textanteile und der viel diskutierten literarischen Schichtung innerhalb des nicht-priesterlichen Textes verbunden.

Bezüglich der Priorität von priesterschriftlichem und nicht-priesterschriftlichem Text innerhalb der Urgeschichte rechnet man zunehmend damit, dass die nicht-priesterschriftlichen Texte zum Teil (Kratz) Ergänzungen bzw. Fortschreibungen zur Priesterschrift sind, denn diese Texte sind über weite Passagen ohne Bezugnahme auf die Priesterschrift schwer vorstellbar. Oder, um es vorsichtiger zu formulieren: wenn der Verfasser vorliegende Stoffe aufgenommen hat, wurden diese literarisch völlig neu strukturiert und eben nicht nur um einzelne Zusätze, die literarkritisch zu eruieren wären, erweitert.[18]

Die Annahme umfangreicher *nach*-priesterschriftlicher Redaktionen in Verbindung mit der überlieferungsgeschichtlichen Selbstständigkeit der Urgeschichte eröffnet eine interessante literargeschichtliche und theologische Perspektive: Die deutliche Bezogenheit der Urgeschichte auf die Priesterschrift, die traditionsgeschichtlichen und literarischen Hintergründe, die Nicht-P erkennen lässt, sowie das Bild, das der Verfasser der nichtpriesterlichen Texte von den urgeschichtlichen Abläufen nicht zuletzt im Horizont der charakteristischen Penta-teuchstoffe (Gebotsgehorsam, Mosegestalt, Landnahme) entwirft, lassen den Schluss zu, dass er die Formierungsprozesse des Pentateuchs bereits vor Augen hat.[19] Die Ausarbeitung von Gen 1-11 stünde demnach am Ende der Überlieferungsgeschichte des Pentateuchs und hatte diesen konstitutiven Text bereits vorliegen.[20]

Vor diesem forschungsgeschichtlichen Hintergrund können die Erkenntnisse dieser Untersuchung in die Diskussion mit eingebracht werden: Für die Vertauschung von Kain, Abel und Set sowie Sem, Ham und Japhet (Gen 4.5-11) konnte gezeigt werden (Teil C.2.2), dass beide Vertauschungskomplexe zwar untereinander ein dichtes Verweissystem erkennen lassen, aber wenig über sich hinaus (und das heißt folglich: auf die nachfolgende Erzelterngeschichte verweisen). Insofern würde dies der Grundüberlegung einer selbstständigen Urgeschichte nicht widersprechen. Detailliert betrachtet, ist ein Urteil nicht mehr so leicht zu fällen, denn die Einzelelemente beider Vertauschungen finden sich in nicht-priesterschriftlichen wie in priesterschriftlichen Texten in gleicher Weise (s. noch Teil C.2.1). Im Falle der Urgeschichte mag man darauf aufmerksam machen, dass dort die Vertauschungen lediglich eine *Facette* des reichen Themenspektrums von Gen 1-11 abdecken und folglich aus der Textmasse leicht zu isolieren seien bzw. die Einzelelemente der Vertauschungen auch anders gedeutet werden könnten.

---

18 Dazu ARNETH, „Durch Adams Fall ist ganz verderbt...", 229-236.
19 So mit ARNETH, „Durch Adams Fall ist ganz verderbt...", bes. 227-236.
20 Vgl. hierzu SCHÜLE, Prolog.

Blickt man hingegen über die Urgeschichte hinaus auf die Jakob-Esau-
oder die Joseph-Juda-Erzählung, so scheint es mehr als deutlich, dass
die Vertauschungen Movens und narrative Grundstruktur beider Ge-
samterzählungen sind. Eine redaktionelle Ausscheidung der Vertauschungen würde einen beachtlichen Eingriff in die vorliegende Textge-
stalt nach sich ziehen.

Die Problematik einer redaktionellen Zuweisung spitzt sich im
Blick auf das genealogische System der Genesis im Allgemeinen noch
zu. Der Blick auf das Vertauschungsmotiv konnte auch zeigen, dass es
wegen der dichten Verschränkung von genealogischen wie narrativen
Partien entsprechend erschwert wird, quellenkritisch verschiedene
Entstehungsebenen voneinander abzuheben. Denn weder greifen die
genealogischen Teile einfach die narrativ erfolgten Vertauschungen
auf, noch reflektieren die Erzählungen die in den Genealogien beschlossenen Vertauschungen, und zwar in dem Sinne, dass sie eine
nachträgliche, narrative Deutung der vorgefundenen Genealogie(n)
liefern. Die Vertauschungen sind zudem nicht nur in den, für gewöhnlich der Priesterschrift „P" zugeschriebenen, Toledot-Formeln aufgenommen, sondern auch in den übrigen genealogischen Teilen, die den
Nicht-P-Texten zugeschrieben werden können. Über die „invertierten
Genealogien" (Teil C.2.1) wird das Vertauschungselement nicht nur
innerhalb der vertauschten Toledot (etwa Ismael vor Isaak), sondern
auch zwischen Toledot-System und genealogischer Reihe (vgl. Gen 4/5:
Kain und Set)[21] präsentiert. Ein Urteil über die literarhistorische Priorität von P oder Nicht-P wird bei Berücksichtigung der Ergebnisse dieser
Untersuchung in jedem Fall erschwert.

2. Deutungsaspekte der Vertauschungserzählungen

Das genealogische System (insbesondere die Toledot-Formeln) bildet
die Grundstruktur der Genesis und erweist sich dabei als das tragende
Gerüst der narrativen Entwicklung. Liest man die Genealogien mit
dem Erzählfortschritt, ergibt sich eine trichterförmige Fokussierung
von der Schöpfung und der Menschheit hin zu dem einen Volk unter
den vielen Völkern, welches sich wiederum in zwölf Stämme ausdifferenziert. Begleitet von vielen Nebenthemen wird so innerhalb des genealogischen Systems Schritt für Schritt die Sonderrolle Israels gegenüber den Völkern thematisiert, inhaltlich näher bestimmt und schließ-

---

21   Vgl. hierzu vor allem Teil C.2.

lich legitimiert. Der Ursprung dieses Volkes wird so genealogisch geklärt und gedeutet sowie schöpfungstheologisch verankert.

Innerhalb dieses Verweissystems nimmt der natürliche Erstgeboren-
ne (בְּכוֹר) die entscheidende Sonderrolle ein. Im gesamten „Buch der
Toledot" (זֶה סֵפֶר תּוֹלְדֹת אָדָם, Gen 5,1-50,26) – unter diesem Titel wird
hier die gesamte Genesis verstanden (vgl. Teil A.4.2) – ist das Leben auf
den Erstgeborenen hin ausgerichtet. Von ihm her wird die Zeit bestimmt und der väterliche wie göttliche Segen letztlich weitergetragen.
Innerhalb der Genesis gilt dies für Israel in gleichem Maße wie für die
übrigen Völker. Allerdings ist gerade an den entscheidenden Wendepunkten der genealogischen Hauptverheißungslinie „Israel" der natürliche Erstgeborene selten der Träger des Erstgeburtssegens, sondern
meist derjenige, der sich noch als „Erstling" unter seinen Brüdern erweisen muss. Die Verheißungslinie läuft nicht über die Linie der natürlichen Erstgeborenen Kain, Ham, Joktan, Elam, Haran, Ismael, Esau
und Ruben, sondern über Set, Sem, Peleg, Aram, Abraham, Isaak, Jakob und Juda bzw. Joseph. Offensichtlich werden hier zwei verschiedene Konzepte von „Erstlingstum" einander gegenübergestellt: In Bezug auf die Völker funktioniert die בְּכֹרָה gemäß den üblichen und
damals akzeptierten Vorstellungen. Für Israel hingegen wird die בְּכֹרָה
durch die Vertauschungen charakteristisch umgedeutet. Die göttliche
Erwählung ersetzt die geburtliche Disposition: Erstlingstum in Israel ist
an JHWH gebunden und nicht an ein Geburts(vor-)recht. Erst mittels
dieser Vertauschungen und der damit verbundenen Erzähltexte kommt
so allmählich das „Volk Israel" zum Vorschein, auf das in der Exoduserzählung dann fokussiert wird. Es geht demnach bei den Vertauschungen um ein Kriterium, das geeignet ist, Israel von den übrigen
Völkern zu unterscheiden. Die Vertauschungen entfalten damit narrativ eine *Identifikationsbestimmung* Israels, die es zum einen nach außen
abgrenzt, zum anderen aber auch nach innen integrierend wirkt.

Mit diesen wenigen Strichen lässt sich der Erzählfaden der Vertauschungen in der Genesis skizzieren. Die Lektüre der Vertauschungserzählungen in ihren vorliegenden Kontexten lässt das Phänomen der
Vertauschungserzählung als ein schlüssig gestaltetes und stringent
aufgebautes Erzählkonzept der Genesis erscheinen, das im narrativen
Zusammenhang lesbar ist. Die folgende Zusammenfassung orientiert
sich an den drei die Untersuchung bestimmenden Fragekomplexen:
Welcher *Form* bedienen sich die Vertauschungserzählungen? In welchem *Kontext* stehen sie, wie interagieren sie untereinander und mit
den sie umgebenden Passagen? Welche *Funktion(en)* haben die Vertau-

schungserzählungen im Gesamtzusammenhang der Genesis sowie innerhalb des TeNaK?

2.1 Formen

Es hat sich in der narrativen Detailanalyse gezeigt, dass diese Vertauschungen relativ gleichmäßig über die Genesis verteilt auftreten und das erste biblische Buch wie ein roter Faden vom Anfang bis zu ihrem Ende durchziehen, wobei die Vertauschungen in genealogischen wie narrativen Texten gleichermaßen präsent sind (Teil B). Daher ist es möglich, die „Vertauschung des Erstgeburtssegens" als ein literarisches Motiv aufzufassen, das innerhalb der Genesis strukturbildend wirkt. Für die sieben größeren Vertauschungserzählungen[22] lassen sich eine Reihe spezifischer Formen, Strukturen, narrativer Elemente und typischer Abläufe ausmachen, die im Folgenden beschrieben werden sollen:

(1) Zwar bilden in *theologischer* Hinsicht die Erwählung des Erstlingsprätendenten und die Nicht-Erwählung des natürlichen Erstgeborenen von Seiten Gottes die Ursache der jeweiligen Vertauschung, jedoch fokussieren in *literarischer* Hinsicht die Erzählungen nicht näher auf diese göttliche Dimension und lassen die Ursache der göttlichen Favorisierung unbegründet. Literarisch umfangreich ausgearbeitet wird dagegen der aus dem göttlichen Handeln resultierende *Vertauschungsprozess*: Zuerst erfolgt die *Disqualifizierung* des natürlichen Erstgeborenen: Kain (Gen 4,1ff); Ham (Gen 9,18ff), Haran (Gen 11,27ff) bzw. Lot (Gen 12-13), Esau (Gen 25-27) sowie Ruben, Simeon und Levi (Gen 34-35.37) scheiden eigenverantwortlich durch ihr Fehlverhalten als potentielle Erstlinge aus.

(2) Darauf erfolgt die *Qualifizierung* des jüngeren Bruders als Erstling. Der von Gott erwählte Erstling muss sich erst als solcher gegenüber seinem natürlichen erstgeborenen Bruder erweisen. Set, Sem, Abraham, Isaak, Jakob, Juda sowie Joseph und Juda qualifizieren sich auf diese Weise. Aus diesem Moment heraus entfalten die Erzählungen ihre Dramatik und Spannung, denn es erschließt sich dem Leser nicht immer von vornherein, welcher der Brüder der potentielle Erstling ist. Umgekehrt durchbrechen die Erzählungen selbst die Lesererwartun-

---

22 Hierzu zählen die Vertauschungen um Kain, Abel und Set (Gen 4/5); Ham, Japhet und Sem (Gen 9,18-11,26); Haran, Nahor und Abraham (Gen 11,27-25,11); Ismael und Isaak (Gen 15-22); Esau und Jakob (Gen 25,12-36,43); Ruben, Simeon, Levi und Juda (Gen 34; 35,22; Josephsgeschichte) sowie Juda und Joseph.

gen, wenn die vom Leser ausgemachten Erstlinge in ihrer Rolle zu versagen drohen. Beispielsweise bestimmen das schon vollzogene (Jakob; „Fersenschleicher") oder potentielle kurz bevorstehende (Abraham Gen 12-22; Juda Gen 37.44) Scheitern der erwählten Hauptcharaktere die Dynamik der jeweiligen Gesamterzählung. Über ein komplexes System von *Kontrastierungen* und *Parallelisierungen* wird dieser Effekt noch verstärkt und die konkurrierenden Brüder besonders dicht aneinander gerückt. Auf die Weise wird eine holzschnittartige Charakterisierung der Konkurrenten vermieden und der Spannungsbogen erhält sich so bis zum Ende. Erst in der Bestätigung und Legitimierung des Erstlings zeigt sich, wie der göttliche Erwählungsplan und das menschliche Handeln zusammenhängen. Diese abschließende Bestätigung erfolgt in mehreren, aufeinanderfolgenden Schritten:

(3) Die *Bestätigung* von Qualifizierung wie Disqualifizierung muss immer erfolgen und geschieht in der Erzählung durch die Eltern oder durch JHWH selbst.

(4) Eine *Gegenüberstellung der Genealogien* der beiden konkurrierenden Brüder nimmt die Konfliktsituation der Vertauschungskonstellation auf, verstärkt diese oder deutet sie spezifisch um. Innerhalb des genealogischen Systems markieren die invertierten Genealogien[23] endgültig die Haupt- und die Nebenlinie.

(5) Zur genealogischen *Trennung* kommt dann noch die räumliche Trennung hinzu. Auf diese Weise wird sichergestellt, dass sich nur in der Hauptlinie die Verheißung Gottes verwirklicht und nur diese Verheißungslinie im verheißenen Land wohnen darf.

(6) Bei den Erzvätern Abraham, Isaak und Jakob legitimieren zusätzliche Hinweise auf die *Landverheißung* (Altarbau; symbolische Landeseinnahme) die Vertauschung.

(7) Die *genealogische Weiterführung* der Linie des Erstlings legitimiert den jüngeren Bruder schließlich endgültig. Die Genealogien der Erstlinge Set (Gen 5,1ff), Sem (Gen 11,10ff), Abraham (Gen 25,1-4), Isaak (Gen 25,19ff), Jakob (Gen 35,16-20: „ganz Israel"; sowie Gen 37,2ff) beschließen jeweils die Vertauschungserzählung, führen die Hauptlinie weiter und leiten so zum folgenden Erzählkomplex über.

Jede Vertauschungserzählung erweist sich als kunstvoll aufgebaute und planvoll angelegte Erzähleinheit, die je für sich einen nachvoll-

---

23 Zum Begriff „Invertierung" s. Teil C.2.1: Damit wird das Phänomen beschrieben, dass die Genealogien die Vertauschungen in der Hinsicht aufnehmen, dass sie die Nebenlinie vor der Hauptlinie präsentieren. Die als letztes aufgeführte Linie führt dann erst genealogisch weiter und markiert somit die Hauptlinie.

ziehbaren Handlungs- und Spannungsbogen entfaltet. Anders verhält
es sich bei den fünf Vertauschungsnotizen, die jeweils nur einige Elemente des Motivs literarisch verarbeiten. Welche Elemente aufgenommen werden, ist für den größeren Erzählzusammenhang, in dem diese
Vertauschungen stehen, maßgeblich.[24]

2.2 Kontexte

In der Systematisierung der Einzelelemente der Vertauschungen konnte außerdem gezeigt werden, dass die zwölf Segensvertauschungen der
Genesis nicht isoliert nebeneinander stehen, sondern über ein komplexes System an intertextuellen Verbindungen verknüpft sind (Teil C.1.5).
Im Besonderen ist die Interaktion der sieben Haupterzählungen mit
den verbleibenden fünf kleineren Vertauschungsnotizen[25] hervorzuheben. Letztere sind ausnahmslos den größeren Erzählungen zugeordnet
und unterstützen narrativ den Prozess von Qualifizierung und Disqualifizierung (Teil C.1.5). Auch eine dichte Vernetzung genealogischer
und narrativer Texte konnte aufgewiesen werden (Teil C.2). So gehören
die genealogischen Abschnitte wesentlich zum Aufbau der Vertauschungserzählungen hinzu; sie rekapitulieren, reïnterpretieren, beschließen und legitimieren regelmäßig den Vertauschungsprozess.
Unterschiedliche genealogische Grundtypen (Toledot-System; lineare
und segmentäre Genealogie sowie genealogische Erzählung und genealogische Notizen) greifen dabei ineinander, um die Erzählungen voranzutreiben. Ferner wurde gezeigt, dass die Vertauschungskonstellationen außerhalb der Genesis nur Einzelelemente und Teilaspekte dieses
Vertauschungsmotivs aufweisen (Teil B.7). Auch treten die Vertauschungen nur vereinzelt auf: Die Vorkommen konzentrieren sich auf
Priestertum[26] und Königtum[27] in Israel. Die signifikante Häufung der
Vertauschungserzählungen in der Genesis ist beachtenswert, was zu
dem Schluss kommen lässt, dass das Vertauschungsmotiv in der Genesis seinen „Sitz in der Literatur" hat und außerhalb seine Sinnpotentiale

---

24 Exemplarisch hierfür stehen die Ausführungen zu den Vertauschungen von Perez
und Serach (Gen 38,27-30; Teil B.6.3) und Ephraim und Manasse (Gen 48,1-22; Teil
B.6.4).

25 Zu den kürzeren Vertauschungsnotizen zählen: Joktan und Peleg (Gen 10,25.26-29;
11,18); Elam, Assur, Arpachschad, Lud und Aram (Gen 10,22-24); Er und Perez (Gen
38); Serach und Perez (Gen 38, 27-30) sowie Manasse und Ephraim (Gen 48, 1-22).

26 Mose und Aaron; sowie die Aaronsöhne Nadab, Abihu, Eleasar und Itamar.

27 David und seine Brüder; David und Saul; Salomo als Erstling Batsebas; Salomo und
die übrigen Davidsöhne.

nur in Bezug auf die Genesis entfaltet. Dieser Befund ist gerade deshalb besonders zu betonen, da ein Großteil der bisherigen Untersuchungen von der davidischen bzw. salomonischen Erstlingssegenvertauschung her kommend die Deutungsperspektive, die Funktionsbestimmung und/oder die Datierung der hypothetisch angenommenen Grunderzählung(en) enfaltet (Teil A.2 und C.3.3). Diese Thesen haben sich somit als nicht richtig erwiesen.

2.3 Funktionen

Die Leitfrage der folgenden Zusammenfassung soll sein, was die Vertauschungen in textpragmatischer Hinsicht leisten.

(1) Literarische Funktion: Innerhalb der Genesis kann der Leser über das soeben dargelegte dichte Geflecht an intertextuellen Bezügen die Wiederkehr des Motivs nicht nur deutlich wahrnehmen, sondern daraus auch einen Erzählzusammenhang konstruieren (Teil C.3.1). Dieser Erzählzusammenhang wird in inhaltlicher Hinsicht darüber erreicht, dass ausnahmslos alle zwölf Vertauschungskonstellationen der Genesis im Zusammenhang mit der auf Israel hinführenden Verheißungslinie stehen. Diese Linie ist zugleich die Hauptlinie, die im Fokus des Gesamtaufrisses der Genesis liegt. Damit wird der über die Vertauschungserzählungen konstituierte Erzählzusammenhang zum *wesentlichen Bestandteil* des Genesiserzählstrangs und das Vertauschungsmotiv zu einer Art „Leitmotiv" in Bezug auf die Identitätsbestimmung „Israels", welche die Genesis leisten will: Die Sonderrolle Israels unter den Völkern wird definiert als „Erstlingstum Israels unter den Völkern". Dieses über die Vertauschungen charakterisierte Erstlingstum Israels steht damit pointiert der biologisch-rechtlichen Variante, dem Erstgeburtsrecht, gegenüber. Das Erstlingstum Israels funktioniert damit als *narrativ-theologischer Entwurf,* der als Unterscheidungskriterium und Identitätsmerkmal Israels dient. Eben darum ist es für die Übersetzung von בְּכֹרָה und בְּכוֹר in biblischem Kontext auch sinnvoll, die von Martin Buber vorgeschlagenen Begriffe „Erstlingstum" und „Erstling" der üblichen Übersetzung „Erstgeburtsrecht" und „Erstgeborener" vorzuziehen.[28] Bubers Übersetzung fängt die Ambivalenz des biblischen Gebrauchs dieses Begriffes zutreffend ein und vermeidet so eine einseitige, historisierende Deutung der Vertauschungen im Sinne eines

---

28 Vgl. dazu Teil A.4.2.

staatlich/vor-staatlich üblichen Rechtsbrauchs (de Vaux; Jacobs; Henninger, Frazer; dazu Teil A.2.4).

Wird das Erstlingstum Israels in diesem Sinne als Unterscheidungskategorie verstanden, bedeutet dies allerdings auch, dass die Semantik dieses Begriffs nicht von vorneherein feststehen kann, sondern diese im Erzählverlauf Schritt für Schritt eine präzisere Bestimmung und Deutung erfahren muss, um das Besondere der israelitischen בְּכֹרָה gegenüber der üblichen Vorstellung hervorzuheben. Erst vom Ende der Genesis her erschließt sich das volle Bedeutungsspektrum dieses theologischen Begriffs. Dieses spezielle Erstlingstum Israels wird aus zwei Perspektiven im Erzählverlauf näher konturiert: In Gen 1-4.5-35 geht es um Israel als Erstling unter den Völkern. Die natürlichen Erstgeborenen stehen für die Israel umgebenden Völker, die über den Vertauschungsprozess aus der Hauptverheißungslinie Israels ausscheiden und keine Berührung mehr mit dieser haben. Neben dieser Unterscheidbarkeit von Israel zu den übrigen Völkern, leistet der Vertauschungsprozess aber auch eine Konstituierung des Gottesvolkes in Abgrenzung und Nähe zu den es umgebenden Völkern. Der ältere Bruder, und damit auch die Völker, bleiben folglich immer Orientierungspunkt der Selbstdefinition Israels: Der *gesegnete* Erstling bleibt unhintergehbar auf den *segenslosen* natürlichen Erstgeborenen bezogen. Innerhalb der Joseph-Juda-Erzählung wird auf das Erstlingstum innerhalb Israels fokussiert und die Funktion des Erstlings charakteristisch umgedeutet: Der Vertauschungsprozess hält am Ende einen fein austarierten Macht-*Ausgleich* zwischen den beiden Brüdern Joseph und Juda fest. Innerhalb Israels gibt es keinen Ausschluss des Nicht-Erwählten. Dies entspricht letztlich auch der Erzähllogik, schließlich wird Israel als Ganzes, das heißt in seiner Ausdifferenzierung in zwölf Stämme, erwählt und gesegnet (Gen 49).

(2) Theologische Funktion: Geht es in literarischer Hinsicht um die Definition der Sonderrolle Israels als Erstlingstum, so stehen in theologischer Perspektive Legitimierung, Profilierung und Gewährleistung dieser Sonderrolle im Vordergrund (Teil C.3.2). Die selbstverschuldete Disqualifizierung des natürlichen Erstgeborenen erreicht eine Legitimierung des Erstlings, die nicht einfach auf eine willkürliche, nicht nachvollziehbare Erwählung JHWHs zurückzuführen ist. Andererseits wird über die Gemeinsamkeiten der Brüder betont, dass der Erstling sich nicht einfach von seinem versagenden, nicht-erwählten Konkurrenten absetzt. Der Erstling zeichnet sich durch keine besondere Eigenschaft vor seinem biologisch erstgeborenen Bruder aus. Auch der Erstling muss sich der Erwählung als würdig erweisen.

Zu den menschlichen Handlungen kommt durchgängig JHWH als dritte handelnde Person hinzu, der sich während der Vertauschung als entscheidendes Movens des *gesamten Prozesses* erweist.[29] Erst vom Abschluss der jeweiligen Vertauschungserzählung her zeigt sich, dass göttliche Erwählung und menschliche Qualifizierung zusammenfallen. Theologisch ergibt sich so das Bild, dass trotz aller Komplikationen, Streitigkeiten und Unwägbarkeiten der Vertauschungsprozess auf göttlichen Willen und göttliches Eingreifen zurückzuführen ist. So greift in jeden Vertauschungsprozess JHWH selbst ein, weshalb die Zukunft für Israel auch allein durch JHWH gewährleistet wird.[30] Konstitutiv für die Sonderrolle ist folglich nur JHWH selbst. Dasselbe gilt für die Institutionen in Israel: Das Erstlingstum in Bezug auf die Völker wirkt semantisch auf die Bedingungen des Erstlingstums innerhalb Israels zurück (Gen 36.37-50): Die Institutionen Königtum und Priestertum[31] erscheinen als eine solidarisch verantwortete Institution, deren Movens – entsprechend dem Erstlings-Anspruch Israel unter den Völkern – JHWH ist.

Jedoch ist das Erstlingstum nicht als ein Zustand zu verstehen, der qua Geburt dem Nachkommen aneignet, sondern – so zeigen es die breit ausgeführten Qualifizierungserzählungen – als eine gelebte und tätige Folge der Erwählung. Wie in Teil C.1.2 herausgearbeitet wurde, erwies sich gerade die tätige innerfamiliäre Solidarität als Hauptkriterium der Beurteilung der Handlungen des natürlichen Erstgeborenen wie auch des potentiellen Erstlings. Hiermit ist die ethisch-sittliche Dimension des Erstlingstumbegriffs angesprochen. Trotz seiner Sonderrolle exis-

---

29 Jeder Qualifizierung und Disqualifizierung geht die (allerdings aus menschlicher Sicht unbegründete) Erwählung und Verwerfung durch JHWH bereits voraus. Ebenso greift JHWH selbst dort in die Qualifizierungsprozesse mit ein, wo der Erstling zu scheitern droht. Ausschließlich und ausnahmslos findet die letztgültige Legitimierung des Erstlings durch JHWH selbst statt. Die Bestätigung der Vertauschung durch das Trennungsmotiv sowie die symbolische Erfüllung der Landverheißung durch Altarbau und Landeserwerb verweisen in ihrer Letztursache auf JHWH selbst.

30 Dasselbe gilt im Übrigen für das genealogische System, mit dem das Vertauschungsmotiv bekanntlich eine enge literarische Verbindung eingeht. Das genealogische System im Ganzen verweist letztlich auf JHWH, da es in seinem Schöpfungsakt begründet liegt. Das wichtige Element der kinderlosen Erzeltern in der Genesis (Sara; Rebekka; Lea, Rahel und Jakob) expliziert diese Abhängigkeit von JHWH: Nur über Gottes Eingreifen kann Israels Linie weitergeführt werden (Teil C.3.2.2).

31 Die Zuspitzung auf die Institutionen Königtum und Priestertum, wird auch über Gen 36.37-50 geleistet. Hier geht es zentral um die Frage der legitimen Herrschaft in Israel. Legitimes Königtum wird hier als Erstlingstum entfaltet (vgl. Judas Qualifizierung vor Ruben, Simeon und Levi; Teil B.6.2).

tiert Israel in seiner literarischen Konstruktion als „jüngerer Bruder"
immer im Angesicht des älteren, erstgeborenen Bruders und bleibt so
auf die anderen Völker bezogen. Israels Erstlingstum verpflichtet dann
auch vornehmlich zur Verantwortung *für* die Völker. Diese Verpflichtung Israels wird in Gen 36-50 noch näher ausgedeutet: Durch die
Reïnterpretation des Vertauschungsmotivs für die Verhältnisse innerhalb Israels wird deutlich, was das Erstlingstum Israels innerhalb der
gesamten Menschheit zu bedeuten hat: Der Aufstieg des gesegneten
Bruders (Joseph) geschieht nicht auf Kosten seiner Brüder. Vielmehr
wird der gesegnete Bruder seinen Brüdern selbst zum Segen.

Im Erstlingstum Israels artikuliert sich folglich auch der Heilswille
Gottes für alle Menschen: Israel wird zum *Vorbild* (vgl. etwa noch Jes
2,2-5/Mi 4,1-5) und *Segensmittler* (vgl. noch Gen 12,1-4) für die Völker.[32]
Dieser Aspekt der Identitätsbestimmung Israels kann kaum überbetont
werden, denn obwohl alles in der Genesis auf die Sonderrolle des *einen*
Volkes in der Menschheit zielt, unterscheidet sich Israels Selbstdefinition von allen entscheidenden Zügen – um an dieser Stelle eine Brücke in
die Gegenwart zu schlagen – jedes modernen *Nationalismus*: Das
Erstlingstum betont gerade die schlechthinnige Bezogenheit Israels auf
die Völkerwelt und die essentielle Einheit des Menschengeschlechts in
all seiner Vielfalt.[33]

(3) Realgeschichtliche Funktion: Israel hat seine ethnische und religiöse
Identität in der „alttestamentlichen" Zeit durch schwere Krisen hindurch zu finden gesucht. Die Suche nach einer kollektiven Identität –
über die ethnisch-genealogische Gemeinsamkeit hinaus, insbesondere
von dem religiösen Bewusstsein her, erwähltes Volk JHWHs zu sein –
konnte nicht ohne innerisraelitische Auseinandersetzungen, aber auch
nicht ohne Begegnungen mit Nachbarvölkern und –kulturen in Abgrenzung und Offenheit sowie im Zusammenspiel von Selbstwahr-

---

32   Eine universale Tendenz hatte schon SYRÉN (s. DERS., The Forsaken First-Born) in
    den Vertauschungstexten der Genesis bemerkt (Teil A.2.2): Die Texte unterstreichen,
    dass die disqualifizierten Brüder eben Brüder Israels bleiben und damit – anthropo-
    logisch gesehen – denselben Status vor Gott haben. Allerdings begründet SYRÉN die-
    sen universalen Aspekt ausschließlich schöpfungstheologisch, denn Gott hat die
    Gleichheit aller Menschen grundgelegt. Demgegenüber muss aufgrund der hier vor-
    gelegten Analyse betont werden, dass der Universalimus des Heilswillen Gottes sich
    erst über das vorbildhafte Handeln Israels verwirklichen soll. Dies verneint die
    schöpfungsmäßige Gleichheit aller Menschen nicht, nimmt den Menschen – und im
    Speziellen natürlich Israel – allerdings mehr in die Verantwortung.

33   Es kann hier noch darauf verwiesen werden, dass – wie in Teil C.3.2.4 näher ausge-
    führt – die Binnendifferenziertheit Israels in 70 Sippen genau der Menschheit in ih-
    ren 70 Nationen entspricht (Gen 46,27; und Gen 10).

nehmung und Fremdwahrnehmung gelingen. Der über die Vertauschungen konturierten Selbstdefinition Israels gelingt es, diese Facetten in unterschiedlicher Akzentuierung ineinander zu vereinen und zu profilieren.

Zunächst kommt die Perspektive auf das Erstlingstum Israels unter den Völkern in den Blick (Gen [1-4].5-35). Das über die Vertauschungserzählungen profilierte Erstlingstum artikuliert und akzentuiert die Daseinsberechtigung Israels, die Legitimation seiner Sonderrolle und den Geltungsanspruch dieses kleinen Volkes inmitten der Vielzahl teils größerer, älterer und kulturell dominierender Nationen, welches sich mit dem großen Bruder, nämlich den es umgebenden Völkern, arrangieren muss (Teil C.3.3 und C.3.4). Die Stärke des Vertauschungsmotivs liegt nun darin, dass es nicht in einer konkreten historischen Situation seinen Anlass findet und darin aufgeht, sondern – und hier ist es vergleichbar mit der sog. *fluidity* genealogischer Systeme – durch seine Variabilität an unterschiedliche Situationen und gesellschaftliche Bedingungen anpassbar ist. Die Erzählungen thematisieren, reflektieren und konservieren eine *universelle Grunderfahrung* Israels. Das Vertauschungsmotiv versucht mit der komplexen und widersprüchlichen Geschichtserfahrung umzugehen, inmitten der Vielzahl der Nationen existieren zu können. Es eignet sich daher in seiner Vielschichtigkeit dazu, die Komplexität der Wirklichkeit differenziert wahrzunehmen, literarisch zu reflektieren und theologisch zu interpretieren.

Hervorzuheben ist die starke ethische Dimension der Identitätsbestimmung Israels, das sich gerade nicht vornehmlich *politisch* definiert. Ein besonderes ethisches Verhalten ist auf der einen Seite zwar keine Vorbedingung für die Erwählung Israels unter den Völkern, auf der anderen Seite ist das qualifizierende Verhalten der Erstlinge wesentlich für den Vertauschungs-*Prozess*. Allerdings ist tätiges Erstlingstum nicht so zu verstehen, dass der Erwählungsstatus an die Einhaltung der ethischen Maßstäbe geknüpft ist, denn letztlich garantiert nur JHWH Israels Erstlingstum unter den Völkern. Der Fokus liegt zunächst nur auf dem ethischen *Anspruch*, der mit der Sonderrolle Israels verbunden ist. Dieser ethische Anspruch hat zunächst eine distinktive Funktion, um hierüber Israels ethnische Identität nach außen zu gewährleisten. Dies trägt der historischen Herausforderung Rechnung, der sich Israel stellen musste, indem es sich nach Wegfall der staatlichen und territorialen Einheit einerseits gezwungen sah, sehr scharfe religiöse Abgrenzungsmechanismen zu entwickeln, um das Überleben der eigenen Gruppe zu sichern, andererseits aber in der Diaspora mit Angehörigen vieler anderer Völker und Religionen auskommen musste. Sogleich funktioniert der ethische Anspruch auch und vor allem als „Binnenkriterium", um die Integration einer Gemeinschaft *nach innen* zu leisten. Auch das Scheitern an dieser zugegebenermaßen großen und umfassenden Verantwortung für die Völker „disqualifiziert" Israel nicht seiner Sonderrolle. Der sittlich-ethische Anspruch bleibt bestehen und wird so zum zeit- und situationsübergreifenden und beständigen Identitätskriterium Israels. Hierbei handelt es sich um eine bemerkenswerte politische Utopie, die durch die genaue Herausarbeitung des Vertauschungsmotivs in Verbindung mit dem Erwählungsgedanken zum Vorschein kommt. Das Erstlingstum birgt einen herausfordernden *Vorsatz*, der ein großes ethisches und auch ein – aufgrund des didaktischen Charakters der Tora – katechetisches Projekt für Israel darstellt.

Die Binnenperspektive auf das Erstlingstum (Gen 36-50; Teil C.3.4) ist vermutlich ein Reflex von Ausdifferenzierungsprozessen und Konflikten innerhalb Israels. In literarischer Hinsicht gibt sich die Joseph-Juda-Erzählung[34] als Gesamterzählung von „Nordreich" (Joseph) und „Südreich" (Juda), die in literarischer Hinsicht das gemeinsame Doppelkönigtum „Israel" reflektiert und vorabbildet. Das zweipolige, offene Ende der Erzählung verweist auf die Zeit des gemeinsamen Doppelkönigtums, wie sie in den Königbüchern entfaltet wird. Narrativ wird in Gen 36-50 ein *Machtausgleich* angestrebt, wobei die dahinterliegenden Spannungen noch deutlich wahrzunehmen sind: Juda wird zwar als königliche Figur innerhalb der Erzählung entwickelt, doch bekommt er (wie innerhalb der gesamten Tora) keinen Segen! Joseph steht als gesegneter Erstling hingegen als Garant für das Fortbestehen *ganz Israels* (vgl. bes. 50,15ff), wird aber nie explizit als Erstling bezeichnet. Ohne Joseph gibt es allerdings keine Zukunft für Juda, denn als Nicht-Gesegneter ist Juda abhängig vom Gesegneten Joseph.

Im Hintergrund scheint die sich ab der Perserzeit noch verschärfende Rivalität zwischen den beiden Provinzen Samaria und Jehud zu stehen. Das Nordreich Samaria ist die noch bis weit in die Perserzeit hinein kulturell dominierende Ethnie. Samaria war in kultureller wie in theologischer Dimension das eigentliche „Israel" und die mit Jerusalem konkurrierende, sich ebenfalls als Israel verstehende Kultgemeinde. Die südliche Ethnie „Judäa" beerbte diese Kultur und damit den religiös dimensionierten „Israel"-Begriff erst viel später. Die Beerbung „Israels" durch Juda verlief äußerst spannungsvoll, was sich in der gegenseitigen (teils subtilen) Polemik der Tora niederschlägt. Die Endformation des Pentateuchs wird hierbei als theologischer Vermittlungsprozess begriffen, der sich um eine Definition „Israels" jenseits

---

34 Zur Nomenklatur s. Teil B.6.1.2.

des bloßen pluralistischen Nebeneinanders unterschiedlicher Gruppierungen bemüht. Dadurch musste ein Kompromiss erzielt werden, in dem all dies, was die beiden Kultgemeinden in religiöser wie kultureller Hinsicht ausmacht, festgehalten wurde. Die jeweiligen religiösen Eigenarten[35] konnten darin allerdings nicht (oder zumindest nicht explizit) formuliert werden. Es wird ferner davon ausgegangen, dass die Jerusalemer Kultgemeinde wie die samaritanische Garizim-Gemeinde *gemeinsam* an diesem Formierungsprozess beteiligt waren.[36] Allerdings sind die realgeschichtlich bestehenden Auseinandersetzungen zwischen beiden Gemeinden dem Pentateuch noch anzumerken. Zugespitzt auf die Vertauschungsthematik heißt dies: Das Problem, das in den Vertauschungserzählungen der Joseph-Juda-Erzählung reflektiert wird, ist auf der einen Seite der reale herrschaftliche Anspruch Judas und auf der anderen Seite das metaphorisch gesehene „Erstgeburtsrecht" der kulturell dominierenden Garizim-Gemeinde. Die „Vertauschungserzählungen" in der Joseph-Juda-Erzählung stellen einen Reflex dieser subtilen Auseinandersetzungen dar und chiffrieren einen erzwungenen Konsens zwischen beiden Religionsparteien im Modus der „Brudererzählungen". Die Texte sind in dem Bewusstsein geschrieben, dass es ohne Samaria (Joseph) auch kein „Juda" geben kann. Das Königtum kommt Juda zu, doch wird „das Haus Israel" (und damit auch Juda) gerettet, weil das Erstlingstum in Joseph Gestalt gewinnt (vgl. Gen 50). Auf das Vertauschungsproblem übertragen, wie es sich in der Joseph-Juda-Erzählung artikuliert, heißt das: Der „kleinere" Bruder Juda kommt um seinen „erstgeborenen" Bruder „Joseph"/Samaria nicht umhin. Trifft dies zu, ließe sich vorsichtig eine realgeschichtliche Einordnung des Vertauschungsmotivs in den sozialen und politischen Kontext des nachexilischen antiken Judentums vornehmen.

Mehr als diese relative Einordnung ist vorerst nicht möglich und bedarf weiterer Untersuchungen, auch wenn diese Beobachtungen es nicht außerhalb des Vorstellbaren erscheinen lassen, dass diese Konflikte im Hintergrund des Formierungsprozesses gestanden haben mögen.

---

35 Es kommen etwa der Jerusalemer Kultort Zion oder das Königtum davidischer Prägung in der Tora nicht vor.

36 Eine grundlegende Voraussetzung für die genannte Hypothese ist die Beobachtung, dass die samaritanische wie die judäische Kultgemeinde, die sich beide in theologischem Sinne als „Israel" verstehen, sich mit der Tora dieselbe literarische und identitätsstiftende Grundlage gegeben haben. Die Nebi'im und Ketubim sind aufgrund ihrer antisamaritanischen Polemik nur als kanonische Schriften der Jerusalemer Kultgemeinde verständlich. Die Garizim-Gemeinde kennt diese Schriften nicht.

(4) Kanonische Funktion: Es ist auffallend, dass die Vertauschungserzählungen fast ausschließlich auf das erste Buch des TeNaK beschränkt bleiben. Es ist eine der Kernthesen dieser Arbeit, dass die Art und Weise, wie die Vertauschungen erzählt werden, beständig begleitet werden von der Reflexion darauf, dass sie der Anfang eines Corpus von Texten sind, das in kanonischer Sicht Gesetz, Propheten und Schriften einschließt. Als Dokument, das die miteinander rivalisierenden Religionsgemeinschaften Samaria und Juda in eine allgemeinverbindliche Gründungsurkunde integrierte und zur Kompromisssuche verpflichtete, ist die Tora der konsequente Versuch, israelitische Identität zu konstituieren und zu sichern.

Vor allem aber fällt auf, dass der Sonderrolle Israels zwar der Sache nach eine Erwählung zugrunde liegt, der Terminus „Erwählung" (Wurzel בחר) in der Genesis selbst aber nicht vorkommt. Entsprechende Vorstellungen finden sich erst ab Ex 19 und dann verstärkt im Dtn und der von ihm beeinflussten Literatur. „Erstlingstum" unterscheidet sich zwar nicht kategorisch von anderen Erwählungsvorstellungen, doch werden andere Akzente gesetzt. Das Hauptgewicht fällt auf die aus der Erwählung resultierende Qualifizierung und Disqualifizierung, auf die Interaktion von menschlichem Handeln und göttlicher Intervention sowie auf die aus dem Erstlingstum resultierende Verantwortung für die Völker.

Die Positionierung der Vertauschungserzählungen innerhalb der Genesis, d.h. zu Beginn der Tora und damit zum Eingang des gesamten TeNaK, erlaubt es, die unterschiedlichen Wirklichkeitserfahrungen Israels über das Vertauschungsmotiv in einem universellen Deutehorizont zu reflektieren. Die Definition der Sonderrolle Israels als Erstlingstum wird dadurch zur paradigmatischen Grundkonstante, die alle Folgetexte theologisch durchdringt. Insofern ist auch die Genesis nicht nur als Gründungsurkunde oder gar Gründungslegende Israels zu deuten, die Israels Sonderstellung schöpfungs- und erwählungstheologisch verankert, sondern vor allem als *Prolog* für jene Texte zu sehen, die im kanonischen Zusammenhang noch folgen! So weisen die Vertauschungserzählungen über sich hinaus auf die Traditions- und Literaturkomplexe, die den TeNaK als Schrift und Kanon bestimmen. Im über die Vertauschungen definierten Erstlingstum Israels spiegelt sich somit das Bild eines *idealen Israel*, das im Rahmen seiner Erwählung Tora-konform handelt und so zu seiner eigentlichen, nämlich der göttlichen Erwählung entsprechenden Identität findet. Zugleich sind die Texte um die Vertauschungen aber auch *Paränesen* in narrativem Gewand, die das zwar erwählte, aber stets vom Versagen bedrohte

Israel auf seine eigentliche Rolle und Funktion nach innen und nach außen führen wollen.

Literaturverzeichnis

Die bibliographischen Abkürzungen orientieren sich an: „Internationales Abkürzungsverzeichnis für Theologie und Grenzgebiete" von Siegfried M. Schwertner, 2. überarbeitete und erweiterte Auflage, Berlin/New York 1992. Sämtliche ins Verzeichnis aufgenommene Literatur wird in der Regel mit Verfassernamen und Kurztitel zitiert, Kommentare mit Verfassernamen und Kommentarreihe (ggf. mit Bandangabe), Artikel mit dem Zusatz „Art."

Die Abkürzungen der außerbiblischen, jüdischen Quellen richten sich nach Stemberger, G., Einleitung in Talmud und Midrasch, München ^{8}1992. Beim Jerusalemer Talmud versehe ich die Traktate zur Unterscheidung mit einem vorangestellten „j", die Traktate des babylonischen Talmuds mit einem vorgestellten „b". Mischna- und Tosephtatraktate sind mit einem vorangestellten „m" bzw. „t" versehen.

Die Abkürzungen der antiken griechischen und lateinischen Schriftsteller folgen den Abkürzungsverzeichnissen von Liddell, H. G./Scott, R., A Greek-English-Lexicon, Oxford 1996 und Blaise, A./Chirat, H., Dictionnaire Latin-Français des Auteurs Chrétiens, Turnhout 1954.

Abweichend bzw. darüber hinaus finden folgende Abkürzungen Verwendung:

AJSR	Association for Jewish Studies Review
BibInt	Biblical Interpretation: A Journal of Contemporary Approaches
BIS	Biblical Interpretation Series, Leiden
BZAR	Beihefte zur Zeitschrift für altorientalische and biblische Rechtsgeschichte
HALAT	Hebräisches und aramäisches Lexikon. Leiden/Boston 2004 (unveränderter Nachdruck der dritten Auflage 1967-1995)
HBO	Hallesche Beiträge zur Orientwissenschaft
HBS	Herders Biblische Studien
HThK.AT	Herders Theologischer Kommentar zum Alten Testament
JPS	Übersetzung der Jewish Publication Society
LThK^2	Lexikon für Theologie und Kirche. Zweite Auflage.

MuB	Mitteilungen und Beiträge der Forschungsstelle Judentum, Leipzig

MuB   Mitteilungen und Beiträge der Forschungsstelle Judentum, Leipzig
NSK.AT   Neuer Stuttgarter Kommentar: Altes Testament
NICOT   The New International Commentary on the Old Testament
RGG³   Die Religion in Geschichte und Gegenwart. Dritte Auflage
RGG⁴   Religion in Geschichte und Gegenwart. Vierte Auflage
SBLSS   Society of Biblical Literatur – Semeia Series
WBC   World Biblical Commentary
WiBiLex   Wissenschaftliches Bibellexikon im Internet
ZNT   Zeitschrift für Neues Testament

1. Textausgaben antiker biblischer Quellen

Biblia Hebraica Stuttgartensia, editio funditus renovata, cooperantibus H.P. RÜGER et J. ZIEGLER ediderunt K. ELLINGER et W. RUDOLPH, Stuttgart ⁵1997.

Biblia Sacra Iuxta Vulgatam Versionem. Adiuvantibus B. FISCHER, I. GRIBOMON, H.F.D. SPARKS, W. THIELE. Recensuit et brevi apparatu critico instruxit R. Weber. Editionem quartam emandatam cum sociis B. FISCHER, H.I. FRIEDE, H.F.D. SPARKS, W. THIELE, Stuttgart ⁴1994.

Biblia Sacra Polyglotta: complectentia textus originales, Hebraicum, cum Pentateucho Samaritano, Chaldaicum, Græcum [...] (Londoner Polyglotte), hg. von WALTON, B. u.a., 6 Bde., London 1653- 1657 (photomechanischer Nachdruck dieser Ausgabe in der Edition Graz, 1963-1965).

Novum Testamentum Graece, post E. et E. Nestle communiter ediderunt B. et K. Aland, J. Karavidopoulos, C.M. Martini, B.M. Metzger. Apparatum criticum novis curis elaboraverunt B. et K. Aland una cum Institutio Studiorum Textus Novi Testamenti Monasterii Westphaliae, Stuttgart ²⁷1993.

Samaritanischer Pentateuch:
VON GALL, A. (Hg.), Der hebräische Pentateuch der Samaritaner, Gießen 1914-1918.
TAL, A. (Hg.), The Samaritan Pentateuch: Edited According to MS 6 (C) of the Shekhem Synagogue (Texts and Studies in the Hebrew Language and Related Subjects 8), Tel Aviv 1994.

Septuaginta. Id est vetus testamentum graece iuxta LXX interpres, hg. v. A. RAHLFS, Stuttgart 1935.

2. Moderne Bibelübersetzungen

Bibel in gerechter Sprache. Herausgegeben von U. BAIL, F. CRÜSEMANN u.a., Gütersloh 2006.

Die Bibel. Luthertext mit Apokryphen, hg. von der EVANGELISCHEN KIRCHE IN DEUTSCHLAND, Stuttgart 1985.

Die Schrift. Aus dem Hebräischen verdeutscht von MARTIN BUBER gemeinsam mit FRANZ ROSENZWEIG, 4 Bde., Berlin u.a. 1926–1938 (1. Auflage).

Die Schrift. Aus dem Hebräischen verdeutscht von MARTIN BUBER gemeinsam mit FRANZ ROSENZWEIG, 4 Bde., Heidelberg/Köln u.a. 1954-1962 (2. Auflage).

Elberfelder Bibel. Erneut durchgesehene Ausgabe der revidierten Elberfelder Bibel unter Berücksichtigung der neuen Rechtschreibung, Wuppertal/Dillenburg 2006.

Zürcher Bibel. Herausgegeben von der Evangelisch-Reformierten Landeskirche des Kantons Zürich, Zürich 2007.

3. Weitere Quellen

Babylonischer Talmud:

Der Babylonische Talmud, nach der ersten zensurfreien Ausgabe unter Berücksichtigung der neueren Ausgaben und handschriftlichen Materials neu übertragen, hg. von LAZARUS GOLDSCHMIDT, 12 Bde., Berlin 1929-1936.

Buch der Jubiläen:

BERGER, K., Das Buch der Jubiläen (JSHRZ II/3), Gütersloh 1981.

VANDERKAM, J.C., The Book of Jubilees. A Critical Text (CSCO 510), Leuven 1989.

Exodus Rabba:

SHINAN, A., Midrash Shemot Rabbah, Chapters I-XIV. A Critical Edition Based on a Jerusalem Manuscript, with Variants, Commentary and Introduction, Tel Aviv 1984.

WÜNSCHE, A., Der Midrasch Exodus Rabba. Das ist die haggadische Auslegung des zweiten Buch Mose. Zum ersten Male ins Deutsche übertragen […] (Bibliotheca Rabbinica 2), Leipzig 1881.

Genesis Rabba:

THEODOR, J./ALBEK, CH. (Hg.), Midrash Bereshit Rabba. Critical Edition with Notes and Commentary, 3 Bde., Jerusalem 1965.

NEUSNER, J., Genesis Rabbah. The Judaic Commentary to the Book of Genesis. A New American Translation, 3 Bde. (Brown Judaic Studies 104-106), Atlanta 1985.

Gilgamesch-Epos:
GEORGE, A.R., The Babylonian Gilgamesh Epic. Introduction, Critical Edition and Cuneiform Texts, 2 Bde., London 2003.
MAUL, S.M., Das Gilgamesch-Epos. Neu übersetzt und kommentiert von Stefan M. Maul, München ²2005.

Hesiod, Gynaikōn Katalogos:
In: HIRSCHBERGER, M., Gynaikōn Katalogos und Megalai Ēhoiai. Ein Kommentar zu den Fragmenten zweier hesiodeischer Epen (Beiträge zur Altertumskunde 198), München, Leipzig 2004, 89-146.

Homer, Ilias:
Homer: Ilias. Mit Urtext und Übertragung von HANS RUPÉ. Mit Anhang und Register (Sammlung Tusculum), München ⁵1974 (photomechanischer Nachdruck der 2. Auflage von 1961).

Jerusalemer Talmud: Qidduschin:
NEUSNER, J. (Hg.), The Talmud of the Land of Israel. A Preliminary Translation and Explanation, Vol. 26: Qiddushin (Chicago Studies in the History of Judaism), Chicago 1984.

Josephus, Flavius:
Flavii Josephi opera. Bde. 1-4: Antiquitatum Judaicarum libri I-XX, hg. von B. NIESE, Berlin ²1955.

Leviticus Rabba:
MARGULIES, M., Midrash Wayyikra Rabbah. A Critical Edition Based on Manuscripts and Genizah Fragments with Variants and Notes. 5 Bände in 2 Bänden, Jerusalem 1953-1960.
WÜNSCHE, A., Der Midrasch Wajikra Rabba. Das ist die haggadische Auslegung des dritten Buch Mose. Zum ersten Male ins Deutsche übertragen [...] (Bibliotheca Rabbinica 5), Leipzig 1884.

Mekilta:
Mekilta de-Rabbi Ishmael, translated by J.Z. LAUTERBACH [...], 3 Bde., Philadelphia 1976.

Midrasch Tanhuma B:
BUBER, SALOMON (Hg.), Midrasch Tanchuma. Ein aggadischer Commentar zum Pentateuch von Rabbi Tanchuma ben Rabbi Abba. Zum ersten male (sic!, BH) nach Handschriften aus den Bibliotheken zu Oxford, Rom, Parma und München herausgegeben, Wilna 1885.
BIETENHARD, H., Midrasch Tanhuma B; 2 Bde., Bern 1980/1982.

Ovidius, Fasti:
Ovidius Naso, Publius: Fasti. Festkalender Rom. Lateinisch-deutsch. Auf Grundlage der Ausgabe von Wolfgang Gerlach neu übersetzt und herausgegeben von NIKLAS HOLZBERG, München/Zürich ³2006.

Pesikta Rabbati:
ULMER, R. (Hg.), Pesiqta Rabbati. A Synoptic Edition of Pesiqta Rabbati Based upon All Extant Manuscripts and Editio Princeps, Vol. 1 (South Florida Studies in the History of Judaism 155), Atlanta 1997.
BRAUDE, W.G. (Hg.), Pesikta Rabbati. Discourses for Feasts, Fasts, and Special Sabbaths, 2 Bde. (Yale Judaica Series 18), New Haven/London 1968.

Philo:
MONDESERT, CL. (Hg.), Legum Allegoriae I-III. Les œuvres de Philon d'Alexandrie Bd. 3, Paris 1962.

POUILLOUX, J. (Hg.), De Plantatione. Les œuvres de Philon d'Alexandrie Bd. 10, Paris 1963.
ALEXANDRE, M. (Hg.), De Congressu Eruditionis Gratia. Les oeuvres de Philon d'Alexandrie Bd. 16, Paris 1967.
COHN, F.H. u.a. (Hg.), Philo von Alexandria. Die Werke in deutscher Übersetzung, Bd. 1-8, Berlin 1909-1969.

Ruth Rabba:
WÜNSCHE, A. (Hg.), Der Midrasch Ruth Rabba. Das ist die allegorische Auslegung des Buches Ruth. Zum ersten Male ins Deutsche übertragen [...] (Bibliotheca Rabbinica 23), Leipzig 1883.

Sefer Halakhot Gedolot:
HILDESHEIMER, E. (Hg.), Sefer Halakhot Gedolot. Herausgegeben und mit kritischen Noten versehen von Dr. E. HILDESHEIMER, Bd. 1, Jerusalem ²1971.

346

Literaturverzeichnis

Targum Pseudo-Jonathan:
MACHO DIEZ, A., Targum Palaestinense in Pentateuchum. Additur Tar-
gum Pseudojonatan eiusque hispana versio. I Genesis. Editio critica
(BPM IV/1), Madrid 1988.
MAHER, M., Targum Pseudo-Jonathan: Genesis. Translated, with Intro-
ductions and Notes (The Aramaic Bible I B), Edinburgh 1992.

Targum Onkelos:
SPERBER, A. (Hg.), The Bible in Aramaic. Based on Old Manuscripts and
Printed Texts. Bd. 1. The Pentateuch according to Targum Onkelos,
Leiden u.a. ²1992.

Testamente der zwölf Patriarchen:
BECKER, J., Die Testamente der zwölf Patriarchen (JSHRZ III/1), Güters-
loh 1974.
JONGE, M. DE (Hg.), The Testament of the Twelve Patriarchs. A Critical
Edition of the Greek Text, Leiden 1978.

Texte aus der Umwelt des Alten Testaments. Band I - Rechts- und Wirt-
schaftsurkunden - Historisch-chronologische Texte. Teilband 5:
Historische Texte II: hethitisch, ugaritisch, herausgegeben von M.
DIETRICH und O. LORETZ, Gütersloh 1985.

Tosephta:
ZUCKERMANDEL, M.S. (Hg.), Tosephta, Jerusalem 1963.

4. Hilfsmittel (Wörterbücher, Grammatiken, Lexika und Konkordanzen)

ALAND, B. u. K., Der Text des Neuen Testaments. Einführung in die
wissenschaftlichen Ausgaben sowie in Theorie und Praxis der mo-
dernen Textkritik, Stuttgart ²1989.
BAUER W./ALAND, K. u. B., Griechisch-deutsches Wörterbuch zu den
Schriften des Neuen Testamentes und der frühchristlichen Literatur. Völlig neu bearbeitet im Institut für Neutestamentliche Textfor-
schung, Münster, unter besonderer Mitarbeit von V. REICHMANN,
Berlin/New York ⁶1988.
BLAISE, A./CHIRAT, H., Dictionnaire Latin-Français des Auteurs Chrétiens (Revu spécialement pour le vocabulaire théologique par H.
Chirat), Turnhout 1954.
BLASS, F./DEBRUNNER, A., Grammatik des neutestamentlichen Grie-
chisch, Göttingen ¹⁶1984.

DALMAN, G.H., Aramäisch-neuhebräisches Handwörterbuch zu Targum, Talmud und Midrasch. Mit Lexikon und Abbreviaturen von G.H. Händler und einem Verzeichnis der Mischna-Abschnitte, (Göttingen 1938 =) Hildesheim 1967.

FERNÁNDEZ, M.P., An Introductory Grammar of Rabbinic Hebrew. Translated by J. ELWOLDE, Leiden/New York/Köln ²1999.

GESENIUS, W., Hebräisches und aramäisches Wörterbuch über das Alte Testament, Heidelberg u.a. ¹⁷1962.

GESENIUS, W./KAUTZSCH, E./BERGSTRÄSSER, G., Hebräische Grammatik. Diese Ausgabe vereinigt: W. Gesenius, Hebräische Grammatik, völlig umgearbeitet von E. Kautzsch (28. Auflage). Paradigmen und Register zu Gesenius' Kautzsch Hebräischer Grammatik, G. Bergsträsser, Hebräische Grammatik I. und II. Teil, Hildesheim 1962.

HATCH, E./REDPATH, H.A., A Concordance to the Septuagint and other Greek Versions of the Old Testament (Including the Apocryphal Books), 2 Bde., Graz 1975.

JASTROW, M., A Dictionary of the Targumim, the Talmud Babli and Yerushalmi, and Midrashic Literature. With an Index of Scriptural Quotations, New York ²1988.

JOÜON, P./MURAOKA, T., A Grammar of Biblical Hebrew. Part Three: Syntax (SubBi 14/II), Rom 1991.

KÖHLER, L./BAUMGARTNER, W., Hebräisches und aramäisches Lexikon zum Alten Testament. Neu bearbeitet von W. Baumgartner, J.J. Stamm und B. Hartmann. Unveränderter Nachdruck der dritten Auflage (1967-1995), 2 Bde., Leiden/Boston 2004.

LIDDELL, H.G./SCOTT, R., A Greek-English-Lexicon (Compiled by H.G. LIDDELL and R. SCOTT; Revised and Augmented throughout by H.ST. JONES with the Assistance of R. MCKENZIE and the Cooperation of Many Scholars, with a Supplement 1968), Oxford 1996.

LISOWSKY, G., Konkordanz zum hebräischen Alten Testament, Stuttgart 1958.

RENGSTORF, K.H. (Hg.), A Complete Concordance to Flavius Josephus, Vol. I-IV, Leiden 1973-83.

SOKOLOFF, M., A Dictionary of Jewish Palestinian Aramaic of the Byzantine Period (Dictionaries of Talmud, Midrash and Targum Bd. 2), Ramat Gan/Tel Aviv 1990.

DERS., A Dictionary of Judean Aramaic, Ramat Gan/Tel Aviv 2003.

VAN DER MERWE, CHR.H.J./NAUDÉ, J.A./KROEZE, J.H., Biblical Hebrew Reference Grammar (Biblical Languages: Hebrew 3), Sheffield 1999.

WALTKE, B./O'CONNOR, M., An Introduction to Biblical Hebrew Syntax, Winona Lake 1990.

5. *Monographien, Aufsätze und Artikel*

ACHENBACH, R., Art. „Samaria III. Religion, Geschichte, Literatur der Samaritaner", RGG[4] 7 (2004), 817-818.

ALBERTZ, R., Religionsgeschichte Israels in alttestamentlicher Zeit. Teil 1: Von den Anfängen bis zum Ende der Königszeit. Mit zwei Schaubildern (GAT 8/1), Göttingen 1992.

DERS., Religionsgeschichte Israels in alttestamentlicher Zeit. Teil 2: Vom Exil bis zu den Makkabäern. Mit einem Schaubild im Text (GAT 8/2), Göttingen 1992.

ALEXANDER, T.D., The Hagar Traditions in Genesis XVI and XXI. In: EMERTON, J.A. (Hg.), Studies in the Pentateuch (VT.S 41), Leiden 1990, 131-148.

ALT, A., Der Gott der Väter. Ein Beitrag zur Vorgeschichte der israelitischen Religion, Stuttgart 1929.

DERS., Zur Geschichte der Grenze zwischen Judäa und Samaria. In: DERS., Kleine Schriften zur Geschichte des Volkes Israels, Bd. II, München [2]1959, 346-362.

ALTER, R., The Art of Biblical Narrative, New York 1995 (Nachdruck der Ausgabe von 1981).

DERS., The Five Books of Moses. A Translation with a Commentary, New York/London 2005.

ANDERSON, R.T., Samaritan Pentateuch: General Account. In: CROWN, A.D. (Hg.), The Samaritans, Tübingen 1989, 390-396.

ARNETH, M., „Sonne der Gerechtigkeit". Studien zur Solarisierung der Jahwe-Religion im Lichte von Psalm 72 (BZAR 1), Wiesbaden 2000.

DERS., „Durch Adams Fall ist ganz verderbt..." Studien zur Entstehung der alttestamentlichen Urgeschichte (FRLANT 217), Göttingen 2007.

ASSMANN, J., Fünf Stufen auf dem Weg zum Kanon. Tradition und Schriftkultur im frühen Judentum und in seiner Umwelt. Mit einer Laudatio von Hans-Peter Müller (Münstersche Theologische Vorträge 1), Münster 1999.

AUERBACH, E., Mimesis. Dargestellte Wirklichkeit in der abendländischen Literatur, Bern/München [9]2001.

AULD, A.G., Tamar between David, Judah, and Joseph, SEÅ 65 (2000), 93-106.

BAKHOS, C., Ishmael on the Border. Rabbinic Portrayals of the First Arab, Albany 2006.

BAR-EFRAT, S., Wie die Bibel erzählt. Alttestamentliche Texte als literarische Kunstwerke verstehen. Aus dem Englischen übersetzt von KERSTIN MENZEL. Bearbeitet von THOMAS NAUMANN, Gütersloh 2006.

BARTHEL, J., Die kanonhermeneutische Debatte seit Gerhard von Rad. Anmerkungen zu neueren Entwürfen. In: JANOWSKI, B. (Hg.), Kanonhermeneutik. Vom Lesen und Verstehen der christlichen Bibel (Theologie interdisziplinär 1), Neukirchen-Vluyn 2007, 1-26.

BASSETT, F.W., Noah's Nakedness and the Course of Canaan. A Case of Inzest?, VT 21 (1971), 232-237.

BAUCKHAM, R.J., Tamar's Ancestry and Rahab's Marriage. Two Problems in the Matthean Genealogy, NovT 37 (1995), 313-329.

BAUER, U.F.W., All diese Worte. Impulse zur Schriftauslegung aus Amsterdam - expliziert an der Schilfmeererzählung in Exodus 13,17-14,31 (EHS.T 442), Frankfurt u.a. 1991.

DERS., Das sogenannte „idiolekte" Prinzip der Bibelübersetzung - wesentliche Charakteristika und einige praktische Beispiele. In: BARKENINGS, H-J./BAUER, U.F.W. (Hg.), „Unter dem Fußboden ein Tropfen Wahrheit" - Festschrift für Johann Michael Schmidt, Düsseldorf 2000, 19-34.

DERS., Eine metaphorische Ätiologie in Ri 18,12. In: DYK, J.W. u.a. (Hg.), Unless some one guide me.... Festschrift for KAREL A. DEURLOO (ACEBT.S 2), Maastricht 2001, 107-113.

DERS., Art. „Amsterdamer Schule", WiBiLex 2009, http:// www.wibilex.de (Zugriffsdatum: 12.3.2009).

BECKING, B.E.J.H., Do the Earliest Samaritan Inscriptions Already Indicate a Parting of the Ways? In: LIPSCHITS, O./KNOPPERS, G.N./ ALBERTZ, R. (Hg.), Judah and the Judeans in the Fourth Century B.C.E., Winona Lake 2007, 213-222.

BECKING, B.E.J.H./SMELIK, K.A.D. (Hg.), Een patriarchale leugen: Het verhaal in Genesis 12 verschillend belicht, Baarn 1989.

BEENTJES, P.C., Inverted Quotations in the Bible: A Neglected Stylistic Pattern, Bib. 63 (1982), 506–523.

BEHRENS, A., Kanon. Das ganze Alte Testament ist mehr als die Summe seiner Teile, KuD 53 (2007), 274-297.

BERG, W., Der Sündenfall Abrahams und Saras nach Gen 16,1-6, BN 19 (1982), 7-14.

BERGE, K., Die Zeit des Jahwisten. Ein Beitrag zur Datierung jahwistischer Vätertexte (BZAW 186), Berlin/New York 1990.

BERLEJUNG, A., Geschichte und Religionsgeschichte des antiken Israel, in: GERTZ, J.CHR. u.a. (Hg.), Grundinformation Altes Testament. Eine Einführung in Literatur, Religion und Geschichte des Alten Testaments. In Zusammenarbeit mit Angelika Berlejung, Konrad Schmid und Markus Witte (UTB 2745), Göttingen 2006, 55-185.

BERTHOLET, A., Kulturgeschichte Israels, Göttingen 1919.

BLENKINSOPP, J., Theme and Motif in the Succession History (2 Sam. Xi 2ff) and the Yahwist corpus. In: Volume du Congrès. Genève 1965 (VT.S 15), Leiden 1966, 44-57.

BLUM, E., Die Komplexität der Überlieferung. Zur diachronen und synchronen Auslegung von Gen 32,23-33, DBAT 15 (1980), 2-55.

DERS., Die Komposition der Vätergeschichte (WMANT 57), Neukirchen-Vluyn 1984.

DERS., Studien zur Komposition des Pentateuch (BZAW 189), Berlin 1990.

DERS., Art. „Urgeschichte", TRE 34 (2002), 436-445.

DERS., Hosea 12 und die Pentateuchüberlieferungen. In: HAGEDORN, A.C./PFEIFFER, H. (Hg.), Die Erzväter in der biblischen Tradition. Festschrift für Matthias Köckert (BZAW 400), Berlin/New York 2009, 291-321.

BOECKER, H.J., 1. Mose 25,12-37,1. Isaak und Jakob (ZBK.AT 1.3), Zürich 1992.

BOEHM, O., The Binding of Isaac. An Inner-Biblical Polemic on the Question of „Disobeying" a Manifestly Illegal Order, VT 52 (2002), 1-12.

BÖHL, F.M., Wortspiele im Alten Testament (1926). In: DE LIAGRE, TH. (Hg.), Opera Minora. Studies en bijdragen op Assyologisch en oudtestamentisch terrain, Groningen 1953, 11-25.

BOROWSKI, O., Art. „Erstlinge II. Altes Testament", RGG⁴ (1999), 1472-1473.

BOUHUIJS, N./DEURLOO, K.A., De stem in het gebeuren: Messiaans resumé, Baarn 1974.

DIES., Gegroeide geschriften: dichter bij het ontstaan van de Bijbelboeken, Baarn 1981.

BOWMAN, J., Samaritanische Probleme: Studien zum Verhältnis von Samaritanertum, Judentum und Urchristentum. Franz Delitzsch Vorlesungen 1959, Stuttgart 1967.

BRANDT, P., Endgestalten des Kanons. Das Arrangement der Schriften Israels in der jüdischen und christlichen Bibel (BBB 131) , Berlin u.a. 2001.

BREUKELMAN, F., Het verhaal over de zonen gods die zich de dochters des mensen tot vrouw namen. Genesis 6:1-14 als bestanddell van „het boek van de verwekkingen van Adam, de mens", ACEBT 1 (1980), 9-21.

DERS., Das Buch Genesis als das Buch der toledoth Adams, des Menschen. Eine Analyse der Komposition des Buches. In: GNIEWOSS, U. u.a. (Hg.), Störenfriedels Zettelkasten: Geschenkpapiere zum 60. Geburtstag von Friedrich-Wilhelm Marquardt, Berlin 1991, 72-97.

DERS., Bijbelse Theologie. Deel I,2: *toledoth*. De Theologie van het boek Genesis. Het Erstelingschap van Israël temidden van de volkeren op de aarde als thema van ,het boek van de verwekkingen van Adam, de mens'. Kampen 1992.

BRUEGGEMANN, W., Genesis. Interpretation: a Bible Commentary for Teaching and Preaching, Atlanta 1982.

BRODIE, T., Genesis as Dialogue. Genesis' Twenty-Six Diptychs as a Key to Narrative Unity and Meaning. In: WÉNIN, A. (Hg.), Studies in the Book of Genesis. Literature, Redaction and History (BEThL 155), Leuven 2001, 297-314.

BRYAN, D.T., A Reevaluation of Gen 4 and 5 in the Light of Recent Studies in Genealogical Fluidity, ZAW 99 (1987), 180-188.

BUBER, M., Der Mensch von heute und die jüdische Bibel. In: DERS./ROSENZWEIG, F., Die Schrift und Ihre Verdeutschung, Berlin 1936, 13-45.

DERS., Leitwortstil in der Erzählung des Pentateuch. Aus einem Vortrag. In: DERS., Werke, 2. Bd.: Schriften zur Bibel, München/Heidelberg 1964, 1131-1149.

DERS., Abraham der Seher. In: DERS., Werke, 2. Bd.: Schriften zur Bibel, München/Heidelberg 1964, 871-893.

BUTTERWECK, A., Jakobs Ringkampf am Jabbok. Gen 32,4ff in der jüdischen Tradition bis zum Frühmittelalter (Judentum und Umwelt 3), Frankfurt/Bern 1981.

CARMON, E. u.a. (Hg.), Inscriptions Reveal. Documents from the Time of the Bible, the Mishna and the Talmud (Israel Museum Catalogues No. 100), Jerusalem ²1972.

CARR, D.M., Reading the Fractures of Genesis: Historical and Literary Approaches, Louisville 1996.

DERS., Βίβλος γενέσεως Revisited. A Synchronic Analysis of Patterns in Genesis as Part of the Tora, ZAW 110 (1998), 159-172 und 327-347.

DERS., Genesis in Relation to the Moses Story. In: WÉNIN, A. (Hg.), Studies in the Book of Genesis. Literature, Redaction and History (BEThL 155), Leuven 2001, 273-295.

CASALIS, G., Die richtigen Ideen fallen nicht vom Himmel: Grundlagen einer induktiven Theologie. Aus dem Französischen übersetzt von Kuno Füssel, Stuttgart/Berlin u.a. 1980.

CASSUTO, U., A Commentary on the Book of Genesis. Part I. From Adam to Noah. Genesis VI 9 – XI 32, Jerusalem 1961.

DERS., A Commentary on the Book of Genesis. Part II. From Noah to Abraham. Genesis VI 9 – XI 32. With an appendix: A Fragment of Part Three, Jerusalem 1964.

CHILDS, B.S., Old Testament Theology in a Canonical Context, Philadelphia 1985.

COATS, G.W., Genesis with an Introduction to Narrative Literature (FOTL 1), Grand Rapids 1983.

COGGINS, R.J., Samaritans and Jews: The Origin of the Samaritans Reconsidered, Oxford 1975.

CROSS, F.M., The Priestly Work. In: DERS., Canaanite Myth and Hebrew Epic, Cambridge 1973, 293-325.

CROWN, A.D., Redating the Shism Between Judaeans and Samaritans, JQR 82 (1991), 17-50.

DERS., Another Look at Samaritan Origins. In: DERS./DAVEY, L. (Hg.)., New Samaritan Studies of the Sociéte d'Études Samaritaines, Sydney 1995, 133-155.

CROWN, A.D./PUMMER, R. (Hg.), A Bibliography of the Samaritans (ATLA.BS 10), Metuchen 1984.

CRÜSEMANN, F., Die Eigenständigkeit der Urgeschichte. Ein Beitrag zur Diskussion um den „Jahwisten". In: JEREMIAS, J./PERLITT, L. (Hg.), Die Botschaft und die Boten. Festschrift für H.W. Wolff, Neukirchen-Vluyn 1981, 11-29.

DERS., Der Zehnte in der israelitischen Königszeit, WuD 18 (1985), 21-47.

DERS., Die Tora. Theologie und Sozialgeschichte des alttestamentlichen Gesetzes, München 1992.

DERS., Human Solidarity and Ethnic Identity. Israel's Self-Definition in the Genealogical System of Genesis. In: BRETT, M.G. (Hg.), Ethnicity and the Bible (BIS 19), Leiden u.a. 1996, 57-76.

DERS., Menschheit und Volk. Israels Selbstdefinition im genealogischen System der Genesis, EvTh 58 (1998), 180-195.

DAUBE, D., Studies in Biblical Law. Law in Narratives, Cambridge 1947.

DAVIES, E.W., The Inheritance of the Firstborn in Israel and the Ancient Near East, JSSt 38 (1993), 175-191.

DE HOOP, R., Genesis 49 in Its Literary and Historical Context (OTS 39), Leiden/New York/Köln 1999.

DE PURY, A./RÖMER, Th., Die sogenannte Thronfolgegeschichte Davids. Neue Einsichten und Anfragen (OBO 176), Fribourg/Göttingen 2000.

DE VAUX, R., The Early History of Israel, 2 Bde., London 1978.

DEURLOO, K.A., Kain en Abel, Amsterdam 1967.

DERS., Schrijf dit ter gedachtenis in het boek, Amsterdam 1975.

DERS., De voorrang der werkelijkheid, KeTh 30 (1979), 265-273.

DERS., Het graf van Sara, ACEBT 1 (1980), 23-32.

DERS., De naam en de namen (Gen. 32:23-33), ACEBT 2 (1981), 35-39.

DERS., Waar gebeurt. Over het onhistorisch charakter van bijbelse ver-halen, Barn 1981.

DERS., Omdat ge gehoord hebt naar mijn stem (Gen. 22), ACEBT 5 (1984), 40-60.

DERS., Because You Have Hearkened to My Voice (Genesis 22). In: KESSLER, M. (Hg.), Voices from Amsterdam. A Modern Tradition of Reading Biblical Narrative, Atlanta 1994, 113-130 (englische Über-setzung von: Omdat ge gehoord hebt naar mijn stem [Gen. 22], ACEBT 5 [1984], 40-60).

DERS., Na de moord (Genesis 4:25,26), ACEBT 6 (1985), 36-42.

DERS., Tekstverwijzingen in de Abrahamcyclus. In: DERS./HOOGEWOUD, F.J. (Hg.), Beginnen bij de letter Beth. Opstellen over het Bijbels He-breeuws en de Hebreeuwse Bijbel, Kampen 1985, 80-89.

DERS., Exegese naar Amsterdamse Traditie. In: VAN DER WOUDE, A.S. (Hg.), Inleiding tot de studie van het Oude Testament, Kampen 1986, 188-189.

DERS., De mens als raadsel en geheim. Verhalende anthropologie in Genesis 2-4, Baarn 1988.

DERS., Die Gefährdung der Ahnfrau, DBAT 25 (1988), 17-27.

DERS., Lesen, was geschrieben steht. Zur Bedeutung des biblischen Redens und Erzählens. Übersetzt und bearbeitet von Rainer Henne, Offenbach/M. 1988 (Übersetzung von: Taalwegen en dwaalwegen. Bijbelse trefwoorden, Baarn 1967).

DERS., Abraham, profeet (Gen. 15 en 20), ACEBT 9 (1988), 35-46.

DERS., Hagar en Ismael (Genesis 16 en 21), ACEBT 10 (1989), 9-15.

DERS., Narrative Geography in the Abraham Cycle. In: VAN DER WOLDE, A.S. (Hg.), In Quest of the Past: Studies in Israelite Religion, Literature and Prophetism (OTS 26), Leiden/New York/Köln 1990, 48-62.

DERS., Beerscheba. Genesis 21:22-34, ACEBT 11 (1992), 7-13.

DERS., The Way of Abraham. Routes and Localities as Narrative Data in Gen 11,27-25,11. In: Kessler, M. (Hg.), Voices from Amsterdam. A Modern Tradition of Reading Biblical Narrative, Atlanta 1994, 95-112.

DERS., Eerstlingschap en koningschap. Genesis 38 als integrerend on-derdeel van de Jozefcyclus, ACEBT 14 (1995), 62-73.

DERS., Genesis 37,2-11 als thematischer Auftakt zum Joseph-Juda-Zyklus. In: TALSTRA, E. (Hg.), Narrative and Comment: Contribu-tions to Discourse Grammar and Biblical Hebrew Presented to Wolfgang Schneider. In Cooperation with Hanna Blok and Karel Deurloo, Kampen/Amsterdam 1995, 71-81.

DERS., Exodus en Exil. Kleine Bijbelse Theologie Deel I, Kampen 2003.

DERS., Onze lieve vrouwe baart een zoon. Kleine Bijbelse Theologie Deel III, Kampen 2006.

DEURLOO, K.A./VENEMA, G.J., Exegesis According to Amsterdam Tradition. In: DYK, J.W. u.a. (Hg.), The Rediscovery of the Bible (ACEBT.S 1), Maastricht 1999, 3-14.

DEURLOO, K.A./ZUURMOND, R., De bijbel maakt school. Een Amsterdamse weg in de exegese, Baarn 1984.

DIES., De dagen van Noach. De verhalen ond de vloed in schrift en oudste traditie (met bijdrage van Magreet van Apeldoorn), Baarn 1991.

DEURLOO, K.A./VAN MIDDEN, P./VAN DEN BERG, E., Koning en Tempel. Kleine Bijbelse Theologie Deel II, Kampen 2004.

DEXINGER, F., Der Ursprung der Samaritaner im Spiegel der frühen Quellen. In: DERS./PUMMER, R. (Hg.), Die Samaritaner (WdF 604), Darmstadt 1992, 67-140.

DEXINGER, F./PUMMER, R. (Hg.), Die Samaritaner (WdF 604), Darmstadt 1992.

DICOU, B., Jakob en Esau, Israël en Edom. Israël tegenover de volken in de verhalen over Jakob en Esau in Genesis en in de grote profetieën over Edom, Voorburg 1990.

DERS., Wanneer zegent Izaak Jakob? Interpretatie en vertaling van Gen 27:23, ACEBT 11(1992), 14-22.

DERS., Edom, Israel's Brother and Antagonist. The Role of Edom in Biblical Prophecy and Story (JSOT.S 169), Sheffield 1994.

DIEBNER, B.J., Genesis als Buch der antik-jüdischen Bibel: Eine unhistorisch-kritische Spekulation, DBAT 17 (1983), 81-98.

DERS., Blick in die Schublade: Hypothesen-Fragmente, DBAT 28 (1992/93), 68-74.

DERS., Was sich auf dem Berge im Lande Moriyah abspielte. Gen 22 erklärt als Teil der „israelitischen" Torah, DBAT 28 (1994), 47-57.

DERS., Juda und Israel. Zur hermeneutischen Bedeutung der Spannung zwischen Judäa und Samarien für das Verständnis des TNK als Literatur. In: PRUDKY, M. (Hg.), Landgabe. Festschrift für Jan Heller zum 70. Geburtstag, Kampen/Prag 1995, 86-132.

DERS., Ekklesiologische Aspekte einer ‚Kanon'-Hermeneutik der hebräischen Bibel (TNK). In: DERS. (Hg.), The Power of Right Hermeneutics Simply as Entertainment. Vorträge anläßlich der Emeritierung von Rochus Zuurmond (DBAT.B 14a), Heidelberg 1996, 37-54.

DERS., Ekklesiologische Aspekte einer ‚Kanon'-Hermeneutik der hebräischen Bibel (TNK), DBAT 29 (1998), 15-32.

DERS., ...dass Abraham nur einmal „im Lande" war und ansonsten zumeist in Idumäa lebte. Nur in Gen 22 nicht „heimatlos"!, DBAT 29 (1998), 73-91.

DERS., Noch einmal zu Gen 22,2: אֶרֶץ הַמֹּרִיָּה, DBAT 29 (1998), 58-72.

DERS., Die Konzeption der hebräisch-aramäischen ‚Bibel' (TNK) und die Definition der jüdischen kulturellen Identität ‚Israel' gegenüber der samaritanischen Kultgemeinde Israel seit dem 2. Jh.v.Chr., HBO 31 (2001), 147-165.

DERS., Eine „enge Definition" von „Israel": Genesis 35,6-15. In: MACCHI, J.-D./RÖMER, TH. (Hg.), Jacob. Commentaire à plusieurs voix de gen 25-36. Mélanges offerts à Albert de Pury, Genéve 2001, 257-266.

DERS., Das Buch Bere'shith/Genesis als gemeinsamer kultureller Code für die großen jüdischen Konfessionen, die Garizim- und Zions-Gemeinde, zur Zeit ihrer politisch erzwungenen Koexistenz (2.Jh.v.Chr.-1.Jh.n.Chr.), HBO 38 (2004), 127-143.

DIETRICH, W., Die frühe Königszeit in Israel. 10. Jh.v.Chr. (Biblische Enzyklopädie 3), Stuttgart u.a. 1997.

DINKLER, E., Signum crucis. Aufsätze zum Neuen Testament und zur christlichen Archäologie, Tübingen 1967.

DERS., Art. „Versiegelung", RGG³ 6 (1962), 1366-1367.

DOHMEN, CHR., Wenn Texte Texte verändern. Spuren der Kanonisierung der Tora vom Exodusbuch her. In: ZENGER, E. (Hg.), Die Tora als Kanon für Juden und Christen, Freiburg 1996, 35-60.

DERS., Exodus 19-40 (HThKAT), Freiburg/Basel/Wien 2004.

DERS., Biblische Auslegung. Wie alte Texte neue Bedeutungen haben können. In: HOSSFELD, F.-L./SCHWIENHORST-SCHÖNBERGER, L. (Hg.), Das Manna fällt auch heute noch. Beiträge zur Geschichte und Theologie des Alten, Ersten Testaments. Festschrift für Erich Zenger (HBS 44), Freiburg 2004, 174–191.

DOHMEN, CHR./STEINS, G., Art. „Schriftauslegung: I. Biblisch-theologisch", LThK 9 (2000), 253-256.

DONNER, H., Die literarische Gestalt der alttestamentlichen Josephsgeschichte. In: Sitzungsberichte der Heidelberger Akademie der Wissenschaften – Philosophisch-historische Klasse), Heidelberg 1976, 7-50.

DU BOULAY, J., Portrait of a Greek Mountain Village (Oxford Monographs in Social Anthropology), Oxford 1974.

EBACH, J., Genesis 37-50 (HThKAT), Freiburg/Basel/Wien 2007.

DERS., ‚Ja, bin ich denn an Gottes Stelle?' (Genesis 50,19). Beobachtungen und Überlegungen zu einem Schlüsselsatz der Josefsgeschichte und den vielfachen Konsequenzen aus einer rhetorischen Frage, BibInt 11 (2003), 602-616.

EBACH, J./RÜTERSWÖRDEN, U., ADRMLK, „Moloch" und BA'AL ADR. Eine Notiz zum Problem der Moloch-Verehrung im alten Israel, UF 11 (1979), 219-226.

ECKHART, L., Neue Zeugnisse des frühen Christentums aus Lauriacum-Lorch/Enns III: Ein Tau-Kreuz, Jahrbuch des Musealvereines Gesellschaft für Landeskunde 132 (1987), 39-45.

ECO, U., Lector in fabula. Die Mitarbeit der Interpretation in den erzählenden Texten, München 1987.

DERS., Die Grenzen der Interpretation, München 1992.

DERS., Im Wald der Fiktionen. Sechs Streifzüge durch die Literatur, München ³2004.

EGGER, R., Josephus Flavius und die Samaritaner. Eine terminologische Untersuchung zur Identitätsklärung der Samaritaner (NTOA), Freiburg CH/Göttingen 1986.

EICHRODT, W., Die Quellen der Genesis von neuem untersucht (BZAW 31), Gießen 1916.

EISING, H., Formgeschichtliche Untersuchung zur Jakoberzählung der Genesis, Emsdetten 1940.

EISSFELDT, O., „Biblos Geneseos". In: SELLHEIM, R./ MAASS, F. (Hg.), Kleine Schriften III, Tübingen 1966, 458-470.

DERS., Hexateuch-Synopse. Die Erzählung der fünf Bücher Mose und des Buches Josua mit dem Anfange des Richterbuches. In ihre vier Quellen zerlegt und in deutscher Übersetzung dargeboten samt einer in Einleitung und Anmerkungen gegebenen Begründung, Darmstadt 1983 (Nachdruck der Ausgabe Leipzig 1922).

ELGAVISH, D., The Encounter of Abram and Melchizedek King of Salem: A Covenant Establishing Ceremony. In: WÉNIN, A. (Hg.), Studies in the Book of Genesis. Literature, Redaction and History (BEThL 155), Leuven 2001, 495-508.

FABRY, H.-J., Der Text und seine Geschichte. In: ZENGER, E. u.a. (Hg.), Einleitung in das Alte Testament (KStTh 1,1), Stuttgart ⁷2008.

FALK, Z.W., Testate Succession in Jewish Law, JJS 12 (1961), 67-77.

FICHTNER, J., Die etymologische Namensgebung der geschichtlichen Bücher des Alten Testaments, VT 4 (1956), 372-396.

FINSTERBUSCH, K., Vom Opfer zur Auslösung. Analyse ausgewählter Texte zum Thema Erstgeburt im Alten Testament, VT 56 (2006), 21-45.

FISCHER, G., Die Josephsgeschichte als Modell für Versöhnung. In: WÉNIN, A. (Hg.), Studies in the Book of Genesis. Literature, Redaction and History (BEThL 155), Leuven 2001, 243-271.

FISCHER, I., Die Erzeltern Israels. Feministisch-theologische Studien zu Genesis 12-36 (BZAW 222), Berlin 1994.

DIES., Die „Opferung" der beiden Söhne Abrahams. Gen 21 und Gen 22 im Kontext. In: FRANZ, A. (Hg.), Streit am Tisch des Wortes? Zur Deutung und Bedeutung des Alten Testaments und seiner Verwendung in der Liturgie (PiLi 9), St. Ottilien 1997, 17-36.

DIES., Der Männerstammbaum im Frauenbuch: Überlegungen zum Schluss des Rutbuches (4,18-22). In: KESSLER, R./ULRICH, K./SCHWANTES, M. (Hg.), „Ihr Völker alle, klatscht in die Hände!". Festschrift für E.S. Gerstenberger zum 65. Geburtstag, Münster 1997, 195-213.

DIES., Rut (HThKAT), Freiburg 2001.

FISHBANE, M., Composition and Structure in the Jacob Cycle (Gen 25,19-35,22), JJSt 6 (1975), 15-38.

DERS., Text and Texture: Close Readings of Selected Biblical Texts, New York 1979.

DERS., Biblical Interpretation in Ancient Israel, Oxford 1985.

FOKKELMAN, J.P., Narrative Art in Genesis. Specimens of Stylistic and Structural Analysis, Assen 1975.

DERS., Narrative Art and Poetry in the Books of Samuel. A Full Interpretation Based on Stylistic and Structural Analysis, Vl. 1: King David (II Sam. 9-20 & I Kings 1-2), Assen 1981.

DERS., Oog in oog met Jakob, Assen 1981.

DERS., Narrative Art and Poetry in the Books of Samuel. A Full Interpretation Based on Stylistic and Structural Analysis, Vl. 2: The Crossing Fates (I Sam 13-31 & II Sam. 1), Assen 1986.

DERS., Time and Structure in the Abraham Cycle. In: VAN DER WOUDE, A.S. (Hg.), New Avenues in the Study of the Old Testament. A Collection of Old Testament Studies Published on the Occasion of the Fiftieth Anniversary of the Oudtestamentisch Werkgezelschap and the Retirement of Prof. Dr. M.J. Mulder (OTS 25), Leiden/New York/Köln 1989, 96-109.

DERS., De sectie Genesis 1-11. Contouren en contrasten. In: VERDEGAAL, C./WEREN, W. (Hg.), Stromen uit Eden. Genesis 1-11 in bijbel, joodse exegese en moderne literatur, Brugge 1992, 13-28.

DERS., Genesis 37 and 38 at the Interface of Structural Analysis and Hermeneutics. In: DE REGT, L.J./DE WAARD, J./FOKKELMAN, J.P. (Hg.), Literary Structure and Rhetorical Strategies in the Hebrew Bible, Assen 1996, 152-187.

FOX, E., In the Beginning: A New English Translation of the Book Genesis, New York 1983.

DERS., Stalking the Younger Brother. Some Models from Understanding a Biblical Motif, JSOT 60 (1993), 45-68.

FRANK, M., Die Grenzen der Beherrschbarkeit der Sprache. In: FORGET, P. (Hg.), Text und Interpretation. Deutsch-französische Debatte (UTB 1257), München 1984, 181-213.

FRANZ-KLAUSER, O., Samaritanerforschung im 19. Jahrhundert: Die Anfänge der historischen Kritik im Schatten religiöser Vorurteile, gezeigt an der Rezeption Moritz Heidenheims (1824-1898), Pardes. Zeitschrift der Vereinigung für Jüdische Studien e.V. 12 (2006), 112-137.

FRAZER, J.G., Folk-Lore in the Old Testament, Vl. 1, London 1919.

FREY, J., Der implizite Leser und die biblischen Texte, ThBeitr 23 (1992), 266-290.

GALIL, G., The Sons of Judah and the Sons of Aaron in Biblical Historiography, VT 35 (1985), 488-495.

GALLING, K., Die Erwählungstraditionen in Israel (BZAW 48), Gießen 1928.

GAMMIE, J.G., Theological Interpretation by Way of Literary and Tradition Analysis: Genesis 25-36. In: BUSS, M.J. (Hg.), Encounter with the Text. Form and History in the Hebrew Bible (SemSup), Philadelphia 1979, 117-134.

GARBINI, G., History and Ideology in Ancient Israel, London 1988.

GARCÍA LÓPEZ, F., Art. שׁמר, ThWAT 8 (1995), 280-306.

GASTER, M., The Samaritans – Their History, Doctrines und Literature (The Schweich Lectures 1923), London 1925.

GEIGER, A., Neuere Mitteilungen über die Samaritaner III, ZDMG 19 (1865), 601-15.

GERTZ, J.CHR., Tradition und Redaktion in der Exoduserzählung. Untersuchungen zur Endredaktion des Pentateuch (FRLANT 18), Göttingen 2000.

DERS., Konstruierte Erinnerung. Alttestamentliche Historiographie im Spiegel von Archäologie und literarhistorischer Kritik am Fallbeispiel des salomonischen Königtums, BThZ 21 (2004), 3-29.

DERS., Von Adam zu Enosch. Überlegungen zur Entstehungsgeschichte von Gen 2-4. In: WITTE, M. (Hg.), Gott und Mensch im Dialog. Festschrift für Otto Kaiser zum 80. Geburtstag. Bd. I (BZAW 345/I), Berlin/New York 2004, 215-236.

DERS., Babel im Rücken und das Land vor Augen. Anmerkungen zum Abschluss der Urgeschichte und zum Anfang der Erzählungen von den Erzeltern Israels. In: HAGEDORN, A.C./PFEIFFER, H. (Hg.), Die Erzväter in der biblischen Tradition. Festschrift für Matthias Köckert (BZAW 400), Berlin/New York 2009, 9-34.

GERTZ, J.CHR./SCHMID, K./WITTE, M. (Hg.), Abschied vom Jahwisten. Die Komposition des Hexateuch in der jüngsten Diskussion (BZAW 315), Berlin/New York 2002.

GERTZ, J.CHR./BERLEJUNG, A./SCHMID, K./WITTE, M (Hg.), Grundinformation Altes Testament. Eine Einführung in Literatur, Religion und Geschichte des Alten Testaments (UTB 2745), Göttingen 2006.

GOLDIN, J., The Youngest Son or Where Does Genesis 38 Belong, JBL 96 (1977), 27-44.

GRÄTZ, S., Zu einem Essay von Albrecht Alt. Die Rolle Samarias bei der Entstehung des Judentums. In: WAGNER, TH./BOECKER, H.J. (Hg.), Kontexte. Biografische und forschungsgeschichtliche Schnittpunkte der alttestamentlichen Wissenschaft. Festschrift für Hans Jochen Boecker zum 80. Geburtstag, Neukirchen-Vluyn 2008, 171–184.

GREENSPAHN, F.E., When Brothers Dwell together. The Preeminence of Younger Siblings in the Hebrew Bible, New York/Oxford 1994.

GREENSTEIN, E.L., The Formation of the Biblical Narrative Corpus, AJSR 15 (1990), 151-178.

GROPP, D.M., Wadi Daliyeh II (DJD 28), Oxford 2001.

GROß, W., Jakob, der Mann des Segens. Zu Traditionsgeschichte und Theologie der priesterschriftlichen Jakobsüberlieferungen, Bib. 49 (1968), 321-344.

DERS., Zukunft für Israel. Alttestamentliche Bundeskonzepte und die aktuelle Debatte um den Neuen Bund (SBS 176), Stuttgart 1998.

GUTZWILLER, K., Comments on Rolf Rendtorff. In: SAWYER, J.F.A. (Hg.), Reading Leviticus: A Conversation with Mary Douglas (JSOT.S 227), Sheffield 1996, 36-39.

GUNKEL, H., Jakob, PJ 176 (1919), 339-362.

DERS., Genesis übersetzt und erklärt (HK I/1), Göttingen ⁸1996.

HAGEDORN, A.C., Hausmann und Jäger (Gen 25,27-28). Aus den Jugendtagen Jakobs und Esaus. In: HAGEDORN, A.C./PFEIFFER, H. (Hg.), Die Erzväter in der biblischen Tradition. Festschrift für Matthias Köckert (BZAW 400), Berlin/New York 2009, 137-157.

HARDMEIER, CHR. (Hg.), Steine – Bilder – Texte. Historische Evidenz außerbiblischer und biblischer Quellen (Arbeiten zur Bibel und ihrer Geschichte 5), Leipzig 2001.

HAMILTON, V.P., The Book of Genesis. Chapters 1-17 (NICOT), Grand Rapids 1990.

DERS., The Book of Genesis. Chapters 18-50 (NICOT), Grand Rapids 1995.

HARVEY, J.E., Retelling the Torah: The Deuteronomistic Historian's Use of the Tetrateuchal Narratives (JSOT.S 403), London 2004.

HEARD, R.CHR., Dynamics of Diselection. Ambiguity in Genesis 12-36 and Ethnic Boundaries in Post-Exilic Judah (SBLSS 39), Atlanta 2001.

HENNINGER, J., Zum Erstgeburtsrecht bei den Semiten. In: GRÄF, E. (Hg.), Festschrift W. Caskel, Leiden 1968, 162-183.

HENSEL, B., Die Verhältnisbestimmung von Altem und Neuem Testament als Fundament einer christlichen Theologie – Arnold A. van Rulers Ansatz und die neuere kanonisch-intertextuelle Debatte, CV 51 (2009), 141-172.

HENSEL, B./DINKELAKER, V./ZEIDLER, F. (Hg.), Bernd Jörg Diebner: Seit wann gibt es jenes Israel? Gesammelte Beiträge aus 35 Jahren Neuansatz (Beiträge zum Verstehen der Bibel), LIT Verlag Münster (erscheint Anfang 2011).

HERMS, E., Die Heilige Schrift als Kanon im „kanon tes paradoseos", In: JANOWSKI, B. (Hg.), Kanonhermeneutik. Vom Lesen und Verstehen der christlichen Bibel (Theologie interdisziplinär 1), Neukirchen-Vluyn 2007, 69-98.

HESS, R.S., Studies in the Personal Names of Genesis 1-11 (AOAT 234), Neukirchen-Vluyn 1993.

HIEKE, TH., Art. „Samaria/Samarien", NBL 3 (2001), 428-430.

DERS., Die Genealogien der Genesis (HBS 39), Freiburg u.a. 2003.

DERS., BIBLOS GENESEOS. Matthäus 1,1 vom Buch Genesis her gelesen. In: AUWERS, J.-M./DE JONGE, H.J. (Hg.), The Biblical Canons (BEThL 163), Leuven 2003, 635-649.

DERS, Neue Horizonte. Biblische Auslegung als Weg zu ungewöhnlichen Perspektiven, ZNT 12 (2003), 65-76.

DERS., Vom Verstehen biblischer Texte. Methodologisch-hermeneutische Erwägungen zum Programm einer „biblischen Auslegung", BN 119/120 (2003), 71-89.

DERS., Das Alte Testament und die Todesstrafe, Bib. 85 (2004), 349-374.

DERS., Der Seher Johannes als neuer Ezechiel. Die Offenbarung des Johannes vom Ezechielbuch her gelesen. In: SÄNGER, D. (Hg.), Das Ezechielbuch in der Johannesoffenbarung (BTHSt 76), Neukirchen-Vluyn 2006, 1-30.

DERS., „Biblische Texte als Texte der Bibel auslegen" – dargestellt am Beispiel von Offb 22,6-21 und anderen kanonrelevanten Texten. In: BALLHORN, E./STEINS, G. (Hg.), Der Bibelkanon in der Bibelauslegung. Methodenreflexion und Beispielexegesen, Stuttgart 2007, 331-345.

DERS., Art. „Zwillinge", WiBiLex 2008, http://www.wibilex.de (Zugriffsdatum: 05.10.2009).

HJELM, I., The Samaritans and Early Judaism. A Literary Analysis (JSOT.S 303), Sheffield 2000.

DIES., Brothers Fighting Brothers: Jewish and Samaritan Ethnocentrism in Tradition and History. In: THOMPSON, TH.L. (Hg.), Jerusalem in Ancient History and Tradition. With the Collaboration of Salma Khadra Jayyusi (JSOT.S 381), London 2003, 197-222.

DIES., Jerusalem's Rise to Sovereignty. Zion and Gerizim in Competition (JSOT.S 404), London 2004.

DIES., Mt. Gerizim and Samaritans in Resent Research. In: MOR, M./ REITERER, F.V. (Hg.), Samaritans: Past and Present. Current Studies (Studia Samaritana 5), Berlin 2010, 25-41.

HOFFNER, A., Art. בַּיִת, ThWAT I (1973), S. 629-638.

HÖLSCHER, G., Drei Erdkarten. Ein Beitrag zur Erkenntnis des hebräischen Altertums (SHAW.PH 3), Heidelberg 1949.

HOLZINGER, H., Genesis (KHC 1), Freiburg u.a. 1898.

HOROWITZ, W., The Isles of Nations: Genesis 10 and Babylonian Geography. In: EMERTON, J.A. (Hg.), Studies in the Pentateuch (VT.S 41), Leiden 1990, 35-43.

HORST, F., Das Eigentum nach dem Alten Testament (Kirche und Volk 2), Essen 1949.

DERS., Die Notiz vom Anfang des Jahwekultes in Gen 4,26. In: WOLF, E. u.a. (Hg.), Libertas Christiana. Festschrift für F. Delekat (BEvTh 26), München 1957, 68-74.

HUNTER, A.G., Father Abraham. A Structural and Theological Study of the Yahwist Presentation of the Abraham Material, JSOT 35 (1986), 3-27.

HUIZING, K./KÖRTNER, U./MÜLLER, P., Lesen und Leben. Drei Essays zur Grundlegung einer Lesetheologie, Bielefeld 1997.

ISER, W., Der implizite Leser. Kommunikationsformen des Romans von Bunyan bis Beckett (UTB 163), München 1972.

DERS., Der Akt des Lesens. Theorie ästhetischer Wirkung (UTB 636), München 1976.

JACOB, B., Das Buch Exodus, hg. von J. HAHN und A. JÜRGENSEN, Stuttgart 1997.

DERS., Das Buch Genesis. Herausgegeben in Zusammenarbeit mit dem Leo Baeck Institut. Nachdruck der Original-Ausgabe Berlin 1934, Stuttgart 2000.

JACOBS, J., Junior-Right in Genesis, Archaeological Review 1 (1888), 331-342 (Neudruck in: JACOBS, J., Studies in Biblical Archaeology, London 1894, 46-63).

JAGERSMA, H., Genesis 1:1-25:11. Commentaar voor bijbelstudie, on-derwijs en prediking (Verklaring van de Hebreeuwse Bijbel), Nij-kerk 1995.

JANOWSKI, B., Sühne als Heilsgeschehen. Studien zur Sühnetheologie der Priesterschrift und zur Wurzel KPR im Alten Orient und im Al-ten Testament (WMANT 55), Neukirchen-Vluyn 1982.

DERS., Jenseits von Eden. Gen 4,1-16 und die nichtpriesterliche Urge-schichte. In: LANGE, A./LICHTENBERGER, H./RÖMHELD, K.F. (Hg.), Die Dämonen. Die Dämonologie der israelitisch-jüdischen und frühchristlichen Literatur im Kontext ihrer Umwelt, Tübingen 2003, 137-159.

DERS. (Hg.), Kanonhermeneutik. Vom Lesen und Verstehen der christ-lichen Bibel (Theologie interdisziplinär 1), Neukirchen-Vluyn 2007.

JAPHET, S., I & II Chronicles. A Commentary (The Old Testament Li-brary), Louisville 1993.

DIES., 1 Chronik (HThKAT), Freiburg/Basel/Wien 2002.

JENKINS, H.J.L., A Great Name: Gen 12:2 and the Editing of the Penta-teuch, JSOT 10 (1978), 41-57.

JENNI, E., Das hebräische Pi'el. Syntaktisch-semasiologische Untersu-chung einer Verbalform im Alten Testament, Zürich 1986.

KAISER, O., Die Bindung Isaaks. Untersuchungen zur Eigenart und Be-deutung von Genesis 22. In: DERS., Zwischen Athen und Jerusalem. Studien zur griechischen und biblischen Theologie, ihrer Eigenart und ihrem Verhältnis (BZAW 320), Berlin/New York 2003, 199-224.

KAMINSKI, C.M., From Noah to Israel. Realization of the Primeval Bless-ing after the Flood (JSOT.S 413), London 2004.

KAMINSKY, J.S., Yet I Loved Jacob. Reclaiming the Biblical Concept of Election, Nashville 2007.

KARTVEIT, M., The Origins of the Samaritans (VT.S 128), Leiden/Boston 2009.

KAUFMANN, Y., The Religion of Israel: From Its Beginnings to the Baby-lonian Exile, London 1961.

KEEL, O., Die Weisheit spielt vor Gott. Ein ikonographischer Beitrag zur Deutung des mᵉsahäqät in Spr 8,30f, Fribourg 1974.

KESSLER, M. (Hg.), Voices from Amsterdam. A Modern Tradition of Reading Biblical Narrative, Atlanta 1994.

KETELAAR, S., De „onvruchtbare" moeders in de hebreeuwse bijbel, ACEBT 12 (1993), 7-19.

KILIAN, R., Die vorpriesterlichen Abrahamüberlieferungen (BBB 24), Bonn 1966.

KIPPENBERG, H.G., Garizim und Synagoge. Traditionsgeschichtliche Untersuchungen zur samaritanischen Religion der aramäischen Periode, Berlin/New York 1971.

KLEIN, J., David versus Saul. Ein Beitrag zum Erzählsystem der Samuelbücher (BWANT 158), Stuttgart 2002.

KLEMM, P., Kain und die Kainiten, ZThK 78 (1981), 391-408.

KLÍMA, J., Untersuchungen zum altbabylonischen Erbrecht (MOU 8), Prag 1940.

KNAUF, E.A., Ismael. Untersuchungen zur Geschichte Palästinas und Nordarabiens im 1. Jahrtausend v.Chr. (ADPV), Wiesbaden 1985.

DERS., From History to Interpretation. In: EDELMAN, D.V. (Hg.), The Fabric of History. Text, Artifact and Israel's past (JSOT.S 127), Sheffield 1991, 26-64.

DERS., Die Umwelt des Alten Testaments (NSK.AT 29), Stuttgart 1994.

DERS., Audiatur et altera pars. Zur Logik der Pentateuch-Redaktion, BuK 53 (1998), 118-126.

DERS., Towards an Archaeology of the Hexateuch. In: GERTZ, J.CHR./SCHMID, K./WITTE, M. (Hg.), Abschied vom Jahwisten. Die Komposition des Hexateuch in der jüngsten Diskussion (BZAW 315), Berlin/New York 2002, 275-294.

KNOPPERS, G.N., The Preferential Status of the Eldest Son Revoked? In: MCKENZIE, ST.L./RÖMER, TH. (Hg.), Rethinking the Foundations. Historiography in the Ancient World and in the Bible. Essays in Honour of John van Seters (BZAW 294), Berlin/New York, 2000, 155-126.

DERS., Intermarriage, Social Complexity, and Ethnic Diversity in the Genealogy of Judah, JBL 120 (2001), 15-30.

DERS., In Search of Post-Exilic Israel: Samaria after the Fall of the Northern Kingdom. In: DAY, J. (Hg.), In Search of Pre-Exilic Israel. Proceedings of the Oxford Old Testament Seminar (JSOT.S 406), London 2004, 160-172.

DERS., Mt. Gerizim und Mt. Zion. A Study in the Early History of the Samaritans and Jews, SR 34 (2005), 309-338.

DERS., Revisiting the Samaritan Question in the Persian Period, in: LIPSCHITS, O./OEMING, M. (Hg.), Judah and the Judeans in the Persian Period, Winona Lake 2006, 265-289.

KNOPPERS, G.N./LEVINSON, B.M., When, Where, and Why Did the Pentateuch Become Torah? In: DIES. (Hg.), The Pentateuch as Torah. New Models of Understanding Its Promulgation and Acceptance, Winona Lake 2007, 1-19.

KNOPPERS, G.N./LEVINSON, B.M. (Hg.), The Pentateuch as Torah. New Models of Understanding Its Promulgation and Acceptance, Winona Lake 2007.

KOCH, K., Die Hebräer vom Auszug aus Ägypten bis zum Großreich Davids, VT 19 (1969), 37-81.

DERS., Die Toledoth-Formeln als Strukturprinzip des Buches Genesis. In: BEYERLE, ST./MAYER, G./STRAUSS, H. (Hg.), Recht und Ethos im Alten Testament – Gestalt und Wirkung. Festschrift für Horst Seebass zum 65. Geburtstag, Neukirchen-Vluyn 1999, 183-191.

KOCHANEK, P., Les strates rédactionelles de la table des nations et l'inversion de la loi de primogéniture, Ephemerides Theologicae Lovanienses 74 (1998), 273-299.

KÖCKERT, M., Vätergott und Väterverheißungen. Eine Auseinandersetzung mit Albrecht Alt und seinen Erben (FRLANT 142), Göttingen 1988.

DERS., War Jakobs Gegner in Gen 32,22-33 ein Dämon? In: LANGE, A./LICHTENBERGER, H./RÖMHELD, K.F. (Hg.), Die Dämonen. Die Dämonologie der israelitisch-jüdischen und frühchristlichen Literatur im Kontext ihrer Umwelt, Tübingen 2003, 160-181.

DERS., Abraham: Ahnvater, Fremdling, Weiser, Lesarten der Bibel in Gen 12, Gen 20 und Qumran. In: MARTUS, S./POLASCHEGG, A. (Hg.), Das Buch der Bücher – gelesen. Lesarten der Bibel in den Wissenschaften und Künsten (Publikationen zur Zeitschrift für Germanistik N.F. 13), Bern 2006, 139-169.

KÖHLMOOS, M., Bet-El – Erinnerungen an eine Stadt. Perspektiven der alttestamentlichen Bet-El-Überlieferung (FAT 49), Tübingen 2006.

KÖNIG, E., Die Genesis, Gütersloh ³1925.

KÖNIG, R., Stilistik, Rhetorik, Poetik in Bezug auf die Biblische Litteratur, Leipzig 1900.

KÖRTNER, U.H.J., Spiritualität ohne Exegese? Pneumatologische Erwägungen zur biblischen Hermeneutik, Amt und Gemeinde 53 (2002), 41-54.

KORNFELD, W., Levitikus (NEB 3), Würzburg 1983.

KRATZ, R.G., Die Komposition der erzählenden Bücher des Alten Testaments. Grundwissen der Bibelkritik (UTB 2157), Göttingen 2000.

DERS., Temple and Torah: Reflections on the Legal Status of the Pentateuch between Elephantine and Qumran. In: KNOPPERS, G.N./LEVINSON, B.M. (HG.), The Pentateuch as Torah. New Models of Understanding Its Promulgation and Acceptance, Winona Lake 2007, 77-103.

KRAUS, F.R., Vom altmesopotamischen Erbrecht. In: BRUGMAN, J. (Hg.), Essays in Oriental Laws of Succession (SDIO 9), Leiden 1969, 1-13.

KRAUSS, H./KÜCHLER, M., Erzählungen der Bibel. Das Buch Genesis in literarischer Perspektive. Bd. 1: Die biblische Urgeschichte (Gen 1-11); Bd. 2: Abraham – Isaak – Jakob ; Bd. 3: Die Josef-Erzählung, Göttingen 2003; 2004; 2005.

KUNDERT, L., Die Opferung/Bindung Isaaks, Bd. 1: Gen 22,1-19 im Alten Testament, im Frühjudentum und im Neuen Testament (WMANT 78), Neukirchen-Vluyn 1998.

DERS., Die Opferung/Bindung Isaaks, Bd. 2: Gen 22,1-19 in frühen rabbinischen Texten (WMANT 79), Neukirchen-Vluyn 1998.

KUNIN, D., The Logic of Incest: A Structuralist Analysis of Hebrew Mythology (JSOT.S 185), Sheffield 1995.

LABAHN, A., Atalja und Joscheba (2 Chr 22,10-23,21). Ein spannungsvolles Verhältnis im Hintergrund der beginnenden Konfrontation mit Samaria. In: OEMING, M. (Hg.), Theologie des Alten Testaments aus der Perspektive von Frauen (BVB 1), Münster u.a. 2003, 277-311.

LACOCQUE, A., An Ancestral Narrative: The Joseph Story. In: DERS./RICOEUR, P. (Hg.), Thinking Biblically. Exegetical and Hermeneutical Studies. Translated by David Pellauer, Chicago 1998, 367-397.

DERS., Une descendance manipulée et ambiguë (Genèse 29,31-30,24). In: MACCHI, J.-D./RÖMER, TH. (Hg.), Jacob. Commentaire à plusieurs voix de gen 25-36. Mélanges offerts à Albert de Pury, Genéve 2001, 109-127.

LAMBE, A.J., Judah's Development: the Pattern of Departure-Transition-Return, JSOT 83 (1999), 53-68.

LANCKAU, J., Der Herr der Träume. Eine Studie zur Funktion des Traumes in der Josefsgeschichte der Hebräischen Bibel (AThANT 85), Zürich 2006.

LEHNHARDT, A., Das außerkanonische Talmudtraktat Kutim (Samaritaner) in der innerrabbinischen Überlieferung, FJB 26 (1999), 111-138.

LEITH, M.J.W., Wadi Daliyeh I. The Wadi Daliyeh Seal Impressions (DJD 24), Oxford 1997.

LEMAIRE, A., Das Achämenidische Juda und seine Nachbarn im Lichte der Epigraphie. In: KRATZ, R.G. (Hg.), Religion und Religionskontakte im Zeitalter der Achämeniden (VWGT 22), Gütersloh 2002, 220-230.

LEMCHE, N.P., The Canaanites and Their Land. The Tradition of the Canaanites (JSOT.S 110), Sheffield 1991.

DERS., The Israelites in History and Tradition (Library of Ancient Israel), London u.a. 1998.

LEVENSON, J.D., The Death and Resurrection of the Beloved Son, New Haven 1993.

LEVIN, C., Der Jahwist (FRLANT 157), Göttingen 1993.

LOHFINK, N., Die Priesterschrift und die Geschichte. In: EMERTON, J.A. (Hg.), Congress Volume Göttingen 1977 (VT.S 29), Leiden 1978, 189-225.

LUX, R., Die Genealogie als Strukturprinzip des Pluralismus im Alten Testament. In: MEHLHAUSEN, J. (Hg.), Pluralismus und Identität (VWGTh 8), Gütersloh 1995, 242-258.

MAASS, F., Art. אֱנוֹשׁ, ThWAT I (1973), 373-375.

MACCHI, J.-D., Les Samaritains: Histoire d'une légende. Israël et la province de Samarie (MoBi 30), Genf 1994.

MAGEN, Y., Mount Gerizim: A Temple City, Qadmoniot 33/2 (2000), 74-118.

DERS., Flavia Neapolis. Shekhem in the Roman Period (Judaea and Samaria Publications 6), Jerusalem 2006.

DERS., The Dating of the First Phase of the Samaritan Temple on the Mount Gerizim in the Light of the Archaeological Evidence. In: LIPSCHITS, O./KNOPPERS, G.N./ALBERTZ, R., Judah and the Judeans in the Fourth Century B.C.E., Winona Lake 2007, 157-211.

MAGEN, Y./MISGAV, H./TSFANIA, L., Mount Gerizim Excavations I. The Aramaic, Hebrew and Samaritan Inscriptions (Judaea and Samaria Publications 4), Jerusalem 2004.

MAGEN, Y./STERN, E., Archaeological Evidence for the First Stage of the Samaritan Temple on Mount Gerizim, IEJ 52 (2002), 49-57.

MAIER, J., Das Judentum. Von der biblischen Zeit bis zur Moderne, München ²1973.

MALAMAT, A., Tribal Societies: Biblical Genealogies and African Lineage Systems, Archives européennes de sociologie 14 (1973), 126-136.

MALY, E.H., Genesis 12,10-20; 20,1-18; 26,7-11 and the Pentateuchal Question, CBQ 18 (1956), 255-262.

MCCARTER, P.K., I Samuel. A New Translation with Introduction, Notes and Commentary (AncB), New York u.a. 1984.

DERS., II Samuel. A New Translation with Introduction und Commentary (AncB), New York u.a. 1984.

MCEVENUE, S., The Narrative Style of the Priestly Writer (AnBib 50), Rom 1971.

DERS., Interpreting the Pentateuch (OTSt 4), Collegeville 1990.

MCKENZIE, ST.L., Tamar and Her Interpreters. In: HAGEDORN, A.C./PFEIFFER, H. (Hg.), Die Erzväter in der biblischen Tradition. Festschrift für Matthias Köckert (BZAW 400), Berlin/New York 2009, 197-208.

MENN, E.M., Judah and Tamar (Genesis 38) in Ancient Jewish Exegesis. Studies in Literary Form and Hermeneutics (Journal for the Study of Judaism Supplement 51), Leiden/New York/Köln 1997.

MESHORER, Y./QEDAR, S., The Coinage of Samaria in the Fourth Century BCE, Jerusalem 1991.

MEURER, Th., Der Gebärwettstreit zwischen Lea und Rahel. Der Erzählaufbau von Gen 29,31-30,24 als Testfall der erzählerischen Geschlossenheit einer zusammenhanglos wirkenden Einheit, BN 107/108 (2001), 93-108.

MICHAELIS, M., Art. πρωτότοκος, ThWNT 6 (1959), 872-883.

MILGROM, J., Leviticus. A Book of Ritual and Ethics. A Continental Commentary, Minneapolis 2004.

MILLARD, M., Die Genesis als Eröffnung der Tora. Kompositions- und auslegungsgeschichtliche Annäherungen an das erste Buch Mose (WMANT 90), Neukirchen-Vluyn 2001.

MILLER, J.M., The Descendents of Cain. Notes on Gen 4, ZAW 86 (1974), 164-174.

MISCALL, P.D., The Workings of Old Testament Narrative (Semeia Studies), Philadelphia 1983.

MITTMANN, S., ha-Morijja – Präfiguration der Gottesstadt (Gen 22,1-14.19). Mit einem Anhang: Isaaks Opferung in der Synagoge von Dura Europos. In: HENGEL, M./MITTMANN, S./SCHWEMER, A.M. (Hg.), La Cité de Dieu. Die Stadt Gottes. Symposium Strasbourg, Tübingen/Uppsala. 19.-23. September 1998 in Tübingen (WUNT 129), Tübingen 2000, 67- 96.

MONTGOMERY, J.A., The Samaritans: The Earliest Jewish Sect: Their History, Theology, and Literature, Philadelphia 1907.

MOR, M./ REITERER, F.V. (Hg.), Samaritans: Past and Present. Current Studies (Studia Samaritana 5), Berlin 2010.

MORGAN, D.F., Between Text and Community. The „Writings" in Canonical Interpretation, Minneapolis 2007.

MÜLLER, P., ‚Verstehst du auch, was du liest?' Lesen und Verstehen im Neuen Testament, Darmstadt 1994.

NAUERTH, T., Untersuchungen zur Komposition der Jakoberzählungen (BEATAJ 27), Frankfurt 1997.

NAUMANN, TH., Ismael - Abrahams verlorener Sohn. In: WETH, R. (Hg.): Bekenntnis zu dem einen Gott? Christen und Muslime zwischen Mission und Dialog, Neukirchen-Vluyn 2000, 70-89.

DERS., Streit um Erbe und Verheißung? Der Fall Ismaels in der Genesis und in der christlichen Rezeptionsgeschichte. In: KÜGLER, J. (Hg.), Impuls oder Hindernis? Mit dem Alten Testament in multireligiöser Gesellschaft. Beiträge des Internationalen Bibel-Symposions

Bayreuth, 27.-29. September 2002 (Bayreuther Forum Transit 1), Berlin/Münster 2004, 107-123.

NEEF, H.-D., Die Prüfung Abrahams. Eine exegetisch-theologische Studie zu Gen 22,1-19 (AzTh 90), Stuttgart 1998.

NEUFELD, E., Ancient Hebrew Marriage Law, London 1944.

NIHAN, CHR., The Torah between Samaria and Judah: Shechem and Gerizim in Deuteronomy and Joshua. In: KNOPPERS, G.N./LEVINSON, B.M. (Hg.), The Pentateuch as Torah. New Models of Understanding Its Promulgation and Acceptance, Winona Lake 2007, 187-223.

NOORT, E., Genesis 22: Human Sacrifice and Theology in the Hebrew Bible. In Honour of Karel A. Deurloo, on Occasion of His Retirement on the 10th of February 2001. In: NOORT, E./TIGCHELAAR, E. (Hg.), The Sacrifice of Isaac. The Aqedah (Genesis 22) and Its Interpretations (Themes in Biblical Narrative. Jewish and Christian Traditions 4), Leiden u.a. 2002. 1-20.

NORTHCOTE, J., The Lifespans of the Patriarchs: Schematic Orderings in the Chrono-genealogy, VT 57 (2007), 243-257.

NOTH, M., Das System der zwölf Stämme (BWANT 4.F.), Stuttgart 1930.

DERS., Überlieferungsgeschichte des Pentateuch, Stuttgart 1948.

NUKEM, D., Forever. Hail to the King (3D Realms), New York 2010.

ODED, B., The Table of Nations (Genesis 10) - A Socio-Cultural Approach, ZAW 98 (1986), 14-31.

OTTO, E., Die Paradieserzählung Genesis 2-3: Eine nachpriesterschriftliche Lehrerzählung in ihrem religionshistorischen Kontext. In: DIESEL, A.A. u.a. (Hg.), „Jedes Ding hat seine Zeit…" Studien zur israelitischen und altorientalischen Weisheit. Festschrift für D. Michel (BZAW 241), Berlin/New York 1996, 167-192.

DERS., Das Deuteronomium im Pentateuch und Hexateuch: Studien zur Literaturgeschichte von Pentateuch und Hexateuch im Lichte des Deuteronomiumsrahmen (FAT 30), Tübingen 2000.

DERS., Die Rechtshermeneutik des Pentateuch und die achämenidische Rechtsideologie in ihren altorientalischen Kontexten. In: WITTE, M./FÖGEN, M.TH. (Hg.), Kodifizierung und Legitimierung des Rechts in der Antike und im Alten Orient (BZAR 5), Wiesbaden 2005, 71-116.

PAAP, C., Die Josephsgeschichte, Genesis 37-50: Bestimmungen ihrer literarischen Gattung in der zweiten Hälfte des 20. Jahrhunderts (EHS.T XXIII/534), Frankfurt a. Main 1995.

PETERMANN, J.H., Versuch einer hebräischen Formenlehre nach Aussprache der heutigen Samaritaner nebst einer dadurch gebildeten Transcription der Genesis und einer Beilage enthaltend die von dem recipierten Texte des Pentateuch abweichenden Lesarten der Samaritaner (Abhandlungen zur Kunde des Morgenlandes 5/1), Leipzig 1868.

PIRSON, R., The Lord of the Dreams. Genesis 37 and its Literary Context, Tilburg 1999.

DERS., Belichting van het bijbelboek Genesis, ´s Hertogenbosch 2005.

POSPÍSIL, L., The Kapuaka Papuans of West New Guinea (Yale University Publications in Anthropology 54), New Haven 1964.

PREUß, H.D., Theologie des Alten Testaments, Bd. I: JHWHs erwählendes und verpflichtendes Handeln, Stuttgart/Berlin/Köln 1991.

DERS., Theologie des Alten Testaments, Bd. II: Israels Weg mit JHWH, Stuttgart/Berlin/Köln 1992.

PROCKSCH, O., Das nordhebräische Sagenbuch – Die Elohimquelle, Leipzig 1906.

PROPP, W.H.C., Exodus 1-18. A New Translation with Introduction und Commentary (AncB), New York u.a. 1964.

PUMMER, R., The Present State of Samaritan Studies: I, JSSt 21 (1976), 36-61.

DERS., Samaritanism – A Jewish Sect or an Independent Form of Jahwism? In: MOR, M./ REITERER, F.V. (Hg.), Samaritans: Past and Present. Current Studies (Studia Samaritana 5), Berlin 2010, 1-24.

DERS., Early Christian Authors on Samaritans and Samaritanism. Texts, Translation and Commentary (TSAJ 92), Tübingen 2002.

DERS., The Samaritans and Their Pentateuch. In: KNOPPERS, G.N./LEVINSON, B.M. (Hg.), The Pentateuch as Torah. New Models of Understanding Its Promulgation and Acceptance, Winona Lake 2007, 237-269.

PURVIS, J.A., The Samaritan Pentateuch and the Origin of the Samaritan Sect (HSM 2), Cambridge 1968.

RAHNER, H., Symbole der Kirche: die Ekklesiologie der Väter, Salzburg 1964.

RENDSBURG, G., David and His Circle in Genesis xxxviii, VT 36 (1986), 438-446.

RENDTORFF, R., Das überlieferungsgeschichtliche Problem des Pentateuch (BZAW 147), Berlin/New York 1977.

DERS., Die „Erwählung" Israels in der Hebräischen Bibel, in: GELARDINI, G. (Hg.), Kontexte der Schrift, Bd. 1: Text. Ethik. Judentum und Christentum. Gesellschaft. E. W. Stegemann zum 60. Geburtstag, Stuttgart 2005, 319-327.

REVENTLOW, H. GRAF, Epochen der Bibelauslegung 1, München 1990.

RICHTER, W., Das Gelübde als theologische Rahmung der Jakobüberlieferungen, BZ 11 (1967), 21-52.

RÖMER, TH., Bernd-Jörg Diebner und die Spätdatierung der Pentateuch- und der historischen Traditionen der Hebräischen Bibel, DBAT 30 (1999), 151-155.

DERS., La fin de L'historiographie deutéronomiste et le retour de l'Hexateuque?, TZ 57 (2001), 269-280.

DERS., The Cult Centralization in Deuteronomy 12: Between Deutero- nomistic History and Pentateuch. In: OTTO, E./ACHENBACH, R. (Hg.), Das Deuteronomium zwischen Pentateuch und Deuterono- mistischen Geschichtswerk (FRLANT 206), Göttingen 2004, 168-180.

ROST, L., Die Überlieferung von der Thronfolge Davids (BWANT 42), Stuttgart 1926.

ROTHSCHILD, J.-P., Samaritan Manuscripts. In: CROWN, A.D. (Hg.), The Samaritans, Tübingen 1989, 778-794.

ROTTZOLL, D.U., Abraham Ibn Esras Kommentar zur Urgeschichte. Mit einem Anhang: Raschbams Kommentar zum ersten Kapitel der Ur- geschichte. Übersetzt und erklärt (SJ 15), Berlin/New York 1996.

ROWLEY, H.H., The Samaritan Schism in Legend and History. In: AN- DERSON, W./HARRELSON, W. (Hg.), Israel's Prophetic Heritage: Es- says in Honor of James Muilenburg, London 1962, 208-222.

DERS., The Biblical Doctrine of Election, London ²1964.

RUPPERT, L., Die Josephserzählung der Genesis. Ein Beitrag zur Theorie der Pentateuchquellen (StANT 11), München 1965.

SALM, E., Juda und Tamar. Eine exegetische Studie zu Gen 38 (FzB 79), Würzburg 1996.

SARNA, N.M., Genesis. The JPS Torah Commentary, Philadelphia/New York/Jerusalem 1989.

DERS., Exodus. The JPS Torah Commentary, Philadelphia/New York/Jerusalem 1991.

SAUSER, E., Art. „Tau", LThK² 9 (1964), 1306-1307.

DERS., Frühchristliche Kunst. Sinnbild und Glaubensaussage, Innsbruck 1966.

SCHENKER, A., Versöhnung und Sühne, Freiburg 1981.

SCHIPPERS, B.U., Israel und Ägypten in der Königszeit. Die kulturellen Kontakte von Salomo bis zum Fall Jerusalems (OBO 170), Freiburg (Schweiz), Göttingen 1999.

SCHMID, H.H., Der sogenannte Jahwist. Beobachtungen und Fragen zur Pentateuchforschung, Zürich 1976.

SCHMID, K., Erzväter und Exodus. Untersuchungen zur doppelten Be- gründung der Ursprünge Israels innerhalb der Geschichtsbücher des Alten Testaments (WMANT 81), Neukirchen-Vluyn 1999.

DERS., Die Rückgabe der Verheißungsgabe. Der „heilsgeschichtliche" Sinn von Gen 22 im Horizont innerbiblischer Exegese. In: WITTE, M.

(Hg.), Gott und Mensch im Dialog. Festschrift für Otto Kaiser zum 80. Geburtstag. Bd. I (BZAW 345/I), Berlin/New York 2004, 271-300.

SCHMIDT, L., Literarische Studien zur Josephsgeschichte (BZAW 167), Berlin/New York 1986.

SCHMITT, H.C., Die nichtpriesterliche Josephsgeschichte (BZAW 154), Berlin/New York 1980.

SCHNEIDER, W., Grammatik des biblischen Hebräisch. Ein Lehrbuch, München [17]2004.

SCHORCH, St., Die (sogenannten) anti-polytheistischen Korrekturen im samaritanischen Pentateuch, MuB 15/16 (1999), 4-21.

SCHORN, U., Ruben und das System der zwölf Stämme Israels. Redaktionsgeschichtliche Untersuchungen zur Bedeutung des Erstgeborenen Jakobs (BZAW 248), Berlin/New York 1997.

DIES., Genesis 22 – Revisited. In: BECK, M./SCHORN, U. (Hg.), Auf dem Weg zur Endgestalt von Genesis bis II Regum. Festschrift für Hans-Christoph Schmitt zum 65. Geburtstag (BZAW 370), Berlin/New York 2006, 89-109.

SCHULT, H., Eine Glosse zu „Moriya". Rolf Rendtorff zum 70. Geburtstag, DBAT 29 (1998), 56-57.

SCHULZ, H., Leviten im vorstaatlichen Israel und im mittleren Osten, München 1987.

SCHÜLE, A., Israels Sohn - Jahwes Prophet. Ein Versuch zum Verhältnis von kanonischer Theologie und Religionsgeschichte anhand der Bileam-Perikope (Num 22-24) (Altes Testament und Moderne 17), Münster/Hamburg u.a. 2001.

DERS., Der Prolog der hebräischen Bibel. Der literar- und theologiegeschichtliche Diskurs der Urgeschichte (Gen 1-11) (AThANT 86), Zürich 2006.

SCHÜRER, E., Geschichte des jüdischen Volkes im Zeitalter Jesu Christi. Erster Teil: Einleitung und politische Geschichte; Zweiter Teil: Die inneren Zustände; Dritter Teil: Das Judentum in der Zerstreuung und die jüdische Literatur, Leipzig [2]1890; [3]1898.

SCHWANTES, M., „Lege deine Hand nicht an das Kind." Überlegungen zu Genesis 21 und 22. In: CRÜSEMANN, F./Hardmeier, Chr./ Kessler, R. (Hg.), Was ist der Mensch....? Beiträge zur Anthropologie des Alten Testaments. Hans Walter Wolff zum 80. Geburtstag, München 1992, 164-178.

SCHWIENHORST-SCHÖNBERGER, L., Einheit und Vielheit. Gibt es eine sinnvolle Suche nach der Mitte des Alten Testaments? In: HOSSFELD, F.-L. (Hg.), Wieviel Systematik erlaubt die Schrift? Auf der Suche nach einer gesamtbiblischen Theologie (QD 185), Freiburg 2001, 48-87.

SCHWEIZER, H., Die Josefsgeschichte. Konstituierung des Textes. Teil I: Argumentation (THLI 4), Tübingen 1991.

SEEBASS, H., Art. בחר III: Gebrauch im AT, ThWAT I (1973), 594-608.

DERS., Die Stammessprüche Gen 49,3-27, ZAW 96 (1984), 333-350.

DERS., Genesis. Band I: Urgeschichte (1,1 - 11, 26), Neukirchen-Vluyn 1996.

DERS., Genesis. Band II/1: Vätergeschichte I (11,27-22,24), Neukirchen-Vluyn 1997.

DERS., Genesis. Band II/2: Vätergeschichte II (23,1-36,43), Neukirchen-Vluyn 1999.

DERS., Genesis. Band III: Josephsgeschichte (37,1-50,26), Neukirchen-Vluyn 2000.

SEYBOLD, KL., Art. „Erwählung. I Altes Testament", RGG⁴ 2 (1999), 1478-1481.

SIEBERT-HOMMES, J., Die Retterinnen des Retters Israels. Zwölf „Töchter" in Ex 1 und 2. In: FISCHER, I., PUERTO, M.N., TASCHL-EBER, A. (Hg.), Hebräische Bibel – Altes Testament Bd. 1.1: Tora (Die Bibel und die Frauen. Eine exegetisch-kulturgeschichtliche Enzyklopädie), Stuttgart 2010, 276-291.

SIGRIST, C., Regulierte Anarchie. Untersuchungen zum Fehlen und zur Entstehung von politischer Herrschaft und segmentären Gesellschaften Afrikas (Texte und Dokumente zur Soziologie), Freiburg 1967.

SIMONS, J., The Table of Nations (Genesis X): Its General Structure and Meaning, OTS 10 (1954), 155-184.

DERS., The Geographical and Typological Texts of the Old Testament, Leiden 1959.

SMELIK, KL., Verhaal en context. In: BECKING, B.E.J.H./SMELIK, K.A.D. (Hg.), Een patriarchale leugen: Het verhaal in Genesis 12 verschillend belicht, Baarn 1989, 54-77.

DERS., Lot tussen Noach en Abraham. Herbruik van een verhaalmotief in Genesis, ACEBT 12 (1994), 31-37.

SKINNER, J., Genesis, A Critical and Exegetical Commentary on Genesis, Edinburgh ²1930.

SOGGIN, J.A., Das Buch Genesis. Kommentar, Darmstadt 1997.

SPEISER, E.A., Genesis (AncB 1), New York 1964.

SPINA, F.A., The „Ground" for Cain's Rejection (Gen 4): adamah in the Context of Genesis 1-11, ZAW 104 (1992), 319-332.

DERS., The ‚Face of God'. Esau in Canonical Context. In: EVANS, C.A./TALMON, SH. (Hg.), The Quest of Meaning. Studies in Biblical Intertextuality in Honor of James A. Sanders (BIS 28), Leiden/New York/Köln 1997, 3-25.

STAUBLI, Th., Die Bücher Levitikus. Numeri (NSK.AT 3), Stuttgart 1996.

STEGEMANN, H., Die „Mitte der Schrift" aus der Sicht der Gemeinde von Qumran, in: KLOPFENSTEIN, M. u. a. (Hg.), Mitte der Schrift? Ein jüdisch-christliches Gespräch, Bern 1987, 149-184.

STEINBERG, M., The Poetics of Biblical Narrative. Ideological Literature and the Drama of Reading, Bloomington 1985.

STEINBERG, N., The Genealogical Framework of the Family Stories in Genesis, Semeia 46 (1989), 41-50.

STEINMETZ, D., From Father to Son. Kinship, Conflict, and Continuity in Genesis, Louisville 1991.

STEINS, G., Abrahams Opfer. Exegetische Annäherungen an einen abgründigen Text, ZKTh 121 (1999), 311-324.

DERS., Die „Bindung Isaaks" im Kanon (Gen 22). Grundlagen und Programm einer kanonisch-intertextuellen Lektüre. Mit einer Spezialbibliographie zu Gen 22 (HBS 20), Freiburg u.a. 1999.

DERS., Die Versuchung Abrahams (Gen 22,1-19). Ein neuer Versuch. In: WÉNIN, A. (Hg.), Studies in the Book of Genesis. Literature, Redaction and History (BEThL 155), Leuven 2001, 509-519.

DERS., Der Bibelkanon als Text und Denkmal. Zu einigen methodologischen Problemen kanonischer Schriftauslegung. In: AUWERS, J.-M./DE JONGE, H.J. (Hg.), The Biblical Canons (BEThL 163), Leuven 2003, 177-198.

DERS., Kanonisch lesen. in: UTZSCHNEIDER, H./BLUM, E. (Hg.), Lesarten der Bibel. Untersuchungen zu einer Theorie der Exegese des Alten Testaments, Stuttgart 2006, 45-64.

STERN, E., Archaeology of the Bible, Vl. 2: The Assyrian, Babylonian, and Persian Periods 732-332 BCE, New York u.a. 2001.

DERS., The Religious Revolution in Persian-Period Judah. In: LIPSCHITS, O./OEMING, M. (Hg.), Judah and the Judeans in the Persian Period, Winona Lake 2006, 199-205.

STOLZ, F., Das erste und zweite Buch Samuel (ZBK.AT 8), Zürich 1981.

DERS., Art. „Erstlinge I. Religionswissenschaftlich", RGG⁴ 2 (1999), 1471-1472.

STRUS, A., Nomen-Omen: La stylistique sonore des noms propres dans la Pentateuque (AnBib 80), Rom 1978.

SYKES, D.K., Patterns in Genesis, New York 1985.

SYRÉN, R., The Forsaken First-Born. A Study of a Recurrent Motif in the Patriarchal Narratives (JSOT.S 133), Sheffield 1993.

TASCHNER, J., Verheißung und Erfüllung in der Jakoberzählung (Gen 25,19-33,17). Eine Analyse ihres Spannungsbogens (HBS 27), Freiburg u.a. 2000.

TENGSTRÖM, S., Die Toledotformel und die literarische Struktur der priesterlichen Erweiterungsschicht im Pentateuch (CB.OT 17), Uppsala 1981.

THOMPSON, TH.L., The Origin Tradition of Ancient Israel I: The Literary Formation of Genesis and Exodus 1-23 (JSOT.S 55), Sheffield 1987.

TIETZ, CHR., Kanon und Kirche. In: JANOWSKI, B. (Hg.), Kanonhermeneutik. Vom Lesen und Verstehen der christlichen Bibel (Theologie interdisziplinär 1), Neukirchen-Vluyn 2007, 99-119.

TOV, E., Proto-Samaritan Texts and the Samaritan Pentateuch. In: CROWN, A.D. (Hg.), The Samaritans, Tübingen 1989, 397-407.

DERS., Der Text der hebräischen Bibel. Handbuch der Textkritik, Stuttgart/Berlin/Köln 1997.

DERS., Textual Criticism of the Hebrew Bible, Minneapolis/Assen ²2001.

TSEVAT, M., Art. בְּכוֹר, ThWAT 1 (1973), 643-650.

TURNER, L.A., Announcements of Plot in Genesis (JSOT.S 96), Sheffield 1990.

UEHLINGER, C., Weltreich und „eine Rede". Eine neue Deutung der sog. Turmbauerzählung (Gen 11,1-9) (OBO 101), Freiburg ³1990.

VAN DER HORST, P., De Samaritanen. Geschiedenis en godsdienst van een vergeten groepering, Kampen 2004.

VAN DER KOOI, C., Kirche als Lesegemeinschaft, Schrifthermeneutik und Kanon, VF 51 (2006), 63-72.

VAN DER SPEK, De zonen van Noach. Een exegese van Genesis 9:18-28, ACEBT 2 (1981), 26-34.

VAN DYK, P.J., The Function of So-Called Etiological Elements in Narratives, ZAW 102 (1990), 19-33.

VAN MIDDEN, P., Broederschap en Koningschap. Een onderzoek naar de betekenis van Gideon en Abimelek in het boek Richteren, Maastricht 1998.

VAN SELMS, A., Genesis. Deel 1 (Predikt van hat Oude Testament), Nijkerk 1967.

VAN SETERS, J., Abraham in History and Tradition, New York/London 1975.

DERS., In Search of History. Historiography in the Ancient World and the Origins of Biblical History, New Haven/London 1983.

DERS., Der Jahwist als Historiker (ThSt[B] 134), Zürich 1987.

DERS., Prologue to History: The Jahwist as Historian in Genesis, Lousville/Kent 1992.

DERS., The Life of Moses. The Yahwist as Historian in Exodus-Number (Contributions to Biblical Exegesis and Theology 10), Kampen 1994.

VAN WOLDE, E.J., Noah and God in Genesis 6-9. In: DIES. (Hg.), Words Become Worlds. Semitic Studies of Genesis 1-11 (BIS 6), Leiden/New York/Köln 1994, 75-83.

DIES., The Story of Cain and Abel in Genesis 4:1-16. In: DIES. (Hg.), Words Become Worlds. Semitic Studies of Genesis 1-11 (BIS 6), Leiden/New York/Köln 1994, 48-62.

DIES., The Tower of Babel as Lookout over Genesis 11:1-9. In: DIES. (Hg.), Words Become Worlds. Semitic Studies of Genesis 1-11 (BIS 6), Leiden/New York/Köln 1994, 84-109.

DIES., Love and Hatred in a Multiracial Society: The Dinah and Shechem Story in Genesis 34 in the Context of Genesis 28-35. In: EXUM, J.CH./WILLIAMSON, H.G.M., Reading from Right to Left. Essays on the Hebrew Bible in Honour of David J.A. Clines (JSOT.S 373), Sheffield 2003, 435-449.

VAWTER, B., On Genesis. A New Reading, Garden City 1977.

VEIJOLA, T., Das Opfer des Abraham – Paradigma des Glaubens aus dem nachexilischen Zeitalter, ZThK 85 (1988), 129-164.

VERMEYLEN, J., La descendance de Caïn et la descendance d'Abel (Gen 4,17-26 + 5,28b-29), ZAW 103 (1991), 175-193.

VERVENNE, M., Wat zullen wij doen met de dronken zeeman? Genesis 9,20-27 opnieuw bekeken. In: VERDEGAAL, C./WEREN, W. (HG.), Stromen uit Eden. Genesis 1-11 in bijbel, joodse exegese en moderne literatur, Brugge 1992, 54-71.

VETTE, J., Samuel und Saul. Ein Beitrag zur narrativen Poetik des Samuelbuches (Beiträge zum Verstehen der Bibel 13), Münster 2005.

VETTER, D., Die Bindung Jizchaks. Das sprachliche Kunstwerk - „ein mit den Lippen geschlossener Bund". In: DERS., Das Judentum und seine Bibel. Gesammelte Aufsätze (Religionswissenschaftliche Studien 40), Würzburg 1996, 364-368.

VOLZ, P./RUDOLPH, W. (Hg.), Der Elohist als Erzähler? Ein Irrweg der Pentateuchkritik? (BZAW 63), Gießen 1933.

VON LOEWENCLAU, I., Gen IV 6-7 – eine jahwistische Erweiterung? In: EMERTON, J.A. (Hg.), Congress Volume Göttingen 1977 (VT.S 29), Leiden 1979, 177-188.

VON RAD, G., Die Priesterschrift im Hexateuch. Literarisch untersucht und theologisch gewertet (BWANT 13), Stuttgart 1934.

DERS., Der Anfang der Geschichtsschreibung im alten Israel (1944). In: DERS., Gesammelte Studien zum Alten Testament (TB 8), München ³1965, 148-188 .

DERS., Theologie des Alten Testaments, Bd. I und II, München ⁸1982.

DERS., Das erste Buch Mose. Genesis (ATD 2-4), Göttingen ¹²1987.

VRIEZEN, Th.C., Theologie des Alten Testaments in Grundzügen, Wageningen/Neukirchen 1956.

WAHL, H.M., Das Motiv des „Aufstiegs" in der Hofgeschichte. Am Beispiel von Joseph, Esther und Daniel, ZAW 112 (2000), 59-74.

WALTERS, S.D., Wood, Sand and Stars. Structure and Theology in Gn 22,1-19, TJT 3 (1987), 301-330.

WARNING, R. (Hg.), Rezeptionsästhetik (UTB 303), München ³1988.

WEIMAR, P., Untersuchungen zur Redaktionsgeschichte des Pentateuch (BZAW 146), Berlin/New York 1977.

DERS., „Und er nannte seinen Namen Perez" (Gen 38,29). Erwägungen zu Komposition und literarischer Gestalt von Gen 38 (Teil 1). In: BZ 51/2 (2007) 193-215.

DERS., „Und er nannte seinen Namen Perez" (Gen 38,29). Erwägungen zu Komposition und literarischer Gestalt von Gen 38 (Teil 2). In: BZ 52/1 (2008) 1-18.

DERS., Gen 38 - Eine Einschaltung in die Josefsgeschichte. In: BN 138 (2008) 5-37.

DERS., Gen 38 - Eine Einschaltung in die Josefsgeschichte. Teil 2. In: BN 140 (2009) 5-30.

DERS., Erwägungen zur Entstehungsgeschichte von Gen 37, ZAW 118 (2006), 327-353.

WELLHAUSEN, J., Die Composition des Hexateuchs und der historischen Bücher des Alten Testaments, Berlin ³1899 (Nachdruck ⁴1963).

DERS., Prolegomena zur Geschichte Israels, Berlin u.a. ⁶1927.

WENHAM, G.J., Genesis 1-15 (WBC 1), Waco 1987.

DERS., Genesis 16-50 (WBC 2), Waco 1994.

DERS., The Priority of P, VT 49 (1999), 240-258.

WESTERMANN, C., Die Verheißungen an die Väter. Studien zur Vätergeschichte (FRLANT 116), Göttingen 1976.

DERS., Genesis. 1. Teilband: Genesis 1-11 (BK I/1), Neukirchen-Vluyn 1974.

DERS., Genesis. 2. Teilband: Genesis 12-36 (BK I/2), Neukirchen-Vluyn 1981.

DERS., Genesis. 3. Teilband: Genesis 37-50 (BK I/3), Neukirchen-Vluyn 1982.

DERS., Erzählungen in den Schriften des Alten Testaments, mit einem Vor- und Nachwort von D. Vetter (AzTh 85), Stuttgart 1998.

DERS., Genesis. 1. Teilband: Genesis 1-11 (BK I/1), Neukirchen-Vluyn ⁴1999.

WILLI, TH., Der Ort von Gen 4,1-16 innerhalb der althebräischen Geschichtsschreibung. In: ROFÉ, A./ZAKOVITCH, Y. (Hg.), I.L. Seeligmann Volume. Essays on the Bible and the Ancient World. Festschrift for I.L. Seeligmann., Bd. 3: Non Hebrew-Section, Jerusalem 1983, 99-113.

DERS., Chronik: 1. Chronik 1,1-4,43 (BK 14,1), Neukirchen-Vluyn 1991.

DERS., Chronik: 1. Chronik 2,3-5,26 (BK 14,2), Neukirchen-Vluyn 1999.

WILLI-PLEIN, I., Opfer und Kult im alttestamentlichen Israel. Textbefragungen und Zwischenergebnisse (SBS 153), Stuttgart 1993.

WILSON, R.R., The Old Testament Genealogies in Recent Research, JBL 4 (1975), 169-189.

DERS., Genealogy and the History in the Biblical World (YNER 7), New Haven/London 1977.

DERS., Between ‚Azel' and ‚Azel'. Interpreting the Biblical Genealogies, BA 42 (1979), 11-22.

WITTE, M., Die biblische Urgeschichte. Redaktions- und theologiegeschichtliche Beobachtungen zu Gen 1,1-11,26 (BZAW 265), Berlin/New York 1998.

YASHAR, M. BEN, Zu Gen 4,7, ZAW 94 (1982), 635-637.

ZANGENBERG, J., SAMAREIA. Antike Quellen zur Geschichte und Kultur der Samaritaner in deutscher Übersetzung (TANZ 15), Tübingen 1994.

DERS., Berg des Segens, Berg des Streits. Heiden, Juden, Christen und Samaritaner auf dem Garizim, ThZ 63 (2007), 289-309.

ZENGER, E., Beobachtungen zur Komposition und Theologie der jahwistischen Urgeschichte. In: KATHOLISCHES BIBELWERK (Hg.), Dynamik im Wort. Lehre von der Bibel, Leben aus der Bibel. Festschrift aus Anlaß des 50jährigen Bestehens des katholischen Bibelwerks, Stuttgart 1983.

DERS. (Hg.), Das Erste Testament. Die jüdische Bibel und die Christen, Düsseldorf 1991.

DERS. (Hg.), Einleitung in das Alte Testament. Mit einem Grundriss der Geschichte Israels von Christian Frevel (Kohlhammer Studienbücher Theologie 1,1), Stuttgart/Berlin/Köln ⁷2008.

DERS., (Hg.), Die Tora als Kanon für Juden und Christen (HBS 10), Freiburg 1996.

ZERTAL, A., The Pahwa of Samaria (Northern Israel) during the Persian Period: Types of Settlement, Economy, History and New Discoveries, Transeuphraténe 3 (1990), 9-30.

DERS., The Heart of the Monarchy: Patterns of Settlement and Historical Considerations of the Israelite Kingdom of Samaria. In: MAZAR, A./GELLER, M. (Hg.), Studies in the Archaeology of the Iron Age in Israel and Jordan (JSOT.S 331), Sheffield 2001, 38-64.

DERS., The Province of Samaria (Assyrian Samerina) in the Late Iron Age (Iron Age III), in: LIPSCHITS, O./BLENKINSOPP, J. (Hg.), Judah and the Judeans in the Neo-Babylonian Period, Winona Lake 2003, 377-412.

ZIMMERLI, W., 1. Mose 12-25. Abraham (ZBK.AT 1.2), Zürich 1976.

DERS., 1. Mose 1-11: Urgeschichte (ZBK.AT 1.1), Zürich ⁴1984.

ZIEMER, B., Erklärung der Zahlen von Gen 5 aus ihrem kompositionellen Zusammenhang, ZAW 121 (2009), 1-18.

ZOHARY, M., Pflanzen der Bibel, Stuttgart ³1995.

ZSENGELLÉR, J., Personal Names in the Wadiad-Daliyeh Papyri, ZAH 9 (1996), 182-189.

DERS., Gerizim as Israel. Northern Tradition of the Old Testament and the Early History of the Samaritans (Utrechtse Theologische Reeks 38), Utrecht 1998.

DERS., Canon and the Samaritans. In: VAN DER KOOIJ, A./VAN DER TOORN, K. (Hg.), Canonization and Decanonization. Papers Presented to the International Conference of the Leiden Institute for the Study of Religions (LISOR), held at Leiden 9-10 January 1997 (Studies in the History of Religions LXXXII), Leiden/Boston/Köln 1998, 161-171.

DERS., Origin or Originality of the Torah? The Historical and Text-Critical Value of the Samaritan Pentateuch. In: DERS./WEIGOLD, M./LANGE, A., From Qumran to Aleppo. A Discussion with Emanuel Tov about the Textual History of the Jewish Scriptures in Honor of his 65th Birthday (FRLANT 230), Göttingen 2009, 189-202.

ZUURMOND, R., Sodom: De geschiedenis van een vooroordeel, ACEBT 5 (1984), 27-40.

ZWICKEL, W., Jerusalem und Samaria zur Zeit Nehemias – ein Vergleich, BZ 52 (2008), 201-222.

DERS., Das Heilige Land. Geschichte und Archäologie (Beck'sche Reihe), München 2009.

Stellenregister

Kursive Seitenzahlen verweisen auf Einträge in den Fußnoten

9,25-27	65.75	12,16f	85
9,25	246	12,19	100
9,26	63.78.245	12,20	99
9,28-29	41.54	13,1-14,24; 18/19	102-107
9,29	259	13,1-4	87
10,1-11,26	67-74	13,1	103
10	67-70.73.256	13,2	*100*.103
10,1	60.67.256	13,3	103
10,2-5	246.256	13,4	*86*
10,2	260	13,5-13	87
10,6	260	13,5	103
10,12-20	246	13,7	174
10,21-31	246.257	13,8	102f.174.244
10,21	59.69.70.71.75-77.260	13,10	86.87.103
10,25	71.252	13,11	104
10,26-29	71.252.257	13,14-16(-18)	87.154
10,32	39.60.67.72	13,14f	*88*
11,1-9.10-26	71-74.78	13,15	*88.108*
11,1-9	71-74.257	13,16	*88*
11,4	73-74	13,17	85.*86*
11,9	60	13,18	86.*96.113*.174
11,10-26	34.41.54.73.130.247.	14,13	*69*
	257.258-260	14,14	102.244
11,10	39.121.258f	14,16	102.244
11,14	69	15-21	87-91
11,16	257	15,1	87.*91*.107
11,18f	257	15,2-3	88.112.114.117
11,26	73.78.79.257.259	15,2	*88*.126
11,27-25,11	41.79-112.183	15,3	*88*
11,27f	107.254	15,4	89.121
11,27	79.110.*129*.130	15,5	121.133
11,27-32	80-82.*84*.107.112	15,8	*88*.115
11,28f	102	15,13	133
11,29	80	15,18	115.126.154
11,30	80.88.114.251.273	16,1-16	113-117.124-126.128
11,31	81.85.*90*.138.271	16,1-5(-6)	89.114-116.120.122.
11,32	*34*.259		134
12-14	84-87	16,1	89.133
12,1-13,18	95	16,2	*101*.240
12,1-3.4	73.84.86.87.*90*.111.	16,3	126.240
	249.283.324.334	16,4	*275*
12,1	82f.87.92.95	16,6-16	89.116f.133.*209*
12,2	73f.83.97	16,9f	133
12,3	83.97.133.212	16,10-12	121
12,4	98.103.111.117.121	16,11	118
12,5f	85.86.*96*.103.174	16,12	128
12,7	83.86.*88*.154.174	16,14	133.241
12,8	51.52.86.174	16,15-16	90.112.119f.133.241
12,10-20 (-13,1)	86.87.98-100.*101*.	16,16	126
	133.200	17,1-21,7	118-121.124f.135
12,10	98.103	17,1	126

17,4-5	90	22,18	83.97.111.134.178.
17,6	124.214.216		240.245f.250
17,12	118.120.133	22,20-25,11	107-110
17,15	*142*	22,20-24	80f.107.111.129.138.
17,16f	*118*.214		255
17,17	*90.118*.119.123	22,20	88.*91*.107
17,18	34.89.271	22,21	*42.77*
17,19	118	23	108-109
17,20	107.117f.121.124.129.	24-25	127-130
	136.215	24	109.128f.138.152
17,21	118.124.132	24,1	*146*
17,23	120f.127	24,2	276
17,25	120f.123	24,15	109.129.138
17,26	120f	24,24	109.*276*
18,1-15	118	24,47	109
18,1	*104.113*	24,62	133.241.247.*252*
18,2-4	104f	25,1-4(-6)	109.128.246f.255
18,5-8	104f	25,4	109
18,11	*90*.197	25,5-6	109
18,12f	119.123.126	25,5	110
18,14	*91*.100	25,6	116.248.270
18,15	123	25,7-11	79
18,16-33	104f	25,7	110
18,20	105	25,8	110
19,1	*104*	25,9	*109*.128
19,3	104	25,11	128.133.240f.246
19,26	106	25,12-36,43	2.41.135-182
19,32	106	25,12-18	41.*68*.107.112.
20,1-18	90.98.100-102.119		128-130.136.179.256
20,1	100	25,12	39.79.135.*138*
20,7	104	25,13	32f.39.*124*
20,9	*231*	25,16	136
20,15	100.102	25,19-34	137-145
20,17f	90.101.119.275	25,19-35,29	41.*68*.112.247.256
21,1-7	16.90.98.101.111.113.	25,19-28	34.137-141.207
	118-122.129.246.251.	25,19	39.135.137
	275	25,20	109.138
21,6f	126	25,21	109.128.137f.273.*275*
21,8-21	91.121-	25,22	137.139
	124.125f.133.135.241	25,23	137.141-144.150.152f.
22,1-19	91-97.111.126f.133.		158.210.249
	162.178.241.248	25,24	135.*189*.207.242
22,1	82f.88.91f.*97*	25,25	136.*140*.143f.207
22,2	82f.127	25,26	151.163.214.242
22,8	95	25,27	242
22,12	*97*.127	25,28	147.242
22,13	96.*201*	25,29-34	137.144-145.161
22,14	95	25,29	140
22,16-18	127	25,30	144.*175*
22,16	127.131	25,34	140.246
22,17	126	26,1-33	98.*99*.102.130-132.

35,22	179f.191-195.216.226.	38,18	221
	237.277	38,20	185
35,23	33.151.191.253	38,26	185.205
36,1-50,26	41.182.266-268	38,27-30	*13.140.184.*
36,1-43	*68.128.135.152.180.*		206-208.212-214
	182	38,27	139.207
36,1	*37.39.136.182*	38,28	207f
36,2-3	*152*	38,29	*188.214*
36,2	*152*	39	186
36,3	*153*	39,1	201
36,4	*153*	39,7	216
36,8	*140.142.144.172*	39,12	216
36,9	37.39.182	39,14	*69.123*
36,10	*153*	39,17	*69.123*
36,13	*153.207*	40,15	*69*
36,15	33	41,12	*69*
36,17	*153.207*	41,25	208
36,33	207	41,40	219
37,1-50,26	41.136.182-227.256.	41,46	219
	266-268.277-280.	41,50-52	208
	290-314.247	41,50	208
37	184-185.197-200	41,51	208.213
37,1	184.*185*.248	42,1-45,28	204-206
37,2-20	197.221	42,37	205
37,2f	197.225	42,38	205
37,2	39.184f.*205*.217.221.	43,9	221
	225.245.248.258	43,32	*69*
37,3	185.197.*198*.216	44,12	205
37,12-20	198	44,13	205
37,12	185	44,14	221f.230.245
37,15	185	44,16	204f
37,21f	224	44,20	197
37,23	216.219	44,22	205
37,26f	200	44,24	*205*
37,28	199.201	44,27	197.219
37,29f	224	44,29-31	205
37,26	185	44,32(f)	206.221.225.245
37,31-36	219	45	220
37,32	185.216	46,1-30	110.221.245
37,33	224	46,8-27	196.*208*
37,35	*189*.196	46,8	191.213.221.253
38	58.106.184-185.	46,15	196
	186-191.200-204	46,19	197
38,1	98.*189*	46,20	*208*
38,5	185	46,26	*276*
38,6f	33.192.213	46,27	281.*334*
38,12	216	46,28	221.245
38,13	185.216	47,13-26	222
38,15f	185	47,29-50,14	208
38,16	203	47,29	*276*
38,17	185	47,31	218

23,16	*32*	20,25-28	227f
24,1	227.230	22,3	143
24,9f	227.230	26,59	228
26,24	*207*	35,39	228
26,29	*207*		
28,1	227.230		
28,10	*39*	**Deuteronomium**	
29,1	230	7,6-8	317
31,18	231	7,6	281.317
32,1-35	231	7,7	317
32,6	*123*	9,4f	317
32,21	231	10,6	227
33,13	*105*	10,14f	281
34,19	*32*	11,24	*86*
34,22	*32*	11,29f	307
		12	307
		14,1f	317
Leviticus		14,2	281
3,1-4	228	17,14	220
4,2-35	*202*	21,15-17	15f.35.211.223
8,1ff	227	23,1	*193*
10,1-5.6-20	2.227.258	25,5-10	202
10,1f	227	27	307f.310
10,8	228	27,4-8	307
18	*62f*	27,20	*193*
18,3	*63*	31,2	*228*
18,6	*106*	32,6	*46*
18,8	*193*	32,18	*273*
18,15	202	33	*146*.313
18,17	*106*	*34,10*	312
18,18	*157*		
20	*63*		
20,11	62.193		
22,27	5	**Josua**	
24,10-23	*193*	1,14	9
		4,12	9
		10,1	215
Numeri		11,17	148
1,20	*33*	12,7	148
3	*38*	14,4	225
3,1-4	278f	15,19	*171*
3,1	182	16,4	*171*
3,32	258	18,13	*86*
3,40f	*32*	8,30-35	307
4,16	258	24	177.307
6,22-27	279	24,2	*82*.177
8,16	*32*	24,23	177
11,12	*273*	24,25	307
13,20	*32*	24,32	174.183
17,1-15	227	24,33	227
18,13	*32*